陈湘生　胡博——著

陈明仁将军年谱

团结出版社
UNITY PRESS

© 团结出版社，2024 年

图书在版编目（ＣＩＰ）数据

　陈明仁将军年谱 / 陈湘生，胡博著 . -- 北京：团
结出版社，2024.12
　ISBN 978-7-5234-0361-7

　Ⅰ . ①陈… Ⅱ . ①陈… ②胡… Ⅲ . ①陈明仁（
1903-1974）- 年谱 Ⅳ . ① K825.2

　中国国家版本馆 CIP 数据核字 (2023) 第 167428 号

责任编辑：陈心怡
封面设计：谭　浩

出　　版：团结出版社
　　　　　（北京市东城区东皇城根南街 84 号 邮编：100006）
电　　话：（010）65228880　65244790（出版社）
　　　　　（010）65238766　85113874　65133603（发行部）
　　　　　（010）65133603（邮购）
网　　址：http://www.tjpress.com
E-mail：zb65244790@vip.163.com
经　　销：全国新华书店
印　　装：天津盛辉印刷有限公司

开　　本：170mm×240mm　16 开
印　　张：38　　　　　　　　　字　　数：644 千字
版　　次：2024 年 12 月 第 1 版　　印　　次：2024 年 12 月 第 1 次印刷

书　　号：978-7-5234-0361-7
定　　价：128.00 元

序　言

郑建邦

　　《陈明仁将军年谱》由陈明仁将军嫡孙陈湘生先生主撰，即将付梓出版。湘生兄嘱余为之作序，诚荣幸之至也！

　　陈明仁将军是一位广大读者朋友耳熟能详的传奇式著名爱国将领。作为出身黄埔军校、经过大革命洗礼的优秀军人，他坚毅勇决，戎马一生，在东征、北伐和抗日战争中战功彪炳，威名赫赫。

　　若论陈明仁将军于黄埔军中崭露头角，当属第二次东征战役。是役，党军连日猛攻广东惠州不克，将士们死伤枕藉。某日激战中，众多将士在炮兵掩护下屡屡强攻未成，战火硝烟中却见一位青年军官将军旗插在身上，一边率奋勇队密集对敌射击，一边矫健敏捷地攀越云梯首登城头。只见他厉声叱呼，抛出手榴弹，拔枪四射，连毙数敌，群敌竟被震慑得一时不知所措。东征军后援继登城头，终将敌人一举击溃。正在阵地上指挥督战的总指挥蒋介石急询该青年军官是谁，参谋人员说黄埔一期学员陈明仁。蒋先生大喜，特于战斗结束后集合全体官兵列阵，命令司号员连吹三遍冲锋号向陈致敬，宣布将陈由上尉连长晋升少校营长，陈明仁将军由此名冠三军。

　　抗日战争中，陈明仁将军战九江、征桂南、克龙陵，以空地、步炮结合的战法轻取回龙山，越畹町，驱日寇于国门之外。然后回师国内，光复桂林、受降于南通。特别值得一提的是，中国远征军攻打滇西回龙山之役，久攻不克，伤亡惨重。卫立煌总司令急调陈明仁所部投入战斗。卫问陈有无把握，陈信心满满。卫又问需几天结束战斗，陈曰如能充分调动空军和炮兵，三日即可。在旁的美军联络官大骇，以为妄言也。陈将军正色道："军中无戏言。三日内若攻不下来，陈某甘当军法！"奇怪的是，陈将军领命之后，阵地上并无动静。直到第三天清晨，陈明仁将军亲自指挥所部在陆空强大炮火掩护下，突然对敌发起迅猛攻击，该部将士们的一波波攻势几无停息，让日军穷于招架。经过大半日激战，竟成全功。一直怀疑观望的美军联络官喜极而泣，居然激动得扑上来抱起陈将军，原地旋转了几圈。

然而，身为一代名将，陈明仁将军在国民党军队中却是经历坎坷。他素有湖南人倔强霸蛮、刚直不阿的"骡子"脾性，从不克扣军饷，逢迎上司，因此颇不得一些主政者的喜爱，仕途不顺，三起三落。最好笑的是，东北内战中，他因固守四平街而获"青天白日"勋章，曾风光一时，但陈诚甫一主政东北，竟以"贪污大豆"之名将陈将军撤职查办。目睹国统区的黑暗腐败现实，加之自身所受不公待遇，让陈明仁将军对国民党政权彻底失望了，这也是他后来与同乡前辈程潜将军在湖南举义的重要因素。

说起湖南和平起义，应是陈明仁将军一生对家乡湖南、对祖国的一大贡献。在当时极为复杂艰困的情况下，陈明仁将军秉承"爱国、革命"的黄埔精神，顺应时势，舍小家为大家，与程潜将军一道，毅然决然地率十余万国民党军队起义，实现了湖南全境的和平解放。中国人民解放军百万雄师由此顺利南下两广，西进滇黔，一举聚歼了盘踞在大西北、大西南的国民党军队残余势力，大大加快了全国解放的进程。

我的祖父郑洞国将军与陈明仁将军既都是湖南人，又均为黄埔军校第一期同学。两人同为抗日名将，彼此私交甚笃。1948年10月，家祖在东北长春兵败卸甲，思想和精神上陷入极大的痛苦和迷惘之中。湖南和平解放的消息传来，让家祖精神为之一振。程潜将军和陈明仁将军的义举，让他进一步认清了国民党政权已是穷途末路、人心尽失，只有跟着共产党走社会主义道路，国家和民族才能繁荣昌盛，自己也才能不负当年投身黄埔的初衷。

陈明仁将军起义后，受到党和人民的极高礼遇。起义之初，因当年固守四平街，曾给东北民主联军造成严重伤亡，加上部分国民党起义官兵在国民党反动派策动下叛逃，陈明仁将军一度心存顾虑，打算解甲归田。毛泽东主席、朱德总司令和周恩来总理等老一辈领导人亲自关怀、开导他。程潜将军和陈明仁将军来京出席第一届政治协商会议时，毛主席特别邀请这两位起义将领游览天坛公园。见陈略有拘谨，毛主席笑着招呼："子良（陈明仁表字子良），我们单独合个影！"又吩咐工作人员多洗印几张照片，让陈将军分送友人。政协会议期间，毛主席又在百忙之中拨冗与陈明仁将军两度长谈，鼓励他放下思想包袱，努力为人民服务。毛主席和党中央根据陈本人意愿让他继续带兵，担任第21兵团司令员等职，1955年被授予上将军衔，并获颁发一级解放勋章。

中国共产党人的博大胸襟让陈明仁将军深受感动，从此走上一条崭新的人生道路。他率先垂范，积极配合党对起义部队进行彻底改造，在短时间内极大地提高了广大官兵的政治觉悟，终于使这支一度军心涣散的原国民党起义部队凤凰涅槃，浴火重生，成为真正的人民军队。随后，陈明仁将军率部入广西剿匪，与陶铸、李天佑等领导同志紧密合作，仅用不到一年时间就肃清匪患，广西全省得以安定，受到党中央和毛主席的肯定与表彰。在此期间，第21兵团还奉命分兵组建水利建设部队，参加了湖北荆江分洪工程的建设。直至今日，荆江分洪工程仍然在长江防汛中发挥着不可替代的重要作用。后来军队建制改革，第21兵团缩编为第55军，陈明仁将军继续担任军长，肩负起保卫祖国南海海疆的重任。在军长任上，他走遍了防区的每一个要点，为巩固南海国防贡献了全部心血与智慧。当时，军队还承担着支援地方经济建设的重任，他积极协助地方党委、政府，大力推动湛江以及雷州半岛的经济建设，诸如鹤地水库、雷州青年运河，乃至湛江的绿化工程等，都留下了陈将军忙碌的身影。

陈明仁将军生前热切期盼海峡两岸早日统一，曾多次撰文呼吁台湾岛内曾经与其同生共死、共过患难的国民党军政人员幡然来归，共同为祖国统一大业贡献力量。

陈明仁将军的一生始终与祖国的命运联系在一起。在中国共产党的帮助下，他得以爱国始，以爱国终，可谓求仁得仁矣！

本书主撰陈湘生先生是陈明仁将军的嫡孙，克绍箕裘，颇具乃祖求真求实之风。湘生兄于退休后依据《陈明仁日记》，反复查阅中国第二历史档案馆、中国国家图书馆、湖南省档案馆、湖南图书馆等的档案资料，以及毛泽东主席年谱，蒋介石、徐永昌等人的日记，蒋介石事略稿本等，并逐日查询有关战报与来往函电，甚至走遍了陈明仁将军征战过的旧战场，进行实地考察。其资料搜罗之广、辨析之精，史实考订之细，实为罕见，最后汇聚成这部《陈明仁将军年谱》。需要特别指出的是，湘生兄本着史家不溢美、不隐恶，不为亲者隐、不为尊者讳的实录精神，述而不作，以史实说话，所有的是非因果读者自可从史实中得到明悟，这种治史精神无疑是极为难得的。

同时，愚以为这本著作的意义还不仅在于深入考析陈明仁将军的经历及相关历史情况，我们或能从阅读、研究这位著名爱国将领的一生经历中得到某些借鉴和感知。这也就是"以人为鉴，可以明得失；以史为鉴，可以知兴替"的意思罢。

是为序。

2022 年 11 月 6 日于北京

目　录

1903 年 4 月 7 日

清光绪二十九年三月初十日，陈明仁出生于湖南省醴陵县东乡洪源冲村陈家岭的一户农民家庭，字子良。客家人，是"义门陈"第三十四派（代）。他的祖籍为广东省龙川县，以宋末元初居住广东省龙川县的陈先泰为近祖一派（一世祖）；清康熙年间近祖第十三派达扬、达先兄弟由广东省龙川县鹤市镇狐狸塘村迁居醴陵洪源冲陈家岭。祖父陈声奇（字国珍，近祖第十八派），祖母杨氏。父亲陈振器（字葆廉，陈声奇次子，近祖第十九派），母樊氏，继母江氏。樊氏生三子一女，子陈明仁（近祖第二十派）、陈明智、陈明信，女陈菊英（早夭），江氏生一子陈明桃。伯父陈振瑞（陈声奇长子）得三子三女，三子中仅陈明礼存活。

据《醴南玉屏山陈氏三修族谱》[①]的源流世系表记载（节选）：

我族从江州（现九江）德安义门宜都王发派，一脉流传，渊源可溯，故史传所称宜都一裔，孝义相传，子孙富盛，甲于他族。唐僖宗诏旌其门，南唐又为之立义门，免其徭役；宋太宗诏江州，每岁贷粟二千石，是以子朱子，纲目广义，谓义门陈氏，立孝悌已固其本，推信义以达其技。自唐而五季，五季而赵宋，屡沐君睨睨，光诏简策。易曰：积善之家，必有庆余，其陈氏之谓乎？兹编世系，爰述由来，弁于简端。

第一派：义门嫡祖叔明[②]，字子服，南陈封宜都王，陈天嘉四年（563 年）癸未生，卒未详，葬猛虎跳。

第十三派：旺，字天相，唐乾符六年（897 年）己亥二月生，迁江州德安常乐里，今江西省九江市德安县车轿镇义门陈村，陈旺为"义门陈"始祖。

第二十二派：魁，宋崇宁四年（1105 年）乙酉举人，丙戌年（1106 年）进士，官历福建汀州府府尹。熙宁十年（1077 年）丁巳二月十一日辰时生。宦游福建汀州宁化县，择石壁寨葛藤坳陈德村落业。宣和三年（1121 年）辛丑六月初五日午时没，葬陈德村虎形山。陈魁为"汀州分庄"始祖。

第二十六派：宏大，宋开禧二年（1206 年）丙寅十一月二十八日未时生，

---

① 1936 年陈明仁督修。

② 陈后主之弟。陈后主陈叔宝（553 年 11 月—604 年 11 月），字元秀，小字黄奴，吴兴长城县（今浙江长兴东富坡乡）人。陈宣帝陈顼与皇后柳敬言之子，南北朝时期陈朝最后一位皇帝。

壮岁迁岭南惠州龙川县北城落业，景定二年（1261年）辛酉八月十三日申时没，葬北城外凤形申山寅向碑记。陈宏大为迁惠州龙川县始祖。

第二十七派：陛高（生子3：先泰、先让、先厚），宋淳佑二年（1242年）壬寅三月十六日寅时生，元至元二十二年（1285年）已酉七月二十日午时没，葬凤形山。

我族自宜都王叔明公派衍江州德安，至二十二代祖魁宦游于闽，遂家汀州宁化之陈德村，子姓益蕃。宋末元初，分涉岭南兴宁、龙川、和平各县。曰祖文，曰先泰，曰隆海，曰安邦，曰玑明，曰得彰者，我六房分支之近祖也。而各支祖之裔，又于明清初先后迁湖南之醴陵、湘潭、浏阳、攸县，及赣之萍乡。

泰房一派

我姓颍川，发派源远流长，派数繁冗，兹编故于各房分卷之首，推本近祖为一派。

陛高长子 先泰，字日新，宋祥兴元年（1278年）戊寅六月初六日未时生，元至正二十二年（1362年）壬寅五月十七日申时没（享年84岁），葬龙川北城外凤形山，附祖父冢下排，同向碑记。陈先泰为近祖一派，"义门陈"第十五派。

近祖四派：复辉，字清云，号仁珊，武举人，明宣德三年（1428年）戊申六月十九日戌时生，正统十四年（1449年）迁于鹤树下大埔坝居焉。弘治十四年（1501年）甲子六月十九日亥时没（享年73岁），葬社冲瑶口排形山，寅山申向。"义门陈"第十八派。

近祖九派：兴，世威次子，字创盛，明万历四年（1576年）丙子九月二十九日未时生，清顺治十年（1654年）癸已十月十七日申时没，葬仙子岭，石墓碑誌记，生子一：邦秀。"义门陈"第二十三派。

近祖十派：邦秀，字杰万，号送麟，明万历二十五年（1597年）丁酉五月十八日子时生，清康熙二十年（1681年）辛酉申时没（享年84岁），葬仙子岭，附父母冢。"义门陈"第二十四派。

近祖十三派：达扬，清康熙十七年（1678年）戊午正月十六日戌时生，于康熙年间偕弟达先住醴北枫树塘落业。乾隆十六年（1751年）辛未十月初二日寅时没（享年73岁），迁葬邑东洪源冲尾黄宅右上黄大埂饭瓢形山卯山西向。陈达扬为迁湘始祖，"义门陈"第二十七派。

近祖二十派：陈明仁，为"义门陈"第三十四派。

陈明仁孙子陈京生（右）、陈湘生在广东河源
龙川县鹤市镇富宜塘村陈氏祠堂前合影

现已坍塌消失的醴陵县东乡洪源村
陈家岭老屋

醴陵市李畋镇洪源村于 2018 年 7 月修建的陈明仁广场

1910 年 9 月

陈明仁入李茂秋开办的私塾接受启蒙教育。

1911 年 10 月 10 日

辛亥革命在武昌爆发，以推翻清王朝为目标的革命风潮席卷神州大地。

1912 年 1 月 1 日

中华民国在南京宣告成立。

2月12日

清朝皇帝溥仪宣告退位。

1914年

陈明仁考入醴陵县立高等小学校（前身为1903年开办的朱子祠小学堂，1941年2月停办）学习。

1915年9月

入醴陵东三区白兔谭高等小学校（现为醴陵第五中学）学习。①

母亲生病，为"冲喜"，陈明仁与幼年订婚且年长其一岁的同乡谢芳如（1902年农历八月初一出生）结婚。

附：《回忆父亲陈明仁》②（节录）

父亲和母亲的婚姻，是由祖父母包办的，结婚时父亲只有13岁，母亲比父亲大1岁。母亲过门拜堂后又回到娘家，到母亲18岁那年，母亲才到陈家与父亲共同生活。

11月30日

农历十月二十四日，母亲樊氏病逝。父亲陈振器后续弦江氏。

1916年

陈明仁因经济拮据辍学务农，农闲时在附近找人免费补习。

1917年

陈明仁进入渌江中学堂读书。

附：《渌江书院简介》③（节录）

渌江书院坐落在醴陵城西，依山傍水，环境幽静。渌江书院是以宋、元、

---

① 醴陵第五中学校史室提供。

② 作者陈扬钊，是陈明仁的长子。该文登载《文史资料存稿选编——军政人物》，中国文史出版社2002年8月版。

③ 渌江书院博物馆展厅提供。

明的学宫故地作基础，于乾隆十八年（1753）创建，占地面积 7000 平方米。书院从创办至清末废科举停办，历时 151 年。光绪三十年（1904），书院改为渌江中学堂，此后沿用至今。书院留有丰富的文献资料和文物古迹，有宋名臣祠、红拂墓、宁太一墓；有于右任、林森、黄自元等名人碑刻；有保存完好的规模较大的清代科举考棚。

渌江书院素有"醴陵文化摇篮"的美称，为振兴醴陵文教、培植英才发挥了重要作用。朱熹曾在前学宫讲学；左宗棠于道光十六年至十八年（1836—1838）在此任山长。书院改为学堂后，无产阶级革命家李立三，北伐军前敌总指挥部总参谋长张翼鹏，八路军副总参谋长左权，红军著名将领蔡升熙，新中国成立后第一批授衔上将宋时轮、陈明仁，早年都在此求学。

渌江书院的正门和池塘

渌江书院内展厅介绍

1919 年 5 月 4 日

"五四运动"爆发。

10 月

陈明仁考入湖南私立兑泽中学（现为长沙市第六中学）学习。

1920 年年初

谢芳如正式上门，与陈明仁同居。

陈湘生口述：我的祖母谢芳如嫁入陈家不久，祖父陈明仁就外出了。先是到长沙兑泽中学求学 3 年，再回到醴陵县白兔潭镇的小学教书 1 年，接着别妻离子去广州投身革命。祖母的婆婆已去世，祖母取而代之，承担起日常家务：烧饭洗衣，养鸡养猪，伺候老人，拖带两个儿子。其时太祖父已积下了 30 余亩田地，农忙时要雇短工，祖母需赶在天亮前烧好短工们的早餐，再烧点心、午餐和晚餐，晚上还要洗短工们的衣服，吃尽了苦头，吃剩饭，穿旧衣，劳累过度，落下了体弱多病的根子。直到 1927 年，祖父的工作安定下来，允许带家属了，才把祖母接出农村。

11 月 22 日

农历十月十二日，长子陈扬钊（字绍良）出生。

12 月 4 日

孙中山在桂林组建陆海军大元帅大本营，宣布整军北伐。

1923 年 9 月

陈明仁中学毕业返乡，任白兔潭小学校教员。在校期间，带领学生种树，其中一株香樟树存活百年至 2023 年 4 月仍生机勃勃，枝叶茂盛。树高数丈，超过两旁新建的三层教学大楼。因此受到校方（现醴陵五中）精心保养。

1924 年 1 月 20 日

国民党在广州召开第一次全国代表大会，孙中山重新解释"三民主义"。

3 月

陈明仁因被祖母埋怨"读了书还是无出息"，决定前往广州投考军校。由父亲委托妻子卖猪等筹措路费（30 元大洋），独自从陆路北上汉口，经水路先至上海，再南下香港转抵广州。

陈明仁在自传里，写下了自进私塾读书至赴广州投考的历历往事。"我小时候在家乡的私塾，读过几年旧书，然后进入高小，在高小只读一年。到 1915 年便因费用太大，负担不起而中断了，但仍然在附近补习一年。1920 年才跑到长沙，投考兑泽中学。毕业后在家乡教了一年小学。那时小学教师待遇菲薄，没有余钱拿回家，帮助家庭解决困难，大为我的祖母所不满。因为她本来是不很赞成我读书的。读了书还是无出息，更加触动了她的愤怒，终至闹到不肯让我在家停留的地步。我当时也感觉到教小学不是出路，家里既无法容身，于是决心外出，准备跑到广州投考黄埔军校。

一天晚上，暗地偷回家中，要求我父亲给我三十元银洋作旅费，并表示从此以后，再不会向家庭有所索取了，当时父亲瞒着祖母给了我旅费，次日一早，我便背起一个包袱，踏上了投笔从戎之路。而知道我去的，只有父亲和我爱人，祖母和兄弟都蒙在鼓里。……"

陈湘生：祖父告诉我，他当年怀揣 30 块银洋，独身一人，绕道武汉、上海、香港，奔赴广州投考黄埔军校。因旅费局促，坐江轮、海轮均是五等底仓，脏、臭、闷热，加之晕船，到达香港时几乎上不了岸。

霍玺[①]：1953 年 8 月 1 日，首长（指陈明仁）趁开会路过长沙时，带了我和另一个贴身警卫，没有惊动地方军政部门，悄悄地下了车，上岳麓山为妻子扫墓。他让我们留在山下，独自上山给他的亡妻烧纸。下山时他情绪黯然，对我们深情地回忆起他的亡妻："是我的爱人按照父亲的吩咐，卖掉了家里的猪，凑了路费。没有她的支持，我不会有今天。"

4 月 24 日

广州大本营陆军讲武学校开学。

4 月下旬

陈明仁经潘培敏介绍、李明灏关照、周贯虹面试，入广州大本营陆军讲武学校（校长程潜、监督周贯虹、教育长李明灏）第一期步兵科学习，编在第 1 队（队长廖士翘）第 1 区队（区队长林柏森）。同队同学中著名者有左权、蔡申熙、李默庵、刘嘉树、刘戡、傅正模、张镇等人。因学习训练成绩突出，在孙中山视察大本营陆军讲武学校，学兵接受检阅时，担任队列总领操员。

陈明仁在自传中回忆当年进入陆军讲武学校时写道："我于一九二四年单独一人到了广州，时机不巧，黄埔和讲武学校都已不再招生了。同时，同乡青年还有很多人一样向隅。后来，我因潘培敏的介绍，见到了军政部讲武学校教育长李明灏，得到李的特别关顾，而被例外地收下了。讲武学校的校长是程潜，监督周贯虹，教育长李明灏。"

陈湘生：李明灏是左权的姑姑之子，即左权的表哥，日本东京士官学校毕业后回国，1923 年冬天出任广州大本营陆军讲武学校教育长。1924 年

① 霍玺(1930.12—)，1952 年 11 月—1956 年 3 月任中国人民解放军第 55 军司令部警卫连排长、陈明仁的司机及贴身警卫。文字内容是陈湘生根据 2020 年 11 月 15 日采访霍玺时的录像整理而成。

春天，26岁的李明灏回湖南招收青年学生，把自己适龄同辈亲戚一网搜光。被他召集走的有：18岁的左权、左权的哥哥左棠、左权的姐夫李人干等，入讲武学校第一期步兵科学习，编入第一队，与祖父同学。祖父谈及入大本营陆军讲武学校，"得到李的特别关顾"，是因为校长程潜为了"避嫌"，规定不准再招收同乡醴陵人。李明灏出了一个主意，让祖父假称是江西萍乡人。醴陵紧贴萍乡，口音相同，加之校监督周贯虹是江西人，容易通过。祖父又说：旧时军队招兵讲究"看相"，把关的监督周贯虹仔细查看了祖父的面相，首先是身材高大，体格强壮，肩宽臂长；然后是天庭饱满，两道浓眉，双目炯炯有神；再看双手，掌心赤红，掌背汗毛浓密，长寸余，酷似猿猴手掌。觉得此人有大吉之相，又是"江西老乡"，就破例收下。祖父谈及他在大本营陆军讲武学校学习期间，曾回忆道："我那时还出过一次风头的，因为我学习训练的成绩突出，在孙中山视察讲武学校，检阅学兵时，学校指派我担任了队列总领操员。"晚年的他谈及此事，仍兴高采烈，眉飞色舞。

2020年11月15日，陈湘生（左3）在南宁采访霍玺（左4）和滕淑云（左1）两位老人

6月16日

中国国民党陆军军官学校（俗称黄埔军校，校长蒋介石。校训"亲爱精诚"）在广州黄埔岛举行开学典礼，孙中山亲临大会发表重要演说。

7 月

陈明仁与军校同学左权、蔡申熙、陈启科、李人干等 20 余人组建"莲社"，宗旨是实行"三民主义""兵工政策"。定名"莲社"，寓意着对腐恶社会的憎恨，立志"出污泥而不染"。

10 月 10 日

广东商团在广州发动武装叛乱。

10 月 14 日

陈明仁随部进入广州市区维持治安。

11 月初

陈明仁带领讲武学校 11 位同学（有张伯黄、胡焕文、杨润身、刘梓馨、文起代、胡琪三、李默庵、袁朴、傅正模、谢任难等人）先后向廖仲恺、鲍罗廷、钱大钧请愿，成功争取到进入中国国民党陆军军官学校学习的资格。事后，陈明仁等 12 人因请愿"并学"，被讲武学校监督周贯虹下令扣押，并开除学籍。经区队长林伯森、惠济、乐钧天调解，校方取消处分。但陈明仁等 12 人坚持离校，继续推动"并学"事宜。

11 月 19 日

讲武学校第 1 队和第 2 队学生并入中国国民党陆军军官学校，编为第二期学生第 2 总队（总队长王俊）第 6 队（队长郜子举），陈明仁编在第 1 区队（区队长周振强），并加入国民党。同队同学中著名者有左权、蔡申熙、丁德隆、刘嘉树、刘泳尧、李默庵、傅正模、王劲修、陈大庆、梁恺、刘戡、彭杰如、李文、李铁军、张镇等人。陈明仁在军校专心读书，除参加"血花"剧社外，没有参加过其他活动。

陈明仁在自传中回忆这一段经历时说："这年冬季，校长程潜被任命为攻鄂总司令，将出发攻打武汉。有一天，大元帅孙中山及党代表廖仲恺、黄埔军校校长蒋介石等，到学校讲话。孙首先宣布程校长须出师北伐，不能兼顾校务，今后讲武学校合并于黄埔军校，由蒋介石负责，这时第 3、4 两队已先毕业随程出发，只有第 1、2 两队是等待合并的。可是隔了很久，合并未曾实现，恰逢周贯虹又发表为赣军总司令，于是有人说，第 1、2 两队要提前毕业，作为周的赣军干部，不合并于黄埔了。同学们听此消息，深为不满，认为我们都是大元帅的学生，他已吩咐学校交蒋介石合并办理，周某不能擅自改变这个计划。当时，我们集议，推选代表12人到黄埔去质问蒋介石，为何迟迟不来接收？我也被推为代表，而且为12代表的率领人。我们事先向学校请假不准，并被大骂一顿。我们无可奈何，只好不顾一切冲出校门，跑到黄埔。到黄埔军校见到蒋介石以后，我们表示欢迎新校长，希望早日实行合并，更说出周的用心。当时蒋答复说：'合并迟早要实现，但目前还有某些困难。至于周想私自将你们提前毕业，是绝不可能的。'蒋吩咐我们回去好好安心等待。当时，我们告以未经学校准假，而是冲出校门跑来此地的，回去一定会受处分。蒋说：'你们拥护大元帅，欢迎新校长是光明正大的，我可以派人护送你们回去。'于是派了军校秘书袁同畴把我们送回了讲武学校。但我在此时又和另一个同学跑到党代表廖仲恺、俄国顾问鲍罗廷处报告此事，没有随同袁一同回校。当袁同畴等未到学校以前，学校已宣布将我们12人开除学籍。后来看到大家是经蒋派袁护送回来的，学校才收回成命。但袁去了之后，学校又挂牌把我们12人开除，并指明陈明仁除被开除外，还要扣押。不久，我坐了廖仲恺给我们乘的一辆汽车回到学校。一进校门，校方便将我扣押起来。这时已是深夜，同学们知道我已被扣押，于是大闹起来。我当时想出来向同学们说话，而值星官李国良制止不许，后来鉴于同学们情绪激昂，才集合了大家由我出来说话，我说明我们见到了蒋介石，已得到好的答复。并劝同学们解散，安心睡觉，等待发展。同学们也就风平浪静地散了。可是学校方面看到我的能量如此之大，大为震惊，害怕将来弄得不可收拾。于是区队长林柏森、惠济、乐钧天等人出来调解。调解的办法是：由所有区队长联名向校方担保不开除我们。我们当时认为学校出尔反尔，毫无诚意，一致不接受区队长的调解，甘愿被开除。因此12人当晚即愤而离校，千方百计找到了一个小学校借住了一晚。次日早晨，即将服装脱下，交回学校，以表示我们的决心。这一天，我又被11个同学推派，去见蒋介石。蒋当时知道我们的情况不妙，深感同情，答复马上帮忙处理。他先要我们搬到旅馆住下等候。当时，我们和讲武学校同学间的联系，还是密切保持着的，联系的办法，便是与学校每天外出采买的同学交换意见。某天，同学中特别选出一位能干的同学当采买来和我们商量。商量的结果，决定每天推选12人为代表向学校交涉。第一天的如被开除，则第二天再推选12人，如此继续下去。果然第一天的12名代表被开除了，第二天的12名代表也被开除了。这时，学校感到事情严重，才与蒋介石具体交涉合并办法。不到几天，我们学校就合并到黄埔军校了。合并时，周贯虹向蒋介石提出了五个条件，其中有一个是，不得收留被开除的第一批学生。当时蒋也答应了。可是在合并之先，蒋介石便派人到我们住的旅馆，付清用费，接我们12人先到黄埔。等讲武学校全体同学并入黄埔时，我们12人，已经早编入黄埔第6队了。这是我由讲武学校转入黄埔的经过……"

12月16日

陈炯明就任"救粤军"总司令，策划进攻广州。

1925年1月17日

第二期学生第2总队第6队改称第二期学生总队第2队（队长童锡坤）。

1月31日

陈明仁派往中国国民党陆军军官学校教导第2团（团长王柏龄）第2营（营长林鼎祺、代理营长刘尧宸）营部见习，准备参加第一次东征，进攻陈炯明叛军。

1924年11月，黄埔军校时期的陈明仁

2月3日

陈明仁随部在虎门集结。

2月4日

陈明仁随部占领东莞。

2 月 14 日

陈明仁随部围攻淡水。

2 月 15 日

教导第 2 团团长王柏龄调任中国国民党陆军军官学校参谋长，沈应时继任团长。

2 月 16 日

陈明仁随部进驻淡水。

2 月 20 日

陈明仁在淡水毕业。第二期学生总队第 2 队改列学籍为第一期步兵科。

2 月 21 日

刘尧宸升任教导第 2 团第 2 营营长。

陈明仁派任教导第 2 团（团长沈应时）第 2 营（营长刘尧宸）第 5 连少尉排长。

3 月 12 日

孙中山在北京病逝。

3 月 20 日

陈明仁随部攻占兴宁。

3 月 24 日

陈明仁随部占领梅县。

4 月 13 日

所部改称党军第 1 旅（旅长何应钦）第 2 团（团长沈应时）第 2 营（代理营长胡公冕）第 5 连，陈明仁仍任少尉排长。

5 月 12 日

建国桂军总司令刘震寰、建国滇军总司令杨希闵联合发动叛乱，后占领广州。

5 月 21 日

陈明仁随部在梅县集结，准备回师平叛。

6 月 7 日

陈明仁随部进抵石滩。

6 月 12 日

陈明仁随部在瘦狗岭与叛军作战。

6 月 14 日

陈明仁随部收复广州，平息刘、杨叛乱。

陈明仁调升党军教导第 4 团（团长刘尧宸）第 1 营（营长郭大荣）第 3 连中尉排长。

7 月 1 日

中华民国国民政府在广州成立，汪精卫当选主席。

8 月 20 日

廖仲恺在广州被暗杀。

8 月 26 日

国民政府军事委员会统一改编所辖军队为国民革命军。

所部改称国民革命军第 2 师（师长王懋功）步兵第 4 团（团长刘尧宸）第 1 营（营长郭大荣）第 3 连，陈明仁仍任中尉排长。

9 月 20 日

陈明仁带病随部在东莞将建国粤军第 3 师缴械改编。

因率一排兵力攻占东莞县城东门外山头，并将对方一个营缴械，陈明仁升任第 2 师步兵第 4 团第 1 营第 3 连上尉连长。

陈明仁在自传中谈及黄埔军校毕业后因战功快速升职时写道："我在黄埔军校毕业后，便在八个月之内，因战功一连由见习排长而节节升任排长、连长，又至营长，参加了广州北伐前有名的东莞之役、惠州之役两次战争。"

9月21日

国民政府军事委员会任命蒋介石为东征军总指挥，准备第二次东征。

10月11日

东征军发布挑选先锋队攻克惠州城令："为令遵事，照得杨逆坤如负隅惠州，祸国殃民，久稽天讨。本军俯顺舆情，前经出师，直捣巢穴。迨潮梅底定，该逆奴颜婢膝，到汕投诚。我政府格外施恩，业经准于归顺。原冀其洗心革面，努力合作，藉盖前愆。不料该逆怙恶不悛，近又伺隙复叛，若不亟予歼灭，何以出惠民于水火而登衽席之安。除攻城要领另文饬送外，为此令仰该纵队长迅即遵照，转饬第三师各团，各选士兵一百五十名。第二师第四团挑选士兵二百名，共六百五十名，编成攻城先锋队，所有先锋队队员每名赏三十元，再先登城者，得头等奖洋一百元。此项赏金，即发由各团团长存放。俟登城后给领。如有报名后临时故避不往，即将赏金扣发，并应严惩不贷，以昭赏罚，而资激劝。再此次给赏系求攻城速效起见，嗣后不得援以为例，并仰转饬知照。此令。一九二五年十月十一日"[①]

10月12日

陈明仁随部进攻惠州。

1925年10月13日，
在惠州阵亡的李人干

10月13日

陈明仁随部主攻惠州北门，团长刘尧宸阵亡，副团长李赓护代理团长。

陈明仁好友——教导第4团第2营第5连中尉排长李人干阵亡。

10月14日

步兵第4团第3营营长惠东升代理团长。

陈明仁继续随部攻城，率先登上城头并插上党旗。

附1：《蒋中正日记》

下午4时15分，余在飞鹅岭右山炮兵阵地见北门城上已有军旗飘摇空中，乃知确实破城。三年来不破之天险，今竟平服于

---

① 载1936年版《中央陆军军官学校史稿》，黄埔军校建校90周年史料汇编，第428页。

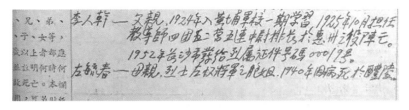

1925年10月13日，李人干在惠州阵亡及与左权关系的档案（李人干女儿李华英填写）

一旦，总理有灵耶，可慰。

1929年蒋介石在《三年来的国民革命军》（国民革命军战史）中写道："三时五十分，第四团下午首先登城。"

附2：宋希濂《鹰犬将军——宋希濂自述》（节录）

（1925年10月14日）午后3时50分，我第四团健儿鼓勇先登。陈明仁那时在第四团当连长，亲率该连最先登上城墙。何应钦乘时率总预备队涌进，于是党军的旗帜遂于4时15分迎风招展于惠州城上。

攻击惠州之前之军人大会及军队检阅

攻克惠州后留影

陈湘生：随军行动的苏联顾问伯礼布列夫逐日记录战况，用照相机拍下现场照片，汇编成《惠城作战日记》，书中采用了16张照片，给后人留下珍贵、翔实的历史资料。其中一张照片是祖父陈明仁的戎装半身像，英气逼人。下用俄文注明："惠州之役身先士卒，于敌人炮火猛烈压迫之下，首先树立党旗于城上之陈连长今已擢为营长。"再由翻译官翻译成中文，附在右面。

伯礼布列夫（Трифон ИвановичШевалдин），时任2师4团顾问，1888年出生，1918年加入红军，担任旅级军官。1924年10月来华，参与组建黄埔军校，先后参加东征、北伐等战役，兼任战地记者、摄影师。

"惠州之役身先士卒，于敌人炮火猛烈
压迫之下首先树立党旗于城上之陈连长
今已擢升为营长"

伯礼布列夫

关于陈明仁首登惠州城头，在大陆这边似乎没有什么疑问，只是在国内某纪念馆，曾将伯礼布列夫拍摄的"首先树立党旗于城上之陈连长今已擢为营长"照片，被误读为当时同在第四团任连长的陈赓大将。经军史专家及陈赓大将后人辨认，现已纠正。但在海峡对面，因为陈明仁在1949年起义脱离国民政府，造成提及惠州战事，则有黄珍吾（1949年去台）取代陈明仁首登惠州城垣一说："第二次东征，黄珍吾充任第四团第一营副营长，营长杜从戎负伤，他代理营长，进攻惠州城，身先士卒，建立奇功。画家梁鼎铭所作攻惠州城大壁画，手持驳壳枪爬梯先登城门者，即为将军，此画历历如生，目前仍一直存挂于台北军事历史博物馆中。"更有孙元良在自

陈明仁长子陈扬钊和陈明仁孙子陈见北在
广州黄埔军校纪念馆油画前留影

广州黄埔军校纪念馆油画的说明

传里，自说自话，说自己是首登惠州城头者。

画家梁鼎铭先生在 20 世纪 30 年代创作了《惠州战役巨画》。而后他在 1932 年第 33 期《文华》报刊发表了《惠州战役巨画完成工作报告》一文，提到作画前，"调查工作之进行，初时颇感困难，除一面搜集报章书籍之有关于惠州北门战史者，将其一一抄录外，一面以私人情谊，设法询诸曾经参与该战之同志，惜此时诸同志多率师远征，间有一二留京同志，虽能略述当时之情形，但终不免有记忆不清之处"。为做足功课，1930 年冬天，梁鼎铭先生亲赴河南，"得晤曾参与此役之重要军官，详细调查，乃得悉参与此战诸同志之姓名，及当时前进队伍之位置，作战之情形"。梁鼎铭先生晤面的重要军官，即为祖父陈明仁。据笔者考证，1930 年 6 月至 1931 年底，陈明仁任第 10 师第 28 旅少将旅长、第 3 师独立旅少将旅长，均在河南驻防，从此梁鼎铭先生与陈明仁长期交好。梁先生的《惠州战役巨画》原放置在南京灵谷寺的战画室里，1937 年 12 月南京沦陷后被毁。梁先生 1949 年去台湾后，没有再创作这幅被毁巨画。现在之画，是后人模仿之作。

1932 年第 33 期《文华》报刊

梁鼎铭先生创作的《惠州战役巨画》全貌

 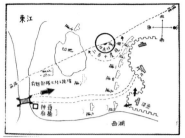

《惠州战役巨画》铅笔速写稿　　　　梁鼎铭先生绘制的视角地图

为了真实还原惠州北门阵地情形，梁鼎铭专门绘制了这张特别的视角地图。图中可见祖父的第四连进攻位置正对北门，其左分别为一、二、三连，其右分别为五、六连，七、八、九连均在后方，担任预备队。

10 月 16 日

陈明仁在惠州接受蒋介石训话。

附:《蒋中正日记》

对第四团官兵训诫以克城立名立勋，继续奋斗，完成已死同志未成之事业。

10 月 18 日

陈明仁随部占领宝安。

10 月 31 日

惠东升调升步兵第 6 团团长，陈继承继任步兵第 4 团团长。

因在惠州战役中"身先士卒，于敌人炮火猛烈压迫之下首先树立党旗于城上"，陈明仁升任第 2 师（师长王懋功）步兵第 4 团（团长陈继承）第 3 营少校营长。

对惠州战役的前前后后，陈明仁在自传中说:"1925 年，广东政府第一次东征，久攻惠州不下。到了第二次东征的时候，对于惠州乃采取监视政策，并无再攻之意。但刘尧宸自告奋勇，愿以所带的第 4 团攻打惠州，自信一攻必克。而当时负指挥之责的蒋介石，也就寄希望于刘尧宸，把攻惠州的任务交给了他。当部队由东莞向惠州进发时，我病已经转剧，多人劝我回后方休息，而我仍然不肯示弱，坚持要去参加战斗。由于张际春让了一匹马给我骑，不需步行，减少了一些痛苦。

开始攻惠州的日子定在 10 月 12 日。首先挑选奋勇队，我连被挑了二十余人，以杜从戎为奋勇队长。当时的兵力部署是，第1、第2两营担任攻击，由北门进攻；第3营监视西门。这天早上开始攻击，一接触，便死伤很多。第1营营长，第1、2连连长都负了伤。因而攻击任务，未能达成。下午团长命令我带第3连增援。我接受命令后，立即准备攻击。惠州城四面皆水，要跨过一座桥，才能达到城边，地势极为险要。我受命后率领全连的兵力，冒着炽烈的炮火，先抢过了桥，离城已经很近了。但因预备的一些爬城用的梯子，都放在桥那边，抢过桥时没携带。没有梯子无法上城，又只得到桥那边将梯子搬来，在桥上一来一往过了很久，敌人用密集火力射击，我连死伤很大，结果只搬过来八张梯子。当梯子搬过来时，团长刘尧宸已达到我连的位置。他知道我已搬过来八张梯子，就命令我准备赶快爬城。就在他吩咐我的一刹那间，忽然敌弹飞来，中了他的要害，他马上阵亡了。我当时认为，我当学生以至现在，都是受刘的爱护，对他特别感激。现在目击他死在我身边，我不禁悲愤交加，对于敌人的仇恨，急剧增长。于是不顾一切，带着一连兵力，冲锋前进。但因梯子搬不上，仍是无法上城。这时，天色已晚，阵地上的士兵，在敌人火力的监视之下，根本不能再动，茶饭也都没有，我只好冒险来回行走于阵地上，亲送茶饭给每一个士兵。并把阵亡人员所遗下的枪支收拾，交给伙夫带回后方。团长死后，由副团长黄庚护[①]和一少校团附负责指挥。这天晚上，副团长接到何应钦的命令，无论如何要限当晚将惠州城拿下，否则军法从事，副团长接命令后，马上找我去接受这个攻击使命。我当时坚持当晚不能攻击，理由是兵散无人掌握，加之官长多负伤阵亡了，力量不能集中，梯子也背不上去了，即令能攻入城内，晚上无法清扫敌人，也是不能坚守的。但副团长懦弱无能，毫无办法，他对我的主张又不敢呈复，要我自己写报告复何。我便把不能当晚攻击的理由，写了一份报告由副团长转给何应钦。何接到我的报告后，随即来令要我指挥第1、第2两个营，于明日拂晓攻击。我接令后，立即准备收集队伍，并拟以一夜之力，把梯子搬靠城边，但经过通宵的努力，1、2两营能收集的士兵不足一百五十人，八张梯子也只搬了一张靠近城边，其余七张因城上炮火激烈，使人寸步难移，未能搬去。同时，原来规定拂晓攻击的信号为打十发炮弹，准备在打到第三发炮弹时，便开始冲锋；可是届时一直没有听到炮声响，不知究竟是什么原因。等了一会儿，接何应钦的命令，说要重新布置，并要把监视西门的第3营由西门调

---

① 作者注：此为笔误，应为李赓护。

来，同时发表第3营营长惠东升为代理团长。我接到这个命令之后，马上松了一口气，以为攻击惠州城的任务是第3营的了，可是事实不然。惠东升代理团长以后，却仍然给我命令，要我指挥。将第1、第2两个营，编成七个队，每连一队。我连人数多一点，便编成两队。每队带一梯子，并指定攻击目标。到时，各向攻击目标冲锋前进，时间为下午一时，仍听炮声三响为信号。届时我一切准备妥帖了，炮声一响，我便带了七个队，冲锋前进。但在这个时候，眼看到凡属前进的都倒下了，再也不能抬头。我心里很着急，于是只带着一个号兵，手中拿着一面旗子，吹着冲锋号，猛向前冲。但是回头一看，部队并未行动。这时我军已经完全暴露在敌人视线之下，前后左右，都是死的伤的，号兵也死了。我在这万分紧张之际，仍拿着旗子向城下跑。经过几段跃进，才到达了先天晚上放梯子的位置。这位置处在死角，比较安全。当时，城楼已经被打垮，城墙出现了缺口，机枪步枪对城下射击还是很密，不过敌人打不着我，我站了约半小时，一直看不见我们部队的一个人，过了一会儿，才陆续发现来了两个士兵，是第一连的。我把他们叫到面前，商量爬城计划，计划结果是我们三人一齐爬城。于是，由我领头，他们两人跟着我前进。当时，我身上带了一支驳壳枪，四个手榴弹，手里仍然拿着一面旗子，当梯子刚竖起来，我便拿着旗子沿梯而上。等到梯子靠到城墙，我已跃上了城墙顶。到顶上之后，首先以手枪向敌人射击，接着抛掷手榴弹，敌人猝不及防，立即四散。等我继续抛掷两个手榴弹时，旗子已插上城头，并眼见敌人开始溃退。我们城下的队伍，也蜂拥而上。惠州城终于被我们占领了。这是10月13日的下午4时的事[1]。第三天，蒋介石、何应钦偕苏联顾问鲍罗廷等，在惠州集合全体部队，由蒋介石亲发口令，吹三番号向我敬礼，并宣布命令，升任我为第三营营长。"

1926 年 4 月 1 日

陈明仁调升国民革命军总司令部补充第2团（团长萧洪）第1营中校营长。

6 月中旬

陈明仁调任中央军事政治学校（原中国国民党陆军军官学校，1926 年1 月 19 日改称中央军事政治学校）入伍生独立营中校营长。

---

[1] 作者注：此为笔误，应为 10 月 14 日。

7月9日

国民革命军在广州东校场举行北伐誓师大会，蒋介石就任国民革命军总司令。

8月1日

陈明仁调任中央军事政治学校入伍生第1团（团长郭大荣）第4营中校营长。

1927年4月

收受中央军事政治学校入伍生第四营官佐学生赠送的铜瓶三件[①]，一对铜花瓶铭文分别为："子良营长雅存"；"中央军事政治学校入伍生第四营官佐学生敬赠　中华民国十六年四月于虎门"。

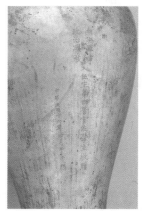

铜瓶三件

---

① 作者注：现存放于湖南省长沙市博物馆。

4 月 12 日

蒋介石在上海发动"四一二"反革命政变,实施"清党"。

4 月 15 日

中央军事政治学校实施"清党"。

4 月 18 日

蒋介石在南京另立国民政府,胡汉民当选主席。宁汉分裂。

8 月 25 日

宁汉合流,武汉国民政府迁往南京,与南京国民政府合并。

10 月 3 日

陈明仁调任中央军事政治学校第六期步兵第 1 大队(大队长萧仲钰)第 2 队中校队长。

11 月 21 日

受张发奎所部第 4 军教导团武装接管军校的影响,陈明仁离职避往香港转南京。

1928 年 1 月 4 日

蒋介石在南京筹备中央陆军军官学校。

陈明仁派任浙江省军事厅军事训练班学生总队(总队长贺衷寒)第 1 大队上校大队长。

3 月 6 日

中央陆军军官学校在南京正式成立,蒋介石兼任校长。

4 月 4 日

蒋介石致电国民革命军总司令部警卫司令陈诚:"杭训练班大队长陈明仁能力与德性甚好,可调其为警卫第 3 团团附并重用之。"[①]

4 月 13 日

浙江省军事厅军官训练班学生总队并入中央军校。

---

① 作者注:调职未成。

陈明仁改任中央陆军军官学校第六期步兵第2大队上校大队长。

6月21日

蒋介石计划前往北京参加编遣会议，抽调军校学生500余人编为四个连、军官团学员500余人编为五个连，临时组成警卫团，任命冯轶裴兼任团长，陈明仁兼任第2营营长。

6月28日

北京改称北平。

警卫团编组完成，陈明仁随部开赴郑州与蒋介石会合。

关于陈明仁调职事宜蒋介石给陈诚的电文稿手迹

7月3日

蒋介石抵达北平。

7月4日

陈明仁护卫蒋介石晋谒孙中山灵柩。

7月21日

蒋介石在颐和园对警卫团军官训话。

7月25日

陈明仁随警卫团启程返回南京。

7月28日

警卫团抵达南京后解散，所属官兵返回军校原岗。

12月20日

陈明仁调任第10师（师长方鼎英）步兵第28旅（旅长高霁）步兵第56团上校团长，驻泰县（现属泰州）。

1929 年 1 月 15 日

第 10 师在扬州召开国民党特别党部成立大会，陈明仁当选国民党第 10 师特别党部执行委员。

2 月 15 日

陈明仁在泰县举办军民联欢会。

2 月 17 日

步兵第 56 团在泰县接受第 10 师师长方鼎英视察。

2 月 23 日

《申报》报道泰县军民联欢会："团长陈明仁，和蔼亲民，与地方民众，颇为融洽。"

3 月 29 日

步兵第 28 旅在江西瑞昌集结，准备参加对桂军的作战。

3 月 30 日

蒋桂战争爆发。

4 月 11 日

步兵第 28 旅向湖北沙市方向追击桂军。

5 月 16 日

蒋冯战争爆发，冯玉祥任"护党救国军"西北路总司令。

6 月 1 日

陈明仁在南京参加孙中山灵柩的"奉安大典"。

附：陈扬钊《回忆父亲陈明仁》（节录）

1929 年春天，我们搬到南京夫子庙附近居住。一天，我带弟弟在家门口玩，见父亲穿着灰色军装，上身斜着宽边红带，脚穿马靴，带着长长的队伍路过家门。那天人山人海，非常热闹，许多军队在街上经过。后来才知道是孙中山先生的灵柩从北京移到南京中山陵安葬（称奉安）。当天晚上，父亲深夜才回家，是同中央军校学生参加孙中山的奉安典礼时，一辆卡车因超载翻了车，父亲亲自料理，所以忙到深夜才回来吃饭。……

6 月 25 日

步兵第 56 团在南京浦口下船转陆路开赴蚌埠。

9 月 29 日

为加强第 10 师和第 44 师的人事、战力交流，两个师互换三个步兵团，其中步兵第 56 团调归第 44 师，仍维持原番号。

10 月

步兵第 56 团奉命移驻安徽省合肥、宿县、偃城、叶县。

11 月 4 日

步兵第 56 团进驻河南省鲁山。

蒋介石电令陈明仁"探明鲁山匪情"。

1930 年 1 月 6 日

第 44 师与第 7 师等部攻占河南省许昌，配合主力围歼唐生智部。

1 月 13 日

唐生智残部在河南省漯河被缴械。

1 月 15 日

步兵第 56 团开赴安徽省霍山清剿地方土匪。

2 月 15 日

步兵第 56 团移驻湖北省武昌。

2 月 18 日

第 44 师师长杨胜治调任第 10 师师长。

步兵第 56 团归还第 10 师步兵第 28 旅建制，开赴安徽省阜阳与步兵第 28 旅主力会合。

陈明仁升任步兵第 28 旅（旅长高霁）上校副旅长。

3月4日

继任步兵第56团团长易瑞珍因"训练无方致所部闹饷放枪"被撤职查办。陈明仁兼任步兵第56团团长。

3月9日

阎锡山任陆海空军总司令，冯玉祥任副司令，联合反蒋。

3月15日

李宗仁任陆海空军副司令，阎、冯、李反蒋同盟正式形成。

4月1日

中原大战爆发。

阎锡山在太原通电就任陆海空军总司令，桂军改编为第1方面军，西北军改编为第2方面军，晋军改编为第3方面军，石友三部改编为第4方面军。

4月11日

蒋介石编定参战之第1军团、第2军团、第3军团和总预备军团。

4月25日

蒋介石计划在陇海线战场以第10师和第52师攻击亳州、鹿邑，第7师攻击商丘。

4月30日

第2军团总指挥刘峙计划于5月3日以第10师攻略亳州，第7师一部向亳州警戒并策应第10师攻略亳州，新编第21师以一部佯攻亳州。

5月

双方从3日交战至15日，孙殿英部不支，放弃亳州东、南、西三面外围阵地收缩兵力入城。

第7师和第10师改任务为监视包围亳州（未能将城北外围阵地攻占）。

5月26日

蒋介石电责第3军军长兼第7师师长王均、第10师师长杨胜治："以两师之众，进攻半月有余，尚不能围城，则将来革命战史如何记载耶！"

步兵第 28 旅旅长高霁因"指挥能力不足"被免职。

陈明仁升任步兵第 28 旅少将旅长（辖李昭良步兵第 55 团、温忠步兵第 56 团）。

5 月 30 日

第 7 师和第 10 师等部三攻亳州。

6 月 1 日

孙殿英伪称投降，派遣代表与第 2 军团总指挥部接洽，进攻暂停。

步兵第 28 旅担负城外东南的黄庄、小东庄、陈庄一线防务。

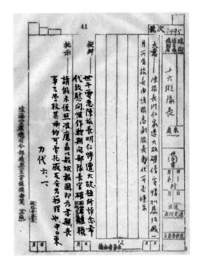

请假未予批准的电文原件

第 3 军军长王均电告蒋介石："陈明仁旅长家遭大故[1] 确系实情，拟恳给假一月。"

蒋介石回电："陈明仁旅长惨遭大故希代致慰问，惟作战期间部队长官确不宜离职请假未便照准，勗以杀贼报国即为孝亲，丧事及营救其母均可托戚友妥办。"

6 月 15 日至 7 月 15 日

双方在亳州连续交战。

7 月 15 日

西北军增援亳州的孙连仲部先后突破第 52 师步兵第 155 旅和第 10 师步兵第 29 旅防线，与孙殿英部会师。

城南、城西外围阵地被迫放弃。

7 月 16 日

蒋介石亲自拟订围攻亳州计划，命第 10 师和第 52 师步兵第 155 旅进攻城东南、第 7 师进攻城北、第 54 师进攻城西。

7 月 22 日

孙殿英部主力在孙连仲部接应下，分别由西、北两个方向突围成功。

---

[1] 作者注：指陈明仁的父亲和继母被红军游击队逮捕，后获释。

第 7 师步兵第 20 旅由东门攻入亳州，第 10 师后续入城。

7 月 25 日至 8 月底

第 10 师参加津浦线战事。

9 月 1 日

阎锡山、汪精卫、冯玉祥、李宗仁等在北平组建国民政府，阎锡山当选主席。

9 月 5 日至 10 月下旬

第 10 师参加陇海线反攻作战。

9 月 18 日

东北边防司令长官张学良通电拥护蒋介石，并率领东北边防军入关参战。

11 月 4 日

阎锡山、冯玉祥发表通电，宣布"释权归田"。
蒋介石获得中原大战的胜利。

12 月 8 日

第 10 师移驻陕西省潼关。

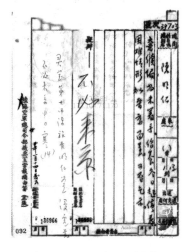

1931 年 1 月 13 日，陈明仁致电蒋介石拟进京面陈，蒋介石复电："不必来京"。

1931 年 1 月 13 日

因第 10 师即将裁撤，陈明仁致电蒋介石拟就该师编遣事宜进京面陈。蒋介石复电："不必来京。"

1 月 20 日

第 10 师奉命裁撤，步兵第 28 旅改编为第 3 师（师长陈继承）独立旅，原步兵第 28 旅旅部改编为第 3 师独立旅旅部，原步兵第 55 团改称独立旅第 1 团（团长李昭良），原步兵第 56 团改称第 2 团（团长温忠），原步兵第 58 团改称第 3 团（团长吴绍周）。陈明仁仍任少将旅长，驻陕西省潼关。

附：曹文奎《杨胜治参加北伐及军阀混战片断》（节录）（刊载于《贵州文史资料存稿选编第二卷》）

（1930年10月中旬）第10师追抵洛阳西宫，蒋介石即令就地停止、休整。1931年春，蒋介石又一次整军，将29旅调驻陕西省华阴县，该旅之57团编入第2师，58团编入陈继承第3师独立旅，29旅撤销原番号，原旅部并入独立旅部。这个独立旅辖三个步兵团，1、2两团官兵基本是湖南籍，与旅长陈明仁是同乡，第三团官兵大多是贵州籍，不久，陈明仁以调和部队关系为由，将第3团大部连长与第1、2团之连长对调，第3团调到1、2团的连长，均与其上下不能相处，纷纷离职。第3团之中级军官如刘鹤鸣、熊钦垣以及一些下级军官如都堪、李鼎彝等，均被排挤卸任回籍。至此，王天培、杨胜治两军长，先后惨淡经营，历经护法、北伐，约9万之众的第10军，遂被蒋介石肢解鲸吞无遗。

2月28日

陈明仁获颁四等宝鼎勋章（国民政府令）。

3月初

父亲陈振器病重，陈明仁请假返乡探视。

3月10日

农历正月二十二日，父亲陈振器病逝。墓碑由于右任题字。

3月18日

陈明仁写下《清例贡生先君葆廉公行述》，纪念亡父，并说明父亲去世的原因，是"悲天悯人，忧悸成疾"，与他人无关。

附：《清例贡生先君葆廉公行述》①

先君讳振器，字葆廉，清例贡生。先世由粤东迁居湖南醴陵，历数传至先大父（祖父）声奇，诚朴淳谨，躬课耕桑（亲自督促家人耕种纺织）。娶先大母（祖母）杨太君，生先君兄弟二人。先伯父早逝。先君十六岁始就学，不二年而辍，遂理家务。事先

陈明仁之父陈振器先生

---

① 文中括号内文字及标点系该书编者所加注。后同。

陈振器的墓

墓碑一

大父以孝闻，勖（勉励）明仁等以感时多艰，因材成志，盖其自持者甚苦，而其所激发扬厉者则甚宏远。风雨山村，蓝缕筚路（穿着破衣，拉着柴车，形容创业的艰苦），力田（勤于农事）孝悌，数十年如一日，倘所谓劳其心志，困其体肤者非欤。先是，先大父困累家业，先君戚然忧之，益刻苦奋淬，得稍稍备田山，差足自给。居恒（在家经常）律己以勤，持家以俭，风节凛然。而与人却甚平恕，凡地方周急扶危，兴学修路诸善端义举，靡不倾全力以赴。至若非关社会利益而众口尘嚣者，先君曾不少假颜色（经常直截了当地加

墓碑二

以训斥），故乡里莫不多之（乡里人莫不夸赞他）。先伯父既早逝，春风秋肃，感怀荆树（兄弟骨肉同气相连），常以不逮友于（比不上兄弟友爱）之爱（同援）为憾，用是（因此）厚抚孤姪（同侄）明礼，教养婚配，迄于成立。明仁等棠棣（兄弟）之间，亦熏陶感召，相处无间言（非议）。先慈樊孺人于明仁十三岁时见背，生明仁兄弟三人：长明仁供职中央陆军第三独立旅，违养（离家外出不能尽孝）最久。次明智，继志务农。三明信服务戎行（军队）。四明陶继慈江孺人所出，肄业屏山族校。孙扬钊、扬铨均肄业姑苏。洎自（等到了）明仁髫年负笈（幼年外出读书），家境困窘，先君独见微知著，不惜手胼足胝，以资膏火（求学的费用）。尔乃（然而）国事蜩螗（社会动乱），政象纷纰（散乱），更从而促成明仁奋袂（奋发）从戎之志。明仁尊奉严训，奔驰戎马，忽忽（时间快速飞逝）

族谱：《清例贡生先君葆廉公行述》

数载。昨年先大父弃养，先君孝思纯笃，哀痛无已时。复（副词，又、再、加上）刧遍湖湘，间里为墟。先君悲天悯人，忧悸成疾。转剧之际，犹遗书诫明仁勷力（尽力）党国，勿以为念。明仁秦中（即关中，时驻潼关属地）奉读，悲不自胜，仓皇假归，嘘唏一面，呜呼痛哉。从此风木增感（因父母亡故，孝子不能奉养的悲伤），陟岵兴悲（孝子行役，思念父母的悲心兴起），不孝之罪，百身何赎，稍一置念，不禁椎心泣血，蹶角（叩头）无地矣。谨就先君懿行（美德和善行）明仁所能知者，略述一二，用誌沉哀。倘蒙长德先达、邦人君子，锡（赐）以铭诔（记述死者经历和功德的文章），表彰潜德，感且弗替（无限感谢）。民国二十年辛未孟春月（正月）晦日（夏历每月的最后一天，即 1931 年 3 月 18 日）男陈明仁泣述。

陈湘生：祖父陈明仁对于曾祖父的死因，用了"春秋笔法"：是因为太祖父去世，悲痛过度，加上担忧社会动乱，才忧悸成疾，撒手人寰。所以他没有采纳当时地方当局追责参与者的意见，以息事宁人而了事。

将 1931 年的"行述"与 1951 年的"自传"加以对照，祖父对曾祖父去世的看法是一致的，没有因时间和地位的变化而改变。

为葬曾祖父，祖父请风水先生在醴陵市李畋镇（原为洪源乡）老虎冲找了一处墓地，因为地是别人的，还花了一笔钱才买下。又请时任国民政府委员兼监察院院长的于右任老先生题写了墓碑："天地正气"和"中华民国二十年四月　陈振器先生之墓"。此墓近年略作修缮，当地政府专门修了一条通往墓地的小路。2020 年被列为醴陵市级文保单位，得到妥善养护。

5 月 28 日

汪精卫、孙科、林森、陈济棠、唐生智、李宗仁等在广州组建国民政府，汪精卫当选主席。宁粤分裂。

7 月 10 日

第 13 路军总指挥石友三在河北省顺德府^①发动兵变,就任粤方所委第 5 集团军总司令。

7 月 14 日

第 3 师独立旅在河南省许昌集结,准备参与平叛。

7 月 16 日

陈明仁兼任国民党第 3 师独立旅特别党部筹备委员。

7 月中下旬至 8 月初

第 3 师独立旅经河南省淇县、彰德、河北省临洺关、宁晋,于 8 月 2 日占领河北省束鹿北关。

8 月 3 日

第 3 师独立旅进驻束鹿东关,第 3 师主力分兵守备城南、城西、城北三面,阻击石部第 1 军。

石部第 4 军、第 5 军各一部亦陆续抵达投入作战。

8 月 4 日

第 3 师将石友三部主力击溃。

独立旅俘虏石部第 3 师师长文兴邦、旅长郭裕德、第 5 军参谋长高守正,取得"一旅克三师"的战绩。

8 月 7 日

《申报》报道第 3 师独立旅 6 日专电,俘虏石部"官长四百余员,士兵三千余,枪械无算,并伪第五集团军总司令关防一颗,及逆部宪兵、特务队官兵千余名"。

9 月 18 日

日本军队在沈阳发动事变,抗日战争开始。

---

① 旧地名,府城为今河北省邢台市。

1932 年 1 月 1 日

广州国民政府改组为西南政务委员会，宁粤合流。

1 月 28 日

日本军队在上海发动事变，淞沪抗战爆发。

1 月 31 日

第 3 师独立旅移驻河南省洛阳。

3 月 1 日

"伪满洲国"在长春成立，溥仪任执政（后改称"皇帝"）。

5 月 5 日

国民政府与日本政府签订《中日停战协定》，淞沪抗战结束。

5 月 22 日

蒋介石兼任鄂豫皖三省"剿匪"总司令。

5 月 27 日

陈明仁调升第 80 师（师长李思愬）少将副师长兼步兵第 238 旅旅长（军政部令）。步兵第 238 旅副旅长萧恢权，辖何文鼎步兵第 475 团、何旭初步兵第 476 团，驻罗山。

第 3 师独立旅裁撤，所部编入第 89 师。

6 月 12 日

蒋介石在庐山召开军事会议，确定对红军第四次"围剿"的战略步骤。首先集中主要力量消灭鄂豫皖、湘鄂两区红军，然后全力进攻江西中央革命根据地。

7 月 1 日

第 80 师在罗山集结，调归鄂豫皖三省"剿赤"中路军第 2 纵队指挥官陈继承（第 1 军军长兼任）指挥，准备参加对鄂豫皖苏区的"围剿"。

7 月初至 9 月上旬

经过多次激战，陈继承所属部队陆续占领七里坪（红四方面军诞生地）、新集（鄂豫皖苏区政治中心）。

9月9日

第80师进驻河北省新集。

9月29日

陈明仁致电蒋介石，言第80师"现少兵三千余名，病者复多，武器尤劣，经济紊乱，官兵怨望。恳赐补充整顿，俾成劲旅"。

10月中旬至12月中旬

第80师追击撤离大别山区的红军并担负对鄂豫皖苏区的"清剿"任务。

1933年1月7日

第80师留补充团担负河南省商城、潢川城防任务，主力在杜村店、双柳树、双翰河、豆腐店、杨桃岭、泼皮河、熊家河、沙窝、余家集等地区"清剿"红军。

1月21日

第80师主力改在商城以南枫香树、银新店以北地区"清剿"红军。

2月1日

蒋介石电询陈继承第80师整训情形，并提议陈明仁专任副师长、何文鼎继任旅长。

2月5日

陈明仁指挥步兵第475团和第75师一个步兵团开赴四顾墩"清剿"红军。

2月18日

陈明仁被免去旅长兼职，专任第80师少将副师长，何文鼎继任步兵第238旅旅长（军政部令）。

4月14日

驻鄂绥靖公署主任何成濬致电蒋介石，请调第3师和第80师开赴江西"围剿"红军。

4月24日

蒋介石电令第80师准备开赴江西"围剿"中央苏区。

5月1日

蒋介石组建赣粤闽湘鄂"剿匪"北路军,刘峙任总司令,准备对中央苏区进行第五次"围剿"。

6月4日

陈继承致电蒋介石举荐陈明仁,言"陈副师长明仁少年英俊,有勇知方,随本军历经奋斗,劳绩卓著。请钧座提前拔擢任师长,奖掖后进,以资鼓励"。

6月5日

蒋介石对陈继承举荐电批复"可也"。

1933年6月5日,蒋介石对电文稿的批示手迹

6月8日

蒋介石电令第80师暂在汉口集结(该师时有官兵13000余人)。

6月16日

第80师开赴江西抚州。

6月27日

蒋介石在抚州检阅第80师并训话。

8月22日

蒋介石致电刘峙,拟调升陈明仁为河南省保安第2总队司令。

8月23日

刘峙复电蒋介石,拟改总队为纵队,推荐唐俊德、陈明仁分别为河南省保安第1、第2纵队司令。

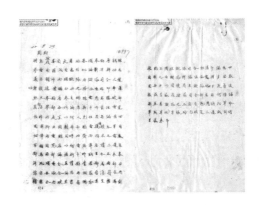

1933年8月23日,刘峙复电蒋介石推荐陈明仁

8月24日

蒋介石对刘峙提案批复"照办",言"准编四团制之两纵队,其司令人选仍以唐俊德、陈明仁任之";并言:"另电八十师陈副师长明仁来见"。陈明仁即离开第80师前往南京觐见蒋介石。

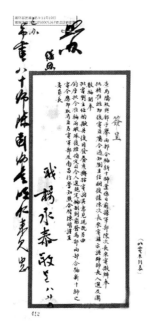

1933 年 8 月 24 日,蒋介石对刘峙提案的批复

8月29日

为完成赣江至抚河之间的碉堡封锁线,第80师师长李思愬率领师直、步兵第238旅和补充团经罗埠、大盆山开赴吉水乌江圩修筑碉堡。

8月31日

该日 15 时,第 80 师主力在乌江圩遭到红 1 军团两个师伏击,激战至 19 时突围。所部遭到重创,伤亡 2000 余人,参谋处处长金丹成、步兵第 238 旅旅长何文鼎以下 2000 余人被俘(何文鼎伪装成士兵被释放),师长李思愬率领残部突围至吉水,收容 1500 余人。步兵第 476 团第 1 营营长文蔚雄率部突围向永丰转移,此为第 80 师被围部队中唯一全建制突围的部队。

当日,因第 80 师惨败,蒋介石电告刘峙:"特

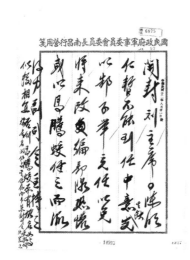

1933 年 8 月 31 日,蒋介石给刘峙"陈明仁不能到任"的电文

族谱记载:"任……河南保安第二纵队司令"

急……陈明仁不能到任，中意先以郜子举充任司令，以免将来改编部队恐慌……"陈明仁在去河南的途中被蒋介石召回，未能按计划去河南赴任。

陈明仁对此的回忆是："1933年，我任国民党八十师中将师长时，接任之先，该师因进攻红军，已在江西吉水遭到挫败，几乎溃不成军。我由河南保安纵队司令接任途中，临时被调到吉水，收拾残局。接任师长后，即将部队调驻樟树整理。"

陈明仁于1936年督修《醴南玉屏山陈氏三修族谱》时，记载了对他的这一任命："任……河南保安第二纵队司令……"

9月5日

蒋介石电令卫立煌，由陈明仁代理80师师长，言："……如八十师收容已完，则即派员解李思愬来南昌候审。并希先行监视，以免逃逸为要。该师师长职务暂令陈副师长负责代理。中正。"

1933年9月5日，蒋介石电令
80师师长职务由陈明仁负责代理

11月20日

第19路军发动"福建事变"，在福州成立"中华共和国"①，李济深当选主席，所部改编为第1方面军。

11月21日

蒋介石决定调遣部队入闽"平变"，对中央苏区的第五次"围剿"受到影响。

第80师调归赣粤闽湘鄂"剿匪"北路军第2路军总指挥蒋鼎文指挥，准备入闽"平变"。

12月7日

第80师与"中华共和国"军队对阵交战，收复临江湖。

12月18日

第80师移驻浦城。

---

① 全称为中华共和国人民革命政府（1933年11月22日—1934年1月13日），由蔡廷锴、李济深等人在福州建立的政权，亦称"福建人民政府"。

12 月 24 日

蒋介石抵达浦城亲自指挥"平变"。

12 月 25 日

陈明仁兼任浦城警备司令。

1934 年 1 月 1 日

陈明仁在浦城召开军民联欢会，蒋介石到会训话。

附：文佳木《蒋介石镇压"闽变"驻浦杂记》（节录）（刊载于《浦城文史资料第四辑》）

1934 年 1 月 1 日，在孔庙召开"军民联欢会"。最初，传说蒋介石要到会演说；后来，又传说不参加了；等到开会时他却又突然出现在会场上。那天，从蒋介石的住所到孔庙，密探满街，蒋的亲信随从簇拥着他进入会场。……参加大会的人大都是公教人员和学生，站在月台下面的空地上。便衣探和警犬在人群中穿来穿去。大会由 80 师师长陈明仁主持。陈作简短开场白之后，即由蒋介石讲话。蒋才开始讲了几句话，人群中的上海某报记者胡邦兴拿着照相机准备拍蒋介石的照片。顿时，全场气氛紧张，便衣探立即拔枪包抄过来。胡邦兴连忙出示名片，把照相机递给便衣探察看后才"相安无事"。蒋继续讲话，首先对浦城的山川秀色和历史人物如真德秀等赞扬一番，继则对与会人员"嘉勉"，并讲了"攘外必先安内"等等。……

2 月 6 日

陈明仁直接致电蒋介石，吐露对顶头上司蒋鼎文的不满之言："……月余之间，名为'清剿'，实为'进剿'。入闽后担任闽北各县防务，维护交通，绵亘数百里，朝夕在应命调动中。迄今到达延平，即以主力协同冷（冷欣）师前往收复沙县。而他处防务仍待交替。前蒙允予集中整训，终至未能实现。兹值闽乱粗平、继续剿匪之时，全师将士固无不欲奋发图强，建功自赎。只恐徒凭血气，缺乏训练，遇强寇不足奏歼灭之效，作全队徒供奔走之役。去年之失，亦由于此。惩前毖后，刻不容缓。万一勉强从事，殊无把握，甚至不免第二次之挫折，重负希望。事实如此，曷敢缄默。知己知彼，斯为要诀。在可能范围内，务请钧座实际予本师以集中训练整理机会，以固根本，而期发扬……"

2月7日

蒋介石对陈明仁"集中训练整理"的要求，答复："到达沙县后再定"。

4月11日

第80师开赴沙县。

蒋介石电命第80师"酌派部队南进，佯作驰援，以牵制攻永匪军"。

4月12日

第80师进驻沙县。

步兵第239旅主力（五个步兵营）驰援永安。

1934年2月7日，蒋介石的复电

4月19日

第80师代理师长陈明仁升任第80师中将师长（军政部令）。

4月20日

陈明仁命步兵第238旅在沙县、琅口之间地区赶筑碉堡群，步兵第239旅担负琅口、沙溪之间地区防务。

4月24日

蒋鼎文拟再派第80师收复永安，致电蒋介石请示。

5月8日

步兵第239旅奉命"协同第五十二师主力规复永安"。

5月9日

步兵第239旅进占达贡，先头部队进抵永安东南方，第52师进抵永安西北方。

5月10日

第52师于上午9时攻入永安，第80师步兵第239旅于10时攻入永安。

红7军团一部向曹远撤退，第80师步兵第239旅开赴杉口构筑碉堡。

1934 年 5 月 16 日，陈明仁致蒋介石报告收复永安后相关工作

5 月 16 日

陈明仁致电蒋介石报告收复永安后相关工作："本师奉令协助五十二师于佳日（9 日）克服永安，现以中心担任永沙间防务，并建碉筑路，余驻沙县附近。至沙延间碉堡封锁线则已次第完成，公路正继续修筑中。"

5 月 25 日

红 7 军团一部占领沙县以南的梅烈，陈明仁命工兵营、炮兵营（由工兵营长谭心指挥）由沙县出击，步兵第 239 旅由杉口出击，夹击红军。

5 月 27 日

步兵第 239 旅因三元、中村等地陆续发现红军，未能出发。

工兵营和炮兵营进至华孟，经两小时激战，遭到红 7 军团重创，被俘 300 余人，残部突围返回沙县。

陈明仁"遵奉刘（和鼎）指挥官命令"，命步兵第 239 旅放弃杉口，迂回返回沙县。

5 月 29 日

步兵第 239 旅抵达湖源时与红 7 军团主力突然遭遇。该旅经 9 个小时混战后溃败，伤亡步兵第 479 团中校团附曾鉴学以下 1000 余人，被俘 1420 人。

6 月 3 日

陈明仁因湖源兵败，以"督责不严"，被南昌行营记过。

6 月 9 日

蒋鼎文致电蒋介石，言第 80 师"自陈明仁继掌后进步几微，曾经电陈在案，其战斗能力亦不能与其他中央直辖各师比拟"。

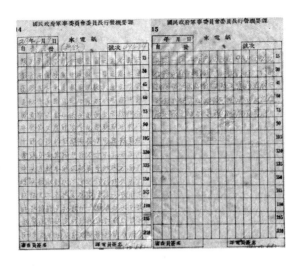

1934 年 6 月 9 日，蒋鼎文致蒋介石电

7 月 7 日

第 80 师开赴龙岩。

7 月 14 日

《江声报》报道《八十师调闽西——陈明仁率部遵陆出发，副师长昨日过厦》。

漳州讯，东路总司令蒋鼎文，为欲增厚闽西兵力，以期会攻长汀，特调驻防延平之第 80 师陈明仁部，开拔前方，参加作战。该师奉令后，业已经由延平向沙县永安直赴闽西，该师副师长海道于昨（13）日抵厦，陆续转漳，开赴龙岩。

福州讯，陆军第 80 师陈明仁部前往闽北沙县永安一带"剿共"，近奉东路总司令部令开闽西，陈师长遵令于日前亲率大部队伍，由沙永经连城，开赴目的地，另一部由何副师长统率，由永安经尤溪抵省，将乘轮赴厦转漳，该师何副师长亦已抵省谒省主席陈仪。

7 月 15 日

第 80 师抵达龙岩。

陈明仁命步兵第 476 团主力驻防古田，一部分驻龙新公路沿线，步兵第 477 团驻防龙岩县城，步兵第 478 团主力驻坎市，一部驻防雁石，步兵第 479 团主力驻防王庄，一部驻防合溪。

7月17日

《江声报》报道《八十师抵岩——辎重十万斤运厦，伤病兵千余赴漳》。

7月19日

蒋介石致电蒋鼎文严办陈明仁罚烟款诈财，言"80师于2月初，派队至诏安梅州村铲除烟苗。后478团李树堂部，调驻该村，将乡长吴聘湖、房长吴省吾等十一人捕获，迨3月3日，该团调防，即将吴等寄押诏安县府。至5月16日，县长奉师长电，该案罚梅州全乡十万元，吴聘湖五万元，吴省吾等五万元。该款至今无法凑齐，遂将吴等带往漳州师部办理等语。如是诈财，国军信誉何存？深堪浩叹。希即详报严办为要"。

7月25日

武汉行营点验组抵达龙岩点验第80师，遭到陈明仁冷遇，被罗织罪名报告蒋介石。

附：罗召南①《陈明仁生平》(节选)

1933年，陈明仁升任80师师长，归东路"剿匪"总司令蒋鼎文指挥，对李济深、陈铭枢等及十九路军在福州成立的人民政府作战。当进军福建时，陈接蒋鼎文密电，说其师部军需科长温汰沫言论反动，有通敌嫌疑，扣押总部讯办。陈置之不理，坚持将温暂交80师特别党部反省，蒋鼎文大为不满。闽变平定后，80师移驻延平，仍归蒋鼎文指挥，对闽赣工农红军进行所谓"围剿"，在军事部署方面常与蒋鼎文发生矛盾。1934年夏，陈所属239旅在沙县被红军击溃，旅长陈平裘落荒而逃。陈明仁认为是蒋鼎文对敌情判断不明，不应将全师主力分割使用，以致坐失战果，对蒋总部所谓联络人员破口大骂。蒋鼎文到陈防地视察时，陈又避不见面。蒋鼎文又派出视察组点验80师官兵人数。陈明仁早就感于部队连续作战，得不到整补机会，现在所募新兵尚未到达，战事又未中止，总部似乎迫不及待地到前线突击点验，更感不满，对视察人员也极冷漠。蒋鼎文即联系陈一贯骄傲，添上"作战不力"及"贪污"等罪名报告蒋介石。旋接蒋由庐山拍来电报，原文是"八十师师长以陈琪调任，陈明仁来见"。

---

① 陈明仁旧部，新中国成立后任湖南省政府参事室参事。

7月29日

蒋介石电令东路军总指挥蒋鼎文"全权整顿"第80师，言"该师历史不良，暮气已深，非彻底改造不可，凡是师旅团长不力腐败者，皆应准备撤换"。

8月14日

东路军总司令蒋鼎文将陈明仁免职，陈琪继任师长（南昌行营令）。

8月19日

陈明仁和第83师师长刘戡奉命到厦门乘坐"琼州"轮前往上海再转庐山，入"剿匪"军官训练团第三期受训。

8月20日

抵达厦门的陈明仁致电蒋介石，希望能够在庐山觐见。

8月24日

《江声报》报道《陈琪调升八十师师长　陈明仁以疏忽免职》。

1934年7月29日，蒋介石电令整顿第80师

1934年8月24日，《江声报》相关报道

第80师师长陈明仁，于日前过厦赴京转庐山受训，经载本报。兹查80师师长一职，经由东路军总司令蒋鼎文呈由南昌行营蒋委员长改委陈琪升任。陈为87师副师长，奉委后，业于前星期一过厦入漳，转往龙岩就职，现80师仍驻龙岩。至陈明仁免职原因，据闻陈部由沙县调赴龙岩时，在沙永交界之某地，因扎营不慎，致为"匪"乘，虽无损失，然事诚疏忽。因是，东路总司令蒋鼎文乃呈蒋委员长免陈80师师长职，改调陈琪升充云。

对于被免 80 师师长的原因，陈明仁在自传里说："在八十师任副师长的时候，我曾被调到庐山训练团第一期受训，并兼了一个教官的名义，但实际上我并未到职，经常逗留在醴陵、南京等处。等到第三期的时候，我又由八十师师长之职调去受训，并任该团第三营副营长。我因为在八十师没有完全接受我的上级、东路军总指挥蒋鼎文要我杀害一批经红军训练后释放回来的被俘官兵的命令，大为蒋鼎文所不满，定要惩罚我。于是借调训的名义，把我的师长职务解除了。"

9 月 3 日

"剿匪"军官训练团第三期在海会寺开学，陈明仁任军官训练团第 3 营副营长。

9 月 27 日

陈明仁在"剿匪"军官训练团第三期结业。

10 月 4 日

陈明仁派任第 2 师（师长黄杰）少将参谋长（军政部令），驻保定。

1935 年 1 月 3 日，蒋介石回复何应钦关于陈明仁任用问题的来电

1935 年 1 月 3 日

蒋介石回复军政部部长何应钦关于陈明仁任用问题（1934 年 12 月 31 日）的来电，言"此人尚有劣迹，当待面谈"。

附：《何应钦为陈明仁求情电》

据陈明仁函呈，在八十师任内经过，及为人耿直，至遭谴责等语。该员历经战役，不无微劳，可否俯赐录用，俾图奋勉，乞示。

何应钦

世衡电 12 月 31 日到 12 月 31 日送出

蒋批："此人尚有劣迹，当待面谈。"

绛（3 日）申（16 时）

1 月 12 日

陈明仁被免去第 2 师参谋长，另候任用（国民政府令）。

对于短期内连续被免职，陈明仁在自传中写道："在庐山受训完毕后，被调任为第二师的参谋长了。到职还不到两三个月，蒋鼎文知道了我任参谋长，仍不甘心，又建议将我免职。我被免职后，很久没有实际工作。"

2 月 11 日

军事委员会委员长侍从室第 1 处主任晏道刚呈请保送陈明仁等七人入陆军大学正则班第十三期旁听。蒋介石批："杜从戎不准，余可照准。"

4 月初

陈明仁获准进入陆军大学正则班第十三期旁听，驻南京。

9 月 19 日

陈明仁派任军事参议院（院长陈调元）少将参议（国民政府令）。

陳明仁 子夏 三十四歲 湖南醴陵
湖南醴陵東城瓜畲坪陳公館

佩戴"陆大"领章的陈明仁

1936 年 1 月 1 日

陈明仁前往参谋总长程潜寓所拜年。

5 月 27 日

陈明仁参加陆军大学将官讲习班第三期开学典礼。

11 月 15 日

陈明仁接抚养的李人干二孤女来家度周末。1929 年国民革命军遗族学校筹备委员会编《国民革命军遗族学校筹备委员会筹备报告》，每月第三个星期之星期日为例假，1936 年 11 月 15 日正是第三个星期日。按照遗族学校请假条例规定，例假须有家属或保证人来领。否则亦须有妥人，携带"亲属证"前来伴领。

《陈明仁日记》[①]（节录）：（1936 年 11 月 15 日）八时偕香如到遗族女校接人干兄之二女来寓午餐，因该校于本日放例假，先期通知予须负责接送故

---

① 《陈明仁日记》，作者陈明仁，为陈明仁上将 1936 年至 1947 年所记日记。2017 年 11 月解放军文艺出版社出版。

国民革命军遗族学校大门

也。十一时返寓，午后一时率大小六人到新都观电影，五时许送二女生返校。

12 月 12 日

张学良、杨虎城在西安率部发动兵谏，将蒋介石扣押。

12 月 13 日

胡宗南领衔与陈明仁等 179 名将领联名通电，反对张、杨扣蒋。

12 月 24 日

周恩来会见蒋介石，蒋当面表示"停止'剿共'、联红抗日"。

12 月 25 日

张学良亲自护送蒋介石返回南京，"西安事变"和平解决。

本年

陈明仁"督修"《醴南玉屏山陈氏三修族谱》。

右为全套 22 册族谱；左为卷九第 77 页，
世系载陈明仁出先泰房下

1936 年修谱时陈明仁任该谱"督修"

醴陵陈氏排行字派

醴陵陈氏排行字派：本立家声振，明扬国运光；上闻题以义，继起发其祥；良辅嘉为善，高贤庆聚堂；迪前崇厚道，敬爱永贻芳。

陈明仁即为"明"字派。

族谱中关于陈明仁捐助款的记载

族谱记载：1931年陈明仁捐光洋800元请主事者代购田租，其半数用于祖堂油灯，半数用于教育经费。1933年陈明仁为了扩充教育经费，"特别大乐捐"1400元，由主事者牵头集资，成立育贤会，用于"发给本族中学生及中等以上专门大学生学费各若干，无房分畛域之分，亦无捐与未捐之别，以示大公，藉资鼓励"。

《清例贡生先君葆廉公行述》

族谱中陈明仁的章节

陆军大学教育长杨杰

1937 年 1 月 16 日

《陈明仁日记》写道："今日与耿光教座[①]对谈二时三十分，得教训不少。在今日之社会环境做事，殊不容易。予过去十年中一帆风顺，毫不受挫折，以为天下事尽系于人愿者。迄廿三年失败后[②]，始知直路走不通。今日与杨谈话后，更知道高一尺，魔高一丈之实情也，增我阅历不少。但亦使胆怯多矣，以我之性质，将来困难，波折必多。"

3 月 8 日

陈明仁由陆军大学正则班第十三期旁听身份改为正式学员。

3 月 27 日

陈明仁前往洛阳参加陆军大学举办的春季演习。

5 月 3 日

陈明仁听闻第 3 师有更换师长的消息，经拜访陈继承得其答应举荐。

5 月 5 日

经军政部部长何应钦劝阻，陈明仁决定放弃竞争第 3 师师长，专心陆大学业。

7 月 4 日

陈明仁养胡须被程潜指责，决定剃去。

7 月 7 日

日本军队在北平发动卢沟桥事变，抗日战争全面爆发。

---

① 陆军大学教育长杨杰。
② 指 1934 年遭诬陷被撤职一事。

7月16日

陈明仁派兼暑期军官训练团第二期第2大队（兼大队长万耀煌）第5中队（兼中队长范汉杰）第2分队分队长，驻庐山。

7月21日

陈明仁启程前往庐山报到。

7月26日

暑期军官训练团第二期开学，因蒋介石未到，开学典礼延期。

陈明仁读陆大时与家人合影于南京鼓楼寓所
左起：妻子谢芳如，次子扬铨（12岁），长子扬钊（15岁），养起胡须的陈明仁

7月29日

北平沦陷。

8月2日

陈明仁参加暑期军官训练团第二期开学典礼，接受蒋介石点名和训话。入夜后写家信给长子陈扬钊，做好抗日牺牲准备，言"因中日战争开始后，余等军人早已抱定牺牲之决心，何时何地死，是不知道的。活一日，对于家事也得顾一日，所以教他们（桃、钊、铨）一语，即等于遗嘱一语也"。

8月8日

陈明仁启程返回南京。

8月9日

陈明仁抵达南京后到陆军大学报到。

8月13日

淞沪会战爆发。

8月30日

陆军大学搬迁至长沙，陈明仁随行。

9月4日

陈明仁随陆军大学教职员抵达长沙。

9月11日

太原会战爆发。

9月22日

陆军大学在长沙复课。

12月13日

中华民国首都南京沦陷。

12月22日

陈明仁觐见军政部部长何应钦，同意陆军大学毕业后在军政部服务。

12月25日

陈明仁参加陆军大学正则班第十三期毕业典礼，获得毕业证书。

1938年1月16日

陈明仁到军政部报到，任军政部中将部附，驻武昌。

3月24日

军政部部长何应钦派陈明仁为点验主任，点验浙赣两省驻军九个师。

5月22日

陈明仁在武昌向军政部次长曹浩森会报点验工作。

6月14日

陈明仁在武昌向军政部部长何应钦会报点验工作。

6月17日

陈明仁写出《点验工作报告书》，呈递蒋介石侍从室。又备了一份，打算次日面呈蒋介石。

6月18日

陈明仁在武昌觐见蒋介石，会报点验工作，并请求承担军事工作，遭到蒋的冷遇及训斥。

陈明仁陆大毕业照

6月19日

陈明仁派任第6补充兵训练处中将处长。

6月20日

陈明仁在武昌参加补充兵训练会议，接受蒋介石训话。

6月25日

陈明仁接军政部部长何应钦电话，命其不必前往襄阳就任第6补充兵训练处处长，改任为预备第2师师长。

6月26日

陈明仁在武昌与预备第2师前任师长冯剑飞交接，并拜访指挥预备第2师的第8军军长李玉堂①。

6月29日

陈明仁凌晨抵达咸宁就职。上午先后召集步兵第6团、步兵第5团官兵训话。下午接到部队移驻九江的命令，命副师长陈泰运先行出发。

---

① 李玉堂（1899—1951），山东广饶人，字瑶阶。是陈明仁中央陆军军官学校第一期步兵科同学。时任第8军中将军长。第8军时辖第3师、预备第2师、预备第11师。

7月1日

预备第2师奉命由火车运往九江，并启用部队代字"武功"，准备参加武汉会战。

7月4日

陈明仁召集全师上尉以上军官训话。

下午，预备第2师改乘船开赴九江。

7月5日

凌晨2时30分，预备第2师进驻九江。

9时20分，接第8军军长李玉堂电话口令，预备第2师作为第8军预备队，"集结于十里铺附近，并构筑崔家垅至陶家坝间之预备阵地"。

13时，陈明仁命参谋长戴坚率工兵营营长彭国杰及参谋数人前往崔家垅至陶家坝一线预定阵地侦察。

7月21日

日军轰炸机轰炸预备第2师卫生队驻地，造成十余人伤亡。

陈明仁前往莲花洞参加第9战区司令长官陈诚召开的军事会议。

7月23日

凌晨，日军波田支队（支队长波田重一）在鄱阳湖西岸姑塘登陆，突破预备第11师防线。九江战役开始。

11时，陈明仁接获第8军军长李玉堂电话，命预备第2师"迅派步兵一营至汤家畈附近，收容第11预备师"。

17时，写遗嘱给妻子，告知"成仁"后的三点注意事项。

19时，预备第2师奉第8军军长李玉堂电令，在十里铺以西地区集结。

23时，预备第2师奉第29军团军团长李汉魂电令，开赴八里坡附近集结，作为军团预备队。陈明仁随即电话命令所属各团，"乘夜暗向上八里坡附近转进"。

7月24日

第8军、第64军、第70军防线陆续被日军突破。

第2兵团总司令张发奎命第29军团"……预备第2师即占领蔡家垅西北端、鸦雀山、马家一带，极力拒止当面之敌，而后归还第8军建制为军预备队……"

预备第2师于拂晓抵达上八里坡附近，陈明仁于10时下达部署："一、第5团在蔡家垅至鸦雀山之线，占领阵地（该团以第2营占领蔡家垅高地，以第3营占领鸦雀山。第1营位置汤家畈北山麓，为预备队）；二、第7团在鸦雀山（不含）迄北高地至马家之线占领阵地；三、第6团位置于猫山附近，为预备队；四、师直属部队位置于许庄附近；五、师指挥所在许庄，情报收集所设上八里坡。"

11时，陈明仁接第29军团军团长李汉魂电令："一、军团即向姑塘登陆之敌反攻；二、该师在本（24）日16时以前应守鸦雀山至马家高地之线"。

15时，陈明仁接步兵第5团电话报告，日军先头部队进抵廖家畈附近，并以炮兵轰炸该团阵地。

第19师退守鸦雀山以南的273.5高地，掩护左翼的预备第2师阻击日军。

7月25日

5时，蒋介石电令第8军军长李玉堂转陈明仁，命预备第2师将防务移交给第3师所属步兵第15团后开赴瑞昌整训。但是延至正午尚无接防部队到达。

7时10分，鸦雀山东北，第7团第2营即与敌接触，战事极为激烈。

10时，友军第3师阵地与日军发生激战，陈明仁判断第29军团反攻未能成功，决定坚守阵地。

11时，日军波田支队台湾步兵第1联队（联队长佐藤要）第2大队（大队长石川明）由廖家畈方向对鸦雀山阵地发起进攻，与预备第2师发生激战。陈明仁命步兵第5团坚守阵地，步兵第7团驰援第3师步兵第15团，步兵第6团抽调一个营扼守莲溪墓山卡。战至14时，将日军击退，击毙日军台湾步兵第1联队第2大队大队附石桥春一中尉。

16时，日军波田支队主力越过九星公路。

17时，九江方向枪炮声密集，陈明仁判断"敌将以一部在九江市登陆，协同姑塘登陆之敌作战"，"决心在原阵地固守，使九江方面友军作战容易并掩护九莲公路之交通"。

18时，第7团的侧翼友军第3师及第15师之一部经过该团阵地后撤，使该团阵地突出，受敌三面攻击。

19时，陈明仁接第8军军长李玉堂电话再次命令，着手准备撤退。

20时30分，第29军团军团长李汉魂，下达关于"各部转进时间路线及到达地点与警备区域"的命令，其中预备第2师"应即开箬溪构筑工事"。

21时30分，陈明仁下达撤退命令："一、师于22时开始向沙河转进，第一目标在沙河，第二目标为狮子山南北之线；二、第5团以一部留置鸦雀山，掩护撤退之行动。主力经徐庄入莲溪路，经和尚坟，向沙河背进；三、第6团留置一部于莲溪墓东侧高地，余部经徐庄、瞿庄、887高地，向沙河背进；四、师部直属部队及第7团经十里铺、杨家岭，向沙河背进"。

23时30分，陈明仁率师直部队通过十里铺，并继续向西转移。

7月26日

预备第2师于拂晓通过沙河。

九江沦陷。

7月27日

预备第2师在高家垅附近集结整理后继续向瑞昌转移。

陈明仁致电第8军军长李玉堂报告所部情况。

附:《报告》

1. 师已于昨（26）日晚在沙河西约四公里之高家垅附近集结，本日即在原地整理定本晚向瑞昌前进，宿营地在瑞昌西偏南约三公里之王村、周村附近。

2. 钧部尔后之行动及全般状况，职师之行动有无更改之处均恳详细指示俾有所遵循。

3. 职师昨(26)日行军时敌机不断侵袭,致队形过于疏散,集结稍感困难,又前（25日）晚在鸦雀山莲溪路任掩护之部队撤退时，因敌先头已进出十里铺附近，退路被截损失颇重。

7月28日

预备第2师抵达瑞昌继续整理。

7月29日

陈明仁前往何家畈与第3集团军总司令部孙桐萱会晤。

7月30日

《陈明仁日记》："7时，冒雨往5团各营连点名并清查武器，6、7两团则派副师长、参谋长前往办理，至午后7时始毕事。人员伤亡与失踪者在两千以上，损失步枪477枝，轻机枪18挺。此次损失原因系由167D荣誉大队（五个连）全部溃散，计原有官佐25员，现只剩5员；士兵638名，现只归队155名。失步枪188枝，轻机枪10挺。假如本师此次不收编该部，绝无如此重大损失。今后再不要已愈伤官兵编入，因该辈已患怕敌病，心虚胆惊，一闻敌机轰炸声，即行弃甲曳兵而逃。官长先散，士兵焉得不逃，加以行为放荡，败坏纪律之事无所不为。余意今后伤官兵还是各归原部有利，如集团编队，万不能重上前线，免误戎机，并将此意见电呈上峰签核。总之本师此次上了大当，想得便宜反不得便宜，可见天下事有一定道理在也。缘前驻汤家畈时，因167D荣誉大队分驻附近，为便于接收计，乃电部长，拨归本师，原想得点小便宜也。"

7月31日

预备第2师奉命准备开赴咸宁。

第9战区司令长官陈诚致电蒋介石，拟编并预备第2师，言"查预备第2师调整不易，拟将该师各以一团分编于第52师、第190师、第40师各师，并以陈明仁调第40师师长，原第40师师长罗历戎请另调他职"。蒋介石批复"如拟"。

1938年7月31日，陈诚致电蒋介石，拟编并预备第2师

8月1日

陈明仁作出部队行军次序，按步兵第6团、步兵第7团、师部、师直属部队、步兵第5团的顺序。

陈明仁致电蒋介石，报告九江战役后预备第2师情况："师已于俭日遵命在瑞昌西郊集结完毕，现有官佐347员（后方77员在外），士兵4429名（后方新兵2268名在外），重机枪11挺，轻机枪189挺，步枪2023枝（后方

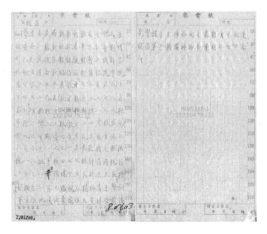

1938年8月1日，陈明仁致电蒋介石报告九江战役后预备第2师情况

240枝在外），计此次会战伤亡及生死不明官佐78员，士兵1771名，武器损失轻机枪18挺，步枪477枝，弹药消耗约二分之一，并损坏15瓦特及5瓦特无线电机各一具。职现在积极着手整训事宜，惟此间给养困难且有接受前线影响诸多不便如何之处，恳电示祗遵。瑞昌第2预备师师长陈明仁叩"。

8月2日

预备第2师开赴咸宁，正式脱离战场。

附：《陆军第二预备师于九江之役战斗详报》

（一）战斗前敌我形势之概要

敌自冲破我马当封锁线后，积极向西进犯，企图一鼓而下九江，实行其进攻武汉之计划，经旬日间侦察并施轰炸，乃于二十二日夜于姑塘强行登陆，与我友军发生激战。是时师位置于十里铺西南一带地区，旋集结于上八里坡，为军团之预备队。

（二）战斗前敌我之兵力

敌使用飞机数十架，大小军舰数十艘，大炮一二十门及约加强之一旅团，于姑塘强行登陆。我守军第十一预备师兵力薄弱，不支溃退，遂突破我湖岸防御阵地。又与我友军激战于谷山北端及普泉山之线，势甚猛烈。此时我师奉军团长命令，推进至上八里坡及其东南地区，以遏阻敌之前进。

（三）防御配备

师于七月二十四日拂晓推进至上八里坡附近后，前线之枪声渐渐浓密，我第一线友军已有零星撤退通过阵地者。师于十时许决即展开，其命令要旨如左：

1.第五团在蔡家垅至鸦雀山之线占领阵地（该团以第二营占领蔡家垅高地，以第三营占领鸦雀山，第一营位置于汤家畈北山麓，为预备队，团部及直属部队推进至汤家畈）。

2.第七团在鸦雀山（不含）迄北高地至马家之线占领阵地（该团以第二、

三两营占领鸦雀山以北高地，以第一营为预备队，位置于鸦雀山西端高地，团部及直属队位置于马家）。

3. 第六团位置于雞家附近，为预备队。

4. 师直属部队位置于许庄附近。

5. 师指挥所设在许庄，情报收集所设于上八里坡。

部署甫毕，于十一时接军团长李命令，其要者如左：

（1）军团即向姑塘登陆之敌反攻。

（2）该师在本二十四日十六时以前应守鸦雀山至马家高地之线。

第五团令第二、三两营积极构筑鸦雀山阵地工事，一面派队搜索当面敌情。第六团即以一部担任构筑阵地工事。是日上午敌机十余架至阵地上空低飞侦察，轮流轰炸我阵地，复以机枪扫射，迄午后六时始行停止。我第六团伤亡官兵七十余员名，步枪被炸毁五十余枝，而第五、七两团尚无损伤也。

（四）战斗经过

二十四日下午三时，据第五团报告：鸦雀山之敌已进到廖家畈附近，开始向我鸦雀山阵地施行炮击，友军情况不明，只闻岭上枪声甚密。友军之行李亦有零星向汤家畈移动者，鸦雀山原无工事，正在赶筑中，但敌机不断来袭。

同时又据该团报告，谓奉到军团长李要旨，命令预2师派任守备汤家畈、鸦雀山之第五团，务须死守该地，不得擅自撤退。五时三十分，师派戴参谋长于敌机轰炸下前往鸦雀山巡视，并指示第五团防御配备要领。

二十五日五时奉军团长李命令，要旨如左：

1. 军团即向姑塘登陆之敌反攻。

2. 第一五五师由南向北攻击进出鸦雀山附近之敌人。

是日直至七时，据五团报告：前线未闻枪声，想系我方反攻计划未得实现。七时许又据该团报告，廖家畈方面犹闻枪声。是时，增援第五团鸦雀山以北与第七团八里坡以南阵地空隙之第六团一部亦已进入阵地。七时十分鸦雀山东北，我第七团第二营即与敌接触，战事极为激烈。九时三十分据第五团报告，我阵地前七八百公尺之村落后端发现敌踪。师长以电话令王团长务须极力固守阵地。其时敌机十余架及其海陆炮兵不断向我鸦雀山阵地轰击。此时工事已大部完成，兵力作疏散配备，故官兵伤亡尚少。敌遂在其猛烈炮火之下，于十一时三十分向我阵地攻击，此时战事以鸦雀山我第五团第三营阵地最为激烈。鸦雀山以北高地，我第七团第二、三两营亦与敌接触。迭受敌机狂炸，第四连阵地落弹二十余枚，连长蔡琨山及排长陈琨均受伤。迄至下午一时，敌被击退。其后续部队向其右翼增加。我第七团第一营推进汪家垅以北高地，占领阵地，策应左翼作战之第三师第十五团。敌我相持至午后三时。敌炮火更为猛烈，其弹着多命中我阵地，此时我阵地几为浓烟及尘沙所笼罩，敌之大部更于此时向我阵地猛犯，第五团第二连连长薄殿敏负伤，该团前线士兵伤亡较重。鸦雀山前约四百公尺之小高地竟为敌占据，势甚危殆。第一连排长刘继周阵亡。其敌之一部复进迫至鸦雀山麓，当遭我手榴弹投掷，敌伤亡极多，敌之前进稍为迟滞。时第七团第一营与敌激战甚烈，阵地一部较形突出，受敌三面攻击，损失较重，随友军节节抵抗。第六团正面战事亦极紧张，以第二营营长李旦卿率六、七两连向右翼增援，协同第一营固守公路左右高地。此时敌机四五架不断在我第五团之预备队头上低飞并投弹，该团第三连亦有伤亡。

下午四时敌已越过九星公路，炮弹已落许庄附近。下午五时上八里坡迄北及九江方面枪炮声甚为激烈，判断敌将以一部在九江市登陆，协同姑塘登陆之敌作战。

师长决心在原阵地固守，使九江方面友军之作战容易，并掩护九连公路之交通，令各团极力抵抗。

下午六时许，第六团之左翼阵地受敌包围。当以第八连之一部占领左侧阵地，并即以一部向包围之敌突击。敌不支，向后溃退，阵地转稳。此时第七团阵地非常吃紧。第三师及第十五师之一部亦有经我阵地后撤者。第五团乘敌机不能活动之时机，以第三营第八连向敌逆袭，夺回阵地前一带小高地。敌向后溃退，据守村落道路之线，至是阵地转稳。

下午七时，接军长李电话，谓本军于本（二十五）日晚撤退，着即准备。下午九时三十分，奉军长李电话，开始撤退。师即下达撤退命令，其要旨如左：

1. 师于二十二时开始向沙河转进，第一目标在沙河，第二目标为狮子山南北之线。

2. 第五团以一部留置鸦雀山，掩护撤退之行动。主力经徐庄入莲溪路经和尚坟，向沙河背进。

3. 第六团留置以一部留置莲溪墓东侧高地，余部经徐庄、瞿庄、八八七高地，向沙河背进。

二十三时三十分，师直属部队通过十里铺西进时，九江市大火，任该方面守备之第九预备师已沿公路南撤。

二十六日拂晓，师各部队先后通过沙河，受敌机轰炸，损失甚微。

二十七日师各部队到达高家垅附近集结整理。至是战斗遂结局而脱离战场矣。

（五）战斗结局

1. 敌伤亡官兵六百余名。

2. 我伤亡官兵一千五百余人（注：根据陈明仁8月1日电报，以及军政部军务司于1938年12月统计，预备第2师在九江战役中伤亡失踪官兵1849人）。

（六）战斗之经验

甲、我之弱点

1. 我无空军参战，大炮缺少，步兵受敌机轰炸，运动困难，精神极受痛苦。

2. 联络不确，实未收协同之效果。

3. 射击、军纪欠严肃，各种射击技术太差。

4. 阵地临时构筑，颇不坚固，伪装不良，故多被敌炮弹命中。

5. 一般情况不明，情况一变，各级均不知所向。

6. 救护工作、设备太差，阵亡官兵无人掩埋，负伤者遗弃道路。

乙、敌之优劣点

1. 火力炽盛。

2. 联络确实收协同之效果。

3. 射击精确，能发扬各兵器之特性。

4. 其步兵牺牲精神缺乏。

5. 动作迟缓。

6. 畏惧我冲锋肉搏。

（批注：缺乏夜战技能，烦琐装备，穿着皮鞋作战，不适于山地作战。）

陈明仁在自传中回顾九江战役前后时说："1938年春，我在陆军大学毕业后，由于何应钦关系，被派到军政部当部附。在此期间，曾一度被派为点验主任，负责点验湘、赣、浙三省的部队，接着点验四川部队，因为一度被发表为第6补训处处长，四川并未去了。但补充兵训练处也未去到差，又于6月底发表我为第2预备师师长，原来第2预备师是由贵州保安团队编成的，师长为贵州人冯剑飞。部队由贵州开到岳阳时，才装备武器；装备后，又由岳阳开到咸宁。这时冯剑飞去见蒋介石，蒋问这个部队能否作战。

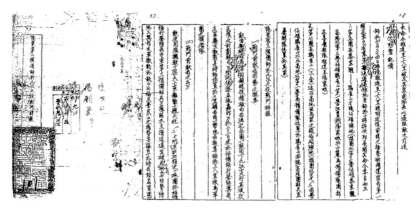

1938 年 8 月 2 日，《陆军第二预备师于九江之役战斗详报》（部分）

冯答：'没有把握。'蒋一怒将冯撤职。

冯被撤职后，何应钦便推荐我继任师长。我接到任命之后，是在某一天的早晨至咸宁接事的。而在当天下午便奉命率部队赴九江作战。这时部队已发了枪，但都未经过射击训练，干部也是没有作过战的。尤其大部分负责人，在出发之际，都怕上前线而纷纷逃跑。司令部六个处长逃了五个，整个部队都是很乱的。当部队开拔经过汉口的时候，我见到了何应钦，何得知这支部队要来往九江作战，为之骇然。认为这个部队在目前，无论如何不能参加战斗，并向蒋介石建议，把这个师的任务变更。蒋介石当然也认为他的建议是对的。所以我这个师开到九江后，开始受张发奎指挥，并直接接受李汉魂节制。由于自己知道部队本身太不健全，而作战任务终将加上，所以，一到九江，便加紧训练，在敌机不断空袭之下日夜不停地训练。这样训练了一个星期，我自己在晚上训练营以上干部，天亮前训练排连干部，白天便由干部训练士兵。一星期后，部队大有进步，作战才有了点把握。当敌人在九江发起进攻时，蒋介石特别电告张发奎，李汉魂还是命令我师参加了战斗，并未遵照蒋介石的指示。但是九江会战的结果，是八个师都被打垮了，只有我这个预 2 师，非但未打垮，而且完成了任务。当时蒋介石、何应钦都很嘉奖我这个部队。

但是不久，便发表命令，令预 2 师与 40 师合并，预 2 师撤销，我当40 师师长。本来 40 师是税警团改编的，装备是新式武器，但是归军长俞济时指挥。我担心在他的指挥下，我师的人事、经理，将会完全受他控制，不能如同预 2 师一样独立自主了。因而由瑞昌跑到汉口去找何应钦，表示不愿接受这个命令。我的理由是，预 2 师本来是一个不能作战，而且不必参加作战的部队。可是结果在战斗中完成了任务，并未溃退，比任何老部队都要好些，上级也曾奖励，现在反而又将它的番号撤销，这仿佛成了一种处罚了。但何应钦极力解释说明，这是由预备师改为正规师，并且变为了一个有很好装备的部队，这自然是赏的意思。而我则坚决表示，这非赏而是倒罚，要求从此解甲归田。同时从地域观念来打动何的心，说明预2师的官兵多系贵州子弟，40师的干部都很齐全，将来一旦人事异动，干部都会被淘汰的。他们在九江作战有功，我不忍坐视他们将来流离失所，我只好和他们同进退。当时，何应钦认为我的理由也对，但又说命令既下，很难收回，要我直接向蒋介石请求收回成命。我当时拒绝了去见蒋，因为这是军政部长的事，何可以处理，无须向蒋介石请求。僵持的结果，我终于胜利了，逼得何应钦向蒋介石要求，把成命收回了。这样，我才仍带了预2师开到岳州报到。后来陈诚（时任湖北省主席、武汉卫戍司令和第6战区司令长官，负责武汉防务）知道我得到何应钦的支持，仍保留了预2师，大为不满，便向蒋介石建议，仍然坚持要把预2师撤销。撤销后的部队开到江西，拨给第8军节制。蒋介石采纳了陈诚的建议，便下了命令。当我接到命令后，马上准备移交，不再去找何应钦了。我不再找何应钦的理由是：原来上面要取消预2师，发表我当40师师长的时候，我去争执乃是为了全体官兵，而非我自己。这次发表命令，则只有对于部队的处理，没有对我本人的安排。如果再去争执，显然是争地位了，所以我接到命令后，便将部队送至江西武宁，交第8军补充，表示个人无所留恋。交代清楚后，我打电报向何应钦请求处理。何复电要我回军政部待命。这时，陈诚到了武宁，当我去见他时，他要我留在武宁，担任第8军副军长。我答复他因为何部长要我回军政部，不能留部队工作。他听了马上变色，表示不满，认为我是属于何一派的。从此以后，陈诚始终把我看作是眼中钉，一直不放心我。其实是我当时说话没有留心，太直率了，而并非自己真的存什么派系观念。我离开武宁后，回到汉口，何应钦又决定从四川补充三个团，恢复为一个师，并改换为正规番号给我率领；但是由于我的坚决要求，这个部队终究仍然保持了预2师的名义。"

8月3日

预2师马匹因战斗全数损失，陈明仁率部由界首徒步行军至阳新。

《陈明仁日记》："四时起床，五时出发。本日行程足有九十华里，脚上走起大泡二个。午后七时，行抵阳新东岸，因水涨难渡，所有船只悉被44D①封用，本师部队一个未渡，乃令在附近露营。予亲与该师管船人交涉，得船三个。师部与特务连之一部渡过，去阳新城内宿营。九时许到达，十二时往电话局接武汉来电话，结果未接通，虚过时间两小时。夜半二时返部就寝。"

8月4日

陈明仁乘车前往武昌，得知预备第2师计划裁撤，所属部队并入第40师。

《陈明仁日记》："午后……3时到军令部访李学长（李益润），知予调任40师师长，2RD则取消，部队分拨各师补充。予为维护各官兵不受人宰割起见，决分头活动，俾能挽此厄运。万一不能达到全师存在之目的，亦须使各团不分割建制，整个编入各师。以个人利害论，予调长40D，当比现在地位好，但部下则将陷于不可想像之境地矣。故决心以大众之利益为前题，牺牲个人，成败虽不能有把握，总期尽到人事，于心无愧已耳。"

8月5日

陈明仁拟订第40师人事，提请以陈泰运任副师长、戴坚任参谋长。

陈明仁先后晋谒军政部次长曹浩森、军令部第1厅厅长刘斐、军政部部长何应钦。

《陈明仁日记》："9时到军政部谒曹次长，并缴旅费余款。10时到军令部访刘厅长，报告九江作战经过，并请其设法保全建制，蒙允于本日下午谒委座时呈明。10时30分谒总长，报告九江作战经过及不愿往就40D师长职，并保全本师理由。蒙允予转呈委座核夺，并令予下午7时半再往晋谒，故各件报告亦未批。7时晋谒部长，已奉委座谕：恢复本师建制，预备各种补充，报告一概批准。"

8月16日

晴，五时起床处理部务，七时同铁肩②赴陆城镇第五团视察，并为新任团长洪行举行佈达。九时过基隆山，在六团部休息，半小时后续行。十一时许到达目的地，午餐后休息。四时对全团官兵训话后，复对班长以上各

---

① 第44师，时任师长陈永。
② 戴坚（1913—1999），湖南长沙人，时任预备第2师参谋长。

干部训话。七时完毕返部，晚餐后往访补充团钟团长济凡①，为拨兵事有所商量，九时返部就寝。本日身体不舒服，夜间烧热大作，未成安眠。

9月2日

陈明仁召开九江战役检讨会，由参谋长戴坚主持，总结经验。

预备第2师仍奉命裁撤，所属官兵分别补充第3师和第15师。

《陈明仁日记》："部队整训略有头绪，人事亦刚就完备，忽又拨补，不能发扬设想之作战力，殊为可惜。早知如此，又何不遵前令拨补，倒还来得痛快，免得许多麻烦，而本人亦得就任40D。并非为做官计，实目前乃吾人效力之时也。令既对本人无下文，亦落得暂时休息，不过对不住国家与良心已耳。但不是自己不愿干，不能干，乃系上峰不要我干，自问亦无愧良心，所谓听天由命可也。"

9月3日

薛岳致电蒋介石，拟仍然裁撤预备第2师，所属官兵补充第3师和第15师。

9月18日

何应钦致电陈明仁："师部及直属部队人员，不必遣散，可移至铁路线附近待命"。

《陈明仁日记》："本已拨编就绪，乃将较优官佐，留用一部，其不能用者仍编遣之。但此电令之意，莫卜是何作用也，只有听其自然而已。"

9月24日

在武昌先后晋谒武汉卫戍总司令罗卓英、军政部部长何应钦，得知预备第2师番号予以恢复，并即行补充开赴长沙整训。

《陈明仁日记》："在此三月中，（预备第2师）取消二次恢复二次，亦可谓不倒翁也。"

10月2日

预备第2师师部和师直部队移驻湘江以西的长沙望城白箬铺。

---

① 钟济凡（1900—1943），湖南湘阴人，字绍卿。中央陆军军官学校第四期炮兵科毕业。时任预备第2师补充团上校团长。后调任第79军副官处上校主任，1943年11月1日牺牲于常德会战，陆军少将（追赠）。原预备第2师第8团已经裁撤，时由新调入之补充团即将改称第8团，钟调为预备第2师上校附员。

10月4日

为重建预备第2师，陈明仁开办干部训练班，兼任主任，并对全体学员点名训话。

11月12日

陈明仁入长沙城试图寻找张治中询问预备第2师行止。在未能见到张治中，即决定部队在次日继续向西移。

11月13日

凌晨，长沙发生大火。焚毁全城80%房屋（约5.6万栋），1000余条街巷焚毁达590余条，原本繁华的南正街、坡子街、府后街、八角亭等成为一片废墟，就连湖南省政府、民政厅、建设厅、警察局、高等法院、电报局、邮政局、电话局、广播电台以及大部分学校、银行也都尽皆被毁，幸存建筑仅有洋行、教会医院数栋，人员伤亡达3000余人。

《陈明仁日记》："4时许起来大便，见长沙方向大火，红了半边天。6时起床，即到部办公。并据报长沙昨夜自己放火破坏，秩序大乱，交通断绝。"

11月14日

预备第2师开始向湘西移动。

12月8日

何应钦请调预备第2师移驻芷江。

12月9日

陈明仁兼任芷江警备司令。

1939年1月1日

陈明仁先后前往宪兵司令谷正伦、鄂湘川黔边区绥靖公署副主任毛炳文居所贺年。

1月2日

陈明仁邀请预备第2师上校以上军官赴家宴。

1月7日

预备第 2 师开赴衡山。

1月20日

预备第 2 师进驻衡山。

2月14日

预备第 2 师乘火车开赴湘潭、株洲。

2月16日

陈明仁兼任潭、株（湘潭、株洲）警备司令。

2月17日

陈明仁在湘潭设立警备司令部。

3月23日

陈明仁前往长沙晋谒第 9 战区代理司令长官薛岳，预备第 2 师防区改为衡阳、衡山、湘潭三地。

3月31日

蒋介石电责衡阳军政要员"风气败坏"，手令如下：

"电衡阳警备司令〇〇〇并转铁路站长 〇〇〇行政专员 〇〇〇。姓名查明填上。

当此抗战正剧，国家生死存亡之时，而衡阳政军各级公务员仍醉生梦死，

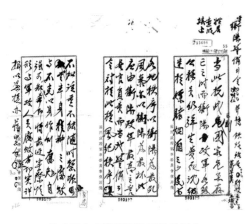

蒋介石电责衡阳军政要员的手令

沉迷于嫖赌烟酒之中。后方各地秩序以衡阳为最乱,风气亦以衡阳为最坏,此应由衡阳政军最高主管长官负责。而当地警备司令对于此种风气秩序不加注意,不能随时整顿,则其本身之腐败,与不克以身作则、奋勉自强可以知矣。希即将最近实际情形与军政人员腐败者,切实详报,以凭核办"。

收电报者按照蒋介石的命令,在空缺处分别填上名字:衡阳警备司令"陈明仁",铁路站长"葛旱翼",行政专员"王炽昌",然后上报蒋介石。

此时的陈明仁仅兼任湘潭、株洲警备司令,与衡阳无关。就这样,在毫不知情的情况下,陈明仁又背了一次黑锅。

4月1日

陈明仁兼任潭岳衡[①]警备司令。

6月23日

陈明仁前往长沙晋谒第9战区代理司令长官薛岳,预备第2师防区改为衡阳、耒阳。

陈明仁兼任衡耒警备司令,在衡山设立警备司令部。

9月10日

预备第2师开赴松滋。

9月15日

第一次长沙会战爆发。

9月18日

预备第2师进驻松滋。

附:陈瑞安[②]《抗日战争中的陈明仁将军》(节选)

布防荆江严整军纪

1939年秋末,陈明仁师奉令赴湖北长江南岸的宜都、松滋、公安、石首一带担任江防。部队从衡山徒步行军,经益阳、常德向鄂西南前进。国民党军队一贯纪律松弛,扰民事件时有发生,群众怨声载道。有一天早晨,部队从宿营地出发,一位老乡拖着一个排长来找陈明仁。当陈明仁问明是这位排长吃了房东的鸡没有给钱时,顿时怒目圆睁,使出皮鞭,朝着这个

---

① 湘潭、南岳(衡山)、衡阳。

② 陈瑞安当时任预备第2师第4团第3营营长,长期在陈明仁部工作。

排长狠狠抽打，还要枪决示众。排长跪地求饶，赔款认错。陈明仁仍然怒不可遏，立即集合行军部队，将排长罚站示众，排长面无人色，两腿发抖，以为必死无疑。但排长所犯究非死罪，陈不过吓唬他一下而已。陈明仁立于高坡处讲话，重申行军纪律，凡扰民者，轻则军棍重打，重则枪决。同时采取维持纪律的措施，由政治部、军法处组成纪律检查队，部队出发后，检查各宿营地有无不上门板的、借物不还的、买东西未付钱的现象。从此以后，全师纪律有了较大的转变。

宜都、松滋、公安、石首一带地处长江南岸，日军占领武汉后，企图溯长江西上，进犯宜昌或南犯常德。因此第 2 预备师沿宜都至石首 200 公里的江岸布防。这一带湖汊纵横，芦苇密布，人烟稀少，十分荒凉。这样的防线上，陈明仁采取的战术是固点带面，对各县城坚决固守，对县城以外地区则以巡逻防守，以防敌人侵入。由于部队分散，军纪又日渐松懈。陈明仁为了整军备战，经常策马，巡视于 200 公里长的江防线上，指导工事构筑、积聚粮草、战斗演练，同时查访官兵有无违纪行为。有一天在驻松滋的第 2 营防地发现该营营长聚众赌博，陈明仁最恨赌钱，他认为赌是万恶之源，一个人钱输了就可能偷盗抢窃，甚至杀人越货；赢了钱，就会花天酒地，挥霍无度，败坏道德。因此对赌博者必须严惩。陈明仁对这个营长仍然先是一顿皮鞭，使他皮肉疼痛，然后撤职查办，通报全师，以儆他人。就这样，在荆江布防两个多月中，严重扰民事件大为减少，人称陈明仁严于治军。

9 月 20 日

陈明仁率师部和直属部队进驻枝江。

10 月 30 日

军事委员会批准对预备第 2 师申请晋级的军官，均予以晋任官位，唯独陈明仁"暂缓"。

陈明仁满腔愤懑。

《陈明仁日记》："本日奉军委会批令：本师前叙请，合于晋任官位年资之已任官各官长，照例晋任，除予请缓外，余均照准。予已深知上面对我已存莫大之成见，且亦知今后无办法，'有功不会赏，有过必苛罚'。以我对党国的功勋劳绩，不亚于任何一个黄埔一期生，所差者，不是浙江籍而已。他人可作总司令，而我作一副军长都不行（甘军长两次保余兼副军长均不准，合予年资之晋任官位亦不难），未免太不公平。今日之中国，无是非，无曲直，无赏罚，黑暗之至，混乱已极，倭敌欺侮我不是偶然的。将日本打败了，非再来一次大革命不可。予为良心血性所驱使，无论如何受冤屈，上面怎样高压我，非努力干到底不可，决不灰心，为的是作事。如言升官，今日与十年前一样（少将）。如言发财，仍与未当军人以前一样，不工作即没饭吃（卸任 80D 师长后，求学陆大，三年完全靠他人接济，并过典当生活，且负债甚多）。以后立志作一名无名英雄，凡事只求无愧，我心即足，何必与一般争权夺利者竞争。到责任尽到之日，还我本来面目，归田可也，心放宽些，量放大些，事看淡些，保我健康，勉之勉之。"

12 月 8 日

预备第 2 师奉命撤离长江防线，移驻常德，准备开赴桂南前线。

12 月 12 日

预备第 2 师进驻常德。

1940 年 1 月 5 日

预备第 2 师奉命以汽车运输至衡阳，再转火车运至柳州，准备参加桂南会战（时该师参战官兵 11116 人）。

1 月 10 日

日军第 21 军司令部在广州制定《宾阳会战指导方案》，准备在 1 月下旬以宾阳以南地区为主决战方向。

1940 年 1 月 15 日，白崇禧电告蒋介石预备第 2 师位置

1 月 15 日

预备第 2 师在柳州下车，步行继续向宾阳方向前进。

1 月 23 日

预备第 2 师抵达林圩，随即奉命接替第 170 师位于葛圩、阮凭岭、石灯岭一带防务。

从 23 日开始至 27 日（25 日除外），日军轰炸机多次轰炸预备第 2 师阵地，造成士兵伤亡 4 人。

1月25日

预备第2师与第170师换防完毕。

1月27日

第6军军部抵达林圩附近,陈明仁前往军部与军长甘丽初会谈,奉命"以一部在石灯岭对四塘方面之敌警戒,主力控制于葛圩附近"。

陈明仁命"第5团在板苏、那珠、小尖峰之线占领阵地,对高峰隘之敌警戒。第4团以第1营在石灯岭对四塘方面之敌警戒,其余位置于潭林岭东北地区,派出一部警戒潭林岭、阮凭岭之线。第6团位置于五合村附近。野补团位于涌泉附近。工兵营位于伏梁。分别担任葛圩南北地区工事之构筑。迫炮营位置那造附近待命。师战斗指挥所于潭立"。

附:《陆军第二预备师桂南作战石灯岭之役战斗详报》

二十七日二十时,据第四团洪团长报告,我石灯岭左翼九二师阵地枪炮声甚密,想系敌攻我九二师马鞍山阵地云。二十一时,师以迎击高峰隘进出之敌并固守石灯岭之目的,下达命令如左:

师作令甲第三十二号

命令 一月二十七日十三时 于武鸣潭立师司令部

1. 二十六日上午十时有敌卡车百余辆,由南宁向四塘、六塘方向驶去,并有飞机掩护,似运兵模样。

2. 师以迎击由高峰隘进出之敌军为目的,拟在葛墟南北地区占领阵地,由板苏—那珠北端—四七〇高地—小尖峰南端高地之线为第一线,中山—曼山南端—小尖峰之线为第二线,280高地—葛雷—潭林岭为第三线,祥云岭—喜利岭东侧高地—狮子南端高地至潭立之线为师预备阵地。

3. 搜索警戒地境,由那造至四二〇高地、那造岭之线,线上居左:

警戒线以西之第一、二线阵地归第五团(附工兵营)担任构筑。

警戒线以东之第一、二线阵地归第四团担任构筑。第六团担任第三线阵地之构筑。野战补充团担任构筑师预备阵地。并在潭立附近高地构筑据点工事(参照附图第一)。

4. 小尖峰至山猪岭由第四团择要构筑据点工事,石灯岭附近对四塘方面该团构筑阵地四线(重机枪掩体须有掩盖)。

5. 各线阵地工事完成时,挨次择要增设副防御。对第一、二线之道路即作彻底破坏,对第三线及预备阵地前之道路,可预作破坏之准备。

6. 各团担任构筑之工事，统限于本月底完成，尔后逐次增强之。

7. 工事所需之木材由各团派员向该地村、乡公所征集使用。

师　长　陈明仁

副师长　赵　琳

1月28日

日军近卫混成旅团、台湾混成旅团、第5师团所属步兵第21旅团在四塘、五塘展开，向昆仑关方向发起反扑，第18师团在昆仑关以东迂回，与第37集团军和第38集团军所属各部展开激战。

日军台湾步兵第2联队猛攻第99军阵地，在攻占渌旺后继续猛攻马鞍山。

拂晓，日军台湾步兵第1联队（联队长林义秀）主力进攻石灯岭，一部占领达塘村，试图从左翼包抄守军。

8时，陈明仁命步兵第5团团长洪行亲率第3营增援石灯岭，并收复达塘村。

19时，第6军军长甘丽初电令陈明仁，"以一部占领板苏、小尖峰、石灯岭一带之阵地，并派有力一部向由渌旺、渌民北进之敌出击，策应第99军，主力暂控制于葛圩附近"。

22时30分接到蒋介石12时电令："四、五、六塘北方高地为邕武、邕宾全阵地之锁钥，必须确保。99军与第6军之预二师部队应密切联系，协力守备春虎山、马鞍山、渌旺一带阵地。敌如来犯命即打击，仰遵照实施具报。"

附1：《陆军第二预备师战斗要报》

元月二十八日

一、兵力部署

本师奉令以一部在石灯岭对四塘方面之敌警戒，主力控制于葛圩附近；对高峰隘之敌出击，我军时予以迎击。乃以第五团在板苏、那珠、小尖峰之线占领阵地，对高峰隘之敌警戒。第四团以第一营在石灯岭对四塘方面之敌警戒，其余位置于潭林岭东北地区，派出一部警戒潭林岭、阮凭岭之线。第六团位置于五合村附近。野补团位于涌泉附近。工兵营位于伏梁。分别担任葛圩南北地区工事之构筑。迫炮营位置那造附近待命。师战斗指挥所于潭立。八时，第五团三营增援石灯岭，十四时令第六团（欠第一营）移葛圩待命。以该团第一营向可蒙村前进。

二、当面敌情

敌自拂晓开始向我石灯岭攻击以来，其步兵陆续增援至七八百人，附炮四门。其后敌以主力攻我石灯岭，一部进占达塘村，向我左翼包围。

三、战况

本（二十八）日拂晓敌约七八百，附炮四门，分两纵队。主力向我石灯岭正面猛力攻击。

我第四团第一营当予迎击，展开激战达两小时之久，敌未得逞。敌一部进占达塘村，向我左翼包围。我守备石灯岭之部队当即迎战，反复争夺，不顾牺牲，迄晚仍确保石灯岭。八时令第四团团长洪行率领该团第三营向达塘村急进，十三时开始攻击，战斗激烈，十五时克复达塘村，与敌对峙。

四、战斗伤亡

本日战斗我方伤军官四员，士兵一百八十二名。阵亡士兵六十五名。而敌之伤亡倍于我方。

五、械弹器材损耗俟查明后另案呈报。

右呈

委员长　蒋

总　长　何

部　长　徐

陆军第六军第二预备师师长陈明仁（印）呈

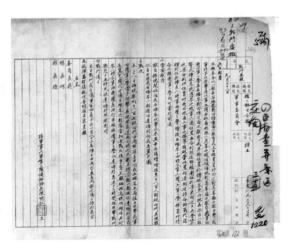

1940 年 1 月 28 日，《陆军第二预备师战斗要报》

附2：《陆军第二预备师桂南作战石灯岭之役战斗详报》

二十八日一时，据第四团洪团长报告：我左翼友军九二师阵地枪声渐稀。又接九二师电话，谓攻我马鞍山之敌已被击退。七时又据洪团长报告：本（二十八）日拂晓敌步兵千余，附炮四门，分两纵队，主力向我石灯岭正面猛力攻击。第四团第一营当予迎击，展开激战，达四小时之久。敌未得逞，敌以一部进占达塘村，向我左翼包围。我守备石灯岭之部队当予迎战，反复争夺，不顾牺牲云。八时师长命第四团洪团长亲率第三营，向达塘村方向疾进，夺取达塘村而占领之。十三时开始攻击，战斗极为激烈。两小时后，敌伤亡惨重，狼狈退出。我军克复达塘村与敌对峙。

二十八日十四时，接九二师电话：马鞍山方面战斗重演，较前更为激烈，现仍在相持中。唯有敌一股约五六百人，窜入那河屯，威胁我马鞍山之右侧云。师因令第六团第一营向可蒙村前进。主力位于葛圩附近待命。

二十时师为确保现阵地，并相机侧击300高地，即下达命令如左：

师作命甲第三十三号

命令　一月二十八日十七时　于潭立师司令部

1. 敌情如贵官所知。

2. 师以确保现阵地，相机侧击300高地（在石灯岭、马鞍山之间五万分之一图）方面敌人之目的，部署如左：

①第四团（欠第二营，附第六团第一营）应确保达塘村以东高地亘石灯岭之线。相机以有力部队由侧背攻击300高地之敌。

②第五团（附工兵营及第四团第二营）应确保现阵地，并连夜加强工事，战斗地境为：渌桥—阮凭岭—山猪岭相连之线，线上属第五团。

③第六团（及第一营）应于本（二十八）日晚推进葛圩附近构筑第三线之工事。

④迫炮营应与第五团协商，以主力于那楼村附近，一部于伏董村附近，构筑阵地（参照附图第二）。

3. 各队到达新位置后，通信连应连夜构成电话网。

4. 余在潭立司令部。

下达：先以电话告知要旨，尔后油印分发。

师　长　陈明仁

副师长　赵　琳

二十二时三十分奉到　军长甘俭申志代电内开："急　预二师陈师长密，

顷准九九军傅军长函称:(一)拂晓敌以步兵千余,炮八门攻我马鞍山阵地。时敌一小部由渌旺、渌民村方面迂回我右侧。(二)奉　委员长俭午参一电开:四、五、六塘北方高地为邕武、邕宾全阵地之锁钥,必须确保。九九军与第六军之预二师部队应密切联系,协力守备春虎山、马鞍山、渌旺一带阵地。敌如来犯命即打击,仰遵照实施具报等因。仰遵照派队经达塘村向渌旺、渌民方面敌人出击,确保我军阵地为要。"

二十三时奉到　军长甘俭廿时代电内开:"急　预二师陈师长密:(一)奉 主任白俭十九时参电开:1. 据报敌由四、五塘之间向小岭山、马鞍山北进,与我 99A 接触,中约有数百人向那河屯,又有数百人向达塘村前进。2. 第六军务于最短时间将窜入少数之敌悉数歼灭。3. 除开预二师全部协同九二师向该方面之敌截击外,并派 93D 之一团,即(二十八)晚向同贵村、那林岭一带堵截,务于明(二十九)早到达具报等因。(二)预二师着以一团固守葛圩、小尖峰、潭林岭、阮凭岭、元河岭之线,主力星夜开至石灯岭、达塘村、三庄岭之线,协同 92D 将窜入之敌患数歼灭。(三)93D 除以一团归傅军长指挥,并另派兵一团向同贵村以南 330 高地、渌蓝之线,相机向六里屯前进堵截,并与预二师切取联络外,其余集结于李路、自龙、狮子一带,策应预二师葛圩方面之作战。(四)各部队于二十九日拂晓前到达指定位置具报。(五)军作战指挥所于二十九日上午十时向同贵村推进。"

师遵照上列两电令,下达命令,要旨如左:

1. 着第四团洪团长指挥该团第一营及第六团第二营,确保石灯岭阵地。第六团林团长指挥第四团第三营及该团第一营,确保达塘村、三庄岭之阵地并侦察敌情地形。

2. 第四团第二营及第六团第三营到达后,位置于达塘村、可蒙村中间地区,为师预备队。

附3:《台湾步兵第一联队史:军旗飘扬之地》——第1大队第2中队尾辻昇的回忆(节录)

幽暗的羊肠小道上,士兵们成一列纵队,前一个后一个,前胸贴后背地行进。不久,天蒙蒙亮了,广西省独有的秃山,一一浮现在我们面前,连绵不断,刚登上坡道,转瞬间又下来,下了又登上去,如此反复循环。

又走了五六个小时,在浓密的雾气中看到了在铁丝网包围下非常坚固的敌军阵地,我想起了今日出发前中队长充满决意的训示,心中十分不安。

想要突破如此大规模的敌军阵地,体力和精神力都需要十分充沛,我决心在此次战斗绝不落后于人，全力以赴地拿下阵地。

突击这个阵地的尖兵中队是第 1 中队，接着才是我第 2 中队。就像作战要务令上写的那样，突击敌军阵地最先登场的是手持铁丝剪的破坏组，由他们构成了第一波敢死队。

第 1 中队的破坏班、突击班陆续出发。每个小队也在敌阵前展开，呈一列横队，就等突击的那一瞬间。站在岩石上的秋富大队长和喇叭手在一起，等待命运的时刻到来。

只见大队长拔出军刀，大声喊道："突击前进！"几乎就在同时，我军开始在敌阵前施放烟雾弹，接着我方的掩护枪炮火力，重机枪、大队炮、掷弹筒等一起开火，一时间，枪炮声、爆炸声震耳欲聋，惊天动地。这个时候，喇叭手吹响了号声，发出了突击的命令。

我往前一看，先发的第 1 中队转瞬间便消失了身影，不知道他们的突击成功与否。就在我思考的时候，小队长发出"突击前进"的号令，小队向七八十米外的敌人阵地一起冲了过去。

前进了三四十米，发现前方先发的第 1 中队的士兵们一个接一个地被敌弹击中。尸体、枪和背包满地都是，而背着沉重的背包发起冲锋并不容易，因此我扔下背包，继续行进。顺着突击路逼近敌阵，死伤者数不断增加，这凄惨的死斗场景宛如人间地狱。

终于突入峰顶的右端阵地，枪炮声一齐停止了。大队长指挥的突击敌第一线阵地的战斗结束了。这就是攻击石灯岭阵地的场景。果敢突击的第 1 中队，出现了五十多名的战死者，中队失去了三分之一的兵力……

1 月 29 日

日军第 5 师团所属步兵第 9 旅团加入反攻昆仑关方向的战斗，近卫混成旅团改向东北迂回。

白崇禧电告蒋介石战况："……另有四五百之敌由渌民村向九二师那河屯以南之阵地攻击。艳（29 日）辰（8：00）一部占领三庄岭，一部向仙笔村攻击，被我预二师之一营击退。……本日九三师之一团已到大牛岭，另一团向那暮推进。预二师之二团向三庄岭、仙笔村推进，侧击北犯之敌。"

0 时 20 分，第 6 军军长甘丽初电令陈明仁"率主力向石灯岭、达塘村、三庄岭急进"。

陈明仁命"第5团仍在原阵地，负守备葛圩之任务。野补团武器不足，训练不久，故命在小尖峰、阮凭岭、元河岭之线担任警戒。第4团第2营、第6团（欠第1营）及迫击炮营、工兵营向石灯岭、达塘村、三庄岭之线推进。师指挥所进至可蒙村西北端高地"。

拂晓，日军台湾步兵第1联队和步兵第2联队（联队长渡边信吉）分别进攻石灯岭、达塘村、三庄岭。战至入夜后，皆被预备第2师击退。

18时，第6军军长甘丽初电令陈明仁"以主力固守石灯岭、达塘村、三庄岭之线，以兵力一部于明（30）日上午4时，开始向那河屯之敌攻击"。

附1：白崇禧电告蒋介石战况档案复印件

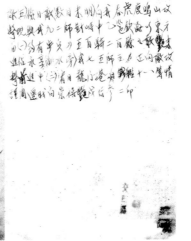

附2:《陆军第二预备师战斗要报》

元月二十九日

一、兵力部署

昨（廿八）晚奉令以一团守备葛圩，主力向石灯岭、达塘村、三庄岭之线推进，遵即部署如下：第五团仍在原阵地，负守备葛圩之任务。野补团武器不足，训练不久，故命在小尖峰、阮凭岭、元河岭之线担任警戒。第四团第二营、第六团（欠第一营）及迫击炮营、工兵营向石灯岭、达塘村、三庄岭之线推进。师指挥所进至可蒙村西北端高地。均限本（廿九）日拂晓部署完毕。

二、当面敌情及战况

本（廿九）日拂晓，敌先以集中炮火向我石灯岭轰击。及五时四十分，敌步兵在其炮火掩护之下，猛烈向我攻击，战斗极为激烈。石灯岭阵地左前方391高地发生空前未有之争夺战，反复肉搏，数失数得，敌我伤亡均极重大。十一时我第六团第二营于石灯岭东侧出击，短兵相接，敌死伤甚多。卒赖官兵用命，浴血苦战，将敌击溃，确保原阵地。十二时以后。敌以步、炮、空联合，猛向我达塘村、三庄岭阵地攻击，激烈战斗达两小时之久。敌未得逞，始终拒止敌人于阵地之外。入晚，敌之攻势挫顿。

三、敌我伤亡

本日战斗，我方阵亡官长一员，士兵八十三名；伤官长六员，士兵一百八十五名；士兵生死不明者二十三名，而敌之伤亡约三百余人。

四、械弹器材损耗俟查明后另报

右呈

委员长　蒋

总　长　何

部　长　徐

陆军第六军第二预备师师长陈明仁（印）呈

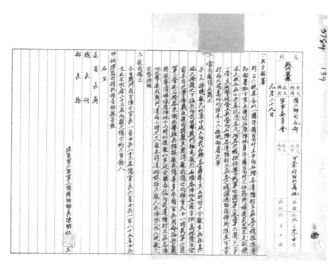

1940年1月29日，《陆军第二预备师战斗要报》

附3:《陆军第二预备师桂南作战石灯岭之役战斗详报》

二十九日，阴雨。师战斗指挥所于三时出发，向可蒙村前进。五时三十分通过阮凭岭，闻石灯岭方面枪炮声非常浓密。七时师长率副师长、参谋长、参谋主任等到达前线视察情况，并召集洪、林两团长询问情况，得知敌于本（二十九）日拂晓先以集中炮火向我石灯岭轰击，迄五时四十分敌步兵在其炮火的掩护之下猛烈向我攻击，战斗极为激烈。石灯岭阵地左前方391阵高地发生空前未有之争夺战，反复肉搏，数失数得，敌我伤亡均极重大。十一时我第六团第二营于石灯岭东侧出击，短兵相接，敌死伤甚多。率赖我官兵用命，浴血苦战，将敌击溃，确保原阵地。十二时令第六团一营撤下石灯岭，充师预备队（参照附图第三）。四时师长达可蒙村西北高地战斗指挥所。

十二时以后，敌以步炮空联合，猛向我达塘村、三庄岭阵地攻击，激烈战斗达两小时之久。师战斗指挥所右侧高地落炮弹十数发。我军始终拒止敌人于阵地外，入晚敌之攻势顿挫。

十五时许我左翼友军方面炮声甚密，敌机亦在该方轰炸。接军长甘电话：六里屯已被敌占领，92D已向后撤，其阵地改由93D接防，本（二十九）日战况：敌拂晓时主力强攻我石灯岭，午后以一部攻我达塘村，而我左翼友军方面转为激烈，似敌之主力向我左翼友军方面转移。

1月30日

日军第18师团、近卫混成旅团进抵甘棠，拟攻占该地后直取宾阳。

0时20分，桂林行营主任白崇禧电令第6军"应先巩固现阵地，并于各山地、各路口，扼要构筑工事，逐次消耗敌人，延长时间，务多控制预备队"。

3时，第6军军长甘丽初电令陈明仁"阵地须重新调整至蜈蚣岭、石黑、元河岭、阮凭岭一带"。

陈明仁接受任务，命"第4团占领阮凭岭、潭林岭、小尖峰之线。工兵营担任破坏阵地前之道路。迫炮营除以一连配属第6团，在元河岭占领阵地外，其主力转移于潭林岭西北地区待命。而第5团仍占领板苏至那珠之线之阵地"。

入夜后，第38集团军总司令徐庭瑶致电甘丽初，拟调预备第2师接替第99军防务。

1月31日

甘棠沦陷。

4时，预备第2师放弃石灯岭阵地。

9时，预备第2师主力抵达新防线——石黑、元河岭、阮凭岭、小尖峰之线。

13时，第6军军长甘丽初电令陈明仁"留一部在原阵地交防（交替后归还建制），主力速即开昆明岭（不含）、渌炉、塘莱岭、那桑之线，接替第99军防务，并保持重点于塘莱岭、那桑附近"。

陈明仁接受任务，命"野战补充团在墁山、小尖峰、元河岭之线占领阵地，守备葛圩，并交代防务。17时第5团即由葛圩出发，经林圩、那毫、艾沙、新安，向渌星前进。第4、6两团经林圩、金银岭道路，向更鼓、石叠、潭均、塘莱岭前进。师直属部队沿第5团行进路向渌马前进"。

2月1日

桂南战事改由第4战区司令长官张发奎指挥。

2时，第38集团军总司令徐庭瑶电令第99军"防务由第6军预备第2师接替，交防后转移上林整理"。

拂晓，日军台湾步兵第2联队猛攻第99军阵地。

受第99军丢失渌星的影响，预备第2师未及接防，便在三丹以南高地至1000高地一线投入战斗，增援第92师，至黄昏将日军击退。

10时，陈明仁与副师长赵琳亲往渌着视察战况。

入夜后，预备第2师接替第92师位于那元、三丹一带防务。陈明仁命"已到达之第4团第1、3营及第5团，接替99军现在占领之那元、三丹、天马东北高地，及1000高地、拔凿岭之线阵地。以第5团（配属迫炮一连）为右翼队，第4团（欠第2营）为左翼队，地境线为国保村、一塘、莱山岭之线，线上属第5团"。

附1：《陆军第二预备师战斗要报》

二月一日

一、兵力部署及战况

昨（三十一日）夜，本师各部队均利用夜暗，以强行军向目的地前进。拂晓以后敌与我九十九军部队战斗正烈。十时许第五团先头进抵渌着时，渌星业已不守。第五团遂逐次展开于三丹南方高地山、第一〇〇〇高地之线，加入战斗。迄至黄昏，敌无进展。

第四、六团昨三十一日午后由阵地集结后，十六时开始行进。至本（一）日十五时时，敌之第一线部队早已进入潭均、渌星、天堂以北之线。该两团已无法行进，遂向北绕道前进。

十九时许，敌利用大雾及风暴，向第五团全阵地猛烈夜袭，赖守兵沉着应付，阵地毫无变化。

二十一时，九二师派员交代那元、三丹防务，第五团遂向右延伸，步兵一连机枪一排接替。

二十一时许，第四团之第一、三营到达渌古附近。

二、本二月一日战斗，军官负伤二员，士兵死伤三十余名。

三、弹药消耗约五分之一基数，器材无损失。

右呈

委员长　蒋

总　长　何

部　长　徐

陆军第六军第二预备师师长陈明仁（印）

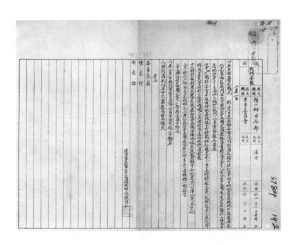

1940 年 2 月 1 日，《陆军第二预备师战斗要报》

附 2：《抗日战史——桂南会战》（节录）（台湾"国防部"史政编译局1966 年版）

预备第 2 师于 1 月 31 日晚，奉令接替第 99 军之防务，因夜暗山路崎岖，其第 5 团一部至 1 日 10 时始到达渌星附近，惟该处已先失陷，遂逐次展开于三丹南方高地，加入战斗。而第 4、第 6 两团，因敌军已占领渌星、潭均之线，乃绕道前进，攀崖越涧，以致迟缓，一部竟至迷失方向。迄 21 时，第 4 团之一部始到达渌古附近，开始接替第 92 师那元岭、三丹之防务。

第 99 军于是（1）日 2 时，奉徐总司令电话命令要旨如下："第 99 军防务由第 6 军预备第 2 师接替，交防后转移上林整理。"

2月2日

宾阳沦陷。

预备第 2 师与日军台湾步兵第 2 联队在渌着、渌古发生激战，渌古失陷，并遭到占领拔凿岭（原属第 96 师步兵第 287 团防区）的日军第 5 师团所属步兵第 21 旅团（旅团长冈本镇臣）一部居高侧袭。

步兵第 5 团一度被日军包围，陈明仁急调步兵第 6 团第 3 营增援，使步兵第 5 团成功突围至国保村与步兵第 6 团主力和工兵营会合。

陈明仁随即命"第 4 团固守渌古以北高地；第 6 团第 3 营连系第 4 团右翼，占领 818 高地；野补团在葛圩交防后，于 2 日午后赶到白石村附近，遂令占领濛濛岭之线；工兵营在国保村、潭边村之线构筑预备阵地；以第 6 团附第 5 团残部约一连，由六哑村向东南渌着方面，出击渌古敌之侧背"。

入夜后，第 4 战区司令长官张发奎命令放弃昆仑关，向上林、大览方向撤退。

第 36 军、第 66 军、第 9 师等部陆续向上林方向撤退。

附 1：《陆军第二预备师战斗要报》

二月二日

一、兵力部署

师为遵令接替九九军防务，决以现已到达之第四团第一、三营及第五团，接替九九军现在占领之那元、三丹、天马东北高地，及一〇〇〇高地、拔凿岭之线阵地。以第五团（配属迫炮一连）为右翼队，第四团（欠第二营）为左翼队，地境线为国保村、一塘、莱山岭之线，线上属第五团。

二、战况

二日拂晓，敌即向渌着村落猛烈炮击。同时第四团以昨（一）日深夜到达之第一营，由渌古推进至拔凿岭，接替九二师防务。途中虽受敌机轰炸，然仍疏开向目的地前进。及达拔凿岭山麓时，敌已进至山顶。该营未及部署，敌已居高临下，猛烈攻击。其第三营继第一营之后，推进至渌马接替九二师防务。当经过一○○○高地隘路时，遭受敌机轮番轰炸及炮兵猛烈攻击，敌步兵并由渌马向我突袭。故点未及展开，开始战斗。同时敌调集约一联队之众，以机炮掩护，步兵向渌着南方第五团阵地猛烈攻击。几经争夺，迄十四时阵地尚无变化。其后敌遂转重点，扩张其拔凿岭既得之成果，该方面之阵地遂被完全突破。敌即沿山顶向第五团左侧背包围，并侧射斜射第五团南方、西方阵地之侧背，至死伤奇重。十五时许，第四团之第一、三营被迫至渌古东南高地之线，行后退展开。敌亦转移重点于该团方面。至黄昏战斗益形剧烈。十五时第六团先头之第三营到达，即由六哑村西南818 高地向敌人逆袭，恢复渌古西南高地，阵地遂告稳定。本二日薄暮时，第五团余部陆续突围至国保村集结整理。

第四团之第二营因失联络，于本二日十五时到达，增加渌古方面作战。

三、伤亡人数

营长四员，连长十三员，排长三十五员，士兵约一千八百余名。

四、损耗数俟查明后补报

右呈

委员长　蒋

总　长　何

部　长　徐

陆军第六军第二预备师师长陈明仁

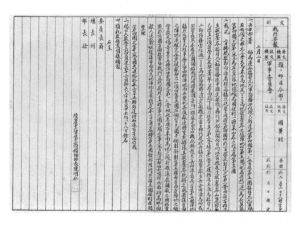

1940 年 2 月 2 日，《陆军第二预备师战斗要报》

附2：《抗日战史——桂南会战》（节录）

（1940 年）2 月 2 日，第 6 军之预备第 2 师于接替第 99 军防务后，其正面敌军自是日拂晓起，即以步、炮、空协同猛攻，双方在渌着、渌马、拔凿岭一带混战，因电话线被敌机炸毁，军与师间联系中断，迄 10 时 20 分，奉徐总司令命令要旨："该军左翼接第 36 军，右翼自塘莱岭亘昆明岭之线占领阵地，正面务须缩小，置重点于太平村通思陇道路西侧，该军与第 36 军之作战地境为：拔凿岭、更鼓各西侧道路、古根、长积各东端之线，线上属该军"。第 6 军军长奉命后，遂于 11 时 40 分令预备第 2 师（欠补充团）占领渌古东端高地、塘莱岭、那桑、东岭之线，并控制有力部队于新安、渌古附近。部署甫定，而情况剧变，乃改令预备第 2 师仍以全力确保现阵地。15 时，敌军增至一联队以上，炮火更烈，幸该师第 6 团之一部赶到加入战斗，至晚，恢复渌古西南高地阵地，始稍稳定。至 20 时，该军复奉张长官电令要旨："第 36 军左翼密接第 9 师之右侧，占领金龙山、仙女山、濛濛岭之阵地，派有力部队协同第 6 军攻击渌古北进之敌，限本晚实施具报"。当即转令预备第 2 师于 3 日 4 时，开始向当面之敌攻击，并令第 93 师同时向渌马、塘莱岭之敌侧击。一面通报第 36 军请其协同夹击。

2月3日

昆仑关再次沦陷。

凌晨，预备第 2 师根据陈明仁 2 日命令完成调整，随后以步兵第 6 团按计划出击。但由于左右两翼友军皆在 2 日深夜撤退，导致第 6 军主力面临日军三面包围。预 2 师独力苦战，伤亡殆尽，渐至无力支持。当日伤亡官长十八员，士兵伤亡及生死不明近两千名。不得已向"六哑村、银屏山亘那楼山之线"转移。

附：《陆军第二预备师战斗要报》

二月三日

一、兵力部署

昨（二）日十七时，第六团第一、二营及工兵营绕道，由六哑村进出于国保村。师即决定转移攻势，以第四团固守渌古以北高地；第六团第三营连系第四团右翼，占领 818 高地；

野补团在葛圩交防后，于二日午后赶到白石村附近，遂令占领濛濛岭之线；工兵营在国保村、潭边村之线构筑预备阵地；以第六团附第五团残部约一连，由六哑村向东南渌着方面，出击渌古敌之侧背。于本（三）日一时部署完毕。

二、战况

本（三）日四时，第六团依照出击计划开始行动，攻击前进，遭敌顽强抵抗。激战三小时未获成果。是时敌一部猛攻我正面，主力向我左翼迂回，该地区侧背完全暴露，感受威胁，但仍苦力战斗，固守原阵地。午后激战尤烈，更遭敌机炮猛烈轰击，伤亡惨重。不得已始遵令逐次向六哑村、银屏山、红花岭、那楼山方面转进。于十九时在该线配置完毕。

三、官兵伤亡

1. 本日伤亡官长十八员，士兵伤亡约一千六百名，生死不明约三百名，骡马二十余匹。

2. 连前共伤亡官长八十余员，士兵（战斗员）四千余名，内生死不明者约四百名，骡马三十余匹。

四、械弹器材损耗俟查明后另案呈报

右呈

委员长　蒋

总　长　何

部　长　徐

陆军第六军第二预备师师长陈明仁（印）

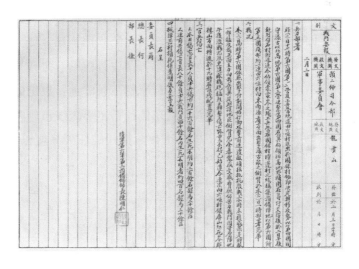

1940 年 2 月 3 日，《陆军第二预备师战斗要报》

2月4日

上林、武鸣先后沦陷。

第6军军长甘丽初根据第16集团军总司令夏威的电令，命预备第2师"固守尖山岭、禄良、扒塘之线，相机派队袭击思陇及沿邕宾路北犯之敌"。

7时，陈明仁以预备第2师"连日战斗之结果，伤亡极为重大，且官兵数日未食"，为确保天马圩，命"掩护师转进之第6团为第一线，在那禄南北之线及禄良、禄芭之线占领阵地；以第5团3日夜收容之残余，编为步兵二连、机枪一连之部队为第二线，在谭李村占领阵地；以第4团之残余编为二营，附迫炮营为三线，在天马圩东侧掩护工事之线占领阵地；野补团担任3日夜增总天马圩西侧之即设工事；工兵营担任破坏天马圩以东北公路。于8时20分部署完毕"。

日军主力转向思陇，以约一个步兵大队的兵力继续对那禄发起两次进攻，皆被预备第2师击退。

20时，日军第21军司令部宣布宾阳会战结束。

附：《陆军第二预备师战斗要报》

二月四日

一、兵力部署

本师以连日战斗之结果，伤亡极为重大，且官兵数日未食，但为确保天马墟起见，即于七时下令：以掩护师转进之第六团为第一线，在那禄南北之线及禄良、禄芭之线占领阵地；以第五团三日夜收容之残余，编为步兵二连、机枪一连之部队为第二线，在谭李村占领阵地；以第四团之残余编为二营，附迫炮营为三线，在天马墟东侧掩护工事之线占领阵地；野补团担任增总天马墟西侧之既设工事；工兵营担任破坏天马墟以东北公路。于八时二十分部署完毕。

二、当面敌情

三日夜敌攻占红花岭、那楼山后，其主力似已转于思陇墟方面，正面之敌仅一大队构筑工事，似在防我反攻而不时向我前线袭击。

三、战况

本（四）日十一时，敌有二百余向我那禄攻击，激战约一小时许，当被击退。十四时敌有一股百余人向那禄北高地攻击，迄十五时二十分被我击退。自是迄晚敌未敢再犯。我亦不时派队向敌袭击。

四、官兵伤亡

本日官长伤三员，士兵伤亡百余名。而敌之伤亡约与我相等。

五、械弹器材损耗俟查明后另案呈报

右呈

委员长　蒋

总　长　何

部　长　徐

陆军第二预备师师长陈明仁（印）呈

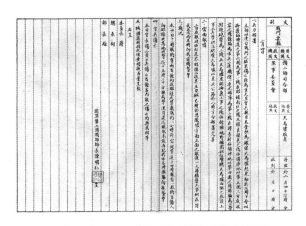

1940 年 2 月 4 日，《陆军第二预备师战斗要报》

2 月 5 日

受上林沦陷的影响，第 6 军军长甘丽初调整所部防线，命预备第 2 师改任"尖山岭、那禄村、禄良间之守备"，并命该师"野补团派兵一连，接替烧崇岭、扒塘防务"。

预备第 2 师在那禄击退日军的进攻。

2 月 6 日

预备第 2 师继续在那禄阻击日军，激战终日，在敌人以空军掩护其步炮兵猛烈攻击之下，遭受严重损失，当日伤亡官长十五员，士兵千余名，无力再战。

19 时，第 6 军军长甘丽初根据第 16 集团军总司令夏威电令，命预备第 2 师撤出战斗，转移至旧桥整理。

附：《陆军第二预备师战斗要报》

二月六日

一、兵力部署

本（六）日兵力部署如昨。

二、当面敌情

敌于昨（五）夜陆续增援至二千余，炮八门，骑兵一部。本（六）日二时许，敌一小股向那禄村正面夜袭，当被击退。此后仍数次向我阵地行威力搜索。

三、战况

本日一时许，我第六团以敌陆续增援，似有新企图模样，当派一部向敌夜袭，相持约一小时之久。二时许，敌复以一小股向我阵地夜袭，当被击退。迄四时三十分，敌步兵向我禄良、禄芭阵地开始攻击，继以炮击麓东岭、尖山岭两高地，企图开拓其步兵进路。激战约四小时，敌无进展，我仍固守原阵地。八时许，敌即以空军掩护其步炮兵之行动，迫近我阵地，猛烈攻击。十二时许，我第六团伤亡惨重，即以主力转入左翼山地，侧击敌人。至是，敌第一线步兵即直冲我马鞍山阵地，激战两小时余。敌之攻势似已挫顿，以一部绕攻我马鞍山南麓，沿公路西犯。当时我第四团增援部队受敌空军之压制，行动迟滞，故未能适时加入禄良、禄芭阵地，即于云龙山、韦谢村地区与敌激战。十七时敌再直迫我天马墟阵地。是时麓东岭之敌亦由山顶侧击我阵地，我马鞍山守军亦被迫转入山地。迄入暮后，即奉令向旧桥方向转进。二十时敌一部由麓东岭向罗家村进犯，与我野补团激战于麓东岭山麓，敌当被击退。至是，本师主力安全通过上提村，二十三时到达马头墟，续向旧桥前进。

四、敌我伤亡

本日战斗我方伤亡官长十五员，士兵千余名。而敌之伤亡约在五百人。

右呈

委员长　蒋

总　长　何

部　长　徐

陆军第二预备师师长陈明仁（印）呈

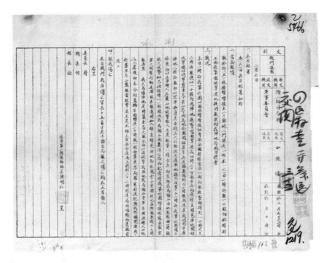

1940 年 2 月 6 日，《陆军第二预备师战斗要报》

2 月 7 日

预备第 2 师撤抵旧桥。陈明仁命师主力在旧桥附近整理，断后的野战补充团仍在烧崇岭阻击日军，调步兵第 6 团残部附工兵营残部担任和圩、龙母圩间之工事构筑。

2 月 8 日

日军第 21 军司令官安藤利吉为避免战线延长、兵力分散、补给困难，命所属各部收缩兵力，开始后撤。

第 6 军军长甘丽初以预备第 2 师伤亡较重，命该师开赴潘汉村附近整理。

2 月 10 日

预备第 2 师上报第 6 军军部，该师在桂南会战期间"伤亡营长以下官佐 126 员，士兵 5337 名"。另据《陆军第六军参加桂南战役伤亡失踪疾病人员统计表》记载，预备第 2 师参战官 809 人、兵 11245 人；负伤官 75 人、兵 2988 人；阵亡官 34 人、兵 1480 人；失踪官 7 人、兵 60 人。

2 月 13 日

日军撤抵南宁。桂南会战结束。

陈明仁在自传中回顾桂南会战时说："1939 年秋，我部调归第 5 战区李宗仁指挥，开到湖北松滋、枝江一带驻。1940 年春又由松滋调入广西参加桂南会战。桂南会战时，总司令是徐庭瑶。他当时有一打算，准备在支持不了的时候，将部队撤退，留在广西境内打游击。他的打算竟通知了各部队的高级军官。我接到这个通知，认为非常不妥。后来由于这个打算，一到紧急关头，各部准备打游击，各自撤退，不顾一切，造成全战场十四个师的大溃败。可是我这个师没有执行这个通知，一直在前线坚持到底，等待命令，大约坚持了一个星期之久。那时各方面的敌人，都来围攻，我部死七千多人，战斗部队牺牲殆尽。直到奉了命令要我撤退，我才撤下火线。我这一次作战，取得了蒋介石、何应钦、白崇禧等进一步的信任。"

附:《武鸣县志·抗日战事》(节选)

高峰山区国军阻击战

民国28年（1939年）12月31日，国军攻克已被日军占领的昆仑关。桂林行营决定以一部分兵力袭扰敌军，确保现有阵地，整顿主力队势，实施补给，相机转入攻势，收复南宁。民国29年（1940年）1月，邕宾公路沿线日军第五师团指挥3个旅团向昆仑关西侧的高峰山区发起进攻。国军各部进行了顽强的阻击抵抗。高峰山区阻击战分3个地段；东段为今上江乡境内桔子岭、鹿鸣岭、龙尾岭、白凿山（拔凿岭）至今罗波乡境与宾阳县交界的高小岭、渌良隘界牌一带，国军第九九师据守；中段是邕宾公路以西的春虎山、马鞍山及上江的同贵南侧蜈蚣岭、三壮岭等地，国军第九九军九二师据守；西段为高峰坳东北的葛阳至石灯岭一带，国军第六军预备第二师据守。各段据守的国军，与日军保持接触，并准备由守地出击南宁。1月27日20时起，日军开始攻击，国军各部阻击。28日12时，桂林行营奉蒋委员长电令："四、五、六塘（邕宁县境）北方高地为邕武及邕宾路全阵地之锁钥，必须确保"。阻击战直至2月6日，战斗激烈。

西段阻击

民国29年（1940年）1月28日拂晓，日军冈本第二十一旅团四十二联队1000余人由邕宁四塘北犯，向石灯岭进攻。国军第六军预备第二师第四团第一营顽强阻击，激战4小时守住阵地。日军一部侵占驮坛，13时，国军第四团第三营反击1个小时，将日军击退。29日拂晓，日军向石灯岭炮击，掩护步兵进攻。11时，国军预2师第六团二营从石灯岭出击，击溃日军，稳住阵地。12时后，日军向三壮岭进攻，国军九二师一部抗击。30 日，国军预 2 师奉命将阵地转移。31 日，又奉命向东转进接替第九九军防务，在今上江乡境内六罗、那桑、昆明岭、塘果岭一线组织防御。

东段阻击

民国 29 年（1940 年）1 月 27 日 20 时，日军盐田旅团秋富联队（即第一联队）由邕宁六塘北犯，国军依托阵地阻击，战至 28 日黄昏。29 日 11 时，日军秋富联队从正面发起猛攻，及川旅团一部又由八塘西进。国军腹背受攻击，撤出阵地向北移动，利用地形节节抗击，至 31 日退守金龙山、天堂、更古一线。2 月 1 日拂晓，日军继续进攻，国军阵地被突破。国军预 2 师第五团，于 31 日受命往东段接防，由葛阳、石灯岭出发，在山区无路的环境下横向行进，至 2 月 1 日 10 时，仅抵渌着，尚未到达指定位置，日军已先占六星、六马，双方相距 1000 余米。国军就地占领阵地，开展抗击。19 时，日军发起猛攻，当晚进据白凿山主峰。22 时，预备第二师第四团（欠第二营）主力到达渌古。2 日拂晓，日军向渌着村炮击，并从白凿山顶向国军第五团阵地侧击。这时，国军第四团第一营向白凿山推进，被日军炮火攻击受阻；第三营通过界牌向六马推进，在隘口遭日机轰炸及步兵攻击。2 个营退至渌古的东面到西南侧，占领高地与日军对峙。14 时，日军从白凿山沿棱线向西进攻，通过界牌迂回到国军第五团侧后方并以火力侧射或斜向射击加以封锁。国军第五团陷入包围，死伤惨重。15 时，国军第四团三营退至渌古东南侧高地，日军转移兵力向第四团方向进攻。战至黄昏，国军第六团第三营到达战场向日军反击，恢复渌古西南与渌良界牌阵地，接应第五团突出包围圈，撤离战场进行休整补充。2 月 3 日，国军计划由第三六军、第六军实施全线反攻，但实际只有预备第二师第六团按计划行动，反击日军激战 3 小时，没有成果。午后，日军炮火全线袭击，9 架飞机轰炸，战斗惨烈，国军一部分散兵向天马撤退。4 日，日军向六蒙山进攻；国军预 2 师退守银屏山、红花岭及坛冷以东牛头寨高地一线。日军盐田旅团 2 路合为 1 路猛攻。预 2 师因伤亡极重，撤往渌良至天马一带，第六团在县境渌育隘界牌、禄良、禄芭及邕宁那渌等地卡守隘口。11 时，日军进攻那渌，国军第六团阻击，激战 1 小时，将日军击退；14 时，日军 100 余人又向界牌北侧迂回进攻，15 时又被击退。5 日拂晓日军又向那渌进攻，再次被击退；当夜，渌良正面日军增至 2000 余人，有炮 8 门、骑兵 200 余人。2 月 6 日 4 时 30 分，日军向巴露山、界牌隘、蜡烛山顶一线的国军阵地全面炮击，步兵在炮火掩护下向界牌隘进攻。国军第六团因伤亡惨重，于中午12时退入界牌隘北侧山区。下午17时日军逼近天马。预2师奉命后撤，次日到达龙母、两江一带。日军进占马头、陆幹等地。……

2月14日

新编第33师收复昆仑关。

2月22日

陈明仁在柳州参加蒋介石召开的军事会议。

附:《蒋中正日记》

晨8时车到柳州，直达柳江南岸羊角山麓之农学院旧址，行辕即设于此，召集最高将领训话，讲评此次失败之原因，约两小时。……

2月24日

柳州军事会议检讨会召开，共有26位将领发表讲话，提出检讨意见。陈明仁的提案列第十六项，题目是："桂南作战部队官兵给养亟待设法补救案"；内容为："现桂南方面百物昂贵，士兵每日以洋三角，仅可吃米，菜肉毫无，长此以往，影响身体堪虞。应设法补给。"

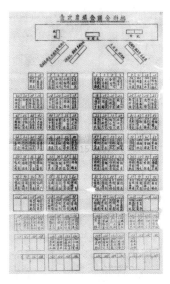

柳州军事会议检讨会座位图：陈明仁坐71座，郑洞国坐70座，邱清泉坐72座

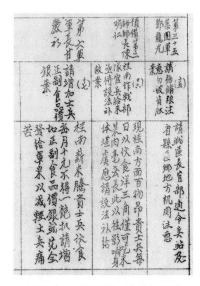

1940年2月24日，陈明仁提案

2 月 25 日

蒋介石在柳州发布对桂南会战参战将领的"处罚明令"：桂林行营主任白崇禧督率不力降级；政治部部长陈诚指导无方降级；第 37 集团军总司令叶肇扣留，交军法会审；第 38 集团军总司令徐庭瑶、第 36 军军长姚纯、第 66 军军长陈骥、第 99 军军长傅仲芳、第 36 军参谋长郭觫、第 49 师师长李精一、第 303 师师长宋士台撤职查办；第 9 师师长郑作民已阵亡免究，该师番号取消，改称无名师；第 35 集团军总司令邓龙光、第 46 军军长何宣、第 76 师师长王凌云各记功一次。

桂南会战检讨会旧址 1　　　　桂南会战检讨会旧址 2

桂南会战检讨会旧址展厅里的图片，左 1 为陈明仁

2 月 27 日

蒋介石决定将桂林行营撤销，其所属部队按战斗序列划归第 4 战区指挥，第 4 战区司令部移驻柳州，专管广西军事。

3月1日

第4战区司令长官张发奎确定春季攻击作战指挥计划，以攻略南宁为目的，命第16集团军、第35集团军、第54军等部为攻击主力，命第6军所属第93师为预备队，第49师和预备第2师"任清水河及迁江附近阵地之构筑及警戒"。

为迷惑日军，预备第2师伪称第305师，就地整训补充。

4月上旬

预备第2师移驻宾阳。

陈明仁以师部驻宾阳三塘乡和睦村，步兵第4团驻甘棠、五合村，步兵第5团驻三塘乡下河村，步兵第6团驻杏塘村、勒马村，野战补充团驻云堡村。

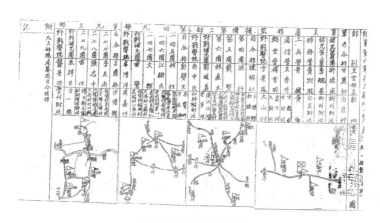

预备第2师驻扎宾阳图

5月1日

预备第2师上报第6军军部，全师官兵11681人。

5月28日

第6军军长甘丽初电令陈明仁派遣游击队在蒲津、良庆、那马一带开展游击战。

预备第2师上报第6军军部，全师官兵12100人。

7月1日

预备第2师上报第6军军部，全师官兵12298人。

7 月下旬

预备第 2 师移驻武鸣，抽调步兵第 6 团驻防双桥、腾翔。

附：屈汉平《我们战斗在武鸣前线》（节录）（刊载于《南宁文史资料第十八辑》）

广西学生军第 2 大队第 8 中队在下颜整编后，即于 1940 年 9 月初奉命奔赴武鸣开展工作。当时日寇盘踞在高峰坳一带，经常进扰武鸣的腾翔、双桥等地以至威胁县城，局势很不安定。我军在武鸣驻有一个师，防守高峰坳北面一线，与日寇经常发生战斗，形势相当紧张。我们到达武鸣后，即举行一次联欢会，邀请政府官员、地方人士和军队首长参加。当时驻军的番号已记不起了，只记得师长叫陈明仁，他当时大约四十岁，为人很开明爽朗。当我们去拜见他时，对我们非常亲热，态度很和蔼，没有什么官架子。在参加我们联欢会时，更是十分豪爽，和我们猜起码来，劲头很大，由于我们人多，轮番和他对饮猜码，最后使得他和另外两名首长酩酊大醉。第三天他即以师部名义举行宴会，请我们全中队人员参加，这回他组织了几十名善猜能饮的军官和我们对阵，结果我们很多人都醉倒了。经过两次联欢，我们和他们很快就熟识了，以后凡是我们学生军去和他联系工作，从师部到连排都可以随便进出，不受任何约束，使工作带来了很多方便。

8 月 10 日

第 6 军主力奉命移驻贵阳。

预备第 2 师奉命在将防务移交给第 54 军后再开赴贵阳。

8 月 16 日

陈明仁致电第 6 军军长甘丽初，言"五十四军接防尚无音息乞示其驻地以便联络"。

甘丽初复电"贵师防务已改由一五九师接替，闻该师现已到韶关希向六十四军联络"。

9 月 23 日

预备第 2 师奉命暂留武鸣，归第 35 集团军总司令邓龙光指挥，准备在邕龙路配合该集团军作战。

9月24日

军令部部长徐永昌为加强滇越边境的国防力量，拟调第6军入滇，并致电蒋介石、何应钦，请将预备第2师归还第6军建制，经百色、田西开赴贵阳。

蒋介石批复："一、第6军应留一师在贵阳，余可照办。二、第2预备师应先到贵阳候命。"

10月1日

预备第2师奉命归还第6军建制，准备开赴贵阳归建。

10月11日

预备第2师抵达柳州，并继续向河池方向移动。

10月13日

第4战区司令长官张发奎在广西发动桂南战役。

10月16日

蒋介石致电第6军军长甘丽初，言"查第2预备师前令开贵阳候命，并未饬归还建制，该师任务应待后命指示"。

预备第2师奉命停止行动，就地待命。

10月27日

预备第2师正式归还第6军建制，开赴贵州黔西县。

10月30日

第64军收复南宁。

11月30日

第188师收复镇南关。

桂南战事告一段落。

1941年1月1日

上午，陈明仁在黔西县参加新年团拜会，与机关、学校、民众共同阅兵。会后，命所部演习。

下午，陈明仁参加黔西县各界人士联合举办的军民联欢大会。

2月4日

南阳沦陷。

继任黔西县县长刘守刚到职，陈明仁与其会谈，并表示会给予"促助"。

2月6日

中国军队收复南阳。

3月19日

第6军军长甘丽初手令陈明仁带领团长以上军官于次日前往安顺聆听军训部部长白崇禧训话。

3月20日

陈明仁带副师长洪行、参谋长张本仁、步兵第4团团长黄汝梅、野战补充团团长吕旃蒙前往安顺听训。

4月16日

蒋介石电命预备第2师准备开赴柳州，接受第4战区司令长官张发奎指挥。

4月26日

蒋介石致电军令部部长徐永昌，拟改调预备第2师开赴川南地区（古宋、古蔺、叙永、筠连、长宁、兴文、珙县、盐津、威信）剿匪。

川南地区有土匪刘复初部人枪千余，支国荣、刘辫子部一千三百余，蒋万和部千余，以及杨华林、李斌武、刘含章、杨海清等六千余。

附：蒋介石致电徐永昌

令陈明仁师长先来渝一见

四月二十七日午后奉到　徐永昌（印）

徐部长：川滇交界各县奸匪潜伏甚久，现渐猖獗，应派现驻黔西之预2师陈明仁部，调赴川南叙永附近，负责进剿（长宁、珙、高、庆符、筠连、盐津、威信一带匪部），并先通报川南驻

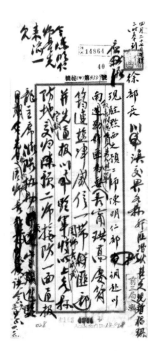

1941年4月26日，蒋介石
致电徐永昌

军周师长虎成，将以上各县防地，定期交归预2师接防。一面通报龙主席派队协助。务勿使周师长误会为要。

中正，四·廿六。

4月29日

蒋介石电命预备第2师改开川南剿匪，并命陈明仁前往重庆会谈。

4月30日

陈明仁坐车前往重庆（途中与第6军军长甘丽初会合结伴同行）。

5月4日

陈明仁抵达重庆。

5月5日

陈明仁先后前往军事委员会、军令部、军政部、国民党中央党部党政委员会接洽公务。

5月6日

陈明仁晋谒重庆卫戍总司令刘峙。

5月7日

晋南（中条山）会战爆发。

陈明仁晋谒总参谋长何应钦、副参谋总长程潜、军训部部长白崇禧。

5月8日

陈明仁晋谒蒋介石，蒋介石特批特别费给陈明仁作预备第2师开拔之用。

《陈明仁日记》："6时起床，7时30分同甘（丽初）军长乘车到军委会交际科换车，渡江往黄山。8时30分到达，知又改为12时召见，乃往游王家花园。11时30分，返侍从副官室，12时上山到委座公馆。12时15分晋谒，询问部队近况甚详，并指示开川南剿匪应注意事项，特别指示勿与友军（新18师）发生冲突，要使他们莫害怕。委座精神甚佳，身体亦好，态度和蔼可亲。12时30分辞出，并嘱在外面坐坐，吃了午饭再走。12时50分，委座到饭厅吩咐将饭菜搬到山下草坪去吃，旋即偕同夫人手挽手的缓步下山，余等随后，并不时回头与余等谈话。至会餐处，尚未布置好，乃说走走再吃，于是游山一转。午后1时30分就席，中菜西吃，同食者共五人——委座夫妇、甘军长、红十字会一队长、余。委座吃饭二碗，余吃三碗，食后吃水果，询问贵州情形及下雨否。2时辞别，余行数步后，复令余至其前，曰：不要叫新18师害怕。"

5月10日

陈明仁再次晋谒总参谋长何应钦。

《陈明仁日记》："7时晋谒总长何，询明部队情形其详，并指示剿匪机宜，尤其对于教育，训示详明，为时达一小时之久。"

5月12日

陈明仁晋谒军令部次长刘斐，落实预备第2师任务。

5月13日

陈明仁启程返回黔西。

5月16日

陈明仁抵达黔西，随即召集预备第2师各机关、部队负责军官开会布置移防任务。

附：陈湘生《功德碑前访徐老》

2015年3月，正是黔西县百里杜鹃盛开的季节。大姐、二姐、二姐夫和我一行四人，来到贵州黔西，瞻仰祖父陈明仁将军当年遗迹——"功德碑"。1940年冬，经历了惨烈的桂南会战，祖父率损伤殆尽的国民革命军陆军三零五师，来到黔西县整补。到1941年5月的短短半年，在抓紧整补部队的同时，祖父厉行社会风气的改良，扶助民生，军民结下了深厚友谊。祖父率部离去后，当地百姓自愿集资，刻制了一块"功德碑"，竖立在水西公园内。此碑历经沧桑，七十五年了，

徐本固老先生精心抄写的"功德碑"条幅

至今基本完好。

为了接待我们，县文保局的陈局长、丁老师、苏老师、小雷老师百忙之中亲自陪同，还特意请来了86岁高龄的徐本固老先生。徐老一见到我们就非常地激动，紧紧握着我们的手，眼眶里噙满了泪花，讲话的声音都是颤抖的，他说他真没想到，还能在他的有生之年见到陈明仁将军的后人。徐老先生年轻时是马拉松运动员，现在年近九旬，还是仙风道骨，十分健康，站在"功德碑"前，侃侃而谈。他参加解放军后去朝鲜战场参战，从部队转业回来后当过黔西县中学校长，写得一手好字。他以八十六岁的高龄，将"功德碑"全文精心抄写了，裱成条幅送给我们。徐老的字迹苍劲有力，实为书法精品。我们将条幅转赠给了湖南省醴陵市的"陈明仁故居"纪念馆，让更多的人观摩学习。

祖父驻军此地时徐老11岁，对当时情景记忆犹新，说到祖父当年治军严明，爱民如子等往事时，情不自禁，老泪纵横。许多历史，连文保局长他们都第一次听说，小雷老师自始至终全程录音。

徐老回忆道：当时官兵们从战场上下来，穿得很破烂，冬天还是黄色的粗布单军服，赤脚草鞋，很是疲惫。给养条件非常艰苦，吃不饱。但是精神很好，军纪严明。陈师长和士兵吃穿都一样。黔西县冬天很冷，但县城里煤价奇高，百姓都买不起，烤不上火，只能受冻。陈师长就带领士兵去数十里外的煤矿挖煤，再肩挑步行到县城里，平价卖给百姓，既平抑了煤价，又得钱改善了士兵生活。

1941年在黔西的陈明仁将军
（字迹为陈将军手书）

徐老又回忆道：黔西到过许多部队，有川军、黔军，也有中央军，但从没见过像陈将军这么军纪严明的军队。陈师长对部队军风气抓得很紧，街上不断有纠察士兵巡逻，发现军纪不好，当即纠正。三零五师有个下级军官犯了纪律，陈将军率全体官兵开公判大会，并处以了死刑，徐老就在台下听了看了全部过程。他还说陈将军在黔西整肃歪风邪气，为民除害，做了许多好事，黔西百姓才为陈将军立了"功德碑"。而立碑时，陈将军已经率部奔赴抗日前线。

徐老回忆道：当时黔西公园的大殿里还挂

有陈将军的"玉照"。我们给他看了下面这张照片，他当即连说："就是这张，就是这张。"

当年徐老经常去操场看士兵们操练，还亲耳聆听了陈将军的宣传讲话。陈将军亲自给士兵们上课，宣讲戚继光、岳飞，宣讲抗日，说陈将军不但仗打得好，也很有口才和文采。

徐老先生对于部队训练的一些细节还有很深的印象，他说陈师长是"陆空配合"，在两山顶间连接一根铁丝，挂一架飞机模型，让模型在空中移动，地面的机关枪就对空"哒哒哒"射击。他跟着去看，枪声在山谷里回荡，非常响。

胡庆雯撰写的碑文

我笑问徐老："我和公公（我们叫祖父为公公）哪个高（我身高1米8）?"徐老看看说："你公公高，你公公腰杆笔挺，你公公……"他用手比画着，想用一个最恰当的词来形容，忽然他说："伟岸！对！是伟岸！"徐老说着老泪纵横，紧紧握住我们的手不放。他说真是天意呀，本来今天他安排有活动，去参加一个书法交流会议（徐老是黔西县书法协会会长），后去迟了没赶上车子，这才有现在来与陈将军后人见面。说起"功德碑"，徐老回忆道：撰文的胡庆雯，字云村，是个清朝秀才，后来参加辛亥革命，民国时当过谘议官兼驻北平代表、县参议长、省参议员。是中华民国贵州省参议会议长平刚先生的密友。徐老说：胡庆雯因是秀才又在北方任过职，所以文言文和北方语言的现代文都很强，是另外的人所不能达到的，只有他才能把赞颂陈将军的碑文写得那么精彩。胡老先生写的是郑板桥体，现在"功德碑"上的字可能是他留存在世的唯一手迹了。还说他从北平回来后，讲话"一口京腔"。

"功德碑"碑文如下：

陆军三零五师师长陈公子良纪念

黔西地濒鸭池，适居贵毕中心，因之军旅过往频仍，而延积岁月，亦惟各随其时，然欲求一军风纪整齐、严肃，且能为人民解苦痛、矫习惯、易风俗，甚至与之合作而为之操劳者，直不劾凤毛麟角。去年冬，三零五师师长陈公于收复南宁后，移驻此间，休息整理，一转瞬即六阅月，而此六阅月中，每于训练之余，锐意厉行新生活，卒使嗜好不良、酣睡晏起、行不规则、漫无纪律之辈，至此皆欣欣向荣，顿变其畴昔之偷风陋习。而学校操场，汲水码头与乎公共建筑工程稍大之处，又无时不见赳桓者驰逐其间，力作不辍。且也，暮春已届，霖雨愆期，骤降滂沱，农力罔济，而全军士卒分布垄亩，协助及时播种。最怪者，人或饷以酒食，坚辞不受，问之，则曰："奉师长令，不敢违。"于是讴歌四野，无不感其饥溺痌瘝之诚。故半年来，军民水乳，方之往古，直无异充国叔子。因此，邦人父老感怀大德，自愧报乏涓埃，用特议刊贞珉，并群起而为之颂曰：

衡山之英，洞庭之灵，大气磅礴，秀钟醴陵。

诞降师长，厥姓曰陈，子良其字，明仁其名。

头角崭露，投笔请缨，历试诸艰，揽辔澄清。

全师抗战，猷树奇勋，躬冒矢石，收复南宁。

移节水西，经武整军，卧薪尝胆，轸念人民。

摘奸发伏，害马潜形，禁烟缉赌，风格以纯。

行新生活，夜寐夙兴，勃勃朝气，习惯养成。

运煤出售，物价是平，派队协助，及时春耕。

欢声雷动，髓洽肌瀹，方之东里，足称惠民。

用勒诸石，纪念永存。

中华民国三十年五月吉日
黔西县全体民众公立

试析解如下：

陆军三零五师师长陈公子良纪念

黔西县濒临鸭池河，县城正好在贵阳和毕节两地中心，所以军队过往十分频繁。在有驻军期间，百姓只能顺从各色驻军的不同作风。然而要是想遇上一支风纪整齐严肃，且能为人民解除痛苦、矫正习惯、改变风俗，甚至与百姓合作而为之操劳的军队，就无异于凤毛麟角了。去年冬，三零五师师长陈明仁于抗日收复南宁后移驻此间，休息整补，一转眼就六个月了，在此六个月中，他除了训练部队，还在黔西县锐意提倡和推行新生活，使社会上那些嗜好不良、酣睡晚起、行不规则、漫无纪律的人，今天却如沐春风、欣欣向荣，一下就改变了他们以往的偷风陋习。而在修建学校操场、修筑取水码头及其他大型公共建筑工程中，随时都能看到三零五师官兵威武雄健的身影，他们往来穿梭不停劳作。而且，此时已到了晚春时节，春雨久久不下耽误了农期，又突然降下滂沱大雨，农民的劳动力不足。此时全师官兵分布在田间，及时帮助播种。最令人不解的是，有乡亲送酒食慰劳他们，他们却坚持不受，问其原因，他们说："师长有令在先，我们不敢违背。"于是，乡亲们将此事到处传颂，无不为官兵们扶贫济困、视民众疾苦为己之疾苦的赤诚之心所感动。故半年来，军民关系水乳交融。追溯历史，也只有西汉名将赵充国和晋代名臣羊祜能与之相比。因此，乡亲父老们感怀大德，自愧无以报答，特提出刻石碑表心愿，并群起而为之颂曰：

湖南省有英武的衡山，有神灵般的洞庭湖，而大气磅礴，独数钟灵毓秀的醴陵。

醴陵诞生了一位师长，他姓陈，子良是他的字，明仁是他的名。

他崭露头角，投笔从戎，杀敌报国，历经艰难，紧握马缰，平治天下。

他率全师抗战，建立奇勋，亲临前线，冒着敌人炮火前进，不怕牺牲，收复南宁。

移师到水西来，经营武备，整训军队，卧薪尝胆，痛念受难的同胞。

他揭露举发隐秘的奸人和坏事，将害群之马原形毕露，禁止吸食大烟和赌博，纯净了民间风气。

他推行新生活运动，很晚才睡，很早就起床，帮助老百姓养成了朝气蓬勃的习惯。

派部队挑运煤炭出售给老百姓，抑制了飞涨的物价，还派部队协助农民及时春耕。

老百姓欢声雷动，深深感受到陈师长就像春秋郑国大夫子产一样，一心为人民做好事。

特刻在石碑上，纪念永存。

中华民国三十年（1941年）五月吉日

黔西县全体民众公立

2015年正值抗日战争胜利七十周年纪念，黔西县人民政府在旧的"功德碑"旁，又立了一块简介碑，对旧碑碑文加以说明，表示对陈明仁将军的深深怀念和永世不忘的感情。

简介碑碑文如下：

陈明仁将军纪念碑简介

一九四零年冬，时任国民革命军三零五师师长的陈明仁将军，奉命从抗日前线移师黔西整训。在训练军队的同时，将军顺应民意，除暴安良，

整肃民风，爱民亲民，扶助民生，为阖县民众感佩。一九四一年五月，黔西民众自发集资在水西公园内为其刻立纪念碑如左，赞颂其功德，喻其为春秋子产、汉将赵充国、晋臣羊祜，以启后人。此碑至今已七十四年。摘录其铭如下：（省略）。

陈明仁，字子良，湖南醴陵人。生于一九○三年，卒于一九七四年。黄埔军校一期生，东征北伐中立下卓著战功。抗日战争中，率部参加九江战役、桂南会战、远征滇西、收复滇桂，骁勇善战，被誉为中国抗日名将，叙任国民革命军陆军中将。解放战争中，与程潜将军领衔通电起义，湖南全境和平解放，加速了全国解放进程。解放后，历任湖南临时省政府主席、中国人民解放军二十一兵团司令员、五十五军军长等职。率部广西剿匪、驻守南疆海防。一九五五年被授予中国人民解放军上将军衔，获一级解放勋章。

将军功彰日月，德仰千秋。二〇一五年，适逢抗战胜利七十周年之际，为缅怀将军爱国抗日、轸爱黔西的功绩，特立此碑。

黔西县人民政府　立
二〇一五年九月三十日

陈湘生：祖父在七十四年前的短短半年里，仅仅为黔西县人民做了他该做的事，但是黔西县人民刻碑纪念，还妥善地保护好这块功德碑。时隔七十四年，又新立一座简介碑。这真正体现了黔西县人民的"滴水之恩，涌泉相报"的高尚品德。我们兄弟姐妹已经多次来到黔西县，把黔西县当作第二故乡，把黔西县人民当作自己的亲人。我们也要教育下一代，永远记住徐本固老先生，记住务实办事的黔西县人民政府，记住善良的黔西县人民。

5月20日

预备第2师开赴川南地区。

5月23日

蒋介石致电军令部部长徐永昌，询问预备第2师何时能够接防川南地区。

附：蒋介石致徐永昌电文

徐部长（五月廿三日午前八时奉到）、贺主任
（五月廿三日下午八时奉到）：

陈明仁在川南接防有否实施？查报其何日接
防。中正　廿三日

5月25日

预备第2师进驻叙永，陈明仁设师部在真
武山。

5月27日

预备第2师开始和驻军新编第18师交接防
务，但遭到新编第18师师长周成虎抵触。

陈明仁为避免产生纠纷，命所部暂停接防，
随即亲往周成虎寓所，待误会消除后再行接防。

6月13日

陈明仁兼任川滇边区清剿指挥官（后改称四川第8清乡区，陈明仁仍
兼任司令）。

6月27日

陈明仁在叙永县县政府参加土匪清剿会议。

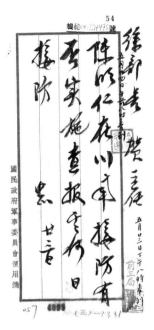

1941年5月23日，蒋介
石致徐永昌电文

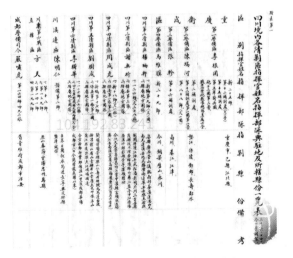

1941年6月13日，清剿指挥官一览表

6月29日

陈明仁参加师长就职三周年纪念会，并与所部军官摄影后会餐。

《陈明仁日记》："六月廿九日星期日 今日为余就本师师长三周年纪念日，光阴似箭的过去，事业一无成就，愧死愧死，午后二时召开部务会议，六时摄影后会餐。"

1941年6月29日，陈明仁就任预2师师长三周年纪念会合影
（前排左4：陈明仁；前排左5：谢芳如）

7月3日

陈明仁与四川省第7区行政督察专员兼保安司令张清源、川南清剿专员刘忠干会谈土匪清剿事宜，并决定召开军政联席会议。

7月4日

陈明仁召见古蔺县县长萧端重、古宋县县长李才贵，询问当地土匪情况。

7月5日

陈明仁在叙永县县政府召开军政联席会议，确定剿匪相关事宜。

8月29日—9月17日

陈明仁前往川南所属各县巡视，监督预备第2师与地方保安队的剿匪进程。

9月22日

陈明仁接军事委员会"批令"，对完成川南剿匪任务"深为灰心"。

《陈明仁日记》："本日奉到军委会批令，对匪案均须请示后始能处决，对烟案则移县府办理，本部对此无权。奉悉后，深为灰心，今后对川南匪无肃清之望矣。予从今日起凡办一事，杀一人，均秉承法令去作，不管匪与烟能否肃清。过去虽未办错一事，乱杀一人，唯言词实甚剧烈，开口便说杀人，用意在使人害怕，不敢再为匪、运烟卖烟。因为县政府被彼辈轻视，认为奈何他们（匪与烟犯等）不得，故数十年来川南不能安靖。自本师来此后，能很快的得到安靖，就是怕杀。因予每次讲演，均已抱定有匪无我之决心，实行就地正法。并烟与匪同样重要，与匪同一办法处理。所以一时风声所播，均认为中央军厉害，不敢尝试，很快的能收效果。假如今后不能兑现，则前话均成空言，纸老虎被人看破，一文不值矣。今后不再讲硬话，免言行不一，为人所鄙视。又因本师官兵均廉洁自守，不要一文钱，尤为人所恐惧。过去一班公务员，大多贪污，所谓有钱则生，无钱则死。凡犯法者，只要有钱就可解决，毫无正气。本师有正气，故有邪皆倒矣。今后只有从此点着手，代替用重典，庶几守法尽责两相兼顾。"

10月5日

陈明仁登上叙永城外十公里的红岩山（丹山），晚上在叙永参加中秋节同乐会。在同乐会上，陈明仁题写了"填海补天"四个大字，并写了跋文。叙永县耆老士绅附和恭颂。叙永县政府随即命石匠将这些字刻在叙永红岩山上一块形如睡狮的巨石之上。

10月6日

陈明仁参观叙永春秋祠。此时西南联大暂住春秋祠，陈明仁与西南联大的师生有了交往。

《陈明仁日记》："九时参观春秋祠，雕刻甚精，为历来所见之庙宇所不及。创于明朝，为盐商大号所捐建，惜为以前驻军所败。午后四时卅分上军官讲堂。"

赵光裕[①]：陈明仁将军在叙永和西南联大的大一本科生在叙永有三个月的重叠期，朱自清在叙永十日和陈将军在叙永的时间也完全重叠。陈将军常常去设在培根小学的军官讲堂授课，据叙永文史资料记载，朱自清也在培根小学对军官讲堂的军官作过抗战演讲。所以陈与朱，包括与其他西南

---

① 民国要人赵铁桥后人，叙永历史研究者。

联大的教授，在叙永就相识。

10月8日

第6军军长甘丽初保升陈明仁为副军长，得到军委会回电："该军保升陈师长明仁一案，俟有相当缺出，予以调升可也"。

《陈明仁日记》："查此种虚文，不值一钱，空头支票，无现可兑。今年2月，亦有同样之宥铨二渝隆代电：'准以军长存证'。假使我有背景，会吹牛拍马，早已作了军长和总司令了。平心说，我无一事后人者，到今日还来什么'存记''缺出'，简直是欺人之谈，纯粹是无是非、无责罚，黑暗重重，岂有此理。我到今日尚能如此努力的拼命，完全是尽国民一分子之义务，就是当兵亦应该亦甘愿。此生决无有光明前途之望，故绝不计及升官与否，只祷祝抗战早日成功，以便解甲归田，否则唯有做到死而后已。"

10月9日

中国军队在第二次长沙会战中取得捷报。

10月10日

陈明仁参加国庆纪念会和湘北第二次胜利大会，并接受川南八县代表给预备第2师赠送的锦旗。

10月21日

赤水县划归预备第2师剿匪范围。

陈明仁召开剿匪会议，商讨赤水县剿匪事宜。

10月28日

陈明仁与副师长洪行、参谋长张本仁等八人游览红岩山，观看刻在一块巨石上的"填海补天"四字及跋文。

10月29日

蒋介石电命预备第2师准备移驻毕节。

10月30日

预备第2师开始在叙永集结。

11月3日

预备第2师开赴毕节。

陈明仁参加叙永各界人士举行的欢送大会。

陈明仁在自传中谈到率部进驻叙永到开赴毕节的经历时说:"1941年夏,部队开入四川,奉命去川南接周成虎的防务。周成虎是四川军阀刘湘手下的一个师长,在川南霸占几县,军队专门贩卖毒品,不听调遣。过去国民党政府几次派人接防,都因武装冲突,不能实现。因而蒋介石便把这个艰巨的任务,加到我的身上。首先,我到重庆去见蒋介石,他要我在既不冲突,又能接好防务的原则下,完成这个任务。我接到命令后一面准备部队行动,一面派人先到川南了解情况。了解的结果,是周成虎无意交接,准备和我作战。但我想如用武力解决,不能达到目的,不如改用政治手腕好些。因此,我决定亲自到泸州去,直接找周成虎商谈接防问题,同时,还利用红帮关系和周成虎鬼混了十多天,天天同他过着抽大烟、嫖、赌的生活。并且为了表示诚意,还特别住在他家里,两人混得很相契了,于是隔阂化除了,无话不讲了。一天,他先向我表述态度,他说:'中央要我交出八县,由中央派人接防,在过去任何人来接防,我都是不交的,今天交给你我很愿意,而且欢迎你的人早日来接防。'因此,我才问他准备什么时候交呢? 他说:'我马上可以下令,将部队调走,让你来接。'我接防后,驻在叙永,兼任了第8区的清乡司令。在叙永兼任清乡司令的期间,八县归我管辖,更得到了直接参与地方政治的机会,对于国民党政府的清乡政策,我特别卖力。例如清剿惯匪、禁烟、禁赌等,都曾认真进行,而且在出巡清理积案时,杀了八个著名的土匪头子。川南八县的人民,认为确实是替地方除了一个大害。尤其禁烟严厉,使云南、四川间经常贩卖烟毒的人,根本不能在境内通过。这也算是一点特殊的成绩。"

附1:陈渭《记陈明仁将军在兴文点滴》(节录)(载《兴文县文史资料》第七辑第72至74页,1991年6月出版)

1942年,陈明仁将军从抗日前线回川整休,这里我记载他的一些逸事。

当时,我还是小学生。一天,学校把全校师生整队带到县城北操场去,说是要听陈师长讲话。当天操场人很多,县城的党、政、工、农、商、各界人士和民众及全体机关单位职员都到了场。大会由县长李仲阳主持,首先简单地介绍了陈师长,讲了开场白,随即鼓掌欢迎陈师长讲话。此时,我们才注意到,陈明仁是一位高大魁梧的军人,穿戴与士兵似乎基本相同的军装。他健步走上台,向大家施礼后,便开门见山地讲剿匪一事,他说:"小弟从前线回来,前方战斗激烈,天天都有伤亡,中华民族在流血。此次部队奉命回川整休，兼负剿匪任务。来到贵县，承蒙诸位关照。先生们，女士们，前方在抗日，后方需要安静，道理很简单，匪患不断，后顾之忧。这次剿匪，任务不轻。光靠我明仁和弟兄们实难肩负，还望在座诸位及全县仁人以党国为重，精诚团结。此次剿匪之政策，仍是两句老话：剿抚并进，宽严兼施。凡是大小土匪，只要放下屠刀，可以成佛，投案自首者，一律从宽。谁要胆敢抗拒、顽固到底，我是格杀勿论，抓获者，杀！杀！杀！"

陈明仁的队伍驻扎兴文，纪律十分严明，士兵不准逛街，行军夜宿只睡街檐。有时住民房，用具有借有还，损坏赔偿。某日，我在家门乘凉，忽见两个穿黄军装的士兵背着背兜向我走来，步入我伯娘的瓜地里（现兴文一中校址），我好奇地走上去看他们干啥，只见他们两个人在地里翻藤找瓜，找出几个瓜后，问我："小孩，瓜是谁种的？"我答："是我伯娘的。"又问："你把伯娘找来好吗？"于是我跑去把伯娘找来。士兵说："大婶，我们买两个瓜好吗？"伯娘见是当兵的，忙说："哪里有瓜啊，没有，没有。"士兵指着瓜说："这不是吗？"伯娘大声说："有也不卖。"士兵笑着说："不卖就算了。"边说边把翻出的瓜放回盖好，走时连说"对不起"。

还有一件有趣的事，陈师长在我县驻扎期间，时值我县两隆乡（今青联乡）青杠坪的新街开场。开场前，听说场主张树良找了八字先生测定预卜祸福，八字先生开字一看说："好啊，这两天开场必有贵人驾到。"张莫名其妙，贵人是谁呢？

开场那天，乡公所派人到县城接请县长李仲阳来参加开场典礼。适逢陈明仁师长因公要去兴晏乡，路径必经此处；于是，李县长相邀陈师长同行。二人到了青杠坪新场，陈师长和李县长均被请台上就座，亦分别讲了话。随后，走看了新场。当地人十分新奇，小小偏乡开场，能有县长、师长光临。师长、县长为新场增添了光彩。这时，台上台下，街头场尾，锣鼓声、鞭炮声、鼓掌声齐鸣，经久不息，十分热闹。开宴时，主持人恭请二位长官入席，待要开始饮酒时，忽听军号响，陈师长即刻站起歉意说："本人军务在身，失陪失陪，李县长你是父母官请便。"说着就前往士兵们吃饭住地，与官兵们很快吃完饭（当场人看到陈师长与士兵们吃的是干水盐菜，并无酒肉），立即带队离场赶兴晏而去。围观的民众赞叹："这位师长不像那些当大官的，对人和蔼，与士兵打成一片，令人敬佩。"

当天，我父亲也到青杠坪赶新场，亲眼所见此事。

文旅叙永

丹山，距叙永县城 17 公里。在丹山玉皇观三清殿与祖师殿之间的一块红岩巨石上，刻有"填海补天"四个大字和一段跋（音同"拔"）文，它究竟是何人书写的呢？原来这苍劲有力的四个大字有着这样一段故事。

"填海补天"及跋文的摩崖石刻　　　　　　丹山玉皇观

壹

历史背景

抗日战争时期，陈明仁将军于 1940 年 1 月初率所部预备第二师，星夜驰骋，从湘北的长江防线赶到广西武鸣至宾阳一线，参加桂南会战第三阶段的防御战斗。在邕宾公路西北高地构筑阵地，侧击沿邕宾公路北上进攻宾阳的日军，在最激烈的 1 月 28 日至 2 月 6 日的 10 天战斗中，给予日寇巨大打击，同时全师伤亡近 6000 人。

就地整补后，在南宁外围与日寇对峙至 11 月份，多次出击，积小胜为大胜。1940 年底，陈明仁将军奉命率部移驻贵州黔西整补。1941 年 5 月，率所部驻扎叙永县，一边整补，一边清剿川南八县惯匪，护卫滇缅公路的延长线、通往陪都重庆的黔川公路。

丹山玉皇俯瞰图

贰

题字由来

同年中秋，陈明仁将军于繁忙军务中，登上叙永城外十公里的丹山。此时国家危亡，山河破碎，此情此景，将军感慨万千。在当晚举行的叙永县中秋节同乐会上，铺纸挥毫写下"填海补天"四个大字，大字上款为"民国三十年中秋"，下款为"湘醴陈明仁题"。

又写下跋文："率偏师频年与暴日相周旋，苦战恶斗，屡寒敌胆。要之丑虏未歼，恨海难填，神州沦没，荒天谁补？何时鲁阳金戈，挥退残余酷日。一朝田单火力，收回七十齐城，此愿此心期必偿而后已。今夏旋师入川，驻节永宁，剿匪余暇，偕二三君子览胜红岩。千寻赤壁之下，怪石巍峨，峻峭玲珑，显灵著异。噫！是岂精卫所衔者欤！是殆娲皇所炼者欤！渺渺余怀，不胜感慨系之，爰题四字，藉抒胸臆，且将证验来兹云。子良陈明仁并跋。"

同行的叙永县耆老们当即和答了一首诗：

填海补天，鸿题奕奕。何等襟期，何等事业。
顽懦者流，望之退怯。惊为奇异，空谈玄秘。
安知将军，文谟武烈。今兹寓言，将来践实。
倭寇肆虐，督师抗敌。赣北桂南，所向皆捷。
班师蜀川，耿耿胸臆。全功未奏，雄心愈烈。
舞起鸡鸣，惊平鹤唳。要取龙城，先探虎穴。
海枯石烂，此志弗灭。天旋地折，夙愿早决。
河山无恙，云霄气溢。凯歌醉时，功期指日。

叙永当地的镌刻师傅便将"填海补天"及跋文勒石于丹山红岩上，将和答诗镌刻在"填海补天"左下的另一块巨石上。

数天后的重阳节，陈明仁将军再次登上丹山，观看石刻。第二天（10月29日）接到军令，陈明仁将军紧急集合部队，告别叙永乡亲父老，奔赴云南滇西抗战第一线。

"填海补天"及跋文的摩崖石刻

叁

深刻涵义

陈明仁将军率部抗战多年，对百姓、部属遭受巨大损失块垒难消，对日寇刻骨仇恨，民族气节和抗日豪情溢于言表。

跋文开头谦称为"偏师"的所部预2师，是陈明仁将军历经三年多打造的一支战斗力极强的抗日劲旅，他的副师长、参谋长、各团团长均为黄埔军校早期毕业生，连基层干部的连、排长，也大多为黄埔军校十六、十七期毕业生，故可以"与暴日相周旋，苦战恶斗，屡寒敌胆"。

其后的正文，对仗工整、广征博引，出现了两位神话人物：一是衔石填海的精卫鸟，二是炼石补天的女娲；两位古代英雄：一是举戈怒吼、"日为之反三舍"的鲁阳公，二是以"火牛阵"破敌、连复七十余城的田单。

陈明仁将军把叙永丹山的红石比喻成精卫填海的衔石，要去填平日寇造成的恨海；又比喻成女娲补天的炼石，要去弥补日寇造成的破损苍天。鲁阳公一句，直指日寇是残余酷日，抗战胜利的一天就要来到；田单一句，表达了欲一口气收复失地的心志。那是将军立下的誓言：要像楚国的鲁阳公和齐国的田单那样，彻底消灭日本侵略者。

祖国大好河山：叙永丹山美景

11月7日

军事委员会委员长侍从室第1处主任林蔚拟调预备第2师开赴昆明。

11月8日

林蔚计划以第5军驻昆明东郊、预备第2师驻昆明西郊。

11月9日

预备第2师进驻毕节。

1941年11月8日，林蔚计划以预备第2师驻昆明西郊

111

1941 年 11 月 10 日，杜聿明计划指挥预备第 2 师构筑昆明"核心后廊外围之工事"

1941 年 11 月 14 日，预备第 2 师奉命归杜聿明指挥

11 月 10 日

第 5 军军长杜聿明兼任昆明防守司令，计划指挥预备第 2 师和新编第 29 师构筑昆明"核心后廊外围之工事"。

11 月 12 日

陈明仁设师部在毕节的游击衙门。

11 月 14 日

预备第 2 师奉命改归昆明防守司令杜聿明指挥。

11 月 16 日

预备第 2 师奉命准备开赴昆明。

11 月 19 日

预备第 2 师开赴昆明。

11 月 29 日

陈明仁在花溪家里为长子扬钊过了生日，下午动身去昆明。

《陈明仁日记》：原定早餐后动身赴滇，因铨儿于午餐为钊儿做生日，坚留予夫妇参加，故延至午后起程。

1941 年 11 月于花溪，左起：陈扬铨（次子）、陈明仁、谢芳如

12月2日

预备第2师进驻昆明。

12月3日

陈明仁晋谒昆明行营主任龙云。

12月5日

陈明仁前往第5军军部参加杜聿明召开的军事会议。

12月7日

日本军队偷袭珍珠港,重创美军太平洋舰队,太平洋战争爆发。
第二次世界大战波及亚洲、欧洲、非洲、大洋洲。

12月9日

国民政府正式向日本、德国、意大利宣战。

12月10日

英国驻中国武官丹尼斯请求中国派遣军队入缅甸布防。

12月11日

军事委员会对第5军和第6军下达动员令,准备入缅参战。

12月16日

第5军在祥云、大理、保山集结,第6军在保山、芒市集结。

12月18日

第三次长沙会战爆发。

12月21日

预备第2师移驻安宁,抽调一部驻防禄丰。

12月23日

中国、美国、英国代表在重庆举行东亚军事会议,会议初步决定中英联合防卫滇缅路,并签订《共同防御滇缅路协定》,中、美、英三国军事同盟形成。

1942 年 1 月 1 日

中国、苏联、美国等 26 个国家在华盛顿发表《联合国家共同宣言》，标志着反法西斯阵线的最终形成。

陈明仁召集全师官兵在禄丰团山举行团拜会，并阅兵。

陈明仁参加禄丰各界新年庆祝大会。

1 月 3 日

盟军中国战区成立，蒋介石任最高统帅，指挥中国军队以及位于越南、泰国的盟军部队。

1 月 21 日

预备第 2 师奉命准备开赴曲靖，担负曲靖至安南①沿线的护路任务。

1 月 24 日

第 11 集团军总司令宋希濂命预备第 2 师"缓开"。

2 月 21 日

蒋介石由印度回国，抵达昆明。

2 月 22 日

蒋介石前往温泉山居住。

陈明仁从步兵第 4 团抽调部队"处理警卫事宜"。

2 月 24 日

陈明仁在昆明晋谒蒋介石，会报部队情况。

2 月 27 日

中国军队入缅参战。

2 月 28 日

上午，陈明仁率参谋长及四位团长接受蒋介石训话。

下午，蒋介石与军训部常务次长阮肇昌游览西山三清阁，在看到构筑工事的预备第 2 师工兵营第 2 连士兵衣衫褴褛后心生不满。

《陈明仁日记》："8 时率参谋长、各团长乘车到空军招待所，听委座训

---

① 作者注：即现在的越南。

话。10 时开始，12 时完毕后摄影、会餐。午后 2 时率同去人员返部，批阅文件。"

附：《蒋中正日记》（"抗战历史文献研究会" 2015 年 10 月 31 日出版）

10 时到空军志愿队驻所，对高级军官八十余人训话，对于战局形势阐述颇详也。正午宴军官毕，回寓。下午访亮畴病，与阮肇昌次长同游西山三清阁，见预备第二师士兵，军服破烂，比叫花子犹不如，心伤莫名，可知高级将领对各部队士兵日常生活，毫未视察也，可痛。

3月1日

蒋介石传召预备第 2 师师长陈明仁、参谋长张本仁。由于负责传达的第 11 集团军总司令部疏忽处理，没有联系上，蒋介石未能见到陈、张，即离开昆明去了腊戌。

3月2日

陈明仁接到步兵第 5 团团长杨文榜来函，得知蒋介石 1 日召而未见一事。旋又得知蒋介石在 2 月 28 日见到工兵营第 2 连士兵服装破烂一事，心知情况不妙。

《陈明仁日记》："6 时起床，接杨文榜函告，谓昨日委座召余及张参谋长、郭书记往见。因总部电话未打通，及知道此事时，委座已离昆明去矣。余阅悉此信后，认为总部太疏忽，关系余个人甚为不利，终日忧愁不安。下午接孟惠报告，详述 28 日下午委座游金殿时之情形，对一切均好，唯对士兵服装破烂表示不满。余此时深知委座昨日召见必与此有关也。总部疏忽，未将电话打通，亦不派汽车来接，必引起委座愤怒无疑。余之前程又由光明而入黑暗矣，可叹。果是气运有定数乎？"

3月3日

蒋介石手令，调陈明仁为第 71 军中将副军长，顾葆裕继任预备第 2 师师长。

《陈明仁日记》："6 时起床，奉总部转到委座手令：调余为 71 军副军长，顾葆裕为本师师长，并限明（4）日交接。当发生感慨与疑虑如下：一、师长调副军长不知是好意还是恶意；二、总部应先将此事告知，并决定交接日期；三、不应随令规定明日为交接期，似过急迫。朝会后召各主任及各部队长开会，准备移交事宜。10 时到参谋团及总部请示一切，林（蔚）团长已去腊戍，宋（希濂）总座亦外出。候至午后3时始返部，空走一次。仅探听得调职原因：一因工兵第2连士兵服装破烂，在金殿做工，为委座所目见。二因1号召见不到。纯系恶意的调职。心殊怅怅，窃思五年来费尽心血，无一不在其他部队之上，好处不能给上峰知晓。此次两桩差处，均与余毫不相干，服装只发四成，当然破烂。其他部队皆然，不仅本师也。召见不到，乃是总部疏忽，余直至2号始接杨团长报告才知道此消息，其是冤哉枉也。命也如斯，夫复何言。5时集合官佐训话，责以大义，安心服务。"

3月4日

上午，陈明仁与继任预备第2师师长顾葆裕交接。

下午，陈明仁晋谒蒋介石，因直言顶撞，使蒋介石大发雷霆，并命宪兵将陈扣押，准备5日押送重庆法办。后得第11集团军总司令宋希濂、第9集团军总司令关麟征向蒋力保，得以重获自由。

《陈明仁日记》："3时20分到达金碧别墅，3时半晋谒，不数语即引起委座大发雷霆。余亦以此事太遭不白之冤，恃爱妄言，说明服装破烂，余不能负责。当时态度言辞不免过剧，致被收押，责令宪兵13团于明日送往重庆。余以无罪，心甚泰然。侍从室诸友劝余暂时在该处休息，等待机会，俟其怒气稍平，当可挽回。4时，宋、关两总座到，侍从副官告以此事。两总座即来余处慰问，并自称力保。5时在该处晚餐。6时两总座将此事解决，恢复自由。"

附：《蒋中正日记》

下午陈明仁来见，甚放肆，大言无忌，因之发怒，令宪兵扣押赴渝。……

陈明仁1951年下半年在自传中回顾了1942年3月初被调离预备第2师以及当面顶撞蒋介石的往事。

"1941年冬，部队奉命开往云南，当时除了我的预二师基本队伍外，还另配有两个师和一部分炮兵部队，归我指挥，论兵力已经大于一个军了。当我的部队开往昆明附近时，中央参谋团、云南行营以及绥署等机关，都一致称赞预二师的部队很好。而我当时也认为确实值得称赞。只是有一个显著的表面上的缺点，便是服装不齐。这是因为抗战期间，公家所发的质量太差，一件棉衣规定要穿两年，事实上一季都穿不到。而那年冬天，又只发给我们四成新的棉衣。所以，士兵服装自然是很烂的。我的部队到云南后，又经常担任筑工事，每逢工作，做工的部队通通把好的衣服收起，临时发给烂的。

这年冬，蒋介石到了昆明。有一天，他到昆明西山游览，恰逢我的部队在西山做国防工事。蒋介石看到我的部队衣服破烂，大为震怒。原来是蒋在昆明召开军事会议之时，参加会议的人都注重穿着，只有我一个穿的是士兵服，蒋说我有伤国体，已经对我有了成见，及到西山看见我的部队服装如此破烂，更是大为不满。他由西山回到昆明，便要11集团军总司令宋希濂来找我，想对我责备一番。那时，我驻在离昆明30里的安宁，宋希濂并未派人或以电话通知我，我始终不知此事。当蒋介石一连找我四次，还未找到之时，便向宋希濂查问我的下落，宋当时说，我未在昆明，所以，未找到我。蒋介石因此更加愤怒，立即下令将我撤职改调为71军副军长。命令下达后，他限我在两天之内将移交办清楚。这种期限迫促，是国民党军队中从来没有的事。但我仍然遵照办理。

办了移交手续的第三天，蒋介石由腊戍回到昆明，一下飞机便叫阮肇昌坐汽车到安宁来找我，要我去见他。我那时正在愤愤不平，认为自己的实力等于一个军，而调我任副军长，实际是明升暗降，且在昆明所有的部队，唯我这个师声誉最好。我自己也认为我的部队无论作战或训练，都比一般人强，今天的结果却是被无故调任一个副职，心实不甘。我决心趁蒋介石来找我去见他的机会，和他大闹一顿。并向家人表示，我这一去，或许会不能再回来了。我和阮肇昌到了昆明后，走到蒋介石住所的金碧别墅，打破了平时见蒋必须先行探听和通过侍从室的惯例，一直跑到会客室去。这时蒋介石从楼上下来，态度安详和蔼，对我似乎没有不满的样子，而且对我说了一些安慰的话，可是他最后还是说：'你这个师长没有做好，希望再多勉励。'我那时气愤已极，忍耐不住，马上辞色俱厉地质问他：'我什么地方没有做好？作战不好，还是技术训练不好？若论作战，则每次战役我都得到了奖赏，都是你给的，你并非不知。论校阅则成绩第一，论训练也算不错，就在不久以前，你还亲自打电报嘉奖，说我的部队纪律严明，为入滇部队之冠。何又今日突然变坏了呢？'这时蒋介石竟哑口无言，沉默良久。一会儿他才说：'你的部队的衣服没有穿好。'于是我更生气，便说：'我的部队衣服没有穿好，不能怪我，只能怪你自己。'这时他也生气，反问为什么要怪他自己呢？我说：'衣服是你发给我们的，质量这样坏，只穿一星期便穿破了。并且去年只发给我们四成新的，六成是旧的。'他当时不相信，连说：'绝没有这样的事。''没有像你这个部队穿得这样烂的。'我说：
'你的眼睛看不见真实情形，我不愿学人家一样来蒙混你，当你未来昆明之
前，宋希濂曾打电话给我，叫我把穿烂衣的士兵关在营内，所有到外面服
勤的，都要穿好衣服，不要给你看见。我当时力斥他的不对，我认为部队
的实际情况，站在黄埔学生的立场，应该使你知道，不应该欺骗你。所以
我没有听他的话。我是有什么穿什么，不去矫揉造作。'蒋介石又说：'我
看见过71军，便是没有穿烂衣服。'我说：'他们原驻重庆，预备参加秋季
大演习，给外国人看的，一切装备都是换过了的。后来，因为云南军事吃
紧，没有等到参加演习，便调到昆明来了，所以装备皆新。'他这时无话可
说，乃讲些压迫无理的话，总说：'还是你不行！你为什么不想办法？'我
便说：'巧妇难为无米之炊，我家里没有钱拿来为士兵制衣服，如果你发了
我的贷金还如此，则是我贪污了，我自应负责。你既是发的现品，当然是
你发什么，我们便穿什么。'说到此处，蒋介石又无话可说，便横蛮连说几
声：'总是你不行，总是你不行。……'我在气极之下，也不顾一切地连说：
'我不承认我不行，我不承认我不行，……我认为我什么都行。……'因为
两人意见如此走极端，于是彼此争吵，声闻户外，惊动了许多人。正在不
可开交的时候，蒋介石便变口说我侮辱领袖，当即吩咐他的侍从，叫宪兵
来把我押解去重庆惩办。这时宪兵并未来。蒋见宪兵未到，乃改口说：'你
回去，下次再如此，我就要办你。'他以为这样吓唬了我一下，我会自动走
的。但我偏不走，并说：'我如果犯了国家哪一条法令，应该办罪的，便请
在这一次办，不要等待下次办。'因此，两人大吵起来，逼得他第二次叫宪
兵。这时宪兵营长到了，蒋介石真的命令宪兵营长，将我押解重庆。我当
时愤不可遏地把一副中将领章扯下来向他面前一掷，并说：'这是什么国家
的中将，你高兴怎样便怎样？我现在不要这个官了。'说后立即出来，拉
着宪兵营长一同上车，要求马上便去重庆，表示我并不畏惧。这时侍从人
员与营长等人，都婉词劝我，先到侍从室里休息一下，不必闹了，要走也
要吃了饭再走。我在大家劝慰之下，便到侍从室暂时休息吃饭去了。正在
此时，龙云来见蒋介石，蒋盛怒未息，面告龙云说我侮辱领袖。龙云当时
说：'陈明仁这个人非常实在，并不虚伪，平时穿衣吃饭都是士兵化，他的
部队比任何一个到滇的部队都好。'龙又举一例子说：'陈明仁初次来见我
时，也是穿一套破烂衣服，许多人都以为他是一个勤务兵。当时我问他的
部队什么时候可以到昆明？他说部队已过去三天了。我当时很奇怪，为什

么我会不知道呢？他说他的部队是夜间通过昆明的。我问为什么要夜间通过。他说有三个原因：一、部队历年在前线作战，不愿使士兵看到繁华城市，以免影响士气，二、部队服装太坏，怕人民看见会讥笑为叫花子部队。三、白天昆明的道路汽车走的，晚上通过，不致妨碍交通。根据这些事实来判断，我觉得陈明仁算是不错的。'龙云这一番话。使蒋介石的气平了一些，对我的印象似乎起了一个变化。龙云走了以后，接着关麟征去见蒋介石。蒋又一样地说我侮辱领袖，并说黄埔学生中竟有这样一个人，那还了得。当时关麟征也说：'陈明仁除了脾气大以外，一切都在他人之上，今天要培养这样一个将领是不容易的。'蒋介石听了大家都这样赞扬我，也就深以为然，于是问他的侍从看我走了没有？侍从说我还未走，正在吃饭。蒋便说：'吃饭以后，叫他自己回去好了。'我经大家一劝，也自动收兵回去了。"

3 月 22 日

陈明仁前往第 71 军军部报到，正式就职（补第 71 军原副军长钟彬缺）。

第 71 军隶属第 11 集团军，时任军长钟彬，副军长杨彬，参谋长周长椿，辖第 36 师（师长李志鹏）、第 87 师（师长向凤武）、第 88 师（师长胡家骥）。

4 月 10 日

陈明仁晋谒蒋介石，对此前顶撞一事"加以解释"。

《陈明仁日记》："午后 3 时晋谒委座，询以作何工作，余对上次失敬事加以解释，承答以：那个没有什么，只要努力工作就是。4 时到飞机场恭送委座返渝。"

陈明仁在自传中回顾了顶撞之后再见蒋介石的往事。他说："我和蒋介石闹了这场以后，便不愿再当军人，准备回到老家去。虽然路过昆明的朋友，都来劝告，嘱我一定要到 71 军就副军长职，但我始终未去到差。过了一个星期，蒋介石又到了昆明，我当时正在进退维谷之际。心想蒋介石又来了，应该再去测验他一下，看他究竟对我如何。因此当他到昆明的那天下午，我便仍不经侍从室传达就去见他。当我到达蒋的住所金碧别墅，还未见到蒋时，恰逢杜聿明、宋希濂等也在等候见蒋。杜、宋两人还劝阻我不要去见，要我先就了 71 军副军长职，等蒋息怒后再去见他。因为他们怕我万一和蒋再吵，则会更加不可收拾。我当时对于杜、宋的意见，并不怎么重视，倒是担心我今天不经传达，一定不能见到蒋。而结果却出乎意料，不但蒋

119

接见我在杜、宋两人之先，而且他的态度，比往常还好些。对于争吵一节，只字未提。同时问我已否就了副军长职，最近看一些什么书，并且多方慰勉。如此，便再将上次的事提一提。我说，上次和你吵闹了一场，我的用心是好的，当然态度言辞方面多有失敬的地方，说到此处，蒋便一面摇手，一面连说三句：'那是没有关系的'。这次见面，我认为结果圆满，蒋对我还是不错，于是才又下决心继续替他卖力，去到71军就了副军长职务。在71军经过两年，大部分时间是完全挂名，到1943年才兼了干训团大队长、班主任、副教官长等职，长时间驻在昆明。"

5月12日

第11集团军总司令宋希濂命令所部渡过怒江实施反攻（第11集团军称此战为"潞西攻势"），预备第2师渡江投入反攻。

5月29日

预备第2师步兵第6团在橄榄寨的战斗中失利，团长辛仑负伤，副团长万启民阵亡，连长伤亡五员，排长伤亡十六员，士兵损失过半。

6月13日

陈明仁前往医院慰问在滇西作战负伤的官兵（至15日结束）。

《陈明仁日记》："早餐后到医院慰问伤兵，预二师亦有伤官十余员、伤兵数十名在内。大家见余去异常欣喜，即自动集合一处向余报告作战经过。余未便发给犒赏，仅发聚餐费七百元，藉表慰劳之意。"

6月25日

陈明仁前往医院慰问在橄榄寨战斗中负伤的预备第2师步兵第6团团长辛仑。

6月26日

陈明仁参加宋希濂在保山圆光寺召开的第11集团军军事会议，听取参与反攻腾冲、龙陵各部队师、团长的报告，并负责"审查后勤提案"。

6月27日

陈明仁结识率腾冲县府暂避保山的县长张问德，张问德赠诗一首。

附：《赠陈副军长明仁 子良》

金齿初相识，目光炯有神。向来脾气大，难得性情真。

精干廉明将，清奇俭薄身。铮铮好风骨，时听批逆鳞。

解释如下：

在保山与陈明仁将军初次相识，只见他目光炯炯有神。将军向来脾气大，但这是难得的真性格啊。他是一位精干、廉明的将领，身材清秀不凡，生活勤俭朴素。一副铮铮铁骨刚正不阿，所以时常听闻将军据理犯上而遭打击的事啊。

诗中的子良是陈明仁的字；金齿是保山的别称；批逆鳞，批即刮、削，逆鳞是龙脖子下的鳞片，是龙的生命攸关之处，不允许任何人触摸，否则会引起龙的怒火

张问德诗文集

而生命不保。在此指陈明仁屡屡犯上，直至因士兵军服事件遭蒋介石剥夺兵权，当面顶撞之事。

11 月

陈明仁受聘担任家乡醴陵的湖南私立东方女子初级中学校董会董事。该校由醴陵县著名富绅陈盛芳先生创办。经呈准省教育厅立案后，即敦请陈明仁、陈子钊、阳兆鹏、刘约真组成校董会，先生自任董事长，聘湖南大学教务长、留美学者易鼎新为校长，袁尧民为主事，于当年11月招生开学。该校发展至今即为醴陵四中。

12 月 25 日

长子陈扬钊入中央陆军军官学校第十九期第一总队（驻成都）步兵科学习。

1943 年 1 月 3 日

第 11 集团军总司令宋希濂致电蒋介石，保荐陈明仁兼任腾龙地区指挥官。蒋未予答复。

附：电文

渝军委会侍从室主任林（蔚）请转委员长蒋，震密。为准备尔后攻势

作战计，极应调整部署，谨建议如次：（一）拟以驻永平之新 28 师接任 36 师江防，抽出 36 师于保山附近整补，作为尔后攻势部队之用。（二）预 2 师在腾冲作战历时八月，战斗伤亡迄未补充。现该师第 6 团仅剩六百余人，已移驻东岸漕涧整补。实际该师仅有两团稍弱。而腾冲地区广大，为将来进出计，至少应以两团兵力占领牛圈河、盈西、南甸、干崖，控制通密支那、八莫道路，以免将来大军进出费力而损失重。再则于将来行动之初步，必先求规复腾冲。但以现在态势及腾北交通状况观察，必应占领一发起线，且需巩固之，以免将来为局部之战斗所迟滞。故两岸部队应先巩固古永坝、瓦房隘、龙从山、打宜街之线。以预 2 师有限之兵力，自无力负此任务，故拟以现驻镇康之新 39 师转用于腾北地区，连同预 2 师原有兵力，以推进牛圈河、南甸、干崖，一部加强古永、打苴街之线。至所遗镇康、滚弄方面之防御，拟以 49 师主力移驻镇康，即以之接新 39 师原来任务。（三）腾北方面为指挥便利计，拟请以 71 军副军长陈明仁统一指挥，并予以腾龙地区指挥或其他相当名义。上三项是否可行，敬祈核示为祷。

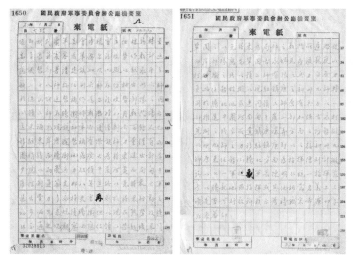

1943 年 1 月 3 日，宋希濂致电蒋介石，保荐陈明仁兼任腾龙地区指挥官

2 月 12 日

中国远征军长官司令部在楚雄成立，陈诚任司令长官。

2 月 27 日

陈明仁在昆明参加总参谋长何应钦召开的军事会议。

1942年2月27日，陈明仁（后排正中）参加军事会议后的合影

3月28日

陈明仁在大理参加中国远征军司令长官陈诚召开的军事会议。

5月

陈明仁改兼驻滇干训团将官研究班主任。

第71军选派第71军部附彭俊德、第87师参谋长王信文、步兵第259团团长聂率淮、第88师师长胡家骥和副师长彭锷、步兵第264团团长戴海容、新编第28师参谋长曹舜生、步兵第82团团长黄文徵前往印度蓝姆伽，入驻滇干训团将官班（美军称驻印军官战术训练学校）第一期受训。

6月12日

中国军队在鄂西告捷。

6月15日[①]

陈明仁带队，率第71军参谋处处长廖蔚文、部附符汉民、第87师副师长黄炎、师附田应瑞、新编第28师副师长陈采夫等乘坐飞机前往印度蓝姆伽，入驻滇干训团将官班第二期受训。至8月20日结束。

---

① 作者注：该日期源自陈明仁自写简历表的第二页。

附：陈瑞安《抗日战争中的陈明仁将军》

1943 年，盟军美国将领史迪威为加强中国远征军抗日力量，将美式武器空运我国，装备远征军，准备反攻，打通滇缅公路。

为掌握对美国运来的新式武器的使用，远征军在印度加尔各答成立高级干部训练班，训练远征军各部的高级军官。陈明仁当时任 71 军副军长，奉命首批带领国民党军、师高级军官数十人，赴印度接受美械训练。

陈用口令整理队伍后，宣布说：我们到加尔各答去接受军事训练，是学好本领回来训练部队打日本鬼子的，不是去游山玩水的。我国处在艰苦抗日时期，我们要有民族志气，要有自尊心，要有卧薪尝胆、抗日救国的宏愿。从现在起大家都是普通一兵，要按士兵的生活作风要求自己，……现在请诸位立即上飞机。陈明仁当即发出口令："向右转，成单行向飞机便步走。"军官们登上飞机，直飞印度。

飞机在加尔各答市近郊的机场上徐徐着陆，陈明仁第一个扛着自己的背包走下机舱。他这无声的行动，比下命令还有效，同行的高级军官也都扛着自己的行李包走下飞机。就这样，这些人不自觉地放下架子开始了"兵"的生活。

训练班为避免空袭，没有设在市区的高楼大厦里，而是设在市郊几十公里的丛林中。这里没有豪华的住宅，没有舒适的家具，而是一排排的草绿色帆布帐篷，安放着行军床和挂在树杆上的吊床。生活没有专人服侍，洗脸用水要自己去担，洗衣刷碗要自己动手。陈明仁带头干，其他人虽满腹牢骚，也不敢公开发泄出来。

训练内容是美式武器的使用。其中有 303 步枪、汤姆森冲锋枪、战防枪、60 迫击炮、火箭筒和火焰喷射器等等。教官都是美军。先是兵器训练，熟习各种武器的性能和分解结合。然后就是射击训练，从基本动作学起，如握枪把、瞄准、停止呼吸、扣扳机等。最后就是实弹射击。每一次练习，一般为二三十发子弹，有时达 45 发。303 步枪后坐力很大，一次实弹下来，不少人眼睛发花，耳朵发嗡，肩膀红肿发痛。陈明仁同大家一样，在亚热带的高温下坚持训练，取得优良的学习成绩。他勤学苦练，使同去的军官们受到感染和悦服。

回国后，国民党军事委员会成立驻滇干部训练团，陈明仁受命兼副教育长。在昆明西郊训练远征军连、营、团各级干部，为滇西反攻歼灭日军，作出了贡献。

7月1日

第71军开始陆续换装美械（以轻武器为主）。

9月

陈明仁返回昆明，兼任驻滇干训团第四期代理副教育长。

11月26日

中、美、英三国签署《开罗宣言》，声明盟国将坚持对日作战，直至日本无条件投降，并明确规定被日本侵占的东北三省、台湾和澎湖列岛必须归还中国。

12月1日

美、苏、英三国签署《德黑兰宣言》，声明三国在对德作战中一致行动和战后合作，并决定在欧洲开辟第二战场。

1944年1月1日

上午，陈明仁前往马王屯第71军干部训练班，并检阅板桥第88师。下午，陈明仁前往中正小学参加新年庆祝会。

1月15日

陈明仁陪同第5军军长邱清泉先后视察通讯训练班和干部训练班。

5月4日

陈明仁前往板桥镇光尊寺参加中国远征军代理司令长官卫立煌召开的师长以上军事会议。

5月20日

陈明仁先后在第71军军部、第11集团军总司令部、中国远征军司令长官部参与讨论作战部署问题，为反攻滇西做准备。

5月27日

第71军奉命准备渡过怒江参战，军长钟彬下达作战命令并率军直属部队出发，设军部于由旺，陈明仁留守保山。

6月5日

第71军开始进攻龙陵外围，第87师步兵第259团攻占黄草坝。

6月7日

陈明仁押送粮食和弹药渡江至前线，随后在前线负责第71军补给事宜。

《陈明仁日记》："7时出发，8时30分抵毕寨渡口，9时渡江，坐中号橡皮舟，迅速而稳当，仅五分钟即到彼岸，但等骡马渡江（竹筏）迟至10时20分始续西行。午后4时抵杨梅田宿营。本日所行山路，狭而险，烂滑不堪，乘马殊不便，两脚走得相当倦，肚饿口渴，为近三年来第一次较为辛苦日也。"

附：徐幸光（施甸县老科协会长、县科协退休干部，县抗战文化研究会成员）《不忘初心，开国上将陈明仁之孙重走爷爷爱国抗战路》

2018年7月22日，开国上将陈明仁的孙子陈湘生前来施甸寻找爷爷在滇西抗战时留在施甸的足迹。

71军军部所在地由旺子孙殿

滇西抗战时，陈明仁是中国远征军第11集团军71军副军长。龙陵战役后，升任71军军长。1942年6月71军进驻施甸。军部设在由旺子孙殿。在隔江对峙的两年期间，71军各师团固守江防，先后在施甸境内与过江日

126

军进行了两次围歼阻击战，取得了"孩坡山遭遇战"和"营盘山阻击战"的伟大胜利，保住了怒江以东的国土不再丢失。

在施甸由旺驻军期间，陈明仁指挥军部直属机构在由旺小镇的东、南、西、北门各建一个厕所，各砌一个消防池。现在，据由旺老人的回忆和指认，南门的厕所还在；驻军期间，远征军还将京剧带到由旺，为由旺人民演唱。银川的李育开老先生就是当年从远征军京剧表演团学到了技艺；驻军期间，远征军医务人员、盟军医疗机构还为当地人民行医看病；驻军期间，远征军官兵与施甸人民结下了深厚的感情和动人的故事，至今还在由旺人民中流传。

在由旺子孙殿，陈湘生与同事共同观看了当年爷爷住的房间，看了当年爷爷召开军事会议的作战室。

陈湘生在下桐邑段子勉家大院与房东段继文（左）合影

1943 年 11 月，营盘山战役打响后，陈明仁曾经陪同宋希濂将军在甸阳镇下桐邑段子勉家大院住过一夜。陈湘生知道此事后，便邀请房东段继文在爷爷住过的房间门口照张相。

23 日，陈湘生一行三人早早启程，在施甸县抗战文化研究会的徐幸光、蒋从周两位先生的陪同下。沿着当年 71 军渡江路线驱车经万兴，过东安、大水、半坡寨等地直达红干沟渡口，前往龙陵继续寻迹爷爷的作战路线。

当我们问其来的缘由时，陈湘生感慨地说："我这是第三次到施甸来了。我是为了'牢记历史，不忘初心'，再走爷爷爱国抗战之路。"

23 日中午，陈湘生一行三人来到当年爷爷反攻渡江的红干沟渡口。认真拍下渡口的湍急江水，渡口原址。当我们要与其分别时，陈湘生先生邀请我们与龙陵前来接应的碧寨领导、县文管所所长共同合影留念。

位于施甸县万兴乡牛汪塘村境内的红干沟渡口（在龙陵地区又称为碧寨渡口）

施甸、龙陵两县陪同人员与陈湘生（左五）先生合影留念

6月10日

陈明仁前往野战医院探视在猛连坡战斗中负伤的步兵第263团团长傅碧人。

6月13日

第71军粮食补给中断。

《陈明仁日记》："目前最困难事就是没饭吃，飞机既不投送，兵站又运不来，就地亦无法购到。似此情况，非饿肚皮不可，殊为焦急。"

6 月 16 日

第 71 军军长钟彬接获第 11 集团军总司令宋希濂电令后，于 17 时下达撤退命令。

6 月 17 日

陈明仁奉命率军部先行移驻大桥，军长钟彬暂留尖山寺指挥所。

中国远征军司令长官部致电陈明仁，询问第 71 军在龙陵撤退是何人下令，命陈明仁迅速调查回报。

6 月 20 日

第 71 军军长钟彬奉命前往松山指挥作战，将在龙陵的第 71 军所部指挥权移交陈明仁。

《陈明仁日记》："4 时 30 分，军长经咬郎转赴新 28 师指挥攻击松山。此间由予负责，日夜又不得安宁矣。"

6 月 21 日

日军突破第 87 师步兵第 259 团防线，攻占长岭岗。

第 71 军军长钟彬抵达松山，接过围攻松山的指挥权。

陈明仁抽调第 88 师步兵第 263 团由军部直接指挥。

《陈明仁日记》："本日敌向我阵地攻击至晚未已。判断敌之兵力约一大队，附炮四门、坦克车五辆。我 87 师左翼及正面阵地未能固守，已由总部指示处理：1. 着 88 师熊（新民）副师长指挥 263 团及 36 师之二营，附山炮一连，于明早向敌反攻，须夺回长岭岗阵地。2. 87 师抽出右翼 261 团之一营，控制于黄草坝，并电新 39 师向右靠。3. 88 师 264 团抽派突击组多组，夜间尽量出击。"

6 月 22 日

陈明仁命第 88 师夺回长岭岗，未能成功。

《陈明仁日记》："熊部出击长岭岗，虽未达到目的，敌对我亦无进展。我攻击松山方面颇顺利。"

6 月 23 日

日军奥仲部队（由第 53 师团搜索第 53 联队主力、步兵第 119 联队第 1 大队组成，搜索第 53 联队长奥仲寿藏指挥）、第 18 师团步兵第 114 联队第1大队（大队长猪濑重雄）先后抵达龙陵。

6月24日

日军步兵第113联队在得到搜索第53联队、步兵第114联队第1大队、步兵第119联队第1大队的增援后继续向黄草坝发起进攻。

《陈明仁日记》："知87师方面有敌攻击，并公路正面被突破，黄草坝亦有动摇之势。乃令该师从速抽调261团之一营，巩固第二线阵地，并调新39师之一部控制黄草坝。至午后1时得情报员之确报，系敌少数人摸进该师阵地内，从事捣乱，日军炮兵、坦克车均未出动，非向我攻击无疑。只以该师警戒疏忽，又无战斗意志，遇敌即溃，殊出意料之外。至夜证明此情况属实。对失去之原阵地，一再令人收复，不从。殊可叹惜。予早已言之：'徒树虚名，不能兑现'。今已暴露无余。"

6月25日

日军突破第87师步兵第260团防线，攻占5255高地。

第87师师长张绍勋因连战不利，引咎自戕。所幸重伤未死，被后送医院抢救。

陈明仁指定第87师副师长黄炎代理师长。

《陈明仁日记》："87师方面又被日军少数部队突破阵地。系拂晓前大雨中警戒疏忽，被日军偷摸进来，到260团团部附近始发觉。已调新39师之一部往援。'87师比豆腐还不如！'本日87师阵地以少数几十个敌人之扰乱，竟不能守，且将最重要之5255高地亦自动放弃，简直比乌合之众还不如。再三严令恢复，亦无人听命。至午后2时，张师长弄得无办法，竟出于自杀，但未毙命。余认为自杀是最怯懦之行为。平时不注意训练，战时又不能勤加监督，任部下阳奉阴违。自杀就能掩饰罪过吗？此次围攻龙陵，功亏一篑，将数千生命等于虚掷，该师之误也。自16日转移阵地后，一再败退，几至不可收拾，该师之误也。如确系敌之兵力雄厚，进攻猛烈，尚有可原。但每次阵地，都是敌之少数兵力，于夜间偷摸进来，到拂晓乱枪四放，全阵地即瓦解。本敌无积极企图，既不追击又不进攻。在意外中占领一阵地后，即固守不动，且一枪不发。否则早已解松山之围矣。该师之官兵几不能闻枪声，闻声即逃。现令黄炎代理师长职务。余予以严切之指示，将该师过去之缺点，一一指出，使其立即改正，并授以特权，凡临阵脱逃之官兵，准其先杀后报。"

陈明仁在自传中回顾围攻松山、龙陵战役时说："1943年冬，日寇开始向滇西攻击，渡过怒江，前方非常吃紧。我认为自己平常不管事，打仗时候到了，便应该出来负责，于是离开干训团回到部队去。1944年春，我国军队开始反攻。71军奉命接受围攻松山、龙陵的任务。在此战役中，我在71军中起了很大作用，几次战争危急，足又影响整个战局，都是我来挽救的。例如：当我军围攻松山、龙陵之时，有一次日寇将腾冲方面部队集中攻打龙陵，以解松山之围。我71军87师作战不力，节节败退，已退到黄草坝了。师长张绍勋认为再无办法抵挡，要变更阵地，开放公路。如果这样做，则日寇松山之围可解。松山之围既解，则他们一直可又攻到怒江，打到昆明。我认为这样关系太大，坚决要87师一定守住，不准再退。这时，张师长接了我的电话，我不准他退，他着急了。随即打电话给总司令宋希濂，直接报告说，他的部队死伤大，并言及守不住等种种困难。适逢这时，我要打电话给旁的地方，总机告诉我，现在张师长与宋总司令讲话，线路不空。我当即要总机把塞子插上，旁听他俩通话。我清楚地听到张师长的报告，同时又听到宋希濂答复张说：'万一守不住，可以变换阵地，放开公路。'我听到这里实在忍不住了，方插话说：'无论如何，不能这样做。这样做是影响整个大局的。今天71军归我指挥，师长不能直接报告总司令，而你总司令也不能直接处理这个问题。'同时，我在电话中严厉警告张师长说：'你违反了我的命令，你只好自己提头来见吧。'张师长在这个时候，知道情势不对，在两小时后便自杀了。自杀后，宋希濂告诉我这个消息，我问：'死了没有？'宋说还没有死，并说已看了他。他自己打了自己的胸膛，还不至于死。我说：'张企图自杀而不死，是为逃避责任，我一定要枪毙他。'并责怪宋不应该去看他，看了等于鼓励不愿牺牲的人。这事发生以后，我便另派师长将战局挽回。自此，87师再没有打过败仗了。经过这事以后，宋希濂和71军军长钟彬都被调走，而接宋希濂职务的是黄杰，我则接了钟彬71军军长的职务。"

6月26日

荣誉第1师（师长汪波，欠步兵第3团）增援龙陵。

《陈明仁日记》："本日87师阵地无变化。敌照样有小部队攻击，幸能稳住。熊新民指挥之部队，有激烈战斗，敌死伤颇重，未敢再试。只要予日军以打击，得不到便宜，就可以杀其势，此余屡次告诫87师者，不听奈何？88 师阵地无变化，昨夜令其分组出击，亦有收获（九二式平射炮一门，文件、衣服等不少）。"

6 月 27 日

日军第 56 师团步兵第 148 联队第 3 大队（大队长宫原春树）抵达龙陵。

日军突破接防的第 76 师步兵第 227 团防线，攻占空树坡。

第 11 集团军总司令宋希濂将总部推进至咬郎，命令所部于 28 日拂晓 4 时发起反攻，"以重点指向空树坡、长岭岗，先歼灭由深沟东南突入之敌，恢复深沟、长岭岗一带阵地，续行围攻龙陵"。参战部队计有第 87 师、第 88 师、第 76 师步兵第 227 团、荣誉第 1 师步兵第 1 团、新编第 28 师步兵第 84 团。

《陈明仁日记》："本日日军向熊部当面攻击，263 团及 84 团之段均有一部动摇，阵地被突破一点。已令 87 师之左翼抽兵侧击，并限原守阵地之部队迅予逆袭，以求恢复。"

6 月 28 日

凌晨，第 11 集团军总司令宋希濂偕副参谋长陶晋初、参谋处长齐国楷抵达第 71 军军部，由陈明仁陪同前往第一线视察。

第 71 军等部投入反攻，与日军展开激战。

卫立煌电蒋介石，告 87 师师长张绍勋自杀。

7 月 1 日

第 71 军军长钟彬将围攻松山指挥权移交给第 8 军军长何绍周后返回龙陵指挥。

7 月 2 日

第 20 集团军主力开始围攻腾冲。

日军第 56 师团师团长松山祐三命令所部停止进攻撤回龙陵，改取守势。

7 月 5 日

第 71 军军长钟彬命陈明仁返回后方，处理日常公务，并慰劳负伤官兵。

《陈明仁日记》："晴。七时起床。军以后方诸事待整理，并须到医院慰劳伤官兵，决派余到后方负责办理，定明日起程。晚电香如告行止，廿日交冯参谋长使用之私章本晚收回。"

7月7日

陈明仁抵达保山。

第11集团军总司令宋希濂决定再攻龙陵，亲自指挥第88师和荣誉第1师，另命第71军主力和新编第39师由第71军军长钟彬指挥。

第71军等部陆续收复丢失的阵地，将战线推进至南厂、碗厂、大坪子、长岭岗、麦子地、杨梅山、陡岩子一线。

日军退守龙陵外围的文笔坡、猛连坡、广林坡、蛇腰坡、老东坡、风吹坡、三关坡各据点。

7月11日

陈明仁先后晋谒中国远征军代理司令长官卫立煌、后勤部副部长卢佐、远征军参谋长萧毅肃，报告返回保山的任务以及第71军前线情况。

7月14日

陈明仁陪同后勤部副部长卢佐前往蒲缥第6军军部，与黄杰商讨"部队所需补给品优先次序问题"。

7月18日

陈明仁前往医院慰问负伤官兵，并发放慰问金（至26日结束）。

7月25日

第11集团军总司令宋希濂下达进攻命令，对龙陵的第二次进攻开始。

8月13日

陈明仁返回龙陵前线。

8月19日

陈明仁前往陡岩子督战，新编第28师步兵第84团攻占老东坡。

《陈明仁日记》："7时起床，据刘师长电话报告，昨日占领之老东坡，已全部被敌人夺去。闻之不胜叹惜之至。部队不行，何至如此之极？8时上陡岩子指挥所，严令新28师恢复阵地。午后2时开始攻击，5时已将老东坡确实占领。6时返部休息，9时就寝，唯电话多，未能安眠。"

9月7日

第200师步兵第599团抵达龙陵，奉命归第71军军长钟彬指挥，但该团团长郭琦拒绝执行钟彬的命令，令陈明仁几起杀心。后经第11集团军总司令宋希濂与第5军军长邱清泉沟通，于次日才接受任务开赴庙房坡接防。

《陈明仁日记》："午后5时，200师599团团长郭琦抵部，其部队到达大坪子宿营。同时奉总座命令，该团在高（吉人）师长未到以前，暂归钟军长指挥。本军以左翼吃紧，拟令其即开一营，位置于滑坡（注：即华坡，后同）待命。但该团长坚不允办，其态度言语充分表示违抗，且丝毫无军人气概，如老百姓然。经一再婉商，请其先派一连至滑坡，其余明日再开。当时已勉强答应，不料其离部行不数里，即送一报告来，竟否允派此一连。咳！国家有此军人，且有此团长，不亡何待？痛心曷极！松山本日已肃清，闻明日即可通车，诚好消息也。但龙陵形势则在不可预料之中，增此毫无战意之200师，无补于事。诚出意料之外。今晚战况如有重大变化，该团长应负其咎，非受战时纪律制裁不可（军长有就地枪决违抗命令团长之权）。"

9月9日

日军步兵第29联队第2大队攻占庙房坡，第200师步兵第599团第2营营长王奠臣阵亡。

日军步兵第146联队攻占5310高地，步兵第113联队攻占5412高地。

第200师步兵第599团反攻5412高地，未能成功。

《陈明仁日记》："昨599团第2营接替之庙房坡已于本早4时左右，被敌占领，部队溃散，营长等下落不明。以420人之力量，不能守此一点，且不能对抗数十人之攻击，殊出意料。午后火烧坡亦告不守。日后龙陵局势将更恶化。增加新力军倒不能作用，可叹！右翼荣一师方面，亦有变化，终日为战而忧虑，坐卧不宁。"

9月17日

陈明仁与军长钟彬、参谋长冯宗毅检讨龙陵作战以来的得失，以及今后作战办法。

第36师在突破日军步兵第168联队的阻击防线后，抵达黄草坝。

《陈明仁日记》："全线沉寂，仅有敌我零星炮声。我未积极行动之原因，仍系等候炮弹。18 时晚餐后与钟、冯闲谈甚久（检讨过去战法及今后应采之步骤）。今日为香如生日，不能团聚，心甚怅怅。"

9 月 21 日

第 11 集团军总司令宋希濂接到调令，命其前往陆军大学将官班甲级第一期学习，由集团军副总司令黄杰代理总司令指挥所部继续围攻龙陵。

《陈明仁日记》："本日各部队无米下锅，连稀饭都吃不成，可虑之至。奉长官特密急到电令：荫公①总座调陆大将官补习班甲级受训，时间三个月，其职务由达公②副座代理。阵上易将似欠考虑，达公固行，唯情况一时难以了然，多少总有点障碍。甚望不如余之所料，则幸极也。晚餐后，与冯谈各部队事，感慨万千，国家复兴，距离太远，前途渺渺，如何收拾此局，可悲可叹。"

9 月 22 日

陈明仁与第 71 军军长钟彬前往猛冒第 11 集团军总司令部，参与宋希濂与黄杰职权交接。

9 月 28 日

第 11 集团军代理总司令黄杰向军事委员会提出"本集团军适任军师阶层将级部队长人员"。其中"保升中将军长者"有第 11 集团军参谋长成刚、第 2 军副军长钟松、第 6 军副军长史宏烈、第 71 军副军长陈明仁。

10 月 25 日

第 11 集团军代理总司令黄杰下达第三次进攻龙陵的命令。

10 月 27 日

陈明仁与第 71 军军长钟彬及所属各师师长商讨第三次进攻龙陵的计划。

10 月 28 日

第 71 军军长钟彬接到军事委员会调令，命其前往军事委员会东南干部训练团将官班受训。钟彬因进攻龙陵已到最后关头，决定暂缓出发。

---

① 注：即宋希濂
② 注：即黄杰

10 月 29 日

第 11 集团军对龙陵的第三次进攻开始。

第 200 师步兵第 600 团（团长董瀚）攻占老白坟。

陈明仁主持召开第 71 军经理会议。

10 月 31 日

陈明仁前往风吹坡指挥第 36 师进攻三关坡。

第 36 师步兵第 107 团（团长麦劲东）攻占三关坡。

《陈明仁日记》："7 时赴风吹坡指挥所指挥 36 师攻击三关坡，87 师攻击庙房坡敌之警戒阵地。空炮均相当精彩，步兵亦很努力。至午后 4 时，完全达到目的。"

11 月 1 日

第 11 集团军代理总司令黄杰、第 6 军代理军长史宏烈、中国远征军司令长官部高级参谋龚贤湘前往风吹坡观战。

荣誉第 1 师步兵第 1 团攻占观音寺，步兵第 3 团（团长赵发笔）攻占段家祠堂。

第 76 师步兵第 227 团（团长杨庆孚）攻占红岩山。

入夜，第 71 军军长钟彬调整进攻部署，命荣誉第 1 师"除固守既得之观音寺及段家祠堂各据点外，应以一部于明日 8 时以有力之一部攻击大奎阁而占领之"，命第 87 师"须以有力之一部，于明日继续攻击庙房坡第 4 号敌阵地"，命第 36 师"于明日肃清三关坡反斜面残敌后，即以有力之一部继续攻击锅底塘坡、庙坡之敌"。

《陈明仁日记》："6 时 30 分赴风吹前坡炮兵指挥所，本日 36 师因三关坡反斜面残敌未肃清，无进展。87 师攻占庙房坡第 5、6、7、8、9、15 号六个山头。荣 1 师攻占观音寺及段家祠堂，已如预期战果。右翼 200 师则毫无进展。"

11 月 2 日

第 36 师步兵第 107 团攻占锅底塘坡及庙坡。

第 87 师步兵第 261 团攻占庙房坡。

第 76 师步兵第 227 团攻占木康后山。

《陈明仁日记》："7 时赴风吹前坡指挥所。本日 36 师将三关坡反斜面残敌肃清后，攻占锅底塘坡及庙坡，87师攻占庙房坡之第4、10号两山头。荣1师攻占大奎阁未成功。"

11月3日

第11集团军代理总司令黄杰鉴于日军龙陵守备队突围，命令参战各部转入追击。

日军龙陵守备队主力入夜后在步兵第146联队策应下突围。

19时38分，第11集团军代理总司令黄杰致电中国远征军司令长官卫立煌——"龙陵城敌，已完全肃清"。

《陈明仁日记》："龙陵残敌于昨夜全部退走。荣1师及87师与88师之一团，均已分别占领各处。围攻五月之龙陵，至此始告一结束。"

11月4日

第11集团军代理总司令黄杰调整部署，命第71军"附重迫击炮营即进驻龙陵城区，接替荣誉第1师防务，另以一师接替第36师阵地，继续攻占张金山及南天门，并进出放马桥，占领要点而确保之"，荣誉第1师开赴大桥、蚌渺整补，第36师开赴老户蚌、百家寨、南厂整补。

陈明仁入龙陵城区视察。

第36师步兵第108团（团长李定陆）攻占双坡。

《陈明仁日记》："8时早餐后赴龙陵城视察。10时入城，只见一片瓦砾，无一完整房屋，凄惨之至。12时抵锅底塘坡指挥所。本日36师攻占双坡，88师攻占团坡未成功。"

11月5日

第11集团军代理总司令黄杰电话陈明仁作出指示："一、团坡为龙陵芒市之大门，敌奉命固守，我须重新计划部署，严督攻击部队攻克。二、本日团坡攻击顿挫之原因，系右翼炮兵无法支援，右翼炮兵射击，敌在左翼掩护。三、已令中央炮兵明日推进至西山坡，协力88师对团坡之攻击……"

第200师攻占黑头山、尖顶山。

第88师步兵第263团副团长雷鉴在进攻团坡的战斗中阵亡。

日军步兵第146联队撤往芒市，留龙陵守备队殿后阻击。

《陈明仁日记》："本日88师攻击团坡，两次均被逆袭，未能站住。官兵欠沉着勇敢之精神，炮火亦不如意。"

11月6日

10时40分，第11集团军在龙陵城区举行祝捷升旗典礼。

陈明仁在城内与第11集团军代理总司令黄杰、第71军军长钟彬共进晚餐，一来共庆龙陵收复，二来为钟彬前往重庆受训践行。

第88师步兵第264团攻占团坡、张金山、南天门。

第9师攻占青树坡。

日军龙陵守备队撤往芒市。

13时许，龙陵战役正式结束。

《陈明仁日记》："7时赴庙坡指挥所。至则团坡已占领，敌已于昨晚退去矣，不能予以歼灭，殊为可惜。11时入城视察。"

11月8日

8时，第71军军长钟彬、参谋长冯宗毅启程前往重庆，由陈明仁代理第71军军长。

《陈明仁日记》："8时军长离部赴渝受训，职务由予代理，送到黄草坝。"

11月11日

陈明仁陪同黄杰先后前往象滚塘视察第88师、大滚塘视察第200师。

11月12日

陈明仁调第88师参谋长易瑾代理第71军参谋长，随后返回保山处理私事（11月4日回部）。

11月13日

第11集团军代理总司令黄杰命令第71军（欠新编第28师，附荣誉第1师、第11集团军直属步兵第1团）"先在象滚塘及河心昌附近集结，完成一切准备；于第53军开始行动后之第三日，取捷径向三台山附近之敌攻击而占领之。而后以主力协同第2、第6两军，向芒市之敌攻击"。

11月16日

陈明仁率领第71军开赴象滚塘集结。

《陈明仁日记》："军部及直属部队于8时出发，予于12时乘车赶到857公里处，乘马向象滚塘前进。午后4时到达，当即到地母寺侦察地形。"

11 月 17 日

陈明仁率部继续向毛坪推进，并前往邦董侦察地形。

陈明仁电话向黄杰报告："一、87 师推进至邦董附近，88 师推进至尹门蛮棍，荣 1 师至拱幸。二、地母寺以南尚有敌人。三、军部本日推进至邦董，先头部队抵达轩蚌。"

黄杰随即作出指示："一、指挥所宜推进至轩蚌,暂时停止（不必过尹门），因积极渡过芒市河，进至帕底，则恐芒市敌退至我后方，陷部队于敌袋内。二、令直属团在邦董以南高地担任警戒，与 200 师确取联络。三、需要各种弹药及数量，先一日报告，可通知飞机投送……"

11 月 18 日

陈明仁率部继续向蛮景推进，并前往吕祖山以东、轩蚌附近侦察敌情与地形。

日军第 56 师团师团长松山祐三决定于 19 日夜放弃芒市，退守遮放。

11 月 19 日

日军第 56 师团放弃芒市。

第 87 师攻占拱幸。

第 88 师攻占尹门。

陈明仁电话向黄杰报告："一、蛮景、蛮别，有敌约一中队。二、拱幸我已占一半。三、88 师在尹门南景之间，师部在蛮棍。四、87 师在蛮毛。五、荣 1 师明日占领拱幸至棒丙一带，师部在那撒。"

《陈明仁日记》："88 攻尹门及蛮旧，87 师攻拱幸、南景。荣 1 师上午侦察地形，下午 4 时接替原地区（昨日不肯前进，理由是没有饭吃）。10 时就寝。87 师已攻占拱幸，88 师已攻占尹门。"

11 月 20 日

第 2 军（军长王凌云）攻占芒市。

11 月 21 日

第 88 师攻占蜚虹、邦歪。

荣誉第 1 师攻占三台山。

第 11 集团军代理总司令黄杰命第 71 军(附集团军直属步兵第 1 团)"攻

占三台山后，应迅速南进，于本月25日开始，协助第6军向遮放攻击"。

陈明仁电话向第11集团军参谋长成刚报告："一、71军拟向那线下寨附近推进。二、汪师长报告，攻击疲惫，不愿再进。"成刚随即报告黄杰，黄杰作出指示，"如汪师长尾大不掉，即令续攻遮放"。

《陈明仁日记》："7时出发，到蛮棍附近高地指挥所，88师攻邦歪、蚩虹。荣1师攻三台山，并派易参谋长到公路方面侦察地形。两师各死伤官兵十余员名，午后6时抵部（猛拱）。"

11月22日

第88师进攻囊左寺，未能成功。

陈明仁电话向黄杰报告："三台山大部被我占领，囊左寺尚有敌人数十名据守，正攻击中。"黄杰随即作出指示，"汪师长须严厉规定遵照命令"。

《陈明仁日记》："7时出发到蚩虹侦察，午后4时返抵部（帕底）。本日88师续攻三台山附近囊左寺，未能奏效，因炮兵尚未进入阵地。"

11月23日

陈明仁命第87师"应于明日上午7时，以有力之一部经毕家寨西南高地搜索前进，向尹线、下寨之线进出，协同第88师包围囊左寺附近之敌而歼灭之；主力暂在尹门附近集结，依战况进展逐次推进"，命第88师"应于明日下午7时续向囊左寺之敌攻击，奏功后师继续向尹线、下寨进出"。

《陈明仁日记》："7时出发到三台山指挥所，本日续攻囊左寺，仍未奏效。午后3时决定改变明日攻击计划。"

11月24日

南宁沦陷。

第87师步兵第259团攻占青山。

荣誉第1师步兵第2团攻占毕家寨。

《陈明仁日记》："7时出发到三台山指挥所。本日预定于9时30分以后开始飞机轰炸，并以全营炮兵集中射击。结果飞机到3时到三架，投弹亦不准，毫无效果。炮兵则甚佳。4时步兵冲入棱线，即被敌以火力压下，仍未成功。"

11月25日

第11集团军代理总司令黄杰、中国远征军炮兵指挥官邵百昌视察荣誉第1师，黄杰训斥师长汪波，命其"应绝对服从陈代军长命令"。黄杰、邵百昌随后前往三台山视察第71军。

陈明仁向黄杰报告战况："一、囊左寺已占领二分之一，惟南侧反斜面堡垒坚固，山炮不能破坏。本日飞机未来轰炸，以致尚无完全攻占。二、拟商请美方明日派机轰炸，如飞机不来轰炸，则拟以山炮先行集中射击，再以步兵冲击，不顾牺牲，决心攻占。三、连日炮兵射击精确，惟飞机轰炸，未中敌堡垒。四、希望能截断遮放至尹线、尹线至囊左寺之交通，阻敌增援补给。五、87师进至尹线下寨之间。六、三台山之敌，系146联队板口中队。七、红球山有敌二三百，白羊山有敌数百。"

《陈明仁日记》："7时出发到三台山指挥所。终日等待飞机不到，炮弹亦不充足。本日停止攻击。午后3时总座同邵指挥官来三台山视察，4时离去。予于6时返抵部。"

11月26日

《陈明仁日记》："7时出发到三台山指挥所。本日已确实与飞机协定来炸三次，并以五个连炮火及重炮两门射击。11时许飞机来炸一次后，即以炮火猛烈射击。午后1时步兵冲锋，仍未将敌火力压下来，未能成功。3时飞机轰炸，炮火猛烈轰击，4时30分步兵第二次冲锋，又未成功。盖一星期来疲倦不堪，勇敢牺牲之精神亦稍逊，不能令人满意。"

11月27日

第88师步兵第264团攻占囊左寺。

陈明仁陪同黄杰视察囊左寺阵地。

附：黄杰《滇西作战日记》（台湾"国防部"史政编译局1982年7月15日出版）（节录）

12时10分，陈代军长来见，偕同视察囊左寺阵地。囊左寺海拔最高，森林茂密，为遮放之大门，瞰制三台山、邦歪，位于公路西侧，极为重要。敌人凭强固工事（四线阵地）固守，经我88师五昼夜攻击，炮兵不断轰击，空军猛烈轰炸，茂密森林，仅余焦黄枝叶，强固工事，尽为彻底毁坏，敌遗尸十二具，另有埋于工事内敌尸，不知其数，血肉狼藉，可想见我敌鏖战之激烈情况。

手令陈代军长，芒市以西迄蛮牛以西地区，军风纪之纠察，由该军负责，并指示派直1团占领尖山，左与第6军确取联络，对南警戒。

手令胡（家骥）师长，发264团攻克囊左寺犒赏30000元，董（雨岚）营长犒赏5000元。

11月28日

第87师向遮放推进。

第88师步兵第262团攻占山头寨，步兵第263团攻占邦美。

荣誉第1师改由第11集团军总司令部直辖，脱离陈明仁的指挥。

《陈明仁日记》："7时到囊左寺西边山脚指挥所。本日87师续向遮放前进。88师攻山头寨。空炮颇能满意。"

11月30日

第88师步兵第263团攻占大黑山，肃清遮放外围日军据点。

日军第56师团入夜后放弃遮放向畹町撤退。

《陈明仁日记》："7时到山头寨指挥所。本日两师攻击均无甚进展。午后3时指挥所附近，被敌炮射击数十发，未伤人。"

12月1日

第87师攻占遮放。

第88师步兵第263团攻占尹线，将芒市至遮放的交通线打通。

12月2日

陈明仁与第71军代理参谋长易瑾陪同黄杰、邵百昌、第2军军长王凌云、参谋长张镜澄、高级参谋龚贤湘、陆军大学兵学教官吴致皋，以及中央通讯社记者视察遮放。

12月3日

第11集团军代理总司令黄杰命第71军"应以一部在尹线、毕家寨、凸卡各附近，构筑据点工事；主力集结于蛮洪以南、芒师大河以西、党练河西南至帕底、蜚虹间地区，积极整补"。

12月5日

陈明仁率军部进驻帕底。

12月9日

盟军中国战区陆军总司令部在昆明成立，何应钦任总司令。

12月16日

陈明仁偕夫人谢芳如前往黄草坝第11集团军总司令部，向黄杰祝寿。

12月19日

陈明仁随黄杰、成刚在芒市机场迎接中国远征军司令长官卫立煌、军令部次长熊斌、军政部次长俞大维、盟军中国战区参谋长魏德迈等人，随即陪同视察囊左寺战场，随后在芒市参与商讨进攻畹町的相关事宜。

《陈明仁日记》："晴。七时起床，八时到飞机场候迎长官[①]。九时到达。同到者有美少将魏[②]，美准将窦尔思，上校Sals[③]，军令部熊次长[④]，军政部俞次长[⑤]等。随即驰赴永线、囊左寺等处视察，午后一时返芒市总部午餐，并商讨攻畹町事宜，三时卅分到飞机场欢送。四时仍返抵总部商谈一切，六时到2A部。"

1944年12月19日，于芒市集团军总部用午餐，左起顺时针：陈明仁、王凌云、弗兰克·多恩、卫立煌、魏德迈、熊斌、俞大维、黄杰

---

① 作者注：卫立煌。

② 魏德迈（1897—1989），美国奥马哈人。西点军校毕业。时任盟军中国战区参谋长。

③ 译为谢路士，美军驻71军顾问。

④ 熊斌（1894—1964），湖北礼山人，字哲民。东北三省讲武堂第一科第六期毕业，陆军大学第四期旁听生。时任军令部中将次长。官至总统府战略顾问委员会委员，陆军中将，是二等云麾勋章、胜利勋章、忠勤勋章获得者。

⑤ 俞大维（1897—1993），浙江绍兴人。美国哈佛大学、德国柏林大学毕业。时任军政部中将常务次长兼兵工署署长。

12 月 20 日

第 71 军军长钟彬调任青年军第 203 师师长，仍由陈明仁代理第 71 军军长。

12 月 21 日

卫立煌正式命令第 11 集团军准备进攻畹町。

美军照相兵拍摄并记录："畹町战役前，于云南帕底，听取陈明仁军长训话的 71 军 87 师官兵们。"

1944 年 12 月 21 日，畹町战役前，于云南帕底，听取陈明仁军长训话的 71 军 87 师官兵们（美军照相兵拍摄并记录）

12 月 22 日

陈明仁点验军部各处和直属部队。

12 月 23 日

陈明仁点验搜索营、辎重兵团第 3 营，并召开全军点验检讨会。

12 月 24 日

陈明仁在芒市参加第 11 集团军龙陵、芒市、遮放作战检讨会议。

12 月 25 日

第 11 集团军代理总司令黄杰下达进攻畹町的部署，命第 6 军"攻畹町而占领之"，第 53 军"截断滇缅公路，协力主力军之作战"，第 2 军"进出于畹町及其东南地区"，另命第71军"为总预备队，于本月27日以前位置于小街至石门坎间地区"。

陈明仁与所部营长以上军官、士兵代表、美军官兵、地方士绅百余人共同欢度圣诞节。

12月26日

第71军集结待命，准备参与对畹町的进攻。

12月28日

陈明仁率各师、团长以上军官前往双坡侦察地形。

12月30日

陈明仁陪同中国远征军炮兵指挥官邵百昌前往双坡观战。

1945年1月3日

第71军奉命准备向畹町西南的蛮江、南算、拱项地区集结。

第200师开始进攻回龙山。

1月7日

因第200师屡攻回龙山不克，第11集团军代理总司令黄杰与中国远征军炮兵指挥官邵百昌商议决定，命第88师进攻回龙山，"将敌阵地核心占领，行中央突破，则第2军易于进出畹町"。

黄杰电话命令陈明仁率领第71军主力于8日开赴拱撒，接替第200师进攻回龙山的任务。

1月8日

陈明仁率部开赴拱撒，并率军部人员侦察地形。

《陈明仁日记》："9时率各级干部先赴拱撒侦察阵地，路滑难行，经两小时之久始抵扫线总部指挥所。请示一切，乃决定部队于12时出动，明上午8时前接防完毕，后日即开始攻击。午后1时至拱撒，实地指示各部队行动，5时仍返扫线会宿。晚间座谈会（中美负责者），听了美方不少不好听的话，予亦气愤已极。只可叹中国军人不争气，予当时即有坚决表示，必一举而克回龙山。"

1月9日

陈明仁率军部进驻拱撒。

陈明仁在军部接待来前线视察的黄琪翔、黄杰、邵百昌。

1945年1月9日，陈明仁（后左）陪同（前排从左至右）邵百昌、黄琪翔、黄杰视察前线

1月10日

第88师步兵第263团、第264团对回龙山发起进攻。两团通过以手榴弹投掷的方式逐一摧毁日军据点，并在经过肉搏后于下午将畹町外围最坚固的据点——回龙山攻占。

《陈明仁日记》："7时起床，即赴指挥所指挥对回龙山之攻击。10时，炮击数分钟，11时15分飞机轮番轰炸，12时05分开始炮击（五分钟后停十分钟，再击卅分钟），0时50分停止炮击，步兵冲锋。263团当即将中山一带阵地占领，经敌多次反扑，均予击退。264团对回龙山一再冲杀，敌凭险顽抗。至4时30分，完全占领。是役敌遗体两百余具，伤者当倍之。我亦伤亡官兵百五十余名。获步枪百支，轻重机枪十余挺。今日之胜利，争得莫大之面子，官兵殊能用命，欣慰之至。6时返部。自黄昏后，敌即不断逆袭，但不得逞。"

1月12日

第11集团军代理总司令黄杰调整部署，命第36师暂归陈明仁指挥，并接替第88师回龙山阵地，第88师"由回龙山与大吉山间南下，攻占畹町"。另命第9师"与第88师齐头并进，攻占九谷"。

1月14日

第11集团军代理总司令黄杰命第71军（欠第87师）"应即将回龙山西南地区，于14日开始向信结、蛮棒、蛮令及畹町攻击而占领之"。

陈明仁与黄杰在拱撒会晤，商讨第71军今后攻击事宜，随后陪同黄杰视察回龙山。

1月18日

第36师攻占幸达。

第88师攻占幸结。

陈明仁陪同总参谋长何应钦、中国远征军司令长官卫立煌在汉人寨视察战况。

《陈明仁日记》："10时前将幸结及幸达各阵地一概占领。11时30分下山往迎总长何（应钦）、长官卫（立煌）等。1时30分陪赴汉人寨指挥部视察。3时30分下山送抵蛮棒，时已6时矣。9时返抵部。"

1月19日

第88师步兵第263团攻占蛮棒。

第9师渡过畹町河，与日军在畹町新街、九谷及东南侧高地对峙。

配属给第2军作战的第87师攻占卡力可西山。

《陈明仁日记》："午后1时移至幸结。视察敌人工事一周，殊为坚固，无怪乎攻三天始下，死伤达二百人。本日88师以一部攻击蛮棒，主力向畹町前进，36师向蛮令攻击前进。无大进展。"

1月20日

第11集团军代理总司令黄杰命第71军（欠第87师）"指挥第88师、第36师及重迫击炮营，俟第2军攻占蛮港后，左翼与其联系；即沿滇缅公路及其以西地区追击南溃之敌，而后进出于姆色（Muse）、威龙亘芒友附近，择要占领阵地坚固守备。但到达该线后，第87师归还第71军建制"。

第36师攻占蛮令。

第88师步兵第264团攻占畹町。

预备第2师攻占黑山门。

为迎接总参谋长何应钦、中国远征军司令长官卫立煌至畹町主持升旗仪式，陈明仁奉命至畹町布置现场。

《陈明仁日记》："8时我88师占领畹町。8时10分到幸结指挥所观察情况，前线沉寂，仅左翼有战斗。"

附：黄杰《滇西作战日记》（节录）

8时30分，陈代军长电话报告："一、36师占领蛮令。二、88师主力已越过蛮棒，一部进入畹町市区。……18时，电话陈代军长，指示何总长、卫长官明赴畹町领导升旗，嘱布置升旗事项。"

1月21日

第116师切断南坎至畹町公路。

第130师攻占姆色。

陈明仁在畹町参加由总参谋长何应钦、中国远征军司令长官卫立煌主持的升旗典礼。

《陈明仁日记》："8时赴畹町举行升旗典礼，12时总长何、长官卫等亲临主持，约一小时许毕事。5时返抵部（蛮令）。"

附：黄杰《滇西作战日记》（节录）

10时10分，出发赴畹町，11时10分抵达，会晤陈代军长、王军长、张参谋长、陈师长，指示布置升旗场事宜。

11时27分，何总长、卫长官抵畹町，召见各军师长，及美方谢路士上校、司徒德上校等谈话。

12时40分，何总长卫长官领导举行升旗（中美国旗）典礼，我方师长参谋长以上官长参加者，有总长、长官、高级随员十余人，及邵指挥官、成参谋长、周军长、王军长、陈代军长、史代军长、张副军长、史副军长、李师长、胡师长、陈师长、高师长、彭副师长、傅副师长、张参谋长、冯参谋长、朱参谋长、吕参谋长、熊参谋长、胡团长等二十余人，及美方谢路士上校、司徒德上校、卢士上校、哈记中校、柏林生中校、魏尔德中校、华兹中校、白古拉少校等十余人，及仪仗部队数百人，情况至为严肃热烈，我方记者与美方摄影师，纷纷摄取镜头，藉资纪念，此一国境线上古城，自民国三十年五月二日沦陷后，迄今已三年八阅月，此次经我军二十四天之浴血鏖战，得于昨（二十日）晨胜利克复，滇西失地，完全光复，残敌驱出国境，国旗飘扬于畹町上空，胜利的满足，乃至高无上的快意。

1月22日

第71军进入缅甸境内，继续向芒友推进，准备与中国驻印军会师。

《陈明仁日记》："终日在部阅书，并到驻地附近巡视。看到三年前遗留此地之物资（兵工材料）遍地皆是，殊为痛心。可见当时负抢运责者之罪大恶极。本日2军仍无进展，致本军亦不能照命令实施，沉寂一日，大为苦闷。"

1月25日

第11集团军代理总司令黄杰电话命令陈明仁"本集团担任畹町以北守备消息，尚未奉到命令，各追击部队，仍须极力向南推进，务期在新1军先占领芒友，完成此最后任务"。

1月26日

第36师攻占3846高地。

第88师攻占4404高地。

第87师步兵第260团攻占拱卡。

第87师步兵第261团攻占大蚌，打通密支那北段公路。

1月27日

第88师步兵第263团攻占朗坎。

7时30分，第9师率先攻入芒友，第88师步兵第263团和第76师随后攻入。

中国远征军收复芒友。中印公路被完全打通。

陈明仁随黄杰陪同陆军大学将官班甲级第一期战史旅行团在畹町参观。

黄杰电调位于帕底的第71军军乐队车运芒友，准备在会师典礼上演奏乐曲。

《陈明仁日记》："10时30分，我88师占领芒友。午后1时，陆大将官班来前方参观。晚11时送其返芒市。"

1月28日

上午中国远征军与中国驻印军在芒友举行胜利会师典礼，下午在畹町举行通车典礼。会师典礼接受检阅的部队为隶属中国远征军的步兵混编团（由第9师、第36师、第88师、第130师各抽调一个步兵营组成，第88

师步兵第 263 团代理团长危耀东担任临时团长）和中国驻印军的新 38 师步兵第 112 团组成。

会师典礼于 11 时开始，阅兵总指挥、新编第 38 师师长李鸿登上主席台宣布典礼开始，随后由军乐队演奏中美两国国歌。礼炮声结束后，由中国远征军司令长官卫立煌首先致辞，他说："今天的会师，是会师东京的先声。我们要打到东京，在那里会师，开庆祝会。……滇缅战场中美的合作是值得我们永远记忆的。同盟国不但在战时要合作，在战后更要合作共建世界的和平"。随后由中国驻印军总指挥索尔登致辞，他说："今天是大家最快乐的一天，也是中美合作过程中最重要的一天。……到东京会师去，让这两面国旗飘扬在东京的上空"。随后，受阅部队接受主席台上各高级将领检阅。13 点 30 分，典礼结束。

《陈明仁日记》："10 时 30 分到姆色参加滇缅会师典礼，12 时举行。处处令人气愤，孙立人甚不知礼也。午后 3 时在畹町举行通车典礼，宋（子文）院长主持。"

附：余戈《1944：龙陵会战》①（节选）

1945 年 1 月 28 日上午，黄杰偕长官部秘书姚梓繁在芒市机场迎接远征军司令长官卫立煌一行，随后分乘被前线官兵戏称为"空中吉普"的小型联络机，前往缅甸姆色举行远征军与驻印军会师典礼。

前一日，新 1 军军长孙立人经与第 11 集团军参谋长成刚面议，确定会师典礼在芒友举行。但当日清晨远征军部队自畹町赶至芒友时，却未见典礼场地及新 1 军部队，旋即获知临时改在姆色举行，部队又半日强行军 80 里赶抵，甚为疲劳。对此，黄杰颇感不悦："此一大典之举行，应有详密之计划与筹备，然而地点竟临时更改，毫无准备。此典礼有盟军高级军官参加，殊属有伤大体。"

11 时，卫立煌在姆色主持会师典礼。远征军参加部队为第 88 师、第 36 师、第 9 师、第 53 军各一营，由第 88 师第 263 团团长危耀东带队；参加的高级将领有第 11 集团军总司令黄杰、炮兵总指挥邵百昌、远征军副参谋长司可庄、长官部副官处长邵光明、第 53 军军长周福成、第 2 军军长王凌云、第 71 军代军长陈明仁。驻印军参加部队为新 1 军一个团，参加

---

① 余戈《1944：龙陵会战》（节选），生活·读书·新知三联书店 2017 年 8 月出版。

将领为新1军军长孙立人、新30师师长唐守治、新38师师长李鸿。此外，远征军美方顾问谢路士上校、司徒德上校，印缅战区姜军司令兼中国驻印军总指挥索尔登中将及美军工兵指挥官皮克（Lewis A. Pick）准将亦参加典礼。

此次会师典礼系由新1军方面组织。大概是军长孙立人"西式做派"惯了，抑或是素性不习繁文缛节，在前述临时变更场地而未及时通知之外，会师典礼上也颇有倨傲之处。陈明仁在日记中记："……参加滇缅会师典礼。12时举行，处处令人气愤，孙立人甚不知礼也。"

13时30分，会师典礼毕。

随后，黄杰又陪同卫立煌乘汽车返回畹町，举行中印公路通车典礼。

据第2军炮兵营第3连连长冯国真撰述，通车典礼场地设在缅甸境内的九谷一侧。"头天下午，美军及驻印军的机械化工程兵开到我阵地附近，用推土机开辟出一块大场地，并搭了一个带顶的大会台。九谷与畹町之间有一条河，叫畹町河，他们把原先的临时小桥拆掉，重新架了一个标准的公路桥梁。中美工程兵身穿胶皮衣下水作业，连夜架完。机械化真快，天亮就可通车了。"

14时20分，国民政府代理行政院长兼外交部长宋子文抵畹町，代表军事委员会委员长蒋介石主持典礼。

14时40分，中印公路通车典礼开始。我军参加典礼的高级将领，除前述参加会师典礼的人员外，又有远征军副司令长官黄琪翔、远征军副参谋长季鼎生、第11集团军参谋长成刚、第6军代军长史宏烈及驻印军直属工兵第10团团长李乐中。美军方面，除前述参加会师典礼的人员外，第14航空队司令陈纳德亦前来参加。参加典礼部队为：我第2军特务营、新1军工兵一连，美军部队百余人。参加典礼的汽车，由新1军部分军车及参加典礼中美将领乘用的指挥车数十辆编成车队，车身均系有彩带，插有中美小国旗，阵容壮观而热烈。

自日军1942年侵占缅甸后，滇缅公路被封锁。经我驻印军与远征军分由印东与滇西发动攻势，为期逾年，终于光复滇西失地，且新辟印度雷多至畹町道路与原滇缅公路衔接，至此我抗战唯一的国际战略通道始告通车。诚如黄杰所感慨者："此一路线，系军人流血汗拼性命所打通，抚今追昔，诚知创业艰难。……"

14时45分，宋子文代表中国政府以英语致辞。此后，卫立煌、索尔登、陈纳德相继致辞。

15 时 30 分，由宋子文剪彩，第一列车队开始通过。据冯国真记述："首先通过的汽车是新 1 军的警卫营，一色的美式装备，卡宾枪、手枪，一般都是两件；红皮鞋、呢军服，青年小伙子，个个都神气漂亮，谁都羡慕。第一辆车上坐着警卫营营长，他是我同期炮科的同学，是孙立人将军的外甥。我们此地、此时相见，不胜惊喜。但贸然相遇，时间太仓促，又是在通车典礼的行军途中，车不能停，只能互相举手致敬祝贺。这天通过了两百多辆汽车，大车、小车、拖车、炮车都有。"官兵沿途热烈欢呼，第 14 航空队的战机翱翔空际，往复盘旋，盛况空前。

15 时 35 分，礼成。

1 月 29 日

陈明仁随第 11 集团军代理总司令黄杰、第 2 军军长王凌云前往陆军大学将官班甲级第一期战史旅行团讲述龙陵、芒市、遮放、畹町各战役经过。

第 87 师奉命开赴遮放休整，并归还第 71 军建制。

1 月 31 日

第 71 军奉命在遮放以南地区休整，该军反攻滇西作战任务至此结束。反攻滇西期间，第 71 军阵亡 5205 人（军官 282 人，士兵 4923 人），负伤 7709 人（军官 646 人，士兵 7063 人），失踪 1220 人（军官 8 人，士兵 1212 人），俘虏日军 11 人（第 87 师 9 人，第 88 师 2 人）。

陈明仁在自传中说："我任 71 军军长后，对于作战特别认真，当时，凡是其他部队拿不下的任务，都由 71 军来担任。例如芒市附近的三台山、囊左寺、回龙山。都是 71 军攻克的。而攻克回龙山一役，不但挽回了当时的战局，而且增加了我个人在国内，乃至国际上的声誉，我自己也公然认为这是我生平的又一得意之作。

由于回龙山被攻下，日军的防线完全崩溃，缅甸方面的战事便结束了，接着便向印度会师。第二天，何应钦和卫立煌等都来到了前线，举行升旗和在印度会师的典礼，宣告战役胜利结束。从此，远征军长官部以及远征军所属总司令部一律撤销，我们新 28 师也取消了。我的 71 军便奉命由芒市空运到云南沾益，再车运到贵阳归第三方面军汤恩伯指挥。"

附表：第七十一军滇西攻势作战各战役参战及伤亡人马统计表　　单位：人

		平戛	松山	龙陵				芒遮			畹町		
		加强团	新28师	军直	新28师	87师	88师	军直	87师	88师	军直	87师	88师
参战	官	440	359	307	542	547	579	304	339	557	274	425	337
	兵	4743	3341	2972	5777	6025	7530	3559	2511	5015	3627	3636	3284
负伤	官	14	65	9	118	116	226		14	34		14	36
	兵	118	656	61	1303	1471	2465	3	91	381		142	372
阵亡	官	5	29	3	66	84	61		2	11		11	10
	兵	94	748	82	1011	1607	960	2	51	164		61	143
失踪	官					8							
	兵		32	33	132	436	505		7	67			

2月6日

陈明仁在帕底71军军部迎接从贵州前来的岳父和次子、次子媳。

《陈明仁日记》："午后一时在总部休息。二时岳大人、铨琪[①]等到。即一同返寓，畅叙别离后情况，悲喜交加，七时晚餐痛饮甚欢。"

在帕底71军军部合影，左起：谢芳如、
陈明仁、陈扬铨、彭玉琪

在帕底71军军部驾车，左起：谢芳如（车内）、
陈明仁、抚摸着小狼狗"Brave"的彭玉琪

陈湘生：祖父喜欢养军犬，芒市日军退却时遗留下一条小狼狗，祖父

---

① 陈扬铨（陈明仁次子）、彭玉琪夫妇。

收留后取名"Brave（即勇敢）"，经常带在身边。这条狼狗一直养到1951年祖母去世、我们全家各奔东西。

2 月 13 日

陈明仁在畹町第71军军部与家人共度农历新年第一天。

《陈明仁日记》："七时起床，客来拜年，忙了一天，晚间家人九人围炉聊天。"

2 月 19 日

第71军在帕底集结，随后开赴芒市。

第11集团军在芒市举行滇西战役阵亡将士追悼大会。前排右2为陈明仁

2 月 20 日

中国驻印军收复新维，滇缅公路完全打通。

陈明仁在芒市参加第11集团军"滇西战役阵亡将士追悼大会"。

3 月 5 日

黔桂湘边区总司令部改组为第3方面军（司令官汤恩伯），第71军随即改隶第3方面军。

3 月 7 日

《陈明仁日记》："……午后三时到总部接洽要公，六时在总部公馆晚餐，为部队改编与撤销总部事。大家都流泪，坐读至夜半十二时返部就寝。"

3 月 12 日

第88师开始空运独山。

3 月 13 日

第87师开始车运都匀。

3 月 16 日

陈明仁在保山向中国远征军司令长官卫立煌、第11集团军总司令黄杰等同僚辞行，随即乘车前往昆明。

3 月 20 日

陈明仁抵达昆明，并参加昆明防守总司令杜聿明举办的宴会。

3 月 24 日

陈明仁在昆明先后晋谒何应钦、蒋介石。

《陈明仁日记》："上午 10 时晋谒总长。下午 3 时在总部听委座训话，并分别与委座合影。"

1945 年 3 月 24 日合影，前排左 3 为陈明仁

1945 年 3 月 24 日，合影及部分
人物注名（17 成刚有误）

4 月 2 日

陈明仁乘车出发，前往都匀第 71 军军部。

4 月 4 日

陈明仁抵达贵阳。

4 月 18 日

陈明仁在都匀点验第 71 军直属部队。

4 月 19 日

陈明仁在独山点验第 91 师，并训话。

《陈明仁日记》："9 时赴独山点验 91 师，去程余自开车，11 时到达，先阅兵次训话，再次点验。午后 3 时事毕，在师部午餐，事先忘记通知禁止招待，以免多耗金钱。以后只有节流，庶可防止贪污（91 师为新编入部队，不懂规矩）。"

4 月 20 日

陈明仁在墨冲点验第 88 师。

4 月 21 日

陈明仁在贵阳晋谒第 3 方面军司令官汤恩伯，讨论第 71 军的整编和换装事宜。

4 月 24 日

陈明仁陪同第 3 方面军点验委员会点验第 71 军直属部队。

4 月

长子陈扬钊在中央军校毕业，分配到第 88 师任见习排长。

5 月 9 日

陈明仁在都匀验收第一批拨补第 71 军的新兵。

《陈明仁日记》："9 至 11 时验收新兵，过半数不能用，由于营养不良，待遇太差也。"

5 月 13 日

陈明仁在都匀陪同美军将领及汤恩伯上将视察和参观第 71 军（至 20 日结束）。期间视察了驻都匀的美军连。

1945 年 5 月 13 日照片①，陈明仁陪同美军
将领及汤恩伯上将视察驻都匀美军连的合影

4、1945 年 5 月 13 日于贵州都匀美军连的合影，前排右起：驻 71 军美军联络官组主官弗兰克·维登（Frank S.Vaden）上校、美军在华作战司令部中部地区司令弗兰里克·包义（Frederick W.Boye）准将、71 军军长陈明仁中将、美军在华作战司令部司令罗伯特·麦克鲁（Robert McClure）少将、第 3 方面军司令官汤恩伯上将、71 军 87 师副师长熊新民少将、驻 71 军 87 师美军联络小组乔治·墨（George D.Mau）上尉、美军翻译。后排为美军连士兵，趴在陈明仁脚下的是他在滇西缴获的日本幼犬养大的军犬 "Brave"。

与美军连合影的说明

5 月 14 日

陈明仁在贵阳，和美国在华作战司令部 CCC 司令罗伯特·麦克鲁少将、CCC 中部战区司令费德里克·包义准将、弗兰克·威登上校，向两位中国军人、九位美国军人授勋，并一起合影。

1945年5月14日合影[①]，前排左起：弗兰克·威登上校、陈明仁、陈伟庭中尉、罗伯特·麦克鲁少将、胡希书中尉；前排右起第5位：费德里克·包义准将；其余九位是美军受勋人员。共计十五人

1945年5月14日，合影照片背面说明

5月15日

陈明仁在都匀与第71军部属合影。

照片的背面说明：中国军队第71军第91师第273团，1945年5月15日

1945年5月15日照片[②]，左1陈明仁、左2赵琳

---

① 晏欢提供。

② 晏欢提供。

5 月 16 日

豫西鄂北会战结束。

陈明仁陪同美军在华作战司令部司令罗伯特·麦克鲁少将、美军在华作战司令部中部战区指挥官包义准将、第 3 方面军司令官汤恩伯上将，视察驻扎贵州都匀的第 71 军第 91 师。麦克鲁少将在操场对 71 军新兵发表讲话。

1945 年 5 月 16 日照片[①]，麦克鲁少将（主席台上正中者）在操场对 71 军新兵讲话

主席台左侧三人放大图：（左起）第 3 方面军司令官汤恩伯上将、美军在华作战司令部中部战区指挥官包义准将、71 军军长陈明仁中将

```
CT-45-24245                    LOT #12545
TUYUN, CHINA.                  16 MAY 45.

MAJ. GEN. ROBERT B. MCCLURE, C/G CCC, ADDRESSES THE NEW
RECRUITS FOR THE 71ST CHINESE ARMY AT THE 71ST ARMY
HEADQUARTERS IN TUYUN, CHINA. WITH HIM ON THE STAGE IS
AIDE-DE CAMP LT. JACK YOUNG OF NEW YORK CITY.

PHOTO BY: T/4 FRANK MANWARREN
```

照片背面记录：1945 年 5 月 16 日，中国都匀，麦克鲁少将视察中国军队 71 军时对新兵发表讲话

1945 年 6 月 4 日，陈明仁名片

6 月 4 日

陈明仁实任第 71 军中将军长（军事委员会任职令）。

附：《陈明仁名片》

正面为："陆军第七十一军军长　陈明仁　子良湘醴"，反面为英文："LT. GENERAL CHEN MING-JEN　CHINESE ARMY COMMANDER 71ST ARMY"。这是为了便于

① 晏欢提供。

与援华盟军的交流。

6月18日

陈明仁在贵阳参加第3方面军司令官汤恩伯召开的军事会议，奉命率部开赴河池、南丹，准备参加对于广西的反攻（南战场追击战）。

6月19日

第3方面军司令官汤恩伯命第71军抽调第91师和第87师炮兵营开赴金城江集结，暂归第29军军长陈金城指挥，准备反攻柳州。另命第27集团军反攻桂林。

6月21日

第87师、第88师获颁"荣誉旗"（俗称"飞虎旗"）。

6月25日

第71军奉命准备开赴宜山。

6月30日

第3方面军司令官汤恩伯命第71军（欠第91师和第87师炮兵营）"着于6月30日出发，徒步开宜山集结待命，限7月14日前到达"，另命第29军（附第91师和第87师炮兵营）"应即以有力之一部，经柳州向雒容挺进，截断敌背后之联络线，以主力与第46军（属第2方面军）协力，迅速攻占柳州，而后向桂林追击东退之敌"。

第29军于23时攻占柳州。

7月1日

第29军军长陈金城命第91师留守柳州，自率军主力沿桂柳公路追击败退的日军。

7月8日

第3方面军司令官汤恩伯命第71军进驻柳州，第91师在将防务移交第71军后"经雒容、榴江、阳朔，做佯攻桂林之准备"。

7月19日

第71军主力进驻柳州。

《陈明仁日记》:"10时抵柳,一片焦土,满目凄凉。住河北岸一仅存之五层洋楼(军部亦于本日到)。天气甚热,汗流不停。"

7月20日

陈明仁陪同军政部部长陈诚、常务次长俞大维、美军第10航空队司令陈纳德视察柳州。

7月25日

第91师收复阳朔,全歼日军独立步兵第95大队第1中队,击毙中队长实崎正道中尉。

附1:《阳朔县志》(节选)

香花岭之战

1945年7月22日,国军陈明仁部1个团从荔浦经两江、龙坪,进驻阳朔县境长乐、大桥一带,团部驻古洞塘。驻棉花冲的100多日本兵抢占国军北上必经之路香花岭制高点——狮子岭。当晚,国军分两路向狮子岭日军进攻。一路从古洞塘到丛山、上金鸡大庙,打南风坳日军哨所;一路从古洞塘沿香花岭大道冲上香花岭茶亭,直逼日军据点狮子岭。狮子岭上长满低矮杂草,没有树木、没有石头、山面平滑、视野开阔、易守难攻。7月23日,双方激战一整天。战场上国军的行动完全暴露在日军的阵地前。国军几次发起进攻,都被日军的火力压住。这一战,国军阵亡数十人,日军死伤30多人。

丁厄攻坚战

阳朔山城,扼桂柳公路之咽喉,素为军事要冲。城南丁厄,东侧碧莲峰临江突兀,西侧小马山延连膏泽峰、蟠桃山、天马山,形成城南的天然屏障。1945年7月下旬,日本侵略军从柳州沿桂柳公路向桂林撤退。日军行至阳朔县境,烧毁青厄桥,凭借田家河天堑,留下十五六人以石灰窑作堡垒,扼守北岸桥头,阻止国军追击。

7月24日,国军陈明仁部第91师从柳州开赴桂林,参加桂林会战,途经阳朔。先遣部队见桥被毁,几次从堰坝上强渡,均被日军火力压制。最后,陈部占领南岸制高点牛头岭,集中炮火,轰击日军火力点,摧毁石灰窑,渡过田家河。当日中午,陈部进至城南丁厄。日军在丁厄上构筑碉堡,以五六十人凭险扼守,堵住国军。陈部某团3营1个连向丁厄进攻,几番攻击均未得手。后来3营一部由自卫队带路,经荆柴垭迂回敌后。副营长阎金龙、2连连长王定璋身先士卒，率领全营主力，用炮火摧毁日军工事后，发起冲锋，一鼓作气，冲上丁厄，全歼守敌。阎金龙、王定璋等200多名官兵为光复阳朔献出了生命。……

陈湘生："桂林山水甲天下，阳朔山水甲桂林。"大家只知道桂林下属的阳朔是一个旅游胜地，却很少有人知道抗日战争后期，为解放这块土地，这里曾经发生过激烈的战斗。1945年7月，中国军队第三方面军第71军第91师的将士，在阳朔城外的香花坳及城区南部的丁厄与日寇展开殊死搏斗，在香花坳阵亡数十人，在丁厄阵亡200多人，于7月25日收复了阳朔。随后友军于8月7日收复了桂林，很快迎来了8月15日的日寇投降日。香花坳战斗结束后，中国军队马不停蹄追击日寇，阵亡将士灵骨暴露荒野。阳朔人民自发上山，收集灵骨、造坟、竖碑、厚葬。到了2015年，香花坳的阵亡将士陵墓年久破败，阳朔县委县政府非常重视，拨款重修，于抗日战争胜利70周年之际得以竣工。

而丁厄阵亡将士葬在阳朔城内的阳朔公园。据阳朔老人回忆：为了纪念收复柳州、荔浦、阳朔诸战役中牺牲的将士们，1945年年底在阳朔公园建立"陆军战殁将士纪念塔"。纪念塔高约七米，为三角形，主立面朝南，另两面分别朝东北和西北。塔分三层：第一层为两级台阶；第二层为底座，朝南主立面是赵琳将军题写的"序"，详叙立塔的原因。东北面和西北面是阵亡将士英名录，记录了有名有姓的两百余名；第三层为三棱锥形塔身，朝南主面是汤恩伯将军题写的"陆军战殁将士纪念塔"，朝东北面是祖父陈明仁将军题写的"碧血丹心"，朝西北面是赵琳将军题写的"浩气长存"。汤恩伯将军系当时的中国军队第3方面军司令官，陈明仁将军系其下属的第71军军长，赵琳将军是第71军下属的第91师师长。该塔毁于"文化大革命"的1966年。

附2：《香花坳抗日英烈墓志》

一九四五年七月二十三日凌晨，国军第71军91师272团，向从阳朔县城退守牛峰堆、香花坳、南风坳的日本侵略军两个中队发起猛烈进攻。日寇犹作困兽之斗，我抗日战士奋勇杀敌。昼夜激战，击溃日军，夺回香花坳等阵地，并乘胜追击。光复遇龙村、白沙圩，控制桂阳公路，切断日军逃窜通道。

兹值中国人民抗日战争胜利七十周年之际，特重修英烈墓园，以表达阳朔人民对抗日英烈的崇敬之情，铭记英烈卫国杀敌的英勇事迹，彰扬英烈为国牺牲的崇高精神。

抗日英烈永垂不朽！

中国共产党阳朔县委员会

阳朔县人民政府

二〇一五年九月三日

阳朔香花坳抗日英烈墓及碑

7 月 26 日

中、美、英三国发表《波茨坦公告》，敦促日本立即无条件投降，宣布盟国占领日本后将实施的基本原则，并重申《开罗宣言》必须实施。

7 月 28 日

第 27 集团军收复桂林。

第 3 方面军司令官汤恩伯命令所部主力继续"沿湘桂路线追击败退之敌"，其中命第 91 师"开平乐、恭城集结待命"。经第 29 军军长陈金城呈请，第 91 师的任务改为"守备桂林机场"。

第 91 师在反攻桂林期间阵亡 117 人（军官 3 人，士兵 114 人），负伤 208 人（军官 19 人，士兵 189 人），失踪 1 人（士兵）。

8 月 2 日

美、苏、英三国签署《苏英美三国波茨坦会议议定书》，对战后的大部分重大问题达成协议，确立了战后世界的政治格局。

8月3日

陈明仁前往荔浦慰问第 91 师负伤官兵。

8月6日

美国军队在广岛投掷原子弹。

8月8日

苏联对日本宣战。

陈明仁视察第 71 军人力输送团，随后前往野战医院慰问伤兵。

8月9日

美国军队在长崎投掷原子弹。

苏联军队出兵我国东北地区，对日本关东军发起进攻。

8月10日

陈明仁得知日本即将无条件投降的消息。

《陈明仁日记》："午夜接电话，闻日贼有无条件投降之消息。因此胡思乱想，不能入睡。予素主歼此顽敌，免贻后患，一劳永逸，斩草除根。若果任其投降，实太便宜了倭奴，太苦了吾同胞也，仇恨不能伸，乃为憾。"

8月15日

日本天皇裕仁宣布无条件投降。

8月17日

陈明仁在柳州晋谒第 3 方面军司令官汤恩伯，随后在公共体育场参加中美联合游行，庆祝抗战胜利。

8月25日

第 71 军奉命改归第 4 方面军司令官王耀武指挥。

8月27日

第 71 军奉命准备开赴全县，编入第 4 方面军序列。

9月2日

日本政府代表在停泊于东京湾的美国军舰"密苏里"号上签署无条件投降书，第二次世界大战宣告结束。

9月3日

陈明仁前往柳州公共体育场参加反法西斯战争胜利的庆祝大会。

9月9日

第71军向全县开拔。

9月19日

第71军进驻全县。

9月20日

陈明仁与第20军（军长杨干才）高级将领共度中秋节。

9月22日

第71军奉命开赴吉安。

9月23日

陈明仁率部抵达衡阳。

9月25日

陈明仁在衡阳第74军（军长施中诚）军部看到陆军总司令部电令，有调第71军开赴南京、镇江的说法。

9月26日

陈明仁前往长沙，准备向第4方面军司令官王耀武询问第71军今后行止。

9月27日

陈明仁在长沙岳麓山晋谒第4方面军司令官王耀武，但未能确定第71军行动方向。

9月28日

陈明仁在衡阳接到何应钦电令，命第71军仍归第3方面军司令官汤恩伯指挥，并开赴长沙集结，乘火车至汉口，再候船开赴南京。

9月29日

陈明仁在衡阳召集团长以上军事主官开会，布置开拔事宜。

9 月 30 日

陈明仁在衡阳机场迎接何应钦，并得到确凿命令。

10 月 2 日

陈明仁在衡阳对第 91 师官兵训话。

10 月 3 日

陈明仁在衡阳对第 87 师官兵训话。

10 月 6 日

陈明仁在衡阳对第 88 师官兵训话。

10 月 7 日

陈明仁在衡阳欢送美军驻第 71 军联络组回国。

10 月 10 日

陈明仁获颁忠勤勋章（国民政府令）。

10 月 26 日

第 71 军开始由汉口陆续船运上海。

陈明仁在武昌晋谒湖北省政府主席王东原、第 10 集团军总司令王敬久；在汉口晋谒第 6 战区司令长官孙蔚如。

10 月 27 日

陈明仁乘坐飞机抵达上海。

10 月 30 日

农历九月二十五日。随陈明仁的部队乘船同行的家眷到达镇江，陈明仁长孙女（陈扬铨长女）陈镇生出生。

10 月 31 日

陈明仁设军部于镇江。

11 月 12 日

第 71 军奉命在上海集结，准备船运秦皇岛，进入东北地区接收。

11 月 14 日

第 71 军军部移驻上海沪江大学。

11 月 16 日

第 13 军对山海关发起进攻，国共两军争夺东北正式开始。

11 月 20 日

陈明仁召开军事会议，布置部队北开事宜。

11 月 22 日

陈明仁对第 91 师官兵训话。

11 月 24 日

陈明仁前往原四行孤军营，公祭第 71 军淞沪阵亡将士，第 3 方面军政治部主任孙元良（1937 年淞沪会战时任第 88 师师长）出席。

《申报》以《七十一军公祭淞沪阵亡将士》为题，报道陈明仁公祭事宜：9 时开始，由该军军长陈明仁主祭，副军长向凤武、87 师师长黄炎、88 师师长胡家骥、91 师师长赵琳，以及各旅团长、参谋长等 17 人陪祭，士兵参加者一营，全副武装，气氛严肃。

《申报》相关报道

当该军政治部主任吴博夫恭读祭文时，陪祭长官中不乏涕泣下泪者，想见昔年袍泽之情，殊为殷切。旋由陈军长报告战役经过，并勉全体官兵今后努力完成建国建军重任，以慰先烈在天之灵。

11 月 25 日

第 71 军奉命停止北开，改为担负苏州至上海沿线各地的防务。

陈明仁对第 87 师官兵训话，该师随即开赴苏州驻防。

11 月 28 日

第 71 军军部移驻昆山，第 87 师移防太仓、嘉定、南翔，第 88 师留驻上海，第 91 师移防苏州、常熟。

12 月 6 日

陈明仁在无锡参加第 3 方面军司令官汤恩伯召开的军事会议（至 8 日结束），商讨部队驻防以及收编伪军等事宜。

12 月 8 日

陈明仁与由伪军改编而成的京沪卫戍总队（原南京先遣军）司令任援道洽谈收编事宜。

12 月 13 日

陈明仁前往上海先后晋谒上海市市长钱大钧、第 3 方面军司令官汤恩伯，请示部队防务和绥靖事宜。

12 月 18 日

第 3 方面军司令官汤恩伯决定"使用日军徒手官兵修复京沪地区各公路"，其中"上海至无锡间及常熟经苏州、平望至嘉兴之公路，着由日军第 13 军之第 60 师团附该军各直属工兵部队负责修筑，并派第 71 军军长陈明仁督导，限三十五年一月十日前修竣"。

陈明仁前往苏州处理接收新兵事宜。

12 月 21 日

陈明仁在昆山召见京沪卫戍总队营长以上军官。

12 月 22 日

陈明仁检阅由京沪卫戍总队整编而成的十个补充营，并对各营营长点名训话。

《陈明仁日记》："10 时检阅新编之十个营官佐，点名训话，至午后 5 时毕事，士兵素质颇佳。"

12 月 24 日

十个补充营并入第 71 军。

1945 年 12 月 25 日，军事委员会相关电命

《申报》相关报道

12 月 25 日

军事委员会电命第 71 军停止接收贵州新兵。

陈明仁在无锡晋谒第 3 方面军司令官汤恩伯，报告收编伪军经过。

1946 年 1 月 1 日

陈明仁先后在上海、昆山、太仓，与第 88 师、军部、第 87 师官兵举行新年团拜会，并在上海代表国民政府为第 88 师授予荣誉旗。

《申报》预报陈明仁团拜、授旗相关事宜：陆军七十一军军长陈明仁将军，定今日由昆山来沪，代表国府主席颁授该军八十八师荣誉旗，及师长胡家骥、副师长熊新民、黄文徵、团长戴海容，云麾勋章，及其他官兵勋奖章。原该师于三十三年参加远征军作战，克复龙陵、畹町及缅境芒友等要点，打通史迪威公路，会师中印缅边境。国府以该师卓著功绩，特颁荣誉旗一面，并证书一纸，文曰："国民政府为陆军第八十八师于战时特著者忠勇之战功，颁给荣誉旗。此证。"……

1 月 2 日

《申报》报道由陈明仁主持的元旦团拜与授旗授勋典礼。

附：《检阅淞沪抗战英雄　昨日授荣誉锦旗》——《申报》

〔本报讯〕八年前在京沪一带浴血抗战之八十八师及八十七师于昨日元旦举行团拜与授旗授勋典礼，由军长陈明仁主持，并招待各报记者，由军用车送至江湾八十八师师部，与陈军长明仁、向副军长凤武、冯参谋长宗毅、胡师长家骥等在军乐声中进入阅兵场。八时许举行团拜，后由陈军长致训词：告诫其部下须严守纪律，旋授荣誉锦旗一面，由胡师长代表全师受旗。继之续有官兵多名荣获奖章奖状，至八时半礼成。旋即各记者偕陈军长等赴北站搭车，十时后始抵昆山总部，于中山纪念堂举行团拜，及颁发各官兵奖状奖章，昆山县长沈霞飞代表昆山各界向陈军长献旗致敬，陈军长当即表示谢意，并慰问昆山父老，同时要求军民合作。下午又至太仓县参加八十七师之团拜礼，陈军长等并在军乐与民众欢呼声中完成检阅典礼。太仓父老及学生代表分别向陈军长献旗以表敬意。晚假座康乐酒家招待各报记者。

1月11日

陈明仁指派第87师副师长彭锷为受降指挥官，率师特务连一排、通信兵连一排、步兵第261团开赴江北七县（南通、如皋、海门、东台、泰兴、启东、崇明）接受日军投降。

陈明仁向南通地区日军下达第一号命令：（一）本军受降南通地区日军部队；（二）该部队长应于本月14日造送投降表册文件，接受本部受降指示。

1月14日

移驻南通的第91师步兵第273团在白蒲镇与新四军发生军事冲突。

1月15日

军事调处执行部发表第1号公告，定于1月16日散发停战令，并派遣停战小组前往各军事冲突区域，进行联络和实地调查。

彭锷向投降的日军独立步兵第212大队（大队长山口喜内）、独立步兵第627大队（大队长原田进）发布命令，并接受日军投降。

1946年1月11日，受降分布图

169

1946 年 1 月 15 日，受降前主席台前合影，前排左 4（深色军服者）为彭锷

1946 年 1 月 15 日，受降会场上站满徒手立正的日本兵

附：赵鹏《抗战胜利南通受降仪式纪实》（节录）

1945 年 8 月 15 日，日本政府正式宣布无条件投降，9 月 2 日，日本外相重光葵在美国军舰密苏里号上向同盟国签署投降书，9 月 9 日，中国战区受降仪式在南京举行，侵华日军总司令冈村宁次在投降书上签字，代表日方全面投降。此后，各地侵华日军纷纷向中国军队缴械投降。南通地区的受降仪式是在 1946 年 1 月 15 日举行的，这个时间与其他地区相比则稍迟了些，其原因实与本地区国共之间的摩擦有关系。

1946 年 1 月初，七十一军军长陈明仁，令派七十一军八十七师少将副师长彭锷为江北南通七县受降指挥官，率一个加强团，以及通讯、警卫各一排，并指挥南通附近保安团队、沿江舰队等，接受日军启东混合支队独立步兵第二一二大队及独立步兵第六二七大队归降，时间则定在 1 月 15 日。

所谓"江北南通七县"，指的是辖属南通、如皋、海门、东台、泰兴、启东、崇明等七县的这一地区，其在南通日俘官兵数共 3067 名，分住各处，由国民党政府京沪地区战俘管理处下属的南通日俘管理所监管。

彭锷接到命令来通后，向受降日军发布命令，其令文为：

命令，中华民国三十五年元月十五日于南通城防指挥部：

一、着日军驻海门启东支队独立步兵第二一二大队兼大队长山口喜内少佐，即就现地率领原部官兵，向陆军第七十一军八十七师二六一团上校团长张有琪投降，并接受其命令；

二、着日军驻南通之启东支队独立步兵第六二七大队长原田进少佐，率领所部官兵，于本（元）月十五日上午十时，在南通县立医院，向本指挥官受降。

该部解除武装后，即进入指定之集中营，接受南通日俘管理所所长张为群及副所长徐白之指挥。此令启东支队独立步兵第二一二大队兼大队长山口喜内、启东支队独立步兵第六二七大队大队长原田进。

南通、海门区受降指挥官彭锷

此命令写得很明白，受降仪式是分在南通和海门两地举行的，而南通这边则由少佐原田进代表战俘在降书上签名。然而，受降仪式次日《东南日报》所刊署名"季太"的《南通日军受降一瞥》一文，却把南通的战俘代表误写成山口喜内。这名字既与命令之文所说执行情况不符，也与当事人张乐陶回忆文所说的原田进有异，推想这位作者当时并未弄清投降代表的名字，又草草看了受降命令，这才把人名给弄错了。

南通方面于受降前一日，由三青团南通县团部及南通县第一区署负责布置受降典礼的场地，会场选择在县卫生院的大楼前。该楼本是南通沦陷后，日人为扩大其所办江北医院规模而新建的，属于当时南通的一个标志性建筑。选择此处举办受降典礼颇有深意，当时就有人议论，说日本人建此坚固建筑，是妄想在我国"打万年桩"，却没有料到提前为我们布置了这座"受降城"。

会场的布置由彭锷亲自绘图设计。进场门前拉出横幅，以红绫上缀"受降江北南通七县日军会场"金字，特别醒目。大门用柏树枝搭成，上置"扬眉吐气"四字横幅，表达着广大民众的心情。

受降台设在大楼正面的阶台上，上方安置多盏"胜利"方灯。受降台的背壁张着墨绿色的丝绒幕，中间供国父孙中山遗像，两旁斜悬党国旗。横额用柏枝扎成，上缀"南通附近日军受降典礼"字样，"受降典礼"四字特大，甚引人注目。台两侧楹柱悬挂红地金字对联一副，其文为"秉心无竞，受命咸宜"。这是南通县第一区区长张乐陶专门为此集《诗经》句而撰写的，其大意是说我们本心并不希望战争发生，而如今的受降也顺应了天道人心。

受降台的正中央为受降官席，席上安放着古瓷瓶，内插蜡梅花，这除了符合节序，也因当时有人以梅花为我国的国花，放置此花带有象征意义。两侧为受降襄赞官席。台之阶下，距离约十数步，摆设有降使席，正与受降官席相对面。会场一切的席牌都是红色，只有降使席牌是白色，席上并有一面白旗，用以表示他们为投降者。

由大门到受降台为一条笔直的大道，沿大道两边，插有各战胜国国旗多面，受降仪式举行时则安排每面旗帜下站立一位荷枪实弹的士兵。大道两侧的广场为各机关各团体各学校观礼区，分别标明"贵宾""来宾""学生代表""民众"等区域，各摆着许多长凳，使来宾都有位置可坐。长凳席次的排列呈 V 字形，以受降台为顶点，向外做放射状展伸。七十一军的通信兵还在受降台上架设了临时电话，摄影师也在台之两边安置了照相用的水银电灯六盏。

为了使受降典礼有序进行，还提前公布了大会程序，其仪式依次为：受降典礼开始；受降官就位；全体肃立；奏乐；唱国歌；向党国旗及国父遗像行最敬礼；受降官恭读国父遗嘱；默念；引导官引导降使入场；降使向受降官行最敬礼；降使呈验身份证；受降官布达受降令；命令传递官宣读降书（中文及日文副本各一份）；降使签名用印；向受降官呈献降书，恭候审核；受降官签名用印；受降官授予降军命令；降使敬礼退席；部队押解日俘进入集中营；受降官向军民报告受降经过；呼口号；奏乐；鸣鞭炮；礼成。

受降仪式定于 15 日 10 时举行，而现场工作人员及观礼嘉宾则早早地赶到会场。受邀的地方人士有于敬之、顾怡生、曹文麟、徐益修、顾引之、钱啸吾、陈效韩、冯静伯、方仲谟等，他们与各界代表千余人同着蓝袍黑马褂礼服，以示郑重。场外更是观众如堵，大有万人空巷之概。

9 时 40 分，受降指挥官彭锷乘军车驶入场内，在军乐声中缓步登台，就座于其中之首席。随即，苏四区行政督察专员徐谟嘉、南通县长杨昉、县党部书记长顾锡康、三青团书记李大我、保安副司令兼受降日俘管理所主任张为群及南通第一区署区长张乐陶分坐于首席两旁的襄赞官席。

9 时 50 分，数百名徒手日军在原田进少佐率领下，由引导官徐白指挥入场，一齐站定在大道中央的尾端。再由徐白引导原田进及随员二人趋前，在降使席面朝受降台站定，恭敬地向受降官敬礼，而指挥官彭锷亦立在台上庄严地予以答礼。

10 时整仪式开始，继唱国歌、向党国旗行最敬礼、恭读国父遗嘱如仪后，彭锷宣读了七十一军军长陈明仁所付与的受降命令。于是原田进取出身份证明书，步至台上，取受降命令呈验，验毕递还，行礼后退回本席。接着，由翻译官与布达官分别宣读中文日文降书。降书的全文如下：

受降书

日军驻华启东支队独立步兵第二一二大队及独立步兵第六二七大队支队长山口喜内少佐、大队长原田进少佐，敬谨遵奉中华民国陆军第三方面军上将总司令汤、第七十一军中将军长陈命令，率领所部全体官兵，向少将指挥官彭锷投降，即日解除武装。尔后绝对服从命令，接受指挥，如有违背情事，愿受最严厉惩处。谨书。

南通附近投降部队启东支队，南通附近日军投降官兵三千零六十七员名。

南通附近日军投降官支队长山口喜内（印），大队长原田进（印）。

中华民国南通附近受降部队陆军第七十一军八十七、八十八师，中华民国南通附近受降指挥官陆军少将彭锷（印）。

中华民国三十五年一月十五日

宣读完毕后，降书放在降使席上。司仪官高喊"降使签字盖章降书"，于是原田进坐下，用案桌上先为预备的笔墨在中日文降书上签字，并在口袋取出私章钤盖，然后自行捧呈受降官，又是进退两敬礼。彭指挥官接收降书，取出水晶私章在上面加盖了章，随即发布一道命令与原田进，表示已经接受投降。这命令也是中日文各一份，由翻译官宣读后，布达官将文本交给原田进接收。

等原田进退席回到日俘队中后，司仪官高喊押送日俘至集中营，便由两连军士将他们押离礼场，送往集中营去。及至日俘退出，再由受降官彭锷讲话，在向军民报告了受降经过后，彭锷还即兴讲了两点：

"一、今后国家民族，应保持其最优秀的地方，永远保持胜利的光荣，并且发扬光大之。日军在投降前，欺侮我们每一个百姓，尤其是日本宪兵，简直无恶不作。一两周前曾至其部队训示，他们无论军事、政治、经济、文化各方面，都显得残酷，不人道，所以才造成了今天全国上下最大的悲哀，也是他们日军最大的后悔。现在我国方面，日军已大部分投降，苏北在今天亦已完结。我们应以投降者以无限的同情与可怜，应有大国民风度而打倒军阀，一面予以无限原谅与宽免，使其有所觉悟，使其有维护世界和平之心理。二、南通、海门日军分别接受命令，唐闸、天生港、平潮日军官兵，已于昨日下午四时集中南通。全体日军从前天下午六时至昨日下午四时，没有一人睡觉，将所有枪械弹药及一切军用品，陈列得很是整齐。受降后能如此服从命令，其民族性虽然失败仍值得我们钦佩。他们明治维新至今短短数十年中能复兴起来，就是这个原因。这一点可给我们中国作一个良好的启示和榜样。希望我们部队在自己岗位上努力。"

后一点在这个场合讲出，可见彭锷对被俘日军的纪律还是深有感触的。

1月23日

第88师在上海举行演习。

第91师步兵第273团在白蒲镇再次与新四军发生军事冲突。

1月24日

第91师步兵第273团在白蒲镇第三次与新四军发生军事冲突。

1月30日

军政部部长陈诚致电蒋介石，言"美方建议以在沪之71军代替99军开东北"。

蒋介石批复："准照美方建议交军令部办理。"

2月4日

第91师步兵第273团在白蒲镇第四次与新四军发生军事冲突，步兵第271团在四十里铺也与新四军发生军事冲突。

"陆军第七十一军淞沪抗战阵亡将士
纪念"碑的老照片

2月6日

蒋介石致电陆军总司令何应钦，"第71军准先运东北可也"。

2月7日

第71军军部移驻苏州。

2月8日

第88师移驻常熟、苏州。

2月16日

农历正月十五。陈明仁次孙女（陈扬钊长女）陈见苏出生。

2月吉日

在上海竖立"陆军第七十一军淞沪抗战阵亡将士纪念"碑，陈明仁题写碑文。

3月5日

第 91 师移驻苏州。

3月7日

陈明仁陪同军事委员会军风纪巡察第 1 团副主任委员陈林荣、委员沈万千在苏州视察第 71 军。

3月8日

第 71 军再次奉命在上海集中，准备海运秦皇岛，进入东北地区作战。

此时在东北地区作战的部队已有第 52 军（军长赵公武）、第 60 军（军长曾泽生）、新编第 1 军（军长孙立人）、新编第 6 军（军长廖耀湘）、第 5 师（师长李则芬）等部。

附：应起鹤《陈明仁在东北》（节录）（刊载于《文史资料存稿选编——全面内战》）

1946 年春，陈明仁奉命率部开往东北参加反人民内战。出发前，所属部队的士兵时有逃亡，中下级干部借故请假的亦相当的多。当时上海有些小型报纸，为反对内战提供舆论根据，通过各种渠道的采访，将官兵逃亡情况给予披露，这使陈明仁感到十分恼火，曾指示军政治部门以"71 军发言人"名义，通过上海南京各报纸发表辟谣的谈话，并严令各部队官佐不得以任何借口离开职守。但事实上各部队的官兵请假和逃亡的仍不断发生，连军部的参谋长冯宗毅也借故逗留苏州。造成这种情况的原因，一是广大士兵和中下级干部八年抗战之后，厌战情绪普遍高涨；再是第 71 军的官兵绝大多数是南方人，对北方的风土气候很不习惯；更主要的思想问题，第 71 军的 87、88 两个师自成立以来，即担任京沪线上的警卫、号称为蒋介石的"御林军"，也被叫作蒋介石"荷包里的队伍"，它们平时很少离开蒋的辇毂之下，即有时为了应付紧急战事开出去一趟，也是为时不久，即归还建制。到抗日战争胜利后，蒋介石旋都南京之日，即 71 军开到京沪之时，在一般官兵心目中，都认为今后将长期留在繁华之区，过着"御林军"的生活，不会有什么变动。因之一听到出关作战消息，不仅全体官兵感到不满，即陈明仁本人亦很有抵触。有次他在苏州火车站碰见汤恩伯的警卫总部副参谋长苟吉堂，便问："你们把 71 军调开，究竟是什么用意？"苟连忙说："这不是总部作的决定，而是何敬公（指何应钦，其号敬之）说的，东北地区战局紧张，非请你去不可。"陈严肃地说："你看到报纸上面说我们的官兵逃散吗？这究竟是怎样引起的？为什么平日他们并没有逃？"苟正含糊其词作答，陈没有理他，就先走了。这表明陈明仁对东北之行，是很不乐意的。

再从东北当时军政方面的人事情况说，熊式辉虽然是行辕主任，但军事实权却掌握在保安司令长官杜聿明的手里，杜和陈明仁均为黄埔一期同学，但当陈第一次升任师长时，杜还是一个默默无闻的旅长，杜的副司令长官郑洞国、梁华盛等在年资方面，亦均没有陈明仁过去发达得早，现在一到东北，要供他们的直接驱使，这在国民党的官场气习中，不是那么好受的；其余如新1军军长孙立人、新6军军长廖耀湘等更是陈明仁的后进人物，他们拥有全副美式装备，气焰熏天，但在陈明仁看来，真如韩信视樊哙，更不免"生乃与哙等为伍"的感慨。因之当第71军于1946年3月间由上海出发时，陈明仁只令副军长向凤武指挥前往，他本人却迟迟未行，并没有和部队一起航海北上，等到全军在秦皇岛登陆后，他方乘飞机飞往北平。

3月12日

第71军按照第88师、第87师、军直、第91师的顺序陆续乘坐美军运输舰开赴秦皇岛。

3月15日

苏联军队撤离沈阳，第52军进驻沈阳。

东北保安司令长官杜聿明下达作命第54号命令，"以迅速接收辽阳、本溪、抚顺、开原、昌图、四平街各防务之目的，即以新6军、第52军、新1军之主力，分向各该地区推进，并占领而确保之"，辽北攻略作战开始。

第71军先头部队第88师陆续抵达秦皇岛（全军37700余人至30日运送完毕）。

3月21日

第71军副军长向凤武率领军直乘船开赴秦皇岛，陈明仁暂留上海。

3月24日

新编第1军攻占铁岭。

第91师船运秦皇岛。

3 月 27 日

陈明仁由上海乘坐飞机抵达北平公干。

3 月 28 日

东北保安司令长官杜聿明抽调第 71 军所属第 88 师开赴盘山，与第 94 军所属第 5 师组成营口、海城接防兵团，暂归新编第 6 军副军长舒适存指挥。

舒适存命第 5 师（附第 88 师步兵第 262 团）沿盘海公路，向海城攻击前进；第 88 师（欠步兵第 262 团）沿营沟支线铁路，向营口挺进。

3 月 31 日

杜聿明命第 71 军（欠第 88 师）为"法库、八面城接防兵团，于 4 月 2 日开始行动，攻占法库、康平后向八面城进出，以策应新 1 军之作战"。

新编第 1 军攻占开原。

3 月

陈盛芳先生年事已高，托请陈明仁将军接任醴陵的湖南私立东方初级中学董事长 [①]，陈明仁欣然受领，竭诚服务。

4 月 1 日

新编第 6 军攻占鞍山。

第 71 军副军长向凤武率主力在新民、彰武地区集结，并以陈明仁名义下达作命甲字第 6 号命令：

一、盘踞法库之"匪"，为其第 1 师及第 3 师第 7 旅等约万余人，日来调动频繁，其主力似有他移模样。

二、军（欠第 88 师）以攻占法库之目的，决于明（2）日，分由彰武、新民向法库推进。

三、第 87 师应于明（2）日，由新民经公主屯、五台子，向法库推进，务于本月 4 日攻占法库。

四、第 91 师（欠第 271 团），应于明（2）日，由彰武经秀水河子、王爷庙向法库前进，务于本月 4 日前，协同第 87 师占领法库。

---

① 摘自"湖南私立东方初级中学《我校历任董事长、校长》"。

4月2日

第87师抵达公主屯附近,第91师进抵秀水河子以西。

第5师攻占海城,随后解除作战任务,归还第94军建制。

第88师攻占营口。

陈明仁由北平乘坐飞机抵达沈阳。

4月3日

新编第1军攻占昌图。

第87师攻占大蛇山子,随即推进至红土墙子、四家子、后大房身一线。

第91师占领秀水河子。

4月4日

第87师攻占法库。

4月6日

第88师攻占大石桥,打通沈阳至营口交通线。

4月7日

第71军在法库完成战备,以第87师、军指挥所、第91师的顺序陆续渡过辽河,继续向八面城方向进攻,以策应进攻四平的新编第1军。

4月11日

军事调处执行部第29执行小组抵达本溪视察(至13日结束)。

4月13日

蒋介石致电东北行营主任熊式辉,命第71军、新编第1军于20日之前"收复四平"。

4月14日

苏联军队撤离长春。

4月15日

第87师在金山堡遭到东北民主联军重兵伏击。

陈明仁赶赴前线,指挥第87师突围。

4 月 16 日

第 87 师在金山堡遭到重创，经突围后退守东嘎。

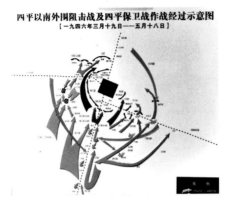

四平以南外围阻击战及四平保卫战作战经过示意图
[一九四六年三月十九日——五月十八日]

1947 年 4 月 16 日，第 71 军第 87 师遭民主联军 14 个团打击——四平战役纪念馆供图

附 1 :《中国人民解放军第四野战军战史》(节录)(1998 年由解放军出版社出版)

（1946 年）4 月 15 日，第 87 师进至大洼以南一带，东距新 1 军约 25 公里，进入东北民主联军的伏击圈。山东第 1 师，新四军第 3 师第 10、第 8 旅，第 7 纵队三个团，独立旅第 1、第 3 团，辽西工人教导团等十四个团的兵力，乘其立足未稳之际，于当日黄昏展开进攻，迅速歼灭进入大洼的第 87 师一个先头团，接着将该师后续部队分割、压缩在大洼以南的十几个村庄里。经激战，翌日 7 时，第 87 师大部被歼，师长黄炎率部分残兵南逃。前来增援的第 91 师一部进至宝力镇，被独立旅第 3 团等部击溃。此战，共歼灭国民党军第 87 师 4400 余人，其中毙 800 余人，伤 1600 余人，俘 2000余人，缴获汽车 30 余辆，各种炮 31 门，机枪 136 挺，步枪 1214 支及大量军用物资，给了刚进入东北的国民党军第 71 军以重大打击。……

附 2：杜聿明《蒋介石破坏和平进攻东北始末》(节录)(刊载于《文史资料选辑第四十二辑》)

蒋军左翼之第 71 军，于 15 日在金家屯以北大洼附近遭解放军以智取胜，将 87 师一个团消灭，并将其全师击溃，师长黄炎落荒南逃。据事后我回沈阳调查，该师一个团被歼灭的原因是：当蒋军由法库金家屯向八面城北进时，解放军早已有预料，即在大洼附近的一个集市上和当地人民一齐做了准备。蒋军到达时，当地的人都说解放军早走了，附近都没有解放军。他们则照常熙熙攘攘互相交易，还有一部分居民假装欢迎蒋军。实则解放军便衣武装布满集市，大队埋伏四周，蒋军并未察觉。87师先头团到达后即行休息，许多官兵到集市上买吃买喝。正在乱糟糟的时候，突然里应外合，枪声四起，蒋军猝不及防，全团即被缴械。而后面的部队也同时被解放军截成几段，打得落花流水，全师向后溃逃。

解放军完成了这一战斗任务后，当晚主动后撤，蒋军于16日始有一部进入大洼。蒋军经过这一严重打击，一时部队混乱，士气低落。这时第71军军长陈明仁本人尚在沈阳，而蒋介石已接到特务的密告，过了一天蒋介石来电：87师受此意外损失，据报陈明仁并未随军前进，着即查办具报。赵家骧来问我如何办，我考虑了一下对赵说，"给他顶回去，就说在战斗发生前已派车将陈送到前方。另外通知桂庭（郑洞国号）要陈赶快回部队。"陈回部队后，将部队加以整饬，才继续向八面城攻击。到4月25日始侵入八面城。

附3：郑建邦《郑洞国①传》（节录）（2021年2月团结出版社出版）

侯祖父赶到开原指挥所时，中长路正面的民主联军主力突然去向不明。祖父反复分析，估计民主联军很可能将主力转移到右翼，打击国民党军队左翼比较薄弱的第71军。于是命令新1军继续向四平街推进，并反复叮咛正由法库向八面城前进的第71军（欠第88师）务必谨慎小心，提防民主联军主力的突然袭击。为了指挥方便，祖父把指挥所也前移到了昌图。

新1军军长孙立人此时正前往英国受勋，并游历欧美，不在军中。所部自在昌图以北地区受挫后，士气不振，进攻畏首畏尾，行动不甚得力。祖父心中着急，亲到前线协调各兵种协同作战，指挥该军各师积极进攻。谁知中长路正面的战事刚有了一些进展，左翼第71军又出了大麻烦。

原来，第71军87师于4月15日在金家屯以北、大洼以南地区中了东北民主联军的埋伏。民主联军集中近十四个团的兵力，一口吃掉了第87师一个团，另外两个团也被击溃，师长黄炎仅以身免。前往救援的第71军91师一部也被击溃。

第71军的这次惨败让祖父大为恼火。说起来，该军在国民党军队中算是不错的部队，全军都是美械装备，战斗力也较强，抗战后期曾在滇西中

---

① 郑洞国（1903—1991），湖南石门人，字桂庭。中国国民党陆军军官学校第一期步兵科、陆军大学将官讲习班第一期毕业。时任东北保安司令长官部中将副司令长官。官至东北"剿匪"总司令部中将副总司令兼第1兵团司令官、吉林省政府主席，陆军中将，是青天白日勋章、四等宝鼎勋章、二等云麾勋章、胜利勋章、忠勤勋章获得者。

国远征军序列中英勇作战，屡立功勋。不料初到东北，便遭两次大败，不能不让他心中沮丧。

第71军在大洼惨败时，该军军长陈明仁尚在沈阳，不在军中。蒋介石闻讯大怒，声言要查办他。祖父为此十分不安。因为这位性情倔强、颇具胆识的湖南籍将领，在国民党军队中素以骁勇善战著称，是不可多得的将才，祖父不愿失去这样一位得力助手。况且，祖父与陈明仁同为黄埔军校一期同学，平日交谊很好，也不忍见其因小过而受累。于是一面给蒋介石复电说明在大洼战斗发生前，陈明仁已在返部途中，一面让他星夜赶回部队。

陈明仁返回第71军后，努力振作，重新整饬了士气低落、人心浮动的部队，于4月25日攻下八面城，与从中长路正面攻击四平街的新1军遥相呼应，形成侧击之势。

4月17日

东北行营主任熊式辉致电蒋介石，言第71军"铣（16日）夜在大洼南金山堡附近陷苦战中"。

4月18日

东北民主联军进驻长春。

4月19日

东北民主联军司令员林彪电令坚守四平部队的两个团"坚强守备，渡过危机，……集中主力各个击破的手段，歼灭71军"。

第91师攻占金山堡。

东北行营主任熊式辉致电蒋介石，言第71军"本皓（19日）进至大洼附近"。

附：林彪电令四平两个团坚守四平

林：4月19日电

四平两个团：

你们必须布置周围的防御，必须准备在后路被完全切断的条件下继续作战。自即日起须坚强守备，渡过危机。近我南北满主力将陆续向四平前进，我军利用四平街先消耗与顿挫敌人，然后集中主力各个击破的手段，歼灭71军，使造成东北自卫的大捷，予蒋顽以惨败。……更须每一个前线指战员有战到最后一人的决心，有与阵地共存亡的决心，在我军未进行大反攻前，每一指战员皆无权离开岗位。须预先告诉各据点,各以独立的精神坚守据点,即是友邻据点被敌人歼灭的,亦必须坚持到底。

1949年4月19日,林彪指示四平两个团坚守四平,集中主力歼灭第71军(四平战役纪念馆供图)

4月20日

中共中央致电东北局,"大战将在四平至公主岭地区打,不歼灭顽方三四个师是不能解决问题的。因此凡可调与应调之兵力必须早调,兼程向公主岭集中,争取主动,不要逐渐增兵,陷于被动"。

东北民主联军遵照中共中央和东北局指示,调南满第3纵队第7、第8旅北上参加四平地区作战。保卫本溪作战则由第4纵队、第3纵队第9旅、保3旅第7团等部担负。辽东军区经过重新部署,以第11旅(欠第32团)、第9旅、保3旅第7团置于安沈路两侧,阻击左路第52军;第12旅和军区警卫团置于吊水楼子、田官屯一线,并以第10旅第30团布置于虎把什沟、松树岭、三会长一线,阻击中路新6军;第10旅(欠第30团)在第32团配合下,阻击右路第88师。

4月24日

中共中央致电东北局,要求东北民主联军"坚决控制四平街地区,如顽军北进时彻底歼灭之,决不让其向长春前进"。

第87师进驻旧四平。

4月25日

第91师攻占八面城。

4 月 26 日

新编第 1 军进攻四平失利。

4 月 27 日

陈明仁命第 87 师和第 91 师换防，以第 87 师进驻八面城，第 91 师移驻旧四平（28 日完成调防）。

第 88 师步兵第 264 团留守辽阳。

4 月 30 日

陈明仁获颁银质棕榈叶自由勋章（美国政府颁发）。1945 年 7 月开始，时任美国总统杜鲁门下令给自"珍珠港事件"以迄，参与和协助美国和盟军对阵轴心国战争，并做出卓著功勋的非美国公民颁发自由勋章（Medal of Freedom）。

附：陈明仁荣获美国自由勋章的档案（共三页） [①]

第一页为申报核准的个人资料信息表。其中第十行右侧的数字"2"，表示颁奖的级别为 2 级，即银棕榈叶级。签名者是美国驻中国战区司令部参谋长、当时代行司令职务的麦克鲁（Robert B. McClure）将军，他被授权代表美国政府颁授此勋章。在这一页的下方，麦克鲁将军又添加了"gallant action（英勇的行动力）、decision judgement（有决断的判断力）、brilliant leadership（杰出的领导力）"三句评语。

第二页为美军高级军官的手写意见书，根据笔迹，是麦克鲁将军亲笔书写。

第三页为手写意见书批准之后的正式颁奖证书文件，盖有钢印。翻译如下：

嘉奖令

陈明仁少将 [②]，因在 1945 年 5 月至 9 月 15 日期间担任中国陆军第 71 军军长的突出功绩，被授予银棕榈叶自由勋章。在此期间，陈明仁将军出色地指挥了贵（州）广（西）战役中军队的训练和作战任务，显示了他的高度机敏、卓越的知识和卓越的领导能力。他的成就为盟军的胜利做出了巨大贡献，也符合军队的优良传统。

---

① 盟军译员研究室邱新睦提供。

② 中国军队的中将在美国军队称为少将（Major General，MG）。

陈明仁荣获美国自由勋章的档案（共三页）

银棕榈叶自由勋章

5月1日

毛泽东致电林彪，"必须在四平、本溪两处坚持奋战，争取有利于我之和平"。

5月2日

第52军和新编第6军（附第88师）合力攻占本溪。

5月5日

陈明仁获颁"胜利勋章"（国民政府令）。

5月12日

新编第6军（附第88师）率先开始行动。

5月15日

陈明仁以第91师为右翼队、第87师为左翼队，分别开始行动。

5月16日

新编第1军对四平发起进攻。

5月17日

第71军对奉化发起进攻。

5月18日

新编第6军攻占四平守军最重要的据点——塔子山。

入夜后，东北民主联军总司令林彪下令撤出四平。

5月19日

13时，新编第1军攻占四平。

第91师接连攻占太平岭、奉化、梨树。

东北民主联军总司令部参谋处作战科副科长王继芳叛变，在义和屯向第71军投降，旋被转送至东北保安司令长官部前进指挥所。

东北保安司令长官杜聿明决定"实施广正面之追击，以兼收彻底歼灭溃'匪'与略取长春之利"，以新编第6军（附第88师、第195师）为右追击兵团、新编第1军为中央追击兵团、第71军（欠第88师）为左追击兵团、第182师为四平街守备队。其中左追击兵团的任务及行动为"先依中央追击兵团左翼一部之协力，将奉化附近之'匪'击灭后，即沿小凌河南北两岸地区及四洮铁路，向辽源追击前进，占领该地后，并相机占领通辽"。

陈明仁奉命后，命第71军主力对喇嘛甸子附近进行"扫荡"，一部在八面城、太平岭集结准备西进；第91师向喇嘛甸子推进。

新编第6军军长廖耀湘命第88师抽调步兵第262团配属新编第22师，向公主岭方向追击；步兵第263团配属第14师，向伊通方向追击。

5月20日

第93军（军长卢浚泉）抵达葫芦岛，投入东北战场。

5月21日

第88师步兵第264团攻占赫尔苏。

第88师步兵第262团策应新编第22师，配合该师攻占公主岭。

5月22日

第91师和第87师先后推进至辽河东岸，与三江口的东北民主联军隔河对峙。

陈明仁率军部推进至大卡家窝棚，随即下达第34号作战命令，命令所部"以攻取辽源为目标,分由三江口、吕家船口等地渡辽河"。

第 88 师步兵第 263 团策应第 14 师,配合该师攻占伊通。

5 月 23 日

第 87 师攻占辽源。

陈明仁率军部进驻辽源,随后致电蒋介石,报告所部攻占辽源概况。

附:电文

机急南京委员长蒋,9195 密:(一)军于养(22 日)攻击三江口东岸,以第 87 师 260 团附榴弹炮连,攻击张河西岸之乙军(指东北民主联军)主力,并绕道东西卧牛泡子附近,排除万难,强渡辽河。迄养亥(22 时)共渡过两团。随后第 87 师 261 团在蓝屯、王店大棚,及第 91 师第 273 团经东湾子、桑树、包头,向辽源奇袭,主力仍渡河前进。梗辰(23 日 8 时)我 261 团进入市区。此役我 273 团亦攻占"匪"重要据点,与勃图山及辽源铁山之"匪"五十余激战,毙"匪"五名,获步枪八支。其主力迂回辽源西郊。市区之"匪"第 3 师独立旅一部及第 4 师、保安第 1 旅、骑兵大队等部,仓皇应战。激战至梗午(23 日 12 时),辽源完全占领,"匪"不支溃窜。迄晚"匪"由保康增援火车一列,被我炮击,将火车一列全部截留。(二)三江口东岸我 87 师 260 团梗子(23 日零时)于大民屯附近强渡辽河,该师长黄炎率 259 团及师直属队,梗丑(23 日 2 时)于 × 力行歧附近渡河,向三江口之"匪"侧击包围,激战甚烈。至梗辰(23 日 8 时)将"匪"第 3 师第 3 旅 130 团击溃。该师长当率队沿铁路向大行挺进,与市区之"匪"三百余在一棵树附近遭遇,将其歼灭。(三)此役共毙"匪"三百零七名,获完整机车一部,车厢两百余辆,战马五十二匹,大炮六门,轻机枪九挺,步枪两百余支及弹药。其他战利品正清查中。(四)辽源东北郊大铁桥及车站,因"匪"措手不及,未破坏,谨闻。职 71 军军长陈明仁,辰梗申,参邦,印。

5 月 24 日

新编第 6 军攻占长春。

第 87 师和第 91 师在辽源划分防区、清查户口、修筑工事。

5 月 25 日

陈明仁根据东北保安司令长官部的保丙(一)字第 14751 号命令,命第 91 师将防务移交给第 87 师后,向通辽推进。

5月26日

第91师在第87师步兵第261团配合下攻占卧虎屯。

5月27日

东北保安司令长官部"鉴于第71军，突击辽北一角，孤悬一隅，而四洮沿线散'匪'，此窜彼扰，迄无宁日，为策收复地区安全，以稳扎猛打、肃清散'匪'计"，命第71军"暂停西进。以军部移驻四平街，第87师守备辽源、卧虎屯及外围诸要点。第91师以驻四平街、八面城及奉化各地，担任守备，确保四平亘辽源铁路公路之安全；并彻底肃清驻地外围五十公里以内之散'匪'"。

5月28日

第88师配合第14师攻占永吉。

陈明仁命第91师停止进攻通辽，返回八面城。

5月29日

第88师攻占小丰满水电站。

陈明仁致电蒋介石，报告所部在太平岭、梨树、辽源作战概况，并呈请免于处罚在金山堡作战失利的第87师师长黄炎。

5月30日

第91师进驻八面城。

第184师主力在师长潘朔端率领下于海城宣布起义，参加东北民主联军。

5月31日

陈明仁令第87师担负"辽源至三江口西岸（含）铁道公路间之护路护桥"任务，第91师担负"四平街至三江口东岸（含）间铁路公路之交通维护；并肃清驻地外围五十公里内散'匪'"。

6月1日

第88师强渡松花江，以主力沿吉图（永吉至图们）铁路向东"扫荡"。

6月4日

第88师攻占六道河子、八道河子。

第91师开赴双山执行"清剿"任务。

6月5日

第88师攻占老爷岭。

第91师攻占双山、小城子。

附：《中国人民解放军第四野战军战史》（节录）

（1946年）6月6日，国民党军第71军第88师第263团和第264团一个营侵占新站、拉法，并构筑防御工事，准备固守，作为尔后大举进犯北满解放区的据点。四平保卫战后转移到蛟河一带的东北民主联军第1师得知情况后，即向总部请示，拟歼第263团。东总当即电令第1、第2师：坚决歼灭拉法、新站之敌。参战部队指挥员梁兴初、梁必业、罗华生、刘兴元等研究决定，首先攻拉法，尔后打新站。具体部署为：第1师第1、第2团为第一梯队；第1师第3团、第2师第5团为预备队；第2师第4团沿长图（长春—图们）左侧西进至小孤家子、老爷岭以南地区，阻击由吉林、老爷岭可能来援之敌。

7日16时，第1师第1、第2团分别由蛟河东部出发，经蛟河沿铁路两侧向拉法进攻。战至次日拂晓，占领拉法，歼灭国民党军第264团一个营大部。

攻下拉法后，8日黄昏，第1、第2师调整部署，乘胜进攻新站，激战至9日24时，将新站国民党军第263团大部歼灭。该团残部300余人向西北突围时，被第3、第5团截击歼灭，团长韦耀东[①]被俘。

这次战斗，歼灭国民党军第263团及第264团一个营共1900人，其中毙、伤1000人，俘900人，缴获火炮10余门，轻重机枪70余挺，步、手枪1200余支。

6月16日

中共中央致电东北局，以林彪为东北局书记兼东北民主联军总司令、政治委员。

军事调处执行部长春分部在长春成立，由蔡守谦（国）、伍修权（共）、泰勒（美）为三方代表。

6月18日

在海城起义的第184师主力改编为民主同盟军第1军，潘朔端任

---

① 作者注：应为危耀东。

军长。

6月21日

国民政府宣布停战令延长至30日中午。

6月24日

国共美三方代表达成《三人会议终止东北冲突之训令》，规定"冲突双方军队应依执行小组指示后，撤至一定距离，一般为二十华里；双方将不另调战斗部队赴东北……"。但此项协议，国民政府代表拒绝签字。

6月26日

郑州绥靖公署集结30万军队围攻中原解放区，内战全面爆发。

7月5日

东北民主联军一部袭扰达加寺，被第87师击退。

7月9日

东北民主联军一部袭扰谢家屯，被第88师击退。

7月24日

东北保安司令长官部划分占领区为四个绥靖区，任命孙渡为第1绥靖区司令官，指挥第53军、第71军、第93军。另任命石觉、赵公武、廖耀湘分别为第2、第3、第4绥靖区司令官，孙立人为总预备军司令官。

7月31日

蒋介石致电东北保安司令长官杜聿明，命第52军和第71军应"各抽调一师在其军部从事补训，勿使担任任何防务，专作总预备队之用。此总预备队之两个师，必须于9月7日以前集中于所指定之地区"。

9月13日

东北保安司令长官部调整绥靖区，增设第5绥靖区，任命陈明仁为司令官，设司令部于四平，辖第71军（军长陈明仁兼）、暂编第6师（师长陈天喜）、交通警察第14总队（总队长鲍步超）、东北保安第7支队（司令李振声）、东北保安第8支队（司令王永清）、东北保安第9支队（司令傅国政）、东北保安骑兵第1支队（司令李树藩）、东北保安骑兵第4支队（司令包善一）。第 5 绥靖区辖区为：铁岭—西丰—西安—梨树—双山—长岭—乾安—安厂—镇东—王爷庙—突泉—扎鲁特左、右旗—阿鲁科尔沁旗—开鲁—库伦旗—彰武—法库。另以孙渡、石觉、赵公武、孙立人分别为第 1、第 2、第 3、第 4 绥靖区司令官，廖耀湘为总预备军司令官。

陈明仁命第 87 师在康博执行"清剿"任务。

9 月 30 日

东北保安司令长官部为策应北平行辕对张家口的进攻，以及攻占赤峰、围场、多伦等地，下达作命字第 60 号命令，以第 71 军（欠第 88 师、第 91 师）为右侧兵团，"配属暂编第 6 师（欠一团）、保安独立支队（欠两团），于 10 月 4 日开始肃清辽源、伊胡塔、哈尔套街以南地区之残'匪'；并向通辽佯攻，以牵制该地区之'匪'不致向西转用。尔后以主力集结于伊胡塔；一部集结于彰武（新立屯东北约 60 公里）各附近，准备尔后之行动"。

此外，以第 93 军配属第 91 师为右攻击兵团攻赤峰；第 13 军配属东北保安第 6 支队、东北保安骑兵第 3 支队为左攻击兵团攻围场。

第 91 师开赴朝阳，暂归第 93 军军长卢浚泉指挥。

东北保安司令长官部批准成立暂编第 3 师，隶属东北第 5 绥靖区，由第 71 军抽调骨干，调第 87 师副师长彭锷任师长，驻四平整训。

10 月 2 日

东北行辕主任熊式辉抵达四平视察，并对第 71 军军官训话。

10 月 3 日

第 91 师在朝阳集结完毕，随即向建平以北攻击前进。

10 月 5 日

陈明仁以暂编第 6 师、第 87 师郑（家屯）通（辽）纵队（步兵第 260 团，团长王多年）分别为左、右两纵队向通辽方向攻击前进。

第 87 师以步兵第 261 团（团长张有琪）、师特务连、炮兵营第 3 连、辽源警备大队为辽源守备队，担任辽源城防及外围要点之守备，维护三江口至郑家屯间之铁路交通安全；步兵第 259 团（团长王卓超）、东北保安第 8 支队为卧（虎屯）双（山）守备队，担任卧双一带守备，并"扫荡"附近共军；抽调步兵第 259 团第 3 营、步兵第 261 团第 3 营、工兵营、炮兵营（欠第 3 连），控制于辽源附近，策应各守备队及各攻击部队之作战。

第 88 师仍留守八面城及附近地区。

10 月 10 日

第 91 师配合第 93 军攻占赤峰。

10 月 11 日

国军攻占张家口。

10 月 14 日

第 87 师步兵第 260 团攻占门达。

10 月 17 日

第 87 师步兵第 260 团攻占大罕。

10 月 19 日

第 91 师结束在热河作战任务，调往辽东，准备配合新编第 6 军、第 195 师等部，对通化、临江、辑安发起进攻。

10 月 22 日

蒋介石致电东北行辕主任熊式辉，命第 71 军"从速占领"通辽。

第 87 师步兵第 260 团和暂编第 6 师合力攻占通辽。

10 月 24 日

东北行辕主任熊式辉复电蒋介石，"陈明仁部于养午（22 日 12 时）攻占通辽"。

第 87 师师长熊新民率师直一部、步兵第 261 团渡过辽河，并指挥暂编第 6 师、独立支队第 4 团、东北保安骑兵第 1 支队等部，向开鲁方向攻击前进。

10 月 25 日

第 91 师在永陵集结，准备对桓仁方向发起进攻。

东北保安司令长官杜聿明致电蒋介石，报告第 71 军攻占通辽经过概要。

10 月 27 日

第 87 师攻占开鲁。

11 月 2 日

第 91 师攻占桓仁。

第 195 师攻占通化。

在辽东作战的第 25 师于宽甸以西的新开岭被东北民主联军第 4 纵队歼灭，师长李正谊、副师长段培德、步兵第 73 团团长李公言、步兵第 75 团团长赵振戈被俘。此为国民党军队进入东北地区作战后，师一级野战部队首次被歼。

11 月 11 日

在辽源以北执行"扫荡"任务的第 88 师占领茂林。

11 月 13 日

东北民主联军一部袭扰榆树台，被第 88 师击退。

11 月 15 日

制宪国民大会在南京召开。

第 87 师在郭家店、榆树台之间地区击退东北民主联军的进攻。

第 88 师与新编第 30 师在辽河南岸实施"清剿"行动。

11 月 16 日

第 88 师渡过辽河推进至小城子，并击退东北民主联军的进攻。

11 月 17 日

第 88 师步兵第 263 团主力在榆树台（怀德以西）遭到辽吉军区保安第 1 旅、第 2 军分区一个团伏击，所属第 1 营遭到重创。

11 月 20 日

辽源修建明仁运动场。

11 月 28 日

东北民主联军辽吉军区司令员邓华拟对第 71 军发起进攻。

附：《阵中日记》① （节录）

---

① 《阵中日记》为东北人民解放军总司令部阵中日记，后同。起讫时间为 1946 年 11 月至 1948 年 11 月。由中共中央党史资料征集委员会、中国人民解放军档案馆编，中共党史资料出版社 1987 年 1 月出版。

邓华报："我意先选择敌之弱点，打敌侧翼为有利，对象是 71 军两个师，击而灭之。该军 259、260、263 三个团过去大部为我军消灭，新兵多，战力弱，只 261、262、264 三个团较强，但兵力很散。不久前 261 团在开鲁，260 团及师部在通辽，259 团在双山、卧虎屯，263 团在梨树一带，264 团在茂林，如我能迅速转移兵力，给茂林敌人以突然歼灭，并将来援打垮，或近处消灭，则战局很易打开，乘机攻占双山、卧虎屯，以一部破八面城、三江口铁路，而主力直取郑家屯，并打击西面可能来援之两个团。战役告一阶段，尔后则看情况，在运动中消灭敌人。如有利，则切断德惠、四平之敌，或主力北返作战，保持主动。……"

11 月 30 日

第 88 师占领长岭。

12 月 2 日

东北民主联军一部袭扰长岭，被第 88 师击退。

12 月 3 日

第 87 师占领保康。

12 月 4 日

第 87 师由长岭向西"扫荡"，进至大八号（长岭西南 25 千米）与东北民主联军发生激战。

12 月 5 日

第 87 师在大八号击退东北民主联军的进攻，并向北追击。

12 月 10 日

韩增栋实任第 88 师师长。

第 71 军结束在长岭、保康之间地区的"清剿"。

附：应起鹤《陈明仁在东北》（节录）（刊载于《文史资料存稿选编——全面内战》）

1946 年 3 月底或 4 月初，第 71 军所属的 87 师、88 师及 91 师三个师由美军的登陆艇分批从上海运到秦皇岛登陆完毕，第 88 师由长官部命令调归新 6 军指挥，参加营口作战，因所属三个团被新 6 军军长廖耀湘分割三处使用，师长胡家骥感到自己的指挥权全被剥夺，和廖耀湘发生争吵，致以违抗军令罪名，受到撤职查办处分。第87师和第91师登陆后，由副军长向凤武指挥在新民一带集结。4月间，第87师向北攻击前进，行至大洼、金山堡附近，为东北民主联军采用袋形战术一战击溃，武器弹药辎重损失极重。接着第91师师长赵琳亦在前线指挥作战时负伤，送沈阳住院治疗。这样，当陈明仁由北平赶到沈阳时，他所面临的情况是全军部队已搞得七零八落，士气低落，这不仅给他精神上造成了前所未有的威胁，职务上也很有动摇的可能，全军官兵都睁开眼睛望着陈明仁回来如何收拾。但陈由北平到达沈阳后，却谈笑自如，显得格外镇静。第91师参谋长刘志澄（系陈陆大同期同学）劝他先去见熊式辉和杜聿明，陈一声不哼，却立即驱车到医院先看赵琳，才再赴长官部一趟，即赶赴前方，亲率第91师和87师残余部队会合新1军、新6军攻占了四平街。从此军心渐渐地安定下来，大家都传说"军长一到，云散天晴"。尔后陈明仁即驻守四平，一面防守，一面补充整顿。

在整顿当中，陈明仁为了安定部属和鼓励士气，日夜不离军部，不断地约集各级官佐开会和个别谈话，并向长官部保荐第87师副师长彭锷为暂编第3师师长，又提升一些表现好的独立营长和副团长为暂3师团长。同时他更痛愤第88师师长胡家骥的撤职，又不满于杜聿明没有事先征求他的同意即派韩增栋继任88师师长，表示坚决反对，他命令军部各处对88师的下令行文仍继续以扣留在沈阳的胡家骥为对象，不准写韩增栋的名字，韩呈给军部的报告，他也总是批给胡家骥。军部参谋长冯宗毅感到韩增栋原系黄埔第四期同学，又是杜聿明的侄女婿，现既明令担任师长，劝陈不要做得过火，影响军纪，陈置之不理。但韩增栋当时也很不知趣，当他1946年5月间接任第88师师长时，由长官部带来大批人马，对师部各处的原任主任科长一律调换。这些被撤换人员纷纷跑到军部告诉陈明仁，陈对他们只点头看看，默不作声，不上几天，即用电话通知第88师副师长熊新民（并不通知韩增栋），叫他集合全师官佐，听候训话。届时陈即率领原被撤换人员一起到达88师师部驻地（时间大约是1946年6月上旬的一天），严肃地对韩增栋和那些官佐讲话，略讲"现在不是过去了，所谓一朝天子一朝臣，在我们这里行不通，你们由长官部调来的人统统交给我，由军部负责安排，至于师部各处原任的主任科长，他们工作好好的，一个都不准动"。韩增栋对陈明仁的个性作风早有所闻，除连声"是是是"以外，不敢说别的什么，而师部所发表的那些各处主官只好灰溜溜地仍然跑回长官部。至于韩增栋这个师长一职，直到他的前任师长胡家骥由长官部安排为东北干训团副主任兼教育长时，陈明仁才给予承认，但后来韩增栋又在公主岭战役阵亡了。

12 月 22 日

第 2 师攻占辑安。

第 91 师与第 195 师在辑安以北地区会师，随即配合第 2 师继续向临江方向推进。

12 月 30 日

位于长春的东北保安副司令长官郑洞国命进攻部队撤回松花江南岸，辽东地区作战至此结束。

第 91 师主力回驻桓仁。

本年

陈明仁任醴陵白兔潭日新学校董事会董事长。

附：**醴陵市第五中学简介**

醴陵市第五中学前身系创办于 1908 年的原醴陵东三区白兔潭高等小学。1915 年，陈明仁、邓文仪等人曾在此求学。陈明仁从长沙免泽中学毕业后，回本校任教。1924 年春，陈明仁从这里走上投笔从戎、服务社会的道路。1941 年学校改名为"清正乡中心学校"。1946 年，陈明仁出任董事长，与醴陵名宿陈盛芳等捐资扩建校舍。学校初具规模，并将学校改名为"日新学校"。……1958 年更名为"醴陵第五中学"。

1947 年 1 月 5 日

东北民主联军以第 1、第 2、第 6 纵队及独立第 1、第 2、第 3 师等部开始"一下江南"战役（国民党军称"松花江南岸第二次作战"），"从攻击其塔木开始，向中长路两侧长春、吉林以北广发地区分散守备之国民党军开展攻势"。

1 月 6 日

东北民主联军第 1 纵队第 3 师围攻其塔木。

1月11日

东北民主联军在北满加紧攻势,迫使杜聿明令第71军第91师北调增援。

1月14日

东北民主联军将"农安以北、德惠以东和九台以北之国民党军基本肃清,共歼灭5000余人,迫使国民党暂时放弃对南满解放区的大举进攻,并由南满抽调新30师和第91师、由西满抽调第88师北援"。

1月15日

第91师开始北调。

1月16日

第88师到达布海准备参战。

1月17日

位于长春的东北保安副司令长官郑洞国命第71军抽调部队开赴长春。

陈明仁分别向位于沈阳的杜聿明和长春的郑洞国联系,建议第71军"暂在四平集结为宜",但郑洞国仍坚持"须开一团到长春"。

1月19日

东北民主联军撤回松花江以北,"一下江南"作战结束。

东北第4绥靖区司令官孙立人命新编第30师和第88师追击撤退的东北民主联军。

陈明仁奉命率军直属部队开赴长春。

《陈明仁日记》:"十时率指挥所及直属部队一部,乘火车赴长春。以车行过慢,延至午后八时始抵长春,指挥所借驻长春大学内。予即到郑副长官官邸晚餐。此次率部增援北开,'匪'已闻风北窜,定是空跑一趟,不出予预料也。"

1月21日

陈明仁在长春参加郑洞国举办的除夕酒会。

《陈明仁日记》:"五时到郑寓晚餐,旋即举行鸡尾酒会,至十二时始散。予第一次参加跳舞,不感兴趣。"

1月22日

陈明仁在长春向郑洞国拜年，并参加农历新年酒会。

第88师奉命开赴德惠集结，作东北第4绥靖区机动部队使用。

1月23日

陈明仁与郑洞国讨论战局，确定第71军直属部队返回四平后，"向辽源以北之'匪'予以'扫荡'"。

1月25日

陈明仁率军直属部队返回四平。

1月29日

美国国务院宣布结束三人小组与军事调处执行部。

1月30日

国民政府宣布解散军事调处执行部。

2月5日

陈明仁出席辽北省政府和四平各界人士举办的"欢送军调部第28小组美方代表回国大会"和"音乐晚会"。

2月6日

第52军所属第195师在高丽城子遭到东北民主联军第3纵队重创。

2月7日

东北第4绥靖区司令官孙立人申请抽调第91师配属该绥靖区作战，未获得杜聿明批准。

增援第195师的第207师步兵第1旅步兵第3团在三源浦遭到东北民主联军第3纵队重创。

第二次进攻临江失败。

2月13日

东北保安司令长官杜聿明抽调第2师、第91师、第195师、新编第22师、暂编第21师，对临江发起第三次进攻。

2月15日

第91师作为中路攻击队，进占三源浦。

2月18日

第91师攻占高丽城子。

2月21日

东北民主联军第1、第2、第6纵队及独立第1、第2、第3师等部开始"二下江南"战役（国民党军称为"松花江南岸第三次作战"）。

2月22日

农历二月初二。陈明仁长孙（次子陈扬铨的长子）陈京生出生。

第91师步兵第272团在大北岔被东北民主联军第3纵队主力歼灭，团长余子培阵亡，副团长李璞、团附刘博昌被俘。

第2师步兵第6团增援高丽城子，在东岔被东北民主联军第3纵队第8师击溃。

第195师在长春沟与东北民主联军第4纵队第10师发生激战，第10师师长杜光华阵亡。

东北民主联军第6纵队主力围攻城子街。

2月23日

第91师放弃高丽城子，开始南撤。

2月24日

第195师放弃长春沟，副师长何士雄于撤退时遭到东北民主联军第4纵队第10师截击阵亡。

第三次进攻临江失败。

2月27日

受东北第4绥靖区战局影响，第71军（欠第91师）奉调配属该绥靖区作战。

陈明仁抵达长春，与东北第4绥靖区司令官孙立人商讨战事，随后对第87师师长熊新民、第88师师长韩增栋"指示机宜"。

第88师向长春开拔。

2 月 28 日

东北第 4 绥靖区司令官孙立人命第 71 军（欠第 91 师）为左兵团，"由小合萨（长春西北）沿长洮铁路及其以东地区，进出农安以北，侧击德惠之'匪'；并掩护新 1 军左侧安全"，另命新编第 1 军为右兵团，"由长春、永吉分突向北出击"。

3 月 1 日

第 71 军推进至万宝山，陈明仁随第 88 师司令部行动，旋奉抵达长春指挥的杜聿明的命令返回长春"面商作战事宜"。

东北民主联军"前总"认为"援敌第 71 军较弱，其 88 师已在拉法和榆树台两次战斗中被歼五个营，且'新兵多，士气低，不堪一击'。……我可集中八个师兵力，必要时还可以从攻城部队中抽出两个师参战，用十个师歼灭援敌就有绝对的把握"。"前总"决定"在 3 日或 4 日反击援敌，各个歼灭敌人，并改进攻德惠为佯攻"。

附：《阵中日记》（节录）

2 纵 4 师 1 日 18 时又报：71 军 87 师自郑家屯出发，昨下午进至哈隆，今日沿伊通河西北进犯。1 日 19 时再报：88 师山炮营、工兵营及 259 团于 27 日先后在郑家屯乘车开往长春南孟家屯，28 日 15 时步行至哈隆。……

3 月 2 日

陈明仁返回前线第 71 军指挥所，并率部在石厂突破东北民主联军的阻击防线。

东北民主联军"前总"在汇集各方情报后，认为围攻德惠"再战局势于我不利"，决定"各部即摆脱敌人，向松花江北岸转移"。

3 月 3 日

杜聿明由长春乘飞机抵达德惠督战。

东北民主联军撤回松花江以北，"二下江南"作战结束。

第 71 军推进至二道沟、华家桥一线，并继续向农安方向推进。

第 87 师先头部队在华家桥与东北民主联军第 2 纵队第 4 师第 10 团第 3 营第 8 连突然遭遇，试图围歼该连未能成功，反伤亡 150 余人，被该连突围而出。

杜聿明命令参战各部对从德惠撤退的东北民主联军实施追击。

3月4日

第71军向靠山屯方向实施追击。

3月6日

第71军推进至松花江南岸的青山口、靠山屯。

陈明仁率指挥所进驻靠山屯。命令87师攻击王府，88师渡过松花江攻击五家站。

3月7日

第88师步兵第264团渡松花江追击。

陈明仁上午在王府检阅第87师，下午渡松花江前往五家站附近，观看第87师战斗。

3月8日

东北民主联军第1、第2、第6纵队及独立第1、第2、第3师等部开始"三下江南"战役（国民党军队称为"松花江南岸第四次作战"）。

陈明仁亲自指挥20余名卫士，以寡敌众，反击东北民主联军独1师对靠山屯的进攻。优势的独1师不明情况，担心腹背受敌，撤出战斗，后受上级批评（见4月14日记录）。

东北民主联军第6纵队对位于靠山屯附近的第88师发起进攻，第88师师长韩增栋指挥所部反击。

入夜后，陈明仁率军直属部队向德惠撤退，位于万金塔的第87师向农安撤退，留第88师坚守靠山屯。

《陈明仁日记》："8时起床即闻机枪声，经查明有'匪'由卧牛石、拉马营子向靠山屯攻击。斯时军直属部队均已出发，予仅留卫士20余名同行。如不战，则此地被'匪'占有，我88师将受重大损失，战则无兵。幸昨夜到有汽车30余辆，尚未开出，乃决心固守，用汽车将直属部队运回。但'匪'已迫近，只差300公尺，予即要卫士排在一院墙较好处，予在能远视之屋顶上指挥。在此紧要关头，有人力团第3连开到，立向'匪'攻击，将距予仅300公尺之村子夺回。部队续到，展开攻击，至午后1时，将'匪'击溃。88师亦有一部开到。因'匪'系广正面袭击我侧背，故88师亦于8时左右与'匪'接战。路被截断，无法取得联络，唯彼此闻得枪炮声，可判断行动也。3时将阵地防务交88师接替，军直属部队集合，仍车运德惠。人力团伤官长 2、士兵 13,阵亡士兵 8 名。5 时抵龙凤山宿营,旋到新 1 军一谈。本晚 87 师主力到农安。"

3 月 9 日

陈明仁抵达德惠,与孙立人商讨军情,决定实施反攻,并向东北保安司令长官部提出今后行动建议。

第 88 师留步兵第 264 团第 2 营继续在靠山屯坚守,师主力向德惠撤退,在经过姜家店时遭到东北民主联军第 2 纵队第 5 师伏击,师直属部队和步兵第 262 团遭到损失。

陈明仁率军指挥所驻扎德惠城南的龙凤山;命第 88 师回援靠山屯,未能成功。

孙立人命令新编第 38 师步兵第 114 团、第 50 师步兵第 149 团,由第 50 师副师长杨温指挥,准备增援靠山屯。

《陈明仁日记》:"87 师本日到达农安,一部位置于哈拉海城子,晚向兴隆镇南移。

88 师本日仍在靠山屯附近作战,唯左右两侧均有'匪'主力增加(各一师)。经与长官部及孙(立人)等协商结果,以后撤为宜,诱敌至预定地点而夹攻之。午后令该师除以一营留置靠山屯外,余撤至东、西闵家屯交线。不料该师处置不当,于撤退时竟遭'匪'之袭击,而蒙受损失。孙、史(说)来部商谈今晚与明日之行动,而决定留置靠山屯之李书田加强营已被包围。88 师向靠山屯攻击,新 1 军一部向靠山屯东北侧击,期解李营之围。并调 87 师由农安向万金塔之'匪'攻击。本日战斗各方均甚激烈,毫无进展,靠山屯之围未解。

87 师本日行动迅速,已到达广合成附近。预定明日三方总攻,将此次复犯之'匪'击溃。予上午往城内沐浴,正午在新一军午餐,并讨论尔后行动,各向长官部建议。"

3 月 10 日

东北民主联军第 2 纵队第 5 师将靠山屯包围。

陈明仁命第 87 师(留步兵第 259 团在农安)和第 88 师增援靠山屯。

新编第 1 军杨温部开始行动。

3月11日

步兵第264团第2营在靠山屯被歼灭，营长李书田被俘。

杜聿明再次抵达德惠，否决陈明仁与孙立人救援靠山屯及发起反击的计划，命令第87师撤回农安，第88师撤往德惠。

东北民主联军"前总"决定"先歼弱敌第87师，并电令第2纵队首长刘震、吴法宪统一指挥此次进攻战斗"。

《陈明仁日记》："87师攻击拉拉屯、七八家子、欢喜岭等处，战斗甚激。'匪'不断增援，希图包围。渐由攻击变成防御，幸北面仍处主动地位。守靠山屯之李书田营已牺牲，下午即不复作救援之打算矣。88师行动不积极，故无激战。87师下午战况转佳。5时长官杜抵德惠，很坚决地调整部署，令本军于本晚即向农安转进（予与孙因情形不许可，甚不同意此案，恐不易脱离战场也，尤以行李辎重黑夜行动困难）。予即回部于6时30分下达命令，电饬照计划撤退：行李汽车等于9时开始，军直属部队于10时开始，予亦于10时出发。"

3月12日

陈明仁抵达农安。

第71军直属部队、第87师、第88师在撤退途中分别遭到东北民主联军第1纵队和第2纵队的截击，旋被包围在德惠、农安之间的郭家屯、姜家屯、孟家城、王家车铺、凤家屯一带狭小地区，经第71军副军长向凤武指挥，陆续突围而出，伤亡达2000余人。

第71军直属部队一部（人力输送团、工兵营、运输营）被东北民主联军第2纵队击溃，辎重车辆大部损失，暂编第3师副师长辛仑（临时负责指挥军直属部队）、工兵营营长朱正阵亡。

第87师主力撤抵农安，步兵第260团在七家子被东北民主联军第2纵队第6师击溃。

第88师被东北民主联军第1纵队第1师打散，步兵第263团团长蓝松岩在郭家屯被俘，步兵第264团团长雷乃电在郭家屯阵亡，步兵第262团第2营营长徐念文率部在孟家城向东北民主联军第1纵队第3师投降。

《陈明仁日记》："早2时抵农安，因找不着宿营地，迟滞街心中不少时间，至4时始休息。6时接长官部电话，谓郭家屯方面于3时许即已发生战争，大部行李辎重均被劫，部队中伏，正激战中。旋据 87 师山炮连一排长报告，谓昨夜 10 时左右，通过拉拉屯时，即中伏，山炮营（该师先头部队）损失颇重等语。又据派赴该师联络之汽车回报，在好来宝营子遇'匪'。旋韩、黄、周等来农报告，88 师被围被袭情形，至是已确知部队失利。'匪'系由南而北，1、2、3 师由大房身经德惠东南窜来者，非掩护不确实之过。午后 87 师陆续到达，88 师则只有零星逃归者，军部更少见。予晚驻金刚寺。"

附：程杰[①]回忆（节选）程惠记录

陈明仁军部与八十八师残部会合后，急忙撤往德惠县城。陈明仁有个习惯：一仗打下来，就要到热水池里洗澡，一泡就是一两个小时，然后才慢慢爬起来，而这次到德惠，来不及洗净身上的污垢，就听说杜聿明来了，叫他马上去。杜聿明告诉陈明仁，不能在德惠停留，要在天黑前退往农安。否则，仍有被共军分割和围歼的危险。

杜聿明走后，陈明仁把临时负责指挥军直属部队的暂编第 3 师副师长辛仑和我叫来，研究如何突围的问题。我说："报告军长，现在到处都是马车声和号声，到处都是队伍，我们已经被包围了。共军又擅长阻击战，不马上走，到晚上走有危险啊！"辛仑说："白天走也不保险。"陈明仁这时也急得一筹莫展，他一只手夹烟，一只手张开不停地抹脸，从额头上一直抹到下颚边，边抹边思考，来回地踱步说："杜长官已经走了，我们走得也要走，走不得也要走，红黑是要走。"辛仑十分忧虑地说："该怎么走法呢？"陈明仁想了一下说："这样吧！我带领一个警卫连先走，你们带领军直属部队这三四千人随后。由辛仑任正指挥，程杰任副指挥，还有 18 位少校以上的军官，全由你们统管，要是我冲出去后一路平安，就马上派大卡车回来接你们。"说罢，陈明仁甩下美式军大衣，换上普通便装，带着警卫连乘车动身了。

黄昏时刻，陈明仁等人来到了德惠至农安的中间站郭家屯，发现守军约有一个多排，全是 88 师的番号和军装，便下车稍憩。守军的一个排长连忙迎进房内坐下喝茶。这时，随从副官潘光质突然发现屋顶上的哨兵拿的是三八大盖枪，连忙悄悄地扯扯陈明仁的衣角，陈明仁察觉有异，急忙起身就走，守军排长拦也拦不住。当时，这批民主联军一则不知道来的就是陈明仁，二则寡不敌众，也就没有强行拦阻，而让陈明仁溜过去了。陈明仁离开郭

---

① 时任第 71 军辎重团（人力输送团）副团长。

家屯后，对潘副官连声说道："好险呀！好险！"命令司机加大油门，快速前进。

陈明仁到达农安后，急忙派卡车去接我们，但是已经来不及了，我们已陷入东北民主联军的重重包围之中，根本冲不出来，想联络也联络不上，我和辛仓带队往农安撤退，公路积着厚厚的雪，汽车大灯照得睁不开眼睛。我们深一脚浅一脚地跑，跑不多远，民主联军从四面八方围上来了，子弹像成群的蝗虫，"啪啪啪"地拖着亮线在我的头上掠过，身边的人纷纷倒下。我也不管不顾，拼命地跑，一直跑到天亮，终于带领一些人突出来了。

陈明仁正在吃饭，喜出望外，把手里的筷子一折两段，递给我，招呼我赶紧吃饭，并问："辛副师长他们呢？"我答："不知道，军官只剩我一个人，三四千人只剩这一百二十多人了。"我虽然跟随陈明仁多年，打过不少恶仗，但兵败如此，伤亡这样惨重，这还是第一次。陈明仁也连连叹气说："黄瓜打锣去了一半。"

3月13日

陈明仁与第87师困守农安，被东北民主联军第1纵队、第2纵队、第6纵队、独立第1师包围。

第71军直属部队一部撤入农安，一部与第88师在德惠得到收容。

《陈明仁日记》："农安被围。部署城防赶筑工事。'匪'向城郊接近，并开始炮战，午后3时许已被合围。晚间不断发生战斗，终宵未安眠。已发现之'匪'军为1、2、3、4、5、6六个师及第4支队。军直属部队（由辛仓率领）迄无消息，根据各方情况判断，凶多吉少。88师蓝、雷两团及直属部队全数损失，该两员下落不明。"

3月14日

陈明仁在农安指挥所部抵御东北民主联军第6纵队、独立第1师的进攻。

东北保安司令长官杜聿明命新编第1军、第54师、新编第22师等部增援农安。

《陈明仁日记》："上午移驻城内，下午召党政军各机关团体开会。自黄昏起'匪'总攻农安，连续猛扑三次，均无寸进。每隔两小时与长官部通无线电话一次。"

3 月 15 日

陈明仁指挥所部仍在农安与东北民主联军激战。

《陈明仁日记》:"视察农城四周阵地,并激励官兵,必须具有与阵地共存亡之决心。87 师主力向南出击,激战终日,均被'匪'顽强抵抗,无甚进展。一部向东面出击之部队且有不少伤亡。晚间'匪'猛攻西城与西南角,无寸进。晚每小时与长官部通无线电话一次。早、午、晚均发一电与芳如。"

3 月 16 日

进攻农安的东北民主联军第 6 纵队、独立第 1 师陆续撤围,北撤过松花江。

陈明仁命第 87 师主力向南主动出击,试图与解围部队取得联系。

《陈明仁日记》:"本日拂晴,87 师主力向南出击,期与李部(新编第 22 师)夹击六马架、六间房之'匪',俾守军与援兵会合而解围。11 时许将'匪'击溃,四散逃窜,农安之围得确解。当即全部出动,分路追击。并派汽车赴万宝山车站,抢运粮、弹来农安,5 时即到达卡车 30 余辆。下午予率幕僚人员巡视城区及城郊一周。……"

3 月 17 日

第 87 师在农安以南与前来解围的新编第 30 师取得联络,随后会同解围各部向北追击。

陈明仁接待并陪同从长春出发抵达农安的记者团视察农安战场,随后前往野战医院吊唁阵亡的辛仑、朱正等人。

《陈明仁日记》:"87 师向西、北、西北追击中。上午 7 时与芳如通电话一次。9 时往沐浴、理发,并移驻金刚寺。12 时,长春记者团来农安。辛仑、朱正尸体收运回部,不胜悲痛之至,当即电知四平。下午陪同记者团到各处视察,3 时往野战医院吊辛、朱遗体,并摄影。晚间与中央社记者谈至 12 时后始就寝。"

1947 年 3 月 17 日,农安战斗后的陈明仁

附1:《国民政府东北行辕三十六年度工作报告书》(节录)

(1947年)3月8日拂晓,"匪"第2师乘我"扫荡"部队南移,分由谢家堡子、八里营子渡江(五家站南),其先头部队抵靠山屯以北拉马营子附近,当与88师发生战斗,激战半日,终将"匪"击退。……3月9日"匪"主力纷纷渡江近迫靠山屯,并向十里堡、前后毛家窝棚迂回,企图包围88师,该师即于黄昏后向德惠前进,行抵平安堡附近,"匪"18师、第5师分两面向该师夹击,当时展开激烈战斗,彻夜未停,双方伤亡均重,同时靠山屯方面"匪"倾全力猛攻,战斗激烈。……3月10日晨"匪"源源增加,战斗愈趋激烈,88师留置靠山屯之加强营苦战一昼夜,卒以弹尽援绝,于12时全部壮烈牺牲。为使88师之作战容易,当以87师星夜兼程向于坨子、拉拉屯、八家子之线攻击前进,将围攻88师之"匪"予以猛烈打击。……

3月11日"匪"第4师359旅暨独2师源源而来,我88师与"匪"激战益烈,已呈胶着状态,入夜"匪"三面包围,不顾牺牲,以肉弹滚进,反复冲杀,"匪"之后援不断投入,该师苦战两昼夜(9日迄11日晓),伤亡奇重,乃转移宋家屯方向堵"匪"西窜,87师沿农安至靠山屯公路进展至拉拉屯附近与"匪"万余遭遇,激战至翌日午后1时。……3月12日左兵团各部队转进途中遭"匪"之伏击,尤其拉拉屯附近均有激烈战斗,辎重车辆损失甚重,87师各部队入晚均先后到达农安,并即部署对农安之守备。……3月13日"匪"集中第1、2、6三个纵队,炮兵三个团及保安旅、独立旅、第4支队等部兵力约十万人合围农安,黄昏后即向我阵地炮击,入夜复猛扑三次,均经击退。……3月14日包围农安之"匪"本日续由德惠方面陆续增加,对我守军猛攻达十余次,入夜战斗尤烈,"匪"前赴后继,终未得逞。……

3月15日围攻农安外围之"匪"竟日向农安近郊猛攻,均经击退,87师由南门转移攻势,期与我北进增援部队会师。……

3月16日围攻农安之"匪"彻夜以步、炮联合,一面向农安守军猛攻,反复冲杀,一面向罗家屯(农安南18公里)、后边岗(农安东南12公里)对我挺进部队两翼迂回猛烈反攻。……新22师奋力抵抗,惨斗彻夜,终将顽"匪"击退。

本(16日)晨"匪"线崩溃,新22师继续攻击前进,左兵团各部队四处逆袭,主力由南关而出,在空军掩护下奋战至午,遂在南义门(农安南 8 公里）会师，"匪"乃被迫分向东北、北溃退，87 师即转向杨家屯、于家洼子、前后四家子、新立堡、好来宝营子追击前进。……

附 2：《东北日报》报道：《德惠农安间我军大捷，歼灭蒋军第八十八师》

〔本报讯〕东北民主联军自歼灭新 1 军之 30 师 89 团、收复九台、农安后，敌集结兵力由长春向北出击，我为诱敌深入，至本月 9 日待敌各路抵达松花江边时，我军即展开反击，9 日将德惠以北之达家沟、朝阳堡一带之敌 50 师一部击退，击毁并俘获敌坦克五辆。当日晚，靠山屯一带之敌 71 军 88 师在我军攻击下向德惠逃窜，我军当歼其 262 团一个营，其 264 团五个连则被截阻于靠山屯。10 日晚 88 师主力及 87 师均向靠山屯增援，经一昼夜激战，敌 88 师除极小部分溃散外，全部被歼，87 师及 71 军直属队则被全部击溃，狼狈窜回农安，现正围歼中。据不完全统计：我军俘敌 263 团正副团长、264 团团长以下官兵五千一百余人（内营长九名），毙伤一千五百余人，88 师师长韩增栋生死不明，计缴获步枪三千五百余支、轻机枪百余挺、重机枪四十余挺、短枪五十余支、各种口径炮六十余门、冲锋枪八十余支、反坦克枪五支、九部电台、汽车十五辆、战马百余匹，全军弹药辎重均全部为我截获，详细战果正清查中。

3 月 18 日

陈明仁奉命率第 71 军团长以上军官准备前往长春参加军事会议。

附 1：《东北日报》报道：《蒋军八十八、八十七师介绍》

民主联军在德惠与农安间歼灭蒋军 88 师、击溃 87 师的辉煌胜利，使杜聿明在东北进行内战的血本遭到严重亏损。铁的事实对杜聿明狂妄吹嘘"一举击溃民主联军、分路渡江向哈尔滨前进"的狂言作了一个异常残酷的讽刺。

88 师及 87 师是蒋介石嫡系部队的一对孪生子，它的前身是由抗战前蒋介石教导第 2 师扩编之警卫第 2 及第 1 师编成的，原属第 5 军，由张治中统辖，1932 年至 1938 年间，先后驻防蒋政府腹心之上海及南京，是蒋介石最亲信的镇家宝。1938 年秋蒋介石之敌 71 军成立后，88 及 87 师又编入该军，防御武汉。及遭日寇打击后，乃辗转中条山及滇西，损失惨重，充分暴露了蒋军"抗战外行"的色相。1944 年，71 军率 87、88 两师出国至缅甸，受美方训练，归国后驻扎贵阳、麻江两地，增加美式装备，同时该军之 91 师亦告成立，驻都匀等，而 88 师及 87 师等更得到新 24 师的人力补充，成为蒋军之精锐。日寇投降后，71军又先后驻防蒋介石之老巢——上海、镇江、苏州等地，并收编伪军任道援之一个师，全部补充该部。去年2月始由沪调赴东北，参加反人民战争。

由于屡经补充整训，而在抗战后期又一直保存实力未经严重战斗，故71军在人员与装备方面，均极充裕，最满员时该军有三万余人，其中尤以88师为最精锐，87师次之，每师满员时各一万零七百余人。除师直有山炮营、工兵营、人力输送营、通讯连、特务连等外，按88师在去年春于拉法遭受初次打击后，其编制中尚有步枪三千余支、轻重机枪近两百支，各种炮两百余。71军军长陈明仁；87师师长黄炎，下辖259、260、261三个团；88师师长韩增栋，下辖262、263、264三个团。各该团长以上，大半皆受过军事教育。

但是如此蒋军精锐，与我人民解放军接触时，莫不大败亏输，去年4月大洼一战，87师被我歼灭两个团，师长黄炎仅以身免，88师在去年6月拉法之战及11月间，亦先后被歼五个营，虽然蒋军高级官吏如杜聿明等仍不知死活，妄图向我进犯，但其下级士兵在历次实战经验中，已逐渐认清我人民武装之坚强力量，而厌恶内战，仅在最近德惠农安之役中，其缴械及被俘者达五千余人，为毙伤者之三倍有奇，由此可见蒋军士气之一般。而更重要的，由于88师之覆灭及87师之被击溃，使日益枯竭之东北蒋军的机动兵力，将更增加其捉襟见肘的困窘状态。

附2：《中央日报》报道：《松南共军溃退，农安周围已告肃清》

本报17日长春电：……东北共军，号称30万，而此次倾巢来犯者，约十万人，配以战车重炮，妄图取得军事胜利。前次攻势，以德惠为目标，此次攻势，则以农安为目标，我国军71军予以反击，农安之战，至为激烈，卒将共军击退，我主力已逐步发展。

3月19日

胡宗南部占领延安。

东北民主联军撤回松花江以北，"三下江南"作战结束。

陈明仁在农安召开第71军团长以上军官检讨会议。

附：《西京日报》报道：《长春附近铁路完全通车，农安社会秩序始终良好》

中央社农安十七日电：记者于农安解围之次日，来此视察，曾赴城内外各地巡视。据县长胡琅关称：当战事紧张时，城内外地方团队及警察，均出面助战，居民亦热烈协助国军。社会秩序始终良好。解围后，守将陈明仁将军，立即将南门开放，任令民众自由出入。陈将军并令各商店于今午十二时，一律恢复营业。现街头人渐多，并有若干小贩兜售食物及香烟等……

3月20日

陈明仁率第71军团长以上军官抵达长春参加军事会议。

陈明仁致电蒋介石，报告农安战斗概况。

3月23日

第71军将农安防务移交新编第30师后返回四平、辽源原防。

3月24日

在德惠的第88师残部奉命开赴开原、西丰整补。

3月25日

陈明仁在长春陆军医院慰问第71军作战负伤官兵。

第71军直属部队抵达四平整补。

3月26日

陈明仁返回四平，并参加四平各界人士为他举办的凯旋晚会。

3月27日

陈明仁命暂编第3师官兵补充第87师和第88师缺额，暂编第3师在昌图另行接收新兵。

附：《前进报》报道：《陈明仁昨专车返四平》

〔本报讯〕陆军第七十一军军长陈明仁将军，昨（26日）晨7时许，偕幕僚搭专车返回四平。

3月28日

陈明仁前往车站迎接阵亡的暂编第3师副师长辛仑的灵柩，并"哭祭"。

3月29日

陈明仁先后前往第71军野战医院和第30后方医院慰问伤病官兵。

4月14日

蒋介石批准奖励"保卫长春战役特殊功绩人员",其中第71军中将军长陈明仁因"亲临前线督战,三日之内击破残'匪'解德惠之围,击破共'匪'企图,功绩卓著,拟晋给三等云麾勋章",第87师少将师长熊新民、第88师少将师长韩增栋因"驰援长春解德惠之围,予'匪'以歼灭性之打击,拟授四等宝鼎勋章"。

"东总"在检讨战斗经验教训会上,对于未能完全歼灭第71军主力感到可惜,对独1师在执行总部命令方面出现的问题作了深刻总结。

4月30日

第71军官兵在四平为陈明仁祝寿。

中央训练团团员李明灏(陈明仁在大本营陆军讲武学校时期的教育长)亦抵达四平祝贺。

《陈明仁日记》:"本日为余44周年诞辰纪念日。上午接待宾客,10时在部接受祝寿礼,正午陪仲师在树芃寓午餐。下午3时举行聚餐,共40席,系各部队代表,无一外人,因婉为谢绝也。6时在寓设宴,款待仲师与刘、张等。8时在大礼堂观剧,三个师剧团合演,颇极一时之盛。夜半2时始散。"

5月7日

陈明仁在长春答记者问,称"可不必过虑。"

附:《陈明仁视察返长发表谈话》

中央社长春六日电。第五绥靖区司令官陈明仁,六日由吉林视察返长,新一军军长潘裕昆同来,记者以吉林外围乌拉街附近共军活动情形询问陈氏,据称:乌拉街目前极为平静,并无外传之严重情势,缸窑一带共军虽做蠢动准备,然不足威胁乌拉街。据称:共军现正在长洮上吉长地区西北角之王府,与前郭旗一带积极配备,似企图威胁农安。记者询以长洮线上国军是否有充分准备,渠笑谓"可不必过虑"。

5月12日

东北民主联军独立第1师、独立第2师、独立第3师等部对第87师据守的双山、玻璃山、卧虎屯发起进攻。

陈明仁在四平召开紧急军事会议部署防御。

5月13日

第87师放弃玻璃山阵地，退守卧虎屯、大土山、双山。

李明灏在沈阳与陈明仁密谈，劝其不要继续为蒋介石卖命，引起陈的思想波动。

5月14日

东北民主联军第2纵队主力围攻怀德。

5月15日

双山被东北民主联军独立第2师攻占，第87师步兵第259团第3营被歼灭，营长易耀登阵亡。

第71军（欠第87师）开赴公主岭集结，准备增援怀德。

陈明仁率军指挥所向陶家屯开拔。

第71军在四平接收福建籍新兵960人。

增援怀德第50师主力（附新编第30师步兵第89团）在新开河遭到东北民主联军第1纵队、独立第1师阻击。

5月16日

第88师先头部队在大黑林子遭到东北民主联军第2纵队第5师阻击。

东北民主联军第2纵队主力攻占怀德。

新编第30师步兵第90团在怀德被歼灭，团长项殿元被俘。

5月17日

东北民主联军"前总"决定"重点打击较为突前孤立之敌第71军主力"。

陈明仁命第88师向唐家窝棚、天台转移,第91师向英城子、三家子转移,并随第91师行动。

5月18日

第71军主力在大黑林子至十里铺之间的狭长地带被东北民主联军第1纵队、第2纵队包围，第88师、第91师遭到重创。

陈明仁率军指挥所及直属部队向公主岭转移。

第88师司令部、步兵第262团在八岔沟遭到东北民主联军第2纵队第4师截击,第71军参谋长冯用民(在第88师督战)、第88师师长韩增栋阵亡,步兵第262团被歼灭，团长崔世超、副团长孙雨琴、步兵第263团团长杨光耀被俘。

5月19日

陈明仁率军直属部队突围而出，抵达四平，并收容第88师和第91师残部。

《陈明仁日记》："由公主岭向四平转进，惊骇一场。"

附1：《中国人民解放军第四野战军战史》（节录）

正当第2纵队包围怀德准备攻击时，驻守长春之新1军与四平之第71军，即从南北两个方向同时增援怀德。新1军以第50师和第30师共四个团的兵力，由长春南下增援，被独立第1师所阻，进展迟缓。由四平北援之第71军第88、第91师于5月16日进至怀德以南25公里的大黑林子地区。17日，其先头部队第88师进至怀德城南5公里的十里堡一线，与第2纵队第5师接火。据此情况，东总决定以独立第1师单独抗击由长春出援之新1军，集中第1纵队全部及第2纵队第5师围歼第71军的两个师，并令位于四平以西的辽吉纵队兼程东进，参加围歼作战。怀德城被攻克后，国民党南北两路援军均企图后撤。当第71军主力正徘徊于辽河北岸的大黑林子地区时，第1纵队全部、第2纵队第5师、第4师第11团、第6师第18团等部，即乘机于5月18日6时向其发起攻击。至当日18时，第88、第91师除少数人员乘车逃脱外，主力1.2万余人均被歼灭，第71军少将参谋长冯宗毅[①]、第88师少将师长韩增栋被击毙。第1纵队乘胜攻占公主岭、郭家店。

附2：《戡乱战史——东北地区作战》[②]（节录）

当怀德告急，东北保安司令长官部特令四平兵团赴援，5月13日，第71军率第88、第91师，星夜驰援，甫抵怀德外围，仅余半日行程，而怀德已告不守，该军乃奉命向公主岭转进。适"匪"第1、第2纵队，及由双山方面窜犯之"匪"东蒙自治军第1、第2、第3、第4师，保1、2旅共十万余众，正分由大岭、大黑林子、柳河口，向中长沿线猛犯，当即与我转进中之第71军，发生不预期之遭遇。于是"匪"我双方，即在怀德以南之大黑林子亘公主岭地区，展开一场混战。"匪"以迂回、渗透及肉搏冲击，四面猛扑；并向我两翼迂回席卷，使第71军陷入重围。斯时中长路孟

---

① 作者注：应为冯用民。

② 台湾"国防部"史政编译局，1970年版。

家屯迄大榆树间，交通通信已遭破坏，公主岭情况不明。

我第71军主力，因中途仓卒应战，一时陷于混乱，嗣经"匪"疯狂冲击，几致溃不成军，司令长官鉴于情势严重，复以临时不克抽调其他兵力，以资策应，乃急令该军残余，迅即撤退四平。

该军于奉命后，在万般艰困状况下，苦战三昼夜后，重新恢复掌握，19日向四平转移，公主岭遂陷"匪"手。是役我第88师师长韩增栋，重伤殉国。……

5月20日

东北保安司令长官部为"保持国军战力，确保战略要点要线"，将所辖部队区分为永吉兵团、长春兵团、四平兵团、沈阳兵团、沈葫兵团、预备兵团。其中四平兵团司令官由陈明仁兼任，任务是"应加强四平城寨堡垒工事，持久独立固守作战，并相机向老四平、辽源、郭家店方向出击，协力长春兵团打通中长路交通，并南下策应沈阳兵团之作战。如'匪'以主力围攻，应依工事火力，顿挫其攻势，而以机动部队及邻接兵团之协力，将'匪'夹击而歼灭之"。

陈明仁命参谋处开始拟定《四平兵团防守计划》《四平兵团防谍计划》《四平兵团通信实施计划》《四平兵团补给计划》《第五绥靖区司令部督察队组织大纲》《四平市紧急戒严办法》《四平市战时暂行消防办法》等。

尽管四平兵力空虚，危在旦夕，陈明仁仍同意师长刘玉章的请求，让其率协防四平的第25师撤离。

5月21日

东北民主联军"前总"开始拟订攻歼四平守军的作战计划。

陈明仁命第87师放弃通辽退回四平，暂编第3师进入四平充编第88师。

东北行辕高级参谋马国恩兼代第71军参谋长。

暂编第3师师长彭锷代理第88师师长。

5月22日

农历四月初三。陈明仁次孙（陈扬钊长子）陈见南出生。

第13军所属第54师（欠步兵第162团）进驻四平，暂归陈明仁指挥。

第91师移驻昌图整补。

东北民主联军第3纵队攻占东丰。

东北民主联军第 4 纵队攻占通化。

东北民主联军对四平外围各据点发起试探性进攻。

15 时，陈明仁下达作命甲字第 1 号命令，对四平的防御作出正式部署。

5 月 23 日

东北民主联军辽吉纵队独立第 2 师攻占梨树。

老四平也被独立第 2 师攻占，独立步兵第 4 团第 1 营被歼灭，营长范亚良被俘。

第 88 师步兵第 262 团第 1 营放弃八面城，撤往昌图。

陈明仁命第 54 师抽调一个营对四平外围占领牤牛哨铁桥的东北民主联军发起试探性攻击，查探情况。

陈明仁评定第 88 师步兵第 263 团第 1 营第 1 连为第 71 军"模范连"。

第 87 师步兵第 260 团在向三江口移动时，于喇嘛店遭到东北民主联军独立第 3 师伏击。

《陈明仁日记》："7 时至 8 时 30 分，会①报后终日赴各处视察工事，并宣布 263 团第 1 连为本军模范连。'匪'本日续向南窜，郭家店、梨树、八面城、老四平、飞机场，均发生战争。54 师一部往攻牤牛哨附近之'匪'，颇得胜利。"

5 月 24 日

东北民主联军辽吉纵队独立第 3 师占领八面城。

第 87 师步兵第 260 团遭到重创，残部（以第 3 营为主）撤往昌图与第 91 师会合，团长胡升恒被俘。

《陈明仁日记》："四平防守战于本日下午 6 时开始接触。

7 时至 8 时 30 分，会报后外出巡视工事。午后在寓会客，并处理地方应注意各件。据报：260 团昨晚在八面城北之十二马架被'匪'包围。在此情况下，该团又是吉少凶多，处置不当之误也，不应走此路线。"

5 月 25 日

第 87 师步兵第 259 团第 2 营在四平城东北水源地据点击退东北民主联军的进攻。

---

① 作者注：会报指党政会报，军事主官定期召集地方党、政负责人，检讨军、地配合情况的一种战时制度。下同。

《陈明仁日记》："7时至8时30分，会报后到各阵地检查工事。晚间'匪'向各处作小规模扰乱，并发炮数十发，多中西郊。"

5月26日

东北行辕调整所属绥靖区，将第4绥靖区裁撤，新设第6绥靖区（司令官廖耀湘），第4绥靖区辖区分别编归第5绥靖区和第6绥靖区。

第87师步兵第261团第2营在小北沟高地据点击退东北民主联军的进攻。

5月27日

第87师步兵第259团第2营再次在水源地据点击退东北民主联军的进攻，步兵第261团第2营再次在小北沟高地据点击退东北民主联军的进攻。

东北民主联军内蒙古骑兵第2师攻占通辽。

陈明仁召集四平军警机关负责人召开军事会议，商讨战局。

《陈明仁日记》："0时30分迄4时30分，'匪'由各方进攻我阵地，经激战后，均予击退。7时至8时30分会报，12时召直属部队连长以上官长训话，2时召驻四平各军警、把关主管开会，6时集合司令部全体官兵训话。以上四次集合，均系检讨昨夜作战之缺点（最大的毛病是乱放枪）。黄昏时曾到西区阵地，询问各守兵于今晨作战时情形，并予以纠正。"

5月28日

东北民主联军辽吉纵队开始在四平外围破袭交通道路，所属独立第1师在康家屯、金山堡之间破坏牤牛哨以南、以北铁路；独立第2师在老四平、条子河、平安堡之线破坏四平以东、以西铁路；独立第3师在老四平西南之双杆子城、泊罗林子地区活动。

东北民主联军第4纵队第10师攻占梅河口，国民党军第184师被歼灭，师长陈开文被俘。

陈明仁为查明四平外围的东北民主联军动向，命所部出城"搜索"，并根据战场变化于22时下达作命甲字第2号命令。

5月29日

第87师以师搜索队、步兵第261团搜索排、工兵营搜索排编为"左扫荡队"，步兵第259团搜索排、步兵第260团搜索排编为"右扫荡队"，分别向梨树、郭家店、赫尔苏方向搜索侦察。

陈明仁通过出击部队回报的信息，判断东北民主联军在昌图、开原、西丰集结，"企图切断四平后方联络线，以孤立四平，再伺机进攻"，于16时下达作命甲字第3号命令。

《陈明仁日记》："4时前西南角有小接触。6时起床，沐浴后又休息两小时。11时到12时会报，午后在市区巡视一周，情形尚称良好。晚与芳如通电话，促其速回南京，免予挂心。"

5月30日

蒋介石由南京乘飞机抵达沈阳，视察东北战况，决定采取"重点防御，收缩兵力，维持现状"的方针。

5月31日

陈明仁命第54师代理师长宋邦纬率机动部队（第160团、第17团）主动向抵近南郊的东北民主联军发起攻击，将其击退。

蒋介石手令陈明仁，鼓励其坚守四平。

附：蒋介石鼓励陈明仁坚守四平的手令

四平七十一军陈军长明仁 密 公主岭一役，闻韩师长增栋殉职，不胜痛悼；中昨飞沈阳，部署战局，现计划已定，四平街为长沈联络之唯一主要据点，弟必须淬励所部，沉着固守，积极整顿，捕捉战机，

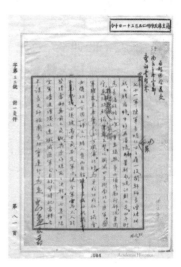

1947年5月31日，蒋介石鼓励陈明仁坚守四平的手令

准备出击，以歼灭四平街南北之敌，此时为弟成功成仁之机会，切不可因一时之小胜小负而自绥，必须提高士气，安定军心，使全军官兵人人能发扬奋厉无前之气概，与敌作殊死之决战，中必集中陆空军尽速增援，望将此意转与参谋长及师旅团长，切实遵行为要。中正手启。

《陈明仁日记》："本日机动部队向西南出击，发生激战，我伤亡七八十人。午后2时，安全撤回。上午11时至午后1时会报，3时到刘维之[①]寓

---

① 作者注：辽北省政府主席刘翰东。

一谈。"

6月1日

东北民主联军独立第2师攻占西丰。

陈明仁致电蒋介石，誓与四平城共存亡。

陈明仁下达"关于死守四平的命令"。

附1：陈明仁致蒋介石电

南京主席蒋钧鉴：

8128，密（表），奉手启辰（5月）世（31日）电敬悉。怀德之役，军参谋长冯用民、师长韩增栋均阵亡，损失惨重，有负钧座殷切期望，业无可逭。乃奉电策励，未加处分，惭感交集。现备兵力虽欠厚，然士气尚旺。近四平街工事亦为"匪"连夜猛扑，均被击退，每日且不断出击，均有斩获。生当率部与"匪"作殊死战，誓与城共存亡，乞释钧念。

生　陈明仁 亲印　　巳（6月）东（1日）

《陈明仁日记》："10时集合四平所有部队官佐二分之一训话，午后2时集合其余二分之一及地方各机关首长训话。一、宣读主席辰世（5月31日）电示；二、防御应注意各项，尤对节省弹药特予规定；三、加强工事与加紧训练；四、严整纪律；五、其他规定事项。晚视察核心守备，9时就寝。"

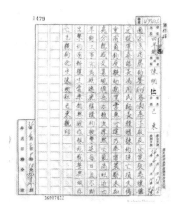

1947年6月1日，陈明仁致蒋介石电

1947年6月1日，《陈明仁关于死守四平的命令》

附2：关于死守四平的命令①

甲：不求援，不待援，自力更生，独立死守，打光为止。

乙：凡转移阵地之命令，仅司令官有权颁布，以次各级指挥官发布是项命令者，一概无效，其所属不得奉行。又凡部下要求转移及增援，司令官常拒绝答复，示无新指示即系命令死守也。

---

① 四平战役纪念馆提供。

丙：第一线部队不准后退，仅准第二线部队向前补充与增援。凡由前后退者，即由后方部队射杀之。

丁：夜间除汽车因公通行外，其余不问"匪"我，所有行人，概行射杀。

6月2日

第87师"左扫荡队"占领杨木林子，随后袭扰梨树、郭家店，"右扫荡队"袭扰何家信子、火石岭子、哈福。

东北民主联军第1纵队攻占开原。

昌图被东北民主联军第2纵队攻占，第91师步兵第273团被歼灭，副师长邹麟、团长柴正源被俘。

第91师主力由第71军副军长向凤武率领，突围后撤往沈阳，一部（约一个营）撤入四平。

东北民主联军辽吉纵队在双庙子至四平之间地区设伏、独立第1师在大南屯至四平之间地区破路。至此，东北民主联军切断四平守军与长春、沈阳的联系，将其完全孤立。

林彪、罗荣桓根据海龙、清源国军先后撤退的情况，认为四平守军有突围可能，决定围歼四平守军。

6月3日

暂编第21师在海龙遭到东北民主联军第6纵队重创，参谋处主任杨肇骧、炮兵营营长赵时雍、第3团副团长王伟略被俘。

第91师一部和暂编第3师残部撤入四平。

6月4日

陈明仁召集撤入四平的第91师残部官兵训话。

《陈明仁日记》："11时至午后1时会报。2时至3时30分，各军事机关会报。5时集合91师残余在四平之官兵训话。"

6月5日

暂编第3师原师长彭锷由"代理"正式改任第88师师长。

第91师撤入四平的部队被改编为两个卫队连，由陈明仁直接控制。

东北民主联军"前总"根据侦察报告，判断四平守军为"第71军第87师两个团、第88师残部、第13军第54师两个团、辽北保安司令部两个团，加上机关、后勤人员等，总兵力约近两万人"，计划以第1纵队、辽吉纵队、第 6 纵队第 17 师组成攻城集团，由第 1 纵队司令员李天佑、政治委员万毅统一指挥；以第 2 纵队、第 3 纵队、第 4 纵队（欠第 11 师）、第 6 纵队（欠第 17 师）、独立第 1 师、独立第 2 师、独立第 3 师、独立第 4 师、东满独立师、南满独立第 2 师、西满骑兵第 1 师、西满骑兵第 2 师等部在四平以南、东南、以北地区，阻击由沈阳北援和长春南援的国军。

《陈明仁日记》："上午在部办公，11 时至午后 1 时会报，下午视察工事。守西安的傅宗良率官兵 300 余人突围来此。"

6 月 8 日

陈明仁对辽北省保安第 1 团连长以上军官训话。

《陈明仁日记》："上午批阅文件举行会报。下午巡视工事，并召集辽北保 1 团连长以上官长训话，指示编组事宜。"

附：《阵中日记》（节录）

综合四平情况：敌人番号为 71 军 88、87 两个师残部及 54 师之 160 团、161 团。71 军军部驻北市场。其 88 师驻西南角，262 团驻八道街，263 团驻西城边担任从铁道以西至西门之防御。87 师一个营驻杨木林子南山，其余可能驻城西北担任正北之防御。54 师副师长宋邦纬携山炮四门驻二马路（道外），160 团一千两百三十人，老兵三分之二，武器整齐，驻东长天主堂，有骄气。71 军军直之输送团有四个营，两千五百人（战斗力较步兵团弱）。88 师四千余人，大部以暂 3 师重编，恐不确，原暂 3 师只两千五百人，新 6 师 17 团共一千四百人驻道西，由彰武来的。二十天前锦州来新兵两千余。四平机场飞机 7 日落一架、8 日落两架、4 日落五架，经开原上空飞过之大型运输机为 6 日落六架、7 日七架、8 日九架。……

6 月 9 日

东北民主联军辽吉纵队独立第 3 师进攻四平飞机场。

6 月 11 日

第 87 师搜索部队撤回原防。

东北民主联军参与进攻四平的部队皆进入指定位置，攻城指挥部（由李天佑、万毅、李作鹏等人组成）经过再次侦察，认为"守敌能有战斗力的仅为第 54 师两个团、第 87 师两个团、军部特务团[①]共五个团，其余都是

---

① 作者注：应为第 71 军人力输送团。三战四平期间，人力输送团常被称为特务团。后同。

无多少战斗力的新兵部队"，攻城部队"为七个师、二十一个团，六万余人，我与敌兵对比为 4：1 还强一些，且拥有榴弹炮、山炮、野炮共九十六门，迫击炮、六〇炮未计算在内，兵力和火力占压倒性优势"。因此，攻城指挥部认为"整个作战时间只需三至五天即可，在敌援兵未达到之前完全有把握拿下四平城"。进攻部署为"集中第 1 师、第 2 师和辽吉纵队共五个师，投入路西重点攻击，第 3 师在路东之一面城突破并钳制路东之敌，以第 17 师位于城东南角之杜家大城、四家子附近作为第二梯队"。此外，为保证主攻方向绝对优势火力，攻城指挥部将集中 88 门山、野、榴炮参加路西作战。

林彪、罗荣桓、谭政致电进攻四平的各师指挥员，指出："此次四平为一大攻坚战，敌虽多，但系统不同，能有战斗力之团只有四个，指挥上难求统一，便于歼灭。此战役能使今后战局更加发展，希各部百倍努力完成任务。"

四平与沈阳的有线电话联系中断。

《陈明仁日记》："从本日午后 5 时起与沈阳有线电话已断。上午巡视工事并会报，下午召集各机关首长参观工事，并集合 91 师之两个连训话。"

附：《中央日报》报道：《国军坚守四平郊区，静待共军再度"来犯"》

本报 10 日沈阳电。四平讯：共军刻正在四平外围积极部署，似图再向四平作有计划围攻，刻我军仍据守四平郊区各据点。

6 月 12 日

8 时，四平飞机场被东北民主联军辽吉纵队独立第 3 师攻占，守军第 88 师输送营、第 71 军模范连（步兵第 263 团第 1 营第 1 连）被歼灭，辽北省保安第 1 团第 1 大队第 2 中队溃散后撤入城内。

第 88 师师长彭锷抽调部队反攻飞机场，战至入夜后未能成功，退回城内。

时任中共中央东北局副书记、东北民主联军副政治委员高岗要求苏联把弹药特别是日式多种规格炮弹交给中共部队使用。

《陈明仁日记》："昨夜飞机场激战，守军除保安团大部溃逃外，余均损失，闻'匪'死伤甚重。'匪'自本早起，开始炮击四平。12 时集合直属部队官长训话，午后 2 时集合青二师（注：第 207 师代称）来平官兵训话。3 时召团长以上主官开会，检讨飞机场作战之得失。4 时后外出巡视防务。晚间有小战斗，城内有一处失火，致睡眠不足。"

附 1：《阵中日记》(节录)

邓纵报：三道林子为敌 87 师之 261 团 2 营，该处地形高，可控制四平全区之制高点。四平机场已解决战斗，敌为 71 军运输营与保安部队一个营，全俘。

附 2：《"戡乱" 战史丛书——四平保卫战》(节录)

6 月 6 日，中长路中断，四平兵团为确保空运基地，派第 88 师输送营石日增营长率其所属第 1、第 2 两连及第 71 军之模范连增强机场防守，并指挥该（第 2）大队及第 1 大队之第 2 中队。

6 月 11 日，"匪" 主力集结老四平附近，入暮，"匪" 先以炮火轰击，继以保安第 2 旅及第 6 师万余众，以多点突破方式，分由西北两面向我猛攻，我军奋勇抵抗，"匪" 如潮涌，前赴后继，战至 12 日 5 时，我因众寡悬殊，伤亡过重，且机场四周被 "匪" 包围，迫不得已，突围至桥头堡继续抵抗，飞机场于 8 时陷落。……

附 3：《巴拉诺夫致斯大林函：转交四平战役部署的情报》[①]

（1947 年 6 月 12 日）

B. 斯大林同志：

向您呈上费德洛夫同志（国家安全委员会）的情报记录，有关中国共产党军队准备进攻四平事宜，四平街乃哈尔滨—长春铁路线上被中共包围的一个重要据点。

联共（布）中央办公副主任

巴拉诺夫

致巴拉诺夫同志：

根据我们得到的消息，东北中共军队指挥部正重新部署部队，并准备进攻四平市（一个在哈尔滨—长春铁路线上被共产党部队包围的重要据点），拟定于本年 6 月 13—15 日攻克该市。

在攻克四平的战役中，中共部队将有 5 万名官兵参加，与此同时，将有 7 万名士兵被派去阻击可能从长春和沈阳去支援四平驻军的国民党增援部队。这支四平驻军由常规军 5 个团、2 个保安团组成。拿下四平之后，共产党部队准备攻打吉林，接着攻打长春。如果这些战役取得成功，共产党军队将有 15 万人进攻东北南部。

---

① 《俄罗斯解密档案选编 中苏关系 第一卷（1945.1—1949.2）》，第 194 页。

东北中共部队副总指挥高岗①坚决要求把弹药交给共产党部队使用,特别是日式75毫米、41毫米、38毫米、91毫米炮弹。为了接收这些弹药,高岗准备亲临任何一个边境站点。按他的话说,为了进行所有战役,中共部队指挥部应需拥有1000发②炮弹,否则不能保证进攻成功。同时,不能中断进攻,因为国民党司令部会利用喘息机会,调遣增援部队,组织对北满的反攻。

费德洛夫

1947年6月12日

6月13日

四平巷战第一天。

林彪决定于14日对四平发起总攻,并在对参战各部的训令中指出"四平战斗关系整个东北形势的转变,希发挥高度战斗决心,争取胜利"。

新立屯被东北民主联军第1纵队第2师攻占,守军辽宁省保安第1团第1大队被歼灭(其中第2中队阵前投降)。

《陈明仁日记》:"本日双方炮战。晚间'匪'向各处猛攻,均被击退,仅南城外之前进阵地(新立屯),因辽北保安团之一部降'匪'被陷,但与守备无妨。"

附1:《"戡乱"战史丛书——四平保卫战》(节录)

13日黄昏,"匪"以第1、第2师及保安第1、第2旅向我保安第17团猛扑,当第三次猛扑时,天降大雨,黑暗不辨东西,不料新立屯我辽宁保安第1团之第2连于激战时变节投"匪",致新立屯西北部为"匪"侵据,虽经第17团数次派队逆袭,终未能将"匪"击退。……

附2:《中央日报》报道《东北战局即有转机,共军图"再犯"四平遭击退》

本报12日沈阳电。……四平讯:四平外围共军,已开始作试探性进攻,昨夜一度向东南郊进犯,经激战后,被我击退。刻共军主力大部集中老四平附近,仅伪蒙骑兵一支在郭家店、梨树一线,共军举棋未定,似正对我守军实力作缜密之估计。四平市内秩序极为良好,商户照常营业。

中央社四平12日电。酝酿已久之四平外围大战,业已展开序幕,共军自11日拂晓起,向国军阵地发炮,昨夜复集中炮火,向四平机场猛攻,国

---

① 时任中共中央东北局副书记、东北民主联军副政治委员。
② 原文如此。

军当展开猛烈反击，迄今晨三时止，战事始渐沉寂。两日来四平外围共军调动频繁，现密集于四平外围地区。四平大战，可能随时展开。国军对之已有坚强防御，对来犯共军，将予以致命打击。

6月14日

四平巷战第二天。

20时，东北民主联军集中炮兵火力开始试射约10分钟，接着行效力射7分钟，重点向中央公园、第71军军部、火车站、天桥各打100发炮弹。炮兵的猛烈射击，立时振奋了全军，步兵趁机发起冲锋，由第1纵队从西南、东北两个方向发起进攻，辽吉纵队从西北发起进攻。

20时45分，第3守备区城墙防线被第1纵队第2师由新立屯方向打开缺口，攻入城内。

第3守备区指挥官——第17团团长刘其昌擅离职守，致守备区所属部队"群龙无首"，接连丢失三道防线。陈明仁急调第71军工兵营、第88师步兵第262团第3营增援，在第四道防线挡住第1纵队第2师。

第4守备区指挥官（第88师师长）彭锷深夜遭到炮击负伤。

四平巷战才刚刚开打，蒋介石就在日记里责备陈明仁指挥无方。

《陈明仁日记》："整日西南方面有战斗。午后8时至9时30分，'匪'以一炮兵师向城内外猛烈射击，一万五千发以上，旋即猛攻通宵。除17团因炮击逃散，致将阵地放弃，被'匪'侵入外，余均无变化。是晚通宵未睡，首以线路被破坏（三条埋设线均断），对17团情况不明。殆夜半，将线路抢修完毕，而该团竟无一官兵。饬邻接部队联络，知阵地已被'匪'占，且已与工兵第4营作战。当即准备出击，期复原状。"

附：《蒋中正日记》（节录）

四平街被"匪"连日围攻，陈明仁指挥无方，殊为可虑，然尚能保持，未为所陷，亦云幸矣。

6月15日

四平巷战第三天。

2时，第3守备区城外海丰屯据点被第1纵队第1师攻占，守军第17团两个连溃散，第1纵队第1师随即攻入城内。

第1守备区东北方水源地、一面城据点遭到第1纵队第3师进攻，其

223

中一面城外壕被第 3 师攻占；北面小北沟据点遭到辽吉纵队独立第 1 师进攻。

第 2 守备区义发合油房（即益发合油厂，后同）据点被第 1 纵队第 3 师占领一部，指挥官（第 54 师师长）宋邦纬命第 160 团第 2 营投入反击，将攻入油房的第 3 师击退。

由于第 3 守备区战局危急，陈明仁于 7 时开始陆续抽调第 54 师输送营、第 87 师步兵第 261 团第 1 营、第 71 军工兵营、青年训练第 2 总队一部投入反击，试图堵住城南缺口，两军在南四道街、南五道街展开激战。

第 4 守备区在城西北阻击辽吉纵队独立第 2 师的进攻，西门外的二麦路桥头堡阵地丢失。

入夜后陈明仁抽调人力输送团第 2 营、总预备队一部增援第 4 守备区，并命第 4 守备区指挥官彭锷"撤线守点"，放弃西南城墙防线，据守神社、气象台、第 30 后方医院、交警总队部、粮食储运局等据点。

东北民主联军"前总"电示攻城各纵队、师首长，指明"四平战役关系重大，望发动全体指战员的坚决性，克服战斗过程中间的阻碍，坚决完成歼敌任务"。

熊式辉致电蒋介石："新 1 军、60 军、71 军损失武器，迭报请补充，迄未见运到务乞准予提前拨发。"

《陈明仁日记》："7 时开始反击。经终日激战，以'匪'侵入之部队甚大，且利用既设工事与家屋顽抗，无甚进展。出击之部队（青二师）亦不得力，只得重新布置阵地。晚间'匪'曾猛扑，除缺口方面略有犬牙交错之情形外，余仍无变化（又是 17 团不告而逃）。晚间通宵不得眠。17 团害我不浅，一世英名，尽成画饼，命也。该团长、副团长等，到午前 10 时，始知其下落。虽有士兵四五百名，但战意全失，不堪再战。本应就地正法，然此次杂色部队过多，太严恐迫反，殊难处置。"

6 月 16 日

四平巷战第四天。

四平守军与东北民主联军攻城部队整日在激战拉锯中。

陈明仁命总预备队的第 54 师主力和第 17 团主力各抽调一部增援城南。

增援第 3 守备区的第 17 团第 2 营在入夜时遭到第 1 纵队第 2 师进攻时溃逃，第 54 师输送营在火车站与第 1 纵队第 1 师发生激战。

第 1 守备区东北水源地、一面城据点遭到第 1 纵队第 3 师的进攻，经第 87 师增兵后后撤。城北小北沟据点再次发生激战，位于其左翼的西北水塔、瓦窑据点丢失。

第 4 守备区城外二麦路至三道林子一线阵地遭到辽吉纵队独立第 2 师进攻，二里街区丢失，守军辽北省保安第 1 团（附怀德县保安大队）遭到重创，由西门退入城内。

第 4 守备区城南防线被突破，核心守备区发生战斗，野战医院据点丢失。

第 4 守备区步兵第 262 团团长程杰遭到炮击重伤。

第 71 军参谋处课长刘明哲遭到炮击阵亡。

陈明仁致电东北保安司令长官杜聿明：（一）元（13 日）晚辽北保安团之一部降"匪"致新立屯据点不守。（二）寒（14 日）晚以 17 团受炮击而大部逃散，致将南面西半部全部阵地连纵深配备悉入"匪"手，待至午时已补救不及。（三）现兵力单薄无力将窜入之"匪"击灭，态势甚不利，乞从速救援为祷。

空军总司令部少将副总司令王叔铭致电蒋介石："查四平攻防战甫自昨晨始，我空军一日出动百余架助战，据长官部转前线报告，昨晨接近四平西南角之'匪'五个团已被空军歼灭四个余团，今日战果尤佳。……"

俞济时"奉谕"命令杜聿明转令陈明仁：对民主联军俘虏"断然制裁，切勿姑息，免除后患"。陈明仁未予执行。

《陈明仁日记》："终日出击，仍无成效。以所抽部队过小，又不便使之牺牲，过巨恐影响守备。晚间战斗猛烈，17 团第 2 营驻守之据点，又擅自放弃，致'匪'侵入核心之边缘，局势顿成危急。

附：俞济时奉谕转令陈明仁断然制裁民主联军俘虏电文

杜长官 1085 表密：奉谕，请速电陈明仁军长，对于城内投降之"匪"部，须特别注意，应即严密管理，勿稍疏忽。如其有异动征候或至不得已时，应予以断然之制裁，切勿姑息，免除后患。务令严格

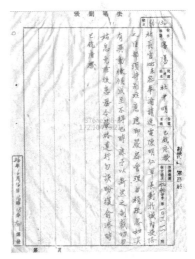

1947 年 6 月 16 日，俞济时奉谕转令陈明仁断然制裁俘虏的电文

遵行勿误。盼复。

俞济时　巳（6月）铣（16日）府机

民国36年6月16日14时18分

陈湘生：1947年6月16日俞济时发给杜聿明转陈明仁的电报，是蒋介石亲笔拟稿，由俞济时出面发出。"予以断然之制裁"，就是要他杀俘虏，但是他没有执行。民主联军撤围，7月1日中央社记者进入四平采访报道："……归途中见天主教堂内二百共军举手投降……，陈明仁将军称，俘2千余人。……"（原载1947年7月1日、3日天津《大公报》）四平街战至最后，守方只剩下不到四分之一的地盘，陈明仁"电芳如表永诀"，已经准备一死，他仍然没有杀俘虏。

6月17日

四平巷战第五天。

凌晨，第3守备区阵地大部丢失，第1纵队第1师、第6纵队第17师先后从第3守备区攻入第4守备区，遭到第88师步兵第262团阻击。

陈明仁为巩固核心守备区外围据点，调整第4守备区部署，命青年训练第2总队一部固守中正路东西之线，第88师各部分别固守警务处、电信局、市政府、齐齐哈尔铁路局、省政府及市政府大礼堂、老汽油库各据点。但由于青年训练第2总队擅自后撤，致辽北省政府大楼丢失。

第4守备区南六、七、八道街、花园以南阵地、满铁医院先后被第1纵队第1师攻占。

第4守备区屠宰场据点被第6纵队第17师攻占，第17师继续向北突进，试图接引辽吉纵队入城。步兵第262团第2营、独立步兵第4团遭到重创。

神社据点丢失，步兵第263团第2营营长曹传兴阵亡。

东北民主联军"前总"电示攻城各纵队、师首长，指出"敌伤亡甚大，精锐已失，阵地已破，士气大降，虽仍在抵抗与反冲锋，但其力量愈来愈差，故我各部须坚决攻击与勇敢沉着地击退敌之反冲锋"。

经国民政府参军处参军长薛岳呈报、蒋介石批复、"国防部"批准，彭锷实任第88师师长，原第91师师长赵琳"因病辞职"照准，第71军副军长向凤武兼代第91师师长，宋邦纬升任第54师师长。

陈明仁与辽北省政府主席刘翰东、第88师师长彭锷转移至第4守备区内的据点教育厅指挥，但受第88师未遵令布防的影响，被迫转移至道东。

《陈明仁日记》："昨夜各处激战终宵，尤以神社、游泳池、野战医院、工兵营之线为最。除病房被'匪'占领一部外，余均维现状，据报'匪'之伤亡甚重。上午7时起，派部队反攻，将病房之'匪'全部消灭。午后3时奉令：一、道西以一部独立守备；二、予之指挥位置须移至道东。7时予抵87师部，数日夜未睡，本晚得安睡一晚。8时炮击猛烈，道西之西北与正南不断猛攻。"

附1：《阵中日记》（节录）

1师18时经三昼夜激战已占道内六、七、八三道街及花园以南阵地，本晚按纵队部署继续向北攻。

1纵19时30分报：除1师外，余部无进展，今晚决以1师全部、49团、5团全力夺取军部。

一纵二十二时报：三天的基本经验：十三日开始肃清主攻方向外围据点之敌，十四日黄昏在强大优势步兵下突破。经三昼夜巷战，打垮敌反冲锋，一、二师各付出一千五百人以上之代价，所占地区狭小，俘不足千人。（一）西南主攻方向支持三日，而西北之主攻及东北之助攻均未起应有之作用，因此敌集中火器、飞机对付突破一处，大量燃烧。（二）如果攻入城内兵力过少则难扩战果，且更无力打击连续反冲锋。（三）日长夜短，白天不进攻，黄昏调集部队，一打就天亮，白天不能作战，其伤亡之大超过晚上作战伤亡。越不能迅速发展，则越受敌机轰击，地区少，伤亡必大。（四）敌采取火攻战术，我占领区大部燃烧，迫我毫无立足之地。（五）每晨五时至二十时为空军活动，多至十八架，对精神上影响很大。

附2：《蒋中正日记》（节录）

指示四平街空军彻底毁灭"匪"部突入地区，不稍犹豫，以陆军必无力肃清与驱逐"匪"于市外也。晚间得叔铭电告已于下午将"匪"全部毁灭市内，完全肃清矣。空军威力之大如此，足以制压"匪"一切攻势，"匪"首至此当有所畏矣。

附3：《中央日报》报道：《四平周围共军疲惫，西郊机场昨告收复》

本报16日沈阳电。共军于15日午已在四平周围普遍展开激战，集中其所有炮火，向四平城内猛烈轰击，战况空前，傍晚时，我守军发动有力之反击，共军死伤惨重，估计在五千以上，国军并毁共军野炮数门。彼等经此空前打击后，士气大疲，纷纷败退。入夜，共军第3师虽仍在东北方阵地进攻，旋被我守军歼灭八百余而溃退。迄 16 日晨，各处仅有小接触，战事已转趋沉寂。又共军于 13 日进攻机场时，除以大炮猛烈轰击外，并以万余兵力集结冲击，我守军仅为某师之一个营，经勇猛抵抗，失而复得者十余次，支持达一昼夜之久，且予共军以极大打击，牵制共军主力，于保卫四平树立伟功，颇堪嘉佩。

中央社长春 16 日电。15 日夜，四平郊区无大规模战斗，此或为大战前夕之沉寂。一度被陷之四平西郊飞机场，已重入国军掌握。"窜入"机场之共军千余名，悉遭围歼，惟共军"侵犯"四平野心，似并未消灭，15 日夜，四平郊外共军，调动频繁，激烈战斗即将展开。

中央社沈阳 16 日电。四平今日上午 6 时电话：共军 15 日下午，以炽烈炮火，再猛攻四平，战况空前激烈。傍晚国军发动有力之反击，共军伤亡在五千以上，损失武器无算，共军凶锋顿挫，各线纷纷败退。入夜，共军第 3 师复由四平东北来犯，然旋即被国军歼灭其八百，余不支溃退。迄今晨，除少数地区有小接触外，大部均趋沉寂。

6 月 18 日

四平巷战第六天。

核心守备区遭到东、南、西三个方向的进攻，市政府、中央银行、电信局、中山堂，以及第 71 军司令部西侧房屋都发生激战，中央银行、市政府大楼据点先后丢失。

第 4 守备区中央公园、女子学校各据点被第 6 纵队第 17 师攻占，中央大街随即遭到攻击。

14 时，第 4 守备区西门被辽吉纵队独立第 2 师突入，第 88 师步兵第 264 团第 2 营退守第 30 后方医院，步兵第 264 团团附张有钧、第 2 营营长喻成勋在第 30 后方医院阵亡。

第 4 守备区西北角城防线被辽吉纵队独立第 1 师突破，守军辽北省保安第 1 团一个中队溃散。

四平路西区除第 1 守备区、核心守备区外，大部被东北民主联军占领。

蒋介石得悉民主联军又突入市区且进度更深，预料四平将失守。

东北保安司令长官杜聿明致电蒋介石报告四平战况。

《陈明仁日记》："本日铁道以西实施据点独立固守，因西北又被'匪'突入一部，核心边缘亦被突入多处，无法再维持线，只有变成点也。昨夜又发生一不幸事件，即 87 师之弹药库被烧，再三令饬各部队务将弹药分置，且必掩埋，结果该师竟于昨日将各处弹药全部集中一处烧光（师长不知）。此非共'匪'所为而何？已严令查究矣。"

附 1：《蒋中正日记》（节录）

接叔铭电称四平驱逐之"匪"昨晚又突入市区，而且其进度更深，可知守军已无力堵守矣，不胜忧虑之至。晚课默祷。

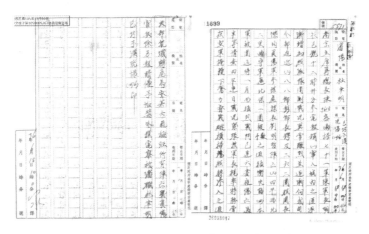

1947 年 6 月 18 日，杜聿明电蒋介石报告四平战况

附 2：《杜聿明致电蒋介石报告四平战况》（节录）

据 71 军陈军长明仁巳铣（6 月 16 日）12 时 30 分参电报称："（一）窜入城内之'匪'逐渐增加，经派队'围剿'，战况异常激烈，并逐渐向我司令部迫近。（二）88 师彭师长锷及 262 团程团长杰均负伤，军参谋处课长刘明哲阵亡。（三）四平西北二里曲守军辽北保 1 团被数千之'匪'猛冲失陷。（四）本军被围迄将一月，而猛烈战斗已达六昼夜，伤亡过半等情。"查四平连日战况紧张，该军长亲率特务营，在空军掩护下，奋力督战，纵横"扫荡"，经将渗入之"匪"大部就歼，转危为安，其士气极旺。所有阵亡暨负伤官兵，除另报请优予恤奖外，谨电查核。沈职，杜聿明。

6 月 19 日

四平巷战第七天。

核心守备区内中央银行、四平市政府大楼接连被民主联军第 6 纵队第 17 师攻占。

第 4 守备区防线全面崩溃。辽吉纵队独立第 1 师由城西北攻入第 1 守备区，随即攻占交通部第一宿舍（三层楼房），歼灭交警大队。独立第 2 师攻占第 30 后方医院，并与进攻核心守备区的第 6 纵队第 17 师取得联系。独立第 3 师攻抵农业银行。

第 88 师步兵第 263 团第 3 营营长禹公冀在游泳池阵亡。

上午，陈明仁命第 88 师残部退守农民银行至民政厅一线，准备作为防守道东区的"前线"，但该师未遵命令，分别撤入核心守备区和第 1 守备区。

入夜后，第 6 纵队第 17 师、辽吉纵队独立第 3 师对第 71 军司令部附近各据点发起轮番进攻，遭到第 71 军人力输送团、工兵营、第 88 师步兵第 264 团残部抵抗。

陈明仁命代理参谋长马国恩率司令部部分人员分批向道东第 1 守备区转移。

蒋介石对能否守住四平已经失去信心。

上午，东北民主联军"前总"电令参战各部指战员："四平战斗意义重大，但敌顽抗，并极顽强，我拟准备再用一星期的时间，共付出至少一万人左右的代价，以争取此一胜利。我南北地区之阻援部队，应死力阻止敌之增援，且一定能阻止。望各部以死打硬拼的精神，克服困难，顽强进攻。"

《陈明仁日记》："昨晚核心工事被冲击 11 次，均被击退。马参谋长与司令部人员分批来道东。为抢救陆空联络电台，伤脑筋不少，结果仍未达到目的，偏偏错误横生。以连日各种不幸事屡生，大有失败之兆也，终宵未眠。"

附：《蒋中正日记》节录
四平街形势危急、除非天父神力加佑，否则绝无转机矣。

6 月 20 日

四平巷战第八天。

东北保安司令长官杜聿明计划增援四平，命长春兵团"派出有力之一部，由长春沿中长路南进"，另命沈阳驻军编组北进兵团"沿中长路北进，以期南北夹击，将四平附近之'匪'，一举而歼灭之"。

上午，核心守备区内司令部以北八座楼房、电信局、大白楼，分别被第 6 纵队第 17 师、辽吉纵队独立第 2 师和独立第 3 师攻占，两纵队随即在北四道街会合。

9 时，陈明仁根据东北保安司令长官杜聿明的电示，决定将防御重点转移至道东区，于是下达作命甲字第 4 号命令。

6 月 21 日

四平巷战第九天。

第 1 守备区路东防区天桥以北的仓库、德昌实业公司两据点遭到辽吉纵队独立第 2 师攻击。

第 2 守备区火车站据点被第 1 纵队第 3 师攻占。

20 时，位于道西区的核心、第 3、第 4 守备区，以及第 1 守备区道西防区被东北民主联军占领。

21 时，东北民主联军攻城部队对路东区发起总攻，以辽吉纵队两个师和第 1 纵队第 3 师、第 6 纵队第 17 师为第一梯队，由西向东攻击；以第 6 纵队第 18 师为第二梯队，控制在海丰屯一带；以第 6 纵队第 16 师控制在四平东南小老爷庙、杜家大城；以第 1 纵队第 1 师控制在四平西北八大泉眼、孤榆树；第 2 师控制在四平东北大塔子沟、上作子一带机动。

第 1 守备区所属步兵第 261 团在永乐大街与辽吉纵队独立第 1 师展开激战。

第 2 守备区所属步兵第 161 团在康乐大街、弘仁街与第 6 纵队第 17 师展开激战。

熊式辉收到蒋介石前一天（6 月 20 日）发出的催促增援四平电文。

《陈明仁日记》："核心工事情况不明。电力局守军之卫队第 2 连全部殉职。道西已全部失守（核心工事据报已失，因昨夜司令部起火，电力局守军被烧，火车站不守），道东保守战开始。7 时开始猛烈炮击（约万发以上），继即全面冲击，终宵未稍停止。'匪'以为我军已溃，一举必可得道东也。"

附 1：《沧桑集——熊式辉回忆录》（节录）[星克尔出版（香港）有限公司，2010 年 1 月出版]

奉主席手谕一件如下：

"天翼兄勋鉴：来书详悉，凡可能之事，皆已督促各部照办，勿念。关于四平得失，无任系怀。沈阳增援部队，应即向四平前进勿延，不必待第五三军之集中，但其后援一师，必令其迅速车运无误。关于作战意见，已

嘱孙副长官面详不赘，顺颂

　　勋祺。

　　　　　光亭长官均此

　　　　　　　　　　中正手启　六月二十日"

附2：《蒋中正日记》（节录）

四平街市区虽被共"匪"突破，但经过十日之激战，"匪"部虽疯狂续攻，我陈明仁军仍凭地下工事固守核心，未为"匪"部所逞，此实天父佑华之证明。

6月22日

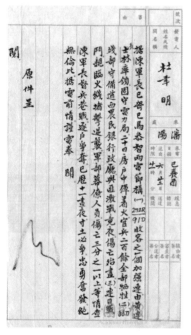

1947年6月22日，杜聿明致蒋介石电

四平巷战第十天。

北进兵团所属第93军收复开原。

陈明仁于上午率司令部进驻晓东中学，下午在第1守备区指挥官（第87师师长）熊新民、副师长戴海容的请求下将司令部转移至步兵第259团团部。

第2守备区步兵第161团据守的弘仁街被第6纵队第17师攻占。

第1守备区步兵第261团在永乐大街击退辽吉纵队独立第1师，该师第3团副政委杨宝生阵亡。

鉴于辽吉纵队进攻失利，"攻城指挥部"决定抽调第6纵队第16师投入西北方面，配合辽吉纵队"突击"，第18师投入第17师方向，配合该师"向纵深战斗"。

东北保安司令长官杜聿明致电蒋介石，言"陈军长督兵巷战逐户争夺已历十一昼夜，寸土必争忠勇奋发绝无伦比"。

陈明仁接连下达作命甲字第5、第6、第7、第8、第9、第10号命令。

附1：杜聿明致蒋介石电

发电人：杜聿明　沈阳　六月廿二日廿一时

据陈军长已哿（6月20日）已马（6月21日）忝智两电节称：（一）

272R/91D 收容之一个加强连，由黄连长士林率领，固守电力局，二十日房户中弹着火，官兵两百余全部牺牲。（二）88D 残部守备道西农民银行、政厅，与"匪"激战竟夜，伤亡殆尽。（三）连日战斗，亲临火线，堵击逆袭，军部幕僚人员，伤亡三分之一以上等情。查陈军长督兵巷战逐户争夺已历十一昼夜，寸土必争忠勇奋发绝无伦比，据电前情，谨电奉 闻。原件呈 阅

蒋介石批："阅"。

附2：《沧桑集——熊式辉回忆录》（节录）

四平西区（误，应为东区，下同）之"匪"昨夜猛攻五次，均被击退，请求空军轰炸西区，晚报四平我空军轰炸西区，成果甚佳，投 250 磅弹三百枚，火烧烟高四千尺。

6月23日

四平巷战第十一天。

陈明仁给妻子发电报，"表永诀"。

第 1 守备区防线被第 1 纵队第 3 师突破，所属部队退至昆明路、昆仑关路、重庆路继续阻击。

第 2 守备区万寿街、宣和大街、第 54 师师部集团工事接连被第 6 纵队第 17 师攻占。

第 2 守备区指挥官（第 54 师师长）宋邦纬率残部退守南二马路至天主堂一线，其中以天主堂战斗最为激烈，步兵第 160 团第 3 营代理营长李善和在天主堂阵亡。

第 2 守备区大部被东北民主联军占领，陈明仁急调第 71 军人力输送团残部、工兵营残部、兽力营、骑兵连、特务连、卫士排、步兵第 259 团一个营残部组成五个临时战斗连增援第 2 守备区，在南二、南三马路展开激战。

陈明仁召集高级军政人员在指挥所商讨战局，辽北省政府主席刘翰东主张突围，被陈明仁呵斥拒绝。

东北民主联军"攻城指挥部"根据战况认为"几天来战斗进展缓慢，估计尚需三四天才能解决战斗，必要时仍以第 1 纵队主力参加最后决战"。

辽吉纵队独立第 1 师师长马仁兴在铁路西南角小桥的战斗中阵亡。

《陈明仁日记》:"端午节。电芳如表永诀。昨夜道东之西南角,突破口益被扩大。召各师长来指挥所,商讨应付之策,并下令自后必作殊死战,寸土必争。刘主席维之兄来访,并劝予作突围准备。本日为端午节,熊主任、空军司令部、沈阳各界慰劳会,均有礼物空投劳军。"

附2:《阵中日记》(节录)

四平动态:

(1)敌已退至南一马路以东。(2)共荣街以南、南一马路以西已无敌,此次进攻俘很少。(3)十六师今日黄昏准备由东城之西北角进攻,以七纵一个师佯攻配合。(4)七纵伤亡较重。一师集结老四平西北之孤榆树地区。二师条子河、胡家窝棚地区休整。(5)五十、五十一、五十三三个团由永和街向东发展,方向为北三纬路、北一马路,将敌分割。(6)敌一六〇团七个连,每连七八十人,新兵多,有迫炮九门,山炮二门,战防炮六门。

附3:《蒋介石致电杜聿明转陈明仁》

四平陈军长子良弟亲鉴:

固守四平已近半月。吾弟督兵巷战,寸土必争,忠勇无比,诚不愧为三民主义之革命信徒,足以告慰我总理与阵亡官兵先烈在天之灵。关于增援陆空各军,中朝夕督促,向前迈进,预计五日内必可直上四平,以解重围。深信上帝圣灵必能保佑我忠实信徒,完成其固守四平任务,决不辜负我赤忱忠胆、尽忠报国之将士。望为我代慰全体官兵,共同生死,奋斗待援,坚持至最后五分钟。以期内外夹击,聚歼狂匪,获得完全之胜利也。中。手启。巳敬(6月24日)府机。

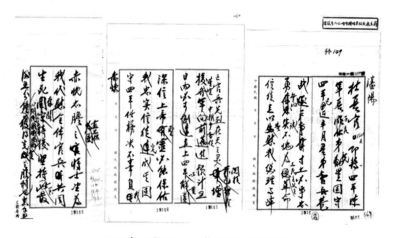

1947年6月24日,蒋介石电文稿手迹

234

附 4：《东南日报》① 报道：《陈明仁表示与城共存亡》

本报 23 日南京电。四平国军 71 军陈明仁军长电其在京之夫人谢女士称："四平战斗惨烈，本人决心与城共存亡，希善抚儿孙，勿为我焦念。"

6 月 25 日

四平巷战第十三天。

第 1 守备区所属部队在天桥继续抵抗。

第 6 纵队以四个团的兵力开始向第 1 守备区的北一马路以南地区发起攻击。

第 2 守备区所属部队在天主堂及周边据点继续抵抗，因兵力空虚而求援，陈明仁派出身边仅有的卫士排赶赴增援。

北进兵团所属新编第 6 军推进至貂皮屯、南城子一线，第 93 军进抵昌图，长春兵团所属新编第 1 军进抵公主岭。

《陈明仁日记》："电芳如，嘱咐家事。附电公杰、家将处理经济。昨夜有剧战，天主堂失守，兽力营方面幸未出事。终日各处被攻击，人员弹药消耗可观，长此下去，惶恐不安。不得已，乃将实情电呈长官察核，俾使援军行动积极。傍晚得宋电话，谓中央纬路与南一纬路空虚，即将仅有之卫士排使用之。"

6 月 26 日

四平巷战第十四天。

天主堂被第 1 纵队第 3 师攻占。

陈明仁致电东北保安司令长官杜聿明转蒋介石，言"此次'匪'围攻四平，昼夜猛扑，异常凶悍，幸下级官兵用命，歼敌数万，我军伤亡虽重，'匪'终未得逞。弟一息尚在，誓灭此'獠'，决不轻弃寸土。请转报主席，乞释廑念"。

蒋介石致电熊式辉、杜聿明并转陈明仁：北上增援部队务限 6 月 28 日以前到达四平。蒋介石将援军到达四平的限期由 6 月 29 日提前到了 6 月 28 日。

陈诚致电陈明仁"发挥黄埔之精神"坚守四平。

---

① 《东南日报》是中华民国时期中国国民党浙江省党部机关报，1927 年 3 月创刊，1949 年 4 月杭州版、上海版停刊。

《陈明仁日记》："8时起床，昨夜兽力营方面有激烈战斗，失守了一两家屋。天主堂附近，'匪'亦略有进展。为防患于未然，于9时召各师长来指挥所商讨一切，重新调整防线与部署。北上援军于本晨由南城子、昌图间地区，分向大西岭子、半拉山门、旧四平、八面城急进。日间无激烈战斗，晚间炮击颇烈。'匪'步兵密集猛冲，通宵不断，为连日来之冠。幸均予击退，并予以相当损害，且未越雷池一步。"

附1：《蒋介石致电熊式辉、杜聿明并转陈明仁》

我北上增援部队行动如此迟滞，殊所不料。希即严督各部，务限本月星期六日[①]以前，到达四平街解围，否则如四平街不守，则以各部主管官赴援不力处治。应即严令督促勿误。中正手启。

附2：《陈诚致电陈明仁》

陈军长子良兄。密：四平战况，杜长官特报甚详。兄暨各师长及全体将士，浴血苦斗，发挥黄埔之精神，挫赤焰于东北，主席嘉勉。现援军在途，指日解围，勠力竟全功，永奠金汤之固，临电神驰不尽。弟陈诚已沁宿默。

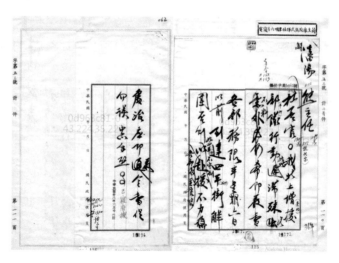

1947年6月26日，蒋介石致熊式辉、杜聿明并转陈明仁电手稿

6月27日

四平巷战第十五天。

国民党军北进兵团所属第93军收复昌图，新编第6军推进至泉头，第

---

① 1947年6月的星期六分别为：7日、14日、21日、28日，此应为6月28日。

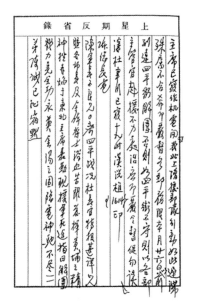

陈明仁在日记同一页抄写蒋介石和
陈诚来电

1947年6月27日，陈明仁复蒋介
石6月24日的来电

53军迂回推进至宝力镇。

3时，东北民主联军"前总"命令停止攻城，"但每晚仍须进行有力之佯攻，以吸引敌之增援"，并抽调辽吉纵队独立第1师、独立第2师、第6纵队第16师南移叶赫站、昌图加强打援力量。

《陈明仁日记》："本日为最艰苦之一天。各部队纷纷报告，无弹药，更无兵应战。因昨夜死伤颇重，尤以54师为最。不得已又将仅存之特务连抽出两排，交该师指挥，并将该师油厂防务，强令87师接收。联络长官部请求大量空投，结果均蒙照办。此予心实不安：消耗弹药过钜，但兵力日单，'匪'又如此不断猛冲，只有以火力压倒之。南北援军仍无消息，只有靠自己拼光为止。晚间'匪'攻不如以前猛烈，倒可松一口气。"

附1：《陈明仁复蒋介石来电》

陈军长子良已感电复称："虽届山穷水尽，上下一心，士气仍旺，纵更十倍困难，生一息尚存，决不轻弃寸土，乞释廑念"。

附2：《阵中日记》（节录）

四平动态：

道东之敌接受路西失败教训，每房院内筑地堡、暗沟、明沟、交通沟联系，我每攻一院墙均付极大代价，不能达到全歼敌人。

6月28日

四平巷战第十六天。

国民党军北进兵团所属第53军收复范家店，长春兵团所属新编第1军收复公主岭。

东北民主联军"前总"进一步明确"佯攻四平，利用敌人增援的机会，消灭敌人有生力量，至于四平能否攻下已无关重要"。……"准备必要时以全力或主力脱离四平"，参加南北打援运动战。[1]

第 1 纵队第 3 师、第 6 纵队第 17 师、第 18 师、辽吉纵队独立第 3 师于四平城内外，采取佯攻作战方针，一面进行坑道作业，一面派遣小部队袭扰四平守军。

第 6 纵队突破重庆路、昆仑关路防线，摧毁第 1 守备区中央堡垒，并继续对民生粮栈、富盛泉两据点发起进攻，遭到辽北省保安第 1 团残部、保安第 2 团残部抵抗。

步兵第 259 团第 1 营上士排附廖钧在烧锅据点战至全排仅剩两人仍在苦撑，直至援兵抵达。

《陈明仁日记》："白天甚沉寂，各处'匪'加强工事。晚 8 时炮击颇猛，9 时全线开始猛攻，通宵不断。幸守兵寸土必争，'匪'未越雷池一步，且死伤枕藉，我亦伤亡颇众。由'匪'尸得到文件，知为 18 师及独 1 师。每日轮换部队，已是'匪'之一惯办法，我军则无片刻休息，苦不堪言。予驻地中炮弹五十余发，似已被'匪'发觉。"

附 1：《东北日报》报道：《我军控制四平大部，歼灭蒋军一万六千，逐一夺去坚强工事及地堡群，摧毁蒋军陆空联合防御体系》

新华社东北前线 26 日下午 6 时急电。本社前线特派记者报道：我军四平攻坚战，经十二昼夜空前恶战，歼俘敌一万六千余。我东北民主联军主力，自夏季攻势中，于中长路主干线之长沈段展开争夺战以来，首将长春以南、四平以北之敌扫清，旋即挥师南下，乘胜收复开原、昌图，使四平之敌陷于孤立。我为粉碎敌恢复中长路之意图，当于本月 14 日夜向四平之敌发起总攻击，经十二昼夜浴血巷战，逐一夺取敌军经营年余之现代化工事与密集地堡群，摧毁敌陆空联合之坚强防御体系，消灭蒋杜军陈明仁兵团之七十一军军部及军直炮兵、特务团、运输团、工兵营与暂三师全部，及八十七师（缺一个团）、十三军五十四师（缺一个团）、辽北保一团、保十七团、交警总队等部，毙敌万余（七十一军副参谋长在内）、俘敌六千余众（包括七十一军军直特务团长陈明仁之弟陈明信及由南京空运抵达之军官团一百八十三人），少数残敌，窜逃无路，刻正被我围歼于铁道以东之市东北隅。至此，长春以南、开原以北之中长路干线，及贯通东、西、南、北满之铁路中心城市——四平已大部为我控制，蒋杜军之所谓："重点防御"

① 1947 年 6 月 28 日，林彪、罗荣桓、刘亚楼致洪学智、杨国夫、刘其人并告各师首长电。

已遭严重打击，现我军正乘胜扩大战果中。

6月29日

四平巷战第十七天。

蒋介石命令援兵 28 日到而未到，陈明仁只得继续死拼到底，死中求生。

北进兵团所属新编第 6 军推进至牤牛哨，第 195 师推进至老四平。

东北民主联军"前总"鉴于国军南北两路援军已抵近四平，决定"放弃四平"。

《陈明仁日记》："白天仍少战斗。本日又临险境，因 54 师伤亡殆尽，无力继维阵地。乃设法左抽右调，重新部署，总以力维原阵地为上策，动则恐乱军心也。接不甚可靠之无线电话通知，谓北上援军已过双庙子。予对此已不甚重视，求人不如求己，还是准备死拼到底，才是死中求生之道。晚间又接无线电话，谓援军一部已过牤牛哨四公里，明日可会师。果尔，则围攻四平之'匪'必退无疑，但仍猛攻通宵。"

6月30日

四平巷战第十八天。

凌晨，东北民主联军攻城部队陆续撤离四平及附近地区。

9 时，增援四平的国民党军北进兵团所属第 93 军暂编第 22 师进抵四平南郊，与守军会师。四平之围得解。

北进兵团所属第 195 师收复老四平。

下午，熊式辉、王叔铭、赵家骧等及新闻记者数人飞至四平，陈明仁军长及刘主席翰东等到场迎接。

陈明仁致电蒋介石，言"围攻四平之'匪'自我大军北上，为保持其已得战果，对我攻击益趋猛烈，感俭艳（27、28、29 日）三昼夜'匪'以其第三师独立师第七旅十七师及新增之十八师东满中韩独立一师向我全面一再轮流猛攻，剧战迄晨，终以我官兵奋战将'匪'击溃，现我正分头派队追击，期与我北上部队收围歼之效"。

陈湘生：由于陈明仁的死扛硬顶，多拖了两天，坚持到 6 月 30 日东北民主联军撤围而去。既救了自己，也救了一批险以"赴援不力处治"的驰援主官。

陈明仁在 1951 年的自传中回顾 1947 年春夏之际坚守四平战役时说：

1947 年 6 月 30 日，18：00 于四平，
右起：陈明仁、熊式辉、赵家骧

1947 年 6 月 30 日，四平战后的天主堂
（四平战役纪念馆供图）

"1947 年 5 月，怀德紧急，我奉命率部去解围，本已出发，上级临时变更计划，要我增援长春。不料部队行进到怀德至公主岭之间，突被解放军截击，88 师损失大半，91 师也有很大的损伤，于是上级把增援长春的计划又改变，令我部退守四平，造成我平生一段罪恶最深的历史。根据当时的情况，四平四面受击，我的兵力单薄，本来万不能守，但我竟下了决心要坚守下去。为什么要坚守呢？我的理由是：（一）蒋介石有命令要死守，我是蒋的学生，关系密切，不能不效忠于他、服从他的命令。（二）根据抗战八年的教训，凡是守不住一个地方的将领，都是被杀了头的，而攻不下一个地方的，却没有人受过处分。我为了保全性命不能不守，而且当时受了一方面的反动宣传的欺骗，对于共产党的政策，全不知道，只听说，共产党军队是喜欢残杀的，我想与其守不住被共军残杀，不如尽力守住，或者勉强可望一线生机。（三）自己当时认为我平生以打胜仗著名，到东北后却无表现，仅仅解德惠之围有点成绩，但怀德一役又失败了。我估计当时凡国民党的部队，守了一个地方，如能坚守下去还比较有把握，如守到中途而要撤退，则绝对会被击溃、被消灭的。这说明坚守一地或有幸存之望，撤走则只是死路一条。因为我有上面所述的这些理由，所以我就认为，四平应守，而且能够守住。能够守的把握是我学会了日本人过去守龙陵、松山的办法，这些办法都是我曾经亲身体验过的，当时，我相信用了日本人的方法，一定可以达到坚守的目的。因此。对于兵力的部署和工事的做法，都是另有一套的。而主要是采取置之死地的办法，因为，以前任何部队在坚守阵地上，

三战四平作战示意图（城区巷战）　　　　1947 年 6 月 30 日，四平战后的天桥（四平战役纪念馆供图）

1947 年 6 月 30 日，四平天主堂周围的战斗（四平战役纪念馆供图）　　　　1947 年 6 月 30 日，四平天桥周围的战斗（四平战役纪念馆供图）

只要被敌人突破一点，便闻风而逃。而我这次兵力很少，一共不过两万余人。很可能会被突破，为了万一被突破一点，而不致影响全局，只有依靠坚固工事，即令多数点被突破，都是不要紧的。当时，解放军进攻四平的第一天，便突破了我的阵地，但其战术似乎也只是根据国民党军队的传统看法，始终从突破点发展，不去多突破些地方，而不知我们正希望对方这样做，所以，我们能以少数兵力应付一个突破点，虽则以后还有地方被突破，可是，始终只有两个突破点，仍然不曾影响我军的全局。那时，解放军方面炮火很猛，我在八年抗战之中，都不曾遇到过这场面，但炮火的攻击是分散的，而不是集中打在突破点上，对于我们危害不大，我军阵地也不曾受到严重的影响。这一役，我以少数兵力守了四十多天，巷战十九昼夜，为了做工事，用大量的粮食作工事材料，一切都是只要能达到坚守的目的，不惜采用任何手段。结果，坚守的目的达到了，博得了整个统治阶级的刮目相看，认为是一种奇迹，一致吹嘘、赞扬我，因而，国民党政府下令升我为兵团司令官，颁发我一枚青天白日勋章，表示特殊嘉奖，另派陈诚到东北慰劳。"

《陈明仁日记》："四平解围。援军为 93 军之一团，到达南郊后，即返回牤牛哨。'匪'猛攻至 4 时止，即撤退。昨晚预派之追击队同时动作，并依计划调整部署。旋即赴战地视察，惨像目不忍睹，臭气四溢。原军部与予寓所，均被焚毁，不堪再用，道西已成一片瓦砾场所。下午4时赴机场候迎熊主任等来四平视察，5时20分着陆。熊（式辉）主任、赵（家骧）参谋长、王（叔铭）副总司令及新闻记者共二十余人，当即陪同赴战地巡视一遍，7时乘原机返沈。被围四十日，激战二十昼夜（内巷战十八天）。"

附1：《蒋中正日记》（节录）

本日9时昌图向四平增援部队已在四平与我守城第71军会师，幸邀天父眷佑，四平得以完全解围矣。自此沈长（春）、吉林铁路亦可以打通确保。四平街解围以后，大局渐有转机，感谢天父。

附2：《沧桑集——熊式辉回忆录》（节录）

四平昨夜1时，"匪"攻约半小时，即分向西北、东南两方溃退，今上午9时半，我北上之师与四平守军会合。下午4时50分余飞四平视察，慰劳将士官民，同行者有王副总司令叔铭、赵参谋长家骧、关处长邦杰、律主任鸿起及新闻记者数人，飞至四平上空，地面犹有七八处燃烧之火未熄，空中闻有焦豆味，盖车站屯豆尚在焚烧，未被救熄。5时半下机时，陈明仁军长到场迎接，囚首垢面，眼赤唇黑，衣履汗敝，握手相庆慰问，同车入市。沿途所见，尽为被破坏之碉堡工事，副防御物（有以饭锅水缸床架桌椅等物为之者），洞穿之建筑物，纵横断倒之电线，死亡"匪"尸及骡马等。街市兵民俱面呈饥疲之色，少数难民三三五五在断墙破瓦中搬移桌凳，有寻觅自家已反闭之店户门窗者，亦有以麻袋收装道中散布之大豆者（当时士兵多以装包之大豆当沙包用为枪座者），凄惨之状，无殊抵御，道路行人多以巾布掩鼻，到处尸臭。所有我军大小碉堡多被"匪"炮所击毁，揭顶成一破穴，闻被围攻最烈之二十日内，"匪"曾发射十万以上炮弹，我军司令部及省市政府形成弹巢，四平此次恶战，惨烈之余迹，要为历来战役中所罕见。

附3：《王叔铭日记》（节录）（台湾"中央研究院"近代史研究所档案馆馆藏）

4时20分我机在老四平、八面城间发现"匪"万余密集，部队西窜，经派机多架炸射，"匪"纷纷逃避伤亡惨重。下午邀熊主任、赵家骧等飞四平视察慰问军政首长，熊主任胆过小，初不肯去，余述及此行之意义，彼又要求先派一机试降后再专机前往，身为东北军政首长如此胆小且视己命如黄金，视人命为草芥，实不配为大将也。余及彼等抵四平后巡视市区，见凡为"匪"侵占之处，房屋几无一完整者，断垣残壁，尸首累累，臭气盈城，惨不忍睹，战争乃惨事也。据陈明仁云,此役中有指挥官动摇者,有自动放弃防区不守者,竟亦有投降者。又据刘翰东密告称54师战绩最佳,71军军纪最烂,且多举手投降,人民恨之入骨等语。在四平停1小时30分即起飞返沈。

附4:《中国人民解放军第四野战军战史》(节录)

四平是中长路上的重要交通枢纽,也是国民党军长期设防的重要据点。第71军军长陈明仁指挥第71军第87师、第88师(被歼后重建)和第13军第54师及特种兵、保安团等共3.5万人据守该城。陈明仁将四平划分为第1、第2、第3、第4及核心等5个守备区。以第87师防守第1守备区;以第54师的两个团防守第2守备区;以保安第52团防守第3守备区;以第88师、辽北保安第1团、保安大队等部防守第4守备区;以第71军特务团担任核心守备区的守备任务,陈明仁的指挥所亦设在此守备区内,并控制着8个营的总预备队。经过一年多的经营,四平已建成永久与半永久性的工事,在市内和市郊布满数千个碉堡,设置了各种复杂的障碍物,并由纵横交错的交通壕相连接,成为一座坚固设防的要塞式城堡。

东总为扩大战果,继续歼灭国民党军的有生力量,进一步孤立长春、吉林,决心集中主力部队围攻四平、夺取国民党军在中长路上的这一重要战略据点。决定以第1纵队、辽吉纵队和第6纵队第17师,东总直属炮兵5个营,组成攻城集团,由第1纵队司令员李天佑、政治委员万毅统一指挥。另以4个纵队(欠2个师)、5个独立师和2个骑兵师共计17个师的兵力,配置于四平以南、东南及以北地区,准备阻击由沈阳北援和由长春南援之国民党军。阻援的具体部署是:以第3纵队、第4纵队(欠第11师)位于清原、山城镇、西丰地区阻击由沈阳出援之国民党军沿沈吉线自东向西迂回增援四平;以第6纵队(欠第17师)、独立第2师位于中长路以东之莲花街、叶赫站一线占领阵地,阻击由沈阳出援之另一路国民党军由中长路东侧北援四平;以第2纵队占领四平以南、昌图以北之泉头、三十里堡一线高地,担任正面防御,阻击可能由沈阳沿中长路北援之国民党军;以南满独立第2师进入开原以南中固一带牵制国民党军;以独立第1、第3、第4师,东满独立师,西满骑兵第1、第2师位于四平以北,阻击可能由长春南援四平之国民党军。

鉴于四平城被贯穿市区的铁路分割为东、西两个地区,守军主力又置于西区的情况,东北民主联军攻城指挥部决定集中6个师首先歼灭西区守军,以1个师的兵力对东区守军实施辅助突击,钳制东区守军,使之不能增援西区。为达成主突方向的兵力优势,以第1纵队第1、第2师在山炮、野炮、榴炮 88 门支援下，从四平西南的海丰屯实施主要突击；以辽吉纵队主力从四平西北角向西区守军实施突击；以第 6 纵队第 17 师为攻城总预备队；以第 1 纵队第 3 师从一面城向四平城东南角实施辅助突击，相机突入东区。主突方向的第一步目标，指向第 71 军军部所在地的核心守备区。

1947 年 6 月 9 日，攻城部队向四平地区开进集结，11 日开始实施扫清四平外围的战斗，同日夜，辽吉纵队一部攻占四平飞机场，歼灭守军 1 个营，剥夺了国民党军的空运条件。第 1 纵队第 2 师于 13 日攻占新立屯，歼灭守军 4 个连。

外围据点基本扫清之后，东总决定 6 月 14 日 20 时向四平发起总攻击。四平守军为破坏攻城部队的攻击准备，于 14 日 16 时起，轮番使用 18—20 架飞机，对攻城部队集结位置与炮兵阵地不断实施猛烈的轰炸与扫射。各攻城部队及炮兵部队克服飞机轰炸扫射造成的种种困难，于 20 时开始炮火准备。20 时 17 分，各突击部队发起猛烈冲击；20 时 40 分，第 1 纵队第 2 师突破守军阵地。15 日 2 时，第 1 纵队第 1 师也突破守军阵地。辽吉纵队和第 1 纵队第 3 师则由于攻击准备不足，突击未能奏效。四平守军调动其总预备队，于 15 日、16 日全力向突入西区的第 1 纵队第 1、第 2 师连续进行反击，第 1、第 2 师顽强抵抗，打退守军 10 至 15 次冲击，扩大了突破口，但伤亡很大，进展缓慢。17 日，第 6 纵队第 17 师第 49 团奉命投入纵深战斗。18 日，辽吉纵队在第 17 师第 49 团的配合下突破守军阵地。19 日，第 6 纵队第 17 师全部投入战斗，并接替第 1 纵队第 1 师任务，至 20 日夜，该师在友邻部队的协助下，突破四平守军的核心守备区。第 71 军军部撤入铁路以东市区。至此，四平西区守军已被全部肃清。第 1 纵队第 1、第 2 师和辽吉纵队独立第 1、第 2 师因伤亡较大，奉命撤出战斗，休整待命。独立第 1 师师长马仁兴在这次战斗中不幸牺牲。

6 月 21 日晚，攻城部队对四平东区守军发起攻击。第 1 纵队第 3 师和第 6 纵队第 17 师，加强 2 个炮兵团，从西南方向实施攻击，突破铁路；辽吉纵队独立第 3 师加强 6 个炮兵连，由西向东攻击，遭守军火力压迫退回铁路西区。两个方向攻击均未达到预期目的。

这时，东北民主联军始逐渐查明四平守军总兵力不是战前判断的 1.8 万人，而是 3.5 万人，山炮、野炮、榴弹炮也在 25 门以上，且经空投，弹药、粮食充裕，全部退守四平东区，兵力集中。为增强攻城的突击力量，东总决定将担任打援任务的第 6 纵队第 16、第 18 师投入四平东区作战，并由该纵队司令员洪学智等担任攻城部队的统一指挥。攻城指挥部决定，以第6纵队第18师加入第17师方向，以第16师协同辽吉纵队独立第3师攻击。由于攻城兵力仍没有达到应有的优势，不能迅速割裂守军阵地，以致攻击再次受阻。

在东北民主联军发起对四平的攻击之后，杜聿明即集中主力10个师，分别采取稳扎稳打、齐头并进的战法，由沈阳、长春出援，企图在四平城下与东北民主联军主力进行决战。由沈阳北援之国民党军有新6军第14师、新22师、第169师（由交警第13、第14总队编成），第93军暂20、暂22师，第52军第195师，以及从关内急调至东北的第53军第116师、第130师共8个师，从沈阳分3路齐头北上。驻守长春、吉林的新1军新30师、第50师等两个师及保安团队一部，沿中长路南下增援四平。南北两路援军，均在飞机、坦克的支援下，向四平攻击前进。北路援军于6月24日进至陶家屯地域，遭到独立第3、第4师、西满骑兵师和东满独立师等部队的顽强抗击，前进受阻。南路援军主力23日占领开原，24日进至昌图附近，与东北民主联军第2纵队激战。25日，占领昌图。新6军第14师、新22师沿中长路进至马市堡、貂皮屯一带，并继续向威远堡门、莲花街前进。

鉴于国民党军援兵已经出动，攻击四平尚需时日，6月26日，东总决定对四平改取佯攻方针，以吸引援军求得在运动中歼灭其有生力量。为此，抽调第6纵队第16师、辽吉纵队独立第1、第2师南下，加强打援力量。准备集中第3纵队3个师，第1、第4纵队各两个师，第6纵队1个师和独立第1师共9个师兵力，歼灭由沈阳北援的国民党军右翼新6军；以第2纵队和辽吉纵队两个师阻击由正面向四平增援的国民党军。29日，新6军的先头第14师进至莲花街企图迂回四平。东北民主联军立即发起攻击。第1纵队主力及第6纵队第16师与独立第1师夹击第14师，因未切断退路，仅歼灭1个团，占领莲花街；第3、第4纵队于貂皮屯、头营子、威远堡一线反击，也因情况掌握不准，未断敌退路，仅击溃新22师和第169师；第2纵队和辽吉纵队顽强阻击正面向四平前进之国民党军。由于国民党军稳扎稳打，齐头并进，东北民主联军难以在运动中将其歼灭。为另寻战机，避免被动，东总决定结束攻势。从6月30日开始攻城及打援各部奉命撤出战斗，向指定地区转移。

四平攻坚战，东北民主联军经15天激战，占领四平市区的西半部，歼灭守军1.7万余人。后在沈阳、长春两路国民党军援军逼近四平时，主动撤出战斗。四平没能全部攻占的原因，主要是对敌情判断不准确，对守军的作战能力估计不足，攻城兵力没有形成绝对优势，攻城火器缺乏，炮兵火力不足，攻取每一座房屋、碉堡，均须用步兵冲锋肉搏，花费相当大的代价，在半个月的市街战斗中，即伤亡1.3万人。四平虽未攻克，但却给了东北国民党军以严重打击，给东北民主联军攻坚战斗以很大锻炼。战后，各部队总结了经验教训，加强了攻坚训练，攻坚作战能力得到提高。

7月1日

1947年7月1日，陈明仁摄于东北四平

北进兵团所属第195师收复八面城。

陈明仁接待抵达四平的国民政府主席特派战地视察第6组（组长王劲修）、新闻记者团。

蒋介石致电熊式辉、杜聿明嘉奖坚守四平部队。

《蒋介石日记》言：能守住四平是靠上帝保佑，而功绩的十分之八应归空军。

陈明仁致蒋介石电为第54师请功。

战地视察第6组组长王劲修致电蒋介石报告四平情况，言：四平守军士气甚旺，军风纪尚佳。

1947年7月1日，于四平，前左三：宋邦纬；前左四：熊新民；前左五：陈明仁；陈明仁左后：彭锷（《新闻天地》1947年第26期　韩清涛摄影并文）

1947年7月1日，于四平，右一：彭锷；左一：宋邦纬；左二：熊新民

（《新闻天地》1947年第26期　韩清涛摄影并文）

附1：蒋介石致熊式辉、杜聿明转陈明仁嘉奖电

熊主任、杜长官转四平街陈军长、刘主席，并转向、陈两副军长，马参谋长，政治部吴主任，熊、韩各师长，各副师长，参谋长，各师政治部主任，各团、营、连、排长，暨全体官兵均鉴。各同志九死一生，为党国为主义，忠勇壮烈，激战十八昼夜，发扬黄埔革命精神，不惜牺牲到底，保卫疆土，誓共存亡，碧血丹心，可以泣鬼神而动天地，乃邀上帝眷佑，卒能使我四平转危为安。我总理、革命先烈、阵亡将士之灵亦有慰藉矣。顷闻解围捷报，不胜悲喜交集。未知我死伤官兵实数几何，希速查报，以便抚恤。并将各部队有功官兵切实查复，俾得速颁奖赏，以彰殊勋，并望详报地方人民损失与死伤情形为要。

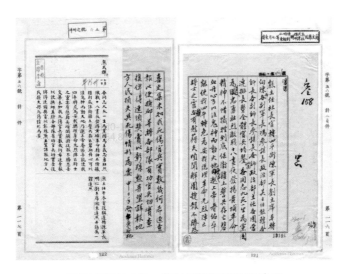

1947年7月1日，蒋介石嘉奖四平守军电文

附2:《陈明仁致蒋介石为第54师请功电》

此次第54师师长宋邦纬率兵力四营半配属本军，在四平作战达十余日，确能绝对服从命令，不避任何艰苦，牺牲虽大，卒能达成任务，实为不可多得之劲旅。务乞从优恤奖，并先本军尽速补充兵员武器，以保战力。

附3:《国民政府主席特派战地视察第6组组长王劲修致蒋介石电》(台湾"国史馆"存档)

职等午东巳（7月1日10时）往四平视察，所得胪陈如下：（一）四平之战系辰（5月）皓（19日）开始，巳（6月）艳（29日）辰（8时）奸"匪"分向八面城、辽源方面退却，刻71军先头追击部队已到老四平。（二）

1947年7月1日，陈明仁致电蒋介石为54师请功

此役"匪"之番号计有：第1纵队1、2、3师；第2纵队之第6师；第3纵队7、8、9师；第6纵队之16、17、18师；辽西军区保1、2旅及独立师；哈尔滨独7旅；松江独1、2师；东满中韩独1、2师；炮兵部队大小炮两百余门。（三）奸"匪"林彪亲自指挥，使用武器弹药器材大部为前日本关东军所有者。（四）我军伤亡计54师约三营，87师约二营，88师约五营，军直属队几伤亡殆尽。奸"匪"伤亡不下二万以上。（五）守备铁道以西之保3区司令傅宗良不战擅退，并函陈军长明仁，谓"匪"众我寡，非增兵五师不能守四平，影响战局极大。（六）四平守军士气甚旺，军风纪尚佳。

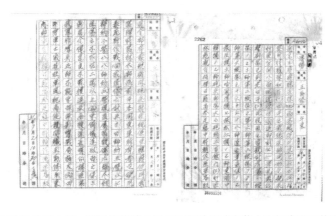

1947年7月1日，战地视察第6组组长王劲修致电蒋介石报告四平战况

附4：四平兵团四平保卫战伤亡表（5月10日—6月30日）　　单位：人

队号	战斗参加人马			阵亡			负伤			失踪			备考
	官	兵	马	官	兵	马	官	兵	马	官	兵	马	
军司令部、直属	520	4429	386	50	1084	105	63	900	23	38	366	50	
第87师	570	5916	642	13	215	291	30	398					
第88师	745	9090	231	98	1620	69	164	2970		23	564	33	
第91师	698	7833	308	82	2043	205	38	212		78	919	103	
第54师	447	5747		14	432		41	785		2	46		
第17团	86	1164	17	23	584		14	244				17	
独立第4团	54	847			156		8	52			80		
第53军榴炮营	68	420			33		14	83		1			
兵站第17支部	104	595	65	1	2	14	3	24	8	3	22		
兵站第48支部	109	343			2		1	1		2	5		
第30后方医院	68	214			6			6		12	9		
铁甲车第9中队	10	65			9		6			4			属四平军运办公室
装甲车第5连	16	161			4		3	20			8		
辽北团管区	72	280		2	21		7	13		1	51		1、3新兵大队复战
铁道警备指挥所	89	905		9	71		10	117		21	275		含东直交警2大队
怀德保安大队	25	385	19	1	85	1	1	78		5	121	18	
中长路警局2分所	14	292		2	21		4	68		2	28		
合计	3925	38931	1695	297	6388	696	410	5975	31	196	2495	221	

附	1.本表所列数字系四平昌图保卫战伤亡数字，至怀德外围公主岭及双山战役各部伤亡数字列左：军部及直属部队计负伤官5员、兵34名，阵亡官22员、兵278名，马18匹，失踪官9员、兵150名、马194匹。 第87师计负伤官3员、兵24名，阵亡官12员、兵305名，马1匹，失踪官6员、兵127名、马40匹。 第88师计负伤官7员、兵740名，阵亡官137员、兵3160名、马298匹，失踪官77员、兵2015名。 第91师计负伤官52员、兵682名，阵亡官99员、兵2724名、马288匹，失踪官78员、兵1807名。 2.辽北保1、2团、辽宁保1团、保1支队骑3团之一部右各该团递报。

7月2日

陈明仁接待沈阳慰劳团、东北保安司令长官部视察团、第93军视察团，并接受众记者采访、讲述四平作战经过。

国民政府颁布命令嘉奖四平守军。

7月3日

陈明仁召开军事检讨会议，检讨四平作战得失。会后与代理参谋长马国恩商讨善后事宜。

附：《中央日报》报道：《陈明仁谈四平之战》

中央社沈阳2日电。陈明仁将军今对中外记者团报告四平守城经过，历一小时，略称：四平自5月21日起，即陷于共军重围，当即在东南高地一带，发生激战，我军沉着固守，共军迭攻不逞，乃转沿中长线南犯。6月11日共军再窥四平，集中十二个师、四个旅、一炮兵师之兵力，向我飞机场一带猛攻。14日黄昏共军集中炮火向市区及四周阵地轰击，炮弹达两万余发。当夜由西南角突入市区，蔓延甚烈，我守军当与其展开激烈巷战，双方伤亡均大。15日夜共军企图在西南角开辟第二缺口，经我军奋勇迎击，共军遗尸千余后退。陈将军谓：我军鉴于18日道西之巷战，愈演愈烈，为固守道东，乃重新部署。共军复调新由哈尔滨开来之第7旅等生力军增援，向我天桥猛攻，炮火之猛烈，为前所罕见，我守军咸抱成功成仁之决心，浴血苦战，卒将来犯共军歼灭大半，我军阵地屹立不动。21日起，共军突入道东，不惜任何牺牲，向前猛扑，盖企图在我援军未到以前，解决四平战局。我军则固守据点，坚决抵抗，一墙一屋，皆必争之地。24日道东之中兴粮栈及酒精工厂，相继失守，28日共军第18师又增援，彻夜猛攻，终未得逞。29日共军知援军即到，大势已去，但仍图做最后挣扎，我以全力反击，共军伤亡惨重，遗尸累累，向西溃退。我军乃于30日拂晓出击，扫除残敌，收复道西市街及飞机场。陈将军称：此次共军发炮共十万发，伤亡总数在五万人以上，俘两千余人，轻机枪千余挺，重机枪百余挺，其他弹药武器无算。

7月4日

陈明仁先后到第30后方医院（院长刘海青）、第71军野战医院慰问负伤官兵。

《陈明仁日记》："本日到30后方医院慰问伤兵。惨状目不忍睹，无衣、无被、无药、无食，创口大多生蛆，无人过问。该院负责人应立即枪决，才可对得起伤兵。一切应改良之事，均予设法解决，看以后如何。军野战医院情形尚好，仅有三四名患破伤风者，叫唤呼痛不已。"

附：《梁肃戎 [①] 回忆录》（节选）

四平解围后，大家对陈明仁都不满意，主要是他侵吞东北行辕存放在四平的救济物资。这些物资中，固然有些被拿来当作碉堡，绝大部分则被陈明仁变卖了，尤其是四平解围之后，陈明仁卖了几十火车粮食，发了一笔洋财。加以陈诚出任东北行辕主任后，属陈诚爱将的辽北省政府主席刘翰东藉机报复。因此，不但省政府告他，即使省议会、省党部都联合起来告他。先是，四平被围时，省党部开会，罗大愚说四平一定不保。又说东北沦陷期间，我们从事地下抗日工作，日本人没有把我们整死，这次却眼看就要命丧四平，实在太不值得！面对这种局势，我们共同作成决议：一般可以掩护的同志留下几位，主要的干部移驻开原。当时我们如果被共产党抓住，一定非枪毙不可，因为县党部委员被抓都枪毙，何况省部委员。四平解围后，我们省党部人员不久即回四平，陈明仁告我们临阵脱逃，主任委员罗大愚受到撤职查办处分，我也被记一大过。当时陈明仁还公布一项"出入境办法"，任何人要进入或离开四平得由他许可。因此我们回四平时，即遭到陈明仁部队搜身。罗大愚见状不敢回去，我因职责所在，非回去不可。此时我们再度发挥地下工作人员的力量，联合省政府、省议会三个地方机构，到沈阳共同把陈明仁给告垮了。当时是向东北行辕主任陈诚告发，并举出种种资料、照片、地方人士指证等，加以老总统也有其他情报，于是便来个明升暗降，给他颁个"青天白日"勋章，实际上则把七十一军的指挥权拿掉，由刘安祺接替。

陈湘生：四平会战，陈明仁对面公开对阵的是东北民主联军，而陈明仁背后，还有国民党的四平地方政府和地方党部这两股隐蔽的敌对力量。

7月5日

第71军所属第87师、第88师驻沈阳官兵600余人返回四平。

上午，陈明仁先后到第71军所属各师野战医院以及第54师各团卫生队慰问负伤官兵，随后接待中央慰劳团团长傅汝霖、副团长钱公来等人。

---

① 台湾地区的"中华民国立法院"院长梁肃戎，曾任国民党辽北省党部宣传处处长、四平市党部书记长、辽北省党部执行委员、长春市党部书记长。后化装逃出东北，到台湾干了四十年的立法委员。

下午，陈明仁与东北保安副司令长官孙立人商讨战局。

陈明仁致电蒋介石，言"四平战役，要务繁多，拟飞京请示一切，可否？乞核示"。

蒋介石复电陈明仁，言"陈总长即日来沈，有事可请示总长，弟不可来京"。

陈湘生：陈明仁电报中"四平战役，要务繁多"，就是下面出现的"亏累九千余万元，请求核销"的经济问题。四平战役开打前，陈明仁决意坚守，在民主联军围城之前，不惜一切代价储存战备物资，这笔垫支占了九千余万元的大部分。陈明仁希望蒋介石能够像以前一样，"一支笔"据实核销。此事只能蒋介石一个人能解决，而且必须在流言蜚语包围住蒋介石之前解决。但是蒋介石要陈明仁去找陈诚，错过了这次机会，蒋与陈及二陈之间的关系从此走进了死胡同。

7月6日

陈明仁接待空军第1军区司令张廷孟等空军军官20余人来四平参观。

在南京受训的第71军副军长陈泰运由沈阳返回四平，陈明仁接见，并询问其在京和在沈情况。

7月9日

上午，陈明仁在晓东中学集合第71军连长以上军官训话。

下午，陈明仁与辽北省政府主席刘翰东等四平作战有功官兵，随东北保安副司令长官郑洞国及新六军军长廖耀湘等，乘坐飞机前往沈阳，接受沈阳党政军要员以及社会各界人士的欢迎和祝贺。

《陈明仁日记》："上午在晓东中学集合连长以上各官佐训话，检讨过去，策励将来。尤对车站粮豆不准变卖一粒，运走一颗，一律交出封存，听候上峰处理。正午郑副长官等一行廿余人来四平视察，并接长官电嘱，随机飞赴沈阳一晤。午后2时召开党政会报，3时30分赴机场。4时起飞，4时50分抵沈机场，熊主任以下各机关法团等均在欢迎（万人空巷，鼓掌热烈欢迎），并备花车游行。6时到行辕拜见主任（全体官佐整队迎接）。7时应长官部宴，8时应主任熊宴，9时参加音乐欢迎会，10时在彭寓坐谈通宵。"

1947年7月5日，蒋介石拒绝陈明仁要求去南京的电文稿

1947年7月9日，郑洞国（中）、廖耀湘（右）来四平迎接陈明仁（左）去沈阳

陈湘生：7月9日的日记有一个需特别注意的重要内容："尤对车站粮豆不准变卖一粒，运走一颗，一律交出封存，听候上峰处理。"刚刚受过重创的七十一军准备遭受再次围攻，开始囤积车站粮豆。其中也会有人在变卖套现，以购买其他备战物资。毕竟东北民主联军只是在四平周围撤退，主力尚在八面城、辽源，随时会卷土重来。陈明仁得知后，及时加以制止。

7月11日

陈明仁致电国防部参谋总长陈诚，言"以四平保卫战，军部幕僚伤亡过半，公私损失奇重，百端待举，乞赐发特别补助费法币五亿元"。经陈诚转报蒋介石，蒋介石批复"准发二亿元"。

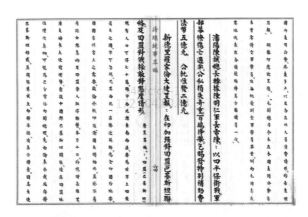

《蒋总统事略稿》：陈明仁请发五亿元，蒋介石只发二亿元

陈明仁、刘翰东分别拜见熊式辉，诉说相互矛盾，熊式辉力图劝解二人和好。

附：《沧桑集——熊式辉回忆录》（节录）

刘主席翰东来见，曰与陈军长共在一城，难以相处，请辞主席，诚勉退之。陈军长明仁来见，请将71军调离四平，示以不可。询问与刘主席何相龃龉，彼曰当四平被"匪"攻击时，省府屡谓转移位置之言，刘主席是军人，欲率省府撤出四平。当时为巩固军心，誓以死守起见，曾在联席会议上宣言，吾辈当与城共存亡，此后任何人不得有动摇军心降低民气之言论与行动，否则不论军民文武一律以军法从事，在座之刘主席闻之自然不甚愉快，因此在被围攻期间怨言百出。及至四平围解，战火蔓延，车站堆积之大豆，一部分被拖散焚毁，其余存完好者，省府指为尽属于某合作社之物，刘主席准其据为己有。后经存豆人向军队哭诉，军部始将实际状况呈报行辕，请示办理。行辕指令按原存各户存数比例，将焚毁散失数额分摊损失，为剩余完好部分，照各户原存比例发还，如此办法本属公道。刘主席又疑为军部故意与之为难。又言刘翰东是陈诚总长之亲信干部，辽北主席，闻亦为其所推荐，将来若向陈总长直接告诉，深恐有不测之祸，故求远避，如不能调离四平，则请准辞去71军军长职。余诚勿过虑，且曰刘甚忠厚，不致相污，陈（诚）自高明，亦难蒙蔽，从前曾共危难之朋友，更当有感情，更当容易相处。

7月12日

国防部参谋总长陈诚抵达沈阳视察，陈明仁晋谒陈诚会报工作，并在晚上参加欢迎陈诚的宴会。

在东北行辕门前合影，前排右起：熊式辉、陈诚、郑洞国，
第二排中：陈明仁（留胡须者）

7月15日

陈明仁陪同陈诚乘飞机抵达长春。

7月16日

第71军在新民接收广东籍新兵2051人，福建籍新兵1800人。

7月18日

陈诚离开沈阳，临行前对军政要员训话，称赞陈明仁、廖耀湘，言"此次四平作战陈明仁、廖耀湘两司令官，在未受上峰命令以前，死守各地，屹立不动，决不擅自撤退，其英勇果敢精神，殊堪钦敬，实为军人之楷模，此次四平之役，虽告解围，但望各位仍本以往效忠党国精神，斗胜勿骄，勿稍疏懈……"

陈明仁在机场送走陈诚后，亦乘飞机返回四平。

陈湘生：陈诚以慰问四平军民的名义，于1947年7月12日至18日来到东北。他的日程是这样的：1947年7月12日到沈阳，在沈阳待了三天半；7月15日上午11时离开沈阳，12时20分到达四平，东北之行的重头戏"慰问四平军民"，只花了短短的半天，下午即离开，6时一刻到了长春。7月16日在长春待了一天，下午6时半从长春到沈阳。在沈阳又待了二天，7月18日下午3时20分离开沈阳到北平。

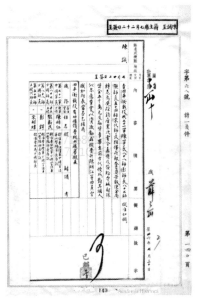

陈诚拟提升陈明仁等人官职给蒋介石的呈文

7月21日

陈明仁在沈阳晋谒东北行辕主任熊式辉，被告诫"打牌非罪，成癖为罪"。

附：《沧桑集——熊式辉回忆录》（节录）

召见陈军长明仁，诚以誉之所至，毁亦随之，四平成名，更宜戒慎，个人生活，望能及时改善，打牌非罪，成癖为罪，望自克制。昔岳飞好饮，高宗诚之竟绝，主席尝谓君有不良习气，可以自省。部属以君曩时练兵至严，后渐懈，可以自省。幸勿志骄于业泰，心急于成功。

7 月 22 日

国防部参谋总长陈诚呈报蒋介石，拟提升陈明仁等人官职。

附:《陈诚呈文》

查四平街战役，我 71 军陈军长、88 师彭师长、87 师熊师长、54 师宋代师长，指挥所部，奋勇苦战，使全局转危为安。除钧座累次电令嘉奖及发给守城部队奖金五千万元及勋奖章带至前方代授外，对其个人，似亦应重赏以资激励，兹拟晋升陈明仁等四员官职如附表。当否乞核示。

职务	原任官位	姓名	拟办
第 71 军中将军长	陆军少将	陈明仁	拟准晋任陆军中将官位并以整编军长存记
第 87 师少将师长	步兵上校	熊新民	拟准晋任陆军少将官位并以整编师长存记
第 88 师少将师长	步兵上校	彭锷	拟准晋任陆军少将官位并以整编师长存记
第 54 师上校代师长	步兵上校	宋邦纬	拟准晋升为少将师长
			注:蒋介石 7 月 30 日批复"可"。

7 月 24 日

东北行辕在沈阳召开"四平会战有功人员授勋典礼"，由东北行辕熊式辉主任代表蒋介石向有功人员 800 余人颁发勋奖章。

7 月 30 日

陈诚电蒋介石颁发陈明仁"青天白日"勋章。

附:《陈诚致蒋介石请颁电》

据东北战地视察第六组组长王敬修呈称:此次四平街战役，七十一军军长陈明仁以六团残破之师，抗御"匪"军十万之众，血战十八日，伤亡三分之二，尤能坚苦卓绝，确保四平，转捩大局。拟请颁给青天白日勋章等情。查所称战功属实，陈明仁一员拟准颁给青天白日勋章一座。当否乞核示。

呈核

蒋介石批:照准。

蒋介石又批:通告各地视导组，应特别注意各部队军纪风纪与军官经商追私等弊端。又士兵副食、生活情形亦应格外注意，指明某师某团某连最好或最恶，及其实情报存为要。(朱参谋办)

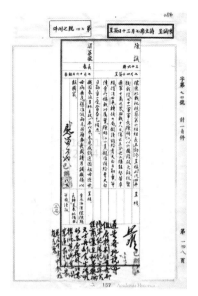

1947 年 7 月 30 日，陈诚电蒋介石
颁发陈明仁"青天白日"勋章

已办，2/8。

陈湘生：7 月 30 日，在东北战地视察第六组组长王敬修呈请、陈诚拟准"颁给陈明仁青天白日勋章一座"的呈件上，蒋介石先批示："照准"，后又批示："……应特别注意各部队军纪风纪与军官经商追私等弊端。……"颁奖与追查经济弊端，两件事毫不相干，耳目遍天下的蒋介石，耳朵里已经灌进去了对陈明仁不利的流言蜚语，颁奖的同时要追查其经济弊端。

7 月 31 日

陈明仁设宴欢送马国恩返回沈阳报到。

8 月 1 日

第 71 军在四平重伤的"重勇官兵"270 余人由葫芦岛海运上海转苏州后方医院治疗。

陈明仁先后对军直属部队接兵队、第 87 师接兵队训话。

复兴出版社出版《中国抗战名人图史》，推介国民政府中以蒋介石为首的 128 位抗战有功人员，何应钦、白崇禧分别位列第 18、19 位，陈明仁位列第 110 位。

附：《中国抗战名人图史》（部分）

封面

封底

介绍"陈军长明仁"之页

陈明仁军长，湖南人，曾毕业于黄埔军校步科第一期，陆军军官调练团第三期，和陆军大学第十三期，这些学历，是他伟大事业建立的基础。民十四年，氏任排长，参加东征，缴获敌械数百，升了连长。攻惠州时，任爬城队队长，奋勇先登城，将青天白日的旗帜，插上城头，声威先播，惠城因而克服。黄埔军校校长兼北伐军总司令因为他冒险犯难，在惠城克服后，集合官兵，亲呼口号，向他致敬。旋升任营长，参加北伐，战功卓著，晋升旅长、副师长各职。二十七年，任陆军第二预备师师长，就职那天，即参加九江会战，布防于鸦雀山之线，激战三昼夜，完成任务，转至衡阳整训。二十九年一月奉命参加桂南会战，以急行军的姿态，严令所部一昼一夜须行一百八十里至二百里，驰抵宾阳，激励将士，与敌拼死作战，歼敌无算，深为张司令长官发奎所赞美。三十二年调升七十一军副军长，三十三年五月，奉命远征缅甸，时值雨季，冒雨渡过怒江，绕道反攻顽敌克服龙陵，旋奉命代理军长职，续克芒市、三台山，及遮放各

陈明仁军长

258

重要据点，艰苦卓绝。达成任务，以功晋升军长。三十四年，回龙山之役，友军久攻未下，氏奉命督率八十八师，并配合炮兵和空军，前往攻击，占领该山，因而直驱畹町，会师芒友，是役尤为盟军及中外记者所称誉，既而奉令整编为甲种军，全部配备美式装备。三十五年，奉命率部开赴东北，兼任第五绥靖区司令，督所部先后收复法库、昌图、八面城、三江口、通辽等要地。后又督率所属的八十八师收复营口、海城。又参加长春、本溪湖等剧战，并克复吉林的省垣永吉。三十六年，氏又先后协剿南犯长春的"匪"众，并解德惠的重围，于是松花江南岸的局势，得以稳定。氏治军严而有恩，与士卒同甘苦，常赴各连，和士兵同饭，崇尚节约，节省公帑，力戒招待贵宾、奢华挥霍的恶习，偶有来宾，亦仅以自办的几菜一汤款客，俭约之风，可见一斑。

8月6日

陈诚第二次到东北，开始接手东北军政大权。

8月10日

陈明仁绕过陈诚，致电蒋介石，希望能继续兼任第71军军长，或以老搭档向凤武升任军长，并恳请去南京，"面禀苦衷"。

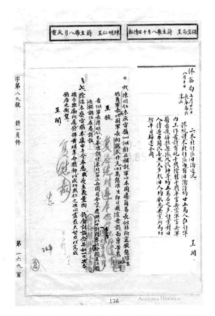

蒋介石拒绝陈明仁去南京的电文手稿

附:《陈明仁致蒋介石电文》

陈明仁未(8月)灰(10日)电称:(一)71军刻正补训，军心未固，遽尔易长，似非所宜。拟恳准生仍兼军长，或以副军长向凤武升充。(二)万恳准生即日飞京晋谒，面禀苦衷。

蒋介石批复:"应绝对遵奉命令，不得有违。弟可待刘军长到任接替后，来京面叙。"

陈湘生:滇西抗战后期，陈明仁接掌71军，将"爱兵如子"结合"慈不掌兵"的治军方针贯彻到底，把该军打造为一支能攻善守的劲旅。他继续重用称职的原71军"老人"，如向凤武、胡家骥、黄炎、熊新民、彭锷等;又调入预2师的老部下及陆大同学加以补充，如杨文榜、冯用民、程杰等。外人称71军已由"宋（希濂）家军"变成了"陈家军"。经过四平恶战,71军损失大半，陈明仁此时正忙着整补、训练部队，当然不愿意让"外人"来接手。加上还有一个"请求核销"的经济问题尾巴没有解决。而蒋介石再次拒绝陈明仁"飞京晋谒"，使得二人之间又失去了一次可以避免关系恶化的机会。

8月11日

第71军在锦西接收湖北籍新兵944人。

陈明仁与陈诚发生言语冲突，辞去71军军长职务。[①]

陈湘生：先言语冲突，后被解除71军军长职务，二陈之间的矛盾公开化了。陈明仁对71军军长的人事安排极为不满，从此消极怠工。《陈明仁日记》中，从8月6日至9月5日，除了记载"着晋任陆军中将"及"交卸71军军长职，就任第2兵团司令官"之外，基本是空白。直至年底，日记完全空白。

8月15日

东北保安司令长官部裁撤，所属机构并入东北行辕（20日正式实施），原保安司令长官杜聿明、副司令长官郑洞国改任行辕副主任。

东北行辕正式设立东北第1、第2、第3、第4兵团，分别由孙渡、陈明仁、周福成、廖耀湘担任兵团司令官。

陈明仁升任东北第2兵团中将司令官，刘安祺继任第71军军长。

孙渡、陈明仁、周福成、廖耀湘
分别担任东北第1、第2、第3、
第4兵团司令官

8月17日

陈明仁陪同国防部参谋总长陈诚视察四平驻军。

附:《沧桑集——熊式辉回忆录》（节录）

与陈总长谈兵团编成。见刘安祺，令其准备赴71军军长新任，诚善与陈明仁相处。

---

① 摘自《近代春秋 中华民国史事日志 1947年8月11日》，台湾"中央研究院"近代史研究所编撰。

9月1日

陈诚第三次去东北，将原由熊式辉、杜聿明二人共同承担的东北军政大权，一手独揽。陈诚还带去他在保定军校的老师、"一代名将"楚溪春，担任东北行辕总参议兼沈阳防守司令的要职。

陈明仁正式交卸第71军军长，就任东北第2兵团司令官（任命书编号："铨将字第4635号卅六·八·一五"），并抽调第71军军部人员前往长春筹备兵团司令部。

9月2日

陈诚在沈阳正式就任东北行辕主任（兼任）。

9月6日

陈明仁乘飞机抵达北平，晋谒北平行辕主任李宗仁。

附：《华北日报》（第二版）报道：《陈明仁昨到平　今日飞京谒主席》

〔中央社讯〕四平守将陈明仁将军，六日下午六时，由沈阳飞抵北平。下机后，即赴中山公园春明馆，应邓秘书长及汤局长之请。陈氏将于六日晚谒行辕李主任，有所报告，并将访晤何市长。七日即搭机飞京。陈氏对记者称：此行系奉主席电召，何日返防，须俟谒主席后，始能决定。

9月7日

陈明仁乘飞机抵达南京，候命晋谒蒋介石。

9月8日

蒋介石由九江乘飞机抵达南京，但因故未能接见陈明仁。

附：《中南报》报道：《陈明仁奉召昨日飞京，将任某集团军总司令职》

本报北平电报：东北国军第2兵团司令官陈明仁将军，6日由沈阳来平，陈将军系奉主席电召，赴京报告并聆训，7日晨8时，曾赴何市长在颐和园之邀宴，12时乘机起飞赴京，闻陈氏在京，将有一周之停留，然后返沈，闻陈氏已升为东北某集团军总司令。

9月9日

陈明仁在南京晋谒蒋介石，随后参加国民党四中全会与党团联席会议开幕式。

陈湘生：多年之后，陈明仁在一篇回忆材料中，透露了这一天他向蒋介石提出的要求：

"回想四平战争，残酷凄惨，十分可怕，对战争又发生厌恶，不愿继续再做军事工作，而想藉此'功成身退'，另向政治方面发展，企图获得一个省政府主席的地位。因此，离开四平便到南京见蒋介石，向他当面表示了我的愿望，蒋也原则上同意。"

9月11日

蒋介石邀请陈明仁聚餐，但就餐时对陈明仁心生恶感。

附1：《蒋中正日记》（节录）

电陈（诚）问陈明仁有否告假及交代清楚。调查东北各银行由各军汇出之款项。下午主席全会至7时后方毕，晚约陈明仁聚餐，此实贪婪之徒，奈何？

附2：《蒋"总统"事略稿》（节录）

晚，召见第七十一军陈明仁军长，陈对其任内亏累，请求核销。公目之为贪婪之徒也。

陈湘生："四平大捷"仅仅过去两个多月，当时捧到天上去的英雄陈明仁，亦然褪去光环。明明是奉召而来，蒋介石却"电陈（诚）问陈明仁有否告假及交代清楚"。当陈明仁提出"任内亏累，请求核销"的请求，蒋介石即"目之为贪婪之徒"。梁肃戎所谓"加以老总统也有其他情报"之言，确实不谬。

《蒋总统事略稿》第26—28页

9月15日

陈明仁告假返乡省亲扫墓。

9 月 16 日

陈明仁由南京乘飞机抵达汉口。

国民政府明令授予陈明仁获颁"青天白日"勋章。

9 月 19 日

陈明仁乘火车抵达醴陵省亲扫墓。

9 月 20 日

蒋介石下发手令给国防部参谋总长兼东北行辕主任陈诚，要求秘密彻查陈明仁："顷据陈军长明仁来京报告，谓在任内积亏券币达九千万之多，其实情究竟如何，沈阳及四平各银行存汇账目，希派员密查，如填有假名，亦应责令银行负责指明真实姓名。并云该军薪饷有二月未清，此事是否属实，均望详复为要，中。"

陈诚以"因四平交通阻断，又复辗转调查，致复稽时"为由，迟至 12 月 31 日才将调查结果回报蒋介石（详见 12 月 31 日内容）。

1947 年 9 月 20 日，蒋介石查陈明仁账的手令

陈湘生：蒋介石判断，陈明仁如贪污巨款，必存银行，而且必用假名，一抓一个准，可叹！这笔亏累巨款为"流通券"9100 余万元，到底是多少钱？俞济时注明：合法币拾亿零五千万元。《北京青年报》2019 年 4 月 17 日的文章《1947 年北大教授的"加薪运动"》中写道，1947 年 9 月 28 日，北平《世界日报》上公布的银圆与法币兑换比率 1：21200。法币拾亿零五千万约合 4.95 万元（银圆），当时北大教授的月工资约为 600 元（银圆），4.95 万元（银圆）相当于 82.5 个教授的月工资总和。现在的大学教授月工资按 1.5 万元人民币计算，82.5 个教授的月工资总和约为 124 万元人民币。

9 月 24 日

兼任东北行辕主任陈诚致电蒋介石，言："四平会战后，职曾两次来沈。据各方报告，部队一般军风纪均极废弛，以七十一军为尤甚，凡该军所驻防地，多方勒索，已遭人民痛恨。今复据'联总'报告，四平解围后，该军竟将八百吨救济物资抢掠一空，事关国际信誉，请予偿还，等因。查东北军政，一般纪律极坏，为整饬纪纲，**挽回颓风起见**，自应先整饬部队军风纪，以恢复人民对政府之信心。兹七十一军军长陈明仁，苦守四平，固属有功，但对所部不加约束，纵取扰民，丧失民心。于战后，复不顾政府对外协定，抢掠救济物资，至损国际信誉，殊属情难可原，拟请准将该员撤职查办，以正观听，而维纲纪。当否乞核示。"

蒋介石批复："该员现告假回湘扫墓，待其来京后再办。"意思是他人不在，等回来就撤职查办。

陈湘生：如果陈诚就事论事，只是按蒋介石的旨意追查陈明仁的9000余万元积亏，事情也不会发展到不可收拾的地步。但是陈诚扩大事态，拿71军的军风纪说事，乘机落井下石。陈诚增加了陈明仁的罪行：对所部不加约束，纵取扰民，特别是抢掠800吨国际救济物资，至损国际信誉，必须撤职查办。以期引起蒋介石更大的愤怒，从而引发出陈明仁的第二个罪案。

1947年9月24日，陈诚致电蒋介石，《蒋总统事略稿》第68—69页

9月25日

陈明仁在湖南长沙兑泽中学介绍四平战役，言："我从军今年已经二十四年，以三十万兵力围攻这样个小城达四十二昼夜，巷战十九昼夜的场面，我这还是第一次看到咧！至于巷战情形的紧张，我简直没有什么好的名字给它，只有叫它'拼死战''舍命战'。虽然这次我方损失了若干人力、物力，但胜利总归了我们。我得申明：这次四平大捷，上承主席指导有方，下有诸将士的赤诚卫国，方得收此惊人效果，至于兄弟本身，是不值得一提的。"

9月28日

陈明仁结束故乡扫墓后，乘坐火车抵达汉口。

9月30日

陈明仁乘飞机抵达南京销假，但受四平"各方"控告，长期滞留南京接受调查。

9月

第71军在1947年1月至9月间陆续接收辽东师管区新兵2882人、辽西师管区新兵1900人、辽北团管区新兵1721人、安东团管区新兵999人。

东北行辕在1947年1月至9月累计拨补第71军步（骑）枪14500支、轻机枪1253挺、重机枪204挺、冲锋枪2516挺、手枪252支、信号枪28支、火箭筒29具、枪榴弹筒591具、60迫炮367门、82迫炮108门、20自动炮18门、37战防炮10门、57战防炮4门、70步兵炮24门。

10月7日

东北第1、第2、第3、第4兵团番号调整为全国兵团统一番号，分别改称第6、第7、第8、第9兵团，陈明仁改任第7兵团司令官。

陈明仁在南京晋谒国防部部长白崇禧。

10月8日

附：《真善美》报道：《陈明仁为了面粉被控贪污》

苦守四平的陈明仁，自从四平大捷后，忽然告假到湖南原籍去省亲扫墓，而共军发动东北六次攻势，陈明仁反不见出来督战，传说是陈明仁被撤职了。

陈明仁的撤职，系为了联总的一笔救济面粉问题，美国联总办事人员以"贪污渎职"案控告陈明仁，于是陈明仁就此大感灰心不愿再负军事责任了。

原来在四平未吃紧之前，恰好联总已运来一批救济面粉，待发给贫民的，不料未及分发，四平战争就此开始，陈明仁为了守城要紧，乃将面粉代替了沙包，作为防御工事，城内城外，堆积如山，而剩余下来的小部分，因为四平被围军粮不敷，遂由兵士维持食用，就是这个关系，联总人员不知就里，而控了陈明仁。

可是事后调查，真相大白，陈明仁当然是无罪的，当局曾一度准备擢升为兵团司令，但陈明仁却没有答应。

因为为国苦战，顾不得分配，落个贪污恶名，真是冤莫能诉！

10月20日

陈明仁公事公办，按程序向薛岳呈文并转蒋介石，并附"三十五、六年垫支临时费表证清册（存军务局）"，要求"鉴核，逾格饬发"，言："自接掌七十一军，时将三载，剿匪抗日，整补移防，虽樽节核实开支，然以事实必需，不得不酌情支用。但月领经费，格于预算，向无节余。计在职三载，先后共挪垫券币九千一百余万元，谨遵检付证件明细表，报请鉴核，逾格饬发，俾早交代为祷。"

10月24日

就在薛岳核查9000余万元垫支款期间，身在南京的陈明仁逐渐听闻四平人士控告自己："对所部不加约束，纵取扰民，抢掠800吨国际救济物资"，十分气愤，写报告说明详情呈递蒋介石。

附：《辩白报告》

生蒙准假回籍扫墓，业已回京销假。风闻有报告生纵兵扰民，掳掠辽北善后救济物资等情事。纪纲所系，敢不辩白，谨为钧座缕陈之。

（一）当四平保卫战激烈进行时，辽北省主席刘翰东一再联合各机关团体，屡以书面要求撤退，并劝生突围。五月二十日经辽北党政会报全体决议，所有机关团体、民众、银行，均不许撤退疏散。经电呈熊主任有案。乃于二十一日，省党部主委罗大愚即率全体工作人员逃匿沈阳。生电呈中央，予以撤职查办在案。当五月二十日党政会报时，救济总署辽北办事处长赵惠东，曾要求将行总存四平物资，交由党政会报接收。经全体议决，仍由该处自行保管。乃该员竟于二十一日潜行逃沈，该处遂陷于无人负责状态。至五月二十六日党政会报，始决议，该处储运科长唐英麟负责主持。曾电呈行辕在案。

（二）行总存储四平之物资，经辽北办事处列册呈报动员委员会者，其品种数量，均属有案可查。其中动用者，如六月十一日第十一次动员委员会议第五项所决议，由该处提交动员委员会之牛奶、罐头、面粉等，交第五绥靖区副官处，出据领收，转发各部队，以资慰劳，此皆手续完备有案可稽。迨至四平解围，该处曾携来物资品名清册一大束，请求证明损失。生以责任所在，除该处曾报动员委员会有案者外，概行拒绝。该处一再向动员委员会及经理处作同样要求，均经严词拒绝。是该处欲假战争之机会，作报销物资之用心，昭然若揭。所云八百吨物资，何去何存，不难彻查。

（三）生奉命守卫四平，早抱与城共存亡之心，血战二十日。四平道西之失，由于保安团之叛变。其部队纪律之废弛，早为东北人士所共见。纵兵扰民，实为刘翰东之自供。究其诬控之因，一缘于刘翰东之屡请撤退，经生严词谴责，恼羞成怒。再缘于罗大愚、赵惠东之临战潜逃，经生呈请法办，怀恨在心。乃互相勾结，虚构事实，设词陷害。为恳准派公正大员，予以彻查。如诚为生过，愿受处分。在本案未查明前，生当在京待命。伏乞鉴核。

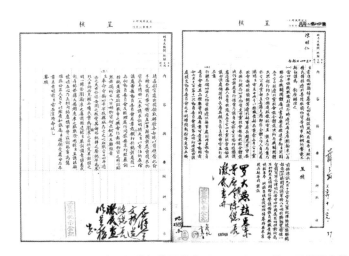

1947 年 10 月 24 日，陈明仁的报告及蒋介石 1947 年 11 月 9 日的两个批复

陈湘生："生"是陈明仁向校长蒋介石呈文时的自称，字写小一号，以示尊敬。

关于第（一）项，笔者补充一点内容：在战斗最激烈的 6 月 23 日，陈明仁在日记里写道："……电芳如（陈明仁之妻）表永诀，……刘主席维之兄来访，并劝予作突围准备……"

刘翰东，时任辽北省主席，是陈诚保定军官学校的同学，两人私交甚笃。因陈明仁根本无视这位省主席的存在，二人矛盾很深。陈诚一到东北，刘就向这位老同学诉苦告状，引发起陈诚对陈明仁更大的不满。

简述陈明仁的申诉呈文如下：1. 因被本人阻止，临阵逃跑不成，刘翰东及其下属罗大愚、赵惠东怀恨在心，互相勾结，虚构事实，设计陷害。2. 诉 71 军纵兵扰民，掳掠救济物资，纯属诬告，很容易彻查。3. 请派公正大员来调查，陈诚不算在内。陈明仁还表示：在本案未查明前，本人在南京待命，不去东北，罢工了。

陈明仁的呈文共有两页。蒋介石阅后，在第一页批示："罗大愚、赵惠东等应电令陈总长彻底查办。中正"。明明刘翰东是主犯，被蒋介石轻轻放过。等到蒋介石看完全文，感觉到事情的严重性，原来打陈明仁小报告者都是四平会战的临阵脱逃者，于是在第二页批示："应将全文抄送陈总长，彻底查清呈核。中正"。

11月2日

陈诚的翻手为云覆手为雨，引起了国军高级将领的议论与不满。

附:《徐永昌将军求己斋日记》(节录)

下午回看关雨东（关麟征），渠来开军官教育会，报将改美制云云……渠谓在川看到多是不知国家，到京见到人皆浩叹忧。（夏）楚中撤办是因贪污，陈明仁撤办亦然，但办法欠研究（以其守四平方有功），继任者又属于私，须知自私即是自杀。……

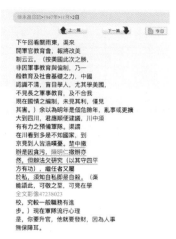

1947年11月2日，《徐永昌日记》相关记述

陈湘生：徐永昌时任国民政府国防部长、关麟征、夏楚中是陈明仁的黄埔一期同学。关麟征时任黄埔军校校长，成为继蒋介石之后第二任校长。1943年关麟征任军委会驻滇干部训练团教育长时，陈明仁任该团第一期步兵大队大队长、第二期将官研究班班主任、第四期副教育长，共同对驻滇军事干部进行抗日教育和军事训练，两人共事较长，相知也深。在此，关麟征为陈明仁抱不平，认为陈诚所作所为是出于私心，"自私即是自杀"。

11月4日

国民政府参军处参军长薛岳接蒋介石交下陈明仁10月20日报告，经初步核复后上报："钧座前交下陈明仁报告，为在职三载，共挪垫券币九千万元，现奉令调组兵团。恳逾格特发专款补助，俾早交代，等情。奉批：'应切实提证作报，如此大款，不得补助'等因。据报如上。

又前据陈总长报告：为七十一军请发四平保卫战伤亡损失特别补助费国币五亿元等情。呈奉钧批：'发贰亿元'等因。谨注参考。

経核附册支出临时各费，除谍报活动经费券币一百八十万元外，余均由该部分别呈报国防部、联勤总部及补给区。惟事前亦未呈准，遽行开支，似有未合，但所列各款俱属因公支用，拟交陈总长斟酌实情，分别查案核发"。

蒋介石批复"如拟"，并另命"交俞（济时）局长审核呈报"。

陈湘生：细看上文，第一，薛岳按照蒋介石对陈明仁"应切实提证作报，如此大款，不得补助"的指示，详细审核了陈明仁的10月20日呈文。第二，陈明仁要求发放特别补助费五亿元，蒋介石只答应给二亿元，克扣了三亿元。第三，陈明仁所报9100余万元费用，除了180万元外，均向有关部门呈报过的，但来不及等到批准，就先行开支了，且具属因公支用，"拟交陈总长斟酌实情，分别查案核发"，又把皮球踢给了陈诚。蒋介石则批示交俞（济时）局长审核呈报。

1947年10月20日—11月4日，
陈明仁、薛岳、蒋介石来往函件

11月10日

薛岳按照蒋介石"应将（陈明仁申诉的）全文抄送陈总长，彻底查明呈核。又罗大愚、赵惠东等应电令彻底查办"的命令，电饬陈诚遵办。

兼任东北行辕主任陈诚当日致电蒋介石，言"陈明仁撤职查办一案，前奉钧电复开：该员现告假回湘扫墓，待其来京后再办，等因。该员现已在京，拟先予以停职调部，听候查明办理"。

蒋介石24日批复："如拟"。

陈湘生：此时已在东北主政的陈诚觉得风向有变，当天就呈文蒋介石，建议将陈明仁的处理由"撤职查办"改为"停职调部"——降低处罚档次，撤职改为停职，也不提查办了，两人既已闹僵，干脆留在南京吧，陈诚是不会让陈明仁再来东北共事了。

蒋介石仍然批示："如拟"——同意。

11月19日

陈明仁晋任官位为陆军中将（国民政府令）。

11月24日

记者王定当日以"不返四平　屈居首都　四平名将陈明仁"为题，记述了陈明仁滞居南京之事：

坚守四平名将陈明仁将军，两个多月以前由东北飞到南京来"述职"，并且得到蒋主席的特许，回湖南湘乡（应为醴陵）原籍探省家属，再回到南京，本预备立即返东北督战，但又住了六个礼拜，还没有重返前线。军事倥偬之际，一代名将屈居首都，久不返任，其中一定有些奥秘，亦颇令人不解。据说，他坚守四平十五昼夜，名震中外，国府并授荣誉勋章，记者争往采访，陈诚将军亲至四平慰劳，四平收复经过还摄成电影，可谓光荣。又听说，就是因为风头出多了，遭到很多人嫉妒，于是有人到最高军事当局，面告他一状，说陈明仁这一次守四平，所付代价

1947年11月10日，陈诚致电蒋介石，将陈明仁的处理由"撤职查办"改为"停职调部"

太大，指挥既有错误，复又谎报战功。这两大罪状加到头上以后，前些日子还传说要撤职查办。后来又没有听到什么。虽然没有"查办"，亦没有明令"撤职"，可是陈将军滞居南京，也不无原因吧！

记者与陈将军见过两次面，他确实是一位能文能武、彬彬有礼的将军，为人非常豪爽，说话也比较随便，嗓门既高且大，他在会客室说话，院子里都能听见。他有湖南人的强烈性格：刚强、果断、坦白，记者们最欢迎的是这样一个被采访的对象。他知无不言，言无不尽，但他也知道军机以及"忌讳"。说完了话，他也来一个君子协定："这些话，请不要发表出来好吗？"可是他没有先定"协定"的地方还是很多，报上常可以看到陈明仁将军访问记之类的文字。又有一说，他的多话，亦引出很多人的不满，

以至于滞居京地。

陈将军才五十多岁[①]，目光炯炯，高高的，瘦瘦的，精神极佳，面色红润。四平一役，半个月没有睡觉，更没有洗脸。当四平解围之后，首先进入四平的记者邵嘉陵君的电讯称：陈氏仍然是毛发未剃，胡须长了很长。后来理发时，却留了上唇一撮浓密的黑胡子。说起话来，总是带着爽朗笑声。陈将军诚然是一位很有风趣的人物。南京《新民晚报》刊登过陈将军的一些故事，说陈将军在民国三十一年，当预2师师长，驻在昆明附近的安宁县。有一次蒋主席去视察，见到他的士兵，都褴褛不堪，非常生气，于是把他找到昆明申斥一番，可是他的态度仍然很顽强，他说："报告委员长，打仗打不好，是我的责任。穿衣穿不好，我却管不了"。他如此冒犯长官，蒋委员长再加以申斥，并声言要撤他的差，谁知他更加无礼，不待蒋委员长说完，就把自己领子上的两块两颗星的金板板用力撕下来，回头就跑。委员长大为震怒，立刻叫卫士把他关起来。经过宋希濂等力保，放了出来以后，师长过了河，当一个七十一军空头副军长职务。事隔半年，他到了重庆，蒋委员长约他十二点钟见面，他准时去了，恰巧委员长在睡午觉，侍从们不愿传达，他一再说明，依然不行，他又冒起火了，拿起棍子就打，打得那位副官立刻到主席面前告状说："陈副军长拿棍子打人。"这一次委员长没有生他气，只问他为什么这么野蛮，随便打人？他答应也很妙，他说："报告委员长，委座约我十二点钟来，不来是我不听命令，来了他们又不肯传，到底是违抗命令好，还是一定要见好，所以我打了他。"

他的出身是黄埔第一期，当东征时代，革命军围攻惠州。那时陈明仁是一个连长，他率领一连人，自己首先爬城，身先士卒，终于将惠州攻下。当时蒋总司令也在前线督战，亲眼看到陈连长爬城，嘉奖不已，等全军入城后，便集合全体官兵，亲发口令，向陈连长敬礼。陈明仁大名立刻传开，他自己也觉得很光彩，因此他后来养成了一点骄傲。

今年共军在东北夏季攻势，四平是以一比二十，胜过了共军。当时共军配备也好，陈将军说："这次致胜原因，是我们的士气旺盛，个个抱定必死决心，与四平共存亡。"四平之战之惨烈，为数十年来所仅有。进攻四平，除共军外，还有韩共，听说还有苏军，可是只"听说而已"。陈氏笑笑说："共军有苏联援助，咱们还不是美式配备吗？"

[①] 陈明仁其时为44岁。

陈氏回到南京的时候，来看他的朋友很多，有一位上校告诉他已经退役，陈氏答称："这年头退役也好。"不知道他是安慰别人，还是有此一愿。

当代军人中，资格老一点的，没有人不知道陈明仁是一位勇将，他坚守四平之后，由七十一军军长升为第二兵团司令官。可是他一直还没有去指挥过。名震全球的名将，却在南京休养了。

12月4日

陈诚致电东北政务委员会，对陈明仁"着予停职，调回国防部"。

陈明仁在自传中谈到1947年12月被调任国民政府参军闲职一事时说："陈诚到东北后，把我带到各部队讲话，并将我视为一个所谓生动的榜样，要各部队将领都来学我的坚守精神。到达沈阳后，更迫使好几十万人民开会欢迎，成为沈阳空前未有的所谓盛况。可事隔不久，等我去南京一转的时候，陈诚便请求蒋介石撤我的职，并且要查办。一方面是他报复我的仇隙；另一方面是他妒忌我的所谓'功劳'。当时，蒋介石虽未明确答应他的请求，但暗中还是顺从了陈诚，而把我调任一个国民政府参军的闲职。这样一来，国民党政府所属各部队，都为之骇然，士气受了很大的影响，认为我替政府立功这样大，尚且如此下场，以后谁会出力来打仗呢？尤其归我指挥的部队的高级将领，都写信给我表示以后无论如何不再在东北流一滴血，白替蒋介石、陈诚等少数人牺牲了，这点对于促使国民党政权的崩溃是多少有点间接作用的。"

附1：陈扬钊《回忆父亲陈明仁》（节录）

在我离开东北后的次年（1947年夏），我父奉蒋介石命令，固守四平街，抵抗解放军。后来听说，李明灏曾到东北劝说我父不要为蒋介石卖命，但我父仍执迷效忠于蒋介石，不为李言所动，在四平街战役中仍顽强地和解放军作战，在极困难的情况下为国民党守住了四平街阵地。是役被国民党吹嘘为有史以来守城防御战最成功的战例，并拍成新闻电影，在国内外播放，大肆宣扬，我父并获蒋介石授予"青天白日"勋章，提升为第2兵团司令官。我父派人前往长春准备设立兵团司令部，自己则回南京探望我们后，即与母亲到湖南家乡醴陵探亲，祭祖扫墓。此时国民党军参谋总长陈诚到东北视察，陈诚见我父如此受到蒋介石的重视，名声显赫，心存嫉妒，又听到辽北省政府主席刘翰东告我父的状。刘是陈诚保定系的，说我父看不起他，打仗时又不保护他，将美军援助的粮食拿来构筑工事，陷老百姓于饥饿状态。美军顾问亦大为震怒，与陈诚密商后，由陈诚向蒋介石告状。蒋最怕得罪美国，偏听陈言之后，即下令就地扣押我父，撤职查办，后经何应钦等说情，晓以利害（因我父是刚立战功，名扬国内外），才免予扣押，而撤去一切职务，安排在南京总统府任中将参军。事实是刘翰东在辽北私自囤积大量粮食，其中不少是美援物资，他扣为己有，堆起在四平街火车站铁道两旁。这些粮食被炮火击燃后，损毁多半。四平战后，居民缺食，士兵缺粮，便在烧毁的粮堆中将尚可食用的部分也拿走了。我父未予阻止，使刘私有的囤积损毁殆尽，刘遂怀恨于心。

附2：应起鹤《陈明仁在东北》（节录）（刊载于《文史资料存稿选编——全面内战》）

当陈明仁由四平回到沈阳受到盛况空前的欢迎时，国防部亦赶紧把他的夫人谢芳如由南京专机送达沈阳。不到几天，陈又偕同谢芳如飞南京向蒋介石述职，接着又由南京回湖南醴陵扫墓。这种扫墓，是陈明仁历来每打一次胜仗必赶回老家照例实践的礼仪，尤其是这次回去，故乡亲友回忆他的四平之役，转危为安，名震中外，当然是为之欢欣鼓舞的，陈本人庆幸心情更是可以想见的。但当他扫墓完毕返回长沙时，有人透露撤职查办消息，起初他不置信，且认为是共产党造谣，不久这个消息居然由东北发来的急电得到证实，因即赶回南京见蒋介石，而蒋竟答以"我还不知道"。这就使得陈明仁浩然长叹，把军服撕掉，息影杜门，表示不再问人间事。这种突如其来的怪事，是怎样产生的呢？当时各方面传说纷纷，莫知究竟。据我所亲眼看到事实，主要是和辽北省主席刘翰东发生了矛盾。情况是刘翰东和陈诚为保定八期同学，年事资历算是陈明仁的前辈，但在陈看来，刘的发表省主席，起先到四平组织省府，就为东北民主联军俘虏过，后虽释放回来，又困守沈阳无法就职，到1946年5月陈明仁率部会同新一军、新六军攻占四平后，他才跟着军队进入四平。刘翰东自己除依靠陈诚私人关系外，对东北人民并无任何贡献。因此，陈明仁心目中早就看他不来。同时在职权方面，陈明仁兼任东北第五绥靖区司令官，按条例，一到战时，对当地军政各方面事宜，可以统一指挥，因之陈一到四平战事发生后，也就当仁不让地对省府发号施令，凡一切不利于军事行动事项，都给以限制或不准。刘翰东则自恃资格老、后台硬，也不买账。战事爆发前夕，陈为了便于联系，要把绥靖区司令部移驻省府办公，被刘拒绝，陈半开玩笑地说"你大概是想第二次当俘虏吧（即指刘1946年4月在四平被俘事）？"有次陈在绥区司令部做总理纪念周，到讲话时，问刘主席来了没有？台下答复没看到来。陈又粗率地说打电话叫他来。这些都是使刘和他手下的各厅处长感到难堪的。后来战事一天天地激烈，刘翰东要求让省府一些委员撤退到沈阳。陈严肃地说："任何人，没有我的命令，不准离开。"接着刘又要求把在市区停留的难民放出去，陈怕走漏军事消息，也没有同意。在整个的作战期间，战火越激烈，刘翰东就越恐慌，陈明仁司令官则越是不理他。双方嫌怨愈演愈深。到四平解围之后，陈刘二人同机到达沈阳，各方面的欢迎群众和代表尽管场面怎样热烈，大家都是面向陈明仁，对刘翰东只是作为配像①，随意应付一下，这也是使刘恼羞成怒的事。但尽管上述存在着种种矛盾，实际也只是双方的工作作风和处事的态度问题。刘翰东尽管朝廷有人，要想置陈明仁于法，是不可能的，问题的症结还是在第七十一军本身上面。主要是四平战役，第七十一军所属各部队为了构筑工事动用了美国善后救济总署面粉、被服等物资，又动用了农本局和一些商人储存的大豆，这在军事紧急情况下是无可非议的。问题是战事结束后，各部队对这些动用的物资，不但没有负责归还，相反是大家争着搬去变卖，以饱私囊。更引起群众侧目的，是某些高级军官，对于并未动用的面粉大豆和其他救济物资，公然打开仓库，用汽车大量搬运，据为己有。这些贪污情况，是陈明仁离开四平以后发生的，刘翰东也把责任推到陈明仁身上，并根据这些趁着陈诚到东北接替熊式辉为行辕主任时，即以陈明仁大权独揽，军纪废弛和贪污救济物资，破坏中美友好等罪名提出控告，于是陈明仁的汗马功劳，就因此在陈诚手里付诸东流。……

12月6日

东北民主联军得悉陈明仁被撤职消息。

附:《阵中日记》(节录)(第519页)

（3）东北敌第七兵团（即第二兵团）司令官陈明仁现已撤职。

12月9日

陈明仁在南京晋谒东北行辕前任主任熊式辉，述说被"停职"经过，并请熊式辉代为向蒋介石进言。熊式辉承诺，并说动蒋介石召见陈明仁，

---

① 作者注：陪衬之意。

给其解释机会。

附:《沧桑集——熊式辉回忆录》(节录)

陈明仁来,报告本月四日部令其停职事,答当再向主席问明。晚晋见主席,谈陈明仁事,余力言其有功,不可听人任加污蔑,并详细说明其招怨之由。主席意颇喟然,言不知国防部四日发出之停职令。余请召见之,并请委以绥靖区司令。承允可,但云陈诚当为结束其免职案。

12 月 11 日

蒋介石召见陈明仁,给陈明仁机会解释,但未能改变停职结果。

附:《蒋中正日记》(节录)

召见李天霞、陈明仁、吴啸亚等。

12 月 12 日

附1:《益世报》报道:《陈明仁被控,传已受撤职处分》

本报沈阳11日专电。前守四平名将七十一军军长陈明仁,曾因(所属于战后期)抢占联总物资,有违军纪,被辽北省府,党部,及民众团体等控于蒋主席,闻陈现已受撤职处分。

本报沈阳11日专电。据行辕非正式表示,陈明仁被控各节属实,惟现尚未接获陈之被撤职正式命令。又闻陈部因取联总救济物资被美人某控告予当局,并要求赔偿在四平所存之数百吨救济物资。

附2:《南京日报》报道:《陈明仁撤职说不确》

据悉:外传七十一军军长陈明仁撤职之讯纯系不确,陈氏刻已升为第七兵团司令。

12 月 24 日

附:《北平日报》《内幕新闻》刊登《陈明仁撤职前后》

苦守四平一战胜敌的陈明仁将军,早已薄海知名,为全国人民所钦仰,可是万万想不到,最近沈阳方面传出他被撤职的消息,要明了这其中的原因,得先明了陈明仁这个人。

陈明仁籍贯是湖南醴陵,和何键是小同乡,他天生有一副湖南人"刚毅不折"硬碰硬的性格。抗战初期,在武汉大会战之前,他还不过是一个团长,驻扎在最前线,据说有一次蒋主席以委员长的身份巡视他的军队,看见大兵们都是破衣褴褛,便传唤陈团长,大加申斥。

陈明仁却立刻报告，曾多次打电报请后方勤务部门发放军服，但一直没有回话。蒋委员长听他这样说，倒很了解，回到武汉把负责后勤的人员惩办了。

还有一次当他升到副军长以后，奉召去重庆述职，听说为了侍从人员迟迟不给通报，结果他当时竟把委员长侍从室的副官打一记耳光，委员长依然没有骂他，而陈明仁从此获得"霹雳火秦明"的绰号。

当抗战胜利到来，陈明仁被任命为七十一军军长，而且被调到东北，他虽然脾气依然暴躁，但实在能打硬仗。四平之战，可以说他是初次显露身手。他守四平，被连续围攻十九天，因为"共匪"都是昼伏夜出，于是他便决定几种新打法来应付。

第一是夜里禁止居民外出，门窗紧闭，并通令全军，见街上有人就开枪，即便是军长自己在街上走，开枪打死也不算有罪。这样一来，"共匪"就无法走进，走进就入了火网，活的来，死的去，并且无法夜里混进居民住宅。

第二是夜里对第一线绝不增援，这样可以避免混乱，自己人分不清自己人，即使"共匪"在某处得手，我军至多损失某处一排或一连的兵力，毫不影响全局。

第三是要居民家家挖掘地下室，将床铺搬到地下室睡觉，重要什物也搬下去，所以即使夜里火炮猛烈，甚至将房子炸倒，但老百姓从作战开始到终结，仅死伤一千三百七十名。

这几种战略曾经被各大外国报纸竞相揭载，大家都对他的战略表现出莫大的兴趣。

这次被控告，其实早在四平围解之后就酝酿了，原来在吃紧之前，联总送来一批救济面粉，一大袋一大袋堆积如山。到四平开战，陈明仁发现这些面粉很适宜于代替沙包，做防御工事。因此命令士兵搬去大部分，堵在路口，抵挡炮火，少部分充足士兵食用、以济粮荒。

他这种便宜行事的做法，自然不能得到美国人的谅解，于是联总将陈明仁"抢运"的事状，向甫行就任的陈诚兼主任告上一状，这期间还有许多与他素来不和的同僚举报陈明仁"渎职"，陈明仁遂被撤职罢了。

据说他被撤职的命运早几个月就已定下来，大概当报上刊登了陈明仁回乡扫墓的时候，他便是自由人了。他住在南京，但并未被扣，蒋主席对他一本初衷，还是对他非常爱惜。而且一度要他回东北出任兵团司令，他却满口谢绝。

12 月 26 日

负责核查第 71 军账务的国民政府参军处军务局局长俞济时完成核查，回报蒋介石。

蒋介石批示："如拟"。

附:《核查报告》

奉交下前七十一军陈军长明仁报告：为在任内亏用流通券九千一百余万元（合法币拾亿零五千万元），现已移交未清，家境贫寒，无力赔偿，恳如数赐发归垫一案。奉钧批：交俞局长审核呈报，等因。谨查陈军长亏用流通券九千一百余万元一案，前已据报，呈附支出临时费清册。经列呈，奉批："交陈总长斟酌实情，分别查案核办"在案。关于本案，业由国防部分交有关单位查案签办。兹向预算局抄来一份，并经逐项审核签注。是否有当，理合签请鉴核。职俞济时（印）谨签。

国防部审核七十一军各项临时费办理情形表

	费别	流通券（万元）	国防部查注	军务局审核意见
1	美式服装保固费	116.5782	经理署业电复，应报由第六补给区转请核示	拟饬陈军长即将支出计算册据径报国防部核办
2	汽车材料购置费	325.8852	运输署已准列款 1954 万 5600 元，并于十日汇出	拟饬径向运输署洽领
3	煤炉购置费	159.6216	应按国防部代电，遵照通令规定，在常备金项下开支	查三至九项，已支临时费。就国防部查注情形，饬均由常备金或应交款内开支一节：查常备金仅为经费百分之二点五，如上列七项均指用常备金项下开支，势难容纳。拟饬国防部就该军各月计算，详加审核。如常备金业已支用无余，或无应缴节余经费款项，均应补发
4	由苏北调运马木架购置费	166.6200	马政司承办部分，准在该军应缴款开支	
5	补充团办公费	80.0000	经总长批复，由常备金项下开支，仍应遵前电办理	
6	修补卡车轮胎费	147.4000	运输署签电复，送厂整修，该军送商修理，歉难照办	
7	谍报员服装费	352.4200	经理署核签，应照通令规定，在谍报费内开支	
8	汽车防寒保温费	100.0000	运输署核签，卅五年准由六补区制发保养套五千只，本年又制三千只，该军系由六补区补发	
9	卅五年度征雇大车费	193.0625	联勤总部代电，饬由常备金内列支	

	费别	流通券（万元）	国防部查注	军务局审核意见
10	购置红白布板费	433.0653	业由总长电复，报由六补给区核发	拟饬向六补给区洽领
11	汽车技工工作奖金	127.2360	运输署签查无案，拟饬向六补给区洽领	拟饬径向六补给区洽领
12	军调部二十八小组招待费	68.8507	财务署已承办，部电饬知，未据报备有案	拟饬检据，径报国防部核办
13	四平战役损失屯煤屯油款	1929.2000	已由联勤总部电请东北行辕，查示采购价款详情，再行核办	拟饬国防部迅即核办
14	四平战役损失马株现品价款	2970.0000	同上	同上
15	制轻机枪衣工料费	54.9000	兵工署核签，事先未经报备，为准在案。如款确已支出，应俟计算送部再办	拟同意
16	赴京受训人员旅费	64.5620	预算未到，俟到后再行核发	拟同意
17	印制臂章符号费	263.5160	同上	拟同意
18	绥靖部队点编公什谍报费	1172.5487	同上	拟同意
19	营房修缮费	256.0000	同上	拟同意
20	谍报活动费	180.0000	同上	拟同意
	合计	9160.4662	—	—

1947 年 12 月 26 日，俞济时呈报蒋介石"国防部审核七十一军各项临时费办理情形表"原件扫描

军调部第二十八执行小组中共代表组长
耿飚将军（四平战役纪念馆供图）

陈湘生：俞济时组织国防部相关单位仔细审计调查陈明仁上交的《支出临时费清册》，编制了"国防部审核七十一军各项临时费办理情形表"，分为："费别""流通券（万元）""国防部查注""军务局审核意见"等四个栏目，分别注明费用名称、费用额度、国防部调查报告和军务局的终审意见。从"美式服装保固费"到"绥靖部队点编公什谍报费"，林林总总共20项。大到"四平战役损失马秣现品价款"，价值2970万元，小到"制轻机枪衣工料费"，价值54.9万元。总计9160万4662元。再看"国防部查注"栏目，对于20项开支，均有详细调查报告，其大意基本为："经×× 署核签,应照通令规定,在×× 费内开支"。而"军务局审核意见"，基本是一个模式："拟饬陈军长即将支出计算册据径报 ×× 部核办"。一句话，所用各款，具属因公支用；唯事前亦未呈准，遂行开支，似有未合，但事出有因；请陈明仁军长补办手续，如数拨款归垫。

"国防部审核七十一军各项临时费办理情形表"中的第12项，费别是"军调部二十八小组招待费"，费用额度68.8507万元。军调部第二十八执行小组中共代表组长就是耿飚将军。1946年5月2日至10日，陈明仁部队部署在四平街外围，按照军调部命令，停止战斗。耿飚将军以军调部第二十八执行小组中共代表组长的身份，来到陈明仁部，监督停战。两位醴陵老乡朝夕相处多日，陈明仁以主人之礼款待客人。

12月29日

兼任东北行辕主任陈诚致电蒋介石，言"查第七兵团（陈明仁）司令部，因主持乏人，已饬自十二月底暂行结束，其直属队所有装备，亦已饬交新7军接收，谨电核备"。

蒋介石31日批复"悉"。

兼任东北行辕主任陈诚致电蒋介石，提交对陈明仁自辩报告的调查结果。

附:《报告》

奉查罗大愚、赵惠东等弃职潜逃及四平守军败纪抢粮一案

（一）罗大愚原任辽北省党部主委,当本年五月"共匪"围攻四平之际,该主任委员于五月二十日参加辽北省党政会报后,即于次日率委员梁肃戎、赵岳山,书记长李象泰,及大部分工作同志潜来沈阳,舆论大哗。比经陈军长明仁、刘主席翰东,分电中央党部及本行辕,请求严办。嗣中央党部复电,罗大愚予撤职查办,其余人员并交东北党务特派员王星舟查办。唯案关违犯党纪,拟请钧座转知中央党部,迅饬王特派员,将查办情况呈复,仍由中央党部处理。

（二）赵惠东原任善救总署东北分署辽北办事处长,当本年五月中旬,四平紧张之际,潜离四平,藉向分署接洽公务为名,逗留沈阳。比经陈军长明仁及刘主席翰东会衔分别电请东北分署,及本行辕严惩。嗣辽北省府得该分署复电,对赵来沈,证明确系接洽公务,并指定该办事处科长唐英林代理处长职务。四平解围,赵亦未复职。现东北分署及辽北办事处均已结束。究应如何办理乞示?

（三）四平存粮及军队抢粮情形:

1. 四平被围时,全市存粮 2800 火车,除战火及"共匪"焚烧、乱民搬运外,部队抢去二百余火车,大部为 71A 于"匪军"撤退后,以卡车搬运,分存各驻地。又盐务局仓库被该军运去食盐 7900 担。

2. 驻军时有抢劫情事,尤以 88D 为甚,腰站房屋均被该师焚烧,故该军军纪废弛,抢粮劫财,实无疑问。但当时以久战疲敝之师,杂以地方保安团队,战况惨烈之际,掌握不免困难。尤以该部血战四十日,四平得以保卫,扭转战局,树立殊功,亦可功过相抵。除陈明仁业奉钧令停职外,该军败纪抢粮一案,以时过境迁,无法取证。除严加整肃外,拟请从宽免究,理合报请鉴核。

蒋介石批复:"如拟"。

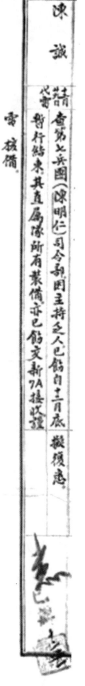

陈诚撤销陈明仁
的第七兵团后,
报告蒋介石

280

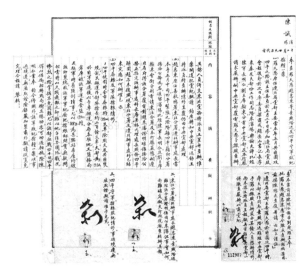

"奉查罗大愚、赵惠东等弃职潜逃及四平守军败纪抢粮一案"报告及批复

12 月 31 日

兼任东北行辕主任陈诚报告陈明仁在第 71 军军长任期内的账目调查结果。薛岳于次年 1 月 12 日呈递蒋介石，1 月 14 日蒋介石批示："如拟"。

附:《呈核》

职 薛岳 呈

三十七年元月十二日

机关或姓名：陈诚

日月、文别、号次：亥（12 月）世（31 日）代电（三十六年）

内容摘要：

申（9 月）哿（20 日）府机电奉悉。当时因四平交通阻断，又复辗转调查，致复稽时。兹谨将陈明仁在七一军军长任内积亏情形，分陈如下：

（一）据国防部监察局局长彭仁位及第六补给区司令刘翼峰清核结果，除四平战役囤煤、囤油垫支 1929 万 2000 元，及四平战役损失垫购马秣现品 2970 万元，共垫支 4899 万 2000 元外，其余均系临时垫支。在事前未经请准，或所报有违规定。但部队作战，因实际需要垫支，亦属事实，拟准予核销。唯在四平战役期间，该军自动垫款 4899 万 2000 元，屯煤、屯油及马秣，继即全部损失。此事据第六补给区清理意见，以其事前未经商得同意，不由补给区运济现品，而由该军垫支自购。事后亦未接该军通知，而系径报保安长官司令部，转请联勤总部归垫。究竟当时囤购情形如何，在战局上是否时间急迫，须自行垫款购囤，均须查明再核。窃以该军长在四平战役，英勇殊堪嘉尚，其扭转战局之功，实不可磨灭。复据监察局彭局长，查明当时迫于事势，自动囤购，亦系实情，似可免于追究手续。拟恳并准核销。

（二）经查四平、沈阳各银行，尚无假名存汇情形。

（三）该军长任内，应发薪饷，八月份以前均已发清，九月底业将八月份全数结发。谨复。

拟办：

呈阅

1947 年 12 月 31 日，陈诚致电蒋介石报告陈明仁账目调查结果

钧座上年九月二十一日，手令东北行辕陈兼主任，以顷据陈军长明仁，来京报告，谓在任内积亏券币达九千万元之多，其实情究竟如何，沈阳及四平各银行存汇账目，希派员密查。如填有假名，亦应责令银行，负责指明真实姓名。并云该军薪饷有二月未结。此事是否属实，均望详复，等因。据复如上。

又前据陈明仁报告，并附呈垫支各项临时费表，共计券币九千一百六十余万元，业交国防部，分交有关单位查案签办，复经军务局逐项审核。签请呈奉

钧批如拟，并分行饬遵有案，谨注。

批示（蒋介石）：如拟。

已办（印）元.十四。

陈湘生：陈诚的呈文大意为：1.部分垫款是否合乎手续，六补给区要继续追究；监察局彭局长查明当时迫于事势，自动囤购，似可免于追究手续。我认为陈明仁守四平有功，准予核销。2.陈明仁在四平、沈阳各银行确实没有匿名存款，也没有拖欠军饷。

此案一直拖到 1947 年的最后一天——12 月 31 日，陈诚才向蒋介石报告 9 月 20 日交办调查陈明仁部队军费亏空的结果。而最让蒋介石心心念念的关于陈明仁有无在银行假名汇款、拖欠军饷等疑问，虽然陈诚几天之内

就可调查清楚以还陈明仁清白，但他也是拖到这天才回复，让蒋介石怀疑了足足三个多月。虽然最后证明陈明仁无辜，不过蒋介石为了个人好恶和照顾陈诚的面子，陈明仁就不明不白地由四平英雄、兵团司令贬为国民政府参军的闲差，正可谓：为丛驱雀，为渊驱鱼。

12月

联合勤务总司令部统计第71军1947年1月1日至12月25日武器损耗数量：步枪15479支，轻机枪1013挺，重机枪202挺，手枪140支，冲锋枪2228挺，60迫击炮235门，80、81、82迫击炮65门，37战防炮54门，236火箭炮89门，75山炮9门，105榴弹炮7门，苏罗通炮4门，55战防枪25挺，枪榴弹筒327具，信号枪74支，照明枪2支。

本月

黄杰携夫人到南京鼓楼四条巷陈寓，探望陈明仁夫妇，以示安慰。

1947年冬，黄杰夫妇前往南京陈明仁家看望已被陈诚撤职查办的陈明仁及其夫人谢芳如

陈明仁赞同李明灏投奔共产党。

附：《大革命以后解放以前我的历史概况》（节选）（《李明灏将军》，上海人民出版社1997年11月出版）

（1947年）冬天陈明仁被蒋介石撤职查办，回到南京时，我又在南京与他见面，向他畅谈一切，把我准备进解放区的计划告诉了他，他完全赞成我进解放区。

1947 年 12 月，南京中山陵李明灏（中）与陈明仁夫妇、子媳、孙子合影

1947 年 12 月，南京中山陵李明灏与陈明仁夫妇、子媳、孙子合影，

左起：陈扬钊、邓荣辉、陈见南（怀抱）、李明灏、陈明仁、谢芳如、彭玉琪、陈京生（怀抱）、

陈扬铨

1948 年 1 月 1 日

中国国民党革命委员会（简称民革）在香港成立，李济深当选为主席。民革主张"推翻国民党的独裁统治，实现中国的独立、民主与和平"。

东北民主联军改称东北人民解放军，原东北民主联军总部改称东北军区兼东北野战军司令部，林彪任司令员兼政治委员。

1月22日

国防部在沈阳新设东北"剿匪"总司令部，卫立煌任东北行辕副主任兼东北"剿匪"总司令。

1月28日

陈明仁被撤职引发国民政府上层人物不满。

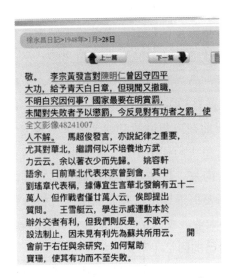

1948年1月28日，《徐永昌日记》

附:《徐永昌将军求己斋日记》(节录)

上午出席中政会，……李宗黄[①]发言对陈明仁曾因守四平大功，给予青天白日章，但现闻又撤职，不明白究因何事? 国家最要在明赏罚，未闻对失败者予以惩罚，今反见对有功者之罚，使人不解。

2月16日

陈明仁派任国民政府参军处(参军长薛岳)中将参军(国防部人事命令)。

刘安祺代理第7兵团司令官，仍兼任第71军军长。

附1:陈扬钊《回忆父亲陈明仁》(节录)(载于《文史资料存稿选编——军政人物》)

我父怀着满腔的怨愤，在南京赋闲期间，脱去军装，穿上长袍，留着胡须，

---

① 时任中央党政考核委员会秘书长。

每天与儿孙们游玄武湖、灵谷寺、栖霞山、燕子矶、中山陵等地。他最喜欢到中山陵和廖仲恺的墓园，我们常与他陪客人在那儿照相。他最喜欢的娱乐就是打麻将，平时多与老乡打麻将。听我母亲常唠叨说，他打麻将不论输赢却极少讲话，高兴时，最多扁嘴微笑，紧张时一声不吭。抗日战争前，他在南京陆大13期学习时，为了打麻将，输了很多钱，要将南京鼓楼四条巷的房子卖掉。我母亲反对，将她的私蓄拿出来，再借了一笔钱还清赌债，南京住宅才得以保留下来。新中国成立后这两栋小洋楼的花园式住宅及在湖南衡阳、醴陵家乡的住宅都捐献给了国家。这段时间里，他由于心情不舒畅，还经常饮酒。他的酒量也是闻名的，一次饮一瓶贵州茅台也不醉。有时到朋友家，高兴时喝得酩酊大醉而归，由副官背他下车。他醉酒也从不乱讲话，只是昏昏沉睡。

1947年冬，他以前在广州讲武堂的老师李明灏突然来到南京，住在我们家中。李老伯除了和我们到中山陵、玄武湖等地游览外，还常与我父在家密谈，不久即离开南京。后来我们才知道李那次到南京，是再次劝说我父亲要认清形势，不要再继续依靠蒋介石了，有机会争取回湖南与程颂公共商保卫家乡的和平大业。李老伯离南京后，就绕道到解放区去了。

附2：陈明仁自己的回忆（节选）

我从东北回南京时，曾在上海国际饭店住过，因我一腔愤怒之情无处发泄，曾独饮闷酒，借以解愁。一天我狂饮白兰地酒，酒后在饭店高楼窗前徘徊，最后醉卧昏迷。我妻谢芳如请来了在上海的总统府中将参军唐生明（唐生智胞弟）来劝我。事后我对唐说："全国各战场每况愈下，蒋介石在划一只破船，这只船非沉不可。"唐生明极力安慰我稳定情绪，要我等待时机，谋求新的出路。

附3：唐生明[①]的回忆（节选）

陈明仁遭此不白之冤，满腔悲愤，寝食失常，无由申雪，只有切齿痛

---

① 唐生明（1906—1987），湖南省东安县人。唐生智之弟。字季澧，湖南省东安县人，国民党中将。1926年毕业于黄埔军校四期。抗日战争初期，任长沙警备司令部副司令、代理司令。1938年春调离长沙，与常德、桃源警备司令鄷悌对调。曾任长沙警备区代理司令，常桃警备区司令，国民党中将参军等职。在抗战期间奉蒋介石之命打入汪伪政府内部卧底，并在解放战争末期掩护共产党地下活动，使湖南和平解放。起义后，任中国国民党人民解放军第一兵团副司令员，中国人民解放军第二十一兵团副司令员。1949年冬，被派赴香港经商，配合中共香港地下组织，为中国、中央两航空公司起义做工作。1956年回到北京，任国务院参事，是第三、四、五届全国政协委员，第六届全国政协常务委员。

骂陈诚。1948年，蛰居上海国际饭店后，终日闭门不出，整天陪伴他流泪以侍的，只有他的结发妻子谢芳如。陈明仁的那股犟牛脾气，经常发作，妻子也难以说服，只好听之任之。记得是某日午后，谢芳如发现其夫，更反常态，狂饮白兰地酒，酒后又徘徊在十二层高楼窗前，谢以为其夫意欲轻生，因此，乘陈醉倒卧床之机，急忙给我打了电话。在电话中，她如泣如诉地说："唐大哥呀唐大哥！子良不好了，赶快来劝劝他。"这一突然信讯，我深感事态严重，立即用电话，把上述情况告诉了孔祥熙的大儿子孔令侃，并让他把这一情况告知了当时在上海的宋美龄。随即，我邀孔去了国际饭店，我们连说带劝地把陈明仁送到鸿恩医院，给予休养看护。次日，我再上鸿恩医院看望陈明仁时，宋美龄也接踵而来。她看到陈明仁那股颓唐丧气的情景，她以夫人兼师母的身份对陈进行劝慰，并声称她是代表校长（指蒋介石）来的。临行前，宋又对陈说："有关你的冤屈情况，唐生明已向我说明了。大家都知道你是忠于党、忠于国、忠于校长的，四平之役又是立了大功的。假如校长明了情况，绝不会如此处置。"劝说陈明仁要识大体，不要灰心丧气。宋美龄亲自看望，给陈明仁以极大的安慰，心境也大为好转，但由于受陈诚的刺激太深，不可能三言两语即得以平复。他回顾自己，已是光杆司令，东山再起谈何容易？全国形势土崩瓦解，个人前途渺茫，不能不使他又陷于沉思、彷徨中。

3月3日

刘安祺实任第7兵团司令官，向凤武继任第71军军长。

3月13日

东北野战军攻占四平，费时23小时。守军第88师被歼灭，师长彭锷化装逃脱。

3月29日

行宪国民大会在南京召开。

4月19日

蒋介石当选中华民国第一任总统。

5月22日

国防部成立西北慰劳团前往陇东慰劳"陇东战役"出力部队官兵，由陈明仁兼任团长。

5月25日

国民政府参军处改称总统府参军处（参军长薛岳），陈明仁仍任中将参军。

陈明仁率团起程，先后前往华阴、华县、潼关劳军。

陈明仁在自传中谈到西北慰劳团时说："我调为参军以后，除了一度被派为西北慰劳团团长，率领一部分军官到达西北，进行对各部队慰劳工作外，始终在南京闲住，过着十分无聊的日子。在西北慰劳部队，便集合讲话一次，除了讲些代表中央慰劳的话外，主要还宣传我守四平的经过和我个人的下场，这里面的作用是恰恰与鼓励军队士气相反的，因为我守四平的经验和精神，当时一般的将领都认为值得效法；但结果我竟被免职，这又是使一般将领寒心的。由于这个影响，后来胡宗南部队的将领们多少都存在了一点动摇心理；思想上也起了一点转化，这对于国民党政权的迅速崩溃也多少是有点关系的。"

6月16日

陈明仁率西北慰劳团去西宁，慰劳马步芳部。马步芳致电蒋介石表示感谢。

6月中旬

陈明仁率西北慰劳团返回南京。

6月

已与中共地下党有联系的唐生明开始做陈明仁的工作。

附：唐生明《弃破船乘新舟》①（节选）

我与陈明仁曾在黄埔军校先后同学，抗日战争胜利后，我被蒋介石任命为国防部保密局中将设计委员，1946年底，改任国防部中将部员。1948年，蒋介石当选为中华民国总统以后，调任我为总统府参军。

1948年6月的一天，陈明仁推心置腹地对我说："全国各战场每况愈下。国事前途实堪忧虑，蒋介石在划破船，这只破船看来非沉不可。我们靠黄埔这块招牌打天下，打了20多年，看来迟早会同老头子一起身败名裂，死无葬身之地！"

---

① 《湖南和平解放口述历史选编》第158页，湖南省文史研究馆编，2019年7月版。

我听到他这一番话，好像话中有话，心中奇怪。他平日对蒋介石从不说半个"不"字。一贯忠心耿耿的陈明仁，今天竟自比"破船客"，一时间难以摸透其心底，陈明仁沉思一阵后又说："你平日多次向我说到要'良禽择木而栖'这句古语，今天看来很有道理。我虽非良禽可比，择木倒不可不为。当然，我所说的'择木'还是要在这只'破船'上来择，死马当成活马医。这样才不愧英雄硬汉的本色。纵观各实力派，东北、华北、山东三大军团没有我的份；武汉由桂系占据，欲我前去助阵；西北的胡宗南亦邀我去帮忙。处此关键时刻，请你来为我考虑一番，以定行止。"

这时我已与中共地下工作者有了联系。我说："我们都是湖南人，还是靠往湖南为好。因此，我主张暂去武汉。"1948年秋，陈明仁被任命为武汉警备司令，不久又兼国民党第一兵团司令。1949年2月，经刘斐等的推荐，陈明仁移师湖南。

7月3日

蒋介石拟再次起用陈明仁，但经过考虑仍决定不动，并致电国防部部长何应钦、参谋总长顾祝同"陈明仁仍任参军，暂缓调动"。

7月

陈明仁召集湖南同乡在南京太平曲园聚会，欢送程潜回湘主政。
参与者王劲修①对此事有详细的记述。

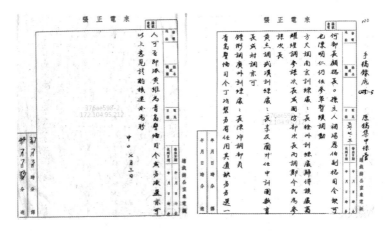

1948年7月3日，蒋介石关于陈明仁仍任参军，暂缓调动给何应钦、顾祝同的电文

---

① 王劲修（1900—1951），湖南省长沙县人。1949年8月，任湖南省保安副司令时，参加湖南和平起义。新中国成立后，任中国人民解放军第二十一兵团副司令兼五十二军军长。

289

附：王劲修《襄程潜起义前后》①（节选）

1948 年 7 月 24 日，程潜回湘主政。我与南京的湘籍黄埔将领萧作霖、李默庵、黄杰、陈明仁、刘嘉树等，于程赴湘前在陈明仁家结盟，提出了"团结拥程，回乡应变"的倡议，并写了金兰式的帖子给程潜。当时，我们这些人眼见蒋介石已日暮途穷，各存想法，各找出路。随程回湘，亦各有各的打算。程对自己的旧部或学生在关键时刻拥戴他，深为宽慰。

9 月 12 日

辽沈战役开始（国军称"锦沈会战"，以 10 月 1 日为开始时间）。

10 月 16 日

东北野战军攻占锦州，第 6 兵团被歼灭，东北"剿匪"副总司令范汉杰、第 6 兵团司令官卢浚泉被俘。

陈明仁调任华中"剿匪"总司令部（总司令白崇禧）中将副总司令兼武汉警备司令（国防部人事命令）。

10 月 18 日

陈明仁兼任第 29 军中将军长（国防部人事命令）。

陈明仁在自传中回顾 1948 年 10 月中旬再度担任实职一事时说："我在南京闲住了好几个月，在淮海战事将起的时候，刘峙和杜聿明都曾来到我家，三次找我出来担任徐州方面的一个兵团司令；同时，胡宗南打电话给蒋介石，也请我当西北方面的兵团司令，并且他一面亲自从西安来电话找我，一面又派人送旅费给我。我当时对于他们这些怂恿，都拒绝了，表面上推诿说要听蒋介石的决定，实际上是我暗中另有自己的打算。因为这时白崇禧正在组织华中'剿匪'司令部，也曾找我担任武汉警备司令，我认为如果到徐州或西安去，地位为兵团司令，虽然符合我的愿望，但杜聿明、胡宗南之流，他们都是黄埔一期的所谓蒋的嫡系，他们的作风我都知道，我在他们之下，不易达到我的目的；如果到汉口去，则地位虽不相当，但蒋、白间素有距离，我大可利用这个隙缝，从事发展，权力比较容易发挥，当我自己决定不去徐州和西安以后，我便把发展的方向对着汉口方面，并且请刘为章、孙国铨两人替我在白崇禧面前活动。活动的主要目的，就是要把名义更改，地位提高，我知道白崇禧找我出来的意思，还是希望我能以

---

① 《湖南和平解放口述历史选编》，第 140 页。

坚守四平的精神来坚守武汉，而我也就针对他们对我的需要，向他提出地位问题，首先由孙国荃向白表明，认为警备司令的地位不相当，要白建议蒋介石恢复武汉警备总司令，因我的身份与阮齐等一班资望较浅的人不同，应该改为警备总司令才对。蒋介石也为了我到白崇禧处担任警备工作，可以钳制白崇禧并与之接近，对己有利，于是蒋接受了白的建议，下手令委我为武汉警备总司令。但手令到侍从室经国防部正式报请发表时，侍从室方面认为白崇禧既是'剿匪'总司令，不能在他下面再有一个总司令，认为这个名称不妥，何应钦对于这个意见也表示同意，让我当'剿匪'副总司令兼武汉警备司令，我认为这倒是一个转圜的办法，初步答应下来，但还要求兼一个兵团司令，以便确守武汉。何应钦原则上同意了，但说马上成立一个兵团不妥，先给我成立一个军，暂兼警备司令和军长的实职。因此，在南京我便决心不到杜聿明、胡宗南那里去，而愿在白崇禧下面另开一条独树一帜的道路，企图有所发展。

1948年10月，我便到汉口就任'剿匪'副总司令兼武汉警备司令和29军军长。没有多久，政府又于29军之外，恢复71军，加起来成立了一个第1兵团，发表我为第1兵团司令官。这时，我身兼四职，有权有势了，但是我那时候，对于武汉警备司令的职务，并不怎样重视，仍是集中精力对付军队方面，企图先把部队充实，好好训练，将来可以在混乱的局面中，举足轻重，操纵自如。当时，兵团虽然成立，但只有两个军的实力，应该起码有五个军，才够兵团的条件，要达到这个目的，就只有回湖南打主意。因为当时中央决定在湖南编练三个军，我料想，如果我回湖南，则这三个军自然会归我指挥。因此，我自南京到汉口以后，天天存了回湘的念头，并没有久留汉口的打算。同时，那时思想上又存在两大矛盾：一方面是要应付中央的任务，警备武汉；一方面又幻想参加和平运动，希望自己能在和平中找到一条自救的出路。"

10月21日

东北野战军占领长春，国民党军第1兵团被歼灭，东北"剿匪"副总司令兼第1兵团司令官郑洞国投诚。

10月25日

陈明仁由南京坐飞机抵达汉口，并晋谒华中"剿匪"总司令白崇禧。

10 月 27 日

陈明仁再次晋谒华中"剿匪"总司令白崇禧,报告武汉警备司令部人事及编组计划。

10 月 28 日

国民党军第 9 兵团在黑山被东北野战军歼灭,司令官廖耀湘被俘。

陈明仁曾任军长的第 71 军在建昌被东北野战军歼灭,军长向凤武被俘。

11 月 1 日

陈明仁正式宣誓就任华中"剿匪"副总司令(简任状令字 336 号),并兼武汉警备司令(国防部人事命令第二七三号)及第 29 军军长(国防部人事命令第二七四号)。

王绪镒、孙国铨任武汉警备司令部副司令,鲍志鸿任参谋长。

刘云楷任第 29 军参谋长。

附 1: 武汉警备司令部战斗序列

武汉警备司令部,司令陈明仁(兼),副司令王绪镒、孙国铨,参谋长鲍志鸿

办公室,主任温汰沫

参谋处,处长吴迪吉

副官处,处长郭斌

政工处,处长吴相和

稽查处,处长余克剑

军法处,处长梁凤

辖:第 29 军,军长陈明仁(兼),副军长彭锷、刘坝浩(增设),参谋长刘云楷

第 197 师,师长马鹤峰,副师长杨文榜、周醒寰(增设),参谋长张励

第 234 师,师长冉良臣,副师长许治三、文雨辰(增设),参谋长王达威

第 307 师,师长张诚文(代),副师长张诚文、薛岗梧(增设),参谋长杨光儒

武汉警备旅,旅长曾京,副旅长邬浩

附 2：鲍志鸿《白崇禧在武汉与蒋介石的人事纠纷》（节录）（刊载于《武汉文史资料第十七辑》）

白崇禧决定重整武汉统治机构的班底，以确立桂系的势力。当时的湖北省主席王东原、汉口特别市市长徐会之、武汉警备司令阮齐、武汉补给司令朱鼎卿均是陈诚旧部或亲近陈诚的。白崇禧保许高阳作补给司令，被郭忏（联勤总司令，管辖全国各补给区）指示朱鼎卿抵制，结果许仅任副司令。许告诉我，他向白崇禧建议保蒋介石的侍从室中将高参陈明仁作警备司令，白崇禧尚未表态。我回家处理家事，准备回南京。忽接陈明仁电，谓如他出任武汉警备司令，则请我当他的参谋长。我即复信同意。这时保密局长毛人凤到汉视察，告知我，正在北平指挥东北战事的蒋介石回南京后即可发表对陈明仁和我的任命。白崇禧为什么保荐陈明仁呢？原因是先前陈诚在东北战场时，以陈明仁在四平街作战中军纪废弛为由，请蒋介石将陈撤职查办，白向蒋进言对陈撤职而不查办，蒋遂调陈到侍从室。白崇禧预料如保桂系的人为警备司令，蒋介石不会批准，保他有关系、又是蒋亲信的陈明仁最适当。

1948年11月1日，陈明仁等行就职礼，由华中"剿总"参谋长徐祖诒主持。十多天后，白崇禧率陈明仁和我、华中"剿总"副参谋长孙国铨与刘昉、华中"剿总"作战处长戈鸣以及林一枝等，到黄陂县城及横店与滠口、汉阳吴家山、龟山与黑山，武昌洪山与青山，视察防御工事。在青山时，白指定要修建空投场，并令随行人员拟出作战计划。视察结束后，陈明仁召集汉口各区和武汉近郊各县县长、保长在汉口法租界铁路俱乐部开会，指出一定要按规定人数提供强征作工事的所需民夫，并限期完成土方。为坚守武汉要准备十万人的弹药、粮草、马料。虽然陈明仁的发言泄露了机密，但他对我说会前请示过白崇禧并得到同意的。

武汉警备司令部看守所中关进了一个师长某。陈明仁告诉我，南京电令该师从武汉开徐州增援。白崇禧不许其开拔。将其师长扣留，交给警司关押。

陈明仁召集了我、余克剑、吴迪吉、吴相和等，要我们注意桂系的第3兵团司令官张淦和第7军军长李本一的行动，以防他们的明害暗算。我们以"共同作战、互相联系"为名。到徐祖诒、张淦、李本一家中拜访，察看他们的动静。万耀煌（曾接替王东原任湖北省主席。时已被张笃伦取代）、彭善（曾在阮齐以前任过武汉警备司令）、何成浚向我了解了桂系的情况，怕白崇禧对他们下毒手，都慌慌张张地离开了武汉。据说南京政府曾调白崇禧兼徐州"剿总"司令。令第3兵团开赴徐州与解放军决战，白崇禧称病不受命，蒋介石亲自打长途电话，欲与之商量，白不接电话。

白崇禧病好后，亲自主持交通会议，宣布成立华中"剿总"运输统制处。指定武汉警备司令部参谋长兼该处处长、军运车辆的物资载运由"剿总"制订计划，交该处执行。此后，我遂为白崇禧抢运华中的军用物资和棉纱、棉布等到广西，作为其"反共反人民"的资本。原有的运输指挥部不能行使职权，指挥官林逸圣辞职。粤汉铁路的交通指挥权落入桂系之手。

49年元月。蒋介石下野，回奉化在幕后指挥。李宗仁代理总统职，桂系表面上接管了国民党最高军政权力。

和谈代表刘斐到汉。陈明仁原准备大办宴席欢迎。突又改变计划，召厨师到其公馆搞醴陵风味的便宴招待刘斐（陈、刘系湖南醴陵同乡），由温汰沫、余克剑和我作陪。在闲谈中，我问刘斐徐州作战计划是谁搞的，刘答是蒋介石。我颇不以为然，对刘说，如蒋当时把军队摆在淮河南岸一线布防，就不会失败得那样惨、那样快。

1月上旬。陈明仁升任第1兵团司令官后，找我和温汰沫商谈，要辞去武汉警备司令的兼职，而专心去整训第1兵团。我问陈是向蒋介石、还是白崇禧辞职，若向蒋辞恐难获准。陈说向白辞。陈明仁向白崇禧辞了职后，我挂长途电话告知了毛人凤。第二天一早，陈明仁到警司对我说："昨晚，林蔚文（国防部次长、蒋介石的亲信）打长途电话责备我为什么不先通知一声，好让他们考虑继任人选，我无言可答。"1月15日，白崇禧发表华中军政长官公署（原华中"剿总"）副参谋长刘昉任武汉警备司令。我以第1兵团代理参谋长身份代表陈明仁向刘昉办理警司移交手续，刘要我继任警司参谋长，我婉谢。

春节，陈明仁、徐会之、我和其他有关人员去白崇禧处拜年。白称病不见客。但命副官单独引陈明仁到卧室密谈，说话内容不知。大家高兴而去，败兴而归。在归途中，我暗地向陈明仁询问白的病情，陈说白在装病，以示李宗仁搞的国共和谈与他无关。

附3：吴相和《白崇禧在武汉解放前夕的阴谋活动》（节录）（刊载于《武汉文史资料选辑第一辑》）

我是1948年10月间随同陈明仁到汉口，陈就任武汉警备司令，我担任该部政工处长。到1949年2月陈辞去武汉警备司令，专任第1兵团司令，率部赴湘，我亦随之同去。

在军事方面，蒋介石授意要陈明仁担任武汉警备司令兼29军军长驻守武汉。虽然当时陈明仁已另有打算，但在蒋介石来说，却很想利用陈明仁对白崇禧起到一定的牵制作用，使其不敢肆无忌惮进行造反活动。

陈明仁曾以守四平街"有功"，蒋介石给他挂上了"青天白日"勋章。旋即在陈诚阴谋排斥异己的摆布下，又给了他以撤职查办的处分。但蒋介石仍然给了他以总统府参军的名义，以示安慰。陈对此极为不满，意态消极，从未到差。自蒋介石登上了总统的宝座后，国民党在军事上节节失败，在蒋家王朝惶惶不可终日的时候，又有起用陈明仁之拟议。就在这个时候，陈明仁约集当时同在南京供职的几个同乡老友温汰沫、张严佛、陈粹劳、汤如炎、吴相和等，于1948年接近中秋的一个晚上，在南京明孝陵的四方城楼上，开了个座谈会，就当时形势和个人出路进行了讨论，大家一致认为，国民党已到日暮途穷之时，迟早非垮不可，若不早为之计，将会走投无路。但是，怎么办呢？几个光杆，也不成器。因此，一致主张陈明仁东山再起，重掌兵权。当时陈的出路有两条：一是到西北去，当胡宗南的参谋长，二是到汉口去，充任武汉警备司令兼29军军长。我们认为寄人篱下，不如独当一面好，远去西北边疆，不如靠近湖南家乡好。随后，陈明仁接受出任武汉警备司令兼29军军长的新命。陈在总统府军务局长俞济时的授意下，对武汉警备司令部的组织和人事安排，在一定程度上还接受了军统局长毛人凤的一些意见，如以鲍志鸿担任武汉警备司令部参谋长。他原是军统局的处长，又是从美国受过训的高级特务。稽查处长余克剑，更是为戴笠所最赏识的特务头子。这说明蒋介石在其崩溃的前夕，仍在积极作"反共防白"的部署。陈明仁感到武汉情况复杂，政治上应付颇不容易，即决定温汰沫为司令部办公室主任。又邀我离开南京社会部劳动局到汉口来帮忙，为了因人设事，经呈准国防部扩大警备司令部编制，增设政工处，由我担任处长。

我们离开南京的前夕，我向原劳动局长后调社会部次长贺衷寒告别，贺郑重其事地对我说："你这次随陈明仁到汉口去，责任重大，白崇禧一直是蒋总统的死对头，现在李宗仁当了副总统，他更挟以自重，你们此去，就要对他起到监视的作用。袁守谦已在华中'剿总'任政务委员会秘书长之职，你们要与他保持密切联系。"这说明蒋、白之间的矛盾，正在加剧。陈明仁到武汉后，如何应付既要"反共"又要防白这一复杂政治局面，的确显得非常重要。1948年11月1日，陈明仁在就职典礼大会上，言不由衷地宣称，"要以守四平街的精神，保卫大武汉，战至最后一人"，得到白崇禧的默然赞许。会后，我在司令部临江的阳台上对温汰沫说："子良（陈明仁的别号）今天说得好，他要战至最后一人，可是少说一句话——要留下最后一只船。"引起了我们之间会心的微笑。当时我在政治上为陈明仁帮忙的任务之一，就是通过华中"剿总"政工处的关系，以加强对白崇禧左右的联系。由于陈明仁采取慎重的态度，在表面上看不见对白怀有二心，在短短几个月里，相处没出什么问题。有次武汉《大刚报》忽然刊出了"白崇禧与陈明仁发生摩擦"的新闻，警备部马上对该报给予停刊五天的处分，以示辟谣，华中"剿总"表示满意，实则彼此心照不宣。

1949年1月，淮海战役结束，蒋军全部被歼，蒋介石受到各方面的压力，被迫宣布下野，由李宗仁代理总统。白认为桂系大有可为的时机已至，即积极备战，做守住江南的部署，梦图实现与共产党划江而治的局面。这时经白向国防部保准以陈明仁为第1兵团司令，并成立武汉卫戍司令部，想以陈明仁任卫戍司令，要他以守四平街的精神，保卫武汉。陈见大势已去，没有答应。随着程潜致电白崇禧，请调陈明仁回湖南，白允其请，陈即率部于是年2月间离汉开抵长沙。由白之亲信刘昉接任武汉警备司令，鲁道源任武汉卫戍司令。同时，政务委员会秘书长袁守谦在蒋下野后，即请假回长沙，另由桂系李品仙接替其事。原来蒋介石企图对白加以牵制的一些部署，至此宣告瓦解。

11月2日

东北野战军攻占沈阳，国民党军第8兵团被歼灭，司令官周福成被俘，东北地区国民党军几乎全军覆没。

11月5日

陈明仁致电蒋介石，言"目前局势艰难，华中军事显见重要，职愿竭尽赤忱，多处任劳，拟请增编两军，归职整训，藉为钧座分忧"。

1948年11月5日，陈明仁
致电蒋介石拟请增编两军

1948 年 11 月 11 日，
陈明仁再次推荐
熊新民

1948 年 11 月 7 日，
陈明仁推荐熊新民

蒋介石 6 日批复："如拟"，"29A 先编练定成后，如有空番号，当可增拨也"。

11 月 6 日

淮海战役开始（国民党军称"徐蚌会战"）。

11 月 7 日

在汉口的陈明仁电蒋介石推荐熊新民，蒋介石同意"即召见"。

附：生前以七十一军副军长熊新民四平街战役，战功最著，经面报以军长升用，旋蒙面准。经即电其来京。现该员已抵沪转京，乞赐召见，呈阅。

蒋介石批："即召见"。

11 月 11 日

在汉口的陈明仁再次电蒋介石推荐熊新民。

附：生前以七十一军副军长熊新民四平街战役，战功最著，经面报以军长升用，旋蒙面准。经即电其来京。现该员已抵沪转京，乞赐召见，呈核。

蒋介石批："即见"。

11 月 13 日

《大刚报》报道武汉警备旅官兵困境。

附：《武汉警备旅现况，经费无着饥谨难维》

吃早愁晚，因为完全没有固定的经费，服装问题亦极为严重，全旅三千官兵，仅有一千套棉服，大冷天还要穿单衣。

11 月 14 日

陈明仁致电蒋介石，言："武汉警备旅所需军粮被服等，地方一再集议，无法筹备。刻该旅无钱无粮，时届冬令，仍着单服，三千之众，饥寒交迫。恳轸念该旅筹创及兵员征募不易，恳请赋予该旅番号及予以一切补给，以利编成，可否？祈迅赐核示"。

蒋介石15日批复"似可在湖北'剿匪'特捐中拨定的款拨发也"。

11月19日

陈明仁致电蒋介石，言"请增拨两个军番号整编，并请拨71A番号调熊新民为军长"。

蒋介石12月17日批复"交顾总长核办并复"。

11月22日

陈明仁随华中"剿匪"总司令白崇禧、湖北省政府主席张笃伦，接待由南京返回长沙中转抵达汉口的湖南省政府主席兼长沙绥靖公署主任程潜、副主任黄杰等人。

华东野战军在邳县碾庄歼灭国民党军第7兵团，司令官黄百韬阵亡。

1948年11月14日，陈明仁恳请赋予武汉警备旅番号及予以一切补给

1948年11月19日，陈明仁致电蒋介石推荐熊新民任71军军长

11月29日

平津战役开始（国民党军称"平津地区作战"）。

陈明仁发表讲话，重申严禁煽动工潮及造谣惑众，并呼吁军民共维社会治安。

12月1日

华东野战军占领徐州。

陈明仁参加华中"剿匪"总司令白崇禧在汉口召开的"加强总体战方略"实施讨论会。

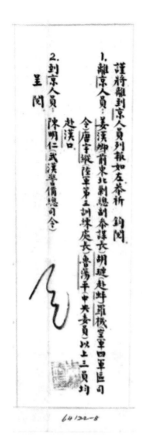

1948 年 12 月 2 日，
俞济时报陈明仁到京

12 月 2 日

陈明仁乘飞机抵达南京。

12 月 3 日

陈明仁晋谒蒋介石，报告所部编练情况。

12 月 5 日

陈明仁返回汉口开始督修武汉城防工事。

12 月 6 日

陈明仁为"疏导旅运、整理交通秩序"，命武汉警备司令部在武昌粤汉铁路总站、徐家棚车站、武昌轮船码头、汉口大智门车站、招商局第一码头设立军警宪服务站。

12 月 8 日

陈明仁下达武汉戒严令。

附：《大刚报》报道：《武汉今起戒严》

〔本报讯〕武汉警备司令部，为加强冬防戒备，杜绝奸宄活动，确保治安计，经呈奉华中"剿匪"总部核，准自今（8）日起，每日夜间12时至翌晨6时开始实施冬防戒严，届时除制发特别通行证及汽车特别通行证两种，供各机关必须行动人员及汽车执用外，余皆一概不准通行。

12 月 10 日

陈明仁受邀出席湖北省参议员第一届第六次大会（至 29 日结束）。

12 月 15 日

中原野战军在宿县双堆集歼灭国民党军第 12 兵团，司令官黄维被俘。

陈明仁与汉口市市长徐会之等人，前往市郊巡视城防工事的修建情况，并对施工民夫进行慰问。

附：12月16日《大刚报》报道：《军政参党首要巡视城防工事 每工发烟一包以示慰劳》

〔本报讯〕警备司令陈明仁、汉口市长徐会之、参议会议长张弥川、市党部主委袁雍等多人，于昨（15）日上午联袂前往本市郊区，巡视城防工事修建情形，并携带两万余包茶花牌香烟，向修筑工事之民夫散发（每人一包）以示慰劳。巡视路线自王家墩起，迄戴家山止。又汉阳警备区指挥官冉良臣，昨日曾偕杨县长至大别山视察城防工事。

1948 年 12 月 16 日，陈明仁巡视城防工事修建情形

12月20日

国防部批准重建第 71 军，隶属于武汉警备司令部，任命熊新民为军长。

12月21日

陈明仁下令对武汉交通实施管制。

12月23日

东北野战军、华北军区攻占张家口，歼灭国民党军第 11 兵团。

12月27日

陈明仁召集武汉保长以上人员举行"保卫大武汉措施座谈会"。

1949 年 1 月 1 日

毛泽东为新华社题写新年献词《将革命进行到底》，向中外宣告中国人民解放军将渡江南进，彻底消灭反动势力，把解放战争进行到底。

1 月 10 日

中原野战军、华东野战军在永城陈官庄歼灭国民党军第 2 兵团，司令官邱清泉阵亡。

国民党军徐州"剿匪"副总司令杜聿明被俘，国民党军精锐部队大部在华东丧失殆尽。

1月14日

毛泽东发表《关于时局的声明》，提出与中华民国政府及地方政府、军事集团和平谈判的"八项条件"。

中共湖南省工委把争取程潜起义的工作转为推动程潜响应中国共产党提出的"八项和谈条件"上。

东北野战军攻占天津，国民党军天津警备司令陈长捷被俘。

1月18日

陈明仁下令疏散武汉三镇人口。

1月21日

蒋介石辞去总统职务，由副总统李宗仁代理总统。

1月25日

国民政府迁都广州。

1月26日

《大刚报》转载谣言，言陈明仁"与白总司令意见相左已失自由"。

1月27日

陈明仁命武汉警备司令部参谋长鲍志鸿调查，并追责《大刚报》，作出停刊八天的处罚。

附1：**钱相摩《相摩日记选》**①（节录）

前天晚报上刊载武汉警备司令陈明仁被扣的消息，今天日报上则由陈氏亲登启事辟谣，并表明态度说"至本人于未来的局势中如何，当唯总司令白之命是听"。真相如何，令人费解，然总不能空穴来风，一说被扣曾有其事，扣后释放亦有其事。

附2：《申报》报道：《陈明仁接见记者，谓外间流言系奸人造谣》

本报汉口26日电。此间某报今揭载沪电所传武汉警备司令陈明仁将军因与白总司令意见相左，失去自由消息一则，颇引各方惊异，记者26日

---

① 钱相摩：《相摩日记选》，中央广播电视大学出版社2007年5月版。

午访晤陈氏于官邸，陈氏坦率谈称：本人系华中"剿总"之一员，一切措施皆秉承白总司令之意旨办理，此种流言，显系奸人造谣，不值识者一笑，本人份属军人，原无意见可谈，唯望上下一致，力求全面和平之实现，至此一谣言之责任问题，正呈白总司令核办中。

1月29日

陈明仁前往白崇禧寓所拜贺农历新年。

1月31日

东北野战军进入北平，国民党军华北"剿匪"总司令傅作义率部接受和平改编。

2月1日

陈明仁兼任第1兵团中将司令官（国防部人事命令第一八号），第29军、第71军编入序列。

陈明仁被免兼武汉警备司令（国防部人事命令）。

曾京任第234师师长（前任冉良臣病逝）。

陈明仁颁布四项紧急办法，勒令商店复业。

附1：1949年2月3日《国民日报》（第二版）报道：《武汉警部一片杀声 颁布四项紧急办法 勒令商店复业否则驻兵》

（中央社汉口一日电）武汉警备司令部，以戒严期内，为维持辖区治安，颁布紧急处置办法四项如次：一、聚众抢劫财物者杀！二、散布谣言，扰乱治安者杀！三、为首纠众暴动者杀！四、故意造成黑市，扰乱币制者杀！并自二日起实施。警备司令陈明仁，于今晚招待记者，说明紧急处置办法之意义后，郑重表示，倘有故违，决予格杀勿论。至本市商店，亦限二日复业，其有违限不开市者，将一律驻兵，直至和平实现为止。

1949年2月1日，陈明仁颁布四项紧急办法，勒令商店复业

附 2：第 1 兵团战斗序列

司令官陈明仁（兼），副司令官空缺，参谋长鲍志鸿（代理）。

第 29 军，军长陈明仁（兼），副军长彭锷、刘塽浩（增设），参谋长刘云楷。

第 197 师，师长马鹤峰。

第 234 师，师长曾京。

第 307 师，师长张诚文。

第 71 军，军长熊新民，副军长戴海容，参谋长王多年。

第 87 师，师长杨文榜。

第 88 师，师长陈衡。

2 月 2 日

因武汉米价暴涨，陈明仁命令将逮捕的两名哄抬米价的米贩枪决，并随白崇禧召开记者招待会。会中，陈明仁宣布紧急处置办法："（一）聚众抢劫财物者杀;（二）散布谣言扰乱治安者杀;（三）扰乱币制者杀"。随后指出"为救人而杀人，是慈悲，不是残忍，吾人目的在安定秩序，故只杀坏人，决不杀好人"。

2 月 14 日

陈明仁在武汉发表《惜别武汉三镇父老书》。

陈明仁在自传中回顾从南京到汉口后的思想变化历程时说："由于我在南京便萌生了一种厌战、企望和平的心理，到汉口后，白崇禧又利用和平作幌子，暗中进行倒蒋运动;而当时北京、南京间的和谈也在发展，我在汉口那段时期，思想上便慢慢有些动摇，倾向和平的心理日渐滋长。对于当时警备的任务，我便是消极应付了。例如:（一）在汉口，因为能够掌握一部分特务方面的人事关系，我曾经尽可能减少对于革命分子的危害。有一次，武汉地方特务分子，曾佩挂警备司令部证章，未奉命令，擅自拘捕了武汉大学学生数人，我得悉后，立即打电话嘱告鲍志鸿参谋长，不要押送警备司令部，另一方面通知武大周鲠生校长，赶急保释回去了事。（二）与白崇禧联名致电蒋介石主张和平，希望真正使和平实现，同时建议白崇禧释放了一大批关在牢狱中很久的政治犯。（三）拒绝接受武汉防守责任，摆脱了武汉防守司令的职务，积极设法把部队向湖南移动等。以上这些事实，都是与我当时的自救思想有关系的。"

附 1：《申报》报道：《陈明仁调职，任某兵团司令官》

本报汉口 13 日电。华中"剿总"副总司令兼武汉警备司令陈明仁，奉命调任某兵团司令官，遗缺闻已内定由"剿总"副参谋长刘劢接充。陈氏因赴湘履新在即，特以其戎装近影分赠此间各友好，并缀数语谓："刻因行色匆匆未便一一走辞，眷念云情，弥深怅歉。"按陈氏任职此间甫届三阅月，颇得华中当局及社会人士之赞许，此次调职系奉命出任另一艰巨任务，武汉各界定日内为陈氏饯行。

附 2：程潜①《我本多年邀默契 喜从中夜挹明光》②（节选）

1948 年 11 月 19 日，中共湖南省工委根据毛主席"争取湖南和平起义"的指示，在方叔章家召开一次重要会议。与会者决心争取实现湖南和平，影响并促使我起义，我当时是心领神会的。经我同意，方叔章、程星龄等电我长子程博洪速回长沙。博洪回到我身边后，对我决心起义又是一个促进。究竟如何实现湖南起义，情况复杂，斗争激烈，我决心直接与毛泽东取得联系。与此同时，我指定程星龄代表我同中共湖南省工委保持联络，并根据他们的意见，先后采取了释放政治犯、停止征兵、减少征粮等措施，撤换了坚持"反共"的长沙警备司令蒋伏生的职务。

1949 年初，醴陵人刘斐辞去南京政府国防部参谋次长职务回到长沙。他积极赞成湖南和平起义。经他劝说白崇禧同意，陈明仁于 1949 年 2 月 18 日由武汉率部移师湖南。陈亦久有起义之心，故我们遂共谋湖南义举大业，并密定陈在公开场合仍以"反共"面貌唱花脸，暗中却密切配合，致力于湖南和平起义的各项工作。陈明仁假戏真做，终于使桂系为其所迷惑。

附 3：程星龄③《参与程潜起义活动的回忆》④（节选）

把陈明仁从武汉调回湖南，让他伪装"反共主战"，从而麻痹白崇禧，这是使湖南起义得以顺利实现、程潜人身得到安全保障的关键所在。当程对我谈及决定投向中共时，即认真考虑到和谈一旦破裂，桂系将要继续对

---

① 程潜（1882—1968），湖南省醴陵市人。1949 年 8 月 4 日，与陈明仁将军领衔通电起义。起义后，任湖南省军政委员会主任。新中国成立后，历任湖南省省长、中南军政委员会副主席、国防委员会副主席、全国人大常务委员会副委员长等职。是第一届中央人民政府委员，第一届全国政协委员，第二、三、四届全国政协常委。

② 《湖南和平解放口述历史选编》，第 3 页。

③ 系程潜族弟。1949 年时任湖南省物资调节委员会主任委员、湖南党政军联合办公室副主任兼政务组长，参与程潜和平起义。后曾任湖南省人民政府副省长、全国政协常委、湖南省政协主席、民革湖南省委主委等重要职务。

④ 民革湖南省委编著：《民革前辈与湖南和平解放》，团结出版社 2019 年 8 月版。

抗中共重启战端，要投向中共，势必形成湖南与桂系直接对抗的局面。如何应付这个可能出现的局面，必须及早做好准备。程回到湖南后，掌握兵权的是李默庵、黄杰为首的一批蒋介石的嫡系黄埔学生。我过去认识李默庵。1948年10月到省政府工作后，我和李过往颇密。程潜附和李宗仁、白崇禧倡导和平时，李表示拥护和平，但每谈到投向中共，就显得惶惶不安。我曾向程潜会报过这些情况，考虑到李默庵靠不住，即使他能跟程一道走，也很难应对将来与桂系对抗的局面，必须物色一个适当的人逐步接替李掌握兵权。当时，陈明仁任武汉警备司令。我记起张严佛一次同我闲谈，曾谈及1948年夏，陈明仁邀同他和陈粹劳、吴相和、温汰沫、汤如炎等人游明孝陵，漫谈国内形势，认为蒋介石败局已定，大有走投无路之感。从张严佛的谈话联想到陈明仁是黄埔一期生，曾在东征战役中立过功，但后来一贯不为蒋所重用，陈亦长期愤怨；在四平街同解放军打过硬仗，又被陈诚撤了他的职，与陈诚矛盾极深。最后蒋介石把陈调充武汉警备司令。陈与白崇禧素乏渊源，在桂系的势力范围，势孤力薄。另一方面，陈与程潜既是同乡，又有师生关系，平时彼此相处甚好，不如设法把陈明仁从武汉调来长沙，赞襄起义，这样，可以利用陈明仁曾同解放军打过硬仗，骗取白的信任，一旦和谈破裂，陈可以伪装坚决"反共"，程则仍主和平，使白认为有个坚决"反共"的陈明仁掌握兵权，把程潜看成只不过是个老迈昏聩无足轻重的傀儡。这就有利于避免白崇禧破坏湖南起义，有利于保障程潜的人身安全。

1949年春节前夕，我把这个设想向程潜会报了，并说："如果由颂公直接向白崇禧请调，很可能引起白怀疑颂公与陈子良同是醴陵人，又有师生关系，搞在一起将不利于桂系。其结果是颂公和子良的配合计划，就很难获得预期的效果，不如由为章（刘斐别号）出面，站在桂系的立场，去向白建议将子良调到长沙。"

程潜采纳了这个建议。农历除夕我到织机街耕耘圃，会见了刘斐，把程潜和我商谈拟调陈明仁来长沙的设想，详尽地告诉了刘，他完全同意。我请他当晚就动身赴汉，他满口应允。我邀他同到省府与程面谈后，他当晚即前往汉口。后来刘斐告诉我，他到汉口会见了白崇禧，对白谈及程颂公老迈，蒋介石利用他与我们桂系的宿隙，借这块老招牌来钳制我们，兵权都操在李默庵为首的黄埔嫡系分子手里，李默庵靠不住。湖南是武汉与广西联系的枢纽，对我们是非常重要的，一定要牢牢掌握着。陈子良是坚决"反共"的，但不为蒋所重用，常有怨言，不如把子良调往湖南，借以巩固我们桂系的后方。白深以为然，当即电程征得同意。2月18日，陈明仁以第一兵团司令官率领二十九军和七十一军来到湖南编训，兵团司令部设在长沙。

附4：刘斐①《促程陈在湘举义经过》②（节选）

回长沙劝程潜主和反蒋　赴武汉促子良率部回湘

1948年秋末，我从南京回到了长沙，每天都同湖南省政府主席程潜见面。程对蒋历来是不满的。他原任武汉行营（后改行辕）主任，因为蒋要把白崇禧调离国防部，好让何应钦当国防部部长，就把武汉行辕改为华中"剿共"总司令部，调白崇禧为总司令，于是不得不把程潜调开，蒋介石便任命程潜为长沙绥靖公署主任兼湖南省政府主席。蒋介石对程潜也是不信任的，就把他的心腹李默庵作为长沙绥靖公署副主任，刘嘉树为参谋长，并将特务杨继荣安插在程的身边，从而控制湖南。程潜知道跟蒋介石走已没有前途，反对他又没有力量；他同桂系过去有嫌隙，靠拢李宗仁、白崇禧也有较大风险。因此，程曾一度消极苦闷。我表示愿意替他疏通与李宗仁、白崇禧的关系。

白崇禧在武汉听说我回到了长沙，接二连三地打电话要我去武汉。我到了武汉后白崇禧说："我已派刘仲容去同中共接头，还不知结果如何。"白认为桂军主力孤悬在湖北不利，为等待时局的演变，他首先想巩固自己的实力地位，希望通过湖南同广西老巢连成一气，可以进战退守，立于不败之地。他主动问我："湖南的情况怎样，颂公（即程潜）能否一道来进行和平反蒋运动？"并要我到湖南去当省政府主席。我说我身体差，湖南还是利用程潜为好。程在湖南处于家长地位，有号召力，并已同意和桂系一道搞和平反蒋运动。不足之处是程潜是个光杆司令。要给他一点本钱才行，白崇禧说："那我调一个师到湖南去归他指挥如何？"我说："调一个师去固然好，我看把陈明仁调到湖南去如何？陈明仁和程潜都是醴陵人，又有师生关系；陈对蒋介石、陈诚不满，调他去支持程潜搞和平反蒋运动，由他

---

① 刘斐（1898—1983），湖南省醴陵县人，新中国成立前任国民政府国防部参谋次长，1948年辞职后为湖南和平起义多方奔走，1949年8月在香港通电起义。新中国成立后，历任国防委员会委员，中南军政委员会委员兼水利部部长，是第四、五届全国人大常委会委员，第二、三、四届全国政协常委，第五届全国政协副主席。

② 《湖南和平解放口述历史选编》，第63页。

去对付李默庵等蒋介石的亲信也较为方便，这次陈明仁出任武汉警备司令是你的保荐，他定会对你忠心。"白崇禧听后表示同意说："就这么办，你再去同程颂公、陈明仁商量一下，看他们意见如何。"我把上述意见告诉陈明仁，陈表示同意。接着，我到长沙把这些具体做法告诉程潜，程也感到满意。随后我又到武汉把程潜的态度告诉白崇禧，白也很高兴，并立即命令陈明仁部调湖南。经过我在武汉、长沙之间的几次往返，沟通了白崇禧和程潜的关系。与此同时，又促成陈明仁部于1949年2月来湖南整训。程潜这时也有了一点骨干部队作为支柱，也敢于公开进行一些反蒋主和的措施，如扣留中央银行想从湖南运走的准备基金，下令停止征兵等。

2月15日

陈明仁与继任武汉警备司令刘昉完成交接，随后在武汉各界代表的欢送下，启程前往长沙。

附:《大刚报》报道:《新旧警备司令，今举行交接式》

〔本报讯〕新任武汉警备司令刘昉，定今日上午10时正式接篆视事，届时，前司令陈明仁将军当亲自主持交接仪式，并已柬请省市有关机关首长出席观礼。陈氏于交接后，即赴湖南履新，行前发表惜别武汉三镇父老书如下:明仁自客岁十一月奉令兼司武汉警备，迄今三月有余，在此期间得与我三镇父老时相聚首，裨益良多，衷心至感快慰，兹者奉命他调，不日率部赴防，回忆三月来之警备业务，因明仁才智短浅，虽经竭力以赴，犹未尽如理想，言念及此，弥深内疚，所幸上蒙总司令白时示机宜，及地方父老各界贤达时赐匡导，暨新闻界多予协助，以及各级同人朝乾夕惕，得使三镇治安，幸免无事，此明仁所尤感念难忘者也。今当远离，不日就道，行色匆匆，未惶趋辞，特书数语，敬表歉忱，时事多艰，竭资共济，深望吾人在总司令白领导之下，致力备战谋和大业，言不尽意，诸祈亮誓，并祝康健!

2月18日

陈明仁率领第29军、第71军进驻长沙，随后晋谒湖南省政府主席兼长沙绥靖公署主任程潜。

陈明仁在望城坡成立第1兵团司令部。

2 月下旬

中共湖南省工委开始部署争取陈明仁走和平道路的工作。

3 月 1 日

第 234 师师长曾京调任国防部部员，王学臣继任师长。

3 月 5 日

毛泽东在中共七届二中全会报告中提出解决国民党残余部队的三种方式，强调用和平方法解决问题的可能性增加了。遵照中共中央确定的方针，中共湖南省工委一面巩固、发展党的组织，把群众斗争不断引向深入，一面在条件较好的地区发动武装起义，积极领导武装斗争。同时，加紧对程潜、陈明仁的统战工作。通过省府顾问方叔章、程潜族弟程星龄、程潜长子程博洪等做程潜的工作。联系了陈明仁的旧部兼挚友李君九、第一兵团参谋长文于一等，建立了另一条策反工作线，双管齐下，推动陈明仁起义。

3 月初

陈明仁与程潜多次长谈，商定"在某些公开场合，我只能站在'反共'的立场上说话。这样既可不使蒋、白怀疑，又可有利于湖南大局"。

附：陈明仁《湖南义举》[1]（节选）

1949 年 2 月 18 日，我率第一兵团开赴湖南，兵团司令部驻长沙河西望城坡。我同时去晋见程潜，表示今后一定为家乡的父老兄弟们尽力做点好事，减少痛苦。吴相和先到南京向国防部总参谋长顾祝同会报，顾很生气，问为什么不事先打招呼。随后吴去溪口向蒋面陈，获蒋认可，并答应为部队补充装备。我把部队移长沙后，一方面表示要与长沙共存亡，并坚决执行白崇禧的指示；一方面密与程潜商定，尽力保护湖南和平运动的开展。我表面上将部队布防于岳阳、湘阴长沙铁路沿线，暗中向程潜说："虽然我对共产党没有深刻的认识，单独起义心中还是有畏惧的。但我认为只要能够救人民、救湖南，愿意牺牲小我而全大我，决心是下定了！"

湖南的情况非常复杂，既要应付蒋介石，又要应付白崇禧，军、警、宪、特，盘根错节。因此，我还对程潜说："今后我只同您保持联系。在某些公开场合，我只能站在'反共'的立场上说话。这样既可不使蒋、白怀疑，又可有利

---

① 《湖南和平解放口述历史选编》，第 20 页。

于湖南大局。"程潜听后极为高兴。就这样，我与程潜共走湖南和平起义的道路，十分默契，为实现湖南和平起义奠定了基础。

3月12日

在四平被俘的陈明信获释（三个月后被陈明仁任命为第100军人力输送团团长）。

3月21日

交通警察第1教导总队在株洲兵变，陈明仁调遣第29军平变。

4月1日

国共代表在北平举行和谈。

4月7日

为抗议南京当局镇压在京呼吁和平组织游行的学生，由湖南大学发起，联合长沙各大、中学校学生及市民11000余人，在长沙又一村公共体育场举行声援大会和游行示威，发表《告同学书》，呼吁为争取真正的永久和平而斗争。

陈明仁与宋希濂在长沙密谈三个小时。

4月14日

第101军划归陈明仁第一兵团建制。

附：《国民日报》（第三版）报道：《国防部重视西南防务 四省边区公署决成立》

〔本报又讯〕陆军第101军，将划归陈明仁之第一兵团建制，此后，陈兵团已有三军之众矣。

4月20日

国民政府拒绝中共提出的《国内和平协定（最后修正案）》。

中国人民解放军发起渡江战役。

李君九① 应余志宏、程星龄的邀请，从台湾回到长沙，开展对陈明仁

---

① 李君九（1897—1989），湖南省醴陵人。1949年4月，李从台湾回湘，任国民党第一兵团高参兼一处处长，8月参加程、陈起义。新中国成立后，任中国人民解放军第二十一兵团办公室主任，湖南省商业厅副厅长等职，是第一、二届湖南省各界人民代表会议代表，第一至三届湖南省人民委员会委员，第五届湖南省人大常委会委员，第四届湖南省政协常委。

的策反工作。李君九向陈明仁详细介绍南京党政机关和上海工商企业迁台的混乱状况，指出台湾不是理想归宿。陈明仁对李君九的谈话"心有所动"。

4月21日

毛泽东、朱德发布向全国进军的命令，中国人民解放军强渡长江。

陈明仁与李君九在深夜进行密谈，李君九建议陈明仁将家属"定居长沙不动"，陈明仁对和平运动表示"不便公开表态"，但邀请李君九第二天搬来同住，以便"随时交换意见"。

4月22日

陈明仁参加程潜召集多人参与的座谈会，程潜问陈明仁"和谈破裂了，湖南怎么办"，陈明仁因程潜事先没有与他沟通，没有思想准备，只能表示"军人以服从为天职"，使程潜一度对陈明仁参加和平运动不抱希望，后始澄清误会。

附：陈明仁《湖南义举》（节选）

程潜事先和我秘密商量后，于4月22日下午在省政府召集军政方面的高级干部及部分民主人士开会。会上一部分人主张湖南单独谋和。我在会上说："我们要服从中央政府。中央政府既有令再战，自然只有在中央和白长官的领导下，作战到底，不能再有其他企图。"湖南的主和派原来以为我是实力派人物，希我能支持湖南单独谋和。大家见我这样一说，便大失所望，会议也不欢而散。我亦于当晚（22日）乘车回醴陵老家。第二天（23日），程潜派张严佛、李君九、温汰沫赶来醴陵见我，探寻究竟。我对他们说："白崇禧的部队还在武汉，我们单独谋和的条件尚未成熟。时机未到，妄动必然失败。尤其是那天参加会议的有蒋介石、白崇禧的亲信潘佑强、刘膺古、杨继荣、刘嘉树、李默庵等，根本不能讨论单独谋和的问题。当时我只能这样讲，否则丢了性命还不知是如何丢的哩！"随后（24日）我回到长沙，单独会见程潜，再次表示了我走和平起义道路的决心，并再次表示今后保持单独联系。

4月23日

第三野战军占领国民政府首都南京。

陈明仁前往汉口参加白崇禧召开的军事会议，会中决定将湖北驻军陆续撤入湖南。

4 月 28 日

陈明仁兼任长沙警备司令（国防部人事命令第一〇九号）。

陈明仁随程潜前往车站欢迎唐生智抵达长沙，以促进湖南局部和平的进程。

4 月 29 日

陈明仁宣誓就任长沙警备司令，并发表讲话，宣布宵禁。

附：《国民日报》（湖南）报道：《新任长沙警备司令陈明仁发表讲话：为桑梓服务为颂公分劳，执行戒严俾确保治安》

中央社讯。新任长沙警备司令陈明仁氏定于 29 日接任视事，承接见记者发表谈话如下：值斯局势极端严重时期，警备司令一职，非常重要，明仁已身兼数职，再兼艰巨，实感才力未逮，惟军人以服从为天职，不得已效竭绵薄。且为桑梓服务，为颂公分劳，更属义不容辞。今后本部最重措施，即为执行戒严令任务圆满达成，以期维持秩序，巩固治安，尚望各界父老随时指教，随时协助，至盼至幸云。

4 月下旬

中共湖南省工委统战工作小组与程星龄、马子谷、唐星、李君九等人研究有关起义问题，协调程潜和陈明仁的行动。

程潜要求与中共地下党组织负责人会面。中共湖南省工委派余志宏为代表，先后两次会见程潜，转达意见，欢迎他走和平起义的道路，要求释放政治犯，保护国家财产、档案和工厂、桥梁、铁路，不捕杀革命群众。程潜原则上接受省工委意见，表示：一、拥护共产党的政策；二、同意释放政治犯；三、对特务虽不能指挥，但可以控制。

5 月 1 日

陈明仁升任华中军政长官公署（长官白崇禧）中将副长官（总统府令字第一一七号），并兼第 1 兵团司令官、第 29 军军长（中华民国国防部人事命令）。

5 月 3 日

陈明仁与程潜、唐生智密谈，商定"安定湖南、团结挽救危局"的意见。

5月初

程潜、陈明仁与中共湖南省工委各派一代表成立"三人小组",凡有关起义的比较重要的问题,都先由三人小组协商,取得一致意见,再分别报经程、陈同意后执行。

三人小组中,程潜代表由程星龄担任,陈明仁代表由李君九担任,中共湖南省工委代表由余志宏担任。

附:李君九《赞襄陈明仁起义的回忆》[1](节选)

五月初,陈明仁去武汉参加华中军政长官公署召开的一个会议。这时程星龄拿了一份以程潜、陈明仁两人名义发的起义文稿来找我,要我代陈盖章。我以事关重大,我负不起责任,连稿子的内容都没有看一下,就干脆拒绝了,程当时颇为不快。联想到不久以前程潜召开那次会议事先没有同陈明仁商量,突然指名要陈发言,搞得非常尴尬,我认为连续发生这类的事,问题比较严重,长此下去,势必影响程、陈之间的合作。乃向余志宏反映,并和他研究解决办法。研究结果,决定成立一个包括三方面代表的三人小组,余志宏代表中共湖南省工委,程星龄代表程潜,我代表陈明仁;凡有关起义的比较重要的问题,都先由三人小组协商,取得一致意见,再分别报经程、陈同意后执行。我把成立三人小组的理由和它的组成人员向陈作了会报,他表示赞成。

5月6日

华中军政长官白崇禧将总部由汉口搬迁到衡阳,另在长沙设立指挥所,并亲抵长沙坐镇。

陈明仁随程潜等军政要员前往机场迎接白崇禧,随即参加在省府大礼堂召开的军政会议。

陈明仁参加欢迎白崇禧抵达长沙的宴会。

5月7日

程潜的代表程星龄与中共湖南省工委代表余志宏密谈,程星龄提出"让桂军撤退到衡、宝线,然后湖南部队配合解放军加以歼灭",余志宏表示赞同。会后程星龄报告程潜,程潜命程星龄通过李君九和温汰沫征询陈明仁的意见,陈明仁对此表示反对。

---

[1] 《湖南和平解放口述历史选编》,第313页。

陈明仁参加白崇禧召开的茶话招待会。

国防部次长兼第5编练司令官黄杰偕潘佑强拜访陈明仁，商谈联名举荐潘佑强出任行政专员兼保安司令。

附：黄杰《两湖行役》（节录）（台湾"国防部"史政编译局1986年出版）

下午4时半往晤潘佑强、陈明仁两兄，商谈推荐潘佑强兄出任行政专员兼保安司令事。陈明仁兄亦极表赞同，当即托其向程主任颂公进言，以求短期内即能发表。

5月14日

中央军校毕业生调查处湖南分处主任黄雍等人发起建立全省在乡军官自救会，公推陈明仁任主任委员，黄雍、姚渐逵、孙常钧任副主任委员，王劲修任总队长。该会连同湖南进步军人民主促进社团，团结在乡军官，为争取湖南和平解放做工作。

5月15日

白崇禧准备构筑"湘粤联合防线"。

白崇禧抵达长沙，陈明仁前往机场迎接，参加白崇禧召开的湘鄂赣三省布防军事会议。

陈明仁以兼司令名义颁发"长沙警备司令部工作人员甄审"命令。

5月16日

第四野战军占领武汉。

陈明仁召集各区保长以上负责人召开"城厢治安座谈会"。

《长沙日报》《晚晚报》因"刊登不确消息，为共军张目"，被陈明仁处以停刊，社长、总编辑拘讯的处罚。

陈明仁兼任湖南省政府（主席程潜）委员（总统府简字第一四八号）。

5月18日

陈明仁在长沙参加白崇禧召开的"华中作战部署"军事会议。

陈明仁与国防部次长兼第5编练司令官黄杰会晤，商讨第5编练司令部所属部队编入第1兵团事宜。

黄杰到医院探望陈明仁的病妻。

5 月 19 日

陈明仁与黄杰一同前往省府晋谒程潜，并会报工作。

附：黄杰《两湖行役》（节录）

9 时陈司令官明仁兄来访，旋即相偕赴省府晋谒长沙绥署主任程潜上将，余提出下列报告：一、第 1 兵团奉令成立，部队仅有 71 军番号，目前另成立新部队自无可能，而第 5 编练司令部编训之部队，均已训练完成，拟请建议国防部将本部所属各军改隶第 1 兵团，第 5 编练司令部即予裁撤，本人回国防部专任次长职务……

14 时赴机场，14 时三刻追云号起飞，在航程中，白长官谓余宜主湘政，组训民众，维护地方治安，并配合正规军作战。陈明仁兄宜专负军事之责任。余表示此次来长沙已向程主任表示，陈明仁兄之第 1 兵团无部队，本部所训练之三个军，似可改隶第 1 兵团，以充实战力。

5 月 20 日

黄杰乘坐飞机抵达广州，随即前往国防部向参谋总长顾祝同汇报工作，其中提出"陈明仁奉令成立第 1 兵团，而部队仅有 71 军番号，可否将本部各军改隶 1 兵团，本部裁撤，个人回部专任次长"。

5 月中旬

第 29 军所属第 234 师拨归第 103 军序列。

第 102 军所属第 314 师（师长陈达）拨归第 29 军序列。

5 月 30 日

白崇禧命陈明仁以长沙警备司令名义召开记者招待会，宣布根据《戒严法》，对新闻实行管制。

参谋总长顾祝同同意将第 5 编练司令部所属第 14 军、第 100 军、第 102 军并入第 1 兵团。

5 月 31 日

陈明仁参加程潜召开的关于"新闻报道之方针"的记者招待会，陈明仁在会上发言，略谓：站在治安立场上讲，新闻报道，绝对正确，不得造谣惑众，而扰乱治安，过去有些报纸，多未能遵照戒严法令，希望以后切实恪遵，如再有破坏戒严令之处，决依法处理。因职责所系，无法宽容。

6月2日

周恩来根据程潜的代表唐鸿烈与乔冠华在香港洽谈情况，电示乔冠华：要认真进行争取程潜、陈明仁、李默庵的工作，使他们站到人民方面来，投入反美、反蒋、反桂斗争极为重要，如有可能应与程潜或李默庵建立电台联系。

之前，李默庵曾与乔冠华在香港洽谈，关于此节李默庵有回忆录留世。但是，代表程潜五去香港与中共联系的唐鸿烈与李默庵说法不一。

湖南中共地下党按照周恩来指示，在长沙设置秘密电台，为湖南和平起义作出很大贡献。

附1：《中共中央军委关于四野继续南进的方针的指示》（节录）

二、程潜、李默庵、陈明仁有和我们合作反蒋反桂之可能性。李默庵到香港和我方接了头，现令香港方面认真进行此项工作，请你们亦利用张轸推动程潜站在我们方面，惟发动不可太早，应使白崇禧安心作战，待解决白部后再发动归入我方。……1949年6月2日

附2：《周恩来关于争取程潜等站在我方反美反蒋问题给乔木（乔冠华）电》（节录）（湖南省档案馆编著：《湖湘文库——湖南和平解放接管建政史料》，湖南人民出版社2009年12月1日出版）

争取程潜、李默庵、陈明仁站在我们方面反美反蒋反桂极为必要，请你们认真进行此项工作。如有可能，应与程潜或李默庵建立电台联系……周恩来 6月2日

附3：唐鸿烈[①]《我所了解的湖南起义》[②]（节选）

由于黄埔第一期所谓"老大哥"李默庵、黄杰以及陈明仁先后返回湖南，同学带同学，老大哥带小老弟，从此出身于黄埔军校各期的"黄马褂"纷纷"荣归故里"，既集一时之盛，又显赫于当时。就以上"黄埔三巨头"与程潜关系而言，陈最深、李次之、黄更次之。

陈明仁以掌实际兵权虽于1948年至1949年间，一再为白崇禧向中央政府力保继程潜之后任湖南省政府主席，但陈究感大势所趋以与程潜密谋湖南起义，终于1949年8月4日在长沙同时举起义旗，投向了人民；而黄杰则于建议撤销总司令兼职之后，奔台湾走广州，始终顽固不化，终于

---

① 国民党监察院监察委员。
② 《湖南文史（湖南和平解放专辑）》，湖南文史杂志社1989年8月版，第1页。

1949年8月间为陈诚力保出任最后一任湖南省政府主席，招兵买马于湘西沅陵，不及一月，亡命于台湾；至于李默庵，原于建议撤销所兼绥靖区司令后，坐以待变，然日见形势逼人，转而自请参加起义，竟于湖南起义前出走香港。……

经我自告奋勇并得程潜同意，代表程前往香港，通过我与黄绍竑的关系，与中共华南局乔冠华联系起义事宜。乔当即表示欢迎，并交代政策，以解除程的顾虑。自我回报后，程确已逐渐消除顾虑。

李默庵感于局势发展，形势逼人，也曾见机有所动摇，曾密向我表示："如程潜有所决定，决随程一致行动。"经我转商于程潜，当经策定，以陈明仁驻守长沙，令李默庵率领其所属并指挥湘南兵力守宝庆（今邵阳），以期配合策应，一俟白崇禧路经湖南退走广西时，即配合人民解放军予以侧击、追剿。因此，我即邀同李默庵至程潜处，由李径向程表明态度。当时李自称原系中共党员，后经背叛，为求慎重计，请程介绍他亲与中共党的负责人见面，始为稳当。程于说明意图后，命我陪同李默庵前往香港一行，所以我又陪同李至香港往访乔冠华同志。经乔与李默庵谈话后，李表示愿在起义中立功。事毕，仍同返长沙。

但程感于李默庵原已应允驻守宝庆布置指挥，而李遣送眷属去香港尚无返长确讯。以宝庆地区关系重要，一时难以物色其他适当人选，程颇为忧虑，也正愤慨。我当即表示亲往香港一转，促其速返。我自抵港后，恰在公共汽车上与乔冠华相遇，经乔建议下车在附近一咖啡馆内交谈。我择要汇报情况后，乔要我速将湖南军事配备情况写一材料送至新华通讯社他本人亲收，并告他不久即前往北平，此后可与该通讯社总编辑曾同志（已忘其字号）联系。由于我对湖南军事配备具体情况尚不完全清楚，经先向李默庵充分了解并经核对后，曾就兵力包括番号、人数、武器、弹药配备情况，分驻地点以及作战能力等分项从详开列，妥为密封后亲自送至通讯社，适乔不在，经取得该负责签章的收条而返。旋又赶至李默庵处，就我观察所及，李在港已租住一门面堂皇的住宅，布置华丽，显系富有，亦非临时打算。在相互交谈中，我再三劝其速返长沙。而李却自称在黄埔一期中历来地位在黄杰以及陈明仁之上，表示愿在长沙协助程潜，应将陈明仁调往宝庆。我晓以大义，且经指出宝庆比长沙地位更重要，日后大可配合人民解放军侧攻白崇禧部，应为立功大好机会。经我一再催促，李默庵始允稍缓数日容将家事处理妥切后，即行返长。但李默庵直至湖南起义后仍未回返。

此后，我又邀同林式增并一再力劝原留香港的李默庵一同参加以黄绍竑为首所发表的联合宣言，宣告与反动政权断绝一切关系。从此我遂由国民党政府"密拿归案"，又成了"明令通缉"。自所有参加联合宣言的人员先后返回国内后，而李默庵始终留在香港。

6月3日

陈明仁命省会警察局"取缔街巷木栅"。

6月5日

陈明仁曾任师长的第149师（原预备第2师改称）在平潭被裁撤。

6月6日

陈明仁前往宁乡检阅第314师，并训话，言："314师是程颂公成立的，颂公爱护这个部队，现拨归本兵团指挥。大家不要因为改编不安心，我以人格担保，不会调动你们的干部，在补给方面，一视同仁，望努力整训。"

6月7日

陈明仁拟在长沙市郊修筑城防工事，命第1兵团副司令官刘进负责召集市区商民筹措所需款项。

6月8日

国民政府宣布湖南省全省戒严。

国防部部长何应钦电令（巳冬展4774电）第5编练司令部，将所辖第14军、第100军、第102军编入第1兵团。

6月10日

因长沙市民再三上书请求，陈明仁决定"限制建造木栅"，并强调"今后如再擅自设置就地枪决"。

陈明仁召开第1兵团整编会议，师以上军官参加。

第314师因即将裁撤军心不稳，师长陈达率师直、步兵第940团在宁乡兵变。

张际鹏任第1兵团副司令官。

傅正模任第1兵团副司令官（增设）兼第14军军长。

6月上旬

陈明仁将家眷由长沙迁往安江居住，仅夫人谢芳如因病重留在长沙湘雅医院治疗。

6月11日

陈明仁因《长江日报》"12日妄载共军进入南昌""13日捏报鄂城情况不明，长江北岸共军南渡"，对该报社处以停刊两周的处罚。

陈明仁召第314师步兵第941团团长陈又平谈话，试图稳定该团军心，但该团仍于深夜参加兵变，向师部靠拢。

6月12日

陈明仁晋谒程潜，请示省会治安措施。

陈明仁指派第29军参谋长刘云楷、第1兵团政工处处长吴博夫、第314师副师长祝凯前往白箬铺劝返率部兵变的第314师师长陈达，但陈达已先行率部向莲花桥转移。

6月14日

陈明仁命"恢复新闻检查"制度。

陈明仁发布《告第三一四师官兵书》，劝说该师官兵开赴岳麓山接受整训。

6月16日

陈明仁被免兼第29军军长（国防部人事命令）。
彭锷升任第29军军长，文于一兼任副军长。

6月17日

陈明仁命第1兵团政工处处长吴博夫邀请长沙各报社社长召开座谈会，以示军方"对新闻界绝无鸿沟"。

6月18日

陈明仁命"重新规定戒严信号"。

陈明仁兼任湖南省公粮清理委员会委员。

6月20日

因湖南遭受洪灾，陈明仁出面"发动剧界义演"筹措赈灾款。

陈明仁发布第二篇《告第三一四师官兵书》，再次劝说该师官兵开赴岳麓山接受整训。

祝凯记载：陈明仁到李默庵家送李默庵夫妇去香港。

陈明仁派第1兵团副参谋长陈庚前往衡阳代为商洽第5编练司令部所属部队编并事宜。

6月中旬

余志宏根据上级指示，动员程潜、陈明仁写《备忘录》，接受我党关于和平解放的八项条件。后来，中共中央曾批评这样做是没有必要的危险事。

程潜向中共湖南省工委递交由程星龄起草、程潜署名的《致中共中央和毛泽东主席备忘录》，明确表示"爱本反蒋、反桂系、反战、反假和平之一贯态度，决定根据贵方公布和平八条二十四款的原则，谋致湖南局部和平"。

中共中央华中局在收到程潜的《备忘录》后，派洪德铭来湖南，传达中央和华中局的指示："要求中共湖南省工委以配合解放大军解放湖南为中心任务，抓紧做好迎解、接管、支前的各项准备工作；大力加强统战工作，促进程潜、陈明仁起义；停止发展党员；停止武装起义。发动和依靠广大群众，开展护厂、护校、保护机关档案、文件和一切资财的斗争，保护城市生产，维护社会秩序，把湖南完整的交给人民。"

6月21日

第5编练司令部所辖第14军、第100军、第102军正式编入第1兵团。

陈明仁召集第1兵团师长以上军事主官召开第1兵团所部编并会议，编兵的初步方案为：第1兵团缩编为三个军，第102军编入第14军，第29军编入第71军，第1兵团改编后改辖第14军、第71军、第100军。

第314师兵变部队因拒绝开赴岳麓山，被桂系第7军包围击溃，仅步兵第940团团长唐典指挥180余人突围而出（后加入中国人民解放军），未参加兵变的步兵第942团暂驻长沙候命改编（后编入第197师）。

6月22日

陈明仁批准成立军宪警装甲警备大队，用以"镇压及消灭一切骚乱，有权就地格杀或逮捕"。

《实践晚报》《经济晚报》因"连续刊载湖南省银行舞弊消息，致发生挤兑风潮",被陈明仁下令查封。

附:《国民日报（湖南）》报道:《三一四师擅离驻地,陈达率部不听调遣,陈司令官正告官兵来归》

本师讯。驻扎宁乡之314师师长陈达率所部擅自行动,外间略有传闻,经记者自有关方面探悉:该师原属102军建制,本年5月奉令拨隶第1兵团某某军,6月间军部向补给机关从核领该师之副食费始悉该师番号在102军缩编时,已由国防部撤销,陈司令官正电请上峰要求恢复,并商讨善后办法时,陈师长因不明真相,发生误会,乃率所部擅离驻地,不听调遣,陈司令官为爱护部属,委曲求全,经先后散发告该师官兵书,促其来归。兹获告官兵书两种,特为披露如后:

第一次告官兵书

陈师长树模弟、唐团长、陈团长暨全体官兵同志:这一次部队的整编,由于你们不明白个中真实情形,和陈师长的误会,而造成你们这一次错误的行动,真使我感到非常遗憾。我不愿见我们湖南的子弟兵遭受不幸,更不愿与我多年来同生入死的革命同志走入绝路,现在特地将这次整编经过及对你们今后的处置,详为说明。314师本来是属于102军的建制,5月奉绥署令才拨隶本兵团29军,但是314师的番号在102军缩编时,就被国防部撤销了。这在事先我们都不知道,直至6月29军军部向补给机关请领主副食费时才晓得的。当我发觉314师番号被撤销了时,我便马上请求上峰要求恢复,并且6月10日在长沙召集会议,以便决定一个办法,但是由于陈师长的误会,并且就在当天晚上率领师直属部队及940团仓皇离开了宁乡。因为我对人素来是坦白真诚的,故当时对于陈师长这种行动,以为只是一时不明真相,意气用事,乃于6月11日命祝副师长及940团政工室晏主任回师部,向陈师长告以整编大意,要他即开岳麓山集结待命,并要陈师长本人即到长沙来面商一切。谁知这天晚上,又发生了一件事情,941团原驻长沙归警备部指挥的一个营,未经许可,自动开回岳麓山去了,几乎与友军发生冲突。这种幼稚的行动,当时及事后,我都没有追究。6月12日祝副师长和晏主任由白箬铺来到长沙把陈师长的意见向我报告,希望能保持这个部队得到名额和编制后,部队可以安然正名,我觉得这个意见是与我原来的计划是一致的,当时就派29军刘参谋长、兵团部政工处吴处长随祝副师长等赴白箬铺,与陈师长商谈,谁知他们到达白箬铺时,陈师长又率部队离开了。我为求这件事情迅速解决，复于当（13）日再派刘参谋长随同祝副师长赴预先约定之地找陈师长商谈，结果又未见到面，并且陈师长复于是晚将941团调到他那里去了。树模弟如此一误再误，我所以如此一忍再忍，都是站在感情与道义的立场，希望与我多年来同生死共患难的同志同学，不致自绝绝人，为亲者所痛，仇者所快！我以前决定由29军空出197师的番号给予314师，除陈师长本人调升副军长外，其余人事一律不动，原197师则分别编入本兵团其他各军师。这一个决定，我曾函电告知陈师长，并由程主任颂公也亲函绝对担保陈师长的出路，部队三个团分划建制，仍然是整一个师。这一种处置，陈师长与全体官兵扪心自问，应该可以说是仁至义尽了，国难如斯，鸡鸣不已，我们每一个革命军人是应该如何提高我们救国救民的责任感与警觉性。时至今日，而自命为革命干部的我们，竟发生这种自由行动的举动，真令人痛心。直到今日，我还请求颂公准许你们另编为保安第1师，希望陈师长即率部来归，这也可说是我对陈师长与各位官兵同志尽最后的道义了。现在摆在大家面前的，只有两条路可走：第一条路是希望陈师长能即将部队全部带回岳麓山，诚恳接受命令，改编为湖南保安第1师；否则如陈师长仍执迷不悟，你们团、营、连、排、班长能够将部队带回指定地点，当以二十多年革命的历史与人格，负责保障大家的工作与安全。明白地说，原来当团长的率部归来后，还是当团长，当营连排班长的率部归来后，仍是当营连排班长，绝不因你们这次的行动而有所芥蒂。第二条路，如果不听忠告，一意孤行，自毁革命历史，成为国家民族的罪人，若是这样，政府为着整饬纪纲，不得不忍痛以武力来解决这个问题，到那时，我亦爱莫能助了。陈师长与全体官兵同志们，时危势破，何去何从，不容许再迟疑犹豫，赶快以你们的智慧决大疑，选择你们今后应走的道路。（6月14日）

第二次告官兵书

唐团长、陈团长及全体官兵同志们：我6月14日"告314师官兵书"里面，已经说明了这一次整编的经过并希望你们诚恳接受命令，改为湖南保安第1师，并限18日前开到岳麓山集中改编。现在限期已过，你们仍旧按兵不动，这种违抗命令，不服调遣的事实，是百辞莫辩的。这种执迷不悟，自绝于人的行为，真是爱莫能助了。到今天，政府为着整饬纪纲，忍无可忍，现已调动大军围剿，已完全接近你们的四周了。同志们：你们这一次的行动，演变到了今天，一定要悬崖勒马，幡然来归。政府只办祸首，不究胁从，希望你们要切实接受我下列四点忠告：1.这一次的事情，完全是你们师长陈达个人的罪过，你们是完全受了他的裹挟，并没有什么责任，希望团长以下的官兵们，应该当机立断，万不可再误入歧途。现在你们已在大军重重包围中，只有死路，还有什么办法，再跟陈达跑到那里去呢？2.陈达对你们所发的命令，都是乱令，万不可听从，希望携械来岳麓山集中，接受政府的命令，以前当团营连排班长能够携械或率部归来后，还是各人原来的职务。3.陈达祸国殃民，害人害己，希望你们激发天良，见义勇为，活捉陈达归案，政府定有重赏，以酬你们的功绩。4.如果你们行动仍被陈达监视与裹挟，一时无法脱离，那么等到围剿部队到达时，希望你们自动放下武器，立刻缴枪，以免遭受无谓牺牲。是非顺逆，吉凶祸福，已经迫在眉睫，何去何从，凭你们自己来抉择！（6月20日）

6月23日

陈明仁奉华中军政长官公署长镇确字第190号代电命令，撤销长沙学联组织。

附：《国民日报（湖南）》报道：《宁乡叛军解决，大部官兵均已携械来归，陈达及二团长下落不明》

本市讯。驻扎宁乡之314师师长陈达率部擅自行动，不听调遣，第1兵团司令官陈明仁先后发表告该师官兵书，限期率部来归，详情业志各报。顷获悉该师长陈达仍执迷不悟，政府为整饬纪纲，陈司令官为执行军纪，已于前（21）日调遣某部前往围剿，除大部官兵均能深明大义，携械来归外，其余已全部解决。至陈达本人及二团长是否逃匿或击毙，正在清查中。

6月25日

第1兵团完成改编，实际并编方案为：第29军、第102军番号撤销；第14军所属第85师裁撤；第100军所属第44师裁撤；第29军所属第197师、第307师拨归第100军序列；第102军所属第62师拨归第14军序列，第232师拨归第71军序列。

6月29日

陈明仁与国防部次长黄杰、陆军副总司令罗奇会晤。

7月1日

陈明仁与国防部次长黄杰会晤。

附：黄杰《两湖行役》（节录）

8时陈司令官明仁兄来访，余告以昨日上午与白长官及邱秘书长谈话经过，并告以决定3日返回广州。子良兄询及今后如何联络，余介绍唐光辉少将与之相见，今后即由唐少将担任联络。子良兄又谈及白长官为加强湘桂军政配合，要桂省军政首长来湘研商，广西绥靖主任李品仙、广西省主席黄旭初、民政厅厅长李俊新、财政厅厅长韦蛰唐、教育厅厅长黄绍秋、绥署政治部主任程思远等均已来长沙云。

7月初

陈明仁接见余志宏进行密谈。余志宏代表中共湖南省工委对陈明仁的和平意愿表示欢迎，并申明共产党绝对不会纠缠他的旧账，对他的行动绝对保密。

附：余志宏《湖南地下军事策反的回忆》[①]（节选）

我面见陈明仁时，已经是长沙快和平解放的时候了。我先通过李君九、温汰沫、陈庚向陈转达了共产党的意见。陈明仁也是有些不放心，怕李君九等联系的我担不起责任。我将此情况向中共湖南省工委委员欧阳方会报后，欧还是要我去见陈。见陈后，他从醴陵家乡的风土人情谈到决心随程潜起义。我代表中共湖南省工委对他的起义决心表示欢迎，并向他宣传了共产党对起义人员既往不咎的政策，立功者还要受奖。我还说明我们共产党不算老账看行动，起义本身就是立功，我们将向上级报功，一直向上报到中共中央和毛泽东主席。我们绝对保密，不会暴露。这些谈话对坚定陈的起义决心起了很大作用。

7月4日

毛主席给程潜发来密电，同意程潜所提的"军事小组联合机构及保存贵部予以整编教育等项意见"，并告"此间已派李明灏兄至汉口林彪将军处"。陈明仁看到毛主席密电后，加快了起义步伐。

中共中央军委电林彪、邓子恢、王首道、萧劲光，给予处理程潜的方针指示，并追问"李明灏到否"。

[①] 《湖南和平解放口述历史选编》，第472页。

附 1：程潜《我本多年邀默契　喜从中夜挹明光——回忆湖南和平起义》[①]（节选）

黄雍将周竹安收到的毛主席来电告我："颂云先生勋鉴：备忘录诵悉。先生决心采取反蒋反桂及和平解决湖南问题之方针，极为佩服。所提军事小组联合机构及保存贵部予以整编教育等项意见均属可行。此间已派李明灏兄至汉口林彪将军处，请先生派员至汉与林将军面洽商定军事小组联合机构及军事处置诸项问题。为着迅赴进攻打击桂系，贵处派员以速为宜。如遇桂系压迫，先生可权宜处置一切。只要先生决心站在人民方面，反美反蒋反桂，先生权宜处置，敝方均能谅解。诸事待理，借重之处尚多。此间已嘱林彪将军与贵处妥为联络矣。"

我与陈明仁阅电文后，即派刘纯正去汉口，又经程星龄与中共地下党员余志宏商议派人同去。

附 2：《中共中央军委对程潜的方针指示（一）》[②]（摘录）

1949 年 7 月 4 日

（一）王首道、萧劲光三十日电及程潜备忘录均悉。此事请林彪、邓子恢注意处理。我们认为程潜态度是好的，应极力争取程潜用和平方法解决湖南问题。

（二）程潜所提军事小组联合机构及保留其军队和干部加以整编教育等三项要求，原则上均可照准，并迅即成立军事小组商定具体办法，我军行动在即，此事进行要快。

（三）为了妥善接收湖南全省及解决我军供应，除成立联合机构外，请林、邓考虑程潜现任军政党各项职务暂时均予保留。利用程潜名义发号施令，以利接收全省及筹措给养。因联合机构是解决编号等事的，由双方派员组成，程潜本人未必参加，似不如保留程潜职务，管理我军尚未到达地区的民政军政事宜，使不陷于无政府状态。此点是否可行，请林、邓斟酌电告。

（四）如程潜声明反美反蒋反桂，似应予以率部起义之待遇，使程潜能起影响南方各省之作用。我们亦可考虑予程潜以高级名义，例如南方招抚使之类。俟南方各省平定，程潜则来中央政府担任工作。程潜是孙中山的老干部，在国民党内地位甚高，近年治湘措施表示进步。若得程潜真心站

---

①　《湖南和平解放口述历史选编》，第 3 页。

②　《湖南和平解放接管建政史料》，第 198 页。

在我们方面，将有很大利益。此点亦请你们考虑。

（五）李明灏到否。

7 月 9 日

陈明仁在长沙参加白崇禧召开的"军政配合研讨会议"（11 日结束）。

7 月 10 日

中共中央军委发出《关于占领长沙作战的部署》。

第四野战军和第二野战军一部发起湘赣战役，分中、西、东三路进入湖南。

刘纯正奉程潜、陈明仁之命赴汉口，与解放军接头。

7 月 11 日

第四野战军请李明灏派陈大寰秘密到达长沙，将毛泽东对于《备忘录》的复电面交给程潜。

7 月 15 日

白崇禧命陈明仁将长沙的重要设施和铁路桥梁破坏，被陈明仁托词不办。

陈明仁与程潜入夜后密谈，商讨与解放军谈判事项。

7 月 16 日

程潜与第四野战军派遣的联络员刘梦夕会晤，商谈关于起义的意见和行动步骤。程潜提出在宣布脱离广州的民国政府后，部队暂用"中国国民党人民解放军"或"中国国民党人民自卫军"名义的要求。

第 100 军增设副军长邓定远调任第 1 兵团参谋长。

第 1 兵团参谋长文于一调任第 100 军增设副军长。

7 月 17 日

华中军政长官白崇禧在广州准备对程潜进行"处置"。

林彪等电中共中央军委，会报与程潜略谈情况，并建设起义部队等用"湖南人民自卫团"的名义。

附:《林（彪）邓（子恢）萧（克）赵（尔陆）关于我与程潜谈判情形给军委电》①

中央军委：

甲，我九日派人携毛主席给程潜信，已送到。刻接我派出干部来电如下：

十六日晨与程晤谈三小时，兹将其所提意见及行动步骤详述如后：

（一）程（潜）与陈（明仁）于十五日晚会商，指挥该部已无问题。陈之一切由程全负责。

（二）程陈部现住湘西、益阳、湘潭、宁乡、湘乡、邵阳一线。

（三）白（崇禧）准备撤退时，由陈留长沙守卫。

（四）当白确定撤退计划宣布时，程为避免白之疑心，拟在白之先去湘西，到达后，即宣布脱离伪中央之指挥。

（五）在宣布脱离后，要求暂用国民党人民解放军或国民党人民自卫军名义出现，以便对西南有所号召，俟我军整个解放湘省后，将其部队交我整编，此名义是否准用或用何名义，请速电示。

（六）当桂部遭受我们压力或双方反胶着状态时，即进行截白行动，配合我军作战。

（七）伪行政院副院长贾景德十四日来长，邀程去穗调解蒋李之间矛盾，程已婉绝。

乙，我们考虑可暂给予湖南人民自卫团名义，究以何种名义为宜，请中央考虑示复。

林 邓 萧 赵

七月十七日二十三时半

7月18日

中共中央军委由毛泽东亲自拟稿电示第四野战军，在程潜、陈明仁等宣布起义，脱离国民党政府后，起义部队可以暂用"中国国民党人民解放军"的番号，要求四野立即派代表团赴长沙与程潜代表商谈起义的有关事宜。

第四野战军攻入湖南境内，先头部队占领平江。

附:《中共中央军委对程潜的方针指示（二）》（节录）(1949年7月18

---

① 《湖南和平解放接管建政史料》，第224页。

日下午 4 时^①）

（一）程潜十六日晨与你们派去干部所谈诸点均甚好，均可照办。在程潜、陈明仁等宣布脱离伪中央后，可以暂用国民党人民解放军名义出现，以便给蒋、阎、李、白等以打击。我们现在不怕程潜仍挂国民党名义，因他挂此名义利于暂时团结内部，又利于在政治上给蒋桂以打击。我们也不怕他挂人民解放军名义，因为不久该部即可被我改编，而且挂了此名义，即区别于蒋桂的国民党。（二）我们已经过我们在长沙的电台转告程潜，我军侧面占领平、浏、澧，正面占领岳州、湘阴。但暂时不占长沙，以利举行谈判和平解决湖南问题，并叫程潜及有关各方保持镇静，不要恐慌。……

7 月 19 日

陈明仁参加湖南省政府常务会议，会后对记者否认"继任主席"的说法。

陈明仁在省政府大礼堂召开第 1 兵团改编会议，并对参会军官训话。

7 月中旬

陈明仁在湘潭设立第 1 兵团前进指挥所，由第 1 兵团副司令官刘进兼任指挥官。

7 月 20 日

程潜、白崇禧联名致电代总统李宗仁、行政院院长阎锡山，保荐陈明仁真除^②湘府主席一职。

程潜发"湖南省政府公函"至财政部湖南国税局：陈明仁暂行兼代"湘府主席"。

湖南省政府人事室编写：省主席陈明仁任内《陈任　人事室　各机关主官更易登记　第一号》。

附 1：《程潜、白崇禧联名保荐陈明仁真除湘府主席》^③

代总统李、院长阎钧鉴：

△ × 午皓（7 月 19 日）秘机，电谅蒙垂察。战事吃紧，湘府主席一职，势难并顾。原保荐省府陈明仁暂行并摄点察，现时情势极应予以真除，俾

---

① 《湖南和平解放接管建政史料》，第 224 页。

② 真除：实授官职，由暂时代理改为正式官职。

③ 湖南省档案馆馆藏资料。

专责成。又省委李树森请假日久，请予免职，遗缺查有省府秘书长杨绩荪历任党委、省委，堪以继任。谨电呈鉴核，分别任免为祷。

长沙绥靖公署主任程潜

华中军政长官白崇禧

午哿（7月20日）印

附2：《湖南省政府公函》①

府人字第 03083 号

中华民国卅八年七月廿日

本府为适应战时需要，业于邵阳设置省府行署。本主席职务着本府委员陈明仁暂行兼代。除分行外，相应函请查照为荷。

此致

财政部湖南国税局

主席 程潜

湖南省政府（印）

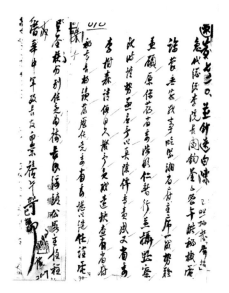

1949 年 7 月 20 日，程潜、白崇禧联名致电代总统李宗仁、行政院长阎锡山，保荐陈明仁真除湘府主席

1949 年 7 月 20 日，程潜发函：陈明仁暂行兼代湖南省政府主席

7月21日

程潜在白崇禧的压力下被逼离开长沙前往邵阳"出巡"，湖南省政府主

---

① 同上。

席由陈明仁代理。

白崇禧取消华中军政长官公署长沙指挥所，并移驻衡阳指挥。

陈明仁命湖南省政府所属各单位即日起联合办公。

程潜出发前与陈明仁密谈，研究起义的具体实施方案，决定"一方面由其在长沙统一指挥党政军事宜，一方面全权处理与中共方面的联络"，陈明仁表示"一定尽力使湖南和平起义成功"。

附：《国民日报（湖南）》报道：《程主席出巡邵阳陈明仁暂代省政》

〔本报讯〕程主席为适应战时需要，昨已令派省府委员陈明仁暂行兼代主席职务，原令如次："本府为适应战时需要，兹于邵阳设置省府行署，本主席职务，着由该委员暂行兼代。除分别呈报令行外，合亟令仰遵照。此令"。

7月22日

陈明仁参加湖南省、长沙市各团体联合举办的欢迎会。

陈明仁以湖南省政府代理主席的身份召集省政府各厅处留职人员训话，言"我不会凭个人意气使长沙五十万人民遭受浩劫，生命财产蒙受损失。……总之要使长沙市民不能听到枪声。……在代理期间我陈某绝不会要一个钱，如果我是要钱的，可以说我今天是一个富人，但我仍是一个穷光蛋。人家可以到香港外国，我的家眷现在要去广州的能力都没有"。

附1：《湖南日报》1949年7月23日登载陈明仁就任湖南省政府代理主席讲话

今天请各位同仁到这边来，一方面是藉此机会与各位见面，同时还有几句话要向各位报告，这次本人奉到命令暂时来处理省政方面的事情，深感个人能力学识不够，尤其没有经验，要我来担负此一重任，明知是做不到，做不好，但我忝列省府委员，主席颂公既有命令，所以又不能不勉强来做，好在各位先生，各位同仁，从事行政很久，经验与学识都很丰富，现在主席出巡两天，我就代理两天，出巡十天，我就代理十天，是一个暂时性质，就是我个人万分不行，但因时间很短，各位又都是熟手能手，共同去做，我想一定可以做得圆满，没有什么问题。

目前时局在一般看起来很为严重，长沙周边如岳阳、平江、浏阳都被共军占领，大家无论如何有一个感觉，认为长沙岌岌可危，今天我可以明白而负责任地告诉各位，希望大家安心工作，等到哪一天不能安心工作的时候，自然有个打算，我有把握，长沙当然没有问题，要是没有把握，本人自然会把各位送到安全区域，请各位同仁不必顾虑安全，更不要考虑长沙哪一天有危险，老实讲：如果我有决心守长沙，我敢让长沙什么时候都没有危险。不过话又说回来，我是湖南人，祖宗坟墓所在，不会光凭个人的意气，使长沙市五十万人民遭受浩劫，生命财产蒙受损失，这就是说如果拿个人的意气守长沙，就会变成四平街第二，那时守四平街是九个营，"敌人"拿三十多万人打，四十九天把四平街打光了，现在这么多的兵守长沙，如果决心守下去，就是敌人拿一百万甚至一百五十万打，我也可以守得住，可是我不能凭意气，使长沙变成焦土，所以我要打，一定在外围打，不会在市区作战，使人民生命财产有所损失，总要使长沙市不能听到枪声，各位必须镇定，不要听信谣言，自乱步伐，这点要请各位注意的。

现在时局很艰苦，我们的责任又加重，过去省府人数很多，这一次为适应战时体制，达成战时任务，所以裁遣了百分之八十，百个人走了八十个，就是说过去百个人做的事，现在加之于二十人身上，不独二十人要做得了，而且要使今天二十个人做的事，比过去一百人还要做得好，也就是说过去做八个小时工作，今天要做十六个小时，好在各位年富力强，精神都很饱满，一定可以达成我们的任务，今天即是以少数的人来负起多数人的责任，尤其是颂公出巡期间，更须特别努力，过去颂公在长，一切顾虑周到，有所遵循，今天我个人虽然不行，但希望大家拿出全副精神，为三千万人民服务，尤其要对得起颂公，不负其期望，使颂公不担忧才好。

刚才所讲，百个人的事要二十个人来做，大家的责任加重，待遇当然要提高，可是本省经费困难，财政拮据，亦不可不兼顾，现在大家都一体艰苦，颂公在没有离长以前，考虑到遣散，应该发多少钱，经过很多时间筹划，才决定裁遣百分之八十，因为没有钱，所以才发得很少，职员六十元，工友三十元，可是在省府方面都尽了很大的努力，此次裁员公文，因为办公的人不留意，照平日例行公事发出，转到省府各附属机关，以致都纷纷请求遣散，连警察机关也要援例，试问警察为保护长沙五十万人口的安全，尚应当充实，怎么还可以裁员，岂不是笑话？

这次百分之八十被遣人员的疏散费，前天晚上经过颂公周密的处理，原无问题，可是到颂公去了以后，又发生一个困难，原来有六万元钱款，放在预算里面，忽然昨天上午 10 点钟接到一个公事，六万元没有着落了，还有一笔钱是纱厂的十万元，还只拿到四万，建设厅虽答应在一周内再拿三万，是否可以如数拿到，尚属问题，所以就现在来说，百分之八十的裁员遣散费，然需筹措。至于附属机关，按其需要，可以裁减三分之一，也要在近期筹措一笔专款。我昨天告诉财厅，不管有没有钱，一定要想办法，不过时间还需稍等几天，各位留在此地，困苦异常，但总要设法解除，不过第一步要把遣散费发清，第二步要把附属机关裁员三分之一的遣散费发清，第三步才可以发放保留人员的钱，这笔钱一定要筹划妥当，我代理一天，就要尽责一天，能做到的事，我自然会做，不能做的事，就是请求，也没有办法，像过去什么请愿，什么派代表，都不是我们分内的事。

我们现在应该拿全副精神，去做应该做的事，不应该做的事就应该不做，我们分工合作，共同努力，大家此次在危险中尽义务，挺身而出，完全是基于良心，所以我们不能不负责到底，不能不为三千万人民服务，今天钱也没有，名也没有，大家这种跳火坑的精神，实深敬佩，大家要是没有应付艰苦的毅力，我想早就走开了，这完全是为湖南服务，为桑梓服务，以及为全人民服务，如果我不替各位解除困难，怎么可以对得起良心，所以大家尽可安心工作。

今天是军事时期，政治就不要吗？军事与政治的配合，非常切要，不过军事要偏重一点，我此刻又负了军事责任，所以政治方面要请各位多负一点责任，在军队里面，现在提倡三大公开，就是意见公开，经济公开，人事公开，过去没有意见公开，不许大家说话，只恐有独断专行不能集思广益，容易失败，今后大家都可以拿出个人的意见，自当尽量采纳。其次经济公开，过去官做得大，就有钱，官小就没有钱，士兵更没有钱，今天不然，有钱要大家用，有苦要大家吃，官兵生活打成一片。至于人事公开，过去不以人才为重，但凭关系，譬如我做了高级官，或许与我是亲戚，或许是朋友，就给他做大官，如果与我没关系，就是有真才实学也不用，像这种荷包里的人才，应当铲除，今后用人要由大家来公开认定，不会埋没人才。这是今天军队里面做的三个原则，我想军队里面行得通，而且收效很大，行政机关一定也可以照着做，在我代理期间，一切我都根据这三点去做，今后对于意见公开，我随时接受各位的意见，经济公开，我完全以大家决定，认为要用就用，绝不浪费一文钱，尤其我可以公开地说，在代理期间我陈某绝不会要一个钱，如果我是要钱的，可以说我今天是一个富人，但我仍是一个穷光蛋。人家可以到香港、外国，我的家眷现在要去广州的能力都没有，我快到五十岁的人，光阴去了一半，绝不会打一文钱主意，我想今后用钱一定要组织经理委员会，由大家来决定行使，现在大家没有发钱，大家就没有钱用，我绝不能先拿一文钱来用，此点为什么要说明白，因为经费是非绝对公开不可。其次人事公开，凡各厅处用人以才为主，选贤与能，要经过一番公正的审查，我绝不会用自己的私人。

现在时局比较严重，没有时间来与各位先生见面，今天藉此机会能见面一谈，至引为快，今后如果大家有什么意见，随时可以见面，我们要打破以往的官僚作风，不要摆官架子，一切要平民化，以谦虚平和为主，我们今日既为民众服务，就是公仆，不要像过去传达收发的留难，我认为首先应整饬传达室，俗话说："阎王易见，小鬼难当"，以前我个人不愿走后门，因为我脾气不好，容易得罪人，所以我很少进机关，这些传达往往见坐汽车的不同，坐包车的又不同，走路的更不同，至于衣服穿好一点的又不同，坏一点的又不同，这种势利眼光和腐败官僚习气，一定要清除干净。

从今天起，我每天上午 8 点钟到这里来，午前继在这里，下午就兼顾别的事去了，我希望各位随时都可以会我，切实做到下情上达，可是不能集体请愿，或派什么代表，这一套我都不高兴，今天我们是等如在一个破船上，遇到暴风雨，不能不同舟共济，一切要牺牲小我，救全大我，以三千万人民的利益为利益，我绝不会为个人的利益为利益，我绝不会为个人而牺牲大家，我相信我有干的精神，没有自私自利的欲望，各位有好的建议，我一定照大家的意志去做，我是一个军人，不会辞令应付，我最恐

1949 年 7 月 23 日，《湖南日报》刊登的陈明仁讲话

惧的就是不知，如果知道，我就可以做，现在我们荣辱与共，祸福同当，一切都希望开诚布公，齐心协力，以为湖南三千万人民服务，今天气氛很热烈，耽搁各位光阴很多，不过希望大家了解我诚恳的意思，今后一切拿事实来表现，敬祝各位健康，努力奋斗，以达成我们应尽的责任。

附2：《国民日报（湖南）》报道：《陈代主席手谕，各厅处留用人员，应不分昼夜到公》

〔本报讯〕陈代主席昨日到省府视事后，为加强行政效率起见，特颁手谕如下："省府各厅处留用人员，应不分昼夜，随时到公，并应尽可能留宿办公地点，如敢故违，即予撤职处分，且不发遣散费。"

又：陈代主席特定今日上午9时在省府中山堂召集各厅处留用人员训话。

〔本报讯〕省府各厅自愿疏散员工，均经分别登记，省府规定发给之疏散费职员每人六十元银洋，前昨两日，正分别签付中，至各厅附属机关员工疏散，尚无明令规定，致促起各厅附属机关全体员工代表于昨午赴省府请愿，要求照各厅疏散职员同样待遇，发给疏散费，最后陈代主席派民政厅长田良骥，财政厅厅长蒋昆，答复各请愿代表说："陈代主席要大家静候命令处理，大家现在回去。"各请愿代表问："命令什么时候可以出来？我们要求快一点。"田厅长说："很快，不会有什么问题。"于是各请愿代表，乃相率离开省府。

7月23日

陈明仁召集长沙驻军主要负责人，强调"严厉整肃军纪，绝对不准无故骚扰百姓"。

陈明仁参加湖南省参议会、长沙市参议会，以及省、市各团体负责人在省参议会大礼堂举行的欢迎会。其发言得到与会者热烈欢迎。

陈明仁召集省会警察局主要官佐、长沙市各行业主要负责人、各区保长、小学校长等人召开座谈会，并重申维护市区秩序稳定的重要性。

陈明仁召集第1兵团师长以上主官召开军事会议，提出要"实行局部和平"。会前先与成刚密商。会后成刚提前离去，并告知相关重要人物。

附1：《国民日报（湖南）》报道：《省府昨日盛会，陈代主席正式就职》

〔本报讯〕陈代主席昨日正式就职视事，上午9时曾召集省府员工训话，到田良骥、李祖荫、蒋昆等两百余人，多数疏散人员，亦踊跃赶赴省府聆训，状至愉快。

陈代主席着草绿布军装，缓步登台，以极坦白、诚恳、热情与严肃之态度，报告渠今后对保卫长沙人民生命财产之做法，并劝勉大家不要听信谣言，及努力工作，并将尽量做到三大公开。

陈氏之训词深得各员工真诚之欢迎，当陈氏讲到个人心目中所希望之事而合乎个人所希望之标准时，台下则掌声雷动，历久不息，陈氏当讲到："我是湖南人，我的祖宗坟墓在湖南，决不因个人意气而违背三千万湖南人与五十万市民的利益"及"我一定在长沙郊外完成守卫长沙的任务，决不容许长沙人民生命财产置于炮火，请大家放心"等话时，热烈之情，为近来所罕见。

附2：姚奠基[①]**《跟随陈明仁将军起义的回忆》(节选)**

陈明仁从 1949 年 6 月至 7 月间，先后陆续接见所属的军、师长进行个别谈话。事先，陈交由我草拟了一个接见日程表，经陈核阅后按表施行，有时由陈自己直接约见来见者，被接见的人员计有：十四军军长成刚、副军长胡镇随，第十师师长张用斌，六十二师师长夏日长，六十三师师长汤季楠，第七十一军军长熊新民，副军长彭锷、鲍志鸿（后熊升兵团副司令、彭锷升充军长），八十七师师长杨文榜，八十八师师长刘垻浩，二十二师师长康朴，第一〇〇军军长杜鼎，副军长刘光宇、邓定远，十九师师长卫轶青，一九七师师长曾京，三〇七师师长张诚文等人，其中有些人被多次接见。陈明仁和上述那些人谈话时，一般是不避开我的，但陈在每次这样的谈话时，总叮咛我不要让任何人进去打扰，所以我每次也特别交代警卫人员，不管什么人要见司令官，都得先带到我处。陈明仁因限于当时环境，既不能公开动员，也不便于一下子就坦诚相见，每次谈话都是拐弯抹角地从关心他们的生活开始，然后了解部队的情况，才转到谈当时的局势，含蓄地表达他本人是再不想打内战的，不愿意湖南乡梓再受战祸，并叮嘱要有思想准备，看清形势，随时应变，只要跟随颂公走，大家才有出路等语。被接见谈话的军、师长们，大多数对陈明仁这番话是心领神会的，但都没有表示意见，唯唯诺诺而已，而其中也有些思想顽固分子，因陈明仁的表面姿态是"反共"的，也搞不清陈的葫芦里卖什么药，以为陈明仁讲这番话是试探他们的，他们也就故作对陈恭顺的样子，连连称是。陈明仁通过对各军、师长个别谈话

---

① 作者当时任国民党军第一兵团第二处代处长、中校机要参谋。

之后，多少摸到部队的脉搏，和各军、师长对待战与和的态度，并密切了他和下级的关系。在起义前夕，陈明仁以兼湖南省政府主席的身份，在省府召开的一次高级军政官员会议上，发表了态度明朗的讲话，当时我作了要点记录，陈说："目前军事形势日益紧张，这是大家十分关心的事情，不愿意打内战主张和平，这也是我省三千多万同胞的共同愿望，我作为省主席和部队司令官，宁可不顾个人的安危，也决不违背全省人民的愿望，希望大家都要做好应变准备，我们要跟随程颂公走和平的道路，这才是我们的出路和前途。"

附3：《成刚日记》[①]（未刊、节选）

7月23日奉司令官电，请余取最迅速方法去长沙，面商要公。于24日余与毛秘书起凡等乘车由邵去长。次日上午在陈司令官部见面，下午二时在陈公馆作两小时以上之长谈。不料陈与程潜等因感时局盖非，战难致胜，想与中共言和。陈以商量口气征求意见。余当时不胜惊异，并申明，以军队组织而言，部下只有服从上官命令，但兹事体大，请别开长官部下关系，盖余与陈有近20年共事之谊，可否以朋友立场而言。陈即谦允。余曰：君为黄埔学生，受党国培植，国家待你不薄，校长先生倚你更殷，此不宜投共一也；君在四平与中共作战，血债太深，将来清算，此不宜投共者二也；君果真信仰共产主义，应在十三年加入共产党，到此时在共产党中已占重要位置。而今半路出家，则共产党中门户之见甚深，将来必于你不利，此不宜投共者三也；再者湖南军队多归君指挥，如能鼓舞士气，重申意见于华中长官部，在湘东北两方面部署适当兵力与共军决战，尚是有为之举；即败亦光明也。陈听余所述后复曰：我平生有知己长官及朋友三人为程潜、刘斐、李明灏，彼等学识经验均在我上，何以他们均同情共产党？余曰：人各有环境不同，你是黄埔出身，为蒋先生之学生，是共产党最忌嫉者。陈曰：你所言我亦想到，现在李明灏已到平江，明日下午来长沙，我与李商洽后再下决心。余知其意已决，遂辞出。陈复约余于明日上午9时在省政府再谈。

次日余往省府，见在座诸人多为亲共者，余知大势已去。遂沉默寡言。陈复询余意见，余曰：昨日将公私意见已面报，一切请君决定可也。陈又曰：你何时返防。余即答：有公私手续未了，须三日后方可动身。于十一时辞

<hr>

① 成刚之长孙成小松提供。

《成刚日记》手稿

出返旅社，将未了手续留交毛秘书办理，余即乘车往湘潭，盖恐陈知余不同意彼之举动而将余扣留也。次日上午返邵阳，将在省情况告知重要人员，以便预作应变准备。

7月24日

黄杰得知前一日陈明仁要"实行局部和平"，半信半疑。

长沙警备司令部为"控制水陆交通及管制物资出境"，成立军事管制处，负责处理一切管制事宜。

陈明仁参加长沙报界人士举办的欢迎会，并在会中强调"希望报界做到'知无不言，言无不尽'"。

陈明仁邀请长沙各界名流召开座谈会。

陈明仁与第1兵团副司令官熊新民、第71军军长彭锷密谈，已与中共地下党取得联系的熊新民立即将密谈内容会报上去，解放军当即掌握该情况。

奉程潜之命7月10日出发去武汉与解放军接头的刘纯正，滞留解放区14天后回到长沙，谒见陈明仁面告一切。陈明仁即刻直接打电话给在邵阳的程星龄，招其来长沙，"有重要事相商"。

附1：黄杰《两湖行役》(节录)

上午8时第1兵团第14军军长成刚中将自邵阳来电话告称：第1兵

团司令官陈明仁于昨日在长沙召集所属各军师长会谈，宣布下列各项：一、现在政府无能，军队力量薄弱，不能再战。二、生平知遇长官如程潜、刘斐、李明灏，他们都同情共产党，决遵循其主张。三、决心实行局部和平，与共产党签订协定。在协定地区内，共军军事政治力量均不侵入。

参加会谈之军师长均未发言，本人起立拟发言表示反对，同座之兵团部副参谋长黄克虎拉我衣服，示意坐下，并作耳语："如果你表示反对，你就有立即被扣留的危险，智者所不取"。因此，我欲言又止。陈明仁虽尚无叛变行动，确已有此意图，无疑系受程潜、刘斐、李明灏这三个醴陵小同乡的影响，如何能使之悬崖勒马，请斟酌情况，迅速采取行动，否则，一旦公开，就不可收拾了。

成军长的电话使我半信半疑，信的是他亲自出席开会所听到的，疑的是陈明仁会做出这种遗臭万年的蠢事吗？陈明仁和我是军校同期同学，在第 2 师当过我的参谋长，在第 11 集团军时，任 71 军副军长，我给他立功机会，一再保举，才得升任军长。因此，在同学中，我俩友情最为深厚，相知也最深切，以其性情之刚烈，对道义之重视，决不信其自毁一生光荣历史，而自置身于贰臣传中。我只希望他这一行动是应付程潜、刘为章、李明灏等之压力，而自求脱身之计，我也深知这三个醴陵人对陈明仁的影响力是不可忽视的。

附 2：《国民日报（湖南）》报道：《代主席晓谕各界，决维持市区秩序至最后一刻，将不勒令实行空室清野政策》

本报讯。陈明仁将军，自接代省府主席后，军政重责，均系于一身，异常忙迫，然陈氏仍在万忙之际，抽空分别召集所属训话，表明渠对保卫长沙之决心与爱护湘省人民之热忱。前日渠对省府所属员工训话后，昨晨 8 时半，复召集警局官佐，长沙市各业理事长，各区保甲长，小学校长等，在省府大礼堂训话。

陈氏首看中长沙之治安问题，渠勉励各负责治安之警察人员，竭尽所能，本诸良心，为长沙市五十万人之安全而努力，使秩序比平时更好。

要维持市区之秩序，必须注重治安与稳定金融，不许造谣惑众与扰乱地方情事，杀人并非残酷，为救人而杀人，乃是慈悲之事，谁敢破坏治安，绝杀无赦。

其次，渠谓及长沙外围之战况，渠称：湖南家长颂公已去，白长官亦去，长沙市五十万人之生命、财产，全交余一人之手，不论依军事或政治责任说，而对此一重大问题，不能不作一周密之打算。此种打算，即是牺牲个人，站在民众利益上去做，负起保障长市五十三万人民生命财产之责任，宁愿我个人牺牲，而不让大家之生命财产遭到损害。

陈氏复称：军人是以服从惟天职，一切服从上级之指示，要我打光就打光，但为人民着想，情愿个人粉身碎骨，而不愿将战场置于市区，吾人决迁诸于郊外，有本事打，就在城外打，否则只好撤去，以后让上峰军法惩罚，如长沙市万一不能保，而要牺牲人民之生命财产，此断非余所能做者。

代主席以坦白之态度，谈论到军队在将来撤退问题，渠称：万一撤退时，军队决不会经由长沙市撤退，以免溃兵与土匪乘机抢劫，余决维持市区秩序，至最后一分钟，决不使有抢劫情事发生，但也希望大家来共同负责，多多提供意见。

末了，陈氏又称届时空室清野问题，在长沙市亦不会实行，盼大家力求镇静。训话时间，达一小时余，至 10 时始散。

附 3：《中国人民解放军第十二兵团：陈明仁兵力分布等敌情报告》[①]
（1949 年 7 月 28 日）

王、萧转并报林、邓、萧、赵：

据原中原局派长沙三一三〇关系负责人来谈：

（一）白崇禧十八日离长沙到衡阳前，下令由陈明仁代理省主席。在长沙，程潜被迫带唐伯球、程星龄、王劲修、彭杰如及省府少数人到邵阳。白、程走后，陈即招待记者谈话，宣布言论自由，以后陆续谈话，释放政治犯，号召拥护程潜为湖南三千万人民着想等。

（二）陈明仁、熊新民（一兵团副司令）、彭锷三人于廿四日开会，陈称决以程为司令，不计个人得失，并要熊新民（与三一三〇同盟关系）代理长沙警备司令，掌握省会警察局、长沙市警察厅宪兵、十团特务一五队及一个正规团，负责维持秩序，准备将来移交，陈能掌握一〇〇军一个师，七十一军二个师系白派的师长，陈想加以处理，另陈告熊，他们要派代表与我们谈判，程二位代表有程星龄，陈三位代表有陈庚（一兵团副参谋长），陈已派人接程回长沙。

（三）陈明仁兵力分布：七十一军八十七师、八十八师在成乡永丰，一十四军之十师在武冈，六十三师在邵阳，二三二师在株洲，一〇〇军分

---

① 《湖南和平解放接管建政史料》，第 247 页。

338

布在长沙周围，另九十七军在湘潭，保安三旅一团被白消灭，两团被改编。

金、唐、袁、解

廿八日

附4：熊新民《关于贺钦同志说服我参加地下工作和我参加长沙起义所做的地下工作的概略经过》

我和贺钦的认识，是在1949年初，我随71军驻永丰镇时，贺钦作为劳军代表之一，来军部劳军的会面中，因见他谈吐不俗，事后一打听才得知他的身份。那时我初到永丰，闲暇时没一个聊天处。他多次约我到他家去玩玩，以后就常到永丰镇西街头他家中闲聊，而且每次都谈得很投机，就越谈越想"入港"，也谈到当时的时局，社会上的"应变"准备等问题，遂成了几乎是莫逆之交，几乎无所不谈。又进一步谈到，我们也应当如何"应变"等问题，因这发生了争论，我坚持只有跟着国民党走，同归于尽的一条路可走。他坚持必须另找出路，虽然双方对立，但彼此情感上更加亲近，加上每一次谈话时，只有我们俩人，我向随从副官、警卫们交代，我不叫不许进门。谈着谈着，终于有一天他公然对我说，我已加入中共地下组织了，老实告诉你，我同你亲密来往，是奉组织上命令，专门来同你联络的，争取你加入地下组织工作，争取你举行起义。当时我大惊失色，两眼巴巴地望着贺钦，自忖，我已被拉到火坑里了，共产党就在我身边，惶恐万分，生怕陈明仁、程潜等上级，尤其是怕特务知道。后来终于被介绍加入了中共地下党组织，做了大量的情报工作，其中包括围剿姜亚勋等重要情报的透漏，都是通过贺钦一手转达上级，我备受表扬。贺钦又介绍一位，说是十三兵团专门派来给我联络的汤代表，我们三人约期在一处特定的野外，假装偶尔相遇会谈，汤代表特别转达他的司令员的问候，并说："虽未见面，已早是老相识了。"我答应先引导所部官兵，做思想准备，然后起义，汤代表也同意我的意见，只是催我越快越好。但内心对起义信心不足，既难以摆脱对蒋介石的思想牢笼，尤其难以违背陈明仁司令长官的领导，因为他是我在黄埔六期当学生的老中队长，又是老大队长，他平日对我特别好。我把这些想法一股脑儿向贺钦交了心。不料他却公然说："你还坐在鼓里，老实告诉你，不仅你的司令官已参加了起义，而且连颂公都早已准备起义，而且有专门的电台与中共联络。"本来我也早有耳闻，这次听贺钦一讲，我的胆子顿时壮了，于是我向贺钦表示说，只有程颂公，尤其陈明仁司令官起义的话，我坚决跟着陈司令官等一同起义。这就是由参加地下工作到参加程、陈领导的长沙起义的经过概要。

顺便在此把我参加程、陈两将军领导的长沙起义所做的几件具体工作会报如下。

我参加地下工作后做了大量的情报工作，其中包括通过贺钦透漏白崇禧派三个师围剿姜亚勋，通过与长沙地总负责人会见，提供消灭蒋白匪军，首先叫解放军专门抓住第七军不放，只要把第七军消灭了，蒋白匪军就都迎刃而解了。后战局证实果然不出所料。

通过贺钦的迫切要求，我全力营救过被白崇禧抓获亲批立即枪决，交长沙警备司令执行的六位地下纵队司令员的性命。成功后贺钦为我庆功祝贺。

通过贺钦的迫切要求，为长沙地总开展工作，支援三次他们所急需的钱粮等。此外地下工作人员所需用的国民党官兵的军服、符号、臂章、差假证等等，给予大力支援。

曾面报陈明仁批准，要贺钦当我私人的随从秘书，借此掩护他地下工作的身份。为长沙地下工作提供方便。至于他的工资粮饷等，则由我全部供给。

我亲自参加长沙的迎解游行，使长沙起义赖以顺利完成。

秘密与陈明仁参与由中共事先潜入来长联络的中共和谈代表李明灏的多次秘密会谈工作，每一次我都亲自驾车送他返回秘密住宿地点，将国民党和谈五位代表和谈之后，向程颂公、陈明仁作了会报，得到批准。

熊新民（印）

1986 年 2 月 25 日

熊新民同志系省参事室参事，省政协委员，本会政协委员。所写材料，可供参考。

中国人民政治协商会议湖南省常德市委员会办公室（印）

1986 年 2 月 25 日，熊新民向组织写的会报材料手稿

附 5：刘纯正 [①] 《奉程潜之命赴汉口》 [②] （节选）

1949 年 7 月初，姜和瀛来到我家，对我说："程颂公要唐星替他找个适当的人去汉口接头，他要我来问你敢不敢去？"我说："好嘛。"当晚深夜，唐星果然来到我家约我去见程潜。程说："在南京竞选副总统时，被李宗仁出卖，现在又受白崇禧的压迫控制，他现在把汉口的机器一车一车地往广西运，不久可能又对我们湖南下手了。我现在实在无法对付他。请你把我的意思向人民解放军转达，希望他们把部队快点开进湖南来，我把责任交给他们就好了。"程说至此面对唐星说："天闲，我的事，你很清楚，请你对他详细谈谈。"然后他起身走到桌子边打开抽屉，拿出份小地图交我，并写了一个发 300 元旅费的条子给我，要我到程星龄处去取。我问程："有什么条件要向他们提出的吗？"程说："不提什么，等他们来了再说。"程送我和唐星到楼门口，在我肩上轻轻拍两拍说："要小心谨慎呀！"我说："好，你放心吧！"

第三天，我去唐星家，见马子谷和一个青年人（以后才知是余志宏，中共湖南省工委军事策反组组长）在座。余约我进里面谈话，交给我一张十行纸说："请刘先生写份简历给我好吗？"我答："可以。"当时写好交给了他。马对我说："你明天到菜根香某号陈庚家联系一下，把通讯联络办法规定好。"又说："九号晚上有位姓陈的来你家歇宿，由他引路去汉口。"

次日我到程星龄家把旅费领来，全部交给一个跑单帮生意的邻居夏国祥，要他一天内把货进好，约他十号一早来我家。我告诉他还有一个姓陈的同我们一道去汉口，只说是同我们合伙做生意的，如遇到盘问时，由一人答话，如问到我们有多少资本，只说每人 150 元。我们先对好口径，以免临时各说不一。之后，我一面到陈庚家把通讯联络密码本规定好，一面到国民党军校毕业生调查处长沙分处要了一个退役证。我利用深夜睡眠时间，把密码本及军事地图默熟后烧毁。

7 月 10 日，我、老陈和夏国祥三人一同去汉口。先是坐火车，后雇小船，最后乘轮船，途经六次检查，挨饿受吓，才于 7 月 16 日在汉口郊区的一栋小洋房楼上，会见了约三十来岁的解放军女同志，她问我："刘先生这

---

① 刘纯正（1907—1998），湖南省新化县人。1949 年任湖南省保安司令部少将高参，第一兵团司令部军官大队少将大队长。7 月奉程潜重托赴武汉，与中国人民解放军第四野战军联络。完成任务后，参加湖南和平起义。新中国成立后，任省政府参事，是第四、五届省政协委员。

② 《湖南和平解放口述历史选编》，第 275 页。

次来的目的是什么？"我说："要与贵方领导洽谈，如果要我说具体，那要请阁下表明你的身份再说。"她说："那好，明天再谈。"第二天（7月17日），老陈邀我上楼，刚到那位女同志办公室的门口时，见她和另一人正站在那里。她介绍说："王首道同志派王秘书来接刘先生。"

王秘书陪我乘车驶向王首道驻地。一进门，经王秘书介绍和王首道、谭余保、袁任远几位领导相识。坐下寒暄数语后，我首先把程潜的授意如实地陈述了。王首道说："那很好，你来得很及时，因为我们等得太久，不能再等了。"王问我："程潜主任有备忘录给我们，你知道不知道？"我说："不知道。"王又说："我们不能单凭文书来往，不派人来，不能取信。"然后又向我问了湖南的一般情况，最后又问我说："刘先生这次来，是全权代表呢，还是非全权代表呢？"我说："我受命而来。我作为先遣代表来迎接解放军进入湖南是全权的；至于以后的一切善后问题，并没有授权给我，所以谈不上什么全权。"随后，我又被引见第四野战军副司令员兼第十二兵团司令员萧劲光。萧司令员连说："好，好，你来得及时，再迟三天不到，我要下总攻击令攻打长沙了。"萧问了湖南的一般情况后，我把脑子里所装的军事兵力部署图背给他听，刚一背完，他即起身带我到对面房里看军事地图，并说："你的记忆力很不错，你看我们的侦察能力如何？"——对照，丝毫不差。午饭后稍事休息，萧司令员说："请你把通讯密码告诉我们。"我背诵给他们听了。萧司令又问我："呼号呢？"我一听到问呼号便说："糟了，忘了带！"萧司令员说："没有呼号怎么联系上呢？"但接着又对我说："你莫着急，另想办法联系。"我埋怨陈庚也非内行，而且粗心，实在误事匪浅。

当晚，一位同志陪我到宝庆正街原住商店取回我的手提篮，只见床上摆着一捆50万元的人民币和两本书，另外还有一张萧司令员、王首道同志联名的请帖，地点是岳飞路味腴酒家。

第三天（7月18日），到酒家赴宴的有：萧劲光、王首道、谭余保、袁任远、金明、唐天际、李明灏和我。喝茶漫谈间，萧司令员问我："程潜现在哪里？"我说："程现在长沙。"萧又问："情况紧急时，他又打算怎么办？"我说："他已表示，决心与长沙共存亡。"萧司令员说："程颂云的搞法还是对的，正与我们党保全城市元气的政策相符。"

7月20日①，我们分乘汽车经武昌，7月21日中午到达通城。中餐后，

---

① 刘纯正原稿误为7月21日，应为7月20日。

我对那位陪同我的科长说："我要找王首道同志谈话。"他说："好"，就过去请示回来说："首长请刘先生过那边去歇凉。"我即过去对王说："我来贵方已几天了，虽然我们会谈过几次，但未得到你们的具体答复。眼看就要回到湖南了，我无法回去向程潜复命。"王说："是的，我们今晚到平江开了会再答复你。"当天晚上到达平江，7月22日在平江休息一整天。7月23日早上王首道要我过去吃早饭，饭后对我说："我们开过会了，已作决定，并组成一个和平代表团，金明为团长，其他的人都是代表，请刘先生回长沙转告程潜主任也组成一个和谈代表团，和谈地点在平江、春华山、黄花市，城里城外都行，由他决定。"又说："用汽车送你到春华山，因为春华山以西的一段公路破坏了，不能行车，再由春华山部队派人送你到黄花市，我们的先头部队停止在黄花市。"他问我要多少路费钱，我说："拿六七块钱就行，多了也会被搜去的。"他叫人拿来七块银圆给我，我把曾在汉口所收下的人民币50万元和两本书，交还给那位陪我的科长，然后我与老陈向王首道同志等告辞。坐上汽车，当晚达到春华山，并会见了当地驻军解放军的萧师长。7月24日由萧师长派一位参谋乘马送我到黄花市。我和老陈再往前步行，就是陈明仁部队的前哨。经过几次检查，才安全回到长沙。一到家我马上找唐星，并向他作了简单会报后，唐星又即向陈明仁作了会报。当时程潜已去邵阳，陈明仁马上与程潜电话联系，并商定派程星龄、李君九去平江与王首道联系。我的武汉之行就此告结束。

7月25日

陈明仁接国防部电，命将青年救国团在各地所组织的服务总队全部撤销，并取缔青年救国团。

7月26日

陈明仁参加湖南省政府常务会议，调整教育人事。

陈明仁下令调查省卫生处处长龙毓莹囤积物资案。

陈明仁补发拖欠的省府遣散人员疏散费。

陈明仁与抵达长沙的程星龄密谈，商讨派遣代表前往平江与解放军谈判。

陈明仁从长沙前往衡阳机场，与白崇禧、杨晓麓 [①] 等迎接乘飞机来衡阳作短时视察"前线"的代总统李宗仁。送走李宗仁即到杨晓麓家密谈，暗

---

① 时任衡阳市市长。

示湖南将要举义后，连夜返回长沙。

附1：程星龄《参与程潜起义活动的回忆》（节选）

7月24日晚上，陈明仁从长沙来电话说：有重要事相商，要我尽快回长沙。我于25日离开邵阳，因汽车发生故障，在湘潭住了一宿，26日上午回到长沙，径往织机街，会见陈明仁。刚落座，电话铃响，陈接过电话后，对我说："怪得很，白崇禧已知道你回长沙了，要我逮捕你。"这说明，到了这时候白还相信陈明仁是"反共"的。当时，我问陈怎么应付，陈说："好办，今日下午我要稽查处长毛健钧来找你，限你明日离开长沙，你就对毛说，你是奉颂公之命来长沙向省银行筹钱的，钱已拿到手，明早即回邵阳，就这么应付一下。"接着说："现在解放军已到达平江。派往汉口催请解放军从速进军的刘纯正已从平江回长沙（注：时间为7月24日），说解放军到达平江后，已停止前往，要我方迅速派遣代表前往谈判，并说李仲坚已随军来湘。我请你伴同君九即于明晨前往平江，邀请仲坚先来长沙。为了保障你们此行的安全，今晚我即将由东屯渡至黄花市一带的驻防部队调换，改调可靠的张诚文师接防，并嘱托张师长亲自照料。"我欣然接受了这一任务。当日（26日）下午，毛健钧佩戴手枪，坐吉普车来到我家，来势汹汹，我按照上午和陈商定的办法应付了事。随即找余志宏，向他汇报我由邵阳回长沙和受陈的委托，拟即驰往平江，邀请李明灏先生来长沙等情况，并请求地下党派向导同往平江。

附2：杨安《追忆父亲杨晓麓参与湖南和平起义的过程》（节选）（未刊文稿）

1949年7月26日，陈明仁将军匆匆从长沙赶到衡阳，与白崇禧和我父亲等一起，在机场迎接从广州飞来视察衡阳前线防务的李宗仁。飞机到达后，他们一行到附近的粤汉铁路局坐了一阵子。然后李宗仁又重返机场续飞福州（次日转飞台北见蒋介石）。

李宗仁飞机离衡后，陈将军与白崇禧即在机场握别，没有去对岸（湘江西岸）的华中军政长官公署和衡阳市政府，而是与我父亲去了机场旁边的我家（人称杨公馆）坐了一会儿。当时在客厅谈话时，只有他们两人。

母亲回忆说，陈将军离开后，我父亲对她说："子良兄跟颂公走到一起了，可能最近会有大事发生！"我母亲问："什么大事？"我父亲说："他没有明说，但我有预感。因为他说，从颂公那里知道我跟颂公是一致的，他说他跟颂公也是一致的。子良兄离别时紧握我的双手说：'晓麓兄，我们各自珍重！

尤其你身处衡阳格外要小心啊。我们后会有期！'"

我母亲说，几天后程陈通电起义，证实了你爸的预感。当时因为华中长官公署从汉口迁到衡阳，你爸在白崇禧眼皮子底下，因事涉绝密，陈明仁是绝对不会也绝对不能对你爸明说的，但明显的有暗示。

7月27日

程星龄、李君九作为程潜和陈明仁的代表，在中共湖南省工委委员欧阳方的陪同下抵达平江开始谈判，并提出邀请李明灏来长沙商谈具体事宜。

白崇禧再次命令陈明仁将长沙的重要设施和铁路桥梁破坏，陈明仁仍拖延不办。

任建鹏宣誓就任长沙市市长兼湖南省会警察局局长（7月20日任命）。

7月28日

程星龄、李君九到达平江，会见解放军和平谈判代表团，李明灏同意来长沙商谈具体事宜。

成刚返回邵阳面见程潜，伪称在长沙同意随陈明仁起义，程潜才未对成刚下杀手。

附1：程星龄《参与程潜起义活动的回忆》（节选）

7月27日凌晨，中共湖南省工委委员欧阳方（其职务是以后才知）和我们一道赴平江。我们在黄花附近遇到了解放军便衣侦察员，由欧阳方接上头后，即引导我们到达春华山，住了一宿，翌晨（7月28日晨），由解放军派汽车送我们至平江郊外某中学，会见了金明、袁任远、唐天际、解沛然、李明灏等。他们以为我和李君九是以代表的身份去商谈的。我们说是受陈明仁的派遣请李明灏先生赴长的，因为程潜还在邵阳，我们来平江，他还不知道，来不及正式组成代表团。程、陈两人对起义没有任何条件，只是迫切地期望解放军尽快进入长沙，有些问题需要商谈的，可以待解放军进入长沙后再商谈。金明等同意了我们的请求。

附2：《成刚回忆录》（节选）

因程潜于先两日来邵阳，28日上午余往见，将在长沙与陈面谈，并同意其主张情况告知，又复加重语气说：主任为湖南家长，又为军人前辈，吾等在主任领导之下努力干去，绝无异议。程大喜曰：人谓你不同意与共产党合作，想保存力量去打游击，今你能听我命令，我放心矣。你要知道，我是为国民党保存力量，我并非投共，程又曰：今天下午二时在此研究作战计划，届时你可以来参加。余遵命辞出。

附3：**魏镇**①《邵阳起义前后》②（节选）

原已获程潜同意武力解决成刚部的计划，中途忽又改变，原因是成刚耍了两面手法。程潜抵邵阳后，原计划成刚见程时即行扣押，但成见程时久跪不起，表示坚决服从，致使程心慈手软了。

7月29日

程星龄向程潜建议成立湖南人民临时军政委员会。

国民党军第1兵团参谋长邓定远、副参谋长吴迪吉擅自出走。

国民党军李明灏抵达长沙，程潜也从邵阳秘密返回长沙。

程潜、陈明仁和李明灏会谈，达成湖南和平解放的原则协议："改编国民党第一兵团等部队，番号暂定为中国国民党人民解放军第一兵团，作为正式改编为中国人民解放军的过渡性建制；成立以程潜为主任的湖南人民临时军政委员会和湖南省临时政府，以协调解决和平起义中的有关问题。"

7月30日

国民政府行政院常务会议决定，同意湖南省政府主席程潜辞职，专任长沙绥靖公署主任，由陈明仁兼任湖南省政府主席。

陈明仁被任命为湖南省政府主席、湖南省保安司令。

陈明仁先后收到多份贺电，择其部分复电致谢。

华中军政长官白崇禧命陈明仁将程潜"解除其护卫武装，实行兵谏，必要时采取断然处置"。

白崇禧致电陈明仁，命陈率部于8月1日开始对解放军发起进攻。

陈明仁命第1兵团副参谋长黄克虎兼代第1兵团参谋长。

俞济时密告顾祝同：章士钊、刘斐牵线长沙和平谈判。

附：**俞济时电顾祝同：宋希濂告章士钊、刘斐牵线长沙和平谈判**

顾总长：据宋希濂　午艳（7月29日）电报称：（一）职顷获得极可靠消

---

① 魏镇（1895—1973），湖南省邵东市人。1949年8月任湖南省军管区副司令时参加起义。起义后，任中国国民党人民解放军第一兵团副司令员，中国人民解放军第二十一兵团副司令员，第五十五军副军长，1955年被授予中国人民解放军少将军衔。转业后，任湖南省参事室副主任，是第二、三届湖南省人大代表及第一、二、三届湖南省政协常委。

② 《湖南和平解放口述历史选编》，第190页。

息，"共匪"将长沙包围而未攻击，系正在进行政治谈判，其牵线人为章行严（章士钊）、刘为章（刘斐）。（二）职意株洲沦陷，宜断然放弃长沙，令陈明仁率主力速向邵阳、芷江转进，藉以保存实力。谨电鉴核等情，希即察核。

济时（俞济时）午艳自草（台北草山）

38 年 7 月 30 日 12 时 0 分

7 月 31 日

长沙绥靖公署裁撤，代理总统李宗仁、行政院院长阎锡山电促程潜前往广州就任考试院院长。

陈明仁兼任湖南省绥靖总司令，刘兴、李觉任副总司令。

蒋介石担忧长沙局势，手拟给陈明仁关于长沙守卫与撤退方针的指示。

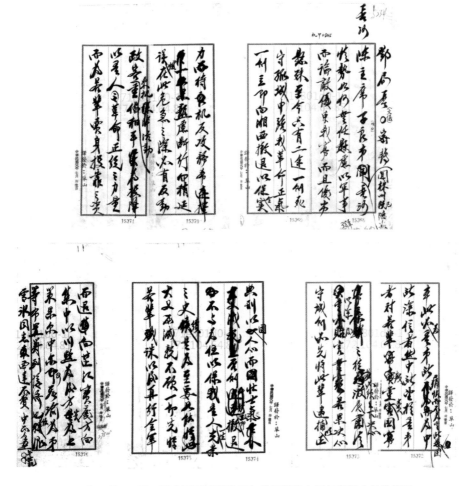

1949 年 7 月 31 日，蒋介石手拟给陈明仁关于长沙守卫与撤退方针的指示

附1:《蒋中正日记》(节录)

晚课手拟邵毓麟覆电及陈明仁指示,对长沙守卫与撤退方针,以程潜与唐生智昨日潜回长沙,阴谋降"匪",殊堪忧虑也。

附2:《蒋总统致陈明仁七月世(31日)电》

字第九十号　计五页件

邓局长(文仪)○ 密 转

长沙陈主席子良(明仁)弟。闻株洲已陷,未知长沙情势如何,无任悬虑。以军事而论,敌众我寡,而且优劣悬殊,至今只有二途,一则死守孤城,申张我革命正气,一则立即向湘西撤退,以保全实力,待机反攻。务希熟虑断行,勿稍延误。唯在此危急之际,必有反动政客,乘机活动,重倡和平,以吾人革命正统之力量,而为若辈卖身投靠之资本,此必为吾弟所痛恨而不为其所愚,固为中所深信者。然中所望于吾弟者,对若辈叛党卖国之徒,必须立下决心,彻底肃清,以除后害。若果决心守城,则必先将此辈逮捕,明正典刑,以固人心而壮士气。否则立即撤退,不与为伍,以保吾人一生光荣之史绩,是为至要。如能大义灭亲,不顾一切,先将若辈歼诛以后,再行全军而退,向芷江、宝庆方向集中,以川黔为后方,实为上策。果尔,中亦可飞渝,为弟等布置筹划接济也。便派雪冰同志面达不赘。

中正手书○○午(7月)世(31日)机　译发于草山

中华民国卅八年七月卅壹日

8月1日

蒋介石继续担忧长沙局势。

黄杰、邓文仪持蒋介石致陈明仁的亲笔函及阎锡山专函由广州飞抵长沙,准备"迎接"程潜到广州就任考试院院长,并阻止湖南和平起义。程潜拒绝与其见面,陈明仁不为所动,接待后"礼送"黄、邓离开。

陈明仁召集第1兵团师长以上主官召开军事会议,调整所属部队防务。

陈明仁深夜赴程潜处,展示蒋介石亲笔函。程潜非常气愤,即提前发表个人和平通电。

长沙《中央日报》《晚晚报》刊登578人签名的《长沙各界为拥护当局主张避免战祸呼吁和平宣言》。

程潜布置解决成刚。

附 1：《中共中央军委对程潜的方针指示（三）——同意对程陈之估计及我方所取对策》（节录）（1949 年 8 月 1 日）①

（一）同意萧、王二十九日电对程潜、陈明仁之估计及我方所取对策。（二）你们对程潜、陈明仁应做两种准备。（甲）在我军未占衡州、郴州、永州，将白崇禧驱入广西之前，程、陈占领邵阳、武冈、芷江地区，后面有退路不受威胁，很可能不会急于谈判改编及通电反蒋。（乙）早日谈判改编及通电反蒋。

在程、陈采甲项态度时，你们不要和他们决裂，双方代表可时谈时止，直至我军占领衡、郴、永，那时有可能谈好。你们应于限期满后（五日至七日），占领长沙、湘潭、益阳、宁乡、湘乡等五县（这五县是极富庶区域，为向湘南进军必需的基地）。然后休息度过三伏，再向南进，占领衡、郴、永。留下邵阳、武冈、芷江等县给程、陈。大概要到那时，程、陈才会就范。甚至要待刘伯承、邓小平大军压迫邵、武、芷（这三县亦是富庶区域），他们才会就范，亦说不定。

附 2：《蒋中正日记》（节录）

为长沙陈明仁态度甚忧，忽闻程潜被"匪"所俘甚怪也。

附 3：黄杰《两湖行役》（节录）

清晨，偕同雪冰②兄乘追云号专机飞湖南。9 时 40 分抵达衡阳，晋见华中长官公署白长官后，继续飞长沙，11 时 40 分达到。

机场的四周，警戒森严。除了两辆吉普车停置在机场供我们乘用外，在长沙的同学和朋友，竟无一人露面。步下飞机的第一个预感，就似乎有点异样。

我们的车子驶出机场，一直开往省政府所在地。陈明仁在楼梯口迎接我们，他是第 1 兵团司令官，最近又兼代省主席职务，可说集湖南军政大权于一身。他和我与雪冰兄都是黄埔一期的同学，和雪冰还是醴陵同乡，至于与我的关系，更加密切。近二十年以来，我们常在一起，我任第 2 师师长时，他任参谋长，在滇西抗日战争中，他是我最器重的一位军长。照常理来说，旧友重逢，该表现多么愉快，又该接待得多么殷勤。然而，他的脸上失去往日的热情，他的手上也失去了往日的憨劲，一言一笑，都显

---

① 《湖南和平解放接管建政史料》，第 266 页。

② 即邓文仪，时任国防部政工局局长，兼任新闻发言人，其间当选为国民党中央委员及中央常委。

得十分尴尬，而眉宇之间，尤充满一种凄苦之色。使我意识到陈明仁正陷入痛苦的深渊。

我来长沙的任务，是专程迎驾程潜。入座后，即宣告中央要请程潜出任考试院长的意旨，希望立刻可以把中央的意旨转达给他。不料，陈明仁的答复是程潜已于前几天离开长沙到邵阳去了，现在行踪不明。这自然是程潜避而不见，见不到他的面，我们的任务便无法达成，此行也等于白跑。但我仍想利用我在军队中的关系，和一些旧时的袍泽见见面，剀切地告诉他们在危难之际所宜采取的自处之道，同时，也希望和陈明仁作一次恳谈，要他珍惜过去抗日"剿匪"用自己血汗换来的历史，不可昧于时机，自陷不义。

这时，我已察觉到陈明仁的神情，十分沮丧，在他那深锁的两眉间，似有万千心事，道不出来。无疑已到了话不投机的地步，在沉闷的气氛中，用过了午餐，即匆匆告别。像来时一样，陈明仁送我们到楼梯口止步，我们仍乘两辆吉普车离开省府。

附4：邓文仪《从军报国记》（节录）（邓文仪撰，台北市正中书局1979年印行）

我们原定7月29日，由广州乘飞机去衡阳，因为一点小原因，又延到30日早上才起飞，这时长沙的情形已很紧张，前方来的消息，证明程潜已由邵阳去到长沙，可能发生突然的变化。我们到衡阳仅停三小时，和白长官晤面，并和长沙陈明仁通过电话之后，在正午之前，我们乘飞机在长沙城中临时机场降落，和陈明仁在省政府谈了几个钟头的话。我曾将先一日，在广州将接到台湾用电话转来的蒋总裁的电报转交给他，总裁电报的指示，为他计划，共有三策——上策为全师而退，即将部队后撤，参加保卫大西南；中策为死守长沙，造成第二次四平街战役的光荣；下策为实行大义灭亲，将程潜、刘斐等就地处决，并对他说明局部和平是共"匪"欺骗的诡计。北平局部和平的结果，是如何悲惨的结局，劝他无论如何，应以革命历史、国家民族为重，甚至为个人的利害打算，也不能投"匪"，要他马上将湘江东岸的军队撤退，向湘西集中。他表现出很痛苦的神色。他说他的长官师友，如程潜、刘斐、李明灏诸人，都再三写信给他，劝他参加局部和平，他正在郑重地研究考虑，这时还没有作最后决定。

我劝告他立刻召集高级军官会议，立即命令军队开始向湘江西岸撤退，希望他本人即日离开长沙，或先过江到岳麓山去，脱离共产党的包围环境。

最好大义灭亲,在离开长沙之前,把重要的"匪"谍及共"匪"代表拘捕起来。因为这时他的左右亲友,多已被"匪"收买利用了,他只答应实行前一项,立即下令军队向湘江西岸后撤,后两项要等一天才能决定。5点钟,他的副参谋长来说,前线打起来了,长沙城中有暴动谣言,要我们当天离开长沙,否则,明天恐怕飞机就不能飞了,我们便和陈明仁告别,要他为国珍重。我到城里走了好几条街道,看了好几个朋友,觉得情况十分严重紧张,在黄昏前我和黄将军飞回了衡阳,离开了惊险的长沙。

附5:陈明仁《湖南义举》(节选)

8月1日,蒋介石、李宗仁、白崇禧等企图破坏湖南和平起义,特派国防部次长黄杰、政工局长邓文仪,由广州经衡阳来到长沙。当时长沙形势严峻,部分追随白崇禧的军官蠢蠢欲动。我在省政府大楼接见他们时,他们说是专程迎程潜去广州就任考试院院长的,希马上会见程潜。我说程已去邵阳,现行踪不明。他们此行的真正目的是游说我死守长沙,挟持程潜去广州,并携银洋2万元和重机枪50挺以及蒋介石给我的亲笔信。我阅后内心非常愤慨,但未做表露,只说长沙正严阵以待,前线已有接触。午饭后,我对黄、邓二人说:"我们都是湖南人,个人前途无足轻重,长沙人民生命财产不能毁坏。我作为黄埔军人,为党国效劳,赴汤蹈火,在所不辞。若抛弃长沙父老,纵有高官厚禄不为也。"我与黄、邓谈至下午两点多钟,"贵客"仍无告别之意。在我的暗示下,由第一兵团代参谋长黄克虎、副参谋长陈庚、长沙警备司令部参谋长宋英仲、参谋处长罗文浪演唱谎报军情的"双簧"。面告我说:"共军先头部队已推进到市郊10余公里的黄花市以西,其游击队出没在市郊和飞机场附近,并有散兵游勇拥向机场。"我故意严肃地说:"飞机场不能乱,我这里的客人还未走,你们赶快派部队去恢复秩序。"黄、邓惊恐万状,遂登机赴衡。

我只送黄、邓至楼梯口止步,并立即按原定计划召开第一兵团及长沙警备司令部师长以上军官和高级幕僚军事会议,决定将一百军的一九七师(师长曾京)布防黄花至永安一线(后移湘江西岸);七十一军二三二师(师长康扑)由株洲移长沙城郊警戒;一百军三七师(师长张诚文)驻河西荣湾镇至咸嘉湖;十四军六十三师(师长汤季楠)驻守邵阳城外;第一兵团新属其他部队移防湘江西岸,防止解放军进入长沙市区时与其发生冲突。湖南省保安司令部所辖何元恺师、周笃恭师、张际泰师驻湘乡、邵东、邵阳、新化一线,防止白崇禧所部反扑。长沙市区由长沙警备司令部警卫团、宪兵第十团、省会警察部队、湘东师管补充一团严加防范，以保证湖南起义的顺利实现。

8月1日夜，我与秘书陈臧仲向程潜会报黄杰、邓文仪长沙之行的情况。当我将蒋的亲笔信给程看时，程潜不禁勃然大怒，愤然骂道："这个大流氓！"然后，我们继续商议湖南起义的具体部署。

附6：程潜以朱明章名义电谢慕庄解决成刚

（限两小时到）邵阳谢副参谋长：密速，并转汤师长季楠。顷与子良兄商定：（1）兄部（汤师）速集中衡宝路，对衡阳严密警戒，并利用晚间破坏公路。（2）黄杰、邓文仪定明日由衡飞邵，最好勿与见面。（3）成刚如为黄、邓所动时，希会同彭副司令杰如兄迅于解决。盼复。　潜

朱明章东戌（1日20时）

8.1

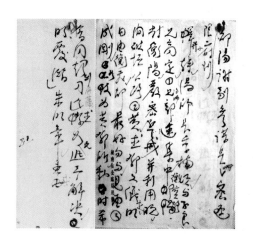

1949年8月1日，程潜电谢慕庄解决成刚

8月2日

蒋介石给陈明仁发出前夜（8月1日）起草的"盼早作抉择"电文。

中共中央军委复电林彪，同意陈明仁保留兵团司令名义。

---

① 朱明章，时任湖南省主席警卫组组长兼湖南保安司令部少将高参。

② 谢慕庄，时任长沙绥署副参谋长。

③ 陈子良，即陈明仁。

④ 成刚，时任14军军长。

⑤ 彭杰如，时任湖南省保安副司令。

⑥ 即程潜。

陈明仁按照中国人民解放军代表的要求，命令第 1 兵团及湖南省保安部队开出长沙市区及各交通要道。

程潜、陈明仁组织和平谈判代表团，由唐星任首席代表，唐生明、熊新民、刘云楷、刘公武任代表（长沙起义后因熊新民、刘云楷离去，改由彭杰如、王劲修接替）。

《湖南日报》以《陈主席坚定立场 黄、邓寂然回广州》及《长沙绥靖公署裁撤，代理总统李宗仁、行政院院长阎锡山电促程潜前往广州就任考试院院长》为题，报道黄杰、邓文仪联袂来长沙和长沙绥靖公署裁撤、陈明仁兼任湖南省绥靖总司令的消息。

解放军和平代表团将答复李明灏信件内容（程潜不愿接受省主席、代表团人选问题、宋希濂已有意参加和平、决定解放军五日进城等）电告林彪。

附 1：《蒋介石给陈明仁的电文》

急 长沙陈主席子良弟：密，世（31 日）电谅达，日来战况如何？至以为念。敌"匪"狡诈，进退取舍之道，殊应早决，不可长此犹豫，以挫军心。前电所示各节，吾弟究作如何抉择，盼即电复。

中 手启 未（8 月）冬（1 日）道

奉 谕照发

陈衡 勤业 8 月 2 日 23：45

附 2：《中共中央军委电：可保留陈明仁的兵团司令名义》[①]

（1949 年 8 月 2 日）

交林、邓、萧、赵：

一日电悉，可以答应陈明仁保留兵团司令名义。

军委

八月二日二时

附 3：1949 年 8 月 2 日《湖南日报》报道：《陈主席坚定立场 黄、邓寂然回广州》

〔本报讯〕中枢以陈明仁将军主持湘政，又值省会战火紧急之际，为表示中央寄托之重，前（一日）曾派国防部次长黄杰，前宣传部部长，现政工局局长邓文仪，联袂乘专机飞长，并携有李代总统与阎院长亲笔函，前致慰问。邓、黄二氏于前日十一时五十分降落长沙，驱吉普直抵省府访陈主席。

---

① 《湖南和平解放接管建政史料》，第 274 页。

在省府大楼逗留五小时，与陈氏密谈甚久，外间皆不得与闻。据有关人士透露消息，黄、邓主要任务，在传达中央意志，嘱陈氏坚守长沙，以定大局。陈氏答复，未改一贯之既定立场，仅表示：渠个人无足轻重，以五十万市民之生命财产为前提。利此，则虽赴汤蹈火愿为之；逾此，虽苟全于乱世，似亦无足道也。揆其主旨，仍与往日所谓"牺牲小我，完成大我"者无违。黄、邓所乘飞机，带有最新式机枪五十挺，卸交陈氏。值此戎马倥偬之际，忽然带来五十挺新机枪，不啻雪里送炭，长沙人民当然感谢。近日，前方紧急，陈氏一理万机，黄、邓之来去，未较惯例，举行隆重之迎送。渠等临别时，陈氏送至省府大楼下，便说："我不能相送了"，于是二人轻轻快快的寂然而走。

1949 年 8 月 2 日，蒋介石给陈明
仁的电文

1949 年 8 月 2 日，《湖南日报》相关报道

附4：1949 年 8 月 2 日《湖南日报》报道：《长沙绥署撤销　程潜调考试院长　黄杰、邓文仪来湘迎驾　陈明仁兼绥靖总司令》

〔中央社讯〕中央为使湖南实行战时体制，将长沙绥署撤销，成立绥靖总司令部，由省府主席陈明仁将军兼任总司令。前主任程颂公中央已任命为考试院院长。李代总统、阎院长昨特派国防次长黄杰、政工局长邓文仪，携李代总统、阎院长亲笔函，自穗乘专机来湘迎接程氏赴穗。

附 5：《中国人民解放军第十二兵团：将复李明灏、欧阳方之意见电告萧、王并林、邓》①

（1949 年 8 月 2 日）

萧、王并林、邓：

将复李明灏、欧阳方二日来信之意见，电告如下：

（一）程潜坚决不愿接受宣称省主席、政委名义，但表示解决川粤问题愿尽力协助，川中希望较大（此项我们未叫李明灏谈，是他自己去谈的），我已答应将此电呈林总裁举。

（二）代表团人选问题，来信云：程潜决定派唐天闲为他的首席代表，陈明仁、唐孟潇各派代表一人，民革、民盟各派代表一人。我们同意欧阳方意见，民革、民盟不需派代表来。

（三）各种通电中心内容，已将林总电示转告他们，并可经省工委和李明灏初步审阅。

（四）为解决长沙接交、双方军队入城布置、联络办法等，以免引起混乱，已请程、陈于三日派一二得力干员随欧阳方来我处具体商决，并盼省工委动员一切力量，在我军入城前后维持秩序，按原封不动原则，等待有秩序的接收。

（五）对湘省和平之进展，请李明灏对程、陈多方加以赞助。来信中云：宋希濂已有意参加和平，我们已请李明灏、欧阳方在长沙亦竭力为之。

（六）我们决定五日进城，现正着手部队教育和接收工作之布置。

金、唐、袁、解

二日十五时

8 月 3 日

程潜致电毛泽东、朱德，陈述即将宣布脱离民国政府，即日成立湖南人民临时军政委员会，推定陈明仁为湖南省政府临时主席，并决定第 1 兵团改组为中国国民党人民解放军第 1 兵团。

陈明仁通电，表示"见危受命，义无反顾，一切行动，全以卫国保乡，救亡图存为出发点"。

陈明仁派遣军事代表长沙警备司令部参谋长宋英仲、参谋处处长罗文浪、第 232 师师长康朴、参谋处主任郑克林前往长沙县春华山中国人民解

---

① 《湖南和平解放接管建政史料》，第 274 页。

放军 138 师驻地，洽商解放军接管长沙具体事宜。关于解放军提出先期接管岳麓山的问题，经过双方协商，暂不实施（注：见 8 月 5 日"林、邓电：目前对程潜、陈明仁的方针"）。

阎锡山电贺陈明仁坐镇湖南。

陈明仁致电宋希濂，劝其共同起义，宋未接受。

附 1：《程潜为成立临时军政委员会 致毛、朱、林的电文》[1]

即平 毛主席、朱总司令，汉口林司令员，（本省各军政机关）：

潜等业经未东（8 月 1 日）电宣布正式脱离广州政府，即日成立湖南人民临时军政委员会，由程潜、唐生智、陈明仁、仇鳌、唐伯球任委员，并推程潜为主任委员。同日由临时军政委员会推定陈明仁任湖南省政府主席，并决定第一兵团改组为中国国民党湖南人民解放军，推定陈明仁兼司令官，特电，请查照知照并转饬所属知照。

湖南人民军政临时委员会主任委员程潜

未江戌（8 月 3 日 20 时）

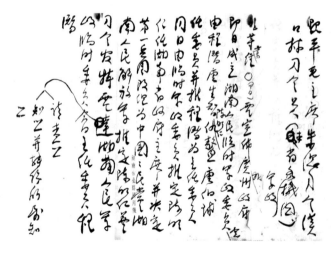

1949 年 8 月 3 日，程潜为成立临时军政委员会 致毛、朱、林的电文
（湖南和平解放史事陈列馆提供）

附 2：罗文浪[2]《参与陈明仁长沙起义的回忆》[3]（节选）

我于 1949 年 1 月由杭州回湘，同年 4 月底陈明仁任命我为长沙警备司

---

① 《小春秋》报于 1949 年 8 月 4 日刊登。

② 罗文浪（1912—2000），湖南省长沙人。1949 年 8 月任国民党长沙警备司令部参谋处处长时参加起义。新中国成立后，任湖南省政府参事，是第四、五届省政协委员。

③ 《湖南和平解放口述历史选编》，第 359 页。

令部参谋处长。见面时他说："湖南在抗日战争中经受四次战争和一次大火，残破不堪，我们是湖南人，再不能让桑梓之地遭受蹂躏了。"当时我对他这番话不甚理解，直到7月份我才知他已参与程潜的和平运动。

8月3日，陈明仁派宋英仲、二三二师师长康朴及该师参谋主任郑克林和我，与中共湖南省工委的欧阳方等在长沙开会，研究长沙布防及解放军入城后驻地等问题。中共方面的代表是由马子谷持介绍信引见的。会议决定：二三二师接替第一百军第十九师的城北及东屯渡防务；湘东师管区补充团原驻丰盈里，仍担任该处及附近地区的警备任务；第三七师陈显微团、宪兵第十团第二营、保安第三大队仍在原警备区执勤；省警察总队负责分区巡逻。解放军入城后驻新军路以东地区，避免与警备部队交叉。全市防务俟解放军进城后再由其统一部署。宋英仲会后传达陈司令官指示，命我代表程、陈两将军去春华山迎接解放军接管长沙。同行的还有郑克林和欧阳方等。

8月3日下午4时，我们起程赴春华山，受到了第四野战军和谈首席代表金明等的接见并设宴招待。金明说："程、陈两将军能顺应潮流，率部起义，我们表示欢迎。但起义通电还未发出，我军就不好行动。因为没有发通电，就是没有公开表态，我军前进，难免发生冲突，那时就不好办。"我说："湖南情况复杂，白崇禧重兵压境，国民党的特务严密监视，下面也未完全通气。因恐起义遭到破坏，所以通电迟而未发。"当晚，金明等陪我们观看了文娱晚会。第二天（8月4日），解放军第十二兵团参谋长解沛然交给我关于和平接管长沙的八条协议，大意是：中国人民解放军接管长沙后，负责一切警备任务，并保护程、陈两将军的安全，但两将军的内部警卫仍由原部担任；解放军入城后拟派重兵占领岳麓山。协议上的落款是"中国人民解放军代表解沛然，"已签名；另一行是程、陈两将军的代表，要我签名。

我知道陈明仁将军所部移驻河西，主要是怕与入城的解放军发生冲突。因此我说："前面的七条我都可做主，但驻军岳麓山我必须回去请示后再作答复。"于是我们又返回长沙，于8月4日黄昏向陈明仁报告春华山之行。随后我又与李明灏、刘梦夕同去春华山，与金明等在泉塘相遇。李明灏向其介绍了湖南情况以及陈明仁的为人与个性，并提出：湖南省政府主席一职由陈明仁继续担任一段时间；陈明仁的部队拟改称为"中国国民党人民解放军第一兵团"；岳麓山暂不进驻解放军。金明当即答复说：第一、二两点当即电林彪转呈毛主席，想其一定会答应的，并同时电告王首道主席暂不来长，解放军可暂不进驻岳麓山。我与解放军一三八师参谋长商定：8月5日下午4时，解放军开始从东屯渡过河。解放军入城后，长沙警备司令部即行移交。我们一行回到长沙时已是8月4日午夜之后，所谈各节由李明灏向陈明仁会报。

附3：《见证湖南和平解放》[①]

档案故事：这是1949年8月3日湖南和平解放前夕，由中国人民解放军华中军区代表团起草的《关于和平移交长沙问题的协议》。上有中共和谈代表团代表解沛然，以及陈明仁将军代表罗文浪、郑克林的签名。因协议中的部分条款当时尚需商议，这份协议最后并未使用，但有助于我们了解研究湖南和平解放这段历史。该档案现存于湖南省档案馆，属首次对外公布的珍贵馆藏。

1949年8月3日，主政湖南的程潜、陈明仁，通过与中国共产党多方联系沟通，已决心起义，实现湖南和平解放；而中国人民解放军第四野战军十二兵团已迫近长沙，其四十六军一三八师正驻扎在长沙县春华山镇。双方的焦点集中在程、陈什么时候发出和平起义通电，解放军何时进城以及长沙的移交接管问题上。

为和谈，巧渡河，终抵春华山

8月3日下午，长沙市浏阳河渡口东屯渡。"什么人，站住！"陈明仁所辖第一百军第十九师驻军拦住了一队人马。来人出示了长沙警备司令陈明仁的命令："兹派本部参谋处长罗文浪，率武装兵一排，进出黄花市附近，向当面之敌威力搜索，限本晚归还具报。"出示命令的人正是长沙警备司令部参谋处长罗文浪。他此行的确是遵照陈明仁命令，但任务内容却非命令中所书。他的目的地是春华山，解放军十二兵团驻地，真正任务是代表陈明仁与中共和谈代表团洽谈协商解放军和平接管长沙事宜，长沙附近驻军地图此时正在他的身上。但当时湖南起义尚未公开宣布，陈明仁为麻痹蒋介石、白崇禧，对外也一直表现为积极"反共"，他手下除极少数心腹外都不知他有起义打算。哨兵回复罗文浪："军长有命令，任何人不准过河！"罗文浪只好通过私人关系电话联系了老同事第十九师师长卫轶青，通过一番请示周折总算过了河。

一行人中除了罗文浪，还有陈明仁所辖二三二师参谋主任郑克林及该师一排武装兵，以及中共两位联络员老王、老李，其中老王真实身份是中共湖南省工委委员欧阳方。为避免与解放军遭遇发生冲突，罗文浪半途遣回了武装兵。在泉塘，四人遇上了解放军巡逻队，老王对上了联络暗号，解放军十二兵团派来参谋和吉普车，将罗文浪一行送到了春华山镇上的临时招待所——也是解放军一三八师师部所在地。

详商讨，协议出，和谈现波折

此时，中共和谈代表团首席代表金明以及袁任远、唐天际、解沛然代表已先行到达。双方见面后，进入洽谈议程。罗文浪首先说明了此行任务，表示程、陈两将军决心响应中国共产党号召率部起义，此次特派他前来接洽解放军进城并和平接管长沙相关事宜，并带来了长沙附近驻军地图。金明则表示，十分欢迎程、陈两将军接受和平，但希望能尽快发出起义通电，避免两军冲突，"重大原则问题，咱们再商量，其他具体细节，可与解参谋长研究"。于是，罗文浪将地图交给解放军十二兵团参谋长解沛然，并将他们拟定的解放军入城后驻地和陈明仁兵团主力驻扎河西等情况进行了说明。解沛然听后表示："我们研究以后再说。"

第二天①早上，解沛然交给罗文浪一份《关于和平移交长沙问题的协议》。协议共4页，从右向左书写，总共六条，时间落在"一九四九年八月三日"。第一条"关于和平移交长沙市的步骤"，是其中最重要的一条。协议拟定，在本月五日十九时起至次日五时止之时间内，程、陈两将军在长沙所部，应将岳麓山、长沙市南郊小跳马涧以南高地、长沙市火车东站等地区及有关设备移交解放军接收。其余条款，包括：进城接防部队与留守长沙市办理移交维持秩序之部队，自解放军入城之日起，暂归中国人民解放军长沙市警备司令部统一指挥；双方办理接交中必须履行一定手续；程、陈两将军留长沙部队应积极协助人民解放军维护治安；程、陈两将军所部留驻长沙市之部队、机关、医院、家属等，应遵守相关规定；等等。协议的落款，一方是"中国人民解放军华中军区代表团代表解沛然"，另一方是"程颂云将军代表、陈子良将军代表"。解放军一方，解沛然已签字，另一方空着，待罗文浪等签字。罗文浪仔细看过协议，对其中大部分条款都没有异议，唯独对岳麓山要移交解放军控制这一条，不敢自己做主。他说："这一

---

① 一九四九年八月四日。

项，我必须请示陈司令官才能决定。"罗文浪与郑克林在协议上签下了自己的名字，但罗文浪同时标注了"请示后答复"的说明。解沛然请示金明后，同意罗文浪回长沙请示后再来。

细周旋，达共识，和平终实现

黄昏时分[①]，罗文浪带着协议赶到长沙城内麻园岭陈明仁住处，将此行情况特别是解放军要求驻兵岳麓山的要求进行了汇报。他听了罗文浪的会报后，看着协议，双眉一扬，右手用力一甩说："去找李明灏。"李明灏是陈明仁的老师，此次受毛主席委托，作为中共和谈代表团代表，承担着说服陈明仁同意和平起义的重任。陈明仁一直倚重他与共产党方面联系。因此，洽谈出现问题，陈明仁首先就想到了李明灏。

当李明灏从罗文浪口中得知了相关情况，决定与他同往代表团处协商，并带上了四野代表刘梦夕。一行人坐车向东屯渡急驶，过河后又走十几里，遇上了修路的解放军。罗文浪前往路边小屋联络，遇上了一三八师参谋长王波。王波通过电话报告兵团总部，然后回复罗文浪，说要他们稍候，兵团首长会来这里。约半小时后，金明、袁任远、唐天际都来了。会谈再次开始。李明灏向他们介绍了陈明仁及第一兵团的情况，并提出，为确保湖南和平解放及长沙城顺利交接，首先，第一兵团起义后先改名为"中国国民党人民解放军"，过渡一段时间再改编；其次，陈明仁刚刚当上湖南省主席，马上离职有损颜面，希望让他继续当三个月，再回部队，请中央任命的王首道主席暂时先别来；最后，第一兵团情况比较复杂，请解放军暂不进驻岳麓山。并对协议中的一些措辞用语进行了修改，如将"应"改为"请"。金明考虑后，答复李明灏："第一兵团先改名为中国国民党人民解放军，并驻扎岳麓山的问题，我马上报四野首长转报毛主席，相信会批准的。至于陈明仁将军要求继续当湖南省主席，我也会向毛主席请示，并电告王首道同志暂时不来，大概也会得到毛主席同意的。"双方基本达成共识，最后决定解放军于八月五日下午四点开始由东屯渡渡河，在小吴门举行入城式。

当日，长沙各大报纸发表了程潜、陈明仁领衔，唐星、李默庵等 37 名国民党将领联名的起义通电，湖南和平解放。

而这份《关于和平移交长沙问题的协议》则因未正式签署使用，留在了罗文浪手中，1951 年，被交予省军政委员会秘书处，后移交湖南省档

---

① 同为一九四九年八月四日。

案馆。

附4：《关于和平移交长沙问题的协议》原始档案（部分）

关于和平移交长沙问题的协议

公历一九四九年八月三日

由于人民解放军的胜利进展与程、陈二将军之努力，使和平解决湖南问题得以即将实现。现双方为了确保交通，避免混乱，迅速消灭蒋、李、白残余军事力量，更有力地支援人民解放军向南方进军起见，对已经双方同意和平移交长沙市区原则，进而达成如下具体协议：

第一：关于和平移交长沙市之步骤，双方同意（缺字）。

（甲）在本月五日十九时起开始渡河，至次日（六日）五时（缺字）时间内，程、陈两将军在长所部，请将（缺字）及机关首先和平移交入城接防之人民解放军接收，这些地点即：

① 岳麓山暂不进驻，待双方代表团①（缺字）。

② 长沙市南郊小跳马间以南高地（缺字）。

③ 长沙市火车东站。

④ 原长官公署及其附近地区及（缺字）驻军（缺字）。

⑤ 原警备司令部及其附近地区。

⑥ 原绥署驻地与保安司令部及其（缺字）。

⑦ 长沙地区湘江内所有船只。

双方同意由程、陈两将军按上述被接收（缺字）时通行证，程、陈两将军留长之机关，部队，医院，家（缺字），由两系统之留守机关统一须发外出证明，以便（缺字）相识别，互相尊重。

---

① "暂不进驻……"为补充内容。

《关于和平移交长沙问题的协议》原始档案（部分）

（缺第二至第五）

第六：双方同意，凡伪中央及伪长官公署系统在长沙之军事机关及其部队，与海军舰艇，统由程、陈两将军留驻长沙部队负责解除其武装，负责不使其捣乱，以免意外事件发生。但所有舰艇、航空等及其资财、设备、人员等，请妥加保护，不得破坏，并保证原封不动地移交人民解放军接收。

中国人民解放军

华中军区代表团代表　解沛然

程潜将军代表[1]

陈子良将军代表　罗文浪（请示后答复[2]）郑克林

1949 年 8 月 3 日，阎锡山电贺陈明仁坐镇湖南

附 5：《阎锡山电贺陈明仁》

穗　阎锡山

八月四日到

特急　陈主席明仁兄：午世（7 月 31 日）府机电悉，湘省为英贤荟萃

---

① 空白。

② 罗文浪补写。

之乡，居形势要衡之地，右以百战名将坐镇名邦，定能领导军民，力摧顽寇，伫传捷报，并听佳音。

阎锡山

未江（八月三日）穗秘印

8月4日

程潜、陈明仁领衔湖南军政要员37人正式发出起义通电，宣布接受中国共产党提出的国内和平协定八条二十四款，脱离国民政府，加入人民民主政权。同时，程潜还发表了《告湖南民众书》和《告全省将士书》。

第1兵团及所属部队、湖南省保安司令部及所属部队，以及其他配属部队，共计12万余人。起义后叛逃4万余人，最终82000余人参加起义（计入后确定为起义的62师5000余人）。

陈明仁发出了五个通电，一个是以湖南省绥靖总司令兼第一兵团司令官的职务给各军师长与全体将士的；一个是以湖南省政府主席的职务给各专员公署转县政府、各机关、团体、学校、报社及全体民众的；一个是给蒋介石的，署名为"生 陈明仁"；另两个是给白崇禧、顾祝同的，署名均为"职 陈明仁"。在给蒋介石的通电中，斥责蒋介石"耳目难周，为所壅蔽"。

附1：《起义通电全文》（各报纸公开刊登版）

北平毛主席、朱总司令，西安彭副总司令，南京刘司令员、邓政委，汉口林司令员、罗政委、邓政委，上海陈司令员、饶政委：

北伐成功以后，蒋介石独揽政权，背叛孙中山先生的遗教，以致主义不行，外患踵至，方期休养生息，和平建国。谁料蒋与好战分子破坏政治协商会议，重启内战，外则勾结美帝国主义，不惜丧权辱国，内则肆行独裁，变本加厉，豪门聚敛，贪污横行，结果经济崩溃，军民离心。蒋既被迫退位，李宗仁代为主政，和谈重开，举国喁喁。湘人在抗战期间，出兵达三百万人，输粮逾五千万石。敌骑蹂躏遍及沅湘五十余县，兵灾之酷，甲于他省。痛定思痛，期望和平最殷，于和平运动赞助亦最力。孰知言和实所以备战，阴谋欺骗，恬不知耻。故南京政府不旋踵即告倾覆，流亡广州，生意早绝，残骸仅存。白崇禧主战之论，荒谬绝伦，放弃武汉，窜扰湘赣，诡言空室清野，攫取公私资财，一若假反共之名，即可内钳百姓之口，外邀强国之欢。至其狃于抗战之后，妄翼第三次世界大战爆发，从中苟延残喘，卑劣愚昧，尤属令人齿寒。潜等顺从民意，呼吁和平，声嘶力竭。而蒋与李、白执迷

程潜（左）、陈明仁（右）

各报纸公开刊登的起义通电全文

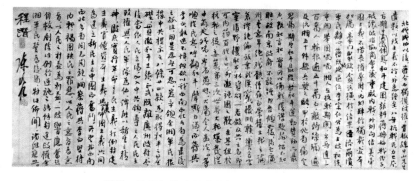

程潜、陈明仁签字盖章的起义通电正文手稿

不悟，仍欲以我西南西北各省为最后之孤注。用是忍无可忍，爰率领全湘军民，根据中共提示之八条二十四款，取得和平之基础，贯彻和平主张，正式脱离广州政府。今后当以人民立场，加入中共领导之人民民主政权，与人民军队为伍。俾能以新生之精神，彻底实行革命之三民主义，打倒封建主义、官僚资本主义与美帝国主义，共同为建立新民主主义之中国而奋斗。所望我西南、西北各省同胞，洞察蒋与李、白坚持内战，祸国殃民之罪恶，以人民之意旨为意旨，以人民之利益为利益，一致响应，奋起自救，铲除此倒行逆施之残余封建政权，全湘军民，誓为后盾。特此布闻，诸维察照。长沙绥署主任程潜、副主任唐星、李默庵，第一兵团司令官陈明仁，副司令官傅正模、刘进、张际鹏、熊新民，军长谷炳奎、彭锷、杜鼎，副军长李精一、方定凡、汤季楠、鲍志鸿、杨馨、文于一、刘光宇，师长张用斌、夏日长、杨文榜、刘埧浩、康朴、卫轶青、曾京、张诚文，湖南全省绥靖副总司令刘兴、李觉、王劲修、成刚，保安副司令彭杰如，保安师长何元恺、周笃恭、张际泰、丁廉、颜梧，宪兵团长姜和瀛。1949 年 8 月 4 日。

附 2：《脱离广州反动政府，参加人民解放阵线 陈主席昨发出电文五件》

国民日报 民国三十八年八月五日 第三版

〔本报讯〕陈明仁将军，于程潜将军发出伟大的号召后，特于昨日[①]上午十二时，发出了五个通电，一个是给各军师长与全体将士的，一个是给各专员公署转县政府、各机关、团体、学校、报社及全体民众的。他指陈国民党反动派的罪恶，挂革命之名，行反动之实。他并郑重宣布，自即日起脱离广州政府，参加人民解放阵线，服膺新民主主义，重振革命精神。其他三个电是给蒋介石、白崇禧、顾祝同三匪首的。兹将全文誌次：

告士兵书

各军师长转各级官长暨全体士兵同志：

十余年来，吾国抗战戡乱，国家元气损伤，沦为万劫不复。惟抗战抵御外侮，当为天经地义。而戡乱阋墙之斗，实属师出无名。人民饱经锋镝，创巨痛深，渴望和平，全国一致。政府当局，亦曾数度蓄谋及此，卒惜中途变化，功败垂成，方今人民奄奄待毙，已至油尽灯枯，准情酌理，万难再战。况政府措施种种，悉与三民主义相违，致令政治腐败，民不聊生，

---

① 即 8 月 4 日。

挂革命之名，行反动之实，势将土崩瓦解，不足以系人心。尝思军人以保国卫民为天职，革命为顺天应人之义举，似此自相残杀，徒见祸国殃民，主义不行，更何革命之有。明仁分为军人，忝膺省政，既爱国家，复爱乡土，实不忍以三千万之生灵，徇个人一己之权位，尤不忍驱使三军将士，罔作无谓牺牲，爰本良心主张，倡导和平，弭兵罢战，自即日起，脱离广州政府，参加人民解放阵线，服膺新民主主义，重振革命精神，与我将士同庆新生，为我国家稍效绵力。深信义旗一揭，定荷全国同情。凡我胞泽，久共患难，生死一心，自更能志同道合，咸喻斯言。为此通电驰谕，务希各守岗位，毋自惊扰。将来全局底定，积极革新，必有以藉慰于将士者也。湖南省绥靖总司令兼第一兵团司令官 陈明仁（印）。

告民众书

各专员公署转各县政府、各机关、团体、学校、报馆及全省群众：

十余年来，吾国抗战戡乱，国家元气损伤，沦为万劫不复。惟抗战抵御外侮，当为天经地义。而戡乱阋墙之斗，实属师出无名。人民饱经锋镝，创巨痛深，渴望和平，全国一致。政府当局，亦曾数度蓄谋及此，卒惜中途变化，功败垂成，方今人民奄奄待毙，已至油尽灯枯，准情酌理，实难再战。况政府措施种种，悉与三民主义相违，致令政治腐败，民不聊生，挂革命之名，行反动之实，势将土崩瓦解，不足以系人心。尝思军人以保国卫民为天职，革命为顺天应人之义举，似此自相残杀，徒使祸国殃民，主义不行，更何革命之有。明仁忝膺省政，服务桑梓，既爱国家，复爱乡土，实不忍以三千万之生灵，徇个人一己之权位，掷乾坤于孤注，为万世之罪人。本良心主张，倡导和平，弭兵罢战。自即日起，脱离广州政府，参加人民解放阵线，服膺新民主主义，重振革命精神。现与人民共庆新生，为我国家稍效绵力。深信义旗一揭，定荷全国同情。吾湘民性淳朴，向义素不后人，近年久苦苛政，积困待舒，自更能万众一心，群起响应。为此通电晓喻，务希各守岗位，各安生业，切勿自相惊扰，将来全局底定，咸与维新，必有以藉慰于我全省同胞者也。湖南省政府主席陈 （印）。

致蒋介石电文

台北草山总裁蒋钧鉴：

X密○ 生投笔以来，许身党国，不惜万死。此次奉守长沙，统率大军，本应艰苦卓绝，尽力撑拄。况政府倚畀正切，钧座勉慰有加，人非木石，宁不知事？但焦思熟虑，深觉时至今日，徒言牺牲，终无裨益；唯有倡导和平，始为正确途径。良以抗战以还，人民久罹锋镝，国家元气丧尽，贫穷困苦，世无其匹。而吾湘战祸连绵，惨重而胜各省；今岁水灾遍地，尤属室为丘墟，人为厉鬼，伤心惨目，无以复加！方思救恤不遑，何忍复令涂炭。日来人民厌战、惧战情绪沸腾，呼吁和平，声泪俱下。生长养斯土，痛切肌肤，面对如此现实，瞻念国家前途，甘愿牺牲小我，以全大我，立罢兵戎，与民甦息，期解当前危难，稍留一线生机。否则，同归于尽，万劫不复，仅有于国，仅有于民。且政府腐败，失信人民，十余年来幸窃当权，贪渎无忌，派系林立，徒逞私图，刚至正气消沉，人心滔溺，上上下下，唯利是趁，是非不辨，赏罚不明。而本党主义不行，党务任人包办，亦属弊端百出。钧座耳目难周，为所壅蔽，见悲不去，迹近纵容；今虽不居名位，而党政仍任若辈把持，迄无革新希望。众人侧目，亲者痛心。凡有血气……当知珍惜……（缺40余字）……绝非受人威胁利诱，纯属本着良心主张，但求有利国家人民，不计本身荣辱得失，知我罪我，悉听自然。并请钧座运其神智，定难决疑，俯顺民心，适应时势，重申和平意旨，立饬停止战争。俾大局早日底定，国家得免复亡，造福无穷，兆民永赖。生凤沐熏陶，谊难缄默。用敢披其纯洁之赤心，冒进最后之忠谏。临电惶悚，敬乞鉴谅。生陈明仁叩。

致顾祝同电文

广州国防部总长顾：

窃以为国家残破，民生疾苦，均已达于极点。如再继续言战，徒作无谓牺牲。爰本良心主张，俯从民意，通电谋和，以免糜烂地方，稍留国家元气。自维许身党国，迭受提携，不克始终追随，或难仰邀曲谅。……（缺字）……人心向背分明……（缺字）……和平既是生机，战争终将毁灭。吾党革命历史光荣，不乏忠贞明智之士。和平奋斗救国，实为总理最后之遗诏，深信闻风响义者，必大有人在也。职陈明仁叩。

致白崇禧电文

衡阳长官白钧鉴：

国家不幸，抗战之后继以内战四年，人民困苦，水深火热。溯自去冬钧座在汉倡导和平，全国闻风景从，如感斯应。职躬承领导，甚表赞同，讵料中途变化，战端复起。现长沙情势紧急，人民承四火一战之余，深厌战祸，亟盼和平。职远瞻国家大势，目睹地方实情，唯有弭兵罢战，方有生机，否则两败俱伤，同归毁灭。复即通电主张和平，但期有利于人民国家，

1949 年 8 月 4 日，《国民日报》刊登陈明仁五个通电

不计本身成败得失。职年来仰讬帡幪，多承提携维持，理应益加成奋，共济艰危。但大义所共，未敢以私害公；理智昭彰，不容情事自蔽。务乞俯念人民困苦，保全国家元气，领导西南各省一致行动，化干戈为玉帛，挽国家于危亡。临电神驰，至祈明察。职陈明仁叩。

附 3：陈明仁《湖南义举》(节录)

8 月 3 日下午，我约吴相和、温汰沐、汪士楷、张严佛、陈粹劳、陈臧仲到我家研究起义的通电文稿。这些电文稿有：告第一兵团全体官兵书；给台北草山蒋介石、广州行政院长阎锡山、国防部代部长顾祝同、华中军政长官白崇禧的决绝电文。在致蒋介石的电文中，我本着"君子绝交，不出恶声"的古训，力求措辞委婉。大家集思广益、字斟句酌至深夜然后发出。正值此时，白崇禧从衡阳三次打来电话，我即令将电话线割断，以免影响我们的工作。

附4：《陈明仁自传》（节录）

由于我在南京便萌生了一种厌战、企望和平的心理，……及到湖南以后，由于湖南和平活动空气浓厚，程潜主任又暗中给我以不断的启发，我便渐渐有了较为具体的觉悟，倾向和平的心理一天天增长，不过只是单纯凭自己以自己主观的直觉，认为战争不能再有了，希望追随程潜主任努力把国家弄好，虽然当时对共产党没有认识，单独投降，心中还很胆怯，但我认为只要能够救人民、救湖南而牺牲小我以成全大局，我是愿意的。我下了决心之后、便向程潜主任保证不再变更，我个人内心也从来没有一点后悔的意思和退步的想法。因为那时程潜主任乃是湖南人的家长，又是我的老师，我要对他负责到底，不能欺他、卖他，况且慢慢从各方面或多或少听到一些关于共产党作风的消息，我弟弟明信从东北被俘释放回来，也证实了共产党的种种好处，这使我逐渐提高了、改变了对共产党的认识，恐惧的心理也减少了。我自汉口到湖南，首先只任华中长官公署副长官兼第一兵团司令官，不久又兼一个省府委员，当时，我处在程潜主任和白崇禧两人之间，表面上受白的指挥节制，暗中靠近程潜主任，总是以他的意志为意志，对于和平运动曾经尽可能设法掩护，不使之受到摧残；对于白崇禧的战争企图，则尽可能暗中阻止或破坏。例如：白崇禧主张要在长沙建筑防御工事，我便多次婉辞推诿，说是根据我自抗战以来的经验，各地历次所作的工事，都未起过作用，等于一种浪费，尤其我认为不能很早地事先做好，而要到了应用的时候，按照兵力配合的地形来作，则比较运用灵活，如果做多了而无兵力运用，更是徒劳。对于这些意见，居然白也采纳了。另一方面，我还对原来街道居民自动建的一些所谓应变工事，也借口妨碍交通和作战部署，一律命令强迫拆除，这样便逐渐打消了战争给人们带来的精神威胁。过后不久，我又和程星龄、唐星、温汰沫等开了一个秘密座谈会，虽然当时我的真实动向没有表示，但站在湖南人反桂系的立场，我们曾共同主张，改组长沙警务司令部，建议程潜主任将原司令刘进调为第1兵团副司令，而以萧作霖继任警备司令。因为如此，对于掩护和平是有帮助的。后来，萧作霖等竟想在五一劳动节，发动十万人大游行，显示和平力量，企图单凭一股空洞的热情，吓走桂系。我仍认为时机未到，将会弄巧成拙。坚决反对这种行动，恰逢白崇禧要我把长沙警备司令部接过来，我因为正要藉此掩护，以利于今后的布置，也就很迅速地就了职。就职后为了坚定白对于我不生疑心，为了伪装主战到底，乃在接事后严格宣布，取缔一切和平运动的活动，乃至白崇禧对于长沙已经表示放心了，然后，和平活动才又慢慢地高涨，以致促成我的起义，达到长沙解放的目的。

当时，程潜主任的主张和平，白崇禧大概是知道的，但都不知道我的内心怎样，总认为我是可靠的。我窥知了白对程的不放心，而对我很相信，为了既要暗中维护程的安全，又要坚定白对我的信任，于是建议程主任离开长沙，把省政交我代理，虽然当时有许多人不明内情，认为我是在逼宫，但我坚持主张，定要如此这般。后来决定这样做了，就在7月21日那天上午，程主任乘汽车往邵阳去了，白崇禧等程主任走了才放心，在当天下午乘飞机去了衡阳。他认为程既离长，我便从此没有顾忌，可以放手主战到底，专心致志于作坚守长沙的打算了。不到几天，白崇禧为了拉拢我、鼓励我，又建议广州国民党政府将我任命为湖南省绥靖总司令的名义。我兼代省政府主席后，形势日渐紧张，白崇禧主张实行所谓"空室清野"，希望长沙市民迁避别处，以便作战到底。当时，市民也有准备转移或正在转移的，我为了安定人心，立即向长沙人民发表了一篇谈话，决不使长沙闻到枪声，要市民镇静下来，不要惊惶，不要转移。我这篇谈话发表以后，其余稍有政治敏感的人，都能领会我的真意，多少知道我是不会在长沙作战的。从此，长沙市民也就没有转移的现象了，大家都暗中满怀信心地等待和平之来到。这时，长沙警备司令部先后拘捕的一些地下工作者和革命分子，都经过华中长官公署判了死刑的，他们要我执行，我都以等到紧急的时候再来处理为托词，尽量地拖延而没有执行。白崇禧要我破坏交通和江面的船只，我也表面接受而暗中嘱咐下面，一律不准乱动，尽力加以保护，结果都达到了完整保全的目的。只有下面这些事，是没有做得圆满的。

一、宪兵团团长姜和瀛曾经掩护一批地下工作人员，参加宪兵团酝酿和平，营附某（注：第2营营附赵冠湘）去向白崇禧告密，说姜团长组织非法团体，企图伙同宪兵叛变，并将各种证据交白。当时白勃然大怒，立即命令我缴宪兵团的械，并将姜团长及有关人员扣押起来。我对于姜的行动，本是知道的，不能不设法救全，于是竭力说明这是营附某捏造事实。白崇禧听信了，认为挟嫌诬告，那还得了，于是反过来要我枪决营附。我主张送给宪兵司令部处理，后来，接到宪兵司令部来电，仍然是要我就地枪决。但这时我犯了温情，不忍下手，终于把他放走了，这种对反革命分子的宽恕，在今天是值得检讨的。

二、湖南省卫生处寄存了一批价值很高的药品在湘雅医院，卫生处长龙伯坚事先未将此事报告省政府和警备司令部备案。经人告发，认为他私藏公物，企图贪污，于是派人强迫封存，继而因为部队也正缺乏药品，提取一部分分发部队，又提取一部分发给各县卫生院，虽然没有从中贪污，但我这时事忙，没有细心详加考察，偏听了警备司令部主任陈天喜一面之词，任他们乱加处理，使整批药品遭到分散，不能发挥其应有的效用。而分散之中，不免还有零星的损失，同时，后来听说，陈天喜对于龙伯坚还有粗暴的态度，引起当时舆论的不满，这充分说明了我当时对人民财产不负责任的官僚主义作风，也是今日应检讨的。

不到几天，广州方面又派黄杰、邓文仪两人飞到长沙，带来蒋介石、李宗仁等的信，鼓励我坚守长沙。蒋介石的信要我坚决死守，万一守不住，然后再退往湘西。他说他会积极给我不断支援的，他还要我杀尽长沙方面的民主人士，肃清和平势力，更要我大义灭亲即对程潜主任加以危害，我表面上都接受了。及到8月4日，人民要求和平的空气空前高涨，时机相当成熟，我便下决心通电宣布起义，促成长沙和平解放成功。在我人生的历史上写下了划时代的最光荣的一页，从此，自己也获得了起死回生的机会。

附5：周里[①]《为湖南人民的解放而奋斗》[②]（节录）

1949年4月20日，国民党南京政府拒绝接受《国内和平协定（最后修正案）》。毛泽东主席和朱德总司令于4月21日发出的向全国进军的命令第三条指出："对于凡愿停止战争、用和平方法解决问题者，你们即可照此最后修正案的大意和他们签订地方性的协定"。中共湖南省工委据此并结合湖南的实际情况，决定积极争取程潜、陈明仁两将军起义。

1948年11月29日，中共湖南省工委经余志宏安排，由方叔章出面，在岳麓山桃子湖方宅宴请湖南大学教授李达、伍薏农，民盟湖南地下组织负责人萧敏颂，接近程潜的湖南省保安副司令萧作霖，湖南省政府秘书长邓介松，省物资调节委员会主任委员程星龄等。大家漫谈时局，认为蒋介石"反共反人民"，政治日益腐败，经济困难重重，人心丧尽，和共产党打仗必败无疑。事后萧作霖、邓介松将这次便宴的谈话告诉程潜，对程潜有很大影响。

1948年年底，程潜要程星龄代表他和共产党地下组织取得联系。1949

---

① 时任中共湖南省工委书记。
② 《湖南和平解放口述历史选编》，第429页。

年 1 月，中共湖南省工委决定成立统战策反小组，小组负责人余志宏，主要做争取程潜和陈明仁的工作，涂西畴主要做争取中层军政人员的工作。与此同时，程潜赞成国共两党再次和谈，并下令湖南暂停征兵。但因共产党提出的 43 名战犯中有程潜的名字，他对和谈八项条件中关于惩办战犯一条有顾虑。中共湖南省工委通过程星龄、方叔章做程潜的工作，解除其顾虑。程星龄还写信请程潜的长子、进步人士程博洪从上海来长沙，帮助其父消除疑虑。当时程潜还顾虑没有掌握军事实力，难以控制湖南局势。程星龄和前国民党国防部参谋次长刘斐建议：把陈明仁调来长沙，协助程潜相机起义。程潜极表赞同，我们亦认为可行。

陈明仁于 1949 年 2 月从武汉调来长沙时，就向程潜表示愿走和平道路。但他和解放军打过硬仗，怕算旧账，顾虑重重。程星龄和余志宏研究，将陈明仁的亲信旧部李君九从台湾请来，做争取陈明仁的工作，并担任陈明仁与中共地下组织的联系人。

1949 年 4 月，程潜提出要见中共湖南省工委的负责人。中共湖南省工委派余志宏去见程潜，谈了人民解放战争的胜利形势，国共和平协定最后修正案的精神，特别是关于用和平方法解决问题的政策。程潜表示愿意接受该修正案，走和平道路。余志宏还代表中共湖南省工委提出三条要求：一、释放一切政治犯；二、保护国家财产以及机关档案和工厂、交通设施；三、不捕杀革命群众。程潜表示第一、二条可以做到，第三条有些难办，因为蒋介石、白崇禧的特务要抓人，他管不住，但是可以打个招呼，提出抓人要经过他批准。

5 月，白崇禧率部退守湖南后，为控制湖南而改组了省政府，广置心腹。早在 4 月，白崇禧即免除邓介松省政府秘书长职务，派其亲信杨绩荪接替，接着又派桂系田良骥接替邓飞黄任民政厅长，命陈明仁接替萧作霖任长沙警备司令。他还建议国民党广州政府将程潜调离湖南去广州任考试院院长。程潜对白崇禧施加的压力难以忍受，于同年 6 月派程星龄和长沙绥靖公署秘书长刘岳厚去香港，商请刘斐回湖南担任省政府主席。刘斐不愿回湖南，并说有陈明仁掌握兵权，白崇禧认为颂公（程潜）不过是个傀儡，就不会危害颂公，颂公不必过虑。

1949 年 6 月，程潜写了决定和平起义的《备忘录》，请中共湖南省工委送交党中央和毛主席。程潜在《备忘录》中写道："爱本反蒋、反桂系、反战、反假和平之一贯态度，决定根据贵方公布和平八条二十四款之原则，谋致湖南局部和平。""一俟时机成熟，潜当立即揭明主张，正式通电全国。"毛主席于7月4日给程潜复电："先生决心采取反蒋反桂及和平解决湖南问题之方针，极为佩慰。如遇桂系压迫，先生可权宜处置一切。"复电并同意程潜所提成立军事小组联合机构及保存部队予以整编教育等项意见。程潜收到毛主席复电后，即派刘纯正去汉口与第四野战军联系，要求解放军从速入湘，以便待机起义。

1949年6月底，中共中央华中局派洪德铭来长沙，向中共湖南省工委传达中共中央、华中局关于程潜起义和湖南迎接解放的指示：中共湖南省工委的工作方针，要在促进程潜、陈明仁起义的同时，发动组织群众保护城乡，抓紧准备迎解、接管、支前等各项工作，以配合大军顺利地解放湖南；关于程潜起义问题，中央基本上同意程潜在《备忘录》中提出的各项要求，并已指示解放军前线指挥部组织代表团和程潜进行和平谈判，毛主席并指派与程潜、陈明仁关系较深的李明灏参加谈判；关于武装斗争问题，湖南即将解放，要停止武装起义及到处袭击白崇禧军队和军警机关的行动，以免打草惊蛇，使敌人提早进行破坏、屠杀，党领导的武装要等待时机，配合大军解放各地，并保护交通、资财和维持社会秩序；关于建党问题，立即停止发展新党员，严防投机分子、坏人混进党内。当时由于地下工作环境，不可能很快将华中局的指示精神层层传达下去。武装斗争方面，中共湘中工委与湘西工委等党组织接到省工委通知后，停止了党领导和策动的武装起义，所有武装待机配合大军解放各地。至于停止发展党员，也有一些基层党组织没有及时接到或没有接到通知，仍在继续发展。到1949年9月，全省党员发展到1万多人，有极少数不够党员条件。1949年7月后，省工委根据华中局的指示，将工作重点转向促使程潜、陈明仁起义，开展群众性的反迁移、反破坏、反紊乱斗争，做好准备，迎接解放。

7月中、下旬，人民解放军解放平江、岳阳等10余县，进至长沙附近。白崇禧为防止程潜起义，在程潜拒去广州任考试院院长后，又提出要程潜率湖南地方部队去广西。经与白崇禧关系较深的长沙绥靖公署副主任唐星从中周旋，改为程潜离开长沙，去邵阳巡视。程潜即委托陈明仁代理省主席。7月21日，白崇禧送走程潜后，自己才放心去衡阳，令陈明仁坚守长沙。陈明仁随程潜走和平道路已有默契，当时并已会见中共湖南省工委代表余志宏，表示决心随程潜起义。但他始终不露声色，一直以"反共"主战面貌出现，迷惑白崇禧。当白崇禧7月21日去衡阳后，陈明仁即于22

日召集省政府各厅、处官员讲话。他说:"我决心不逞个人的意气,而牺牲三千万湖南人民与五十万长沙市民的利益。""我担保,长沙不会听到枪声。"此时,第四野战军派出的以金明为首席代表,唐天际、袁任远、解沛然、李明灏为代表的和谈代表团已到达平江县。27日,陈明仁派程星龄和李君九去平江县与解放军联系,并邀请他过去陆军讲武学校的老师和同乡李明灏先来长沙商谈。中共湖南省工委委员欧阳方也以联络员身份和他们一道去平江县,向王首道、金明等同志会报工作和听取指示。29日,李明灏秘密来长沙。同时,程潜也由邵阳秘密回长沙。程潜、陈明仁和李明灏一起商谈了有关起义事宜。

这时,湖南和平起义经过酝酿,已趋成熟。在中共湖南省工委领导下,中共长沙市和各地方工委通过地下党组织、外围组织、进步团体,广泛宣传人民解放军的"约法八章"和党的有关政策,发动群众保护工厂、学校、机关、交通设施和国家财产。国民党革命委员会和中国民主同盟在湖南的地下组织,也都开展了反蒋反白、支持程潜起义的活动。经中共地下组织和民主党派人士的发动串联,省会各界知名人士积极参加呼吁和平签名。在8月1日和2日的长沙《中央日报》《晚晚报》上,刊登了500多人签名的《长沙各界为拥护当局主张避免战祸呼吁和平宣言》,号召各界同胞团结一致,誓为程潜主任、陈明仁主席作后盾,力争湖南局部和平的实现。这时长沙市成立了人民临时治安指挥部,由中共湖南省工委统战策反小组成员涂西畴任政委,还成立了长沙市各界迎接解放联合筹备会,由中共长沙市工委刘晴波任党组书记,积极进行各项迎接解放的工作。

1949年8月4日,程潜、陈明仁领衔发出起义通电,宣布"正式脱离广州政府","加入中共领导之人民民主政权"。5日,湖南耆宿和各界知名人士唐生智、周震鳞、仇鳌等100多人,发出响应程、陈两将军起义,拥护和平起义通电。5日晚,人民解放军进入长沙,受到省会人民的热烈欢迎。程潜、陈明仁通电起义后,毛主席和朱总司令复电慰勉,称赞"诸公率三湘健儿,脱离反动阵营,参加人民革命,义声昭著,全国欢迎"。8月20日,经中共中央批准,长期坚持地下斗争的中共湖南省工委与随军南下的中共湖南省委合并,组成新的中共湖南省委。从此,湖南人民昂首阔步,进入了新的历史时期,开始了建设新湖南的历程。

附6:程潜《我本多年邀默契,喜从中夜抱明光》(节录)

同年(1949年)3月初,我与陈明仁商定:主要是抓住军队,稳住阵脚,并利用蒋介石与李宗仁、白崇禧的矛盾发展我们的力量。3月底，白崇禧偕第13兵团司令张轸到长沙，逼我离开长沙去广州就任李宗仁政府的考试院院长，由唐星从中斡旋才作罢。但是，白崇禧却逼我撤掉了省府秘书长邓介松，改由其亲信杨继荪继任。4月底，又逼我撤长沙警备司令萧作霖之职，改由陈明仁继任。邓、萧按我意先后离长，以防蒋介石、白崇禧暗害。

6月，李觉从香港来电，催我派人赴香港与章士钊直接联系，随后李觉从香港回到长沙。我即派程星龄、刘岳厚赴港，一方面请刘斐回湘任省主席，以摆脱我在长受白崇禧逼迫的困境。程星龄等在香港会见了章士钊。章很关心湖南和平起义事宜，并亲笔写信由程星龄带交我。章在信中赞扬毛泽东是杰出的领袖，对我在湖南起义，期望甚殷。信中还提到陈明仁在四平街的问题，说毛主席表示不予追究，并用了划船作为比喻。我即转告了陈明仁。陈很激动，并决心同我合作实现湖南和平起义。

7月4日，黄雍将周竹安收到的毛主席来电告我："颂云先生勋鉴：备忘录诵悉。先生决心采取反蒋反桂及和平解决湖南问题之方针，极为佩服。所提军事小组联合机构及保存贵部予以整编教育等项意见均属可行。此间已派李明灏兄至汉口林彪将军处，请先生派员至汉与林将军面洽商定军事小组联合机构及军事处置诸项问题。为着迅赴进攻打击桂系，贵处派员以速为宜。如遇桂系压迫，先生可权宜处置一切。只要先生决心站在人民方面，反美反蒋反桂，先生权宜处置，敝方均能谅解。诸事待理，借重之处尚多。此间已嘱林彪将军与贵处妥为联络矣。"

我与陈明仁阅电文后，即派刘纯正去汉口，又经程星龄与中共地下党员余志宏商议派人同去。7月10日刘纯正一行三人启程。我嘱刘等促解放军将部队开进湖南，把担子交给他们。刘等几经周折于15日抵汉。第四野战军有关领导萧劲光、王首道、金明、袁任远等得悉湖南情况后，即挥师湖南。刘等亦随其抵湖南平江，于25日回到长沙。此时我已至邵阳。陈明仁据刘等的会报，通过电话与我联系，商定派人即与四野首长联系。

刘纯正等启程赴汉后，我于7月11日收到毛主席写给我的亲笔信。信由李明灏带至汉口，然后由刘梦夕、陈大寰送到我的住所。信的大意是：托鹤鸣（即李达）转达之意和备忘录敬悉。为了湖南人民的生命财产安全，湖南问题能和平解决是很好的，并将对大西南的解决产生影响。至于如何行动，请你自行相机处理。有关细节我们已告林彪将军，请就近密切联系。

湖南问题，一切仰仗主持，请不必有任何疑虑。7月14日，我对刘梦夕、陈大寰说："请转告四野首长，我已决心起义。"7月18日，黄雍又将周竹安收到的中共中央指示告知于我：我与陈明仁宣布起义后，起义部队可暂用"中国国民党人民解放军"番号，解放军将从正面占领岳阳、湘阴，侧面进驻平江、浏阳、醴陵，暂不占长沙，以利和平谈判。

在解放军按计划进入湖南之际，白崇禧决定退守衡阳，陈明仁留守长沙，逼我去湘西。我利用白的"调虎离山"之计，于7月21日携有关人员赴邵阳，并派李觉去东安请唐生智来邵阳商议起义大计。唐因组织湘桂边区的地方武装举义，不便赴邵。他告李觉转我："极力赞成通电起义，如要在电文上签字，即由李觉代签。"

我在被逼赴邵阳前，白崇禧妄图在长沙搞空室清野，依靠陈明仁死守长沙，使之成为第二个四平街。7月14日，广州国民政府派行政院秘书长贾景德来长，欲让我去广州就任考试院院长。我托故坚辞。白崇禧恼怒地说："程颂公真是老糊涂了！不到广州去当考试院院长，却要待在长沙挨枪炮。"我赴邵前，与陈明仁研究了起义的具体实施方案，一方面由其在长沙统一指挥党政军事宜，一方面全权处理与中共方面的联络。他表示一定尽力使湖南和平起义成功。

程星龄先期返长，奉命与李君九于7月27日赴平江。中共湖南省工委委员欧阳方亦同行。他们三人在平江会见了四野和谈代表金明、袁任远、李明灏，转达了我和陈明仁的意见。李明灏遂于7月29日与程星龄、李君九同到长沙，我亦于同日从邵阳返长。返长后，我先住水陆洲长沙音乐专科学校，当晚即与李明灏见面。为安全起见，我于第二天迁南门外胞侄程炯家，复又移扫把塘李觉胞姐家，与方叔章、邓介松、刘伯谦、程星龄等继续审定有关通电起义文稿。

7月30日，白崇禧电告陈明仁，说我已潜回长沙，图谋不轨，着即解除护卫武装，实行兵谏，迫使我去广州就任考试院院长。陈明仁告我后，我感到局势严峻。接着，广州国民政府准我辞去省政府主席职务，由陈明仁接替。撤销长沙绥靖公署，成立湖南省绥靖总司令部，陈明仁兼总司令。陈初不愿就任，我劝他以大局为重，以起义需要而就任谋事，他始应之。8月1日上午，蒋介石派黄杰、邓文仪飞来长沙，并带来蒋的亲笔信，嘱陈大义灭亲，将我明正典刑。陈将信给我看后，我十分愤慨，随即与陈研究了起义前部队的布防问题。是日夜，我以个人名义发表通电，揭露蒋介石和桂系的罪恶，呼吁西南、西北各省军政长官以及李宗仁、阎锡山、白崇禧等幡然悔悟，站到人民方面来。此电亦发给了毛泽东主席和朱德总司令。

8月3日，我又给北平毛泽东主席、朱德总司令，武汉林彪司令员、邓子恢政委等去电表示："潜等即将宣布起义。为安定军心，拟暂设国民党湖南人民临时军政委员会，国民党第一兵团暂改称国民党湖南人民解放军司令部。临时军政委员会不设机关，亦无职权可行使，仅湖南省政府主席及湖南人民解放军司令官由该委员会推定，潜与子良（即陈明仁）已令所属军队一切行动，均按贵方指示办理。上述权宜设置对安定湘境军政干部心情，并进图争西南各省举义，均有裨益，并盼复电。"

8月4日，我与陈明仁领衔通电全国，宣布湖南和平起义。在通电上签字的有唐星等35人。与此同时，我还发表了《告湖南民众书》《告全体将士书》，号召拥护和平。参加解放大业。要求各安生业，各守岗位，切勿自相惊扰，全省军民一致反蒋驱桂，把湖南的和平运动引向西南、西北，以便缩短战争时间，迅速实现全国解放。

蒋介石、顾祝同、白崇禧等闻我与陈明仁起义后，恼羞成怒，连续派飞机至长沙、湘潭、邵阳等地狂轰滥炸，无数官兵深受其害，省府办公楼以及我和陈明仁的住所均遭轰炸，我俩几乎丧生。8月5日，国民党中央决定开除我的党籍，广州政府宣布对我通缉查办。同日，我收到了毛泽东主席、朱德总司令来电："为对抗广州伪府，维持湖南秩序，稳定军心，便利谈判并号召各方，所提设立由先生领导的中国国民党湖南人民临时军政委员会及陈明仁将军的中国国民党湖南人民解放军司令部两项临时机构，并由临时军政委员会派出临时性质的省政府主席及湖南人民解放军司令官，均属必要，可即施行。省府移交会议略延时日，以期避免刺激军政人员，亦属有益无害。弟等并认为湖南临时军政委员会不应为空洞名义，应行使必要之职权。除敌军已接收之地方外，其余地方，应由临时军政委员会指挥，庶使秩序易于维持。总之，解放湖南及西南各地，需要借重先生及贵方同志之处甚多。只要于人民解放军进军及革命工作有利，各事均可商量办理。此次先生及陈明仁将军毅然脱离伪府，参加人民革命，义旗昭著，薄海欢迎，南望湘云，谨致祝贺。"我与陈明仁接电后，深受鼓舞。

附 7：章士钊①《为湖南和平起义奔走的点滴回忆》②（节选）

（1949 年）4 月 1 日开始，国共两党在北平举行和平谈判。我作为南京政府代表团成员，参与其事，这次国共和谈虽已拟定《国内和平协定》文稿，但因南京政府拒绝在协定上签字而告破裂。我在北平期间，毛泽东又接见了我，谈及家乡人民的疾苦，要我进一步同程潜、陈明仁取得联系，争取湖南实现局部和平，避免战祸，造福桑梓。1949 年 5 月，我离开北平绕道至香港。这时，国民党总统府参军李觉亦在香港活动。此前他曾于 1948 年回到长沙襄助程潜等举义。我对李觉说："你快电告颂公，要他速派人来港面谈，毛泽东有话带给颂公，只能当面说。我体弱，自己去不了，又免人注意。"李觉当即电告程潜。随后，李觉又返回长沙，向程潜转达了我的意思。同年 6 月间，程潜派程星龄、刘岳厚飞抵香港，邀在香港的刘斐回湘主政。我又与程星龄、刘岳厚交谈，嘱其转达颂公，起义一定要有决心，不能动摇。我说："桂军在湖南待不了多久，颂公大胆地再顶住一个短时期，把湖南的军政界掌握好，力争尽快实现湖南的和平起义"。关于争取陈明仁，我引述了毛泽东对我说过的一段话，毛泽东说："过去，陈明仁是坐在他们的船上，各划各的船，都想划赢。这是理所当然的，我们会谅解。现在只要他站过来就行了，我们还要重用他。"我同时还写了一封信给程潜，望其团结部属，以大智大勇同桂系做斗争，实现湖南和平起义。两个月后程、陈便成功地举起了义旗，揭开了湖南历史上新的一页。

附 8：唐生明《陈明仁起义前后》（节录）（刊载于《湖南文史资料第三十五辑》）

1947 年夏，陈明仁在东北死守四平街，与共军作了一次恶战，蒋介石大为赞赏。蒋介石为了召开国大而登上总统宝座的需要，极力吹嘘"四平之捷"与"延安大捷"同等重要。几乎全军覆灭的陈明仁，在"凯旋"回沈阳的那天，当局安排了一个盛大的欢迎仪式。自东北行辕主任熊式辉以下的在东北的军政头头，弹冠相庆，狂欢拥抱。蒋介石并以总统名义，授予陈明仁"青天白日"最高勋章一枚，以资表彰。当时，报纸对此大加渲染，

---

① 章士钊（1881—1973），湖南省善化（今长沙）人。1949 年 4 月任南京国民党政府和平谈判代表团成员赴北平参加国共和谈。新中国成立后，任中央人民政府政务院法制委员会委员、中央文史研究馆馆长等职，是第一届全国政协委员，第二、三届全国政协常委，第三届全国人大常委会委员。

② 《湖南和平解放口述历史选编》，第 61 页。

煞有介事地吹得天花乱坠。其实,所谓的"四平之捷"和他们所吹嘘的"延安大捷"一样,其中已孕育了全面崩溃之势。

陈诚一贯专横跋扈,到东北后,并没有稍为收敛,反而常常显露自己如何得宠于蒋,继续大搞排除异己,企图以东北这块地盘作为东山再起的资本。为此,他一方面排挤熊(式辉)、杜(聿明),树立自己的力量;另一方面,打击何系人物(指何应钦元老派)。故此,熊、杜倒台于前,陈明仁则撤职查办于后。

熊是政学系的台柱,当然是为陈诚所不容的。杜聿明与陈明仁同是黄埔同学,从历史关系来说,他们都是亲何的实力派。要指挥陈明仁,必先搞掉杜聿明。所以,他就以杜久病在沪为借口,将杜所掌握的"东北保安司令长官部"这个发号施令的机构,归并于他掌握的"东北行辕"之中。据当时了解内情者说,陈诚是借魏德迈之口,在蒋介石面前,以熊、杜"贪污、腐化、无能"六字为罪名,搞掉了熊、杜。这种利用"洋大人"告状,谋得渔翁之利的手段,充分暴露了国民党反动官场争权夺利、尔虞我诈的丑恶面貌。

对付陈明仁,陈诚则利用他在保定军校八期的同学刘翰东,以辽北主席之名,出面控告陈明仁驻防四平时贪污不法、盗用公粮及日伪投降后封存的仓库物资等罪名,予以撤职查办。陈明仁就此赶出东北,几成阶下之囚。弹指之间,受高赏而变为受奇辱。当时蒋军将领对此莫不为此寒心,议论纷纷。

记得陈明仁来我住地,推心置腹地向我说:"全国各战场每况愈下,国事前途实堪忧虑,老头子(指蒋介石)在划破船,这只破船看来非沉不可。我们同在这只破船上,又将怎么办?胡宗南打下延安,背上包袱。刘峙、薛岳、汤恩伯、熊式辉、杜聿明、孙连仲等人都是一败下台。陈矮子(指陈诚)恋栈不下台,势必也会是一败涂地。我们靠黄埔这块招牌打天下,打了20多年,看来我们迟早会同老头子一起身败名裂,死无葬身之地!"

我一听陈明仁话中有话,悲叹十分,心中奇怪,他平日对我不谈吃喝,就论牌经,再不就是痛骂陈矮子,而对蒋介石从不说半个不字,一贯忠心耿耿对蒋不抱任何怀疑的人,今天竟而骚满腹,自比"破船客",难道是"轻生"的念头还没有打消掉?我紧紧地凝视着他,一时间没有摸透心底,难以劝慰。他沉思一阵又说:"我这个受了陈矮子严重打击的人,何(应钦)、顾(祝同)不见得会重用我,看来老头子方寸已乱,也顾不得这么多。你平日多次向我说到要'良禽择木而栖'这句古语,今天看来很有道理。我虽非良禽可比,择木倒不可不择。当然啰，我所说的择木，还是要在'破船'上来择，死马当成活马医，这样才不愧是英雄硬汉的本色。"

接着他又说："纵观各实力派，东北、华北、山东的三大军团没有我的份，跻身不进；武汉被桂系的白崇禧紧抓着，我挨不上边；西北的胡宗南，居然来电而且措辞恳切，邀请我去帮忙，但西北战场我是人地两不熟，也不知道胡来拉我用意何在？想来想去，捉摸难定，我只有请你来为我考虑一番，以定行止了。"说完后，仰天长叹一声，期待我的回答。

这时的我，已经与党的地下工作者发生了联系。同时，我又想到自己在青少年时代，毛泽东、周恩来以及知友陈赓大将对自己的教育和关怀，想到第一次大革命时期的许多朋友们，他们都站在人民一边，为革命事业浴血奋战，使我这个在前半生有着复杂经历的人，深感内疚。我虽不懂什么革命理论，但深深感到为人应该有正义感，作一个真正的爱国主义者，力尽所能，为党、为人民做点有益的事，才不辜负良师益友的教诲，弥补自己的过失于万一。

面对着陈明仁当时的矛盾心情，究竟应该对他如何进行工作才好呢？我考虑到这个人的牛脾气，是一个有硬汉子之称的武夫，觉得不可急促直下，只能像下棋一样，一步一步地下，否则会激起他的反感，欲速则不达。因此，首先必须打破他投奔胡宗南的念头。胡是个顽固到底死跟蒋介石的走狗，如果把陈明仁网罗去了，必将助纣为虐，是大不利于人民的。而且他一去，以后我就难以见其面，更少了说服他的机会。所以，我就对他说："子良兄！你如果去依胡，我看倒不如去依白（崇禧）。胡这个西北王，他的地盘眼看动摇，延安虽说打下，可是连脚都站不稳，还能谈到其他吗？而且胡宗南用人，向来是'黄''浙''陆''一'（即黄埔同学、浙江同乡、陆大毕业、军校第一期）这四个条件必备，尤其是以浙江同乡作为中心，藉此可以和老蒋通气。你一来对西北地理不熟，二来与胡系部队又无历史渊源，你这一去，好像鸡群里来了个鸭子，又何苦去依人作嫁呢？与其将来进退两难，不如现在婉言谢绝。我们都是湖南人，还是靠住两湖为好，而两湖现在程（潜）、白（崇禧）手里，划这个'破船'，不论划得好不好，总比投靠胡宗南要有前途。"陈当然尚不了解我此步棋的用意何在，双手抱着头，沉思片刻后，无可奈何地对我说："季澧兄，你出的主意颇合我心。程与我有师生、同乡之谊。当年我进黄埔是他主办的讲武堂合并去的。今天，他虽居党国元老，可惜徒有虚名，并无实力。桂系军师白崇禧，名望实力俱全，可是，我与他素无渊源。仅在第二次四平战役解围后，他来东北视察，与我谈得很投机，还给我戴了不少'高帽子'，难道说仅凭这点关系，一面之交，他会重用我这个一贯忠于老头子的人吗？"我觉得他说的也确是实情，若要插入桂系集团，对他来说，确也不易，蒋桂门户之分，有泾渭难同之实。为了打消他的顾虑，我就把我与白崇禧在北伐前后有过的一些来往以及白崇禧怎么引我进黄埔军校的经过，向他作了介绍，说明我和桂系人物的私交一直是无间的。接着我又向他打气："你是一个打硬仗得名的猛将，当今形势下：'千军易得，一将难求'。你有这个优越条件，白崇禧是不能不起用你的。"但我又进一步考虑到，我和陈明仁都是黄埔学生，直接引荐，桂系军人难免见疑。因此，我提议最好请当时任国防部参谋次长的刘斐出面，我自从中斡旋，尽量争取在对陈明仁的地位安置上，不会低于过去，而且还要力争抓到实权。陈明仁对我的这一番筹划，深表赞同。后来的结果，也完全如愿以偿，这就是陈明仁进入桂系的梗概。

陈明仁投身到桂系后，果然得到白崇禧的重用。1948年秋首先被任命为武汉警备司令，陈便利用这个头衔，广为收罗自己的旧部，重整旗鼓。后陈又擢升为第一兵团司令，卫戍长沙。

当时很多人都认为：白崇禧"用人不疑，疑人不用"，真是大刀阔斧，很有派头。其实，白之所以用陈，是耍的手段，希望陈明仁在重赏之下，把在四平之战的死拼硬打那股牛劲使出来，为他打头阵，作桂系的牺牲品而已。对于此种情况，我是了如指掌，但不好明言以告。而陈明仁只意识到白崇禧用人痛快，一时大有以效忠蒋介石之心回报白崇禧之势。后来事实教育了陈明仁，白崇禧的如意算盘终于成了泡影。

陈明仁已身居要职，希望更得我的帮衬。他建议我，也组成一个类似兵团司令官衔的大衙门，我谢绝了。并对陈明仁说："我不是要做大官，只想做点于国于民有益的事，当今时势，更不应为个人谋。对外来说，我是总统府中将参军，有这衔，我蛮可应付了，不劳你费心。我倒要求你有事和我商量来办，发牛脾气干蛮事可不行啰！"陈明仁听罢，慷慨激昂地拍着我的肩大声地说："你我之交已非一日，最近数月，你与我共患难，这是生死刎颈之交呵！我向来鲁莽从事，不及你粗中有细，到处有人缘，总归一句话，今后只要你的话在前，一切都听你的。"这席话正是我拉他走第二步棋的开端。

当时，北平和平解放之风，已在国民党统治区越吹越旺，和平运动也正在湖南各地酝酿。为了打击反动势力，防止反动派破坏，促进和平运动，利用陈明仁守卫长沙的这一武装力量是极为重要的。而要保住这支武装力量，关键是陈明仁能否取信于白崇禧。

当时的陈明仁在程潜和白崇禧为争夺湖南这块地盘的明争暗斗中，由于多种原因，左右为难。因此，我就乘机向陈明仁指出了程潜迟早会被白崇禧挤出湖南的道理，劝他只有取信于白，才能抓到实力，有实力才有戏唱，否则，不堪设想。

为了便于做好陈明仁的工作，我千方百计通过陈明仁，于1949年7月底委派了我所熟悉的而且比较进步的黄克虎当了陈的代理参谋长。黄任代参谋长后，不仅使我们内无顾忌，而且还可以给我们上下通气，事无大小随时与我们商量而行。至于我与陈明仁的关系，通过黄就更加密切了。

当时的陈明仁，他的内心世界，已经有了进步的萌芽。他已经感到蒋家王朝不得人心，朝不保夕。共产党之得天下，是人心所向。他曾经感慨地说过："我生平只知拼命打仗，以死报国，而今是国不成国，君不成君，臣不成臣，如何是好？"这说明他内心斗争激烈，何去何从已到了该下决心的时候了。因此我乘机劝他说："目前国民党人心尽失，败亡之局已成，你是看得到的，至愚的人也蒙不过去，何你是明眼人。'良禽择木而栖'是时候了，机不可失，时不再来，差之毫厘，失之千里呀！如果立足点不以人心归向为转移，那就必将成为历史的罪人，后悔莫及！蒋介石下野，李、白虽有野心，想继蒋家衣钵，只是白日做梦。而今兵临城下，程颂公能识大体，以大湖南主义家长自居，倡导和平运动，尚得人心。"陈明仁听了我这番劝告后，愁眉苦脸一扫而开，拍案而起逼视着我说："只有共产党得民心了！"

当时，他那种迫切的心情确实动人心弦，而我反而慢吞吞不慌不忙带开玩笑地说："你号子良，就该说良心话，办有良心的事；我叫季澧，也该说有理的话，办有理的事。"

从此，我们的一切就开诚布公了，为迎接湖南的和平解放做了一定工作。

长沙和平起义了，我终于"负责到底"完成任务。起义后，陈明仁任中国国民党人民解放军第一兵团司令，我任副司令。不久，李克农同志又要我去香港协助策动"两航"起义，我又坐着飞机回香港去了。

附9：程星龄《参与程潜起义活动的回忆》（节录）

陈明仁回到长沙后，在国共和谈期间，程、陈共同附和李、白所倡导的和平，湖南各县更是广泛而又热烈地响应，很好应付。和谈破裂后，李、白出尔反尔，不仅他们自己主战，并且不准别人再谈和平。程潜表面上不公开反对李、白，暗中却支持社会人士继续呼吁和平，并把促进和平改名为自救运动，意味着湖南人要搞局部和平，实质是与李、白相对抗。这时，陈明仁就实践他在回到长沙以前与刘斐所商定的以及回到长沙后与程潜约定的对策，暗中追随程潜准备起义，表面上却摆出了坚决"反共"的姿态，表示服从南京政府，并指责程潜左右如萧作霖、邓介松等人。陈的这种做法，曾引起萧、邓和某些搞自救运动的人们的反感。先是，陈明仁回到长沙后，对程潜就显得并不那么亲近似的。例如在白崇禧撤退到长沙以前，如前所述，程潜的左右李默庵、萧作霖、邓介松等，几乎每晚都在程的卧室陪他闲谈，我也经常参加，陈明仁却从未参加过。陈与程也很少碰头。和谈破裂后，程、白之间的矛盾，进一步暴露，陈明仁与程潜更加疏远，显得陈在他的职权范围内独断专行，把程潜丢在一边似的。所有这些姿态，都是早在陈明仁回到长沙的初期就商定好了的。就是这样蒙蔽着白崇禧，使白深信陈坚决"反共"，程潜只不过是个老迈昏聩的傀儡，尽管他对待中共的态度暧昧，但已无足轻重。新中国成立后，有人议论陈明仁对待起义缺乏决心，有过多次的反复动摇，不完全是故作姿态。有些情况，我不清楚。我所了解的是：陈明仁对待起义可能有不少顾虑，也还有他的某些私心杂念。作为一个国民党的高级将领选择起义，有过这样或那样的思想乃至言行，是可以理解的。总的说，陈明仁曾以伪装"反共"的姿态，蒙蔽着白崇禧，使湖南和平解放得以顺利实现，程潜人身安全获得保障，这是应该肯定的。

附 10：温汰沫《审时度势，顺应潮流》[①]（节录）

我中学毕业后，在家乡受萍乡、安源煤矿工人斗争的影响，偕一些同学随刘少奇、李立三在醴陵、萍乡一带组织工会，进行过一些革命活动。这段经历对我 20 多年后毅然襄助陈明仁将军起义，打下了一定的思想基础。1927 年起至 1940 年间我长期跟随陈明仁在国民党军队中任职，为其当家理财，出谋献策，历任陈部营级书记、指导员，师会计科长、军需主任等职，我在福建时因流露过一些反蒋情绪与言论而被捕入狱一月余，经陈明仁力保始出狱。1940 年我因感官场多险，乃卸甲归里经商。

1948 年秋，我从醴陵到南京，闲住陈明仁家，常与之谈论时事私事。

① 《湖南和平解放口述历史选编》，第 347 页。

当时陈明仁在经过一番活动后，正处在就职何处的犹豫之间：是去西北就任胡宗南部的兵团司令好，还是去华中出任武汉警备司令，兼二十九军军长为宜。我当时力主陈明仁去武汉就职，说武汉靠近湖南，可进可退，有利无弊，陈明仁采纳了我的意见，但要我出山相助。我一直得到陈明仁的提携信任，如今他困难之中有求于我，怎能拒绝，因此慨然应允，同去武汉。

1948年10月，陈明仁到武汉就任华中"剿总"副总司令兼武汉警备司令及第二十九军军长，我被任命为武汉警备司令部办公厅少将主任。1949年1月，陈被任命为第1兵团司令，我又任兵团司令部办公厅主任。同年2月，陈明仁应湖南省政府主席程潜之邀，将第一兵团移驻长沙，我亦随其到长沙，并暗下决心，相机帮助陈明仁寻求一条既不再投入内战、又不遭受当局贬斥的道路。我们一同回湖南时，我在火车上向陈进言："长沙要和平、反内战气氛很浓，子良兄到长沙后，要审时度势，顺应潮流才好。"我还说："此时再为蒋介石卖命打内战，确实是没有出路的。"陈明仁默许。

我为表示决心与陈明仁风雨同舟，共渡难关，1949年2月底派人至醴陵将家眷接来长沙。同年3月，陈明仁召集我等数人秘密座谈，商量应付对策。我向陈提出：一是要摆出死守长沙的架势，加强军事部署，以取得白崇禧的信任；二是要追随程潜走和平道路，暗中把有关事情办好，共救湖南人民免遭兵火之灾。

为了帮助提高陈明仁对中国共产党的认识，并使之加强与中共的联系，我受中共湖南省工委有关人员的重托，向陈明仁引见了中共地下党员余志宏，使之能亲自了解中共方面的政策。为进一步解除陈明仁对起义的顾虑，1949年4月，我又电请与李明灏有联系、当时在台湾任教的李君九以及在广西任教的汪士楷两人速来长沙，共同襄助陈明仁起义。同年6至7月间，全省人民要求和平的呼声更加高涨。我协助陈明仁表面上接受白崇禧的一切指令，暗中则加紧了和平起义的准备工作。

我考虑到陈明仁平日对所部将领不常接近，上下有些隔阂，部队又系多方拼凑而成，一旦通电起义，能否同心同德，一致拥护，并无把握。直到1949年7月，陈明仁意识到了这个问题，但并无对策。我与吴相和曾主张他及早派遣一些可靠干部以联络参谋名义，分别深入到各师团秘密活动，随时掌握。一旦宣布起义，就出面说明真相，以防发生混乱。7月底的一个晚上，我与吴相和邀陈粹劳、李君九、张严佛等去见陈明仁商谈此事，当时陈明仁心情沉重，对我等表示出极不耐烦的样子，如何掌握部队的问题便暂时搁了下来。8月4日程潜、陈明仁通电起义后，果然部队纷纷出现叛逃。陈明仁十分沮丧，经中共代表恳切表示即使只有他一个人起义也是好的，他才如释重负。

8月1日，黄杰、邓文仪从衡阳飞抵长沙，企图阻挠陈明仁起义，陈未为所动。黄、邓二人当天下午5时离长飞衡后，当晚我与陈粹劳、李君九、吴相和、陈臧仲等在陈明仁家中开会，商讨有关起义事宜。8月3日晚。我们又通宵工作，起草致蒋介石、阎锡山、顾祝同、白崇禧的电报，本着"君子绝交，不出恶声"的古训，措辞委婉，然后发出。

湖南和平起义成功后，1949年11月我调21兵团长沙办事处处长，1950年1月改任21兵团高参，1950年4月转业地方工作。

附11：吴相和《弃暗投明，共襄义举》[①]（节录）

1948年7月程潜回湘主政后，陈明仁邀温汰沫、汤如炎、张严佛、陈粹劳和我于是年接近中秋的一个夜晚，在南京明孝陵的四方城坛上小聚，漫谈国内形势和各人的出路。我们这些人有的在1931年陈任旅长时便是他的部属；有的则是他在长沙兑泽中学的同学，又都是湖南人，关系非同一般。我们一致认为，大局难以挽回，主张陈重掌兵权。当时，我们的认识还很模糊，主要是图谋个人出路。但肯定一点，即不再跟蒋介石走了。这次小聚是我们思想转变的一个关键。

不久，陈明仁出任武汉警备司令兼第29军军长。温汰沫任武汉警备司令部办公室主任，我任政工处长，于1948年10月初随陈明仁到武汉上任。当时，我们仍属蒋介石的嫡系，密切注视着白崇禧的倒蒋活动，执行着蒋介石布置的监视任务。

在武汉期间，我曾先后两次向蒋介石会报了白崇禧以主和逼蒋下野和陈明仁率部回湘等情况。第一次是1948年底，当时淮海会战吃紧，白崇禧不仅按兵不动，反而趁机装出一副反战主和的假象，借以迫蒋介石下野并由桂系取而代之。当白默许湖北省参议会发出主和通电之后，南京反动集团内部一时惊慌失措。在此关头，陈明仁派我至南京向蒋告密，以示忠诚。去时，我还带去了华中"剿总"政务委员会秘书长袁守谦的一份报告呈蒋介石。

我到南京后即被蒋介石召见。我踏进蒋的会客室，只见他靠近壁炉边

---

① 《湖南和平解放口述历史选编》，第350页。

反背着手踱来踱去，状甚不安。当我呈交袁守谦的书面报告和会报武汉方面的情况后，蒋介石双眉紧锁，没有作声。最后，他着重问了陈明仁部的实力和训练情况。我趁机向蒋建议："陈明仁现只有一个军，是否可以把第1兵团番号给他，这样陈在武汉方面起的作用可能大一些。"蒋频频点头说："好，好。不过这个兵团番号属于华中'剿总'范围，最好由白崇禧提出。"蒋还说："你早点回去，要陈明仁好好地干，那边的情况要随时报来。"

1949年1月，蒋介石在各方面压力下只好下野，李宗仁登上了代总统的宝座。这时，白崇禧认为桂系发展的时机已到，积极部署长江以南的防务。以白崇禧向国防部保准，任命陈明仁为第1兵团司令兼武汉警备司令，要陈以守四平街的精神来防守武汉。这时，陈在同我闲谈中已感到大势已去，四平街不同于武汉。今天所指挥的部队也与过去不同，任务完成不了。同年2月，程潜致电白崇禧，请调陈明仁回湘，巩固后方，白允其请。于是，陈遂率29军和新成立的71军开回湖南。

这时，蒋介石仍在溪口暗中指挥一切，嫡系将领前往溪口络绎不绝。陈是蒋的学生，奉命监视白的，此时奉白之命南开，也需对蒋说明，便于3月间派我代表他，再次晋见蒋介石。以示继续拥戴之忠诚，并报告部队移驻长沙的原因。我路过南京时，适国民党政府各部委机关正在疏散，纷纷由上海、汉口分两路向广州逃遁。在国防部大门，只见室内暗淡无光，东倒西歪的家具，纷纷满地的纸张，触目皆是充满了王朝末日的凄凉景象。顾祝同独坐在一盏忽明忽暗的油灯下接见了我。他以背向我，反过脸劈头一句："陈明仁的部队在哪里？"我说："已向湖南开动了。"他生气地问："调动部队连国防部也不打个招呼？"这个闷棍使我愕然，连忙说明几句。他"哼"了几声，不再吭气了。沉默几分钟之后，我问："总长还有什么指示吗？"顾回答："没有。"在这种不和谐的气氛下，我原想提出第一兵团的装备补充问题也不好提了，便恭恭敬敬地告辞离去。

顾祝同这一席话，使我感到奉化之行更为重要，更须加倍小心。到了奉化溪口，想方设法才于第四天得到蒋介石的召见。先是蒋经国找我谈，观其用意是在了解我的经历，便于估计我在陈明仁那里能起多大作用。后来，我问他对当前形势有何看法，有哪些挽救危局的对策，蒋经国却一言不发。我后悔失言了，头次见到蒋太子，就碰了钉子，随即由一侍从人员引进蒋的会客室。蒋介石微带笑容，叫我相对坐下。蒋问："你来的时候，陈明仁在哪里？部队情况怎么样？"我答："陈司令奉白长官之命，把部队带到湖南去了，特地派我向总统面陈。"蒋又问："陈明仁回到湖南与哪些人有来往？他和宋希濂、霍揆彰有没有联络？袁守谦在长沙吗？"我离武汉时部队正在开动，估计这时陈明仁已到长沙，但他在那里的人事来往，我又何尝知道，我只好撒谎说："陈与霍、宋都有联络，袁现在长沙，他们之间过从甚密……"蒋连连点头表示满意。蒋又问："陈明仁回湖南后，有什么打算？"我答："第1兵团刚成立，陈司令决心要在湖南把部队整训好，如果早点把武器弹药补充给他，他说在三个月后，一定再打个漂亮仗替校长出口气。"蒋微微地笑了。我继续说："陈司令这次到湖南，不但在军事上有决心搞好，在政治上也会与各方面处好，请总统不用操心。"蒋说："好！好！部队的装备应早补充好，你们可以向国防部要。"我说："这要总统下手令给国防部才行。"蒋说："从哪里补给你们呢？经过汉口是不行的。"我说："可以从浙赣路运给我们。"蒋说："对，你几时走呢？"边说边站起身，我也随着站起来回答说："马上就走。"遂退出，乘车到宁波后转上海。在上海，我遇到国防部新闻局局长邓文仪。他问："你到奉化看到老头子（指蒋介石）没有？他怎么样？"我说："老头子面容乌黑，神色不安。"邓听后急忙嘱咐不要外传，怕影响不好。这时，新闻局副局长张明邀我到一"舞后"家去玩。这个"舞后"对张明说："老邓（邓文仪）精神真好，他同我跳了几个通宵，今早到浦东去做'纪念周'，刚才又来电话说今晚还要到我家来玩。"这样的花天酒地，焉得不亡？

1949年3月底，我回到长沙。当时陈明仁已率部来湘，并任第1兵团司令，我任第1兵团政工处长。后应我的请求，陈改任我为第1兵团高参。我到长沙后，将溪口见蒋的情况，向陈明仁会报。但陈只听了几句，便说："另有要事，改天再谈"。后来，陈亦未再找我会报。不久，白崇禧发表陈兼任长沙警备司令，我曾劝他不就，说湖南学生、工人很难对付。陈却斩钉截铁地说："只有杀，要闹事就用机关枪扫！"同时，陈明仁在长沙警备司令部内，以军统特务鲍志鸿为参谋长，军统特务毛健钧为稽查处处长，军统特务张镇华为主任高参，一时真是摆开杀气腾腾的架势。

当时，湖南的主和与主战两派力量之间的斗争十分激烈。陈明仁在这两派力量之间处于举足轻重的地位。陈虽暗中已表示要与程潜一起走和平道路，并与中共湖南省工委的策反人员有些联系，但来自主战方面的压力很大，一是国民党中央的压力。在蒋介石的授意下，原复兴社头目贺衷寒、袁守谦、邓文仪等组织了"中国革命复兴委员会"。1949年5月该会派刘咏尧来长，组织了"中国革命复兴会湖南分会"，并以黄杰、宋希濂、刘嘉树、陈明仁等为分会骨干。二是湖南地方反动势力的压力。他们暗中勾结长沙警备司令部参谋长鲍志鸿，网罗湖南大小反共头目，组织了"中国建设协会"，成为湖南反共政治势力的核心，以陈明仁为会长。三是白崇禧的压力。1949年5月白坐镇长沙，以陈明仁为其"反共"赌注。因此，陈明仁采取了"真和假战"的态度，表面上不得不高唱"反共"滥调，以周旋于"主和""主战"两派势力之间。

是年7月中旬，我到第1兵团办公处与温汰沫商量，建议派可靠干部以联络参谋的名义，分往各师、团掌握部队。一旦宣布起义，他们就出面说明真相，稳定军心。随后，温邀李君九、张严佛、陈粹劳和我一道去见陈明仁。我说："听说毛主席来了电报，我们的番号已定为'中国国民党人民解放军第1兵团？'"陈很不耐烦地说："你看到电报了？"我只好转问温汰沫："你们看到了吧？"在当时的气氛下，无一人答话。接着我们只好提议："先去问问唐生明再说。"7月下旬，程潜被白崇禧逼走邵阳，陈明仁接任湖南省政府主席。一次陈问我："你看怎么搞好？"我说："我们先把部队西撤，将起义的日期放在解放军过长沙抵衡阳之时。这样一方面我们无后顾之忧；另一方面又是被迫订城下之盟，全体官兵心安理得，国民党方面亦对我们无可厚非。"陈说："人家不会同意的。"

这期间，陈明仁说服傅正模、胡琪三等黄埔生一道起义。陈电宋希濂一同举义时，宋回电称："同意反白，反蒋尚待考虑。"我当时思想反反复复拿不定主意。这时，原在社会部劳动局的易海屏来长，我问他贺衷寒有什么话转告，易说："不可都去台湾，大部分人要留在大陆继续革命，要准备将来吃草。"我听了很寒心，心想我随贺多年，在台湾无我立锥之地，我的后路没有了。我现已上了陈明仁这条船，就只有听天由命了。

8月1日，蒋介石派黄杰、邓文仪飞长沙，嘱陈将程潜明正典刑，陈未予照办，并即时通报了程潜。邓文仪找我谈话之后，还交给一封张镇华写给陈明仁的信，内容是劝陈不要起义。我恐此信影响陈的情绪，就把它撕毁了。

1949年8月4日，国民党第1兵团在陈明仁率领下，正式通电起义。我起义后，先入中南军政大学湖南分校学习，然后分配到中南直属机关干部业余学校任教，并任武汉市政协委员、武汉市人民政府参事室参事等职。

附 12：陈粹劳《追随陈明仁起义的片断回忆》①（节录）

我和陈明仁系醴陵同乡，早年在长沙兑泽中学同学。北伐战争结束后，在四十六军方鼎英部共过事。1949 年夏由穗回湘，做了陈的僚属，起义前后，在他身边襄理机要笔札，略知有关起义内幕。仅就亲身经历，择要叙述如下。

陈明仁回到湖南后，始终与程潜互相配合，朝着一个共同目标前进。我是 6 月间脱离总统府从广州回到长沙的。见到陈明仁后，他首先问了一下广州的情况，接着就问："肇武怎么样，为什么要跑？"肇武即汤如炎，陈原拟留他在长沙帮忙，不久他却跑到香港去了。陈说："你回得好，君九也早回来了，你可以同他和汰沫、严佛、相和等谈谈，有些问题大家商量吧。"

当时在陈明仁左右参与起义秘密活动的，除少数高级将领外，还有几个非军人出身的人，如汪士楷、李君九、温汰沫、张严佛、吴相和、陈粹劳、陈臧仲等，汪为克强学院院长，曾在陈军中讲学，很受尊敬。李、温都为其最早的亲信旧属。吴为兵团政工处长。张为程潜的长沙绥署高参，与陈是旧交。我在陈的兵团部挂了个高参名义。陈臧仲则是其随从秘书。其中李、温两人对陈影响最大，当时究竟如何"应变"，陈是诚心希望这班人帮助他的。

进入 6 月中旬以后，湖南的和平运动经历了极其错综复杂的斗争，日益酝酿成熟。但进行的具体情况，陈始终讳莫如深，整个过程，人们多不清楚。

7 月底，陈明仁要我准备几个电稿，分别打给蒋介石和行政院长阎锡山、国防部长顾祝同、华中军政长官白崇禧，表示决绝。同时，电所属各军师全体官兵，宣布正式起义。8 月 3 日夜晚，我将电稿送核，陈即邀集汪士楷、李君九、温汰沫、张严佛、吴相和、陈臧仲和我在他家里共同研究，搞个通宵。在讨论致蒋介石的电稿时，大家认为电文应本古人所谓，持"君子绝交，不出恶声"的态度，措辞力求委婉，首先略述当前局势，指出："时至今日，唯有倡导和平"要求，"立饬停止战争，俾大局早日底定"。对官兵宣布起义的通电，则有"方今油尽灯枯，万难再战"，"际兹新民主主义风行各地，全国景从"，"不忍以三千万众之生灵，殉个人一己之私利，更不忍驱使三军将士，徒作无谓牺牲，主张立即弭兵罢战，高举义旗"等语。陈明仁一边参加讨论，一边提笔亲自修改，态度严肃慎重。正在这时，白崇禧三次从衡阳打来电话，要陈明仁接，陈拒不接话。其夫人谢芳如托词陈外出洗

① 《湖南和平解放口述历史选编》，第 337 页。

澡未归。后又来电话，乃通知兵团通讯排将电线割断，才免纠缠不休。

上述致蒋、阎、顾、白的电报，陈明仁随即交给主管机要人员译发，算是对他的老长官尽了最后的忠告。起义通电则因程潜方面已拟有联名发出的电稿，就没有单独译发了。

8月3日晚上，我们正在陈明仁家里讨论通电文稿之际，李明灏突然来了。他是作为解放军方面谈判代表，早在7月29日就已秘密来到长沙的。当晚他来见陈明仁的目的，主要为商量处置长沙警备司令部稽查处处长毛健钧的问题。其时毛已被扣，李要求陈把毛交出来，由中共方面处理。陈顿时勃然大怒，说："毛健钧的所作所为，都是我的命令，我应负责，如果今天清算他，岂不是明天就要清算我？明天一定要把他用飞机送走"。这么一来，弄得满座紧张，不知所措。李明灏急忙解释说，要把毛健钧交出来，是唐生明说的，并非中共的意思，并且发誓要陈相信他刚才说的是搞错了，最后经过汪士楷出面排解，李、陈始再握手言欢，但毛健钧则终于由陈放走了。

8月5日晚，解放军进驻长沙，十万市民夹道欢迎，狂喜万状。6日晚，解放军和谈代表团首席代表金明，代表唐天际、袁任远、解沛然在各界代表及群众的热烈欢呼声中进城。7日晚，程潜、陈明仁在省参议会旧址设宴招待，宾主尽欢。在和谈中，确定陈明仁任中国国民党人民解放军第一兵团司令员、湖南临时省政府主席。

附13：熊新民《我参与长沙和平起义谈判及脱离的经过》（节录）（刊载于《武陵文史第八辑》）

1949年8月，在长沙和平起义前，我是国民党第1兵团少将副司令官兼长沙警备副司令，并代理司令职务。跟随程潜、陈明仁两将军参与了长沙和平起义谈判，我被任命为和谈代表。

"长沙地总"派给我的联络员（代号3130组长）贺钦与我直接联系，他先后介绍长沙地总负责人王灿然，解放军13兵团的汤代表，中南局的王代表等与我多次秘密会见，并交换了各种情报和意见。陈明仁司令官介绍我和中共和谈代表之一的李明灏秘密会谈，商量了与起义有关的重要事宜。连如何招待中共和谈代表的酒席，都作了决定。又派专干带我到唐公馆（唐生智公馆）参加了国民党和谈五代表的协商会议，然后一齐向程颂公（程潜）作了会报，得到首肯。

我任和谈代表期间，先后两次扭转了起义濒于破裂的危机。一次是临到起义前几天，颂公和绥靖处都后撤了，省政府和 1 兵团的家属和非作战人员，大都还没有撤走。这引起了白崇禧的怀疑，一天打五六次电话追问为什么不撤。我因起义的事还有几天准备，怕误大事，只好征集轮船、汽车，大规模撤退，这又引起了共方的怀疑，立即派贺钦、王代表很紧张地来我家说：你们准备大撤，还说起义、起义。真要撤走了，那起义当然是破裂了，就不必再伪装骗我们了。我把司令部的处境和欺骗白崇禧的意图告诉了他们。于是陈明仁司令官说：要他们派几位专人盯着我们几个主要负责人。只要我们几个不走，其他都走了，又有什么关系呢！后来我们一直到通电起义时都没走，共方这才放心。还有一次，也是临起义前的几天，白崇禧亲自批准把他们抓到的七位中共地下纵队司令员，批交长沙警备司令部立即枪毙，以考验我们的态度，也企图镇压一下湖南人民反战争、要和平的情绪，共方立即派贺钦、王代表到我家说：如果你们把这七位地下纵队司令员枪毙的话，那起义当然破裂了。我同陈司令官商量好了以后，由我负责转告军法处长梁风，叫他们把监狱里该死的囚犯顶替那七位纵队司令员，明天大张旗鼓地告示，说枪毙七名中共地下纵队司令员。而真正的七位，却仍关在监狱里未动。我告诉了贺钦等，他们仍有顾虑。于是陈司令官又说，你叫梁风明天准许他们派一位可靠人进监看望七位纵队司令员，等假的枪毙了，真的在监狱里还活着，还不相信吗？我立即下令梁处长照办了。第二天贺钦高高兴兴告诉我说：你们办了这一件大好事，足证是真诚起义的，我们再也不怀疑你们了。此外我支援地工人员所急需的官兵符号、差假证、服装，尤其急需的粮食款项等，都是我秘密交给我 71 军军需处副处长兼长沙办事处主任熊汉章亲手承办的，这为地工人员提供了方便。我曾最后骗得白崇禧送来两飞机轻武器和弹药，这些就不一一列举了。

附 14：刘旦生《我随陈明仁在长沙起义的回忆》（节录）（刊载于《益阳市文史资料第六期》）

1949 年春节，我到武汉陈明仁公馆。陈对我说："部队要开到湖南去，我们都是湖南人，要对得湖南人起，一切行动要听颂公（程潜）指挥"。我当时的领会，只是在军风纪方面注意，没有在大局方面探求深意。1949 年 2 月，（第 29 军）通信营开往邵阳整训。当时 71 军军部新成立，军长熊新民向我要通信人员，我就派老部下伍佐钧任该军中校通信营长。到邵阳只有几天，副军长彭锷对我说："陈军长已任第 1 兵团司令官，要你到长沙任兵团司令部通信指挥官兼兵团司令部通信营营长。"这里的营长，由范亚良接充。范也是我的旧部。我即日到长沙织机街陈明仁家，陈对我说，"兵团司令部通信营长就要你来当，通信是军中的脉络，你就负责搞好吧。"我说："人事方面，71军、29军的通信营长我安排好了，兵团司令部通信营我来干，我有把握指挥这三个营，请放心。"兵团司令部的通信营编制比较大，有线电连两个，无线电连一个，通讯器材由温汰沫设法搞一点，后勤部发一点，到三月中旬，官兵有三百八十多人，电台有六个，加紧技术训练，兵团司令部已构成了通讯网。

5月下旬，司令部参谋长文于一当面指示，要我带领司令部警卫营、通信营，除留总机排及无线电台外，全部到常德接守常德绥靖公署房子。部队到常德，绥署还有部队，不准我们进驻，我们只好住在街上。街上的游杂士兵多，用杂板光洋压迫老百姓买东西；街上及戏院内互相打架，影响治安，百姓十分怨恨。我警卫营营长李振邦派出武装纠察队，在街上巡逻，秩序稍为好转。但是谣言纷纭，说陈明仁要把长沙城搞成四平街一样。当时的局势我也搞不清。

7月上旬，陈明仁命令我率领部队速回长沙。我以急行军三天回到长沙，即向陈明仁会报部队情况，并说，我过益阳，县长颜健与我是亲戚，他问长沙情况如何，陈司令官的决心怎样？同时外面风传要把长沙城搞成四平街一样，陈司令官对我和蔼地说："别人乱说不要信，你把通信工作搞好就是"。

7月下旬，人民解放军向长沙方面推进。副司令官刘进到湘潭设立指挥所，我派有线一个排，一个电台跟刘进到湘潭构成通信网。我与长沙电信局王局长密切联系，架两条专线到司令部总机。我当时已察觉到局势的变化，长沙会和平解放。我与司令部参谋处联系，我的通讯部署如下：

1.令营部上尉技佐刘池生，组织侦察台，对电信局通广州、衡阳之电话窃听，将军队行动的电话，记录下来。重要情况，我向陈明仁会报。

2.令第2连派人暗中监视电信局的通讯器材仓库，防止破坏运走。

3.在北山，设立秘密指挥所，构成通讯组，必要时，陈明仁来好指挥。

当时解放军已到平江，某晚，陈明仁对我说："有一电台要联络，呼号是'X808'，联络时间晚上8点，收到电报，要亲自送给我，要用可靠的报务员。"我说："无线电连连长陈甫人是您的旧部下，也随我多年，报务技术好，是可靠的。"电台设在桐荫里，我把任务交给陈甫人。我按时到电台旁，只有五分钟就联络上了。陈甫人对我说："这是解放军的电台。"我要他严守秘密。我知道陈明仁会起义，我衷心拥护。同时我关心益阳县长颜健，每天和他通一次电话，要他安心稳住，好好维持县城秩序，不要乱动。

1949年8月4日，程潜、陈明仁两将军宣布起义，我奉命只留下总机排在市内，部队开到河西左家垅待命。5日晨，原29军通讯营长范亚良来对我说，他不相信共产党的政策，他要走。我再三劝解，要他不走。他点头应允，但他回到部队就叛变了。下午，总机打电话告诉我，副司令官熊新民要找我，因国民党的飞机来轰炸，用机枪扫射驻地，我不能离开。晚上在湘潭指挥所的总机排长打电话给我，说湘潭情况混乱，刘副司令不见了。我要他不要动，设法回长沙来。几天后，该排人员和器材都回来了。71军通信营长伍佐钧，是我的旧部。我再三劝他不要走，要他带领部队到长沙来。我在电台上呼叫，要他们到长沙来。他们倒骂我们是叛徒。三个通信营叛变两个，我甚为遗憾，只自己带的这个营，完整无损，交还给人民。

8月中旬，部队开到浏阳整编。11月，取消国民党人民解放军名称，正式改编为中国人民解放军第21兵团。陈明仁仍任兵团司令员。12月1日举行授旗典礼，通讯营改为兵团通讯队，以第2连连长文启良任队长。所属官佐一部分留用，一部分到军大学习，我任司令部第3科科长。

附15：《林（彪）、邓（子恢）、萧（克）、赵（尔陆）转李明灏等来电》

军委：

李明灏、刘梦夕八月三日来电照转：

（一）当程潜收此报时，为了说明内中意义及苦衷，谨将其所提理由如下：

1. 按照常例，必须先作和平谈判订立和平条文，然后行动，双方一致。惟湘事之进行，远在渡江之前，早与贵方不断接触，意见取得一致，以受白之压力，致未能表现。迄白离长则为时已迫，为取得军事行动时效，遂先采取行动。

2. 因未经谈判，立即宣布脱离广州政府，已无根据谈判。在形式上必须经过谈判，否则必招投降之议，影响干部心情匪浅，即对于西南各省亦招误会，对争取西南工作当恐受影响。如必须经过谈判，临时有一临时机构，以为对象，此种情况实难避免。

3. 所提临时措施均属空洞名义，实便于谈判及避免投降误会而已。绝不妨碍贵方行动实施实权及各种工作进行。以上系所提理由。

（二）程本人对我方措施均无意见，惟陈个性刚强，对脸面问题非常注重。同时此次湘事之解决与应付桂系之压力，陈力最多，加之干部思想关系，此时打通其中困难，确是不少，况程一切又非依陈不可。

（三）根据以上理由及对程陈之了解有以下两点意见：

（1）为使陈了解上级对他的态度起见，首长等最好与陈明仁速来电慰勉，并电毛主席在电报上予以鼓励。

（2）所提临时机构为湘事进行顺利，及争取宋部与西南各省关系甚大，如何？祈详为指示。

林 邓 萧 赵

八月四日

陈湘生：1966年"文革大串联"，我去到北京。公公（祖父）嘱咐我去程潜将军家看望老人家，让我称程潜将军为"程公公"，程潜夫人郭翼青女士为"程婆婆"，程潜将军的几位女儿为"姑姑"。那年程公公84岁，身体还不错。我先在院子里和大我一岁的三姑程文及她的几个同学玩，打羽毛球。吃午饭时围着一个大圆桌，中间摆几个菜，很简单。程公公面前另放几小碟湖南菜，他旁边坐着一位老阿姨在伺候。几位姑姑扒几口就跑了，剩下我和程公公对面相视，他让我坐在他身边，吃他的湖南菜，其中豆豉辣椒蒸咸鱼味道很好。边吃边聊，他的醴陵官话和公公一样的。留在我印象里最深的一句话是："湖南起义时，你公公真的是舍得一身剐喔！"意思是当年四平街一仗，你公公欠下的血债如山，归到共产党手下，会不会秋后算账，心里没有底。但你公公下定决心，为了保全50万长沙市民，避免麾下12万官兵卷入内战成为炮灰，要求继续担任湖南省政府主席、兵团司令官，让部队完整的成建制起义，让官兵得到一个好的归宿之后，自己被清算也在所不惜。

8月5日

毛泽东、朱德复电程潜，赞同其8月3日致电毛、朱、林，拟于8月4日成立湖南人民临时军政委员会、湖南省政府、中国国民党湖南人民解放军的建议。

湖南省政府成立，陈明仁任临时主席。

林彪、邓子恢指示金明等：岳麓山的控制等问题"逐步解决亦可"。

第四野战军司令员林彪电令所属各部"不要进攻陈明仁兵团所属各部"。

晚，中国人民解放军先头部队 138 师举行入城式，列队进入长沙市区。省会 162 个团体派代表到东屯渡迎接。部队进入市区后，十多万长沙市民扶老携幼走上街头，夹道欢迎，庆祝湖南和平解放。

新华社发布新闻稿：程潜、陈明仁率部起义，湖南省会长沙城解放。

附 1：《中央日报》（湖南版）刊登毛泽东和朱德八月五日的贺电

《毛主席朱总司令　联合电程陈两将军　推崇领导湘人起义》，对成立临时军政委会，国民党人民解放军司令部和临时省府主席，都表示同意。

〔本报讯〕程潜、陈明仁两将军接受三千万人民之恳切要求，率领所部起义，与解放军并肩参加全国解放工作，湖南得以××历史之光荣解放。中国共产党主席毛泽东昨日由北平来电，对程陈两将军领导全湘人民起义，推崇备至。至陈主席被继任湘省临时主席，亦表赞同。电文至为恳切。

〔本报讯〕程主委、陈主席日前致电毛主席、朱总司令，陈述湖南局部和平经过。顷得毛主席、朱总司令及林彪、罗荣桓、邓子恢等复电，对程陈两氏义旗高张，至表钦慰。兹誌原电文如次：

毛主席、朱总司令复电：

颂云、子良先生勋鉴：

八月三日电悉，为对抗广州伪政府，为维持湖南秩序，稳定军心，便利谈判，为号召各方面，所提设立由颂云先生领导、暂任中国国民党人民临时军政委员会，及子良将军的中国国民党人民解放军司令部两项临时机构，并临时的省政府主席，及临时人民解放军司令官，均属必要，可即施行。省政府之移交，亦可嗣后进行。我们认为湖南临时军政委员会，不应为空洞名义，应行使必要之职权。除我军已接受之地方外，其余地方，应由临时军政委员会指挥，庶使秩序易于维持。总之，凡对解放军进军及革命工作有利的事，均可商量办理。此次两先生毅然脱离伪府，参加人民解放事业，大义昭著，薄海同钦。南望湘云，谨致祝贺。

《中央日报》（湖南版）1949 年 8 月 6 日刊登毛泽东和朱德八月五日的贺电

毛泽东　朱德

八月五日

1949年8月5日，毛泽东、朱德复电程潜的手稿（部分）①

附2：《湘省府临时主席　陈明仁通电就任》

〔本报讯〕陈明仁将军昨通电就任湘省府临时主席，原电如下：特急，沅陵行署、各警备司令、各专员、各县市长，明仁依据湖南人民临时军政委员会之推定，于本日在长沙就任湖南省政府临时主席。除分电外，仰各照常供职，并转饬所属一体知照为要，主席陈明仁，府邸未微（8月5日）印。

附3：《林彪、邓子恢关于岳麓山的控制等问题的指示》②

金、唐、袁、解并报军委：

四日十一时电悉。

（一）目前程、陈既发表通电，则今后彼亦不得不更进一步地就范，因此，

（竖排）湘省府临时主席　陈明仁通电就任

【本报讯】陈明仁将军昨日通电就任湘省府临时主席，原电如下：特急，沅陵行署，各警备司令，各专员，各县市长，明仁依据湖南人民临时军政委员会之推定，于本日在长沙就任湖南省政府临时主席，除分电外，仰各照常供职，并转饬所属一体知照为要，主席陈明仁，府邸未微（印）。

1949年8月5日，陈明仁通电就任湘省府临时主席

我们目前不要急切地进行对陈的斗争，目前应以热烈的团结为主，以提高其情绪，使今后更易于商谈一切问题，特别是在开始七天至十天内，不要性急而应该打好感情上和思想上的基础。

---

① 中央档案馆提供。

② 《湖南和平解放接管建政史料》，第303页。

（二）如陈要求用国民党人民解放军名义，我们可同意而不必拒绝，中央对此业已有指示。

（三）政权实际上可要其逐步移交，名义上推迟一月亦可同意。

（四）岳麓山的控制及长沙部队的指挥关系，如目前不能立即解决，待见面后逐步解决亦可，但必须达到解决的目的。

军委有何指示，盼告。

林、邓　五日十二时

附4：《程潜、陈明仁率部起义　湖南省会长沙城解放》①

新华社新闻稿

（1949年8月5日）

〔新华社汉口五日电〕（甲）前国民党湖南省政府主席程潜将军及前国民党军第一兵团司令陈明仁将军接受"国内和平协定"，率部举行起义。宣布脱离蒋介石、李宗仁反动集团，接受中国共产党的领导。人民解放军乃解放湖南省会长沙城。按人民解放军第四野战军司令员林彪将军为执行毛主席、朱德总司令的进军命令，和平解决湖南问题，曾于上月二十二日派遣金明、唐天际、袁任远、解沛然、李明灏等五代表，赴平江与程潜将军的代表举行谈判。李明灏将军并亲赴长沙与程潜、陈明仁两将军洽商。程、陈两将军对四月十五日中共代表团与南京政府代表团所商定的"国内和平协定"八条二十四款，表示诚意接受。程、陈两将军随将匪湘鄂赣边区绥靖司令傅正模以及白匪崇禧留置长沙的所有特务匪徒拘捕，率领所部于四日在长沙举行起义，迎接解放军入城。

8月6日

林彪、罗荣桓、邓子恢遵照中央军委8月5日命令，致电程潜、陈明仁，赞扬湖南义举。

金明等根据长沙报纸的消息来源，电告林彪长沙起义通电等情况。

蒋介石得知陈明仁起义后，"心神安恬异常"。

湖南全省在乡军官自救会由黄雍等率140名军官通电拥护程潜、陈明仁率部起义。

通电参加起义的部队第100军、第71军等部陆续发生叛逃事件。

陈明仁命令攻击驻扎邵阳叛逃的成刚第14军。

---

① 《湖南和平解放接管建政史料》，第307页。

397

晚十时，周里、沈立人分别代表中共省、市工委和湖南当局和谈代表团首席代表唐星、代表唐生明、刘公武及"迎解联"的主席、各界代表近百人，去东屯渡迎接中国人民解放军和谈代表团入城。

湖南和平代表团首席代表唐星，于欢迎中共和平代表团之后，接见记者发表谈话，首次提出"湖南和平的范式"。

附1：《林、罗、邓致程、陈电》①

颂云、子良先生勋鉴：

支（四日）电诵悉，此次先生等毅然率部脱离广州伪府，义旗高举，薄海同钦，影响所及，蒋李匪类，将益穷蹙一隅，束手待毙。而湖南人民，亦庶几元气少损，痛苦减轻，实乃国家民族之大幸。为安定军心，维持秩序，便利谈判，进行交接，号召各方，对抗伪府，由先生等组成国民党湖南人民临时军政委员会，及国民党人民解放军司令部，此时此地，实属必要措施。除已由我军接管之地区外，湖南其他各地，皆有赖此两机构行使职权，进行安抚民心，维持秩序。而中国人民解放军之继续进军，人民解放事业之继续推进，来日方长，各事当可共谋解决，从容协商。临电神驰，敬致祝贺！

林彪、罗荣恒、邓子恢

八月六日

附2：《中国人民解放军十二兵团电：程潜、陈明仁通电及湖南临时人民军政机构的改组》② （1949 年 8 月 6 日）

林、邓并王、萧：

（甲）程、陈及第一兵团师长以上、绥署旅长以上联名通电（内容为反蒋、李、白，反美及加入中共领导之人民民主政府）。

（乙）我一三八师五日入城时，受到十万人民热烈欢迎。

（丙）长沙报纸已发表湖南临时人民军政委员会以程为主委，唐、陈、仇、唐伯球为委员，并推陈为省府临时主席，决定第一兵团改组为中国国民党人民解放军第一兵团，推陈兼司令官，特报。

金、唐、袁、解

六日

附3：《蒋中正日记》（节录）

陈明仁降"匪"等报相告，余阅之并不惊异，而且心神安恬异常。

---

① 《湖南和平解放接管建政史料》，第 309 页。

② 《湖南和平解放接管建政史料》，第 307 页。

附4：熊新民《我参与长沙和平起义谈判及脱离的经过》（节录）（刊载于《武陵文史第八辑》）

在通电起义后的第三天（即8月6日）。在白崇禧勾结下，71军军长彭锷带着该部逃走了，当时我正在参加迎解游行，对此事事先根本不知道。

在游行的那天夜晚，陈明仁派他的随从潘副官，找到我说："司令官要你马上去见他，说是71军逃跑了，要你赶快去。"我一见到陈明仁，他就说："71军逃跑了,连调来长沙警卫的吴祖伯团也都逃出了军部。"接着又说："这是你带了二十年的一支老部队，现在派你前去追赶，至少要抓几个团回来。不然，我们的基本队伍都逃跑了，光杆起义，怕人家不相信，自己脸上也不好看。"我说：等天亮后，我就去追赶他们，并有信心地对司令员说"会抓回几个团来的"。天一蒙蒙亮，我就起程乘车向湘乡县城前进，途遇副军长鲍志鸿，他首先反对我起义，说："你还当和谈代表，你是将官嘛！不讲骨气，也得讲点将气。大不了，不干得了，为什么还要向共产党投降呢？"到了县城71军军部，军长彭锷一见到我，马上打电话报告白崇禧。等他打完电话，我向他说："陈司令官派我来，叫你们和部队就在原地不动，专听他的命令。……"我还没说完，他就抢着说："你还想回长沙吗？老实告诉你，现在走也得跟我们走，不走也得跟我们走，长官（白崇禧）要你去见他哩！"87师副师长吴涛等都反对我起义。他们认为我是"投敌变节"。接着彭锷又说："我们一不做，二不休，联名打电话给陈明仁，把他也骗来吧！"于是彭锷头一个摇电话向司令官说："部队军心动摇，不过官兵一向都听你的话，我们打算在青树坪集中，请司令官务必来青树坪给部队训话，以安抚军心。"接着鲍志鸿、杨馨、吴涛等都轮流给司令官打一样意思的电话，不过语气不同而已。我见事急，于是抢了吴涛的电话，大声报告司令官说："我已无能为力了，他们都还要求你来训话呀？！……"这后一句话我说得更大，以便引起司令官的警惕，不意彭锷见我语气不对，跑来抢了我的电话筒，紧接着说："请司令官务必来青树坪给部队训话呀！"

这时，彭锷当着我的面，与警卫士兵们说："外面兵荒马乱，你们要好好招呼副司令官，切意不可外出，以免受害。"说完他就带着卫士到汽车站迎接逃窜的队伍，一个连一个连鼓动部队西逃，直到黄昏才返回军部，这时全军都已离开湘乡城，沿湘邵公路西逃。只剩下军长、副军长、参谋长连我共四人和一个警卫班，四辆吉普，一部中卡。于是彭锷指挥参谋长杨馨走在前面，副军长鲍志鸿在参谋长之后。我被安排在鲍志鸿和彭锷所坐的车之间。以便前后监视。最后一部中卡是警卫班士兵，一路朝着青树坪方向开去。车开过虞塘后，我见彭锷三人坐的车都停了下来与青树坪开来的卡车上的人谈话，便立即告诉后面中卡车上的警卫说是先开上前去解大手。警卫见是向青树坪开的，就同意了。我又立即催司机快速开车，到青树坪时天已蒙蒙亮，我又叫司机绕道开向邵阳。这时我已完全逃脱了彭锷的魔掌，不幸又遇上了14军军长成刚，他一见到我，就指着我的鼻子说："你还当和谈代表，做的好事！"到他军部后，他立即报告了白崇禧。白怕我又再逃跑，马上派了一架飞机，一名少将高参，带领四名武装警卫，把我押运到衡阳。白一见到我，就拍案大骂说："我们党有哪点对你不起，校长（蒋介石）又有哪点对你不起，我又有哪点对你不起。你是个六期学生，现在升为兵团副司令官了，还要怎么样？……"我正要申辩时，他又把桌上公文报纸一掀说："一切我已全清楚，你也不用说了，现在老实告诉你，你那个军，不听彭锷的指挥，正在逃散。不过军中的老干部都说，只要你肯再回去当军长的话，他们都表示愿意再干，否则都当土匪去了。现在我急需部队打仗，让你再回军去，仍然是第一兵团副司令兼71军军长，把部队给我稳住，守住邵阳前线，以后一切都好说，如果这点办不到，那你就自己看吧！"国民党湖南省主席兼第1兵团司令官黄杰也在座，黄是我在远征军反攻滇缅时的老上司，他乘势接着对我说："现在打仗要紧，邵阳正面很空虚，你赶快回军去，把部队抓拢来，带着部队守住邵阳之后，则一切都好说了。"这时我便硬着头皮向他们表示："我只能干三个月。"他们异口同声地说："可以，可以。"（他们料想三个月还能支持的）但我又说，"军内的人事，得由我重新安排"，白说："那不行，我已命令调动了，不能更动"。我说："人事不由我重新安排，军、师、团长都不熟悉，怎么指挥打仗呢？"白无话可说，我又说："要求你们不要枪毙刘塽浩"，我话音未落，白立即说："那绝对不准你讲情，背叛党国，如不枪毙，那还谈得上什么军纪，一定要马上枪毙。"我说："我不是为了挽救刘塽浩的命，而是全军的新兵都是他一手招募来的，下级干部都是他用的老人。如把刘塽浩枪毙了，不但下级官兵不听我指挥，甚至连部队都会拖走，我一个光杆军长与其死在火线上，还不如死在你长官面前还好一些。"他考虑了一会儿，对我说："现在前线急需部队作战，那就暂时不枪毙吧！"白崇禧同意我上述两个要求后，便派了一个警卫排，一位少将高参，把我押着回到军内。我回到军部后，收集全军（只有逃到武冈的263团没收回来），担负起了邵阳前线的防守任务。

400

但我仍想乘机把 71 军拖过来起义，我先后三次派人秘密到长沙与陈明仁联系，但三次均无结果，而这时白崇禧把军统特务鲍志鸿、朱经华、吴祖伯、龚吉明以及 88 师新任师长、参谋长、情报科长等等全收买拉拢过去为其服务；又加派了大批的特务严密地监视和控制着我，要把部队拉出来极为困难，只好跟着他们跑，等待时机再说。最后由于桂系第 7 军被解放军消灭，我已离开长沙较久，谣言很多，害怕解放军不相信，于是只得率 71 军由邵阳之廉桥撤退到梅溪关、桂林，再绕道至南宁以南的大塘地区。

附 5：《陈明仁命令攻击驻扎邵阳叛逃的成刚第 14 军》

命令 八月六日 于廉桥指挥所

作命第一号

一、前十四军军长成刚率该军直属部队及第十师之一部共约二团之众，五日于邵阳城附近叛变。

二、本部于攻略邵阳城之目的，各部即向邵阳城急进。

三、汤[①]、张[②] 两师应尽诸般手段，务于八日拂晓以前确实攻占邵阳。

四、作战地境：余湖山—沙子塘—肖家—封家渡之线，线上属汤师。

五、魏[③] 司令所部务于明（七）日廿四时以前到达田家、栗山附近，集结为总预备队。

六、警备部队所属之戴文[④] 部，即编为右侧支队，沿巨口铺、新田铺，向邵阳攻击前进，以策应汤、张两师之攻击（朱元庆印）。

七、警卫大队，于本（六）日二十四时至宋家塘集结，担任本部警卫。

八、各师于本（六）日廿时推进至宋家塘。

右八项除分令外，仰即遵照实施为要。

右令

兼总司令 陈明仁

副总司令 李觉

王劲修

彭杰如

---

① 时任 14 军副军长兼 63 师师长汤季楠。

② 时任湖南保安第三师师长张际泰。

③ 时任湖南省军管区副司令魏镇。

④ 时任湘西纵队中将司令，兼任邵阳城防指挥官戴文。

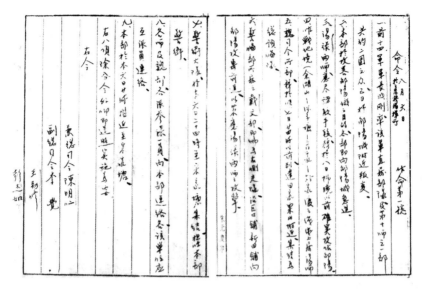

1949年8月6日，陈明仁攻击邵阳叛军的命令（湖南省档案馆提供）

附6：康朴[1] 张镜白[2]《第二三二师长沙起义前后》[3]（节录）

二三二师系长沙绥靖公署直辖部队，1948年7月奉程潜之命在长沙编成。康朴任师长，张镜白任副师长。这期间，西北军起义师长孔从周派曹胜权持函来，望我师勿给蒋介石殉葬，继有中共汉口地下组织所派李芬、刘时学亦先后到我师六九四团驻地调弦口促我们举义；复有人民解放军河南省军区樊中黎也先后派韩炳新、蒙养正两次来我师联系；中共长沙地下组织也派刘绵来我师策反工作。此外，还有中共地下党员谭士元、张大平来联系过，孙蔚如也从杭州来信敦促我师起义，旧友陈子坚且亲来我师，介绍湖南和平运动情况。

以上各方面人士的策反，对我师决心起义起了很大作用。我师于1949年2月派师参谋主任郑克林，前往公安县与我师联防的张际泰师联系，约定共同拥护程潜的和平主张。

1949年6月中旬，奉程潜令我师编入陈明仁所辖第七十一军，立即开赴益阳、安化。7月17日，奉程潜急电，部队星夜开返长沙。我们心情异

---

① 康朴（1902—1986），陕西部（合）阳县人。1949年8月任国民党第一兵团第七十一军第二三二师师长时率部起义。新中国成立后，任中国人民解放军五十二军副军长、湖北省参事室副主任等职。

② 张镜白（1902—1972），陕西富平县人。1949年8月任国民党第一兵团第七十一军第二三二师副师长时起义。新中国成立后，任中国人民解放军第五十二军第二一五师长等职。

③ 《湖南和平解放口述历史选编》，第326页。

常激动，克日出发。19日宿营宁乡，闻长沙尚有白崇禧重兵盘踞，警备司令部仍有捕人事情。为了使部队达到起义目的，不受任何个人行动的影响，当晚召集了副团长以上军官会议，向大家明确宣布和平主张，决定由康朴连夜赴长沙面谒程潜，部队由张镜白率领于次日向长沙开进，所有军眷统统移到长沙安置。散会后康朴与张镜白商定，不管康前往长沙的情况如何，必须由张率部完成起义任务。康朴随即分别召见有关营长李梦华等，作了必要的叮咛布置，下半夜乘车东行，翌日上午在省政府谒见程潜。程除对康致慰勉之意外，两人谈话纪要如下：

程：各县人民对我的和平主张反应如何？你的部队有什么意见？

康：人民很讨厌战争，有的说："要打仗你们到别处打吧，不要在我们这里打。"对颂公的和平主张无不拥护。至于部队，完全服从颂公的命令。

程：我们要与共产党合作，投向人民，使湖南不再遭兵灾。白崇禧对我很仇恨，我明日要到邵阳去暂住几天，你把部队掌握好，听子良指挥。子良会照我的意思办的。你见了子良吗？

康：我打算明日去见他，不过，万一陈司令不照颂公的意思干怎么办？（因此时康对陈明仁的态度还摸不透，又听说警备司令部在继续捕人，心存疑惑，故有此问。）

程：（沉思有顷）如果子良不能照我的意思干，那你就照我的主张干好了。不过我想子良一定会照我的意思干的。你可以去见他。

康：那就这样吧。为了不惹白（崇禧）的注意，我明晨就不送你老人家的行了。明天即去见陈司令。我一定遵照你老人家的指示办。

7月23日奉陈明仁命令：部队在长沙绥署广场集合，听他训话。我们虽然接受命令，但内心仍多少有些疑虑，恐怕陈明仁借机解决我们，故在部队集合时，密派副团长邢世纲率手枪兵一排，暗中扼守绥署前门，又派师输送连长刘云陛率该连密布于绥署后面几处高地，以防万一。陈明仁讲话后约康朴在绥署楼上恳谈，至此彼此才建立完全的信任。陈令全师先开株洲一带担任防务，下午部队即由火车运往株洲。

7月29日（此时间有误，下同），康朴赴长沙参加陈明仁召集的师长以上的军事会议。陈在会上宣布了起义的决心。根据中共方面的意见，决定由二三二师开返长沙担任警卫城郊、迎接解放的任务。除姜和瀛的宪兵团、陈立谟的水警总队和长沙市的警察继续留在市区以外，所有原驻城郊的各军、师均于31日以前开赴湘江以西待命。30日我师接受任务，一面

403

注意防火防特，一面督饬工兵修复解放军入城必经的公路、桥梁。同日由师部派主任参谋郑克林随同程、陈二将军的代表赴春华山同解放军代表金明、唐天际、袁任远、解沛然等会商和平解放事宜，并拟定了和平解放协定草案。郑等当夜（30日）返长，翌日（31日）即随李明灏再赴解放军驻地，会见金明等。由李转达程、陈二将军的意见，除省政府主席一职仍暂由陈明仁担任外，其余均照协定办理。

8月4日程、陈领衔发出正式起义通电。通电甫发，匪机即至，在市区进行轰炸扫射。于是我师又增加了一个防空的任务。幸在军民协力之下，破坏死伤轻微，秩序基本安定。5日下午，师部派郑克林率领全师参谋人员至东屯渡迎接解放军先头部队一三八师入城；同时命令各团营按规定移交防务，至深夜12时，初步移交完毕。

我师正在交代防务之际，奉陈明仁命令，着我师留一个团兵力协同人民解放军一三八师防守长沙，其余星夜开赴湘潭归还七十一军建制（此时尚未得七十一军叛变的消息）。当即决定由副师长张镜白带领六九四团留驻长沙，其余两个团由康朴带领向湘潭进发，于6日晚到达湘潭附近的五里堆（湘江东岸）。原集结湘潭城内的七十一军八十七师（师长杨文榜）突向我方射击。此时已侦知熊新民、杜鼎、彭锷等率部叛变，他们以每个师长给五千元，每个团长给三千元作为诱饵，企图瓦解起义部队。于是我师决心击溃叛部，解放湘潭，乃彻夜部署，拂晓攻击渡江。由徐淦团（六九六团）首先发起攻击，一举击溃叛部八十七师；师直属部队及谢醒亚团（六九五团）随后续进，解放了湘潭，并解救了被叛军围困的陈明信（陈明仁之弟）部数百人。陈明信在徐团渡江时也曾给了船只和情报的帮助。复奉陈明仁命令，任康朴为湘潭警备司令。当令徐团向湘乡、衡阳方面布防警戒，由师直属部队和谢团肃清城郊附近的"反共救国军"等零星残部。虽有国民党飞机不时袭扰，城郊迅速趋于安定。

湘潭方面叛部已溃退，由于我部未予穷追，他们仍盘踞在湘乡青树坪一带，劫掠行旅，危害地方。8月9日，熊新民、杜鼎等十余人曾联名致电康朴，诱其随同叛变，当经康朴严电驳斥，并劝其勿执迷不悟，自寻死路（来往电报均已交陈明仁）。就在此时，徐淦团的何兴中营（第二营）所属机枪连长戴维杰勾结他连密谋叛变。康朴接到该团、营长电话报告，当即命令迅速采取措施予以镇压，结果戴维杰被击毙，仅20余名士兵叛逃，从此各团军心更趋稳定。留驻长沙部队亦于此时奉令开至湘潭。我们乃令徐团向西推进，驻于湘潭以西要地姜畲，向湘乡方面警戒；并以张镜白担任湘潭城防司令，进一步确保城郊治安。这时师参谋长任兰圃坚决辞职，当予照准，升任郑克林为代理参谋长。由于叛部造谣，康朴、张镜白又不在长沙，以致程、陈二将军对二三二师也甚关心。陈明仁每日必用电话向康朴询问部队情况，程潜且亲函康朴进行安定工作。

8月13日，人民解放军一三八师开至湘潭，揭开向西南大进军的序幕。我师积极协助其向衡（阳）、邵（阳）进击的准备工作。18日奉陈明仁命，着我师经长沙赴浏阳整训。20日，部队回驻长沙南郊新开铺一带。人民解放军第十二兵团文工团曾来我师慰问演出数次。陈明仁司令员等亲临慰勉，并宣布升康朴为副军长兼师长。康则保升谢醒亚为第二副师长，邢世纲递升六九五团团长。部队休息两日后，于22日晚开往浏阳整训。经过长沙市区时，受到全市人民热烈欢迎，全体官兵深觉人民大家庭的无比温暖，受到很大的鼓励，士气更旺盛。萧劲光司令员还接见了康朴，鼓励力求进步。部队到达浏阳后，将各团分驻于古港、山口、永和各地，经解放军代表樊中黎、王振祥等到师进行政治教育月余，部队面貌很快改观。

附7：曾京①《第一九七师起义中的斗争》②（节录）

1949年5月11日至8月4日，我任陈明仁部第一兵团第一百军第一九七师师长。全师辖五八八、五八九、五九○三个团。师直属队辖警卫、输送、工兵三个营以及师部卫生队等。师直属队为前任马鹤凤成立的；五八八团是陈明仁新成立的，团长曾祥斌过去是陈明仁的勤务员；五八九团是程潜成立的，一九七师副师长程杰兼该团团长；五九○团是冯玉祥部的老底子，原系一个独立团。这个师的队伍是七拼八凑起来的，军官各有各的后台老板。

由于上述原因加上我任职时间短，人事不熟悉，故发动起义时遇到了一定的困难。尤其是五八八团由武冈开回长沙一个多月时间，我与该团团长曾祥斌更是生疏。当时一百军军长杜鼎与其军直属队和十九师3个团驻长沙河西望城坡。我带着一九七师直属队和五八九、五九○团驻长沙赤港附近，离长沙城约30华里。五八八团驻东山与赤港之间。具体地说，一百

---

① 曾京（1912—1990），湖北省沔阳县（今仙桃市）人，1949年8月任国民党第一兵团第一百军一九七师师长时率部起义。新中国成立后，任中国人民解放军二一四师师长、武汉市建筑工程局副局长等职。1982年加入中国共产党。

② 《湖南和平解放口述历史选编》，第322页。

军的驻地在我师后面，五八八团驻在我所部的前面，我处在他们的夹攻之中。他们预先摆好了阵势，能争取我跟他们一起叛变时便争取，争取不到时就计划将我所部吃掉。

8月7日上午，一百军刘参谋长电话通知十九师和一九七师团长以上和军直属队营长以上干部赴军部开会，研究部队起义后的有关整顿事宜。他们是借此名义骗我们去开会，实际上会议的中心是造谣破坏起义，挑拨离间起义部队与共产党的关系，瓦解起义部队的军心，妄图煽动大家于8月8日晚一同随杜鼎叛变。当时一百军警卫营营长反对叛变，杜鼎当即用冲锋枪将其击毙。在这种威逼之下，所有到会人员谁也摸不透谁的心事。从表面上观察，大家为了脱离虎口，所有到会人员都随声附和，表示愿意随杜鼎叛变。

我和一九七师各团长离开军部回到驻地后，立即召集各团团长和一九七师直属队连长以上干部开会，坚决表示不随杜鼎叛变，并以坚定不移的态度和决心说："起义跟共产党走是生路，叛变跟国民党走是死路。我们已经找到了生路，不能再去走死路。"与此同时，我向陈明仁发电报告杜鼎叛变，请通知中国人民解放军派部队围堵。但是，电报被一九七师副师长刘开悦暗中扣留未发出。事后查明：刘开悦是特务，并畏罪潜逃了。

会后我要各团好好掌握部队，并在原驻地布置阵地，防止叛军袭击。我还布置各部抓紧召开主要军官开会，稳定部队，安定军心。一九七师直属队和五九〇团由我召开会议，五八八、五八九团各自召开会议，讲清起义的道理，着重讲清起义是唯一的光明大道，叛变逃回国民党是死路一条，特别指出各官兵千万不要听特务造谣，讲清楚起义与投降的区别，稳定军心，稳定大局。

8月4日程潜、陈明仁通电起义后，长沙的情况十分混乱。国民党特务到处张贴标语、散发传单，造谣中伤，到处打黑枪，制造混乱。8月5日省会报纸竟以头版新闻大字刊载"程潜、陈明仁在长沙起义，放下武器投降"。这"投降"二字对起义官后影响极大。企图逃走的思想在起义官兵中占了上风。在一些起义部队中，有些军官和士兵分散逃跑了，也有个别的连队成建制地把人枪拖走了。我再三嘱咐五八八团团长曾祥斌，绝对不能动摇，加强戒备，防止杜鼎等部袭击。曾祥斌是陈明仁一手提拔起来的，我十分信任他，岂料他与杜鼎一起叛变了！

8月8日夜晚，杜鼎和曾祥斌等联合叛变。深夜一点多钟，杜鼎带着他的军直属队和十九师从我部驻地后面向我五八九、五九〇团和师直属队发起攻击。与此同时，曾祥斌等指挥五八八团向我部开火，他们企图瓦解我部军心，打散我们的队伍，并胁迫我们一同叛变。我部的情况亦较复杂，师输送营在原驻地抗击叛军，但师警卫营、工兵营等却脚踏两只船，不打叛军，也不听我的指挥，警卫营第二连副连长袁炳章竟然向我行刺。我看到师直属队大部靠不住，我立即离开师部指挥所，带一个副官、一个参谋和三个警卫员至五九〇团指挥五八九、五九〇团竭力抗击叛军，并向陈明仁写下书面报告。战斗约两小时之久才结束，五八九、五九〇团与师输送营三个战斗单位靠拢人民、跟共产党走的决心坚定不移。叛军虽数倍于我的兵力，但由于我部努力抗击，终于战胜了叛军，并截下十九师一个整团，杜鼎、曾祥斌等怕到天明时部队走不出去，杜鼎便率其军直属队和十九师两个团深夜绕道宁乡、湘潭边境逃窜，曾祥斌等率五八八团直接经宁乡、湘潭边境脱逃。

我部经过整编后，改为中国人民解放军第二十一兵团二一四师，我任师长，开赴广西、贵州等地剿匪，为解放大西南、建立人民政权做出了贡献。

附8：汤季楠[①]《第六十三师邵阳起义前后》[②]（节录）

1948年10月，我辞去南京政府国防部少将部员职务回湘。当时程潜已在湘主政，我被其任命为长沙绥靖公署总务处长，同年12月21日我被任命为三二三师师长。程潜对我说："老实告诉你，今后唯一的出路是跟共产党走，你明白我的意思吗？"我说："我对国民党已经失望，我当本着您的指示去做。"

虽然三二三师是程潜向南京政府请准成立的五个师之一，但却只有番号而无一兵一卒。1949年元月，我从西北找来150多名我的老部下、老同学。他们都富于作战经验，不少人还带了兵来。我根据他们带来士兵的多少及实际才干委以适当职务。一般是带来士兵100人以上的任连长，200人以上的任营长。团长由程潜指派，两个副师长由南京国防部委派，只有参谋长龙耆光是我自己找来的，他是我明德中学的同学，黄埔第三期生。另外，

---

① 汤季楠（1902—1992），湖南省湘潭县人。系陈明仁的讲武堂、黄埔军校一期同学。1949年8月在任国民党第十四军副军长兼六十三师师长时，随程潜、陈明仁起义。新中国成立后，历任中国人民解放军第二十一兵团第五十三军副军长、湖南省政府参事等职，是首届湖南省各界人民代表会议代表，第一、二、三届湖南省人大代表，第五、六届省人大常委会委员，第一、二、三、四届湖南省政协常委。

② 《湖南和平解放口述历史选编》，第179页。

我还招募了一些新兵，但全师多数是打过仗的老兵。1949年2月，三二三师在衡阳正式成立，士兵六千余人，隶属一百军，军长为杜鼎。

1949年4月底，三二三师奉命改为六十三师，隶属十四军建制。我调升十四军副军长兼六十三师师长。一百军军长杜鼎因我是程潜旧属，为削弱程潜力量,强迫我交出一半新式武器与他。我因当时已决心跟随程潜起义，以各种借口顶着未交出。同年5月2日我只身前往长沙向程潜请示机宜。5月3日程潜面示："你的部队到邵阳后要加强训练，我不久即来邵阳。"5月6日我回到了邵阳。

我到邵阳不久，十四军军长张际鹏被黄杰改调为第一兵团副司令，另委跟随其多年的成刚接任。我与张际鹏是广东大本营陆军讲武学校一队同学，便请他为六十三师补充装备。他此时对长沙绥靖公署副主任黄杰十分不满，便很爽快地答应了我的要求，马上命其军械处拨给我师六〇小炮90门，八二迫击炮24门，重机枪80挺，轻机枪135挺，待修电台4部。这使我师的火力配备大为加强：每团有一迫击炮连，配八二炮8门；一个重机枪连，配重机枪24挺；全团每个连配轻机枪5挺，六〇炮3门，所有士兵配发美国新式步枪。此外，师部设一重机枪营，李宜之任营长。这是个临时编制营，专管剩下的重机枪以备战时补充。

成刚来湖南就任十四军军长后，对我有了疑心。当我因弹药损耗而要求补充时，成刚却说等弹药运到后即予补充。我师驻地邵阳军械库中的弹药却不拨给。

1949年7月上旬，败退长沙的白崇禧在长沙藩正街召开军事会议。这样重要的会议，白崇禧竟不让长沙绥靖公署主任程潜参加，说明白的独断专行和对程的不信任。

会后，我即改着便装秘见程潜告知会议情况，并催其速赴邵阳。当时程潜的处境很恶劣，内心非常痛苦。他对我说："内战不能再打下去了，蒋介石统治中国20多年，究竟干了些什么？你替他卖命几十年又得到什么好处？"他的这些话引起我的共鸣，表示坚决拥护他的主张。谈话中我又问他"陈明仁是否靠得住？"程潜连连点头说："靠得住，靠得住！"我随即赶回部队，部署起义事宜。

7月21日程潜避走邵阳，省政府主席由陈明仁代理。7月24日陈明仁电召我去长沙。26日中共代表张立武与我同车至长沙。为安全起见我带了一个加强排一同出发。当晚8时陈明仁在蔡锷中路复兴银行邀集黄埔第一期同学程邦昌、陈纯道、孙常钧、李骧骐等20多人开会。见我来到时，陈明仁说："你来得好，请坐下开会。"会上有人问："共军来到长沙怎么办？"陈说长沙决不会放弃。还有人提出各种问题，陈都极为镇定地作了回答，且态度强硬，大有和共军一决死战的势头。看到这情景，我对程潜说的"陈明仁靠得住"的话产生了怀疑。会后陈明仁邀我到他的内室，直率地对我说："你的事颂公全部告诉我了，你是何时加入共产党的呢？"我说"我没有加入共产党。"陈说："成刚有几个电报来，告六十三师不听调遣，说你是民国二十五年在西北加入共产党的。如果是加入了，今天倒是好事。"我知道成刚所说的我加入了共产党，是指1936年我在西北时曾与八路军副总参谋长左权见过面并互赠军衣一事。当时陈明仁态度非常诚恳，使我相信他的确打算起义。我把黄杰与成刚的关系告诉了他，他也说成刚不可靠，要我注意。陈明仁最后交代我三点：程潜在邵阳的安全由我负责；邵阳的警备与防务也由我主管；破坏白崇禧在衡宝线的防务。陈还交给我一本密电码，并嘱我赶快回去集结部队，切实掌握好。我到长沙时，成刚也应陈召来到长沙并于7月27日会见了陈明仁。

7月27日我先成刚回到邵阳，在程潜所住陈光中宅驻一个加强连，士兵全部佩戴手枪，架设电话直接归师部指挥。当晚我又向程潜汇报在长沙会见陈明仁的经过，并告知成刚不可靠，建议调张际鹏回任十四军军长。后程潜终为成刚的假面目所迷惑，未接受我的建议。

1949年7月29日程潜返回长沙。7月31日早上6点，首由谢慕庄亲来师部说成刚约我去吃早饭；上午成刚本人又电约我于下午五点至城内盟华园陪风纪视察团吃饭，说是要消除我与他的误会。为防不测，我先与成刚在张际鹏家见了面，只说了几句话我便告辞。下午五点我如约到盟华园，并事先暗中布置了一个便衣手枪排在该酒家周围。成刚见有防备而未敢下手。8月1日晚上8点，长沙绥靖公署参谋长刘嘉树从芷江打来长途电话告黄杰、邓文仪于近日来邵阳视察。黄、邓来邵时我因决心起义，未去机场迎接。当时我师除一八九团一个连警戒机场外，一八七、一八八团按谢慕庄部署均在离邵阳县城较远的地方。我只带了师直属部队及一八九团在田家栗山、五里牌等处构筑工事。8月3日以来，邵阳市面上谣言纷起，秩序混乱。我摇电话到长沙绥靖公署邵阳指挥所，谢慕庄早无踪影，彭杰如去了靠近湘乡的保安部队，最后魏镇说："邵阳城内根本没有队伍了。"我立即决定调回部队，以一八七团、一八八团和一八九团集结于廉桥、五里牌、范家山、望城坡、田家栗山、龙王庙一线待命，师部驻五里牌。这时我更感觉谢慕庄的所作所为令人生疑。全国解放后，谢在军政大学学习时坦白了他在邵阳的企图，原来他并非真心起义，且拟将程颂公劫持到湘南。出于此目的，他以阴谋手段骗得程潜命令，将我师分散远派。

1949年8月4日，一八七团已到达指定地点，派去一八八团的传令兵却未回，我几次再派便衣传令兵去，一连三四天都无消息。原来该团已被成刚吃掉。8月5日，一八九团团长苏志刚率团直属部队叛变，投降成刚。我得报后即升任该团团副陈建春为团长，嘱他切实掌握部队，防止苏志刚派人引诱各营叛变。

8月4日，程潜、陈明仁两将军在长沙领衔通电起义，我亦列名其中。8月5日上午8时，驻望城坡的一八七团遭到成刚部四个营的突然围攻。该团官兵奋勇抵抗，我派师政治部主任李阜南前往督战。与此同时，我驻守在范家山的一八九团营长陈培让来电话称："有白崇禧总部的一个装甲连由易家湾经湘潭、湘乡，要通过我营防线，我营已进入阵地。该连连长现站在我的身边，请示怎么处理。"我在电话中大声说："不许通过，要他们全部缴械。"计获指挥车1辆，卡车2辆，装甲车9辆，重机枪20挺，轻机枪9挺，长短枪44支，官兵200余人全部释放。当日上午10时许，白崇禧出动三架飞机轮番轰炸邵阳汽车站、五里牌师部驻地以及范家山、田家栗山一带的一八九团驻地，官兵有的被炸伤，有的被炸死。这显然是苏志刚叛变后指明的目标。当时我与军需主任张作霖（我外甥，新中国成立后改名张炽）在师部掩体里看到房屋崩塌，官兵伤亡，十分愤怒。师部掩体已出现巨大裂缝。张作霖说："我们今天怕是要死在这里了。"我说："军人本来就生死难测，只要不死，我们就要拼到底。"在轰炸的间隙里，我仍各处视察，鼓舞士气。白崇禧一连三天派飞机轰炸扫射并散发传单，传单上说："六十三师一八八团官兵深明大义，全部来归。有活捉汤季楠者赏银洋10000元，杀头来见者赏银洋5000元；携械来归者，重机枪每挺赏银洋100元，轻机枪每挺赏银洋50元，步枪每支赏银洋5元。"这种金钱收买的办法，没有收到任何效果。

8月5日下午5时左右，湖南绥靖副总司令李觉奉程潜、陈明仁之命，在邵阳河塘和我见面。李觉是陪中共湖南省工委代表张立武来指挥部队的，同来的还有长沙绥靖公署政工处长谢一中。谢交给我一大卷当天长沙的报纸，上面刊有程、陈两将军的起义通电，嘱我散发。李觉对我说："廉桥方面有彭杰如的保安部队，邵阳城内的情况怎样？"我说："我师驻城内留守人员已经撤出，库存的重机枪 26 挺已由新兵营长李宜元运出。成刚原驻城内的辎重团及军办事处，都已于今日上午开走。城内老百姓恐也走得差不多了。"张立武要我师于 6 日拂晓沿公路正面向邵阳攻击前进，保安部队张际泰师为左翼，共同收复邵阳。李觉说："请等候命令，今晚可将部队西移一点。"当我正准备率警卫营长周绍达回五里牌师部时，邵阳警备司令魏镇率少数部队赶来，李觉便叫他跟我一起走。我从师部至河塘时，8 月 5 日上午我一八九团缴获装甲连的各种车辆仍摆在马路上，我命营长刘迈派个排将空车押送湘乡待命。该排长将车押送湘乡后，车辆全被白崇禧部夺走，排长亦被其枪决。

8 月 7 日白崇禧派飞机继续跟踪轰炸扫射我师。拂晓前，师政工处长唐某乘部队出发之际，率政工处部分人员叛逃。8 月 8 日上午 9 时，我率一八九团抵湘乡、邵阳交界处之毛塘铺时，与白崇禧的部队遭遇。激战一昼夜，双方伤亡都重。当时我师捕获敌便衣密探供称：阻我师前进的是由益阳、宁乡窜来的敌九十七军和一百军的三个师。为弄清敌情，我亲到前方侦察，见毛塘铺街上果然驻有较多的部队。敌众我寡，且我师又无阻止强敌前进的任务。于是我决定：师部即率一八七团西进至墨溪，一八九团暂留原地固守，至当日晚 12 时沿师部行进路线亦转移至墨溪，并在该地补给，从而达到了避开强敌、保存实力的目的。

为了鼓励官兵继续奋勇突围，我在师部驻地耿家祠堂大门口集合部分军官和士兵讲话，宣读报载的程潜、陈明仁两将军的起义通电，并交代他们回去传达。

8 月 10 日，湖南省军区代表王建基、我师政治部主任李阜南绕道先回长沙，我请他们将经过分报程潜和陈明仁两将军。8 月 11 日，据报毛塘铺附近的白崇禧部队已经南撤，我率全师经毛塘铺到达湘乡杨家滩与省保安部队会师，并见到了李觉和彭杰如二人。此时我将陈煦新调升副师长，一八七团团长由陈铭升任，三营营长由汤克铭升充，以便更有效地控制部队。我在杨家滩接到陈明仁的电报，命我归彭杰如指挥，开赴长沙待命。彭杰如当即命省保安部队由湘乡、沿潭宝公路经湘潭到长沙集结；六十三师经宁乡、道林、龟头市到长沙。1949 年 12 月初，我师改编为中国人民解放军第二十一兵团二一七师，我调任该兵团五十三军副军长。

8月7日

程潜、陈明仁与解放军和谈代表金明、唐天际举行首次会谈。解放军和谈代表肯定了起义部队绝大部分是能跟着程、陈走的，小部分的异动，也在所难免。双方共同建议林彪将军速向邵阳进兵，驱赶白崇禧部退出湖南。陈明仁提议从速成立军管会。因程、陈通电起义后，所部先后有第14军军长成刚、第71军军长彭锷、第100军军长杜鼎率四万余人叛逃，撤向衡山、衡阳、邵阳等地。

解放军和平协商代表团发出致起义官兵书，向程、陈两将军及所部全体将士致以亲切的慰问。

附1：《八月七日谈话记录》①

时间：七日午后九时

地点：省参议会大楼

会谈纪要

金首席代表明：

毛主席、朱总司令对于湖南的和平解放非常重视，今天有电报嘱代表团转呈颂老暨子良将军，认为成立湖南人民临时军政委员会、湖南临时省政府及中国国民党人民解放军，均属必要，可即实施，凡对解放军进军及革命工作有利的事均可商量办理。同时林彪司令员也有电报向颂老和子良将军致贺。我们知道，湖南的和平解放，对于将来整个西南及至全中国的解放，都有极大的影响。因此，各方面对于颂老和子良将军此次毅然脱离伪府，英勇起义，都表示无限的钦佩。现在，湖南已经和平解放了，我们认为一切具体的技术的问题，都可以从容洽商。目前的大问题，是如何尽一切的努力，来巩固一兵团的部队。广州伪府希望瓦解我们，危害颂老和子良将军。白匪在此穷途末路的时候，更是希望一兵团的部队产生问题，如连日匪机的轰炸与散发传单，目的就是在危害颂老，分化部队。为巩固一兵团的部队，我们将发挥社会力量，多做宣慰工作，同时邵阳方面，关系重大，希望派遣有威望的将领去领导，并建议林彪将军速向邵阳进兵。在起义的部队中，还要迅速展开教育，鼓励部队反白，进一步再告诉他们，反白即是反蒋，如此必会收到很大的效果。总之，加紧巩固部队是我们目前的急务，而一时一刻不可忽视的。

---

① 杨安先生提供。

陈主席明仁：

为便于维持秩序，希望从速成立军管会。目前粮食问题，极为严重。军管会成立后，关于解放军以及一兵团部队、长沙绥署所属部队的粮食补给，均可负责统筹。其次，关于省府方面，我可以临时负责，便于稳定军心，将来仍望中共派人接替。

唐代表天际：

代表团昨晚才到长沙，一切情况，不甚了解。毛主席、朱总司令、林彪司令员，对于湖南的和平解放都很重视，并指示过一个原则，就是在反蒋反白的前提下，一切问题请颂公和子良将军权宜处理。目前应当顾虑到的，第一，如何维持长沙秩序，确保治安。关于戒严、巡查、防空诸事，都要计划周到。颂公和子良将军对于长沙的情况都很熟悉，希望时加指示协助，使长沙一切机关、学校以及三十万市民都得到安全。其次此次参加起义的部队，绝大部分是能跟着颂公和子良将军走的，小部分的异动，也在所难免。不过，我们希望对于巩固部队的工作，要迅速进行，刻不容缓。

程主委颂云：

（一）长沙的警备工作，应即由解放军担任。如因人地生疏，情况不熟，子良兄可尽力协助。中国俗话有谓："旧令尹之政，必以告新令尹。"（二）军

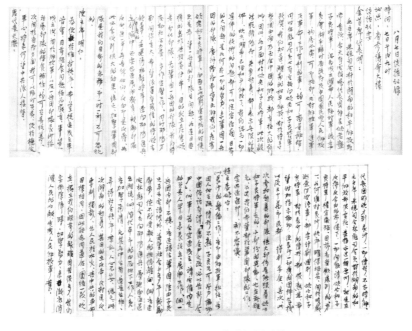

1949 年 8 月 7 日，会谈纪要手稿

413

管会宜速成立，请电催内定的负责人早日来长设立，展开工作。（三）一兵团内部不稳，应速设法巩固，除由子良兄再去电告诫外，并望社会上多予鼓励慰劳，使不致受敌人的挑拨离间。（四）应速电林彪司令员向邵阳进兵，压迫白匪退出湘境。（五）潜伏本市的白匪地下工作人员，应加紧肃清，免其无中生有、造谣生非，弄得社会秩序紊乱，人心不安。总之，此次湖南的起义，其目的在反帝、反封建、反专制独裁，出人民于水火，与中共的革命目标相同，因此能志同道合，团结一致。现在，摆在我们眼前的艰难困苦很多，我们要排除障碍，加紧努力，来彻底消灭人民的敌人，完成人民解放事业。

附2：《解放军和平协商代表团致起义官兵书》①

参加起义的全体将士弟兄们：

当中国人民解放军以雷霆万钧之势，横渡长江、进入南方各省、最后歼灭蒋、李、白残余反动势力、争取全国解放之际，湖南全省国民党军队，在程颂云、陈子良两将军领导下毅然接受国内和平协定，率部举行光荣起义，宣布脱离蒋介石、李宗仁、白崇禧反动集团，接受中国共产党领导，从而使湖南全省获得和平解放，缩短了战争时间，减少了军民痛苦。对于这种光荣的正义行动，我们中国人民解放军第四野战军和平协商代表团谨代表林彪将军表示欢迎，并向程、陈两将军及所部全体将士致以亲切的慰问。

参加起义的全体将士们：你们这种正义的行动是非常光荣的，对国家和人民的解放事业有很大的贡献，很大的功劳，这不但使你们自己从今以后站到人民方面来，得到了光明的前途，并将受到湖南人民和全国人民的热情欢迎。由于你们的光荣义举和湖南和平解放，而给予蒋、李、白反动集团以严重打击，给人民解放军继续进军作战以很大的帮助，同时也给至今尚在蒋、李、白反动派强迫下进一步绝望挣扎的国民党官兵，以及西南各省指出了一条光明的道路。

湖南虽已获得和平解放，然而摆在我们面前的任务还是十分艰巨的，今后人民解放军还将继续胜利前进，湖南国民党反动派残余还必须肃清，因此我们热诚地希望你们在程、陈两位将军和人民解放军统一指挥下，坚决接受中国共产党的领导，提高政治认识，坚定为人民服务、为人民而战的意志，加强纪律，团结自己，爱护人民，把部队改造成一支真正为人民服务与人民结合的武力，以配合人民解放军彻底解放湖南，解放全国，为

---

① 载1949年8月11日《中央日报》长沙版。

建设独立、和平、民主、富强、繁荣的新湖南、新中国而奋斗。

中国人民解放军第四野战军暨华中军区和平协商代表团

谨启

一九四九年八月七日

1949年8月7日，解放军和平协商代表团致起义官兵书

附3：《湖南和平特点 是人民的共同要求　程、陈两将军的倡导军队变成人民武力——湖南首席代表唐星谈话》[①]

〔本报讯〕湖南和平代表团首席代表唐星，昨晚于欢迎中共和平代表团之后，接见记者发表谈话：

一、长沙和平会议，湖南代表团代表程颂云、陈明仁两将军暨湖南人民爱好和平欢迎解放的意志，在求缩短革命过程，彻底实行新民主主义，救人民于水火，建设新社会的总目标之下，与人民解放军代表团举行和平会议。

二、根据三民主义的真精神，中山先生的三大政策正确路线，与人民解放军的队伍合作协议，以消灭反动派政府的卖国政策，争取全国一致的解放，建设以达成人民的、大众的、理想的新社会。

三、湖南和平是有其珍贵的特点的：

（一）三千万人民的共同要求，其动机和本质是自发的，自动的，本来具有百分之百的革命性的。

---

① 1949年8月7日《湖南日报》第二版。

415

（二）程颂云、陈明仁两将军和他们进步的部属以人民的幸福，人民的利益为第一，以中山先生的政策和革命路线为原始的出发点，认为人民解放的革命工作是神圣的、积极的、绝对必要的，所以毅然决然的倡导和平。

（三）联合性的合作，军队变成人民自己的力量，以行动表示意志，绝非"放下武器"，而是把我们变成人民的武力，加强人民的斗争力量，加速消灭蒋、李、白等卖国残民的反动政府。

（四）希望新闻界了解湖南的特质和重点，影响全国和世界，以湖南和平的范式，快快解放未解放地区人民的痛苦。

8月8日

解放军和谈代表团与湖南地方和谈代表团在长沙举行第一次会议，就湖南省政权机构和起义部队改编等问题进行协商。

陈明仁发表《告全体官长士兵书》。

附1：李明灏《奉命去长沙促成程潜起义》（节选）

次日（8月8日），双方和谈代表团在长沙南门外席草田段宅举行第一次会议。解放军方面的和谈代表团，由金明任首席代表，唐天际、袁任远、解沛然、李明灏任代表；湖南方面由唐星任首席代表，熊新民、刘云楷、唐生明、刘公武任代表。不料在这次会后，熊新民、刘云楷即率部叛逃了（熊新民叛逃后，经人民解放军在广西战役中捕获，押解回湘，在醴陵起义兵团驻地举行批斗大会，由陈明仁主持，我应邀前往参加），改由彭杰如、王劲修接任代表，继续进行会谈。主要是在前次商定的方案基础上进行具体研究，充实内容，无须进行原则性的谈判。双方商定，将起义的正规部队、保安团体、宪兵团、水警总队、省府警卫大队等编成一个兵团，番号为"中国国民党人民解放军第一兵团"，由陈明仁任司令员，集中醴陵、浏阳一带整训，以后再改编为中国人民解放军。成立湖南临时省政府，由陈明仁任主席，袁任远任副主席。原已设立的湖南人民临时军政委员会改称湖南人民军政委员会，由程潜任主任，黄克诚任副主任，陈明仁、金明、袁任远、唐天际、周里、仇鳌、唐星、李明灏等为委员，李明灏兼秘书长。以上这些问题，在商谈过程中，进行极为顺利，并未遇到阻力。最初本来准备写成书面的条款，双方正式签署，予以公布。后来认为无此必要，就没有写成文字了。

附 2：袁任远①《接管城市恢复经济》②（节选）

8月5日晚，解放大军在鞭炮、锣鼓声中进入长沙，受到湖南各界代表和群众极为热烈的欢迎。6日，我人民解放军和平谈判代表团入城，金明发表了讲话，对各界代表的欢迎，表示感谢。进城之后，双方和谈代表，就各项具体问题进行商谈进展极为顺利。经中央确定，陈明仁的部队改为中国国民党人民解放军第一兵团，作为以后改编为中国人民解放军的过渡性建制，仍由陈明仁任司令。11月底，改编为中国人民解放军第四野战军第二十一兵团，陈明仁任司令员，唐天际任政委。关于湖南省临时政府主席的人选问题，我党原拟派王首道任主席，现在决定仍由陈明仁兼任主席，我任副主席。湖南临时军政委员会，是程潜在起义前成立的，经中央批准，将"临时"两字取消，改为湖南军政委员会，仍由程潜任主任，黄克诚为副主任，陈明仁、金明、袁任远、唐天际、周里、仇鳌、唐星、李明灏为委员。

附 3：陈明仁《告全体官长士兵书》③

本兵团各军师长转各级官长暨全体士兵同志们：

这次湖南成立和平协议，本兵团毅然主张和平，参加解放，我在前天曾有一个通电给你们，恐怕你们对此事还有不十分明了与疑虑的地方，兹特再将这次谋取和平的真正意义与今后我们正确的革命路线，向大家说说。

首先我们要知道：这次湖南成立和平协议，是适应全省乃至全国人民渴望和平心理的一致要求，本来我们军队是人民的武力，受国家的供养，应该维护国家人民的利益，才算尽了军人的责任。这十多年来，从抗战到内战，国家已经弄得残破不堪，人民更是困苦颠连，不能生活下去。而国民政府不但不加救济，反而加紧压榨，一切措施，只知道偏袒豪门，支援特殊阶级，违背了三民主义的真精神，对于国家人民的利益根本不顾。今天已到了万众离心、土崩瓦解的时候，豪门与特权都远走高飞，搜刮了大批民脂民膏，到外国享福去了。而我们仍在自相残杀，扪心自问，这究竟为的什么？这究竟如何了局？我们今天要痛彻地反省：革命是以顺天应人

---

① 袁任远（1898—1986），湖南省慈利县人。历任红七军纵队政治部主任、中共湘赣省委秘书长、吉林省政府副主席、湖南省政府副主席、中共青海省委书记、青海省省长等职，是第四届全国政协常委、第五届全国人大常委会委员、中共中央顾问委员会委员。

② 《湖南和平解放口述历史选编》，第 616 页。

③ 载 1949 年 8 月 9 日《湖南日报》第三版。

为趋归，军人是以保国卫民为天职，我们是革命军人，我们要顺天应人，保民卫国，只有立即觉悟，毅然决然脱离腐化贪污的广州政府，参加人民解放阵线，真正为人民出力，为国家效忠！

其次我们要明白：这次湖南的和平解放与北平不同，与天津不同，与武汉更不同，不但事前经过一年的酝酿，双方开诚的商量，彼此衷心互助合作，而且长沙解放之时，形势并非孤立，并非我们不能战争，而是本兵团的将领们，大家爱乡爱国，愿为保全地方不使糜烂，良心上主张自动谋和，希望由于这次运动的影响，开创一个西南各省全部和平解放的先例，有人认为湖南将领向傅作义看齐，这是比拟不伦的。现在有许多阴谋分子造些什么"戴罪立功""放下武器"的语句，企图刺激感情，挑拨离间，希望大家切莫轻信。我们今后不但不会放下武器，而且更增强革命意识，与广大的人民解放军并肩携手为解放全中国而奋斗。现在本兵团已改称为"中国国民党人民解放军第一兵团"，我们要树立新的信念，信仰具有三民主义真精神的新民主主义，消灭丧失了三民主义的精神、离开了三民主义立场的中国国民党的一切叛徒！

跟着长沙、衡阳的解放，全湖南很快的就要解放了，最近广西、云南、四川都在响应我们的主张，酝酿和平，眼看全中国的整个解放也将不久了，全国人民很快可以在安定、自由、民主的气氛下过好好日子。但黎明之前的一段黑暗是最难熬过的，而我们革命军人的责任在这个时候更为加重，希望我全体官兵同志，振发革命精神，团结一致，在程颂公及本人的正确领导之下，"和平、奋斗、救中国！"大家要特别知道：团结才是力量，各级官长，要切实掌握干部，巩固军心，对上要信仰，对下要信任，对自己要自信，尤其要普遍的说服，使每个官兵都知道这是伟大的、勇敢的、划时代的革命的行动，我们今后要在这个新时代中，完成我们的新任务与新使命！

这几天华中长官公署派来飞机施行滥炸，一面散发传单，重赏，引诱你们弃明投暗，要知道：过去对于桂系部队待遇特别优厚，对我们则极其刻薄，几个月之久，粮饷都无着落，士兵生活尤其困苦，难道到今天还有钱来赏给你们吗？这完全是一种欺骗的手段，绝对不可相信的。

久共患难的官兵同志们！现在我们已经回到了人民的阵营，成为人民自己的武力了，我们坚决地脱离了广州政府的欺骗与摧残，我们绝不要受到阴谋分子的挑拨离间，应该一致奋起向着光明的前途英勇迈进，为全国人民的解放而努力，这一种任务，是伟大的！是神圣的！是光荣的！

8月9日

中国人民解放军湖南省军区成立（9月25日正式任命），陈明仁任第一副司令员。

陈明仁致电程潜请辞湖南临时省政府主席职务。

湖南临时省政府各厅、处积极准备恢复工作。

附1：《黄克诚传》（节选）①

8月9日，中央军委决定以四野第一五九师、第一六〇师、第一六二师为骨干，组成湖南省军区，军区机关由第十二兵团部兼，萧劲光任司令员，陈明仁、陈伯钧、韩先楚、文年生任副司令员；黄克诚兼政治委员，刘道生、罗舜初、金明、唐天际任副政委；解沛然（解方）任参谋长，潘朔端、何振亚任副参谋长；黄志勇任政治部主任。辖长沙、益阳、常德、衡阳、郴州、零陵（今永州）、邵阳军分区，并指挥第四十六、第四十七军作战。8月30日湖南省军区正式宣布成立。

附2：《陈明仁致电程潜》②

湖南人民临时军政委员会主任委员程钧鉴：

明仁受本会之推定，于本月五日在长沙就任湖南省政府临时主席，以维过渡时期政务，惟湖南人民获得解放以前，国民政府颁布法令多不适用，政务推行深感困难。除电呈北平主席毛、总司令朱，并就近商请金首席代表转催接收人员即日接收，提早成立湖南人民政府外，谨电呈察核。湖南省政府临时主席陈，府秘未佳（印）。

附3：《湘临时省府各厅、处积极准备恢复工作 田粮处准备开征支援解放军》③（1949年8月9日）

〔本报讯〕湖南和平解放后，暂成立临时湖南军政委员会和国民党人民解放军第一兵团，并设湖南临时省政府，以便维持秩序。主席陈明仁已于日前通电就职，所属各厅、处，正积极准备恢复工作，以便执行各部门公务。又和谈进行顺利，原则大体决定，正进行技术问题的商谈。

〔本报讯〕湖南临时省政府田粮处处长黄甲今日告诉记者说："为了支援解放军的进军，和国民党人民解放军第一兵团的进军，临时省政府刻在积极筹备征收三十八年度的田赋，使革命的将士们，无虑军粮缺乏。征收

---

① 当代中国出版社 2012 年 10 月出版。

② 《湖南和平解放接管建政史料》，第 329 页。

③ 《湖南和平解放接管建政史料》，第 333 页。

的方法有两种,(一)照过去的规定,开征三十八年度的征粮,征集之后,由临时政府处理也好,由解放军处理也好,那是以后的事,如解放军对征收有所修改,如小户免征,大户加增,那也很容易办到。(二)不过目前最重要的是第一兵团的军粮,现他们驻在河西的湘乡、湘潭、邵阳、新化、宁乡、武冈一带,需粮迫切。将采借粮方式,允抵还三十八年度的田赋,借粮的数额并不多,六七万石就可以维持了。"末了,黄甲又说:"粮食问题,将又是和会中的小问题,在会议中,将会得到解决。"

（载民国三十八年八月九日《湖南日报》第三版）

8月10日

因程潜的秘书刘伯谦未将8月4日的起义通电发中共中央,毛泽东去电十二兵团转程潜,嘱"以全文由电讯局发至新华社为盼"。

附1:《毛泽东给十二兵团前方转"长沙程主席颂云先生勋鉴"电报》（1949年8月10日）[1]

长沙程主席颂云先生勋鉴:

八月五日电敬悉,进击白匪,林彪同志已有部署,力达配合行动歼灭该匪之目的。先生起义通电,词严义正,深得人心。闻有师长以上多人署名,此间因未得全文项目,新华社不敢发表,请先生以全文由电讯局发至该社为盼。

（请金、唐转）

毛泽东　八月十日

附2:程星龄《参与程潜起义活动的回忆》[2]（节选）

8月4日,刘伯谦在招待新闻界会上宣布了这个通电,但是,他并未正式拍发电报。因此,起义多天后还未接到毛主席、朱总司令的回电。八月中旬,中共方面去电北平查询,才知道没有收到湖南的起义通电。程潜当时吩咐秘书赶快补发（仍称未支电,即8月4日）。对刘伯谦未发电报这一严重错误,我当时是力主追究的,但实际并未追究。

8月11日

林彪、罗荣桓、邓子恢就起义部队发生叛逃事件致电安抚陈明仁。

陈明仁8月14日回电表示感谢。

---

① 《湖南和平解放接管建政史料》,第336页。
② 民革湖南省委编著:《民革前辈与湖南和平解放》,团结出版社2019年8月版,第300页。

1949年8月16日，《湖南日报》
相关报道

1949年8月12日，改称"湖南省政
府临时主席"的函

附1：《林、罗、邓致电安抚陈明仁》[1]

陈司令官子良勋鉴：

将军此次与程先生同举义旗，不特解放湘省人民出战祸，更大有助于解决西南、西北残敌，早奠全局于和平。近闻部属中，有一二执迷不悟，从中策动哗变。此并无损于将军之功勋，更无从影响大局之胜利，徒陷彼等自身于绝路耳！切勿因此事焦急。今后人民革命事业，期待于将军者甚多。望加紧团结所部，以求进展。继续为革命全部胜利而奋斗。特电驰慰，并颂近祺。林彪、罗荣桓、邓子恢未真。〔八月十一日〕

附2：《陈明仁致林彪、罗荣桓、邓子恢感谢电》[2]

汉口司令员林、政委罗、副政委邓：

未真电奉悉，猥承慰勉，无任感奋。明仁分属军人，只求有裨革命全局，任何艰苦横逆均所不辞，此次所部少数分子策动哗变，虽由部勒时短，训练未周，而诚信未孚，深用自疚，惟革命阵营期臻严密，此辈败类既除，正足加强团结，嗣后当秉承钧意，激励所部努力奋斗，以赴事功，如蒙莅临湘垣指示，尤深企祷，肃电奉复，诸维鉴察。

陈明仁叩

未寒〔八月十四日〕印

8月12日

"国防部"任命黄杰为湖南省绥靖总司令兼第1兵团司令官，负责收容参加长

---

① 《湖南和平解放接管建政史料》，第341页。
② 同上。

沙起义后叛逃部队，重建第1兵团。

陈明仁致电毛泽东，请辞湖南省政府临时主席职务。

陈明仁命令改称"湖南省政府临时主席"。

经中共中央批准，中共湖南省工委与南下的中共湖南省委合并，组成新的中共湖南省委员会，黄克诚任书记。

附1：《陈明仁致电毛泽东》①

北平主席毛、总司令朱钧鉴：

明仁依据湖南人民临时军政委员会之推定，于本月五日在长沙就任湖南省政府临时主席，以维过渡时期政务；惟湖南人民获庆解放以前，国民政府颁布法令，多不适用，政务进行，深感困难，拟请转令接收人员，即日接收，以便提早成立湖南省人民政府。谨电呈察核，敬乞示遵！湖南省政府临时主席陈明仁叩。府秘，未文（8月12日），印。

附2：《陈明仁命令改称"湖南省政府临时主席"》②

奉

谕：嗣后各机关对主席行文，一律称"湖南省政府临时主席"等因，相应函达即希

查照为荷

此致

湖南省政府秘书处启
八月十二日

8月13日

毛泽东、朱德复电陈明仁，劝其继续担任湖南省主席。

附：《毛泽东、朱德复电陈明仁》③

未文电敬悉，湖南举义，遐迩欢迎，颂云先生及贵主席领导有方，为功极大。贵主席主持之过渡时期省有

1949年8月13日，毛泽东、朱德复陈明仁电文手稿（《民革前辈与湖南和平解放》插图，团结出版社2019年8月版）

① 《湖南和平解放接管建政史料》，第342页。
② 湖南省档案馆馆藏资料。
③ 《湖南和平解放接管建政史料》，第345页。

机构极为必要，仍应行使职权，藉维秩序，并利号召，尚望贵主席团结所属，再接再厉，弟等则嘱中共人员与颂云先生及贵主席推诚合作，以利革命事业之推进。至人民省政府之建立，当俟军事有进一步发展，并与颂云先生及贵主席商酌，然后办理较为适宜。贵主席如有所见，尚望随时见教。毛泽东、朱德未元（8 月 13 日）印。

8 月 14 日

陈明仁接受毛泽东、朱德意见，继续担任湖南临时省主席，就此发布湖南临时省政府布告。

湖南起义部队在浏阳、醴陵集中，正式改编为中国国民党人民解放军第 1 兵团，下辖三个军九个师，共三万六千多人。

附 1：**湖南临时省政府电：为奉令仍继续行使职权知照府秘字第 25 号**（1979 年 8 月 14 日）[①]

自八年抗战以后，举国渴望和平，以冀休养生息。乃前伪中央政权黩武不已，乃至兵败求和，犹无悔祸诚意，至和谈破裂。中共中央为革新中国，推倒贪污无能之伪政权，进军江南，所向克捷，民众欢迎，人心向背，于此可见。

吾湘在抗战期间，负担最重，所受敌寇蹂躏尤惨，盼望和平建设之心更切。乃至白崇禧匪部退入湘境，假所谓戡乱为名，安定空室清野之策，以利其搜刮公私财物，又复捐扣军粮军饷，迫使驻军向民众强借军粮，军民争食，怨声载道。明仁忝主省政，兼绾兵符，以爱国爱乡之念，切己饥己溺之忧，认为倘继续战争，必至地方糜烂，陷我湘省同胞于万劫不复之境。纡衡时局，顺纳舆情，毅然在程颂云先生及诸乡前辈领导之下，揭举义旗。于是长沙及本省大部地方，先后和平解放。旋经成立湖南军政委员会，并擢明仁为湖南临时省政府主席，曾通电全省知照有案。自维此次举义在救湘民于水火之中，兼唤起西南各省之同情，促伪政权人士之最后觉悟。庶几感召祥和、潜销锋镝，进而接受。

毛主席之领导，以新民主主义建设新中国，登生民于康乐之域。初未计及个人名位，乃电奉毛主席及朱总司令八月十三日电以："省有机构极为必要，仍应行使职权，藉维秩序。"故不能不勉任钜艰，竭力以赴。经与在湘中共代表团商定，先就财政、建设、田粮等厅处，局部改组，并已指派

[①] 《湖南和平解放接管建政史料》，第 345 页。

人员，分别参加主持，推诚合作，各项行政法令即将次第制颁施行，除旧布新，竭诚为人民服务。

所冀本省各级机关员司咸晓斯旨，全力以赴，加紧研究革命理论，一洗官僚政治因循敷衍之恶习。并望全省民众加强信心，切勿轻信谣言，一致巩固革命程序，增加生产，支援前线，加速残余封建军阀之崩溃。至中国人民银行发行之人民币为现行唯一合法之货币，信用巩固，民众应一致拥护，乐于使用，俾金融稳定，以利民生。

本省省会长沙自和平解放，及人民解放军入城以来，军纪严明，政风简约，军民融洽。程序安定，此为有目共睹之事实。即其他已经解放各县情形，莫不如此。凡以往反动派所为一切污蔑之宣传，今已不攻自破。本府切盼与全省民众密切团结，并在中国共产党领导之下，粉碎伪政权，共向建设新中国之前途迈进。特掬诚布告，俾众周知。

主席陈明仁

中华民国三十六年八月

湖南省政府（印）

1949 年 8 月 14 日，湖南临时省政府布告，湖南省醴陵市陈明仁故居提供

附2：中国国民党人民解放军第一兵团战斗序列

司令官陈明仁，副司令官李觉、魏镇、傅正模、唐生明、王劲修，参谋长李觉（兼）

警卫团，团长陈明信

第1军，军长王劲修（兼），副军长文于一、张诚文、康朴，参谋长陈庚

第1师，师长曾京

第2师，师长康朴（兼）

第3师，师长余九成

第2军，军长傅正模（兼），副军长汤季楠、贺光谦、戴文，参谋长贺光谦（兼）

第4师，师长汤季楠（兼）

第5师，师长姜和瀛

第6师，师长戴文（兼）（注：该师仅为空番号）

第3军，军长彭杰如，副军长张际泰、蔡杞材、程邦昌，参谋长廖秉凡

第7师，师长何元恺

第8师，师长周笃恭

第9师，师长张际泰（兼）

中国国民党人民解放军第1兵团胸章

中国国民党人民解放军
第1兵团公函

8月15日

长沙市各界集会，组织慰问团慰问第1兵团，并献旗、致敬。

程潜、陈明仁致电林彪，希望林彪等首长"早启节来湘，指导一切"。

附:《程潜、陈明仁致林彪等首长的电文》

汉口林司令员、罗政委、邓副政委、萧参谋长勋鉴:

湘省和平解放，得贵军支援，使胜利完成，群情欢跃，共庆光明。刻境内大体就绪，特电欢迎，请早启节来湘，指导一切。俾三千万人民，迅解倒悬，毋任翘企。

程潜（印）陈明仁（印）

未（8月）删（15日）印

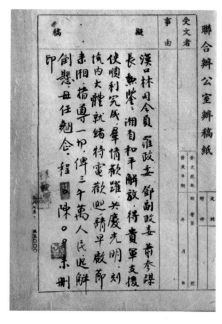

1949年8月15日，程潜、陈明仁邀请林彪等首长的电文，湖南和平解放史事陈列馆提供

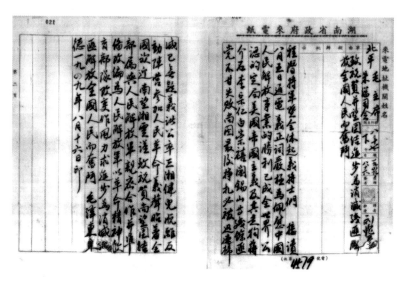

致电程潜将军，湖南省档案馆提供

426

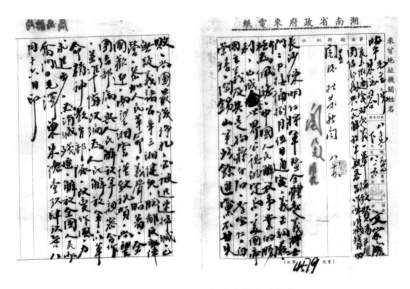

致电陈明仁将军，湖南省档案馆提供

8月16日

毛泽东、朱德接到湖南起义通电后，即刻以相同内容，不同称谓，分别致电程潜、陈明仁，以表祝贺。陈明仁在来电上批"阅　八十七　明仁。"报纸公开发表毛泽东、朱德贺电，合二为一，或并称"程潜将军、陈明仁将军"，或"衔略"。

附:《毛泽东、朱德致程潜、陈明仁的贺电》

程潜将军、陈明仁将军及全体起义将士们:

接读八月五日（注:应为8月4日）通电，义正词严，极为佩慰。中国人民解放事业的胜利，已成全世界公认的定局。美国帝国主义及其走狗蒋介石、李宗仁、白崇禧、阎锡山等残余匪党不甘失败，尚图最后挣扎，必被迅速扫灭，已无疑义。诸公率三湘健儿，脱离反动阵营，参加人民革命，义声昭著，全国欢迎，南望湘云，谨致祝贺。尚望团结部属，与人民解放军亲密合作，并准备改编为人民解放军，以革命精神教育部队，改变作风，力求进步，为消灭残匪，解放全国人民而奋斗。

毛泽东、朱德　一九四九年八月十六日

并称"程潜将军、陈明仁将军"

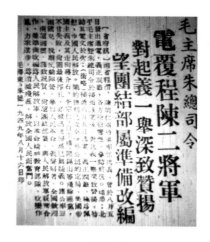

"衔略"

8月19日

长沙市军事管制委员会成立,由萧劲光兼任主任,王首道、陈明仁兼任副主任。军管会的任务是确立革命秩序、迅速恢复生产、巩固新生的革命政权。

程潜、陈明仁回复毛泽东、朱德8月16日祝贺湖南和平起义的来电。

程潜与陈明仁设宴欢迎萧劲光、王首道。

附1:《长沙军管会今日成立 萧劲光、王首道、陈明仁任正副主任》(《新湖南报》8月21日头版头条报道)

〔本报讯〕长沙市军事管制委员会奉令于本日成立,其布告原文如下:

中国人民革命军事委员会长沙市军事管制委员会布告

军管字第壹号

案奉 中国人民革命军事委员会电令:"湖南省会长沙市已获和平解放,为保障全体人民的生命财产,维护社会安宁,确立革命秩序,着令在长沙市所辖区内实行军事管制,成立长沙市军事管制委员会,为该区军事管制期间的最高权力机关,统一全市军事、政治、经济、文化等管制事宜:任命萧劲光为长沙市军事管制委员会主任,王首道、陈明仁为副主任。" 本会遵令即于八月十九日宣告成立,本主任等亦于该日到职视事,奉行中国共产党所制定的城市政策,遵照中国人民革命军事委员会、中国人民解放军的约法八章,实施军事管制。

特此布告周知

主任　萧劲光

副主任　王首道　陈明仁

中华民国三十八年八月十九日

〔本报讯〕经中国人民革命军事委员会任命，长沙市军事管制委员会之全体委员为：黄克诚、萧劲光、王首道、陈明仁、唐星、周礼、袁任远、李明灏、王劲修、解沛然、曹瑛、闫子祥、宋乃德、陈庚共十四人。

1949 年 8 月 29 日，《新湖南报》第一版相关报道

附 2：程潜、陈明仁回复毛泽东、朱德湖南和平起义的贺电（《新湖南报》8 月 29 日头版报道）

北平毛主席、朱总司令：

八月十六日电敬悉。辱荷藻饰惭感交并。承示团结部属，与人民解放军亲密合作，并准备改编为人民解放军，以革命精神教育部队，改变作风，力求进步，为消灭残匪解放全国人民而奋斗，潜等责无旁贷，遵命竭力以赴。自解放军代表团进驻长沙以来，推诚相处，军民欢腾，秩序安宁。至于军政机构，正次第重组，部队正作初步整编，进行均甚顺利，凡此差可告慰。来日艰巨，潜等菲陋，当秉临深履薄之诚。尚盼随时指示为祷。

程潜、陈明仁，八月十九日

8 月 20 日

中共湖南省委与中共湖南省工作委员会合并，组成新的中共湖南省委。

8 月 21 日

林彪致电陈明仁，将派部队掩护起义部队向湘江东岸转移。

王首道在给毛主席并林、邓关于进入长沙后观察情况的报告中，言及陈明仁表现，"陈接毛主席几次来电及代表团多方工作后，陈本人及部队，大体上已稳定。除叛变部队外，尚约有五万人，但未经改造仍不巩固，估计程、陈今后必须进一步靠我与就范"，并建议"根据目前新的军事情况与陈之个性看，目前陈之省府主席职确不宜改换，在军管会已经成立并已接管市政府及省府之财政、工商、交通等部门后暂维持现状，等到军事进一步发展，收复衡、邵后解决更为有利"。①

8月24日，毛泽东在王首道的这个报告上批示"欢迎此类简单明了的报告"。养病中的黄克诚看到这个报告非常高兴，他为灾难深重的湖南人民获得解放而庆幸，为新湖南的诞生而振奋。他急盼着赶快养好病，回到阔别二十多年的家乡，在新的岗位上，同王首道等一起建设一个新的湖南。②

林彪等向陈明仁通报敌情。

中国人民解放军第12兵团将调查的未叛逃起义部队兵力"计官兵七七一八三人"，上报第四野战军司令部。③

8月22日

程潜、陈明仁联名通电，号召"全湘人民提高警觉，毋为白匪的挑拨破坏所欺骗，加紧支援解放军解放全湖南"。

8月24日

陈明仁将湖南省临时政府改名为湖南临时省政府。

湖南临时省政府设立支前委员会，下设各级支前司令部及各

1949 年 8 月 23 日，《新湖南报》第一版相关报道

县、区支前指挥所，把"凡可抽出的干部全部抽到农村去，接近与深入群众，开展筹粮支前工作"，并规定"粮多多出，粮少少出，无粮不支，所征粮草，一律抵作当年田赋"。支前委员会仅用一个月，就完成了 6500 万公斤的借粮任务。

8月25日

新华社发表毛泽东起草的《湖南起义的意义》。

---

① 《湖南和平解放接管建政史料》，第 382 页。

② 《黄克诚传》，当代中国出版社，2012 年 10 月第 1 版第 1 次印刷，第 332～335 页。

③ 《湖南和平解放接管建政史料》，第 384 页，此数未计后认定为起义的六十二师 5000 余官兵。

附:《湖南起义的意义》

程潜将军、陈明仁将军,在本月一日、四日、五日连续发出通电两件,告湖南民众书、告湖南将士书各一件,已由本社先后发表。文电不但为湖南和全国人民所欢迎,而且,不能不在国民党残余力量中引起重大的反响。

程、陈两将军的起义,又一次证明了残存的国民党营垒中,有不少有爱国心的军政人员,正在等待和寻找脱离反革命集团,而投入人民方面的机会。反革命集团愈是山穷水尽,就愈要倒行逆施。因此,它的军政人员才判明了利害是非,决心立功自赎的事情就愈加多起来。在今年的八个月中,只拿最大的几件来说,就有一月间傅作义将军和平解决北平问题,二月间邓兆祥舰长率领巡洋舰重庆号起义;四月间国民党政府和平代表团全体代表张治中、邵力子、黄绍竑、章士钊、刘斐、李蒸及其随员们接受中国共产党所提出的合理的公平的国内和平协定(仅因蒋、李、白等匪首反对而没有签字);同月林遵将军率领国民党海军第二舰队舰艇二十五艘在南京江面起义,刘农峻团长率领国民党伞兵第三团在海上起义;五月间张轸将军率领四个师在汉口前线起义,吴奇伟将军等发动了闽粤边的起义。此外,国民党内要求接受中共和平条件,发为言论和行动的人们,还有很多。这种情况,已使蒋介石、李宗仁、白崇禧、阎锡山匪帮感到极大的恐慌。这次程潜、陈明仁两将军起义前,蒋介石匪帮曾经想用种种方法来破坏,但

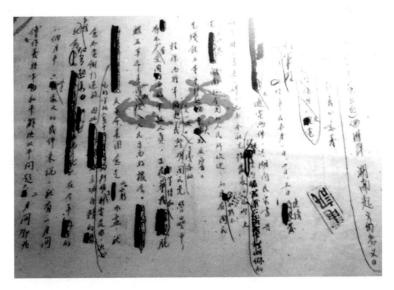

毛泽东起草《湖南起义的意义》的手稿,湖南和平解放史事陈列馆提供

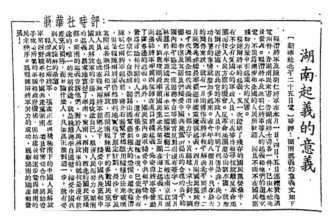

1949 年 8 月 25 日,《人民日报》第一版刊登相关报道

是程、陈两将军仍然胜利地实现了原定计划,长沙省会及其附近各县得以和平解放,而湖南程、陈属下的多数国民党军政人员,也能在程、陈两将军领导之下,接受中国共产党和中国人民解放军的主张,为改造自己,服务人民而努力。湖南的起义,严重地震撼了华南、东南、西南、西北的国民党残部。湖南的起义告诉他们,对于人民解放军的抵抗是没有前途的,唯一的光明前途,就是脱离蒋、李、白匪帮,接受中国共产党的领导,而无论什么人,只要真正做到这一步,就有受到人民谅解的希望。

程潜、陈明仁两将军,现在正在与长驱南下的中国人民解放军第四野战军和中国共产党湖南省委员会密切合作,开始着手改造所属的军队和政府机构,开始建设和逐步巩固湖南的民主秩序。祝程、陈两将军努力的成功,祝新湖南的诞生和发展!

8 月 26 日

湖南省委、军管会、十二兵团联合欢宴长沙各界群众代表、程陈二将军及社会名流,感谢各界努力和平工作。萧劲光致欢迎辞,对程陈二将军关怀三湘人民而毅然起义,予国民党残余匪帮重大打击,为西南各省指出光明道路,表示最高贺忱。

萧劲光报中央:程潜、李明灏均甚愿为政协代表。

中国人民解放军第 12 兵团致电第四野战军司令会报起义部队"当前情况"。

附 1 :《关于"程潜、李明灏均甚愿为政协代表"报中央的电文》①（1949年 8 月 26 日）

中央并报华中局：

（一）程潜、李明灏均甚愿为政协代表，于月底北去。仇鳌因肺病甚重返籍，是否能去，程已派人征求意见，估计亦极愿去。

（二）程向我表示参加政协是极大荣誉，陈明仁现任兵团司令又暂兼主席，甚愿进步，陈是否可能得此光荣，请我能否设法，只是名义问题，事实上，陈因整军不能前去。唐生智此次对和平赞助极多（现仍居湘南，对此次和平确有赞助），是否能得参加政协，程表示不知政协名额分配办法，意见可能错误，不好直接提出，我们答复政协代表需由各民主党派商定，是否可以办到，未可知，但此意见可转达。

萧、王、金②

廿六日

附 2 :《起义部队当前情况电文》③

林、邓、萧、赵、谭、陶并报中央：

陈明仁及其参谋长及接谈过的师长们曾多次向我们提出，迫切要求我们派各级政治干部及后勤供给工作干部去他部进行改造工作及办轮训学校，据程说陈明仁革命已下了决心，又陈在他们干部会上讲"今后只有一条路，就是跟着共产党走"。陈曾向我表示，人民解放军前面加国民党几个字是为了暂时稳定人心，这顶帽子会要取消的，下面的师长（如二三二师康朴）亦向陈提出要求去掉这顶帽子，陈表示部队如加改造后，他是有信心的，如在现在不加改造，则他毫无信心。我们认为这种说法是有根据的，首先是他的部队起义后，由于事前没有思想准备跑了一半；其次是部队情绪发生变动，如犯纪律的部队，群众向他们提抗议，群众已向其长官提意见，指责这是长官要做不法行为；再就是使他感觉到头痛的是，部队旧有供给人员贪污腐化，携款潜逃，陈押送款项都不相信他的官兵，要求我们派人押送，陈说若不改造，供给人员就无法保证供给和制度的建立。这次从湘江西岸移到湘江东岸浏、醴一带整训，士兵情绪除个别对我仍有怀疑等（不知调老子到甚么地方解决），一般还很安定，部队如不进步，这些

---

① 《湖南和平解放接管建政史料》，第 407 页。

② 萧劲光、王首道、金明。

③ 《湖南和平解放接管建政史料》，第 406 页。

要求进步的士兵和军官，就夜间纷纷向我部队跑。在开始时期，向我方跑的不少有的经我说服教育后，又送回去了，这对他也是一个很大的顾虑。为了进行改造，该部队需要相当数量的干部，他现在第一兵团辖第一军（原一百军）第一师（一九七师）、第二师（二三二师）、第三师（三〇七师）、第四师（六三师）、第五师（由程的警卫团、宪兵、水上警察等改编的）、保一师、保二师、保三师，具体人数尚未报告来，据估计六万人左右，其中除六三师、保一、二、三师正向湘江东面开进外，余已开赴浏、醴地区整训，干部怎样解决？请速做准备，陈说他自己亦准备去电报告，请求你们速派干部来。

萧、唐、解
廿六日

8月27日

当日报载：昨日长沙市民欢送开往某地整顿的起义部队。

附：《新湖南报》报道：《本市人民热情洋溢 欢送起义军》

〔本报讯〕昨天下午七点半钟，本市市民热烈欢送开往某地整顿的起义军第五师[①]。迎解联的大卡车率领各欢送单位千余人，先至南门口迎接。在爆竹和市民夹道欢呼声中，起义军踏着步伐，向小吴门前进。这时热烈欢迎的情绪，使起义军的弟兄们大受

1949年8月27日，《新湖南报》相关报道

感动。他们微笑着向欢迎行列招手，表示谢意。有一位弟兄说："我吃了十几年粮，只有今天最快活。老百姓是最公正的，以前我们帮国民党蒋匪打仗，他们不高兴我们，现在我们起义了，跟着解放军弟兄去打反动派，老百姓也高兴地欢送我们了。"

---

① 原为国民党第七十一军第二三二师（师长康朴），起义后改为中国国民党人民解放军第一兵团第一军第二师（师长由副军长康朴兼）。

434

8 月 29 日

《新湖南报》1949 年 8 月 31 日第 1 版报道：湖南人民军政委员会扩大组织，程潜任主任委员，黄克诚任副主任委员，萧劲光、王首道、唐生智、陈明仁、仇鳌、金明、唐星、唐天际、李明灏、周礼、袁任远为委员，李明灏兼任秘书长。

8 月 30 日

毛泽东致电程潜，言"八月十九日电示今日收到，敬悉，尊见极好，完全同意。当接陈子良兄未皓（8 月 19 日）电时，我即复电（经中共湖南省委转），请他仍照前议兼领省主席，与尊意吻合。新政协召开在即，拟请颂公及仇亦山、陈子良出席，共商国是，倘能命驾，无任欢迎"。①

8 月 31 日

程潜启程前往北平，准备出席新的全国人民政治协商会议。

蒋介石视湖南起义为 4、5 月份以来最大失败。

附:《蒋"总统"事略稿》（节录）（1949 年 8 月 31 日）

公自记八月份反省录曰:"（一）军事方面：北洋之长岛八岛及兰州、福州皆先后失陷，程潜、陈明仁且公开'叛变降匪'，此为自四、五月间继京、沪、杭、汉'沦陷'以来之一大失败。……"

9 月 1 日

中原临时人民政府批准充实湖南临时省府机构，陈明仁仍兼主席，袁任远任副主席。

9 月 3 日

毛泽东致电陈明仁，言"吾兄参加新政协已获筹委会通过。倘能命驾，极表欢迎"。②

9 月 4 日

陈明仁接受毛泽东的邀请，下午动身，前往北平出席新的全国人民政治协商会议。

萧劲光派一个营部队护送陈明仁去武汉。

---

① 《毛泽东年谱 1893—1949》。
② 《毛泽东年谱 1893—1949》。

《蒋总统事略稿》相关记录

附:《萧劲光回忆录》(节选)(解放军出版社 1989 年 2 月版)

9 月初,程潜、陈明仁先后启程,经武汉赴北平去出席第一届全国人民政治协商会议。在武汉,四野的领导人分别会见了他们。记得陈明仁启程时,我派了团职参谋张伯禹①同志率领一个营护送他去汉口。因为当时路上还不安全,特别要防止那些反对陈明仁起义、还在负隅顽抗的小股国民党军队的袭击。我还让张伯禹同志带去一笔钱,送给陈明仁作盘缠。他把钱退回来了,并传话表示感谢,说人民的钱,留着以后会有用的。

9 月 5 日

陈明仁早晨 5 时抵武昌,7 时许渡江到汉口。上午林彪、邓子恢、李先念、萧克、谭政、陶铸诸首长均先后前往交际处拜会。下午陈明仁分别回拜林、邓等军政首长。晚上参加欢迎晚会并被邀迎上台讲话。

附:《大刚报》9 月 6 日报道:《陈明仁抵汉》

本报消息。与程潜将军共同领导三湘健儿起义的陈明仁将军,取道武

<hr>

① 山东省邹城市人,1916 年 2 月生,1940 年参加革命工作,1951 任十二兵团警卫团副团长兼参谋长,1983 年以副军职离休。

萧劲光（左）与陈明仁

汉出席新政协会议，昨晨五时许自湘抵达武昌。同行的有陈高参、陈秘书①及随从等五人。军管会交际处闻讯即派人前往迎接。七时许渡江来汉住交际处。林、邓、李、萧、谭、陶诸首长均先后前往交际处拜会。因见陈将军旅途劳顿，需要休息，首长们旋即辞出。到了下午四时许，由统战部张执一部长陪同陈氏拜会华中区各军政首长。四时一刻到达中原人民政府，邓子恢主席亲出迎接，谈约一小时。陈氏说他过去受了国民党反动派恶意宣传，不明中共政策。到了去年，从中共放回来的俘虏口中，才明了自己上了国民党反动派的当，乃决心起义。一直到一月前方达到目的。其次说到与他共同起义的部队，希望彻底改造为人民解放军，不另立番号，并盼速派政工人员改造他所率领的部队。最后又向邓主席面辞湖南主席职务，经邓主席勉励与慰留后，才打消辞意。

后到林将军住处说明起义时所经过的许多困难以及白匪崇禧的阴谋诡计，到起义前夕，黄匪杰与邓匪文仪曾拿了蒋匪介石的亲笔函给他，许以高官厚禄，叫他逮捕程潜，因此他更痛感匪帮的奸诈，毅然予以拒绝。陈氏继表示，这次起义未能尽如人意，留下了许多缺点，实为遗憾。林将军对陈氏语多勉励，并说明解放军能够打胜仗的原因。陈氏复由张部长陪同拜晤萧克参谋长，萧参谋长对陈氏这次起义，使湖南未受到损失，表示感谢。又说到他多年在外未回湖南，但对湖南一切极为关心。最后拜会谭主任，因时间已晚，未与多谈。陶副主任因出席各界代表会，亦未晤见。陈氏乃回交际处休息。

晚上七点许，欢迎陈明仁将军及各界人民代表晚会，在大光明电影院举行。林将军先到。七时一刻，陈氏与张部长一同到达。各军政首长与各界人民代表均表示热烈欢迎。晚会开始，林将军于掌声雷动中登台致欢迎词，陈将军亦在掌声中被邀迎上台讲话。陈将军讲话完毕，晚会节目即行上演。

---

① 陈高参即陈粹劳，为机要秘书；陈秘书即陈臧仲，为随从秘书。

9月6日

上午陈明仁在汉口拜会林彪将军等军政首长，中午林彪将军和中原人民政府邓子恢主席在交际处设宴为陈明仁送行，下午两点半钟陈明仁登车前往北平，林彪、李先念、谭政、陶铸等人至火车站欢送。

附:《大刚报》9月7日报道:《陈明仁离汉赴平，林邓诸首长亲至车站送行》

本报消息。陈明仁将军一行六人，已于昨（六）日午后两点半钟，专车离汉赴平，出席新政协会议。昨日上午，陈将军曾由军管会交际处处长史林峰陪同拜会林彪将军、军管会陶副主任、武汉警备司令倪志亮、武汉市市长吴德峰及武汉市委书记张平化。上午十一点钟，林彪将军和中原人民政府邓子恢在交际处设宴为陈氏送行，被邀作陪的有军管会谭政主任，湖北省人民政府主席李先念，华中局赵部长，吴市长，警备司令倪志亮，市委正副书记张平化、谢邦治，妇联戚元德，《长江日报》社长熊复，民主人士李西屏等二十余人。

下午两时许，林彪将军，李先念主席，谭政、陶铸正副主任，张执一部长等，均亲至大智门车站欢送陈氏，并由林、李、谭、陶、张诸首长陪入车厢，交谈十余分钟，车铃声响，诸首长乃告别下车，陈氏亦亲送下车，含笑与诸首长握别。哨声又响，陈氏即上车，站在车厢门口举手敬礼致谢，欢送诸首长亦纷纷挥手示别，专车于正两时半缓缓出站。

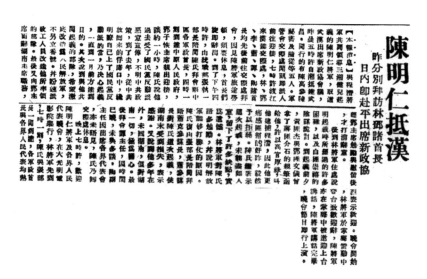

1949年9月6日，《大刚报》报道陈明仁9月5日抵汉

过武汉期间，陈明仁与部分首长合影，前排左起：陶铸、谭政、陈明仁、邓子恢、张执一、陈粹劳，后排：李先念 ①

1949年9月7日，《大刚报》报道陈明仁9月6日离汉赴平

---

① 陶铸，时任中共中央华中局常务委员、中原临时人民政府委员、四野兼华中军区政治部副主任；

谭政，时任中共中央华中局常务委员、四野兼华中军区第三政委、政治部主任；

陈明仁，时任湖南人民军政委员会委员、湖南省政府临时主席、湖南省军区第一副司令员、长沙市军事管制委员会副主任、中国国民党人民解放军第一兵团司令员；

邓子恢，时任中共中央华中局第三书记、中原临时人民政府主席、四野兼华中军区第二政委；

张执一，时任中共中央华中局统战部部长、中原临时人民政府秘书长；

陈粹劳，时任湖南省临时政府高参，陈明仁的机要秘书；

李先念，时任湖北省委书记、省政府主席、省军区司令员兼政委。

9月8日

毛泽东亲自起草中共中央祝贺各线连续奏捷的电报，提及程、陈二将军率部起义，站在人民方面，给了国民党反动派以重大打击，有力地配合了人民解放军的进军。

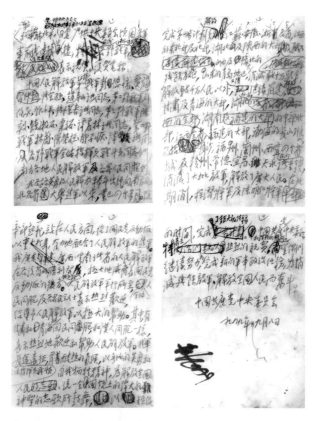

1949年9月8日，毛泽东起草祝贺各线连续奏捷电报的手稿

9月10日

陈明仁抵达北平，北平市军管会主任兼北平市市长聂荣臻、公安部部长罗瑞卿、北平市副市长张友渔到火车站迎接。

第四野战军前委例会决定，陈明仁兵团"属四野建制。其新番号提请军委决定颁布"，并同意程潜、陈明仁的要求"为其先行配齐一套政治干部（一个兵团、两个军、八个师、二十五个团）。并派一部供给干部进去，以掌握我军对该部之供给。其办法为加强军的供给部及团的供给处，以便由军直接到团，干部除电请军委在华北军区抽调一部外，大部由四野所属各部选调，并由周纯全、杜平、王怀琛三同志负责提出方案，报前委通过后实施。"

陈湘生：到北平火车站迎接陈明仁的首长，都是精心挑选过的：聂荣臻是黄埔军校教官，陈明仁的老师，有师生之谊；罗瑞卿是黄埔军校六期生，虽然不是陈明仁亲自带的学员，但有师生辈分之缘；张友渔时任北平市常务副市长，法学专家，曾任国共谈判中共代表团顾问。

9月11日

1949年9月11日，《人民日报》第一版相关陈明仁抵平的报道

陈湘生：11日晚上，朱总司令、周恩来总理分别来北平六国饭店看望陈明仁。朱总司令一进门，就举手敬了一个军礼："报告陈司令！朱德前来报到！"陈明仁赶紧回了一个军礼："朱总司令好！"两个人一见如故，谈笑风生。周恩来总理进门先问陈明仁："你认识我吗？"陈答："不认识。"周总理大笑，说："我是周恩来，二次东征你首登惠州城墙，立下大功，开庆功大会时，我还向你敬礼呢！"连黄埔军校政治部主任、恩师都认不出来。陈明仁非常惭愧，连连道歉。

9月12日

陈明仁与朱德总司令单独合影，并受到朱德总司令的设宴欢迎。

1949年9月12日，朱德总司令单独与陈明仁（右）合影

附：陈明仁《湖南义举》（节选）

（9月）12日，朱德总司令设宴欢迎程潜将军和我。刘伯承、陈毅、聂荣臻、粟裕、黄克诚、李明灏等将军出席作陪。

陈湘生：朱总司令在北平交际处设宴欢迎陈明仁和程潜将军，有众位首长作陪。开席前，朱总司令拉着陈明仁合影，让他多印几张，赠送黄埔同学、袍泽部下、亲朋好友。陈明仁遵嘱照办。那天吃的是西餐，朱总司令不过瘾，亲自下厨，炒了一碗辣椒菜端上来，说：在座的都是湖南人、四川人，都爱吃辣椒，不辣不革命，越辣越革命，众人哄堂大笑，夸奖朱总司令手艺高超。从那天起，祖父与朱总司令结下了延续几十年的深厚友谊。

9月19日

国民党绥远省驻军通电起义。

毛泽东邀请程潜、陈明仁同游天坛，刘伯承、陈毅、粟裕、黄克诚、罗瑞卿、李明灏、李明扬、张元济等陪同，途中在多地合影留念。

陈湘生：游览天坛的过程，祖父向我作了口述，并留下了一些照片。毛主席的保健医生王鹤滨在他所著的《紫云轩主人——我所接触的毛泽东》中也回忆了这个过程。二者略有不同，一起呈献给读者，以供参考。

附1：陈湘生《祖父两次与毛主席合影的故事》①（节选）

1949年8月4日，祖父与程潜将军领衔，率38位国民党高级将领，举行了湖南和平起义，开创了全国以省为单位起义、和平解放的先河，使湖南人民和城市免遭战火涂炭，加速了国民党反动政府的覆灭，促进了广东、海南和大西南的解放。

第一届全国政协会议召开前，毛主席致电在长沙的祖父："吾兄参加新政协，已获筹委会通过，倘能命驾，极表欢迎。"

此时祖父出任湖南人民军政委员会委员，并兼任湖南省临时政府主席、第一兵团司令官、长沙市军事管制委员会副主任、湖南省军区副司令员等职。接到毛主席的亲自邀请之后，就将军政事务暂交付他人代理，1949年9月4日启程赴北平参会，9月10日到达北平。

1949年9月19日，新政协会议开幕前夕，毛主席在百忙之中邀程潜、祖父同游天坛公园，刘伯承、陈毅、粟裕、李明灏、李明扬、张元济等也陪同前往。

---

① 登载于2022年6月30日《团结报》。

毛主席高兴地说："这几天，大家一面商量开好这次大会的事情，一面访亲会友。你们辛苦了。后天，大会开幕，就更紧张了，所以今天我钻个空子，请大家来这个地方，无非是调剂一下生活，喘一口气嘛。"接着，天坛公园负责人带领大家走进回音壁的大门，只见一道单调而又神秘的圆形砖墙，保存得非常完整。大家刚一站定，陈毅就凑近回音壁，放开嗓门接连喊了两遍："欢迎各位光临！"声波从回音壁反射回来，清楚、逼真，人们惊奇不已。不知是谁说道："我觉得有意思的，倒是陈老总的川腔够味儿。"这个开场插曲，引起人们的一阵欢笑。在祈年殿前集体合影后，毛主席突然招呼祖父："子良将军，来，来，我们两个单独照个相吧。"这太出乎祖父的预料了！他一时不知如何是好。在旁的陈毅一面幽默地说："你和主席都是湖南老乡，主席请你，你装啥子斯文哟！"一面将祖父推到毛主席身旁。祖父和毛主席肩并肩的半身照，是这次游天坛公园照片中唯一的一张两人照，其余均为集体照片。

照完相后，毛主席关切地对祖父说："子良将军，现在外面谣言很多，说你被我们扣起来了；在香港等地有些国民党的反动分子说你已被软禁在长沙做'寓公'了。我想请你这次开会之后，把情况向外宣传解释一番，写些书信给你那些还未过来的亲友故旧，不仅谣言可以不攻自破，还可促进他们及早觉醒，早日归来，完成祖国的和平统一大业"。"是，我一定照办。"祖父回答。毛主席说："你可以把我们两个的合照分送你的黄埔同学和其他亲友，只要送得到的，都送一张。估计要洗多少？"祖父回答："我打算洗10打，120张。""这少了，洗它50打吧，600张！"

毛主席还说："新政治协商会议就要开幕了，各方面的代表人物都有，唯独缺少蒋介石的嫡系将领，你来了，代表性就全面了。"

祖父遵照毛主席的嘱咐，在与主席的合影上，郑重地签字盖章，一一寄出。

附2：王鹤滨《风沙中天坛候客》（节选）

毛主席工作的另一种形式是他把工作寓于"散步"之中，每当他要到中南海的大墙外面去散步时，一定是给自己安排了任务，如会客、调查民情，这已经是规律了。

1949年的9月后半个月的一天，正值北京的金秋季节，也是举国上下在紧张地为中华人民共和国成立大典做准备的时期。一个下午，有人通知我，毛主席要去天坛散步，随行人员马上跟着出发了，有机要室主任叶子龙、警卫处长汪东兴。机要秘书罗光禄,以及我和三位卫士,摄影师是个女同志,是以后才进中南海的侯波。

汽车驰出中南海,到达天坛时,从东大门开进去,在第二道门后百米左右靠路南的饮料棚前停了下来。突然天气变了,阵阵的西风吹来,显得有些寒气。天气阴沉沉的,太阳被遮掩在云后,公园内已无行人,显得格外宁静,只有秋风劲吹,带着沙土和卷起的落叶在地面上扫得沙沙作响。北京风大、土多有所闻。未进北京前,就有在北京参加革命工作的同志,形容旧北京的气候是:"无风三尺土,微雨一街泥。"这是旧中国给我们留下来的遗产的风貌。

毛主席下车后,在饮料棚内坐了下来。饮料棚是用木板、席子搭起来的,除南面是商店的柜台室外,北面和东面都无遮拦!四面透风,像天桥的大碗茶棚子。我们这些随行人员站在棚子的外面,在那里随便地小声聊天,显然毛主席来到天坛公园,并不是散步,而是在等候着什么客人的到来。

大风降低了秋天的气温,浓云减弱了太阳的亮度,我们穿着中山装制服都感到发冷了,于是就活动起来,在原地散步或转转圈儿,使身体产生点热量,以抵御寒风的袭击,等的时间太长了,于是同志们不时地将面部转向天坛的门口,看看有没有轿车开进来,毛主席仍然稳稳地坐在饮料棚下面的一张供客人喝饮料的木凳上,燃起一支香烟吸了起来。

几辆汽车鱼贯而行地开进了天坛的东大门,我心中泛起了喜悦,心想客人来了,这下毛主席和我们随行人员少挨冻了。汽车在饮料棚北面的马路口停了下来,从前后的汽车里相继走下来的是刘伯承、陈毅、聂荣臻、粟裕等军界的高级首长,他们和毛主席见面后,又一起等了起来,我想这样大的一个场面要等的会是很高贵的客人了,那是谁呢?

此时,阵风已将天幕西侧的乌云卷走了,西下的太阳平射出金灿灿的光束来,云边镶着耀眼的光线。气温好像马上变暖了一些。

客人的汽车终于来到了,先是程潜将军走下车来与毛主席和军界的首长们握手寒暄。接着,第二辆汽车也停了下来,从车中走出一位看去很年轻的军人,高高的个头,稍带黝黑的面孔,不胖不瘦,显得非常精神,风度翩翩,面容英俊,穿着解放军高级领导人的军服。只见他朝着毛主席急走数步,在主席面前约两米的地方,来了个立正姿势,同时举起右手,上臂端平,行了一个解放军军礼。从其动作敏捷、准确和强健的姿势来看,他像是一位职业军官。程潜将军我认识,他在主席那里作过客,他来北京时,毛主席亲自到车站迎接过他。这位年轻将军是谁？叶子龙同志告诉我，他是起义将领陈明仁将军。

陈将军行了军礼后，仍立正在毛主席面前报告道："主席，我来迟了。失礼，很抱歉！"陈将军有点内疚地说完，仍旧笔挺挺地站在主席面前，听候命令。

"来！陈将军，咱们俩单独一起合个影。"毛主席握着陈明仁将军的手说着，代替了军礼的回敬，因为毛主席没有穿军装。握手后毛主席说了声："请来！"示意陈明仁将军后，就转身向东侧的方向走去。

陈将军稍迟疑了一下，可能在许多高级将领和长辈程潜面前，他不知该不该先举步跟毛主席走去，是陈毅首长说了一句什么话，陈将军才立即跟了上去，与毛主席稍差半步的样子并行。

"陈将军，听说蒋介石在台湾为你开追悼会啦？"毛主席带着幽默的口气，面部侧对着陈明仁说。

"那是他们的老一套了！"陈明仁认真地带着对蒋介石鄙视的口吻回答。

在祈年殿西侧一两百米的地方他们停下来，毛主席和陈明仁将军面对着西下的柔和阳光合影。合完影，毛主席携一群高级将领，向祈年殿方向信步走去，这可以说是散步了。毛主席对陈明仁像忘年之交的朋友，信赖地说着：

"台湾还谣传我把杜聿明、王耀武两位将军都杀了，你回去时路过山东，去看看两位将军，之后将你我的合影及杜、王两位将军的情况，给你过去的朋友们寄去，做做他们的工作，欢迎他们归来。"主席的话音刚落，就听到："主席：我照办！"陈明仁将军的军人风格很突出，回答得坚定而简洁，他感到毛主席给了他一项重要的任务。

主人和客人们一行十多人走到祈年殿下，以祈年殿为背景，全体又合影留念。

9月20日

陈明仁接受新华社记者采访。

陈明仁推荐程星龄为全国政治协商会议特邀代表。

附1：采访谈话内容节录

我这次在湖南率部起义，从此走向光明大道是非常愉快的。我之起义乃是鉴于国民党执政以来，根本违背了孙中山先生的革命的三民主义，一切措施，不但不能维护人民的利益，反而因为贪污、腐败、封建、自私乃至勾结美帝国主义，更加深了人民的痛苦，引起了人民的怨恨，这种与人民为敌的反动政权，在革命力量日益发展的今天，只有走向崩溃的一途，绝无可以幸存之理。我们军人是以卫国救民为天职的，所有武力，应该与人民结合起来，为革命而奋斗。尤其我本人是黄埔一期学生，当初原是为了参加革命而去的。进到黄埔以后，蒋介石还经常对我们说他是革命的，要实行三民主义的，如果他不革命了或违反三民主义，任何人都可以反对他，打倒他。今天他已背叛革命，不顾人民利益，难道我们还不觉悟，还要继续跟着他们反动吗？如果我继续跟他们走，那是明知错误，自取毁灭，完全脱离了广大的人民，违了我原来参加革命的初衷。况且毛主席所倡导的新民主主义，在实行的现阶段，其要旨是与中山先生的革命的三民主义相符合的，凡是真正革命的军人，对于这种正确的主张应该竭诚拥护。因此我在今年二月就有了起义之动机。在过去由于新闻的封锁与宣传的蒙蔽，我们对于中共的政策和作风没有深切的了解和认识，甚至常常听到有人捏造一些恐怖的消息，说中共如何剥夺自由，如何任意屠杀、如何残酷斗争、如何毒辣清算、如何拆散家庭等。但是我当初为了要救人民，不管所传是真是假都不为所动摇，我想：即使将来要对我清算斗争，而只要人民能够从此解放，那么我便牺牲亦是甘心情愿的。总之，一切以人民利益为前提，个人安危得失，不足计较。由于我始终抱了这个决心，所以到了八月初间，便毅然在程潜将军领导下起义。起义之后，我们完全接受了中共的领导，眼见中共所作所为都是公平合理、稳健切实，实在令人钦佩，而不把我当作外人，像亲兄弟一样对待我，帮助我，尤其出乎我意料。以前国民党反动派的种种造谣欺骗，一扫而空。我认为解放军最显著的特点是官兵一致和军民一致，所以力量强大无比。我能够走上这条革命的道路，是很光明而正确的。今后除了在中共和毛主席、朱总司令领导之下走此光明道路以外，别无第二条路可走。这不但我个人应该如此，凡是一切真正革命的军人都要有这种觉悟和信心。湖南现在仍有不少地方处于反动势力之下，急切等待解放，盼望解放军有如大旱之望云霓，并且还有埋怨解放军迟迟不进的。我们从前读旧书，读到"东面而征西夷怨，南面而征北狄怨，奚我后，后来其苏"的一些话。总不相信会有这种事实，今日身临其境，才知这些话正是为今日的解放军而写照的。只有坚决接受中共领导，向解放军学习，才能服务人民，效力国家，我已抱定决心，重新来过，改造要改彻底，学习要学全套，否则就不能真正进步。

附 2：程星龄《参与程潜起义活动的回忆》①（节录）

8 月下旬，中央电邀程潜、仇鳌、李明灏、陈明仁等赴京参加全国政协会议。其时，仇鳌已回湘阴原籍。程潜于 8 月底临行前通知了仇，但直到开会前夕，仇仍未到京。毛主席对程潜说，仇鳌未到，湖南地区可以增补特邀代表一人，嘱程推荐。程回到北京饭店后，适陈明仁和我在座。陈听到程转达毛主席指示后，说："就推荐星龄兄嘛！"我即被补为特邀代表，出席了全国政治协商会议。

9 月 21 日

陈明仁在中南海怀仁堂参加中国人民政治协商会议第一届全体会议。

毛泽东当选为中华人民共和国中央人民政府主席。

9 月 22 日

陈明仁参加"中国人民政治协商会议组织法草案整理委员会"，与其他代表共商国是。

9 月 23 日

毛泽东、朱德设宴招待程潜、陈明仁、刘斐、吴奇伟等 26 名起义将领。

9 月 25 日

陈明仁在全国政协会议上发言。

竺可桢赞许陈明仁发言。

陈明仁被任命为湖南省军区副司令员。

附 1：《陈明仁发言全文》

本届会议所提出的三大草案，经过筹备会反复研讨，确实能够针对中国社会和人民的需要，没有一句不合实际的高调。不但是保护中国人民利益的大宪章，而且将成为人类历史上非常重大的政治文献，我表示衷心的赞成和拥护。尤其共同纲领中规定了的军事制度，乃为人民解放战争进行到底的一种行动规范，我以军人身份更要竭诚拥护，并为其全部实现而努力。

新的中国虽然诞生，但还有若干地区急切等待解放，因此，我觉得我们的解放战争还需要继续发展。在残余的反动派里面，有些是罪魁祸首，

---

① 《民革前辈与湖南和平解放》，第 300 页。

罪在不赦；也有些是中了反动宣传的毒素，或是被威力挟持，没有适当机会可以自拔。对于这后面一类的人，为了保存元气，我们应该本着毛主席宽大为怀的意旨，去唤醒他们，挽救他们，引导他们向人民靠拢，走向光明的道路。

我是一个军人，我是黄埔第一期的一个学生，本来是以卫国救民为天职的。二十多年来，参加北伐，参加抗日，打了不少硬仗。不料蒋介石在抗战胜利后撕毁政协决议，发动内战，他欺骗我们，驱使我到东北与解放军作战，我仍旧也和胜利以前一样，替他出过不少死力。但是，由于事实的教训，使我们开始渐渐发觉参加这种内战，徒然为蒋介石私人作工具，完全违反人民利益，心理上总是耿耿不安。嗣后和各方面接触较多，了解进步，对于这种内战，更属越加由怀疑而厌恶，由厌恶而苦闷，最后终于觉悟过来。觉得我们国家人民需要和平，我们军人应该靠拢人民，不能再作某一个人的工具。只是当时虽有这种心理，而限于环境困难，无法实际行动。适逢今年二月回到长沙，程潜将军主张和平，我便决心在他的领导之下，拥护和平主张、脱离反动政府。这时，我之拥护和平，主要目的还只是因为看见人民痛苦，实在不堪再战，而对中共的真相还不十分明白，甚至还听到许多歪曲宣传，是以令人害怕。但我想只要人民真心获得解放，将来解放之后我个人即便遭受中共的严厉惩处，也是甘心情愿的。

因为后来白崇禧的军队退入湘境，力量相当雄厚，对我监视防范非常严密。我一方面要暗中策动和平运动，一方面又要忍辱负重，虚与周旋，时机未熟，不能轻举妄动。直到八月初战事形势紧张，白军开始南撤，我们才得在长沙起义。那时蒋介石只知道程潜将军主张和平，还不明白我的态度。在起义前几天，他还派员送电报给我，要我"大义灭亲"。因为程潜将军是我进黄埔以前的老校长，意思是叫我杀害程将军，并要我率部十万死守长沙，不惜全军牺牲，否则便向湘西撤退。并且还要我在撤退之先，把长沙那些主张和平的人士一律处决，以图泄愤。我记得我在黄埔的时候，蒋介石经常对我们说："我是革命的，实行三民主义的，我什么时候不革命，你们应该打倒我。"我现在发现了蒋介石不仅是不革命，简直是反革命，简直是人民的公敌，我当然要打倒他。并且不但我要打倒他，就是凡是黄埔学生乃至全国人民，都要起而打倒他的。他是我们的校长，现在我便给他一个"大义灭亲"，我想蒋介石用不着怨恨我，应该去怨恨他自己。

当时，白崇禧也派专机送来一个命令，叫我派兵包围程潜将军所住的水陆洲，实行兵谏，必要时采取断然处置。殊不知程将军引导我们走向光明的大道，他的行为乃是极其正确，要实行什么兵谏？倒是白崇禧他本人如此反动确是需要给他一番兵谏的，我的起义即为兵谏的有力表示，可惜他冥顽不灵，任你如何兵谏也都是枉然的。

这次长沙解放，我们只是服从我们湖南人民爱好和平的公共意志，但求能拯救人民，实行真正和平，并不需要任何条件，所以一直到现在，都没有签订和平条款。我们与解放军接触以后，发现彼此一切都是为人民，觉得只要有这个共同的认识便已足够，何必要商订什么形式上的和平条款呢？如果像蒋介石过去那样不讲信义，那么就是千言万语也是无用的。

但是，在起义前，我对中共真相，确实不很明白。直到解放军进驻长沙后，才确实了解中国共产党和解放军的伟大，中共和解放军对我们起义军多方爱护，多方帮助，犹如兄弟手足一样，一切措施，都极其公平。一直到现在，我没有发现共产党一桩不合理的事。我多年在蒋政权之下，徘徊惶惑，到现在才如大梦初醒，才走向真正的革命方面来。在黑暗中挣扎过多少年的我，一旦获得光明，可以大步迈进，我的心情，是多么愉快，多么兴奋。尤其来到北平，目击各党派，各团体，各阶层人士聚集一堂，那样谐和，那样振奋，那样勤谨朴素，确是生平所未见过，这是中国有史以来第一次人民大团结，这是一股不可抵挡的洪流，拿来肃清残余反动力量，拿来抵御外侮，拿来建设新中国，都是绰有余裕的。诚如毛主席所说："我们的民族将再也不是一个被人侮辱的民族了，我们已经站起来了。"

过去我在他（蒋介石）的欺骗之下，我替他们打了不少的硬仗，这是我的一种错误，也可说是一种对人民应该担负的罪过。现在我已站在人民方面来了，一切服从人民，在人民政权指挥之下，在贤明的领袖毛主席、朱总司令领导之下，我相信能发挥我的勇气，贯彻我们来参加革命的初衷。今后，打两广、打川康滇黔、打台湾，我一定更要追随解放军各位前辈之后拼命去打，务使残余反动势力完全崩溃，战争彻底胜利。同时我愿意完全接受毛主席的理论与实践统一的思想，虚心学习，努力实践，改造我自己，改造我所统率的部队，绝对以不怕死、不怕苦的精神来完成我们革命军人的任务。

附2:《竺可桢日记》(节录)

9月25日,三点至中南海怀仁堂开第五次大会,继续各单位首席代表发表对于三文件之意见。今日讲话者共二十人,计郭沫若、刘晓、贺龙、朱学范、陈明仁、薄一波、马叙伦、张晔、邓宝珊、孙兰峰、蒋光鼐、黄绍竑、黄敬、朱俊欣、吴奇伟、李秀真、吴耀宗、钱昌照、周信芳。以农民团体女代表李秀真发言最为率直。周信芳即麒麟童,说话如在演话剧。刘晓讲得最长。陈明仁讲反正经过最坦白,中间并穿插了内蒙古代表及北京女子团体献花。六点卅一分散。

1949年9月25日,陈明仁在全国政协会议上发言

附3:《中国人民解放军第四野战军华中军区命令》[①]

战字第九十五号

(1949年9月25日于汉口)

奉中国人民革命军事委员会九月廿日命令:

任命陈明仁、陈伯钧(兼)、韩先楚(兼)、文年生为湖南省军区副司令员,潘朔端(兼)、何振亚为副参谋长。

着华中军政大学教育长曾国华为十三兵团参谋长,原该兵团副司令员兼参谋长彭明治免除参谋长之兼职。

着四十军——九师师长宁贤文升任四十军参谋长,遗缺由原四十二军一二四师师长徐国夫充任。

此令

司令员　林　彪

政治委员　罗荣桓

邓子恢

副政治委员　谭　政

参谋长　萧　克

赵尔陆

副参谋长　陈　光

---

①　《湖南和平解放接管建政史料》,第514页。

陈明仁佩戴过的出席中国人民政治协
商会议第一届全体会议的证章

陈明仁佩戴过的出席中国人民政治协
商会议第一届全体会议的纪念章

陈明仁佩戴过的出席中国人民政治协
商会议全国委员会的证章

9月26日

国民党新疆驻军通电起义。

9月27日

北平改称北京。

长沙市军管会颁布《长沙市国民党
特务人员申请悔过登记实施办法》。

9月29日

中国人民解放军第12兵团致电第四
野战军司令部并报军委，报告陈明仁部
"内部情况"。

9月30日

中国人民政治协商会议第一届全体会议闭幕，会议庄严宣告"中国的
历史，从此开辟了一个新的时代"。

9月

在北京开会期间，陈明仁受到毛主席两次单独会见。

附：陈明仁《湖南义举》①（节选）

我在北京期间，两次谒见了毛泽东主席。毛主席对我说："你顺利地过了战争关，过来就是好的。你今后怎样打算？"我说："我是军人，还是想在军事上为国家尽力量。"毛主席说："你仍旧去带部队吧！我们已决定把你的第一兵团改编为人民解放军，仍由你当司令员。当然，今后困难可能还会很多，你要有思想准备。"毛主席的谆谆嘱咐，使我终生难忘。我当时对随我至北京的陈粹劳、陈臧仲说："毛主席的话使我深受感动和鼓舞，感到无限温暖，这对我来说还是生平第一次。"

10 月 1 日

中华人民共和国在北京成立。

陈明仁在北京参加开国大典。

10 月 3 日

第四野战军所属第 116 师占领安江，陈明仁随即与避居安江家属取得联系，得知一切平安。

附 1：陈扬钊《回忆父亲陈明仁》（节选）

1949 年 5 月中旬的一天，父亲叫我到他的房内对我说，白崇禧要他下令将兵团司令部在长沙的家眷通通送往湘西，以便在长沙与共军作战，并问他的家眷几时离开长沙。为此，父亲思想斗争很激烈，如果不将家眷送走，就会使白起疑心，怀疑父亲不肯在长沙与共军作战；一旦白崇禧起疑心，则后果不堪设想，长沙和谈就很难实现。如果将家眷送往湘西，长沙起义后，家眷就处于国民党的包围中，有生命危险。为此，父亲与母亲和我商议后，作出决定，将我的妻儿、弟弟及其妻儿，送到安江，母亲因患重病则留在长沙就医，我仍留在父亲身边照应，弟弟原来在安江纱厂实习，必要时可与安江纱厂地下组织联系。一方面又委托六十二师师长夏日长照顾我们的家属。夏日长是我父亲的心腹，他向我父亲发誓，只要他在，一定保护我们家属的安全。6 月份我们就将家属送去湘西了。

1949 年 7 月 27 日，临近长沙起义前几天，父亲召开军、师级会议，在会上宣布他决心与共军和谈的主张，散会回家后即将当天的情况告诉我，他严肃而兴奋地对我说：他与程颂公商定好 8 月初在长沙宣布起义，并要

---

① 《湖南和平解放口述历史选编》，第 20 页。

我在他宣布起义前赶到湘西安江将家属分别隐蔽。与父亲谈话的次日清晨，我随即六十二师师长夏日长同车到安江。我到安江后即以夏师警卫营副营长名义，首先将原住安江田家大屋的家属疏散隐蔽。当时我父在长沙尚未宣布起义，所以田家大屋还是以国民党第一兵团司令官家属宅邸为名而派一个警卫排守卫，经与夏商量，先将原兵团的警卫排撤出田家大屋，并将两部车及司机交给夏，然后我与弟弟分两批疏散，弟弟和弟媳及其子女搬到安江纱厂工厂住宅区隐蔽，我与妻儿则搬到洪江一家陈姓的楼上隐蔽。此时，我已脱离夏师警卫营，隐蔽在家，晚上则与夏日长、弟弟见面，并通过夏的电台与在长沙的父亲联系。

1949年8月4日长沙起义的当晚，我在夏日长家里与父亲联系，父亲告诉我，他已与颂公联名通电起义，这是在安江、洪江解放前最后一次在夏家与长沙取得联系，并得知了长沙起义后的一些情况，其中相当一部分原国民党军队的军、师级首领起义后又叛逃，西撤到安江、洪江，父亲嘱我兄弟二人要小心隐蔽，严防溃逃的原国民党军队的报复、迫害。

1949年10月3日安江解放，10月4日洪江解放，我将解放军迎到我的住所，向他们公开我的身份并协助他们在洪江追查原国民党溃逃隐蔽在洪江的一些反动分子，受到解放军的表扬。同年10月中旬，父亲专车把我们接回长沙上麻园岭住宅。与父母相见时我们眼泪直流。父亲有些异乎寻常地深情地对我们说："你的任务完成得很好，这几个月真难为你们了，全家能安全回来真是万幸。"并要我立即到人民解放军二十一兵团报到，委我以兵团司令部营级参谋之职。

附2：陈镇生[1]**《我的1949（未刊稿）》（节选）**

……这样，公公、婆婆[2]忍痛将后代送到安江。我们借住在安江一户姓田的人家里，爸爸以在湖南纱厂（现在的安江纺织印染厂）实习的浙江大学学生身份为掩护，照顾全家。湖南纱厂的厂长是湖南著名实业家和爱国民主人士唐伯球先生，也是参加湖南起义的主要成员，唐先生遵照公公嘱托，将他的后代保护在此。

起义前几天，公公叫伯伯赶到安江，将家属分两批疏散隐蔽，我们家搬离田家大院，隐蔽在安江纱厂住宅区一间又小又破旧的平房里，伯伯家

---

① 陈明仁长孙女，时年四周岁。

② 醴陵人对祖父、祖母的称呼。

迁往洪江。

1949 年 8 月 4 日，程潜将军和公公在长沙领衔湖南起义，安江距解放尚有 2 个月，形势骤然紧张，大人们整天提心吊胆。

10 月初，解放大军压境，国民党军开始从安江溃退，答应起义并保护我们的夏日长师长被叛军裹挟走了，我们隐藏地址被泄露。我还记得，晚上一批接一批的国民党溃兵进房来翻箱倒柜，想搜罗钱财，我睡在床上被吵醒，看见我家保姆在应付他们，说：都拿光了，没有什么了。那些兵把床下的皮箱一个个拖出来翻。最危险的时候，伯伯和爸爸计划派两位卫士与两位保姆扮成两对夫妻，带弟弟京生和堂弟见南，分两路潜回长沙，以保陈家香火得以延续。10 月 3 日安江解放，我们才死里逃生。10 月 20 日恢复电报通讯，一直牵挂着儿孙安全的公公婆婆，得到我们的消息，真是喜从天降，抢着看电报，身边的陈秘书（陈臧仲，程潜侄女婿）立即将这一生动又有历史意义的场面摄了下来。公公在照片上题字，分送亲朋好友，以报平安。公公立刻派车把伯伯一家从洪江接回长沙，而爸爸开着借来的小轿车，带我们一家人回长沙。据爸爸回忆，那时的湘黔公路，狭窄、坡陡、弯急，西进的第二野战军车队如滚滚洪流，在翻越天险雪峰山时，与二野的道奇炮车在转弯处交会，被车后牵引的大炮刮擦，我们的轿车差一点翻下雪峰山。

10 月 5 日

毛泽东对长沙起义部队整编问题给林彪作出指示。

毛泽东致电中共中央山东分局并告华东局，准备安排陈明仁等人前往济南探视被解放军俘虏的王耀武、杜聿明、黄维等人。

附 1：《毛泽东关于陈明仁部队的整编问题给林彪的指示》[①]（1949 年 10 月 5 日）

林彪同志、华中局并告湖南省委：

（一）程潜、陈明仁按其现在的表现看来，似乎均有决心站在我们方面。在我和他们谈话时，李明灏代其提出人枪太少，问是否可以给他补人补枪，并要求我们速派干部助其整训，要求在打白崇禧及他处时，让其参加作战立功。

（二）你们根据陈部现有人数给以两个军六个师的正式番号是适当的。

[①] 《湖南和平解放接管建政史料》，第 555 页。

军委已决定给予第二十一兵团第五十二军、第五十三军及第二一四师至二一九师的番号。我已将此点向程潜、陈明仁、李明灏三人谈了,他们同意这样做。唯陈明仁觉得,应先对干部说清楚,对多余干部应有安置,即用调训办法使其学习,以安其心,然后宣布缩编为两军六师。我认为陈明仁这点意见是合理的。十月十日左右,陈明仁、李明灏二人由此动身经汉返湘,请待他们到达谈清楚后,再定宣布及实行的步骤。程潜在京多留若干天,然后返湘。

(三)为使该兵团从陈明仁起,全体官兵,安心供职,增强其彻底改造的决心,表示我们对程、陈及该兵团看成和自己人一样,我们认为如有可能,应在该兵团编整及纪律做得有些成绩的时候,给他们补充一批人枪,其来源可以从对白崇禧作战的缴获中取得。这样一做,可以增强我们对该部的领导权及发言权。再则在湖南全省平定及土改实行以后,即在大约一年以后,如该兵团表现好,而我们的地方部队,例如独立师、团等又可以集中时,可以考虑编一个军加入该兵团,使陈明仁有三个军,这对于改造该兵团是有作用的。以上各点大意我已向程、陈、李透露了。

(四)程、陈、李提议现在就可以取消湖南军政委员会,程潜到北京任职,陈明仁专任军职不挂省主席名义。我向他们表示,军政委员会需要在一个相当长的时间内存在,取消太快,程、陈部下可能发生误会,对全国影响也不好。省府改组亦宜在全省平定,陈明仁率部向前线推进之时,方有理由实施。目前几个月内,陈的主席职衔仍应兼着,惟陈的实际工作,可以着重于治军。

(五)陈明仁几次提出想去前线打仗立功,我说你的志愿是好的,但目前部队未整训,马上去前线,逃兵必多,在作了初步整训之后,如有作战机会,上前线打几仗是很好的。此点亦请你们注意,有可能时,让其参加一两次作战。

(六)程潜、李明灏都说湖南有失业军官十五万人之多,纷纷找他们安插,是一大问题,他们不胜其烦,我说,此是一社会问题,国家有责任有步骤地给予谋生出路。叫他们回去时和你谈一下,此点亦请你们加以注意。

(七)以上各点,你们意见如何盼复。

(八)程、陈、李等对此次政协会议观感甚好,表示有信心干下去。我告诉他们,补人补枪等事,要待人枪到了手才算数,不要向下面宣布,免引起失望。要他们将现在三万多人整训好,不存奢望,并对可能发生的种种困难和不满意之事，做充分的精神准备。我们方面则尽可能设法帮助他们，尽可能使他们满意些，减少他们的困难。双方这样做法就可能将事情办好。

毛泽东

酉微（10 月 5 日）

附 2：《关于安排程潜、陈明仁、李明灏看望王耀武、杜聿明、黄维等的电报》

山东分局并告华东局：

国民党散布谣言，说王耀武、杜聿明、黄维等均被我们杀了。为揭破此点，程潜、陈明仁、李明灏三人由京返湘路过济南时将留济南一二天看一看王、杜、黄等人，并可能到泰山、曲阜游览一下，请做准备，并妥予招待（陈、李约十月十日左右离京，程潜稍后离京）。如王、杜、黄等在青州，请先期调至济南。如何盼复。

中央

十月五日

10 月 7 日

林彪电毛主席：同意 10 月 5 日对陈明仁部的指示。

附：《同意对陈明仁部的指示》[①]（1949 年 10 月 7 日）

毛主席并告湖南省委：

五日电示敬悉。

关于对陈明仁部的态度与方针来示各点，我们均同意。程潜、陈明仁过汉时，我们当遵来示与他们商谈问题。

林彪

七日

10 月 8 日

第四野战军占领衡阳。

10 月 10 日

陈明仁到章士钊先生家拜访。

陈明仁由李明灏陪同，拜访齐白石，请得亲笔画《多寿图》一幅。

[①] 《湖南和平解放接管建政史料》，第 565 页。

附1：陈明仁与章士钊合影

合影1 合影2

附2：陈湘生:《祖父陈明仁将军拜访齐白石先生》

1949年10月祖父去北京参加第一届全国政协，喜爱收集名画的他离京前拜访了89岁的齐白石先生。因年事已高，齐老先生此时已经搁笔，一般的应酬画作，都是弟子们画好，老先生写上款和落款，盖上印章。见到祖父登门，齐白石非常高兴，亲自提笔作画：一个悬挂枝头的寿桃，两个篮子里的寿桃，祝福为家乡避免战火涂炭作出贡献的祖父长寿。落款:"子良乡长仁兄相见于京华甚乐，画此为别，八十九白石"。"乡长"，指祖父时任湖南省临时政府主席，齐白石湖南湘潭人，是同乡。"仁兄"：齐白石时年89岁，祖父46岁，相差近一倍，却以仁兄尊称。"画此为别"：明天就要离别了，作画相送。齐白石意犹未尽，又在空隙处添题"多寿"二字。一幅画钤印三处，实为难得。

齐白石亲笔画《多寿图》

1949 年 10 月 10 日，于齐白石寓所，右起：陈明仁、李明灏、齐白石

10 月 11 日

湖南省临时政府主席陈明仁、副主席袁任远颁布《一九四九年度公粮征收暂行办法》。

10 月 12 日

陈明仁在济南先后探视被解放军俘虏并在解放军官教导团学习的王耀武、杜聿明、庞镜塘、牟中珩、王泽濬、陈金诚、郭一予、周开成、李汉萍、黄铁民等人。

附 1：陈明仁《湖南义举》[①]（节选）

10 月 1 日开国大典之后，西南、西北前方战斗捷报频传，全国解放指日可待。我遵照毛主席的嘱咐，离开北京去济南作被俘的蒋军官兵的工作。离京前毛主席对我说："反动派造谣说，杜聿明、王耀武已经被我们五马分尸干掉了。共产党是严格执行宽待俘虏政策的，从不杀也从不虐待战俘。杜、王他们正在济南改造，生活得很好。你去亲眼看一下，并把情况向外宣传解释一番，写些书信给你那些还未过来的故旧，策动他们及早觉醒，莫再顽固到底。"

---

① 《湖南和平解放口述历史选编》，第 20 页。

10 月 11 日，我同李明灏、刘逊夫、陈粹劳、陈臧仲等抵济南。次日上午，我们在山东省交际处客厅会见了王耀武、杜聿明。他们被俘后都在解放军军官教导团学习。王耀武衣履整洁，对客人侃侃而谈说："我正在努力学习，对过去受蒋介石的骗而犯的罪恶有了初步的认识，决心要以今天的王耀武控诉昨天的蒋介石，好好改造自己。咱们过去那一套也确实不行。"杜聿明则垂头不语，似乎百感交集。我首先问他家里情况如何？他说："家人住在上海，听说还好，没有联系。"我安慰了他一番，答应有机会到上海时一定去他家看看，要他好好悔悟，争取宽大处理，谈毕，还拍了合影，并与杜、王同席午宴。然后我们一起驱车到济南城外白滩头解放军军官教导团参加欢迎大会。教导团共 500 多人，分 4 个队，都是淮海战役中的战俘，包括杜聿明、王耀武、牟中珩、郭一予等原国民党高级将领在内。在欢迎大会上谈了我起义的经过和思想转变的过程，以及见到毛主席所得到的收获，希望大家好好改造。

附 2：陈粹劳《追随陈明仁起义的片断回忆》[1]（节录）

陈于 9 月 4 日欣然就道，随行的为我和秘书陈臧仲。解放军第 12 兵团派了警卫部队专程护送。于 9 月 10 日到达北平。抵平时，北平市长聂荣臻到车站迎接。陈及随行人员分住六国饭店和中国旅行社。陈到北平后，即受到毛主席、朱总司令、周恩来副主席和有关领导人的分别接见，并拜访了各地到平的起义将领和留平和谈代表张治中、章士钊等。李明灏已先到北平，也时常酬酢其间，并作向导。

中国人民政治协商会议于 9 月 21 日隆重开幕。陈明仁始终精神焕发，参加会议。他对于能够参加这样的全国性盛会，感到非常荣幸。在大会发言中，首先便说："我起义了，这既是我对白崇禧实行兵谏，也是我对蒋介石的大义灭亲。"理直气壮，博得了全场一片雷鸣般的掌声。

10 月 1 日开国大典揭幕，天安门升起五星红旗，宣告中华人民共和国成立。届时欢声雷动，热烈异常。陈明仁第一次随同程潜等高级民主人士登上了天安门观礼台。我们随行人员，也都忝陪末座，分享了这一难忘的平生最大的幸福，印象深刻，至今记忆犹新。

在政协会议开幕前夕，9 月 19 日，毛主席莅临北平饭店探望程潜，谈了半天，兴致很好。午饭后，毛主席邀约程潜游览天坛，陈明仁、李明灏、

---

① 《湖南和平解放口述历史选编》，第 337 页。

1949年10月11日，陈明仁与山东省军区首长合影，右2：陈明仁，右3：李明灏，右4：山东省军区政委傅秋涛，右5：山东省军区副司令员袁也烈

张元济、李明扬等被邀做伴，刘伯承、陈毅、粟裕诸同志陪同前往。大家紧紧地跟随在毛主席身边，参观了古文物、古建筑，并茶话憩息，谈天说地，流连了大半天。所至各主要胜地，都拍了纪念照片。游至祈年殿前，毛主席还特地从人群中召唤陈明仁出来，和他并排拍了个双人半身照片。毛主席要陈放大加洗多张，分赠朋友，并问估计要洗多少？陈答洗十打行了。毛主席摇头，说："这少了，洗五十打吧！"

　　在这以前，9月12日，朱总司令在交际处设宴欢迎程潜，请了刘伯承、陈毅、聂荣臻、粟裕、黄克诚等二十余人作陪。陈明仁、李明灏和其他随行人员也应邀赴席。就座后，朱总司令起立举杯，说："敬程老将军一杯酒。"吃的是西餐。华丽的餐厅，原系北洋政府时代日本驻华公使馆的会议室。袁世凯签订丧权辱国的"二十一条"，就在这个地方。抚时感事，座上多以三十多年前的旧事作为中心话题，不免引起当年参加过旧民主主义革命的几位老一辈活动家的感触，大家都为中国人民终于站起来了而感到无比高兴。这天主客皆穿军服，唯独程潜仍然长袍礼帽，显得格外引人注目。

　　10月1日开国大典过后，前方捷报频传，大西南解放指日可待，形势发展很快。毛主席嘱令陈明仁提早离京先到济南一趟，然后回湘。

10月11日，陈明仁一行由李明灏、刘逊夫陪同到了济南，受到当地首长的殷勤接待，当晚即住宿车上，次日上午，搬到交际处。首先王耀武被通知来到客厅和大家见面，他正在解放军官教导团学习。

不一会儿，杜聿明也来了。他那时还是一个隔离反省的被俘战犯。陈安慰了他一番，答应有机会到上海时一定去他家里看看，要他相信政府的政策，好好悔悟，争取宽大处理。谈毕，同去室外草地站着拍了一个有杜聿明、王耀武和我们一行几人参加的半身照片。

照相毕，交际处招待午宴。本来安排王、杜二人另外开餐的，当经陈、李提议，临时改变让他们同席设宴。午宴后一起驱车到济南城外白滩头解放军军官教导团参加欢迎大会，在临时布置的露天会场上，陈明仁、李明灏都讲了话。陈介绍了自己起义的经过和思想转变过程，以及见到毛主席所得到的收获，希望大家好好改造。教导团有五百多人，分四个队，都是淮海战役中的战俘，包括杜聿明、王耀武、牟中珩、郭一予等高级将领在内。散会之后，一同参观了他们的内务和生活情况，并分别和相识者自由交谈。事毕回到城内，已是万家灯火了。

陈明仁回湖南以后，立即遵照毛主席的指示向一些负隅西南的蒋军将领写信，如实反映在济南亲目所睹的真实情况，广为宣传解释，敦促他们及早觉醒，共同走上新生的道路。

10月14日

第四野战军占领国民政府首都——广州。

10月15日

陈明仁抵达武汉，林彪设宴欢迎。

10月20日

陈明仁回到长沙，夫妇二人阅读滞留安江、洪江近三个月儿孙们的平安电报，非常高兴，秘书陈臧仲抓拍了这个瞬间照片。陈明仁在照片上写道："儿孙陷匪区近三月，迨安（洪）江解放，始得平安电报，阅之喜甚。一九四九年十月二十日，明仁誌于长沙。"他将照片印了多张，分送亲朋好友。

1949 年 10 月 20 日，陈明仁夫妇喜读儿孙平安电报

10 月 21 日

湖南省临时政府各厅处职员在省府大礼堂欢迎回到长沙的陈明仁。

附：《新湖南报》1949 年 10 月 22 日报道：《省府各厅处职员　欢迎陈明仁主席》

〔本报讯〕湖南临时省政府各厅处职员于昨（二十一）日下午六时于省府礼堂集会，欢迎参加人民政协归来的陈明仁主席。陈主席首先说明人民政协的意义，并赞扬其伟大成就后，即发表对政协感想称："我参加了这次会议，就其所经历的国民党时一切相比较，深切认明了国民党除了造谣之外，其他一无所长。"陈主席继说明他个人能力有限，以后将以最大精力，去改造起义部队，使他们变为人民的部队，希望大家在袁副主席领导下，好好为人民服务。陈主席最后号召大家：第一，要互相批评，互相帮助，克服错误，改造工作；第二，要坚持真理，是即是，非即非，改去以前在国民党底下的吹牛拍马的工作作风；并且指出努力学习，改造自己，前途才有无限光明，否则是自绝于人民；第三，大家今后要深入宣传，凡过去干过特务工作的，应赶快自首，政府必然待以宽大。如果继续为恶，只是自取灭亡。讲话于九时在热烈的掌声中结束。

10 月 22 日

第四野战军司令部发布"战字第 105 号"命令，将陈明仁部改编为中国人民解放军第 21 兵团。

陈明仁在湖南省各界代表会上畅谈参加人民政协感想，号召湖南人民加紧经济建设。

附1：《命令》（战字第105号）

奉中国人民革命军事委员会十月二日命令：

着陈明仁将军部队改编为一个兵团，下辖两个军、六个师。其番号为：

中国人民解放军第二十一兵团

中国人民解放军第五十二军

中国人民解放军第五十三军

中国人民解放军步兵第二一四师

中国人民解放军步兵第二一五师

中国人民解放军步兵第二一六师

中国人民解放军步兵第二一七师

中国人民解放军步兵第二一八师

中国人民解放军步兵第二一九师

此令

司　　令　　员　林　彪

政　治　委　员　罗荣桓　邓子恢

副政委兼政治部主任　谭　政

参　　谋　　长　萧　克　赵尔陆

十月廿日于汉口

附2：《陈明仁主席在各界代表会上畅谈参加人民政协感想　号召湖南人民加紧经济建设》

〔本报讯〕甫自北京参加人民政协返长沙的陈明仁将军，向全体代表报告参加人民政协后之个人感想。陈将军首先说："明仁参加人民政协回来，适逢各界人民代表会正在举行，能够赶来参加，觉得非常愉快，尤其看到会场一切表现，知道大家都能本着毛主席'一切为人民服务'和'知无不言，言无不尽'的精神，以严肃、负责、和谐、诚恳的态度，实事求是解决问题，使我马上回忆到在北京出席人民政协的情况，拿来比较一下，可以说，这个会就是地方性的人民政协会。我在一个多月中，能够参加全国的和地方的人民政协，真是极为难得。"陈将军在简述各界人民代表会在军管时期召开的必要，其性质与任务后续说：这次人民政协的代表中包容了人民的一切力量，六百多代表中，有十四个党派单位代表，有各解放区及待解放区代表，有工人、农民、青年、妇女、学生、工商、文艺、科学、新闻、华侨、宗教等团体的代表，还有各少数民族代表，有特别邀请代表。代表中年龄最高的为九十二岁，最低的为二十一岁，还有四十多年从不过问政治的几位老先生，此次也参加了会议。我们按年龄算了一下，真可说是五代同堂。这次会真正是全国人民大团结。陈将军继即对人民政协之伟大成就及会议中严肃、负责及高度民主精神倍加赞扬。他向各位代表号召："我们要巩固中国人民这一伟大胜利，珍惜这个果实，应一致表示无条件地接受和执行人民政协的纲领和决议，但这绝不应空口说白话，一定要用实际行动来拥护。摆在我们面前的两大任务：第一是努力肃清反动残余势力，第二是努力发展生产和经济建设。肃清反动残余势力有我们人民解放军英勇前进，是不要多长时间了。但建设工业化的新中国绝非一朝一夕之功。我们看看共同纲领一共六十条中，就有十六条是关于财政经济的，可见国家对于经济建设是何等重视，要求何等迫切。目前我们湖南已经全部解放，我们湖南人民应即开始这项艰苦的工作。毛主席对我们湖南十分关切，对于长沙的和平解放是十分欣愉的。"

接着陈将军谈到与中共领袖接触中的观感称："我与毛主席、朱总司令、刘少奇副主席、周恩来总理，及各民主人士都有过多次接触，他们那种诚恳、坦白、朴素、谦虚的作风，是我二十多年来，在国民党中所从来没有见过的，国民党的大官僚，我都接触过，他们只有虚伪、官僚、自私和犯罪，这原因就是：一个是赤胆忠心为人民办事，没有个人得失，因此一切都是从革命利益出发，自然就诚恳、坦白、负责、艰苦朴素。而另一个则完全为了个人升官、抓权发财，所以要虚伪，要犯罪，当然是人民反对他，定要失败。"

陈将军谈到中共从人民利益出发，为了减少战争创伤和给顽固分子以自信悔过的宽大政策时，特别激动："我们过去受国民党反动派的骗太多了，他们造谣宣传，把中共说得如何残酷。现让我用一个具体的事实来揭穿反动派的无耻造谣吧。今年长沙和平解放后，台湾和广州每天广播，说我被押到汉口枪毙了。到北京后，毛主席就特别陪我游公园，一起拍了照，为了揭穿敌人的这种无耻宣传，我把这些照片寄到香港、桂林、昆明和重庆的所有熟人，每人写了一封信，叫他们再不要受骗了，相信这是能起一些瓦解作用的。"

最后陈将军谈到对人民首都北京的情况："北京除了比过去更加繁荣外，给予我的第一个印象就是政治与学习的空气特别浓厚，今年暑假就有一万六千多师生组织学习会，学习革命的根本问题。各机关干部也按政治文化水平编成班次，进行政策理论学习，每日一至两小时，没有哪一个不感兴趣的。知识分子都有共同的感觉，就是人人都必须学习，经学习才能改造自己。我希望我们湖南长沙要向首都北京看齐，迎头赶上。像我们这刚离开旧社会的人，更须认真学习，特别是青年们更要学习革命理论和科学，才能建设我们民主、自由、独立、富强和工业化的新中国。"

10月26日

附:《新湖南报》报道:《北京归来》(节录)

本月21日上午9时许，记者会见了参加人民政协返回长沙的陈明仁将军，与记者畅谈此次到京会见毛主席、参加人民政协的经过，并谈到归途探看王耀武、杜聿明的情形。陈将军首先追述了长沙和平解放的情形："二月间，当我回到湖南来时，许多老友都问我湖南怎么办？我当时即回答：湖南老百姓叫我怎么办我就怎么办。今天，我是这样做了，符合了人民的要求，结束了跟从蒋介石二十多年的黑暗道路，作了一个一百八十度的大转弯，朝着光明大道上走来了。"陈将军用了两个钟头的时间，追述长沙和平解放前长时期与白匪崇禧之间的种种曲折的经过而当解放军逼近长沙市，陈将军即以快刀斩乱麻的气魄，高举义旗，接受了共产党的和平条款，率领第一兵团全体官兵，创造了长沙式的和平解放。在这之前，蒋、白匪一直是毫不怀疑地信赖着他。

"假如有一点蛛丝马迹的显露，那就将一切落空了。"陈将军把两手一伸说："甚至个人的安全亦大有可虞！！"

陈将军取出一厚叠的电文和信件，其中有蒋、白匪的急电手令和亲笔书信。令陈将军"坚决扫除和平空气""肃清和平分子"，甚至要对程潜将军采取"断然处置""大义灭亲"和"出于兵谏在所不惜"。

"叫我肃清和平分子，那即是叫我血洗湖南。"陈将军指着这些电文和手令愤慨沉重地说："因为湖南老百姓都是和平分子，我陈明仁是湖南人，湖南是我祖先坟墓的所在地，我能为了蒋介石而用人民的血来染红湖南这片土地吗？我自然不能执行这反人民乱命。我尽量拖延，而一俟时机成熟，解放军到了长沙，我就毅然决然地脱离了反革命的蒋介石。不错，我今天是反革命眼中的'叛逆'，但是我实际是顺从了人民的意志。是的，我是黄埔学生，但当初孙中山办黄埔是为了什么？当然是为了革命。我进黄埔又是为了什么？当然为的是参加革命。蒋介石曾经对我们说过，他什么时候不革命我们就可以打倒他。好，今天我要打倒他，因为谁都知道他不仅不革命，而且早已在反革命。"

　　谈话进行了两小时之后，陈将军提议休息几分钟。此时，他取了十几张照片出来，其中有在北京毛主席陪游天坛及散步时的留影。记者随即探询在北京的情形。陈将军说：他到北京之后，九月十九日即接到毛主席邀请到北京饭店会晤的电话。见面时毛主席对长沙的和平解放极感欣愉。当谈到部队问题时，毛主席曾给了明确指示，认为要把这久受反动教育的部队改造成为一支真正人民的武装，绝非一朝一夕之功，需要长期而耐心地从思想改造做起。陈将军谈到毛主席对起义部队的关怀与爱护时说："毛主席胸怀之宽大只有海洋可比。毛主席很亲切地对我说：'只管放心，有饭，我们应先给起义弟兄吃，有衣，先给起义弟兄穿，这是我们全体指战员所乐于执行的团结友军政策。'你们看，我在国民党里混了二十多年，什么时候看到过一个人、一件事能与这种伟大的胸怀相比呢？国民党有各派各系，党内之党，派中之派，什么嫡系杂牌，乱七八糟。而在革命队伍中，大家是一个平等统一的整体"。陈将军谈至此，对中共诸领导人的诚恳、坦白、艰苦、朴素的工作与生活作风，赞不绝口："有这样的领袖，照这样做下去，中国人民是绝对有希望的。我多次接触了朱总司令、刘少奇副主席、周恩来总理、林伯渠秘书长，没有哪一位不是十分谦恭，使人感到可亲的。周恩来总理及林伯渠秘书长并亲到我的寓所来访问。各界民主人士也频来慰问，亲切之至。这是我在国民党二十多年来所未见到的，其原因很简单，因为一个是全心全意为人民，毫无私人打算，所以不管任何事情都能一秉至诚，而且能艰苦朴素；而另一个则是为个人或小集团，也就必然要钩心斗角，争权夺利，阴谋排挤，这是政治本质决定了他们要失败的。"陈将军对于毛主席工作的繁忙情形用了十分诙谐的比喻说："毛主席一切都是反对美帝的，但只有一点是与美帝相同，那就是通夜的工作，中国的夜晚正是美国的白天。"

　　接着谈到人民政协，陈将军首先就说："争名额，争权利，争地位，派系斗争……，这一切国民党开会时的恶劣现象，在此次人民政协的全部过程中，连半点影子都没有，全体代表只是聚精会神的研究问题。三大文献中的每一条文都是经过三番五次的小组讨论、研究、修正后，才定为草案送交大会通过的"，陈将军概括地谈到对大会的观感："这是中国历史上空前的民主盛会，不仅我个人如此认识，八九十岁的老年人也说这是他们生平所未见过的，特别是庆祝中央人民政府成立的那一天，京城的每一个人都淹没在狂欢中。阅兵式开始时，解放军步、骑兵和装甲师团的行列，浩浩荡荡极为壮观。"

二次休息之后，我们的访题转到陈将军与战俘王耀武、战犯杜聿明的会晤情况。陈将军谈到这一点的中心意思，就是要用事实来戳穿国民党反动派的无耻造谣。在长沙解放之前，陈将军是根本不相信杜聿明和王耀武等人还存于人世的，因为"造谣"社（中央社）曾屡次宣传什么"杜聿明被剥了皮"，什么"王耀武五马分尸"……的恐怖谣言。"我这该不是活人见了鬼吧！"陈将军幽默地拿出他与杜聿明和王耀武共同拍的照片给记者看："王耀武现在生活很有规律，营养充足，又运动，又学习，吃得满肥胖，很有点进步。杜聿明因为是战犯，虽然行动受限制，但也在看书学习，生活营养是不错的。"据陈将军谈，杜、王现在真正悔悟到的只有一点，那就是不该感情用事，总以为自己是蒋介石的学生，为了这个封建的交谊而一误再误断送自己。虽然他们明知道要失败，却没有勇气与反革命蒋介石宣告决裂而站到人民方面来。陈将军还劝慰他们多读些革命理论来换换脑筋。并经陈将军提议，当天还与杜、王等共用午餐。后即赶去参加解放团（即被俘的蒋军高级将领学习的机关）召集的欢迎会，把长沙起义及参加人民政协的经过作了详细报告。陈将军复又转回到原题说："这些人，都是反

1949 年 10 月 26 日，《新湖南报》相关报道

动派在宣传上说的已经不存人世的人，我希望你们报上把这个照片登出来，让那些过去听信国民党造谣的人，好好受点教训。"

时间已经是下午两点半，我们的谈话将近五个钟头，陈将军综述他从长沙到北京往返两个月来的感想说："一走上光明之路，就到处看到新生气象，受到人们的爱戴。这些，都深深感动了我，我只是刚刚自己救了自己，一个从旧社会走出来的人。我要从头学起才能赶得上。我只觉得在我的面前，现在真正出现了一幅新生而美丽的远景。"

10 月 28 日

陈明仁因"叛国投匪"，被国民政府"明令通缉""免去官位并剥夺前授各种勋章奖章"（"总统府令"）。

附：《撤职通缉归案究办陈明仁的命令》

联合勤务第二补给区司令部（代电）

事由：X 电通缉陈明仁 X 协缉归案由

受文者：清镇第一〇二医院

发文：日期：38 年 9 月 13 日

字号：地临夷字第 3067 号

驻地：桂林

1. 奉华中军政长官公署严正钧字第五五五号代电："奉国防部本年八月十三日（38）权讲字第（5LK）号代电，

1949 年 10 月 28 日，"撤职通缉归案究办陈明仁的命令"

以核定华中军政中将副长官兼湖南省绥靖总司令兼第一兵团司令官兼长沙警备司令陈明仁变节投匪，通电叛国，应予撤职通缉归案究办，以彰法典，希饬遵照等因。除分电外，仰遵照转饬所属，一体协缉归究为要。"

2. 除分电外，仰即遵照饬属，协缉归案为要。

司令 许高阳 [①]

---

① 许高阳，湖北武昌人，中央军校第一分校（南宁分校）第四期（比照黄埔军校第七期），入陆军大学十三期毕业，任华中补给区中将司令，湖北省政府主席，后在国民政府国防部第二处任处长，后随部去台湾。

10 月 31 日

毛泽东致电询问"陈明仁返湘后表现如何，陈明仁兵团的改造工作做到了什么程度"。

附:《毛泽东给林彪、邓子恢、湖南省委的电报》①（摘录）（1949 年 10 月 31 日）

林彪、子恢、湖南省委，并告刘、邓：

（一）程潜、程星龄和我们谈得很好。我对程星龄谈的许多话，已托他向你们转告。请你们十分注意拉好对程潜、程星龄、李明灏、唐星及其他进步分子的关系，争取他们和我党进一步靠拢，站在共同纲领基础上，打击反动分子，改造陈明仁部，以利民众运动的发展。

（二）陈明仁返湘后表现如何，陈明仁兵团的改造工作做到了什么程度，程潜等一行已到汉口否？

（三）请湖南、湖北两省委各将统一战线工作及民众运动工作向中央做一次报告。

（四）华中须准备成立以我党为中心的统一战线的军政委员会，以为管辖六省军事、政治、财经、文化等项工作的过渡时期的最高权力机关。拟以林彪为主任，邓子恢、程潜为副主任，委员须网罗六省党内外重要人物。

（五）关于组织华中军政委员会及请程潜当副主任事，我们已和程潜、程星龄谈过。程潜表示愿就副主任，在林彪领导之下从事工作。

毛泽东
10 月 31 日

本月

湖南临时省政府主席陈明仁、副主席袁任远颁发"处理编余及遣散人员办法"。

湖南临时省政府主席陈明仁、副主席袁任远颁布"新区减租减息条例"。

11 月 1 日

原国民党人民解放军第一兵团正式改为中国人民解放军第二十一兵团。

---

① 《湖南和平解放接管建政史料》，第 639 页。

附:《原国民党人民解放军第一兵团正式改为中国人民解放军第二十一兵团》①

〔本报讯〕中国人民革命军事委员会及中国人民解放军第四野战军司令部已正式接受陈明仁将军及原国民党人民解放军第一兵团全体官兵的请求，自十一月一日起部队番号正式改为"中国人民解放军第二十一兵团"。

〔又讯〕中国人民解放军第二十一兵团司令部，于本月二日晚七时举行隆重晚会招待长沙各界。陈明仁将军代表第二十一兵团全体指战员致辞，对于中共的领导和解放军的帮助，及长沙各界人民的帮助和认同表示谢意，陈将军特别指出，我们今天虽然已经正式称为中国人民解放军，但我们自己知道我们的进步还很不够，为了真正成为人民的武装，真正符合于"人民解放军"这一光荣而崇高的称号，我们要在中国人民革命军事委员会和中国人民解放军第四野战军领导下，继续更加努力进步，希望各界人民对我们多多协助和督促。

11 月 7 日

中国人民解放军第四野战军电：拟以唐天际兼任二十一兵团政委。

中共中央军委：

拟以湖南军区副政委唐天际兼任二十一兵团政委。以原五十八军政委方正平为二十一兵团政治部主任，可否？请审核批示。

林、谭

十一月七日

11 月 10 日

中共中央军委及政治部电：同意唐天际为二十一兵团政委。

林、谭并华中局：

戌阳（11 月 7 日）电悉。同意以唐天际兼二十一兵团政治委员，方正平为二十一兵团政治部主任。

军委及政治部

戌灰（11 月 10 日）

---

① 《新湖南报》1949 年 11 月 3 日报道。

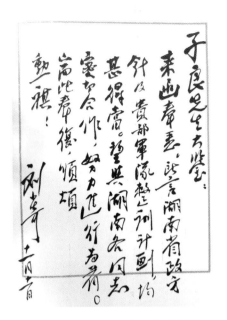

1949 年 11 月 11 日，刘少奇致陈明仁
函手迹

11 月 11 日

刘少奇[1]致函陈明仁，赞许其湖南省政方针及军队整训计划。

附:《刘少奇致陈明仁函》

子良先生大鉴:

来函奉悉，所言湖南省政方针及贵部军队整训计划，均甚得当。望与湖南各同志密切合作，努力进行为荷。尚此奉复回，顺颂

勋祺!

刘少奇 十一月十一日

11 月 26 日

陈明仁致电贵阳市军管会，证明逃避至此的杨晓麓湖南和平起义人员身份。

附：杨安《追忆父亲杨晓麓[2]参与湖南和平起义的过程》（节选）

8 月底，时在邵阳的国民党新任湖南省政府主席黄杰，下令三天内衡阳撤市并入衡阳县。我父亲办理完移交手续，9 月 3 日市政府属员惜别晚宴开席前，华中长官公署开来一辆军车，一位上校手持夏威的名片，称夏副长官有要事相请，实系华中长官公署奉行国民党行政院国防部令，对我父亲以通"匪"嫌疑执行逮捕。在衡阳关押数日，期间黄杰请求押往邵阳，广州国防部要求押往广州，但衡阳即将弃守，桂系军队正往广西撤退，白崇禧遂派军用专机将我父亲等几个通"匪"嫌疑人押往广西省会桂林，飞机抵达后立即枪毙了同时被抓的一位少将。我父亲脚镣手铐，作为死囚犯关押在陆军监狱。后因解放军破城前，监狱要疏散犯人，因一时查无实据，白崇禧本来对我父亲印象还不错，加之白的秘书长杨绩荪（我父亲的族叔）又以全家性命担保，父亲得以释放。

我父在桂林出狱后，黄杰当天下午就在桂林市街头张贴了我父亲的通

---

① 时任中央人民政府副主席、中央政治局委员、中央书记处书记、中央革命军事委员会副主席。

② 时任国民政府衡阳市市长。

缉令,我父兄只得匆忙往贵阳方向逃命。到独山时解放军就已经占领了贵阳。11 月 26 日父亲抵达贵阳并电报给衡阳家中报平安（那时候电报可以通达），当天我在衡阳出生,故取名安。当日贵阳市军管会分别向程潜和陈明仁将军方面求证,先得到陈将军确认（不知是电报还是电话）,后来程潜的确认也到了。随后贵阳市军管会主任（湖南人,好像是邵阳的）夫妇在家中热情接待了我父兄,该主任打开家中一个装枪支的柜子,叫我父兄挑两把手枪用以自卫,还给了一笔生活费,并说新政权刚刚建立,希望我父兄留在贵州。十余天后来通知,有十几辆军车的车队去湖南（那时湘西的土匪还很多）,我父兄和一批亲友乘坐专拨的一辆军车,随车队经湘西回湖南。途经榆树湾（即今怀化市）,当地驻军举行了隆重的欢迎宴,说是代表程、陈两将军压惊致慰,当地驻军是不是陈将军属下就不知道了。

去桂林营救我父亲并陪同到贵阳回湖南的我兄,当年 18 岁,如今健在,已 91 岁。

我母亲说过,陈明仁将军很讲义气,你爸跟他只是相识并无深交,只在他手下做了不到一个月的市长,他是以最快的速度回复贵阳市军管会的。

我父回湘后被任命为湖南省人民军政委员会参事。民国时湖南只有两个市,即长沙市和衡阳市,都是省辖市,衡阳因系通往西南的交通要冲,还是副省级市。我父亲是文官,但在起义军政人员的省参事列表中定为中将待遇。

1957 年初程潜欲调我父亲去北京民革中央工作,并出任国务院参事,后因故未成行。

陈明仁将军与我父亲同庚,1903 年出生。陈将军就任湖南省主席后,我父亲专程赴长沙一次,我在档案馆查到一份当时我父亲赴长沙的手令原件,内容是因公赴省,府务令由秘书主任（市政府秘书长）某某代行代拆,时间大概是 1949 年 7 月 19 日左右,此行是奉命去见陈将军。我父亲是追随唐生智和程潜的,也是促成程、唐合作的要员之一。陈明仁将军担任过我家乡衡阳的警备司令（湖南三个警备司令部中最大的,辖区占全省百分之四十几的县）,那时我父亲刚回湖南在省政府工作。

12 月 2 日

第二十一兵团在浏阳举行成立大会,兵团下辖两个军六个师,共约三万七千人。

第四野战军政治部副主任陶铸代表中央军委向部队授予军旗和军印。

附 1：中国人民解放军第 21 兵团战斗序列

司令员陈明仁，政治委员唐天际，副司令员文建武、王劲修、傅正模、唐生明、李觉、魏镇，参谋长文建武（兼），政治部主任方正平

第 52 军，军长王劲修，副军长吴林焕、康朴、戴文，副政治委员杨树根，参谋长周志飞

第 214 师，师长曾京，政治委员蓝廷辉

第 215 师，师长张镜白，政治委员江腾蛟

第 216 师，师长余九成，政治委员曹波生

第 53 军军长彭杰如，副军长王振祥、汤季楠、张际泰，副政治委员王振乾，参谋长杨文谟

第 217 师，师长姜和瀛，政治委员段辉亮

第 218 师，师长何元恺，政治委员肖德明

第 219 师，师长周笃恭，政治委员王恨

附 2：中国人民解放军第二十一兵团通电

北京中国共产党中央委员会毛主席，中央人民政府毛主席，朱副主席，刘副主席，宋副主席，李副主席，张副主席，高副主席，中国人民革命军事委员会毛主席，朱副主席，刘副主席，周副主席，彭副主席，程副主席，中国人民解放军总司令部朱总司令，中国人民解放军第四野战军华中军区林司令员，罗政委，邓政委，谭副政委，萧参谋长，并转全国各民主党派，各人民团体，全国人民解放军，各野战军首长，兄弟兵团及全国人民与各界人士钧鉴：

中国人民解放军第二十一兵团正式成立了，十二月二日，在湖南浏阳驻地举行了隆重的成立大会，会议上第四野战军首长陶副主任，亲莅指导，将原国民党人民解放军第一兵团所部，正式改编为中国人民解放军第二十一兵团，并荣列于第四野战军的战斗序列中，我们正式接受了颁发的军旗、军印，举行了严肃的宣誓典礼。这是我们全体官兵从起义三四月以来，久已渴望的神圣要求，今一旦实现，全体官兵，莫不欢欣鼓舞，欢声雷动。我们一致以为，这是我们一件最伟大最富有历史意义的事件。唯有我们从此真正成为人民解放军，才能巩固我们起义胜利；也唯有我们从此真正成为人民解放军，才能使我们全体指战员今后继续进步。我们一致宣誓：一定要永远在中国共产党，在毛主席、朱总司令的旗帜下，奋勇前进，加紧学习，努力改造，努力进步，向我人民解放军一切先进的兄弟兵团看齐，一定把自己变成为一支强大的国防军，与各兄弟兵团并肩携手，以担负起

今后保卫人民祖国领土主权的神圣任务，并以保障新民主主义新中国建设事业之胜利成功。际此兵团成立伊始，敬祈各首长各界先进人士多加指导，曷胜感戴，谨此电闻，并致解放敬礼。

中国人民解放军第二十一兵团司令员陈明仁、

政治委员唐天际率全体指战员

十二月二日

附3：中国人民解放军第二十一兵团成立暨授旗授印誓词

我们从此成为中国人民的子弟兵，要永远在中国共产党在毛主席和朱总司令领导之下，坚决执行命令，服从指挥，执行政府法令，遵守群众纪律，爱护人民利益，团结内部，反对帝国主义，打倒官僚资本，消灭封建势力，忠诚地做中华人民共和国的捍卫者，为建设新民主主义的新中国而奋斗到底。如有违背愿受革命纪律制裁及同志们的指斥。

中国人民解放军第二十一兵团司令员陈明仁

政治委员唐天际率全体指战员谨誓

一九四九年十二月二日

附4：陶铸《中国人民解放军第二十一兵团成立的重大意义》①

1949年12月2日，在湖南省浏阳县城，中国国民党人民解放军第一兵团驻地，举行了隆重的中国人民解放军第二十一兵团成立大会。我在大会上宣读了中共中央军事委员会决定：

将中国国民党人民解放军第一兵团改编为中国人民解放军第二十一兵团，陈明仁任兵团司令员，唐天际任政治委员。

中国人民解放军第二十一兵团的成立，有着重大的意义，它向全中国人民宣布，第二十一兵团的全体同志，在程潜主任、陈明仁司令员的领导下，所走的路是正确的，是光荣的。这不仅在于敢冒危险排除困难，坚决举行起义，对湖南人民做出了很大的贡献，更在于起义后经过学习与自我改造，确立了为人民服务的决心，自动抛弃了国民党人民解放军的番号，坚决表示跟着中国共产党走，要求改编为中国人民解放军。同志们，这是不容易的，这是同志们在陈司令员领导下经过激烈思想斗争所取得的胜利。有了这个胜利就可以保持起义的光荣，就可以在今后的革命斗争中一显你们的身手。因为今天的国内军事斗争已成定局，反动派的任何阴谋挣扎都只是

---

① 《湖南和平解放口述历史选编》，第51页。

白费，但要建设我们的国家，斗争还是有的，特别是美帝国主义敌视我们。同志们，从今天起你们应当更好地学习，彻底改造自己，在进步之上再加进步，真正成为人民国家的忠实捍卫者。我相信，这个光荣的任务，同志们一定能够实现的。同志们，让所有的反革命敌人诅咒你们吧！你们决不因为他们的诅咒而灭亡，你们将更会受到人们的尊敬和爱戴。让所有反革命敌人造谣挑拨吧！你们再不会对中国共产党和人民解放军不了解而予以轻信，我们此后要以更紧密的团结来使一切敌人失望。只要你们向人民证明你们所走的道路是对的，你们就有伟大的力量支持，你们就永远胜利。许多有良心而一时受蒙蔽的人将会因你们所做出的榜样而跟着你们学习的。同志们，你们已树立榜样，但还需要巩固这一榜样。这最重要的一条就是坚决站在人民方面，全心全意为人民服务。一切吃苦、一切困难、一切对私人利益的损失，只要对人民事业有利就都应该忍受，做到这条是不容易的，但我们必须做到，否则已做出的榜样便不结实，我们革命军人应当言行一致，而不应当只说不行。

我希望新成立的第二十一兵团全体指战员更好地团结在一起，部队应彻底废除打骂，官长对士兵应亲如兄弟，什么事情应着重讲清道理，应从教育打通思想着手，应以自己的模范行为来影响部属；士兵应尊重官长，遇战能服从指挥，遵守纪律，这样我们就能够把部队变成和睦的家庭一样，部队就能巩固而工作富有朝气。第二十一兵团全体指战员，希望你们努力学习毛主席的军事思想，学习党的各项方针和政策，学习中国人民解放军的光荣革命传统和优良作风，积极开展形势教育、政策教育，人民军队的宗旨教育，认真开展民主运动、爱民运动和生产运动，从而提高政治思想觉悟，增强组织纪律观念，树立全心全意为人民服务的思想，真正成为中国人民解放军的光荣战士，新中国的忠实捍卫者。为保卫国家的安全，保卫人民群众的生命财产，做出新的贡献！

最后，我代表华中军区第四野战军林彪、邓子恢、谭政首长，向在今天这个会上的全兵团的同志们作最亲切的慰问，向陈司令员致以祝贺。

我们中国人民解放军是中华人民共和国忠实的捍卫者！

为人民的利益为国家的利益我们愿意牺牲个人的一切！

坚决拥护中国共产党！

毛主席，朱总司令万岁！

中国革命胜利万岁！

附5:《在二十一兵团成立大会上陈明仁的讲话》

陶副主任,各位首长,各位来宾,各位同志:

今天是我二十一兵团宣告成立,并举行授旗授印典礼,是我兵团一个最可纪念的日子。承蒙陶副主任远道而来代表授旗授印,并承他以及各位首长、来宾给予我们许多宝贵的指示,我们感到非常光荣,我代表全兵团诚恳接受各位的指示,永久地保持这个光荣,并庄严地向大家宣布:

从今天起,我兵团已经踏上光荣之路,开始新生了。从今天起,我兵团已经成为中国人民的子弟兵,在中国共产党领导之下,努力改造,一切都要向其他兵团的解放军看齐!

从今天起,我兵团将要成为一支既具有高度政治素养,又具有近代的军事技术的强大军队了!

从今天起,我兵团将在毛主席、朱总司令的统一号令下,要担负起将革命进行到底的任务,并完全站在人民方面为人民的利益而奋斗!

在此地,我们首先应该感谢毛主席、朱总司令的领导正确,使得革命获取了基本的胜利,因而造成了优良的环境,容许我这落伍的队伍,居然能够有机会来自觉自新,努力改造。我们要感谢林司令员和四野诸位首长的尽量给我们的指导和支持,以及程主任、萧司令员、黄政委和湖南省军区各位首长的爱护和帮助,使得我们在从黑暗走上光明的一段路程上,一切都很顺利。今天,光明已在前面。我相信,不但我兵团大家都在很兴奋地替自己幸运,就是毛主席、朱总司令以及各位首长,乃至广大人民,也都会认为值得快慰的。

我兵团本来是落伍的队伍,过去所走的路是黑暗的,但那是在反动政权之下的环境所造成,并非每个人甘心情愿如此的,只是我们过去没有警觉,受了欺骗,受了蒙蔽,内心极端苦闷、矛盾。直到前次经过觉悟而后起义的时候,才从蒙蔽中清醒过来,才从矛盾中解脱出来,也才算是离开黑暗,走向光明,才算是把丑恶历史告一结束。假使我们当时没有觉悟,已早把我们自己毁灭了,哪里还有今天?我们这次起义,虽然完全出于自动自觉,但我们承认过去却有不少的错误,在人民面前应该忏悔的,而结果还能得到人民的谅解。又能得到毛主席、朱总司令的宽恕,准许我们继续效力国家,服务人民;并且把我们改编为正式的解放军,尤其是编入光荣的四野的行列里。极力鼓励我们、扶持我们、帮助我们,希望我们从此重新成长。我们既是感谢,又是惭愧,然而却又极为振奋。

我兵团起义以后，大家自己知道在思想上、行动上不够条件成为真正的人民的武力，不够条件参加革命的阵营，因此大家一致要求迅速地彻底改造，来创造自己的新生。同时毛主席、朱总司令以及各位首长也是这样的对我们殷切期望。经过三个月之时间，到了今天我们的愿望业已达成。我们的改造也就随之开始了。我敢保证，我全兵团从本人起，以及每一个指战员，都很愿意以坚定的决心和真挚的诚意来迎接这个新的生命。希望大家以一致的步伐，共同开始踏上改造之路。在制度上、组织上、作风上和生活上，都要逐渐改造到和其他兵团的解放军完全看齐，最重要的是确立全体指战员的为人民服务的思想，才是基本的改造。所以我们今后的改造要以思想改造列为首要。但是思想改造是一种极复杂和细致的工作，必须采取稳步进行的方法才能达到目的。况且我兵团以前过的是反动集团的生活，现在改编过来，其情况等于一个经过一场大病而亟待疗养的病人，需要实行一面清除病根、一面恢复元气的两种手段，又好像一个出生不久的婴儿还在襁褓之中，需要好好加以抚育培养。要做到这一步，就不能不依靠稳步进行的办法；否则，不能克服必要的困难，不能收到预期的效果。而要实行所谓清除病根，恢复元气，便需把过去敌人长期的反动欺骗宣传所受到的反动思想完全肃清，把过去在反动政权下所受的那套旧的社会影响和军事教育根本革除，尤其要把每一个人违反人民利益的个人主义、自由主义、主观主义的观点彻底消灭，树立新的信念，因而确立唯物观点、劳动观点、群众观点，站在无产阶级的立场，为人民利益而服务。至于积极地接受马列主义、新民主主义、毛泽东思想和一切革命的理论，那就等于对婴儿的抚育培养了。如果能够通过这样的改造过程，政治素养自然会逐渐提高，新的军事技术也会同时进步。

今天军事发展迅速，全国解放快要实现，全国的解放军对于革命的贡献，实已大到不可比拟！我们二十一兵团和其他各兵团比较起来，我们真像一个婴儿，至少是一个很矮小的弟弟，贡献两个字更是谈不到的。不过要知道，解放军是共产党领导下代表中国广大人民的利益，为广大人民，尤其是劳苦大众解放事业而奋斗的组织，为了将革命进行到底，为了保卫新民主主义国家的政权，他不仅是永远的战斗队，而且要成为一种完全现代化的国防力量，不允许任何帝国主义再来侵略我们的国土。因此，我们除了思想改造之外，将要在国家工业水准逐步提高的条件下，受到崭新的装备和训练，达到高度的科学化、现代化的国防军的标准。因此，将要负起争取革命彻底大胜利的任务。只要我们能自求进步，能在进步之中发展新的生命，由婴儿能逐渐壮大起来，由小弟弟而长成到能和其他老大哥并肩携手，那么我们将来对于革命事业的贡献，也一定有可观的！

今天，这个成立暨授旗授印典礼在此地隆重举行，不是徒具形式，而是有其重大意义的。我们要知道，上面所授给我们的旗和印，就是我们兵团整个生命的象征，是极庄严而神圣的。我们要在这个庄严神圣的旗帜和印信之下，致其绝对崇高的尊敬，并以纯洁的心情郑重地宣誓：

我们要在中国共产党，在毛主席、朱总司令领导下，坚决执行命令，服从指挥，执行政府法令，遵守群众纪律，爱护人民利益，做到官兵一致，以反对帝国主义，打倒官僚资本，消灭封建势力，忠诚地捍卫国家，为建设新民主主义的新中国而奋斗。如果违背了这个誓言，不但要受到革命纪律的制裁，而且将要为人民大众所抛弃。我希望大家一致团结起来，共同完成上面所说的重大任务。

我兵团成立后，除了编制、组织、人事都有一番新的建树之外，还要在唐政委、方主任领导之下建立政治工作制度，政治工作在部队中能起指导作用，且能起教育作用。政治工作制度是解放军的灵魂，没有灵魂的部队是无法存在的，尤其我们兵团必须遵守这个制度，才能创造我们的新生。关于部队改造的进步以及完成任务的促进，政治干部同志将要负起主要的责任。这次我兵团的政治干部都是经过挑选而来，都是能力优良、经验丰富的，今后的工作必可顺利开展。部队的要求一定可以满足。我兵团各级干部和指战员在今天来说，虽然思想行动都是落后，但一般的文化水准和政治感觉都还不低，只要大家能虚心学习，能努力改造，使实际与理论统一起来，又只要各位政治干部能像医生和保姆一样，帮助大家好好疗养，好好成长，我可保证进步一定很快，改造的成就也并不会这样艰难的。

由于我们抱了服务人民的志愿，抱了把自己改造的决心，我们早已憬悟着我们这样一个伟大而光明的前途。今天承各位恳切的指示，愈加增强了我们的勇气，坚定了我们的信心。我们今后唯有拿实际行动来报答各位，报答毛主席和朱总司令，报答全国人民。

附6 :《中国人民解放军第廿一兵团成立纪念专刊》(部分)

中国人民解放军第廿一兵团政治部编印

封面

目录

陈明仁受领第二十一兵团军旗

成立大会后合影（珍藏照片）①：左2：黄志勇、左3：李明灏、左4：杜平、左5：金明、左6：陶铸、左7：陈明仁、左8：唐天际、左10：袁任远、左14：汪士楷、左18：刘公武

成立大会后合影（专刊插图）：右2：汪士楷、右6：袁任远、右8：唐天际、右9：陈明仁、右10：陶铸、右12：金明、右13：杜平、右14：李明灏、右15：黄志勇、右18：王劲修

12月7日

陈明仁以"湖南省临时政府主席、人民解放军兵团司令员"职别兼任中南军政委员会（主席林彪）委员。

附：《新湖南报》报道：《光荣举起"八一"红旗，廿一兵团正式成立，举行授旗授印典礼》

〔本报讯〕由程潜、陈明仁两将军率领起义之部队（起义后改为国民党解放军第一兵团），经数月之整训，已改编为中国人民解放军第二十一兵团。该兵团于十二月二日在浏阳举行"庆祝中国人民解放军第二十一兵团成立暨授旗授印典礼大会"，邀请本省各界代表前往参加盛典。会场设在浏阳河滩上，系由战士们集体连夜赶工开辟的。主席台上高悬国旗及毛主席、朱总司令巨像，四野司令部政治部、湖南军政委员会、湖南省委会、湖南军

---

① 汪士楷后人提供，写在照片下部的日期有误。

区和各界赠送的锦旗均悬挂在主席台的四周。"坚决服从共产党的领导，全心全意为人民服务"的巨幅红布对联悬挂在主席台的两旁，"在毛主席的旗帜下勇敢前进，投入到学习的大浪潮中去！"两丈余长的巨幅标语绕在主席台下，对面插着"将革命进行到底"的七个大字。会场中央飘扬着国旗和无数彩色小旗，巍然壮观。

四野司令部政治部代表陶铸副主任亦于先天赶到。

该兵团因驻地分散，参加盛典者仅到各军师团代表4000余人，由四野总部代表副主任陶铸检阅部队后，大会在二十九响礼炮中开幕，陈司令员宣读四野林司令员、邓政委、谭副政委、萧参谋长、陶副主任十二月一日任命该兵团副司令员及军师两级军政干部的电令。并由大会热烈鼓掌通过主席团名单。名誉主席团为毛泽东、朱德、周恩来、林彪、程潜、邓子恢、谭政、黄克诚、萧劲光。主席团：陶铸、金明、袁任远、杜平、陈明仁、唐天际、李明灏、方正平、黄志勇、王劲修、李觉、彭杰如。二十一兵团政治部主任方正平致开幕词后，由四野代表陶副主任授旗授印，陈明仁、唐天际率各军师团级首长分别接受。二十八面鲜红军旗在热烈的欢呼中飘扬在会场的中央。继由陈明仁率领全体指战员举行庄重的宣誓。宣誓完毕，陶副主任、程潜主任的代表李明灏将军、金明政委、袁副主席、杜部长、黄主任（湖南省军区及十二兵团代表）等首长及来宾汪士楷等讲演。

1950 年 2 月 27 日

政务院通过湖南省人民政府组成人员任命名单。

附：《政务院通过湖南省人民政府组成人员任命名单》

湖南省人民政府主席、副主席、委员名单：

主席　王首道（现任中国共产党湖南省委员会副书记）

副主席　袁任远（原任湖南省临时人民政府副主席）、唐生智（现任中南军委员会委员）、程星龄（现任政务院参事）、谭余保（现任中国共产党湖南省委员会委员）。

委员45人（依姓氏笔画为序）：马子谷（现任湖南省军政联合办公室主任）、文年生（现任人民解放军湖南省军区副司令员）、方叔章（现任湖南省军政委员会顾问）、方鼎英（中国国民党革命委员会，现任人民解放军第四野战军顾问）、王劲修（现任人民解放军第四野战军兵团副司令员兼军长）、龙伯坚（曾任仁术医院院长）、向德（现任湖南省长沙市各界人民代表会议工业界代表）、许松圃（中国国民党革命委员会）、刘型（现任中国共产党湖南省委员会秘书长）、刘道衡（现任中国共产党湖南省委员会统一战线工作部副部长）、刘兴（军人）、宋乃德（曾任湖南省临时政府财政厅厅长）、宋新怀（现任湖南省总工会筹备委员会主任）、李中权（现任人民解放军第四野战军某军政治委员）、李君九（现任人民解放军第四野战军二十一兵团办公室主任）、李维国（现任楚怡工业学校校长）、肖敏颂（现任中国民主同盟湖南省支部临时工作委员会主任委员、湖南大学教授）、陈再励（曾任湖南省临时政府民政厅厅长）、陈伯钧（现任人民解放军湖南省军区副司令员）、陈明仁（现任人民解放军第四野战军二十一兵团司令员）、陈芸田（现任湖南省长沙市各界人民代表会议商界代表）、陈渠珍（军人）、陈浴新（现任湖南省军政委员会顾问）、罗舜初（现任人民解放军第四野战军某军军长）、张孟旭（曾任湖南省临时政府秘书长）、周小舟（现任中国共产党湖南省委员会宣传部部长）、周赤萍（现任人民解放军第四野战军某军政治委员）、周凤九（曾任湖南大学教授）、周礼（现任中国共产党湖南省委员会组织部部长）、易鼎新（现任湖南省长沙市各界人民代表会议文教界代表）、金明（现任人民解放军湖南省军区副政治委员）、唐天际（现任人民解放军第四野战军二十一兵团政治委员）、夏明钢（爱国民主人士）、徐启文（曾任湖南省临时政府公安厅厅长）、袁福清（曾任湖南省临时政府交通厅厅长）、凌兆尧（前国民党湖南省参议员）、高文华（现任中国共产党湖南省委员会副书记）、黄克诚（现任中国共产党湖南省委员会书记）、曹伯闻（现任湖南省长沙市各界人民代表会议协商委员会常务委员，湖南省军政委员会顾问）、曹里怀（现任人民解放军第四野战军某军军长）、曹瑛（现任中国共产党湖南省长沙市委员会书记）、董纯（女、现任中国共产党湖南省委员会妇女工作委员会书记）、谢晋（老同盟会会员）、詹才芳（现任人民解放军第四野战军某军军长）、谭丕模（现任湖南大学中国文学系主任）。

（以上湖南省人民政府主席等 50 人，提请中央人民政府委员会批准任命。）

2月

陈明仁率第 21 兵团司令部移驻醴陵，第 52 军驻防攸县，第 53 军驻防安仁，开始新一轮整训。

耿飚回到醴陵特意去拜访陈明仁。

3月上旬

第21兵团开展"普通的反堕落腐化和有重点反封建组织的斗争"运动（至月底结束）。

3月

陈明仁被选举为兑泽中学董事长。

陈湘生：2010年4月4日，我陪同伯伯和爸爸去长沙岳麓山给祖父、祖母扫墓，又专程去访问祖父曾经就读过的兑泽中学。当时的谢校长接待了我们，他回忆道："因陈明仁将军系该校初十四班毕业，且对学校一直很关怀，故在陈将军主政长沙时聘陈将军为校董会董事长，杜迈之为校长。时经费极其困难，学校有随时关门的危险。副校长张潋修三上麻园岭陈明仁公馆，请得大米200多石，使兑泽渡过了难关。陈明仁将军还把五一路南侧20多亩的一个军马场批给了兑泽中学，用于建设校舍，为后来长沙六中校区。2004年由市政府采用置换方式将六中校区转让给长沙市一家房地产公司，所获资金全部用于新六中建设。"

2010年4月4日，陈明仁的长子陈扬钊（右1）和次子陈扬铨（左1）访问兑泽中学

兑泽中学矗立的陈明仁塑像

4月1日

湖南临时省政府结束。

湖南省人民政府正式成立，王首道任主席，袁任远、唐生智、程星龄、谭余保任副主席，张孟旭任秘书长，陈明仁等45人为省政府委员。

附1:《关于湖南临时省政府结束和湖南省人民政府成立的两个公告》①

一

本府前经中南军政委员会成立会议批准改组为湖南省人民政府，现湖南省人民政府业经奉令于1950年4月1日正式成立，本府同时宣告结束，特此公告。

主席　陈明仁

副主席　袁任远

1950年4月1日

二

湖南临时省政府业已胜利地完成其本身的历史任务，现已奉令结束，经过中南军政委员会的建议，转呈中央人民政府政务院25次会议通过，任命王首道为湖南省人民政府主席，袁任远、唐生智、程星龄、谭余保为副主席，文年生、方叔章、方鼎英、王劲修、向德、宋乃德、宋新怀、李中权、李君九、李维国、周小舟、周赤萍、周凤九、周礼、易鼎新、金明、唐天际、夏明钢、徐启文、袁福清、马子谷、凌兆尧、高文华、张孟旭、曹伯闻、曹里怀、曹瑛、许松圃、陈再励、陈伯钧、陈明仁、陈芸田、陈渠珍、陈浴新、黄克诚、董纯、詹才芳、刘型、刘道衡、刘兴、龙伯坚、萧敏颂、谢晋、罗舜初、谭丕模等为委员。

本府已于1950年4月1日正式成立，首道等遵于同日就职视事。并奉中央人民政府颁发铜印一颗，文曰"湖南省人民政府印"同时启用，开始办公。原湖南临时省政府所颁发的一切法令、决定、制度、指示，在未经本府修改或明令废止之前，继续有效，全省各地仍须继续贯彻执行。特此公告。

主席王首道

1950年4月1日

附2:《王首道主席在就职典礼上的讲话》②

各位委员、各位先生、各位同志：

湖南省人民政府今天成立了，湖南省人民政府主席、副主席及各位委

---

① 原载《新湖南报》1950年4月2日第一版。

② 《湖南政报》（1949年11月1日创刊，由湖南临时省政府秘书处编撰）一卷六期，第2页。

员奉中央人民政府政务院，通过任命，今天举行就职。

由于人民解放军的胜利进军，使湖南工作获得顺利开展。湖南临时省政府自去年八月成立以来的工作，在陈主席、袁副主席的领导下，获得了很多成绩，发挥了各民主党派、各民主人士及各革命阶层的团结合作精神，取得了人们的拥护，使接管城乡、征粮支前、剿匪反霸、生产救灾以及整顿部队等工作任务得以如期完成，为建设新湖南打下了初步的基础。我们必须在现有的基础上，继续巩固和发扬这种团结合作的精神，集中各民主党派、各民主人士及全省人民的意志和力量，使湖南省人民政府成为更具有广泛群众代表性的人民民主政府，为建设人民的新湖南而共同努力。

各位委员，我们今天宣布就职了。摆在我们面前的工作任务是繁重而艰巨的，我们只有坚决遵守与执行中央人民政府及中南军政委员会的方针政策，虚心向群众学习，全心全意为人民服务，作人民忠诚的勤务员，在人民的监督之下努力工作。由于湖南是解放不久的新区，在今后工作过程中将不可免地要遭遇到一些严重的困难，但我们坚信：有了初步的工作基础，有广大人民的拥护，尤其是有中央人民政府毛主席和中南军政委员会林主席的正确领导，以及湖南人民军政委员会程主任、黄副主任的直接指导下，更加上各民主党派、各革命阶级、少数民族及爱国民主人士的广泛合作与协助，这是克服任何困难的有力保证。我们相信一定会在今后社会改革与生产建设的战线上取得伟大胜利，让我们为克服困难和巩固胜利而努力前进吧。

附3:《程潜副主席在湖南省人民政府成立典礼上的讲话》①

主席、各位委员、各位同志：

去年八月四日，我和陈明仁主席在长沙率部起义，奉准成立湖南人民军政委员会和湖南临时省政府，至今已经八个月了，上次中南军政委员会通过改组湖南临时省政府，其中经过情况，我在湖南军政委员会第四次会议时曾经作过简略的报告。最近中央批准任命湖南省人民政府委员会主席、副主席、委员，于今天举行省人民政府成立典礼。本人奉中南军政委员会电令，参加这个盛典，觉得非常荣幸。

湖南临时省政府成立的时间虽然很短，但却完成了它的艰巨的历史任务。在陈主席、袁副主席领导之下，由于解放军的英勇善战，广大人民的热烈支持，全体干部的艰苦工作和民主人士的合作协助，它不特完成了征

---

① 《湖南政报》一卷六期，第3页。

粮支前的任务，和清剿土匪，初步建立了革命秩序，而且在布置冬耕，准备春耕，修筑堤垸塘坝、生产救灾、减租退押各方面，都获得了光辉的成绩。我代表中南军政委员会向陈主席、袁副主席及临时省政府工作同志们致诚恳的慰问。

湖南省人民政府正式成立了，它团结了各革命阶层、民主党派、人民解放军和爱国民主人士的代表，是一个名副其实的地方性民主联合政府。领导这个民主联合政府的王首道主席，是经过长期艰苦工作与锻炼的，学识经验皆极丰富，由他来领导全省政治，一定更能获得广大人民热烈的拥护。今年本省三大任务——生产救灾，反霸减租、准备土改和清剿残余土匪。在临时省政府领导下，已经获得光辉的成绩，希望人民政府成立后，要用全力把它完成。在中南军政委员会规定今年六项工作中，土改是最中心的工作，也是最艰难的工作，希望人民政府更要用全力来加紧准备，务期顺利完成。这次中央规定统一全国财经工作，是国家过渡财经困难最贤明的措施，务必严格执行，希望人民政府要坚定掌握政策。目前不免有些浅见之辈，为了个人眼前利益，到处叫嚣。各级工作同志希勿随声附和，乃至动摇立场。我们必须坚持局部利益绝对服从全体利益，短期利益绝对服从长期利益，下级绝对服从上级，才能稳渡难关，才能稳步走上建设的坦途。我相信湖南革命人民团结在毛主席旗帜下，直接受着省人民政府的领导，任何困难都是能够克服的。谨祝新湖南建设成功！

附4：《陈明仁主席在宣告临时省政府结束时的讲话》①

今天是湖南省人民政府宣告成立及湖南省人民政府主席、副主席就职的一天，也是湖南临时省政府宣告结束的一天。这是全省人民的一件大事，将在湖南的历史上留下光荣的一页。本人感觉无限兴奋，并致以热烈的祝贺。

湖南省人民政府主席、副主席及各委员的人选，是由中南军政委员会就中国共产党、人民解放军的负责同志及民主党派、爱国民主人士，对人民解放事业有功绩、有贡献者，广泛罗致，提请中央人民政府审查任命的。这是具有广泛代表性的民主联合政府，这是统一战线形式和团结合作精神的具体表现，是可代表三湘人士的意志，为三湘人民服务的。本人深庆选任得人。尤其湖南省人民政府王首道主席，他对湖南情况有深切的了解和研究，我们对他的革命功绩和贤明作风有深刻的认识和信赖。今后湖南政治、

---

① 《湖南政报》一卷六期，第4页。

经济、文化上的建设，一定会有长足的进步和巨大的成就，这是毫无疑义的。

　　湖南临时省政府是在去年八月起义后，和湖南军政委员会同时成立的，其用意只在维持过渡时期的军政，新中国成立后仍保留这个机构。当时仅有很少数的解放军政工人员参加省政各单位，组织没有变更，人事亦少更动。不久，为适应新的建设需要，把省府的组织扩大了，除原有厅处之外，增加了农林、工商、公安等厅。由于组织扩大，工作人员随着增加，并增设副主席一席协理省政。各项社会改革与生产建设工作始逐步开展，奠定今后建设的初步基础。

　　回忆临时省政府成立以来八个月的时期中，本人因兼理军务，常驻防地，又因出席北京人民政治协商会议及中南军政委员会议，前后费时达三月之久，省政工作很少负责，深感惭愧，曾几次呈请辞职，均经毛主席慰勉，未准所请，直到上月中南军政委员会成立，始得林主席同意，并经中央人民政府批准辞职。在此期间，由于各级政府工作人员发扬忠诚为人民服务的精神，坚决执行中央人民政府及中南军政委员会的政策法令，努力工作，使接管城乡、征粮支前、清匪反霸等工作任务基本完成。尤其当前正进行着的全面减租退押运动，发动与组织农民群众，提高农民群众的觉悟，解决春季生产渡荒的问题，这是最具体最有效的办法，对于将来实行土改打下基础。这里我要感谢毛主席、林主席的英明领导及程主任的指示，感谢中共湖南省委，感谢袁副主席的协助和各级政府工作人员的努力，湖南省军区及各阶层民主人士的真诚合作和帮助，尤其是感谢湖南三千万人民的热烈支持。

　　现在新的人民政府成立了，本人很荣幸的又忝列委员之一。今后当在王主席领导之下，和各委员及全省人民一道，为建设人们的新湖南而努力。

长沙凯旋门摄影社拍摄的"湖南省人民政府成立暨主席全体委员就职典礼"合影全景，坐者共 37 位，陈明仁居正中，其左、右侧均为 18 人①

---

　　① 由长沙谢子龙影像艺术馆提供。

合影左侧的坐者，部分可辨识者为：右1：陈明仁，右2：程潜，右4：黄克诚，右5：王首道，右6：袁任远，右7：唐生智，右8：谭余保，右9：周小舟，右11：方叔章，右13：程星龄，右18：方鼎英

合影右侧的坐者，部分可辨识者为：左1：陈明仁，左2：文年生，左4：王劲修，左15：刘公武

陈湘生：程潜、王首道的发言，都充分肯定了陈明仁任主席、袁任远任副主席的湖南临时省政府在八个月施政工作中的光辉成绩，为建设新湖南打下了初步的基础。陈明仁的发言，则谦称其本人对省政工作很少负责，深感惭愧；表示要在王首道主席领导之下，和各委员及全省人民一道，为建设人民的新湖南而努力。

就此，陈明仁完成了湖南省解放以后第一任省主席八个月的任期，以全部精力，投入军队建设之中。

陈明仁佩戴过的湖南省人民政府证章

陈明仁佩戴过的出席湖南省各界人民代表会议的纪念章

4月5日

第二野战军在西昌歼灭国军残部。至此,大陆地区国民党军队全部覆没。

4月7日

陈明仁夫人谢芳如患癌症,送到天津乐仁医院治疗。她给在长沙的二儿媳彭玉琪写信,诉说病情,嘱咐为陈明仁操办即将到来的生日。

附:谢芳如给媳妇彭玉琪的信

(信封)湖南长沙上麻园岭七十八号　彭玉琪先生启

天津乐仁医院谢寄　(邮戳:湖南 一九五〇年四月十二日)

玉琪:

接你三月十六、廿三、卅一来信,知道四个大孩子病现已好了,我听得也放心了,醴生她也咳嗽,不知现在好了吗?玉琪你伤风病已完全好了吗?你怀了孩子,什么事不要太过于累了,好好保重身体,弄点补东西吃。你父亲回长沙来,他也好吃一点。近日我好一点,挣起来写信把你。我天天想写信给你,因为病厉害,不能用脑筋。我离开家两个多月了,两个月我真难受极了。这次来天津治病,最厉害了,一个多月没有下床,吃稀饭都是张嫂喂,最狠那几天,没有吃一点东西,睡着。这两天才下床,学走走,脚还没有力,要扶着。我现在就是头昏得很厉害。近日想吃东西了。我要张嫂做了一点菜,今才吃了半碗饭,一身瘦得无肉了,净骨头,顶危险那几天,我分不清是谁,是哪个都分不清了,已经死了,不知甚么观音菩萨保佑我好了。像那几天无命(力)和你们写信,你也见不到我的面了。今天我已好,这是儿孩的幸福,真是恨那几天。仲叔①、钊、辉②他们都没有来,如果我死了,无一亲人在身前,你看可不可怜我呀!我接你父亲的信,得他不少的安慰,疼爱我,我的病也一天比一天好了。镭上好了,一共输六百 cc 血。输血发热发冷。医生说不要输,可以了,只要能吃东西,就会胖起来。今天到天和医院烤电,每日烤半个钟头,大约一个月完毕,三(应为四)月底可以出院,我想你们听得非常高兴的了。只有廿天了,你父亲快生日,我不能赶回来同他做生日,如果你父亲在长沙过生,你请将③、平、

---

① 李明灏,字仲坚,时在北京工作。

② 陈扬钊、邓荣辉,陈明仁的长子、长媳,时在北京工作。

③ 谢家将,谢芳如的弟弟。

李^①、温^②夫妇来，你办点菜，热闹一下。我只好心中纪念他，祝他长福长寿，身体健康。仲叔入学，辉也要入学，他二人校在颐和园，想他来不容易，来回太远。钊上办公也是很忙，他要星期日上午十时来，下午五时又赶回京去。无人同我写回信，很不方便。我自会好好保重身体，请勿挂念，放心可以，下次再（写。）

　　祝近好（！） 　　　　　　　　　　　　母字四月七日

1950 年 4 月 7 日，谢芳如亲笔信

---

① 李君九。
② 温汰沫。

陈湘生：祖母是醴陵乡下农家女，14 岁嫁入陈家，没有读过书。跟着祖父南征北战，利用一切机会学识字，慢慢学会了写信、译电文，成了祖父得力的"女秘书"。

钟明中：父亲钟贵茂[①]是陈明仁的军需处处长，每到一处安营，陈明仁一家住二楼，父母家住一楼，陈明仁老婆不识字，母亲教她识字。

4 月

第 21 兵团响应毛泽东提出的"为增加国家收入，减轻人民负担，全军进行大生产"的口号，开展生产运动（至 8 月结束）。全兵团耕植水旱田、菜地共 15020 亩，连同副业生产（修铁路、运公粮、运矿砂等），总共收获折合大米 624 万余斤，平均每人生产 300 余斤。

6 月 14—23 日

陈明仁赴京参加全国政协一届二次会议。

陈湘生：祖父参加全国政协一届二次会议后，将在天津治病的祖母接到北京，与定居北京的伯伯一家团聚，一起游览了北海公园，又去拜访了齐白石老先生，请得一幅亲笔画：鸳鸯戏水。白石老人知道祖父祖母感情非常好，就画了一对依偎在莲花荷叶下的鸳鸯，祝愿他们俩白头偕老。

摄于北京北海公园长廊，（左至右）陈明仁、谢芳如、陈见南、邓荣辉、陈见苏、陈扬钊

---

① 钟彬的亲戚，71 军军需处处长。

摄于北京北海公园，陈明仁为夫人谢芳如和陈见苏、陈见南划船

7月1日

第21兵团开展"民主运动"（至8月中旬结束）。

8月中旬

第21兵团开展"建团"工作。至9月上旬，已在起义战士中发展团员808人。

8月21日

农历七月初八。陈明仁三孙（陈扬铨次子）陈湘生出生。

8月

陈明仁辞去湖南私立东方初级中学董事长职务①。

齐白石给陈明仁夫人谢芳如的亲笔画作

---

① 摘自湖南私立东方初级中学《我校历任董事长、校长》。

现在校园里的"明仁路"石碑

校园里的旧"明仁楼",现已拆除新建

附:《东方中学校史介绍》(节录)

新中国成立后,陈明仁将军继续担任校董事长,人民政府委派进步人士李石静担任校长。陈明仁将军挤出时间多次到东方中学看望师生,为学生作报告,鼓励他们志存高远,报效国家。当时学校仍为私立,政府一时无法投入,学生又免交学杂费,学校原管田租均无偿分给了农民,学校经费来源极端困难。陈明仁将军多方设法筹措资金,为学校购赠了大量图书和仪器药品。多次捐出自己的薪金为学生改善伙食。

陈湘生:醴陵东方中学现改名为"醴陵第四中学",为纪念陈明仁将军,校园里辟有一条"明仁路",刻石铭记。并于建校八十周年(1942—2022年)之际,将原有的旧"明仁楼"拆除重建,成了一座"高、大、上"的新"明仁楼"。

9月上旬

第21兵团开始整训。

第52军所属步兵第216师、第53军所属步兵第218师裁撤,所属官兵分别补充第52军和第53军其余各师,第21兵团编制改为2军4师。

9月中旬

第四野战军总部从各军、各军区抽调十二个老连队以及河南独立团、县大队为主的共18000多人,补充第21兵团作为骨干力量。

10月中旬

第21兵团整训完毕,全兵团官兵由原先的24789人增加到42522人。其中,中国共产党党员由原先的1409人增加到7389人,团员由原先的

2009 人增加到 3739 人。

1950 年 10 月，陈明仁与 21 兵团首长于醴陵仙岳山，左起：□□□、陈明仁、次媳彭玉琪、孙儿京生、政委唐天际（前）、政治部主任方正平（后）、参谋长杨焕民

11 月中旬

第 21 兵团开展"时事教育"，声讨美国军队在仁川登陆后，疯狂向北进犯到鸭绿江边，严重地威胁着我国的安全。

11 月 14 日

毛泽东对广西剿匪工作为全国各省剿匪工作中成绩最差者极为不满，调叶剑英去广西。

附:《毛泽东关于肃清广西匪患和增强广东兵力致叶剑英等并告邓子恢、谭政等》[①]

剑英、方方同志，并告邓谭，及张莫陈李[②]（1）：为对付台湾匪帮可能向广东进犯，有增强广东兵力之必要。为此必须提前肃清广西匪患，以便从广西抽出一个军增强广东。广西剿匪工作为全国各省剿匪工作中成绩最差者，其原因必是领导方法上有严重缺点，剑英前去广西帮助张莫陈李诸同志工作一时期，希望迅即前往，并在那里留住几个月，抓住工作重点限

---

① 中国人民解放军历史资料丛书编审委员会：《剿匪斗争——中南地区》（上），解放军出版社 2006 年 11 月版，第 651 页。（以下仅标示书名和页码。）

② 张莫陈李，指张云逸、莫文骅、陈漫远、李天佑。

期肃清土匪，发动土改，端正政策，改善干部工作作风，确有成绩然后回来，否则不要回来。我们希望广西全省主要匪患六个月内能够肃清，明年五月一日以前调出一个军去广东。剑英何日动身去广西望告。又广东必须在广大地区立即开始进行土改，拖延则是失策，亦望注意。

毛泽东

十一月十四日

11月17日

毛泽东命令陈明仁部应加紧训练一个月，于十二月二十日左右向广西出动参加剿匪。

附:《毛泽东关于广东、广西工作安排和部署陈明仁部到广西剿匪致电中共中央中南局、中南军区党委》[①]

中南局，中南军区党委会，并告华南分局:（一）军区党委会十一月十三日的报告收到了，各项计划及布置均很好，请即按此逐项坚决实施。（二）中南局关于广西工作的决议也是很好的，你们派陶铸去广西帮助工作很有必要，陶铸是否已动身去了，如未应速去。我已电叶剑英同志去广西帮助一时期，叶定十一月二十一日动身去，叶不宜离开广州过久，大概在广西住一个月左右即须东返，因此陶铸应在广西久留一会，直至剿匪问题基本解决然后回来。（三）为了对付敌人可能在广东登陆进犯，必须准备使用五个至七个军。除广东现有三个军外，拟在五个月后从广西抽出一个军（位于梧州待机），使用陈明仁部当作一个军，以上五个军确定用于广东。此外，准备于明年三月集中的第四十六、第四十八两个军拟位于衡州[②]机动位置，依情况需要，可以使用于北方，也可以使用于广东。（四）为此必须用全力剿灭土匪，陈明仁部应加紧训练一个月，于十二月二十日左右向广西出动参加剿匪，任务完成即开广东。陈明仁部到广西剿匪考验一次是很必要的。（五）广东修通几条主要公路很有必要，应立即办理，所需费用由政府开支。

毛泽东

十一月十七日

---

① 《剿匪斗争——中南地区》（上），第656—657页。

② 衡州，指湖南省衡阳市。

11 月 19 日

邓子恢等命令陈明仁：21 兵团提前进入广西执行剿匪任务。

附：《决定二十一兵团提前进入广西剿匪》

（1950 年 11 月 19 日）

根据毛主席指示，为了尽快肃清广西土匪，并使二十一兵团在剿匪作战中迅速得到实际锻炼，决定该兵团提前进入广西执行剿匪任务，整训工作应在 12 月 15 日前结束，争取明年 1 月开始参加广西剿匪作战。

邓、谭、赵[①]

十一月十九日

11 月 20 日

邓子恢、谭政电令陈明仁等加紧准备，派人去广西了解匪情和接受任务。

附：《邓子恢、谭政关于调第二十一兵团参加广西剿匪致电陈明仁、唐天际等》[②]

廿一兵团陈唐魏杨方[③]，并告广西军区：（一）已决定廿一兵团参加广西剿匪，望即加紧准备，以便如期行动。（二）剿匪对于廿一兵团的指战员是一个很好很有益的锻炼，望鼓励部队满意接受这一锻炼，以求得进一步的改进与提高。为此目的，就要求全体人员能在剿匪行动中体现为人民服务的决心与意志，勇敢而积极地作战，不怕艰苦，不怕困难，努力团结人民，切实遵守纪律，学习宣传作群众工作，学习瓦解匪军的政治攻势。如果你们的部队能够做到这样，并学会这些，那就会有一个很大的进步。（三）为了学习友邻部队的经验，以便在剿匪行动中少走弯路，避免那些可以避免的损失，希望你们派人到四十六军及广西友军中去接收上述经验，并在干部之中广为传达，或就近邀请四十六军有经验的同志到你部作两三次报告。请斟酌办理。（四）你们应即派人去广西，了解匪情和接受任务，并准备部队到达时的各项事宜。

邓　谭

十一月二十日

---

① 邓，指邓子恢，当时任中国人民解放军中南军区第二政治委员；谭，指谭政，当时任中国人民解放军中南军区第三政治委员；赵，指赵尔陆，当时任中国人民解放军中南军区参谋长。

② 《剿匪斗争——中南地区》（上），第 660 页。

③ 陈唐魏杨方，分别指第 21 兵团司令员陈明仁、政治委员唐天际、副司令员魏镇、参谋长杨焕明、政治部主任方正平。

11 月 27 日

中南军区司令部致电 21 兵团具体布置广西剿匪任务。

附:《中南军区司令部关于参加广西剿匪的任务与部署致电第二十一兵团》①

廿一兵团:1. 广西决定你兵团参加进剿瑶山及担任柳州以北地区之剿匪任务。以一个军部率一个师进到阳朔至平乐、昭平和阳朔至荔浦、修仁线,担任兴业瑶山东北部和北部的包围;另一个师则进到榴江、雒容、象县地区,担任封锁瑶山的西北部和负责消灭该区境内之匪。另以一个军部率两个师,以柳州为中心,以一个师的两个团,接替柳州至来宾和柳州至迁江的四十九军和四十五军清剿该区的任务,另一个团接替宜山分区守护铁路的任务;另一个师暂集结柳州,听候广西分配部署,兵团直可分驻桂林和灵川。2. 广西拟于一月中旬开始进剿瑶山地区,故你们应于十二月底进达上述地区集结完毕,一月上旬完成进剿准备。为此你们应于十二月十日左右,开始向指定地区开进,分别在衡阳、醴陵一线上车,至桂林、柳州等地下车,再步行至以上进剿地区。为防止瑶山地区之股匪向瑶山东北部或西北部逃窜,你们担任该地之一个军(率二个师)应先行向指定地区开进。另一军与兵团直可随机跟进。3. 为能达到剿匪行动的突然性,必须注意保密。关于进剿瑶山股匪之任务,暂不应下达,只宜宣布到广西剿匪,尔后依情况需要再作进一步的动员。4. 你兵团到达广西后,即归广西军区张、李、莫②指挥。望先派人前往联络了解情况和接受任务及进行粮草布置。5. 望即派一得力干部带全军实力统计,到衡阳路局找张局长交涉车运。我们已电告衡阳路局。

中南司

十一月二十七日

11 月 28 日

张云逸部署 21 兵团一部进剿瑶山地区之匪。

12 月 9 日

广西军区为即将到达的 21 兵团布置剿匪任务。

---

① 《剿匪斗争——中南地区》(上),第 671—672 页。

② 张、李、莫,指张云逸、李天佑、莫文骅。

12 月 14 日

第 21 兵团奉命开赴广西剿匪。

第 21 兵团部及直属部队和第 52 军在醴陵集结，第 53 军在耒阳集结，随后分批乘车开赴广西。

12 月 20 日

第 21 兵团兵团部及直属部队进驻桂林，第 52 军进驻柳州，第 53 军进驻南宁。

12 月 28 日

广西军区致电毛主席，言："在廿一兵团全面配合下，坚信在明年（1951年）五月前定能完成消灭全省土匪的任务。"

1951 年 1 月 7 日、9 日

毛主席肯定近期广西剿匪工作，并指示 21 兵团具体任务。

1 月 9 日

毛主席命令 21 兵团在广西南北两重点区剿匪工作完成后，开到广西西北部继续剿匪。

1 月 10 日

第 21 兵团开始实施第一期剿匪，剿匪重点地区为桂林、柳州、平乐三地所属的大瑶山，南宁地区所属的上思、扶南、邕宁、绥渌四县边缘地区及龙州地区的同正、隆安、万承三县；其次为以柳州为中心的北至桂林，南至来宾、黎塘，西至南丹的三条铁路沿线附近两侧及柳州北至三江县沿河两岸地区。

陈明仁命令第 53 军直属队、第 217 师配属兵团警卫团一部担任以柳州为中心的北至桂林、南至黎塘、西至南丹的三条铁路线的护路和清剿沿线两侧，以及进剿柳州至三江一段河流两岸的土匪；第 52 军指挥第 215 师第 645 团、第 214 师第 640 团，在军直属队及桂林军分区所属第 440 团一个营、柳州军分区一部的配合下，以十个营的兵力对瑶山的土匪进行围剿；第 214 师（欠第 640 团）配合平乐军分区所属第 145 师对平乐、荔浦、修仁地区的土匪发起进剿；第 215 师（欠第 645 团）对雒容、象县地区的土匪进行围剿；第 219 师配合第 45 军分别对上思、扶南、绥渌、邕宁地区、同正、隆安、万承地区发起进剿。

1 月 21 日

广西军区部署 21 兵团下属四个师的具体剿匪任务。

1 月 27 日

陶铸关于 21 兵团等部队剿匪任务的部署电告中南局转毛主席。

2 月 15 日

中南军区表彰 21 兵团剿匪取得的成绩。

附：《中南军区表彰第二十一兵团剿匪战绩致该兵团并各军区、各军电》[①]

廿一兵团，并各军区、各军：

廿一兵团五十二、五十三两军入桂后，参加瑶山会剿及邕宁南部之剿匪作战事，虽剿匪经验不多，但在全体指战员的积极行动努力下，十六天中（一月九至二十五日）共歼匪五六三七名，内毙匪首五名、匪众六八名，伤匪二十八名，俘匪二六六六名（内匪首九十名），争取投降及自新匪二八七〇名（内匪首一一四名）；收缴马步枪四九三四支、轻重机枪二八挺、冲锋枪三五支、卡宾枪十六支、自动步枪两支，讯号枪、掷弹筒、六〇炮各一，发射筒三、土炮十、短枪一四八五支及各种弹药一部。望你们注意总结经验，克服缺点，使全军剿匪作战继续提高一步，争取下一步获得更大成绩。

2 月 18 日

中南军区兼第四野战军首长表扬 21 兵团等部队大小瑶山剿匪取得很大成绩。

附：《中南军区兼第四野战军首长表扬广西瑶山剿匪部队的通令》[②]

我广西剿匪部队二十一兵团五十二军全部，桂林分区四个营，平乐、柳州、梧州分区各两个团，一七四师五二〇团，共十四个半团兵力，于一月九、十两日先后开始对盘踞桂东南部桂林、平乐以南，柳州、雒容以东，昭平以西，平南、藤县以北之大小瑶山股匪展开强大围歼攻势。经过事先的严密封锁及进剿部队的忍饥挨饿，不畏艰苦，不顾疲劳，冒雨搜山，日夜追歼，克服了许多困难，集中进剿后及时铺开驻剿，月来获得很大成绩，歼

① 《剿匪斗争——中南地区》（下），第 780 页。
② 《剿匪斗争——中南地区》（下），第 787 页。

匪一万六千一百九十余人，内毙俘重要匪首桂北军政区副司令白浪涛、湘桂边区游击总队副司令何运生、匪五十五军军长黄炬〔钜〕英、副军长刘锦堂、救国军纵队副司令吴立宾、四十八军军长杨创奇、四十四军军长黄铭新、新一军军长余铸、桂东军政区副司令甘竞生（为瑶山两大匪首之一）、桂东军政区副指挥官梁君候大小匪首一千六百余名。现大部地区已无十人以上股匪，并正进行清匪反霸，发动群众中。这一胜利的取得，全有赖各剿匪部队及党政军民的一齐努力和组织领导的成就，特予通令表扬。并盼继续努力，迅速捉净潜散之匪众匪首，准确掌握政策发动群众，为如期完成毛主席给予五月前肃清广西一切土匪的光荣任务而努力。

司令员　林　彪

政治委员　邓子恢

谭　政

参谋长　赵尔陆

副参谋长　苏　静

二月十八日

3月8日

李天佑等致电中央军委、中南军区、二十一兵团等，会报、通报大小瑶山剿匪胜利完成的综合情况，并部署三月底四月初主力转至西北部并分为两大重点区进剿：第一个重点区以二十一兵团四个团、宜山分区三个团、柳州分区两个团，共九个团的兵力，统为二十一兵团指挥；第二个重点区以二十一兵团四个团、南宁分区两个团、百色分区独立团，共七个团的兵力，统为广西军区指挥。并言：根据大小瑶山的经验，估计在五月一日前基本上可以完成毛主席和中南军区所给予肃清全省股匪的任务。

3月10日

根据3月8日李天佑关于第二期重点进剿于3月底4月初开始、主力分为两大重点区进剿的命令，21兵团于3月8日当日即作出第二期重点进剿的全盘部署，以命令形式发该兵团所属各军、师，立即执行。本日（3月10日）将该部署电告中南军区、广西军区。

3月20日

第21兵团开始实施第二期剿匪，进剿匪区计有柳州、桂林两分区所属之四十八弄、九万大山地区；宜山分区所属之南丹、天峨、木伦地区；南宁分区所属之同正、隆安地区；百色分区西部之西隆、田西、西林及北部之东兰、凤山、凌云地区；广东所属钦廉分区之钦县、合浦县、灵山县和防城县；柳州分区所属之三江地区；融县、罗城两县北部之香粉、三防地区。

3月30日

第21兵团下达湘桂黔边三个地区重点进剿的命令，并报中南军区、广西军区。

第21兵团第一期剿匪任务结束，歼灭土匪13285人。

附：《中国人民解放军第二十一兵团简史（初稿）》（节录）（刊载于《中国人民解放军第五十五军第三次国内革命战争战史》）

（1951年）1月10日3时，各部队均发起进剿，进入了匪占区，分头奔袭股匪。

开始时由于我进剿声势很大，匪已得到消息，早已有计划地化整为零分散隐蔽，并威胁欺骗匪区居民全部跑入深山，使我无法了解匪之行踪；加之我各部队缺乏剿匪作战经验，对匪估计过高，以为匪必定会集中力量与我顽抗，因而我在战术指导思想上，存在着"打大仗"集中优势兵力一举全歼股匪的想法，故在匪已分散之后，我还是以大部队进行合击，因此，使匪有隙可钻。在头几天进剿中，我各部队大都扑空了，仅仅捉到一些零星散匪。这一时期不仅未扑到股匪，同时也疲劳了部队，降低了剿匪信心。

兵团发现这一情况后，立即在思想上、行动上和部署上加以扭转，除派干部分头到各部队深入营、连进行动员坚定剿匪信心外，随即将部队铺开，以排连为单位划分地区进行驻剿，实行包干制，以主要力量搜山搜林，以少数兵力发动群众，适时的展开清匪反霸。这一部署的变更，纠正了上述的倾向。各部铺开后，根据"匪变我变"的方针，全体指战员不顾一切困难和疲劳，不分黑夜白天，冒着风雨进行彻底、严密的搜山、搜河、搜林。我地方政府各级人员也发挥了高度的积极性，给部队磨米、做饭，送往山上，有的副县长、科长自动给部队做向导。匪区的居民在我军良好纪律的影响和宣传下以及我适时镇压匪首，使居民清除了对匪的顾虑，纷纷下山回家，经我一再地教育逐渐向我靠拢。有的给我带路，向我报告匪情，帮助我们剿匪；由于居民熟知当地山林幽密途径及藏匪的地点，在居民协助下，使我更能深入匪穴捕捉潜匪。我外围封锁的部队更日夜不懈地严密警戒，使匪无法向外逃窜。我搜剿部队更使匪没有任何窜逃的机会，只要得匪一点线索，即毫不放松地追击到底。战士们在搜山中是逢林必围，逢洞必入，不怕任何艰苦。我215师645团2营4连曾入瑶山深处的"河上江"，80余里没有人烟的地方，搜山三昼夜，战士们人叠人搭成"人梯"爬过了悬崖陡壁，没有锅灶，用竹子筒做饭，夜晚露营在泥泞的野地，没有半点怨言。在我这样最严密搜剿之下，迫使匪无处可藏，无路可走，无村可躲，无饭可吃，陷于饥困不堪日暮途穷的绝境。加之我们正确地执行了镇压与宽大相结合的政策，对顽抗之匪则坚决予以镇压，对投降自新之匪则给以宽大，给匪众指出只有投降才是生路；同时我们又继之以匪治匪的方法，利用匪属、降匪限期上山找匪下山自新，因而使匪日益分崩离析，纷纷各自出来投降求生。

在我军事进攻与政治瓦解相结合的打击之下，各地股匪日渐瓦解，投降者日益增多，不仅匪众和一般的匪首出来投降自新，有的大匪首也被迫出来投降认罪。在瑶山地区一个村子2月20日一天中即有100多名匪众、匪首向我投降，该地大匪首之一的126军副军长邓海山亦于2月1日向我投降。有些主要匪首虽然带一二亲信依仗山境熟东躲西避地和我周旋，但终究也没有逃脱被歼的命运，只是迟早不同而已，他们不是被我活捉便是被击毙。2月1日我214师搜山部队击毙了至死顽抗的大匪首白浪涛；1月28日上思地区第1方面军"反共青年军"总指挥李大明向我219师进剿部队自新；2月4日来宾地区"民主联军"第1军副军长韦章权、师长江友亮等主要匪首亦向我217师投降。

至2月中旬，各剿匪区均已基本上歼灭了股匪。瑶山地区之股匪已接近全歼，仅剩下一个匪营长尚未捉到，匪众已被歼百分之九十五以上。雒容、象县、平乐、荔浦、修仁等地区也都先后肃清了残匪。上思、扶南、绥渌、邕宁地区已歼匪首、匪众各百分之八十以上，来宾地区仅剩散匪五十余。三江至柳州沿河两岸，柳州至黄冕、黎塘、南丹各铁路两侧之匪全部肃清。

219师于2月下旬已全歼上思、扶南、绥渌地区之匪，匪首钟飞等多名向我自新。该师于3月3日对同正、隆安、万承地区匪首雷啸空所部发起进击，3月24日将雷匪活捉。3月末该地区之股匪已均被歼灭。

至此，全兵团第一期剿匪任务全部完成。共歼匪13285名，内师以上匪首54名。

4月3日

陈明仁夫人谢芳如在长沙病逝。

附：陈扬钊《回忆父亲陈明仁》（节录）

我的父亲和母亲感情很好。我外祖母谢家比较富裕，陈家的经济状况不及谢家。他们结婚后，父亲每次到岳父家，母亲都要给他穿上平时不舍得穿的长袍，用她自己纺纱、织布赚来的钱买好礼品给父亲带去，使他不致被娘家的人瞧不起。父亲结婚后，继续在长沙兑泽中学读书，毕业后在家乡当小学教师。1924年才到广州，先入程潜、李明灏主办的讲武堂，后转到黄埔军校一期当学员。我的母亲没有文化，但父亲并不嫌弃她，对她很好，教她读书、识字，所以我母亲能单独给父亲写信、翻译密码等。父亲年轻时则要母亲教他学炒菜。父亲炒菜的技术直到解放后，我们前往他的住地探望时，还传授给儿媳、孙女。他亲自腌制的泡菜有十多个品种，自制的豆腐乳也特别好吃。当然，他一生大多数时间还是吃厨师杨成九做的醴陵菜。他与母亲都不喜欢雇请保姆，日常生活中的洗衣、针线等多是他们自己或婶婶、舅母等做。父亲虽然很早就当了高级军官，也很有钱，但他穿的袜子还是保持农村的习惯，要让母亲剪开重新缝上布的袜底，直到我母亲去世后才被迫改变这种习惯。他的手既会打枪，也会做针线活，还能写一手刚劲的毛笔字。他晚年有些内衣掉了纽扣或破了小洞，他自己

陈明仁夫妇合影，陈明仁在此照片背面写道："最后一张照片，一九五一年三月廿日于长寓"

缝补得很精巧，至今我们还保留着他亲手缝补过许多小洞的羊毛袜。

父亲对母亲的感情，在当时的社会是难能可贵的，也是高尚的。1925年秋，父亲参加第二次东征的战役中，第一个爬上惠州城楼，将孙中山制定的青天白日旗插上惠州城。事后，蒋介石不仅给他加官晋爵，看他年轻英俊，还给他做媒，要将国民党某要员的女儿许配给他。父亲当即向蒋介石说明，家乡已有妻子儿女，拒绝了这件婚事。此事在当时被传为佳话，都说是高尚的美德。在几十年里他俩很少发生争吵。虽然父亲脾气暴躁，母亲很会处理，知道他不高兴时尽量不激怒他，事情过后再劝说他，他也能接受。我们儿子、媳妇有什么事要找他们，父亲总是要我向母亲讲。父亲几十年来，只要离开母亲，无论到哪里，总是用最快的速度告诉母亲他的行址、生活等情况。只要有可能，哪怕战事刚结束，他都要将母亲接去。母亲也不怕驻防地点的条件差、不怕辛苦。所以亲友们常对他俩开玩笑说是：公不离婆，秤不离砣。

1950年春，母亲因病情日愈严重，从湖南到天津治疗。父亲由于工作忙，不能陪同前往，但他每天都要在百忙之中写一封信给母亲，询问病情，予以安慰。当时我与妻子都在北京工作，我们经常到天津去照料她。母亲在天津医病期间，毛主席、周总理得知，派人前往天津慰问，并送去一笔医药费。1951年4月3日，我亲爱的母亲谢芳如终因病情恶化，不幸病故，时年仅50岁。父亲闻讯从桂林赶回长沙，因未能在她生前见面，悲痛欲绝。父亲写了挽联悼念："卅年恩爱永矢同心，若论伉俪深情敢谓世间少有，芳如吾妻；千里归来竟艰一诀，从此音容长渺除非梦里相逢，明仁泣撰"。在绕棺祭奠时，父亲的眼泪滴湿了母亲棺木的周围。1974年5月，父亲在北京病危时，我们守在他的床前，他示意我们把母亲的相片给他看。他眼含泪花，久久凝视着母亲的遗像。后来父亲去世遗体火化时，我们征得广州军区政治部李主任同意，将我母亲的相片放在父亲上衣的口袋里一同火化。我们母亲生前对亲友、部属极为关心，他们有些事不敢直接对我父亲讲，就请母亲帮忙。尤其难能可贵的是在我父亲长沙起义的时间里，她虽然重病在身，还是支持父亲的正义行动。在一些场合带病代父亲妥为应酬，包括接电话也按父亲的意旨对答。白崇禧是经常直接打电话与我父亲联系。有一件事使我难忘，起义前不久，我尚在长沙，军法处长梁凤奉白崇禧之令要将寻治等八人以共产党罪名判处死刑，有人向梁说情，梁出示白崇禧的手令，表示不敢违，于是，人们找到我母亲，我母亲知此事重

陈明仁在亡妻灵堂

右起：陈明仁、陈醴生、陈京生、陈镇生、
彭玉琪（怀抱陈湘生）、陈扬铨

大，即嘱梁凤将此案先压下来，等她转司令官（我父）后再照司令官的意见办。梁对我母一向尊重，遂将此案压下。后来八人于 8 月 3 日晚全部释放。我母去世后，湖南党、政、军各界为她举行隆重的葬礼。直到 1984 年，湖南省委统战部谢副部长还亲自主持，派人打扫她在长沙岳麓山赫石坡的坟墓⋯⋯

附：陈镇生①《回忆婆婆②去世》

婆婆状况不好时，妈妈就急电在广西剿匪的公公速归。但婆婆没有等到公公回来就咽气了，但眼睛不肯闭上。妈妈去为她抹过几次眼皮，都没有成功。直到几小时后，公公匆匆赶到，亲自为婆婆抹眼皮，她才闭上。公公没有赶上与婆婆诀别，悲痛欲绝，泪流不止，眼睛都肿了。他在婆婆遗体旁坐着不动，几天不吃不喝不睡，任何人都不敢去劝。

婆婆出殡的那天凌晨，我们几个孙辈被大人们从梦中唤醒，给我们换上孝服。大人们将我们平时穿的睡衣裤捆成一小捆一小捆的。我问他们干什么？他们告诉我：把我们的衣服放入婆婆的棺内，以示我们陪伴着她老人家。我们被领到楼下大厅里的婆婆灵前，跟随父母站在婆婆棺木边。那时公公已换去戎装，着一身黑色长袍，如醉酒之人，站立不住，由两位好友架着完成整个祭奠和送殡仪式。弟弟京生还问我："公公怎么喝醉了？"

---

① 陈明仁的长孙女，时年 6 岁。

② 醴陵话称祖父为公公，祖母为婆婆。

中间3人为：李君九（左）和汪士楷（右）
夹持住瘫倒的陈明仁（中）

前排中为瘫跪在地、被左右好友夹持着的
陈明仁

陈明仁蹲在亡妻坟头，远处是橘子
洲、湘江和长沙市区

落成后的墓地，左至右：陈京生、陈明仁、陈镇生、
怀抱陈湘生的彭玉琪、陈醴生

1951年4月8日，陈明仁在中间墓碑亲笔题写："吾妻谢芳如墓　陈明仁　立"

到家来向婆婆遗体告别的各界人士络绎不绝，公公呆坐在沙发上，如木偶般痴呆。出殡时，除了隆重的仪仗队，长沙城内百姓几乎倾城而出，从家门口到岳麓山的路边，都是戴着白花和执仗的人们。我当时很奇怪，为什么会有这么多人来送我婆婆？

陈湘生：祖母弥留时，身边只有妈妈一个人在照顾。正在浙江大学读书的爸爸及时赶了回来，和"将舅"（谢家将，祖母的弟弟）临时请了风水先生，一起上岳麓山找墓地。选了一处背靠岳麓山、面朝东方湘江的空地后，加紧造坟。按照祖父嘱咐，做了双穴：面朝湘江，右手侧葬祖母，左手侧留给祖父自己。祖父亲笔题写了墓碑中间的文字："吾妻谢芳如墓　陈明仁　立"。

4月25日

中南军区司令部通报3月份剿匪战绩及4月份的剿匪计划：分三个重点区迅速肃清广西西北部的股匪。第一重点区以二十一兵团二一四师等共四个团于4月7日进剿南丹、天峨地区。第二重点区以二十一兵团二一九师、二十七师等共四个团兵力于4月15日进剿百色分区境内之西隆、西林、田西、乐业、东兰、凤山等地。第三重点区以五个团于4月中旬进剿湘桂黔边之三江地区。

5月6日

中南军区电21兵团陈明仁、唐天际等及广西军区陶铸、李天佑等，针对近期剿匪效果不佳，提出新的对策，要求与友邻部队不仅要在步骤上取得一致，在具体战役组织上也应求得周密计划密切协同。

5月16日

毛主席鼓励广西剿匪部队继续进剿，歼灭一切残匪。

附：《毛泽东关于鼓励部队继续进剿致广西军区并告中南军区电》

广西军区司令部，并告中南军区：

你们五月七日电收到。四月份全省歼匪近三万人，残余匪众只剩一万五千人，甚慰。尚望鼓励剿匪部队继续进剿，歼灭一切残匪。

毛泽东

五月十六日

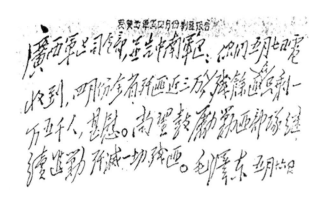

毛泽东关于鼓励部队继续进剿致广西军区并告中南军区电文的手稿

5月

第21兵团列入中南地区剿匪部队7个单位之一，属中南军区兼第四野战军指挥。

5月31日

第21兵团第二期剿匪任务结束，歼灭土匪32198人。至此，第21兵团基本完成广西剿匪任务。

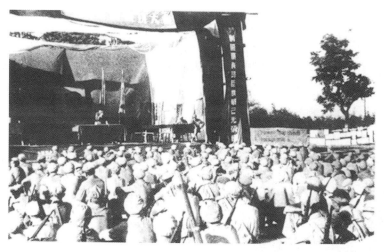

1951年6月，完成桂西北剿匪任务的第53军召开剿匪庆功大会会场

6月12日

广西军区命令21兵团53军指挥三个团继续进剿凌云及田西、乐业边

沿地区之匪。

7月1日

第21兵团第52军第215师在广西雒容县城（现为鹿寨县城）召开庆功大会。在剿匪战斗中，第215师全体指战员，不怕牺牲，英勇作战，全师涌现了1047名功臣。会前，第21兵团司令员陈明仁为庆功大会题词"保持光荣，发扬光荣，争取功上加功！"

8月4日

广西军区调整清匪部署，21兵团除219师继续执行清匪任务，其他部队转入整训。

第21兵团司令员陈明仁为庆功大会题词"保持光荣，发扬光荣，争取功上加功！"

9月2日

第21兵团所属第52军、第53军番号撤销，所属四个师由兵团部直辖。

9月初

第219师完成剿匪任务。至此，第21兵团全部完成广西剿匪任务。

9月上旬

陈明仁佩戴过的中国人民解放军第二十一兵团首届庆功大会纪念章

第21兵团在士兵中进行"阶级观点教育"运动（至10月底结束）。

10月

陈明仁前往北京参加全国政协第一届全国委员会第三次会议。

12月上旬

第21兵团开展"三反"运动（至1952年3月底结束）。

509

12 月 14 日

农历十一月十六日。陈明仁四孙女（陈扬铨三女）陈杭生出生。

1952 年 3 月 31 日

中央人民政府决定兴建荆江分洪工程。

4 月 14 日

第 21 兵团兵团部、直属队一部、第 214 师、第 217 师改编为荆江分洪工程部队，由第 21 兵团政治委员唐天际任分洪工程总指挥兼工程部队司令员、政治委员。

第 21 兵团部分直属队、步兵第 215 师、步兵第 219 师与第 48 军军部、直属队、步兵第 144 师、第 49 军步兵第 145 师合编，组建成新的第 21 兵团，仍由陈明仁任司令员，原第 48 军政治委员陈仁麒任兵团政治委员，欧致富任第一副司令员，钟文法任第二副司令员，高起任参谋长。

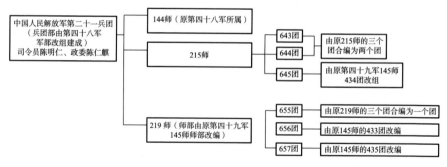

第 21 兵团的三个师编成图

第 48 军番号撤销，军部改组为第 21 兵团司令部，步兵第 144 师保留番号，步兵第 145 师番号撤销。新成立的第 21 兵团（司令部驻桂林）辖步兵第 144 师（师长张荣森，政治委员肖泽泉，驻祁阳）、步兵第 215 师（师长张镜白，政治委员江腾蛟，驻雒容）、步兵第 219 师（师长程启文，政治委员高先贵，驻柳州）三个师。

步兵第 144 师原所属三个团（430 团、431 团、432 团）编制不动；步兵第 215 师所属三个团并编为第 643 团、第 644 团，步兵第 145 师第 434 团改编为第 645 团；步兵第 145 师主力与步兵第 219 师并编，步兵第 145 师师部改称步兵第 219 师师部，原步兵第 219 师所属三个团并编为第 655 团，步兵第 145 师第 433 团、第 435 团分别改称第 656 团、第 657 团。

5月

第 21 兵团根据中央军委"开展部队文化学习"的指示，成立文化速成学校（分中学和小学两种教学等级），分期分批调集排职以上干部和部分战士骨干离职学习。

6月

第 21 兵团在金县成立转建大队，集中对 2985 名即将离队转建人员进行教育（至 10 月底结束）。

8 月 16 日

经中南军区审查批准，陈明仁在桂林续娶肖毅（湖南长沙人）。

9月

第 21 兵团奉中南军区命令，以兵团工兵营为基础与各师工兵连组成第 21 工兵支队，开赴海南岛执行国防工事构筑任务（至 12 月归建）。

10 月 8 日

根据中央军委命令，第 21 兵团缩编为中国人民解放军第 55 军，陈明仁任军长，陈仁麒任政治委员，欧致富、魏镇任副军长，高体乾任参谋长，钟文法任政治部主任。仍辖步兵第 144 师、步兵第 215 师、步兵第 219 师三个师。

附:《陈仁麒》(节录)(刊载于《中国人民解放军高级将领传》第 28 卷)

1952 年 3 月，第 21 兵团部奉中央军委命令改编为荆江水利工程部队司令部。4 月，第 48 军军部奉编成新的第 21 兵团部，驻广西南宁。起义将领陈明仁继续任兵团司令员，陈仁麒任政治委员。

陈仁麒到南宁后，工作中正确执行党的统战政策，对陈明仁非常尊重。除党务工作外，凡是涉及部队整编训练、剿匪作战等军事工作，都主动听取陈明仁的意见。但是，陈明仁对过去的经历依然心有块垒。一次，他们相约去第 21 兵团所属的某炮兵团检查训练工作。陈明仁只是看,至多说"不错""可以",不大发表具体看法。陈仁麒发现后，便主动让干部战士们进行训练表演给陈明仁看，并请陈明仁提出意见。在全团大会上，团长主持会议，原本请陈仁麒作指示。陈仁麒点点头，走到台上，高声说道："下面请司令员陈明仁同志作指示。"陈明仁站立一旁，全无准备，一下愣住了。"陈司令！请！"说着，陈仁麒笑着带头鼓掌。霎时，热烈的掌声响彻开来。陈明仁这才反应过来，随即迈着矫健的步伐走了上去。

回到南宁，陈明仁颇感歉疚，说："陈政委，你是党委书记，政委，那指示应该你作嘛！""陈司令，你是党中央和毛主席任命的21兵团司令员，军事工作你本身就熟，当然该你来管。更何况你司令员给部属作指示是天经地义的事呀！"陈仁麒宽厚地劝道。

陈明仁在国民党部队中身居高位，但无贪污受贿的恶名，颇受好评。不过，组建第21兵团时，陈明仁配有一个卫士排和专门的厨师。为此，一些人颇执微词。陈仁麒知道后，无论在任何场合总要给大家讲清道理："陈明仁同志率部起义有功，使长沙得以和平解放。遵从他本人意愿，毛主席亲自为他安排了今天的工作。他现在是我军的高级将领，有卫士排负责警卫工作完全应该。"

至于自带厨师，陈明仁很自觉。除去周末外，都和其他领导一起用餐。不久，便打算辞退那位跟随了自己半生的厨子。陈仁麒知道后，特地赶去陈明仁家中做工作，他说："司令员，你负过伤，身体不好，加之水土不服。吃大灶不必了，厨师不要辞退。"就这样，这个厨师一直跟随陈明仁到"文化大革命"前夕。

11月1日

第55军政治委员陈仁麒调任海南省军区第二政治委员，王振乾接任。

11月27日

第55军根据中南军区指示，为统一国防军编制，成立整编委员会，由政治委员王振乾任主任，陈明仁任副主任，副军长欧致富、魏镇、政治部主任钟文法、干部部副部长李振军、后勤部政治委员郎冲、副部长钟贵福、军司令部军务科长达志、第144师参谋长霍成忠、政治部主任施高、第215师师长张镜白、政治委员江腾蛟、第219师师长程启文、政治委员高先贵为委员。

12月10日

第55军整编工作（按照志愿军编制整编）正式开始。

12月31日

第55军完成整编工作。

12月

陈明仁当选全国人民代表大会代表（连任第一、第二、第三届）。

本年

陈明仁率55军移防湛江合流。

陈湘生：2020年8月17日，时隔68年，55军后代来到先辈们战斗、生活过的湛江合流。《湛江晚报》为此作了《解放军原55军与麻章甘霖村军民团结的壮丽篇章》专题报道，追述当年的峥嵘岁月。

附：《解放军原55军与麻章甘霖村军民团结的壮丽篇章》①

文／陈充（根据梁关度、梁其祥、郑兴坚提供的材料写成，作者系中共湛江党史研究室副研究员）

8月17日至20日，中国人民解放军原第55军子弟在军长陈明仁孙女陈见苏的带领下，来到湛江缅怀55军驻湛16年的历史功勋。他们参观了陈明仁将军故居，走访了55军官兵工作过的甘霖村、鹤地水库、合流部队驻地等地，与当地群众重温55军的光荣历史，接受了深刻的革命传统教育。

中国人民解放军陆军原第55军是一支英雄的部队。从1952年到1968年，以陈明仁将军为军长的55军长驻湛江16年，为保卫、建设湛江作出了重大贡献。麻章镇甘霖村是一个具有光荣革命历史的老区村庄，55军驻防湛江期间，与甘霖村建立了鱼水般的军民关系。

移防湛江　甘霖村无偿划出土地助建营房

1952年，55军根据中央军委的指示移防湛江。为了迎接55军顺利移防湛江，湛江地委专署决定在合流划出土地建设营房给55军指战员居住训练。合流归甘霖村管辖，得知需要划拨土地给部队建营房时，甘霖村大力支持地委的决定。当部队与村民产生一些矛盾时，村长梁振和村干部梁智铭积极出面解决，使村民表态支持部队驻防。甘霖村还派出了梁振兴、梁飞养、梁智铭、钟世贤等同志，具体协助上级政府完成了部队建设用地的划拨、征用工作，使营房建设顺利进行，55军首长非常满意。

部队到达湛江之初，由于营房还未修好，部队官兵临时安置在甘霖村

---

① 《湛江晚报》，2020年9月8日。

的甘霖、合流、赤水、南畔、田寮等自然村驻扎，村民积极配合欢迎。甘霖村组织了一百多名青年协助部队官兵到合流、东坡、符竹、赤水等山岭（俗称泥地）割茅草、砍树木、挖石头等，帮助部队修建营房。

互相帮助　共同抗击1954年特大台风

1954年9月，百年不遇的特大台风袭击了雷州半岛。台风将部队的草木结构营房全部摧毁，而且伤及了部分子弟兵，还损坏了很多物资。当台风减弱还下着雨时，甘霖村党支部立即组织了千余名群众（差不多男女老少全部出动了），到部队营地开展抢险工作，将部分子弟兵接到家中居住，给予无微不至的关怀。部队子弟兵也牵挂着甘霖村民，灾后，在临时入驻甘霖村各村庄期间，积极帮助村民清理垃圾，修复房屋，支援村民做好灾后重建工作。

台风过后，部队和各级政府从全国各地紧急调来大批建材重建营房，甘霖村组织了一百多名砖瓦工（俗称泥水工）帮助部队迅速重建了营房。

建立军民共建机构　推动军民融合发展

1955年2月，55军与甘霖村联合成立了军民共建领导小组（又称甘霖军民办），办公地点设在甘霖村的甘霖抗日夜校旁，甘霖军民办的组织人员由55军政治部领导与甘霖村领导以及甘霖党支部和民兵营领导组成。军民办建立后，推动了55军与甘霖村的军民关系不断向更高层次发展。

解放初期雷州半岛的农村比较贫穷，生活条件卫生状况非常差，当时雷州半岛鼠疫流行，甘霖村也流行鼠疫。55军进驻后，看到鼠疫威胁人民群众身体健康，非常着急，派出大批官兵到甘霖村各处进行卫生大整治，供应药物，帮助甘霖村进行鼠疫防治，使甘霖村快速有效地控制了疫情。

55军驻防前甘霖村根本没有公路。1957年由湛江公路局、部队、甘霖村共同建设了甘霖村至部队的甘（霖）合（流）公路，给甘霖村群众的出行和农业生产带来极大的方便。后来，陈明仁将军又亲自调来了官兵和机械修建了村抗日夜校旧址至村口的村道，陈将军亲自命名为"军民路"。不久还修了另一条村道，还是陈将军亲自命名，叫"先烈路"（纪念甘霖村为革命牺牲的烈士）。

陈明仁军长经常到甘霖村来，检查军民办的工作，看看村容的变化，还进入农民屋里与农民拉家常。他尤其喜欢孩子，在农民家里会抱着孩子与农民交谈，逗着孩子玩。他一到村，孩子们远远就叫着"陈爷爷来了！

陈爷爷来了！"

55军新兵入伍第一课：到甘霖村接受革命传统教育

甘霖村有着光荣的革命历史，1939年南路党组织在该村举办了政治夜校，并建立了党支部，组织、教育群众开展抗日救亡运动。夜校为南路革命培育了大批干部，甘霖村也成为广东南路地区著名的红色村庄。在民主革命战争时期该村有80多名优秀儿女参军参战，其中25名为革命献出了宝贵生命。

陈明仁将军了解了甘霖村的革命历史后，作出规定：部队每年一度的新兵入伍和爱国主义教育课都在甘霖抗日夜校开办，参观抗日夜校旧址，听取党支部的革命传统教育报告。除此之外，部队经常邀请甘霖革命先辈吴婵、梁汝新等到驻地为官兵讲述革命斗争故事。革命传统教育为年轻的官兵树立起正确的世界观、人生观、价值观起到了重要作用。

将军民团结的优良传统发扬光大

虽然1968年55军移防潮汕，但55军与甘霖村军民团结的优良传统，不断被后人发扬光大。2019年5月，原在55军服役的老兵，自愿组织起来，回到甘霖村"省亲"，与乡亲们共忆军民团结的历史诗篇。2020年8月，原55军子弟在陈明仁将军孙女陈见苏的带领下，回到甘霖村，向甘霖村的父老乡亲致谢，感谢他们对55军驻防合流时的帮助，接受甘霖村革命斗争史教育。值得一提的是，陈明仁将军的第四、第五代也来了，意味着55军与甘霖村的革命情谊将一代一代传承下去！

2020年8月，55军子弟在甘霖村村委会前合影

2020 年 8 月，陈明仁后人听甘霖村书记笑谈祖父在当地的趣事

1953 年 1 月 10 日

第 55 军为加强对立功授奖的管理，颁发《军事训练中立功创模暂行规定》，至 4 月 16 日，共计立功受奖单位 543 个，立功个人 14510 人。

1 月 27 日

陈明仁、王振乾等在桂林召开军衔工作准备会议，准备为 8768 名排级以上干部进行鉴定，为定衔工作全面铺开奠定了基础。

1 月 30 日

第 55 军根据中南军区 1 月 15 日命令，准备移防至雷州半岛。

2 月 20 日

第 55 军根据中央军委和中南军区整编的指示，按照 1953 年国防军陆军军部和步兵师的暂行编制表，分组织准备、组织调整、检查总结三个阶段开始整编。

2 月 25 日

第 55 军军部及所属各部先后抵达新的防区，其中第 55 军军部驻湛江、第 144 师驻海康、第 215 师驻玉林、第 219 师驻廉江。

3 月中旬

第 55 军按照中南军区指示，以军工兵营为基础，编入各师工兵连再次组成工兵第 21 支队，开赴海南岛抢虎山、土吉一带，构筑永久性工事（至 1955 年 7 月完成任务归建）。

3 月 30 日

第 55 军按照新编制完成整编。

3 月底—4 月初

陈明仁秘密入朝。

附：《关于领取"中国人民志愿军抗美援朝出国作战 70 周年纪念章"的申请》

有关上级组织部门：

本人霍玺[①]，1930 年 12 月在内蒙古（时为"热河省"）出生，先后参加了包括辽沈战役、平津战役、渡江战役等大小战役，我所在部队于 1952 年 11 月由新二十一兵团改为五十五军，根据上级工作安排，我成为时任五十五军军长陈明仁将军的司机。1953 年 1 月，作为副官，我跟随陈明仁将军秘密前往朝鲜战场，由于此次行动属于国家绝密，因此本次任务并未出现在任何公开记录中。

根据"中国人民志愿军抗美援朝出国作战 70 周年"纪念章的申报要求，我根据个人情况，认为符合申报纪念章条件第二项："出国为抗美援朝战争服务的、健在的医务、铁道、运输、翻译人员"中的出国为抗美援朝战争服务的人员。因此特向上级组织申报"中国人民志愿军抗美援朝出国作战 70 周年"纪念章。

此致

敬礼！

附件：关于本人随同将军抗美援朝的回忆

申请人：霍玺

2020 年 11 月 3 日

附件：关于本人随同将军抗美援朝的回忆

本人霍玺，1930 年 12 月出生，1947 年 8 月在内蒙古（当时为"热河省"）官家地参加革命，先后参加了包括辽沈战役、平津战役、渡江战役等大小战役，并加入中国共产党。新中国成立后，我所在部队于 1952 年 11 月由新二十一兵团改为五十五军，根据上级组织工作安排，我成为五十五军军

---

① 霍玺离休前任中国国际贸易促进委员会广西分会办公室主任。

霍玺老人荣获的"中国人民志愿军抗美援朝出国作战 70 周年纪念章"

长陈明仁将军的司机。

1952 年 11 月，当年的五十五军为抗美援朝作备战训练，并按志愿军编制进行整编，军长陈明仁为副主任。1953 年初，按照中央军委的部署，为预防国民党"反攻大陆"，五十五军移防至雷州半岛和桂东南地区，因此未参与入朝作战。

我在 1953 年 3 月底至 4 月初接到上级命令，我和警卫员杜顺保卫陈明仁将军前往北京开会。抵达北京后，上级组织找到我和杜顺，问我俩的身份，我说我们是随从人员，于是上级组织给了我们新的军服、军鞋以及军官证，军官证上我的职位为副官，杜顺为警卫员，同时对我们强调了组织纪律和保密纪律，要求不能打听任何事情，也不要过问，只需跟随陈明仁将军出行即可。当晚，我俩随陈明仁将军一行乘坐火车前往沈阳，第二天晚上乘坐苏联吉普车，连续行驶很长时间，到达一个很大的山洞，洞内有沙盘和地图，还有许多我不认识的首长，也有我们志愿军和朝鲜人民军，这时我才知道这是朝鲜境内，这里就是志愿军作战指挥部。

陈明仁将军在山洞中和首长们在沙盘前交流切磋，查看地图，研究军事部署。此后，陈明仁将军又乘车前往前线阵地，由于前线车辆较少，去的人数有限，因此我并未跟随。在山洞中我们食罐头、睡行军床，背 54 式手枪在里外巡逻等待上级指示，远处战场不时传来炮声。几天后陈明仁将军离开了朝鲜，我们跟随他回到沈阳，并从沈阳坐火车直接回到湛江。

此次陈明仁将军前往朝鲜参与作战指挥，属于国家高级绝密军事任务，今年是抗美援朝70周年，勾起了我对当年这段经历的回忆，我作为陈明仁将军的副官，也一直保守这个秘密到现在。

2020 年 11 月 3 日

2020 年陈见苏（右）、陈湘生（左）看望霍玺老人（中），展示纪念章和申领报告

7 月 23 日

第 55 军奉中南军区命令，第 144 师炮兵团、第 215 师炮兵团、第 219 师炮兵团分别改称中国人民解放军炮兵第 543 团、炮兵第 544 团、炮兵第 545 团。

7 月 27 日

板门店签订朝鲜停战协议，第 55 军停止入朝准备。

9 月

第 55 军接到中央军委颁发的 1953 年国防军陆军军部和步兵师的正式编制表，因与实际整编编制有所出入，于是展开整编调整。

10 月 6 日

由朝鲜战场回国的第 134 师第 400 团与第 55 军炮兵教导营并编为新的第 55 军炮兵教导营。

10 月

第 55 军完成整编调整。

第 55 军开展以精简节约工作为主要课题的思想教育工作，要求部队紧缩经费开支，开展群众性节约活动，用节约下来的物资支援国家建设和帮助人民克服灾荒。

本年

陈明仁陪同中央慰问团接见 55 军 144 师 430 团（即红一团）领导。

1953 年，中央慰问团在陈明仁军长（前右一）陪同下接见红一团领导合影[①]
前排右起：陈明仁、三位中央慰问团成员；后排右 2 为红一团政治处主任张长蔚，
右 3 为团政委王凤云，右 4 为团长张吉亭

1954 年 2 月 17 日

接待全国人民慰问解放军代表团。代表团慰问了第 55 军广大指战员，并向陈明仁赠送了纪念章。

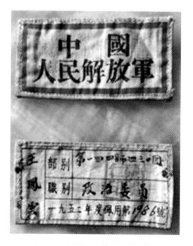

四三〇团（红一团）政委王凤云珍藏的胸章，盖有陈明仁印章

---

① 作者注：王凤云珍藏的照片。

附：全国人民慰问解放军代表团赠送给陈明仁的纪念章

纪念章的正反面

4 月 12 日

农历三月初十。陈明仁四孙（陈扬钊次子）陈见北出生。

5 月 24 日

第 55 军成立教导队。

7 月 14 日

第 55 军下达第 144 师进行改装的命令（8 月 1 日正式换装新式武器）。

8 月 7 日

第 55 军所属各师根据中央军委 5 月 10 日颁布的国防军陆军步兵师编制表进行整编。

8 月 14 日

第 55 军军部按照国防军陆军军部新编制进行整编。

8 月 28 日

雷州半岛遭遇特大台风，第 55 军组织抢险救灾和重建家园。

9 月 28 日

陈明仁兼任中华人民共和国国防委员会委员（连任第一、第二、第三届）。

10 月 18 日

陈明仁参加国防委员会第一次会议。

1954 年 10 月 18 日，第一届国防委员会合影

第一排（从左至右）：龙云、张治中、叶剑英、徐向前、邓小平、刘伯承、朱德、毛泽东、彭德怀、贺龙、罗荣桓、聂荣臻、程潜、傅作义。

第二排（从左至右）：董其武、蒋光鼐、邓宝珊、李先念、陈锡联、罗瑞卿、黄克诚、王树声、粟裕、陈赓、蔡廷锴、刘亚楼、万毅、冯白驹、刘斐、阿沛·阿旺晋美、周保中。

第三排（从左至右）：陈明仁、刘文辉、马鸿逵、邓锡侯、高树勋、周纯全、王宏坤、周士第、乌兰夫、陈奇涵、陶峙岳、黄琪翔、卢汉、韦国清、（？）、赛福鼎·艾则孜。

第四排（从左至右）：郑洞国、邓兆祥、贺炳炎、（？）、（？）、孙蔚如、于学忠、杨勇、赵尔陆、许光达、王世泰、曾泽生、林遵、李明灏、苏振华、鹿钟麟、吕正操、韩练成。

12 月 6 日

陈明仁参加第 55 军首届英雄模范代表大会（至 11 日结束）。

1955 年 4 月 19 日

陈明仁一直要求将醴陵私房"良庄"交公，得到上级同意。至此，陈明仁将所有房地产全部交公。

附:《湖南省委统战部函件》

陈军长：

我们接受你捐献醴陵的房产，不过东车巷大屋三间（汽车间）现为你侄子和部下占有，胜利街铺屋每月租谷四百斤作你十一个侄子的读书费用。我们认为这两处房子暂维持原状，待你的侄子和部下不用，及你十一个侄子读书不用租谷以后，统交醴陵政府好了。现在我们通知省人民委员会办公厅，先接受瓜畲坪的一栋，你看如何？
请告。

此致

敬礼

中共湖南省委会

统一战线工作部（印）

（一九五五年）四月十九日

5 月 20 日

第 55 军根据广州军区命令，组建军部炮兵指挥连。

7 月

陈明仁参加全国人大一届二次会议。会议通过的《中华人民共和国兵役法》7 月 30 日公布，规定将志愿兵役制改为义务兵役制。

全国人大一届二次会议期间，党和国家领导人与代表们合影。第二排右 4 为陈明仁

第 55 军在 1955 年度复员志愿兵 7036 人，补入义务兵 1107 人。

8 月

第 55 军遵照中央军委和广州军区党委的指示，开展肃反运动。肃反分三批对象，按照动员准备、小组斗争、专案审查、甄别定案、复查善后工作等五个阶段进行。第一批为团以上机关及文化速成中学、医院、营建等单位；第二、第三批为军师属的营、连分队。三批共参加 37483 人，作为运动对象定性的有 56 人，处理结果以判刑劳改或转业复员为主。

9 月 7 日

第 55 军成立评定军衔办公室，开始进行评定军衔的工作。

9 月 10 日

第 55 军军法处及所属各师军法处按照国防部 8 月 31 日指示，分别改称第 55 军军事法院及各师军事法院。

9 月 27 日

陈明仁被授予中国人民解放军上将军衔。

陈明仁被授予一级解放勋章。

陈明仁的上将军礼服（上衣）和白手套

陈明仁的上将军帽内面，"陈明仁"
三字为他的笔迹

授予陈明仁的一级解放勋章及证书

10 月 25 日

第 55 军组建国防工事建筑指挥所。

11 月底

第 55 军完成士兵的军衔评定工作，共有 30437 人，其中副排级 239 人，正班级 6230 人，副班级 3425 人，老兵 8146 人，新兵 12397 人。评定结果计准尉 736 人，上士 1646 人，中士 4228 人，下士 4043 人，上等兵 7264 人，列兵 12520 人。

12 月 15 日

陈明仁在广州参加由叶剑英元帅主持的广州军区将官授衔授勋典礼。

广州军区将官授衔授勋典礼合影

12 月底

第 55 军完成尉官的军衔评定工作，共有 7529 人，评定结果计大尉 547 人，上尉 972 人，中尉 1134 人，少尉 3416 人，准尉 1460 人。

第 55 军及所属各师、团举行对尉官和士兵的授衔典礼。

1956 年 1 月

第 55 军开展向李来财学习，为完成 1956 年战斗训练和工程建筑任务而奋斗的运动。

2 月 23 日

第 55 军炮兵教导营扩编为炮兵基干团。

3 月中旬

第 55 军奉中南军区指示，与原公安第 76 团共计抽调 461 名干部充实广州军区第 4 守备师。同时，该师拨归第 55 军指挥。

4 月 18 日

广州军区第 4 守备师改称广州军区第 4 机炮师。

7 月 15 日

第 55 军发布《参加和支援农业合作化运动及农业生产的规则》，以多种形式参加和支援农业合作化及农业生产。

9 月 14 日

广州军区第 4 机炮师缩编为广州军区守备第 24 旅。

11 月 13 日

毛泽东主席在王振乾政委《对陈明仁军长工作情况》的报告上作了重要批示。[①]

附:《主席批语》

各同志阅，退彭德怀同志转发各军区、各军事学校以及有同样统战问题的军或师的党委阅读，加以讨论、仿照办理，认真解决团结党外军人问题。

毛泽东
十一月十三日

11 月 20 日

中央军委转发了《55 军政治委员王振乾同志关于陈明仁的工作情况的报告及主席对该报告的批语》:

---

① 《王振乾回忆录（未刊稿）》，第 202—208 页。

总部各部、各军区、志愿军、各军（兵）种、总参各部、各院校：

兹将55军政治委员王振乾同志关于陈明仁的工作情况的报告和主席对该报告的批语转发如下，望遵照主席指示执行。

中央军委
1956年11月20日

附：刘振东①《回忆陈明仁将军（未刊稿）》

1952年初，48军及144师与陈明仁起义部队组建了新21兵团（为有别于1949年11月组建的由唐天际任政治委员的21兵团，1952年4月组建的由原48军政委陈仁麒任兵团政委的称为新21兵团），1952年10月8日缩编为55军，陈仁麒任军政委。1953年2月陈仁麒他调，王振乾接任55军军政委。我53年任军党委秘书，在王振乾政委直接领导下工作，任王政委第一秘书，并负责与陈明仁军长有关工作，兼任陈军长机要秘书。55军党委和王振乾政委很重视团结党外军人，坚决贯彻执行军委指示，耐心细致地开展对陈明仁上将及其下属军官的团结、教育、改造、使用工作。1956年11月13日，毛主席在王振乾同志的报告上批示："各同志阅，退彭德怀同志。转发各军区，各军事院校以及有同样统战问题的军或师的党委阅读，加以讨论，仿照办理，认真解决团结党外军人问题。"11月20日军委通知，各总部、各军区、志愿军、各军（兵）种、总参、各院校："兹将

刘振东

55军政委王振乾同志关于陈明仁的工作情况的报告和主席对该报告的批语转发如下，望遵照主席指示执行"。这个报告由我参与并执笔起草的，为此军党委给予荣立三等功一次。

遵照毛主席批示，55军对党外军人工作更加严肃认真，热诚周到。1957年春节，广东省组织党政军慰问团慰问省内驻军，陈明仁军长任二分团团长，负责慰问雷州半

①　刘振东，男，1926年9月生于天津市，天津市商业学校毕业。1947年底在学校接触共产党领导的学生运动组织，1948年加入地下组织"民青"，多次参加学运行动，因此曾三次被捕入狱。天津解放前夕接受共产党委派到银行任职员，目的是为迎接和平解放，保卫天津金融不被国民党破坏。天津解放后参加了军管会房地产组工作，并参加了南下工作团随军南下，后加入四野48军，在江西赣州征粮工作中任一中队副中队长。工作结束后返回军部，先后在军卫生部、直工部任见习干事，青年干事，两次立功受奖。1951年加入中国共产党。从1953年起任陈明仁军长的机要秘书。

岛陆海空三军子弟兵。我任随行秘书，负责军长的文秘、安全及生活照顾，历时二十多天圆满完成任务。那时涠洲岛还属广东省，他不顾舟车劳顿不畏海浪，亲自登岛慰问，感动驻岛全体官兵！

55军驻军雷州半岛时，路况不好离各驻军营区远，有次途中遇到车故障，预计到达太晚，建议军长途中住下，第二天再起程，但陈军长说定下的时间不能改，就连夜兼程赶到目的地，一大早就起床出现在军营。陈明仁上将一生保持军人作风，衣着整齐，军姿挺拔，干事不拖沓，说到做到，下定决心不含糊。

陈军长非常平易近人，十分爱护下属，枪法好。部队刚到雷州半岛时，经常在周末带上警卫秘书人员开吉普车，一起到野外打猎给他们改善生活。

谈到陈军长与王政委搭档工作，我评价他们是最佳拍档！那时军队中有许多国民党起义过来的官兵，一遇到事情就分成两边相互发生矛盾。陈明仁上将多少有一些畏缩情绪，王振乾政委用真心诚意去与他交谈，大力支持他工作，维护陈军长形象，让他感动。后来直至王振乾政委调入北京，他们俩的深厚友谊依然保持着，陈军长到北京开会，他们常见面，真是难得一见的朋友倾情，值得感叹！

同时，陈军长与程潜先生的关系也非常好，他非常尊重程老先生。程潜先生之子程元[①]与我结下友谊，以兄弟相称。他曾对我说，你们将来如遇难事需求帮忙，可直接去找我。

我一生都在学习王振乾政委读书阅报随笔写作好习惯，学习陈军长军姿威武说一不二的军人风范，到八十多岁我仍保持每天靠墙站军姿，力争做到不弯腰驼背。非常遗憾的是我当秘书时没有一张与陈军长政委的合影！那时候没想到拍合影留念。

1957年1月26日

朱德视察55军。朱德元帅与陈明仁将军交谊深厚。朱德元帅喜至广东视察，至广东必至湛江，至湛江必至55军，至55军必见陈明仁将军。朱德至，陈明仁均以最高礼仪接待，周详安排。朱德与陈明仁坦诚相见，每一次都交谈甚欢。

---

① 程元曾任55军团长，后调任昆山市军分区司令员。

2月13日

陈明仁参加55军首次军人代表大会（至18日结束），叶剑英亲临大会作重要指示。会议结束后，陈明仁及55军首长对完成1956年度各项任务成绩显著的60个连队授予奖旗。

3月15日

第55军支援地方兴修水利（至月底结束），共出动24564人，支援地方32项大小水利工程建设。

陈明仁迎接来视察的朱德总司令

陈明仁（左3）与王振乾政委（左5）
陪同朱德总司令（中）视察55军

陈明仁率55军少校以上干部与来视察的朱德总司令合影

3 月

广州军区守备第 24 旅拨归粤西军区指挥，脱离第 55 军序列。

4 月 5 日

陈明仁担任湛江地区军民绿化委员会主任兼总指挥。

附:《王振乾回忆录（未刊稿）》（节选）

1957 年清明节前后，时任农垦部部长的王震同志视察华南垦植总局的农垦战线，同时检查了雷州半岛的绿化工作，他在湛江召集驻湛陆、海、空军大尉以上、地方科以上干部开了个紧急动员大会。王震同志阐明了搞好绿化的重大意义，并论述了在沿海建起绿色长城、防风林带与兴修水利，是对社会主义建设的根本保障。为了加强对绿化工作的领导，王震同志当场宣布湛江地区归五十五军陈明仁上将指挥，由陈军长担任湛江地区军民绿化委员会主任兼总指挥，并号召党政军民各界都要服从命令听

朱德总司令为 55 军题词

指挥，努力做出成绩，向青岛挑战，与旅顺大连竞赛。全场报以热烈掌声。

欢送王震同志走了以后，陈明仁军长即回礼堂，向到会的驻地三军干部发布了命令：军队必须带头，成为表率，勿违季节，立即行动起来，从次日起，停止一般操课一周，进行绿化劳动。首长要带头，大家齐动手，要求每个指战员和家属，全年达到保种、保活、保育六十棵树以上的指标，并组织各级检查，随时补齐。湛江地委书记孟宪德同志当场同时规定：地方上除百货公司、医院、旅馆、饭馆、电影院外，其他一律停止一般办公一周，军民一起动手绿化。五十五军为解决运送树苗的车辆缺乏，特请准动用战备封存汽车，全部启封投入突击。陈明仁军长经常深入现场，亲自检查指导，雷州半岛的绿化成绩显著，在全省属于上游，不少记者著文赞美，博得海内外的好评。

6 月下旬

陈明仁参加第 55 军召开的湛江市各界人士代表座谈会，研究提出 12 项密切军政军民关系的改进措施。

7月

陈明仁在《解放军画报》发表题为《爱国一家》的署名文章。

陈明仁撰写的《爱国一家》及配文照片

附:《爱国一家》

中国人民解放军上将陈明仁著文

我从一九四九年起义以来已经七年多了。七年多来,我目睹着祖国奔腾的脚步,亲聆着各项建设的捷音。当我想到祖国七年多的成就,我就抑制不住内心的激动;当我展望着祖国的未来发展,眼前又呈现出一个壮阔的境界。我常对我的妻子说:"生活在这样一个伟大的时代,我才觉得人生的意义!"

在我生活的里程上,我曾走过完全相反的两条道路,经历过完全相反的两个社会。七年前,我在长沙率部起义,是我新旧人生的分界线。当我在中学毕业的时候,祖国正处在军阀割据、连年混战、帝国主义侵略日甚一日的年代,我曾有过"富国强兵"的心愿,也曾有过"显亲扬名"的念头;在黄埔军校读书的时候,我曾梦想为祖国立功勋,也曾梦想为人民做点事。但是,我却走上了完全相反的道路。我在旧军队带兵达二十多年之久,四平街战役以后,我看到解放军所向无敌,势如破竹,国民党兵败如山倒。当时,从部队数量、装备、物资等来看,解放军都比不上国民党。但是,共产党胜利了,这是什么原因呢?凭我带兵二十多年的经验,我知道根本问题在于"人心向背"。"得民者昌,失民者亡",这是自古以来的定理。一九四九年二月,我以华中军政副长官及第一兵团司令官之职由汉口移驻湖南,愈来愈壮大的湖南人民和平自救运动,使我清楚地看到了"人心所向,大势所趋"。在那样的形势下,我不能不为湖南三千多万父老着想,不能不为我所率领的十多万官兵着想。我终于从罪恶的深渊里自拔出来,站到人民的行列,走上幸福的革命的道路。

起义以后,共产党对起义将领和起义军队一视同仁。我一直在海边防部队里当指挥员,前年被授为中国人民解放军上将军衔,工作上既紧张又愉快。七年多来,全家生活极为舒适。我家共有十四口人,我的妻子在驻地附近一个规模很大的医院里当副院长兼妇产科主任;大儿子和大媳妇在同一个政府机关工作;二儿子和二儿媳妇同在一个工厂里工作。全家的收入每月达一千余元,生活上的优裕可想而知了。我有八个小孙子,顶大的十一岁,顶小的三岁,五个读小学,三个在幼稚园,有四个达到入队年龄成了少年先锋队队员。我常想:我的晚年生活是幸福的,我的子孙们的将来不知比我还要强多少倍!

当我看到伟大祖国正在奔向社会主义的时候,我也想到台湾同胞仍然受着外国的武力统治,不能同祖国一道前进;当我处在幸福的生活之中,我也想到台湾同胞在外力统治下,过着饥饿和恐怖的奴隶生活。我有很多旧时袍泽,身在台湾不能欢聚一堂。这使我联想到周总理关于解放台湾问题的发言。周总理在发言中欢迎一切家在大陆、身在台湾的国民党军政人员同大陆上的亲友通讯,或者来大陆作短期的省亲会友,政府还保证他们来去自由;周总理代表政府表示,愿意同台湾当局在他们认为适当的时机派代表前来商谈,还提出了"爱国一家"的原则,要求大家团结起来,一致对外,实现祖国的完全统一。言语是那么诚恳,道理是那么透彻,我看不出台湾当局有什么理由来关闭商谈之门。

台湾是中国的神圣领土。台湾一定要解放。解放台湾是中国的内政问题。解放台湾除了用战争方式外,也完全有可能用和平方式。凡是愿意走和平解放台湾道路的,不管任何人,不管他们过去犯过多大罪,中国人民都将宽大对待,既往不咎。假如台湾军政人员对祖国的号召有怀疑、有顾虑的话,那么请看看我这个例子。一九四七年在四平街跟共产党恶战的是我,论罪,我的罪过大了吧,可是共产党对我怎样了呢。现在祖国已经向台湾军政人员敞开了宽大的大门,全国人民期望你们弃暗投明;大陆的亲友故旧盼望和你们早日团聚;而我和你们过去曾经同生共死、共过患难的朋友,更盼望你们幡然来归。让我们在爱国主义的旗帜下团结起来,为争取和平解放台湾，实现祖国的完全统一而奋斗。

陈明仁上将和家属在游览杭州西湖时自拍的照片。前排五个小孩是陈明仁上将的孙子和孙女，
后排自左至右是陈明仁上将和他的二儿子、二儿媳妇

6 月 26 日至 7 月 15 日

陈明仁出席全国人大一届四次会议。

陈明仁在全国人大一届四次会议上，左为陶峙岳

1958 年 2 月 1 日至 2 月 11 日

陈明仁出席全国人大一届五次会议，在军队代表组讨论。

9 月

陈明仁和政委王振乾陪同彭德怀视察 55 军军部，慰问干部和战士，并听取关于部队训练、战备情况、军事设施的报告。

1959 年 1 月

陈明仁和政委王振乾陪同罗荣桓元帅视察第 55 军，检查政治工作和战备布防情况。

2 月 2 日

第 55 军在第 215 师驻地召开炮兵训练现场会议（至 5 日结束）。

2 月

聂荣臻在湛江听取驻军国防建设和战备训练报告。

3 月 2 日

经广州军区批准，第 55 军对 1958 年战备训练和各项工作中涌现出来的立二等功以上的 11 个先进单位和 17 名积极分子，发布嘉奖令。

4 月 17 日

陈明仁兼任全国人民政治协商会议第三届常务委员会委员（连任第四届）。

4 月

广州军区守备第 24 师（合浦军分区改编）拨归第 55 军指挥。

5 月 4 日

第 55 军根据广州军区"关于战场建设规划问题"的指示，命各师按照军作战会议确定的"144 师负责雷州半岛，219 师负责阳江、梅菉、高州地区，215 师负责贵县、梧州、陆川地区，守备 24 师负责合浦、东兴、南宁地区"的战场规划工作，分别组织力量进行地形勘察。

5 月上旬

第 55 军成立军事研究科。

5 月

第 55 军派出守备第 24 师 1000 余人支援合浦地区南流江小江水库工程，历时 20 余天，完成 38000 多个劳动日，填运土石 45000 多立方米。

6 月 21 日

陈明仁参加第 55 军国防施工现场会。

7月6日

陈明仁参加第55军军训工作会议。

8月20日

陈明仁参加海边防侦察工作会议。

第55军所属各师完成战场建设规划勘察任务。

第215师抽调两个团开赴衡阳支援五矿工程建设。

10月1日

陈明仁参加新中国成立10周年庆典。观礼完毕，中央领导人与将帅们在天安门城楼上合影。三排左起第6人为陈明仁上将。

　　1959年10月1日，北京举行了隆重的中华人民共和国成立十周年庆典，毛泽东、刘少奇等党和国家领导人与部分参加庆典的开国将帅在天安门城楼拍下了这张珍贵的合影（未能参加合影的有元帅1人、大将3人、上将23人）。

　　前排左起：谭政大将、罗瑞卿大将、罗荣桓元帅、陈毅元帅、彭真、林彪元帅、朱德元帅、董必武、刘少奇、毛泽东、宋庆龄、周恩来、贺龙元帅、刘伯承元帅、聂荣臻元帅、徐向前元帅、叶剑英元帅、徐海东大将、萧劲光海军大将。

　　二排左起：杨成武上将、王树声大将、周士第上将、李聚奎上将、甘泗淇上将、黄永胜上将、刘亚楼空军上将、陈锡联上将、张爱萍上将、傅钟上将、杨至诚上将、陈士榘上将、周纯全上将、张宗逊上将、粟裕大将、萧华上将、李志民上将、陈伯钧上将、郭天民上将、许光达大将、朱良才上将。

　　三排左起：肖向荣中将、贺炳炎上将、董其武上将、黄火星中将、王新亭上将、陈明仁上将、陶峙岳上将、杨勇上将、傅秋涛上将、刘震空军上将、王尚荣中将、王建安上将、苏振华海军上将、陈奇涵上将、李达上将、宋时轮上将、王宏坤海军上将、彭绍辉上将、杨得志上将。

10 月 6 日

毛泽东等中央领导同志接见中国人民解放军及民兵国庆观礼代表团，在合影留念之前，陈明仁与毛泽东单独合影。

附：陈湘生《祖父两次与毛主席合影的故事》（节选）

光阴荏苒，十年后的 1959 年 10 月 1 日，迎来了共和国十年大庆，祖父应邀参加庆典活动。这十年间，祖父经历了起义部队整编改造、行使湖南临时省政府主席职权、广西剿匪、率部镇守祖国南疆、完成军队正规化建设、授衔中国人民解放军上将、当选历届人大、政协代表委员参政议政、致力和平统一祖国、支援地方社会主义建设等大事。

庆典结束后第 5 天的 10 月 6 日，在北京中南海，毛泽东、刘少奇、朱德、周恩来等中央领导接见了中国人民解放军及民兵国庆观礼代表团，并合影留念。这是空前绝后的规模最大的军界合影，有 800 余人。也是 1955 年授军衔后，健在的开国将帅们大部分都参加了的合影。

大草坪上，在一排座椅后面是 5 排站台，前排座位一共 131 个，毛主席坐中间，毛主席的左边有 68 个座位，依次是刘少奇、周恩来、贺龙、陈毅、叶剑英等；毛主席的右边有 62 个座位，依次是朱德、林彪、彭真、刘伯承、罗荣桓、谭政、萧劲光等，祖父坐在右边第 16 位。毛主席等党和国家领导人来之前，大家都各就各位站立着静等毛主席等首长的到来。

没多久，毛主席来了，他后面是刘少奇等领导人，大家热烈鼓掌欢迎。毛主席一边走，一边微笑着向大家挥手致意。当他走向自己座位时，一个令全场人意想不到的情况发生了。毛主席看到了离他座位十几位远的一个人，就不再走向自己的座位，而是改变了方向朝这个人走去，微笑着向他伸出手。"那是谁？"全场人心里瞬间惊诧地问这个问题，全场人的目光同时汇聚在这个人脸上。人们看清楚了，那是陈明仁上将！

祖父见毛主席向他的这边走来时，先是感到奇怪，但军人的敏锐目光使他从毛主席微笑的眼睛里看到了主席的意图，的确是向着他来的，他立即做好了迎接的准备。当毛主席距他一米左右，向他伸出手来之际，他跨前一步，"啪"地一个立正，挺直身板，抬臂向毛主席敬了个标准的军礼，然后和毛主席紧紧握手，相互用湖南乡音简短地交谈了几句。此时，"咔嚓、咔嚓、咔嚓"，随行记者及时拍下了这个珍贵的镜头（现在有两个角度不同的照片，说明当时至少有 2 部相机同时按下快门）。与相机同时聚焦的当然还有全场 800 多双既惊喜又羡慕的目光！全场掌声不断。

全体合影

全体合影的局部放大：右 1 为毛泽东主席，陈明仁在毛主席右边第 16 位（本图最左）

祖父后来回忆道：当我与毛主席握手的时候，站立等待的代表们以为这是合影前安排的程序，纷纷围了过来，争着与毛主席握手，一时秩序有些混乱。警卫同志赶紧劝退围上来的人群，保护毛主席坐到自己到座位上，按照既定程序合影。每当祖父提起这件事情时，心里就十分激动：在数百名军界代表云集的大场合中，毛主席竟会径直朝自己走来，单独与自己握手！这说明毛主席时刻在关心着自己。这是对自己工作的肯定，更是鞭策。

11月10日

第55军直属队和第219师在化县、罗江一带，实施试验性加强步兵师强渡江河进攻战斗演习（至12月1日结束）。

1960年1月6日

陈明仁参加第55军行政管理工作会议。

1月11日

55军开始支援建设开凿湛江鹤地水库雷州青年运河的工程。

1月12日

陈明仁收到庆祝新中国成立十周年象牙纪念章一枚。

广州军区司令部办公室函

象牙纪念章

附:《中国人民解放军广州军区司令部办公室函》

陈军长:

接国防部办公厅来函称:

庆祝建国十周年筹委会,赠给中共中央委员、候补中央委员、国防委员会副主席、政协常委(已由政协秘书处转发)及中将以上首长,每人一枚象牙纪念章。现转上,请收。

此致

敬礼!

广州军区司令部办公室

1960年元月12日(印)

1月13日

第55军奉广州军区命令,将守备第24师第107团(欠一个营)拨归万虎要塞守备区。

1月16日

第55军根据广州军区指示,向驻地军分区、兵役局联系,部署代训民兵任务。

2月

湛江鹤地水库雷州青年运河主渠道建成。

邓小平题字"雷州青年运河"竖立在运河渠首枢纽上

附:《湛江晚报》报道:《施工队伍里有两位将军——解放军原 55 军参与青年运河建设纪实》(节选)

经过两年时间的建设,鹤地水库雷州青年运河主渠道建成。1960 年 2 月邓小平视察湛江,亲自题字"雷州青年运河",陈明仁接待。

3 月 3 日

陈明仁参加第 55 军军、师、团三级干部会议(至 19 日结束)。

5 月 3 日

第 55 军抽调医务人员前往合浦各地 11 个临时医院参加抗击疫情工作。

5 月 13 日

第 55 军抽调两个连前往合浦 7 个公社、25 个大队、190 个生产队,协助地方抗击疫情,帮助建造 5 个临时医院。

5 月 14 日

雷州青年运河西垌枢纽工程建成投入运行。

附:《湛江晚报》报道:《施工队伍里有两位将军——解放军原 55 军参与青年运河建设纪实》(节选)

雷州青年运河西垌枢纽工程建成投入运行,输水到雷州市(原海康县),当日,驻湛 55 军长陈明仁上将和湛江地委第一书记孟宪德等军地领导参加了放水仪式。青年运河主河段的西垌枢纽工程,距鹤地水库 46 公里。自此,十年九旱的雷州半岛稻浪千重,瓜果飘香,林木泛翠。雷州人民说:"粮食丰收感谢毛主席,水库建成不忘解放军。"

1960 年 5 月 14 日,中共湛江地委第一书记孟宪德主持工程竣工典礼仪式。
右 2:陈明仁,右 3:孟宪德

参加青年运河建设的 55 军官兵

5 月 15 日

第 55 军开展"反贪污、反浪费、反违法乱纪"整风运动（至 7 月 10 日结束）。

6 月 2 日

陈明仁参加第 55 军第三届体育运动大会（至 5 日结束）。

7 月 16 日

第 55 军抽调部队前往钦县、东兴、灵山参加抗洪抢险。

7 月 18 日

第 55 军组织军、师两级首长及其领率机关在雷州半岛至广州以北的花县（今广州花都区）、清远一带进行现地战役机动演习（至 27 日结束）。这次演习是在原子弹、导弹和化学武器条件下，实施的诸兵种合成军队战役机动。

陈明仁在合浦参加以技术革新、副业生产和家属工作为中心的后勤工作现场会（至 22 日结束）。

10 月 3 日

第 55 军抽调第 144 师 3258 人参加遂溪县东海河大渡槽建设（至 11 月 5 日结束）。

10 月 5 日

陈明仁接待来访的越南领导人胡志明主席。

附：《王振乾回忆录（未刊稿）》[①]（节选）

1960年秋，在北部湾的涠洲岛上，我正巡回检查守岛部队，突接到陶铸同志从湛江电召："有急事，盼速归面谈。"并派南海舰队湛江基地炮艇来接，说是冒着六级风浪出航的，告诉我也要有充分准备。我说"东北人从小就在摇篮里受过训练，震荡惯了，航天航海都能适应。"当即乘风破浪驶回钦州湾，换乘军车连夜返抵湛江，向陶铸同志请示。他说："越南胡志明主席一行专程以走亲戚为名来广东作客，为了便于自由接触我方同事，所以不公开采用国事访问。路经湛江，赶上中秋节，想多休息几天，省里领导人特从广州赶来亲迎。你们当地驻军是东道主，军长陈明仁和你都得出迎致敬，以利于促进中越军民的友谊，所以限期约你赶回，速做准备。"我即回军部整装，同陈军长一起随陶铸同志迎候胡志明主席。

前排右2：胡志明主席、右3：陶铸（时任广东省委书记、广州军区政委）、右4：曾志（陶铸夫人）、右5：区梦觉（时任广东省委副书记）、右6：朱光（时任广州市市长）；后排左1：莫怀（专员）、左3：陈明仁（时任55军军长）、左4：王振乾（时任55军政委）、左7：谢永宽（时任湛江地委副书记）、左8：孟宪德（时任湛江地委书记）

一见面胡主席就给大家留下了深刻印象，他资格虽老，但平易近人。操满口流利的广东官话，先说感谢我们欢迎他们一行来"走亲戚"，反复重

---

① 《王振乾回忆录》，第272—214页。

申中越"同志加兄弟"的深情厚谊。这位"胡伯伯"一身旧布衣，赤着脚，穿一双"陆海空"凉鞋，华发长髯，神采奕奕，反应敏锐，颇有忠厚长者之风。合影时，他踏上草茵，席地而坐，手挽广东省委、地委诸同志靠近身边，并用十分亲切的口吻，以兄妹相称。陈军长和我并排站在他们后面，胡主席很风趣地说："有中国人民解放军为后盾，保卫着我们，大家都可以无虑了！"话说得很形象，但包含着极深刻的政治意义。午宴是他亲自点的，吃炖狗肉，喝茅台酒，蒸米饭。开饭时，主人陶铸同志到处找不到他，原来首席客人竟自下了厨房，亲手端着盘子，边走边讲："都是自家人，不必客气！"席间充满了亲密无间的"同志加兄弟"的浓郁气氛。

中秋之夜，酒后赏月，即席赋诗，胡志明主席的汉文化造诣很深，一挥而就。陶铸同志等步韵和之，我们陪着列席助兴。胡志明主席说：广东是他第二故乡，中国是他安身立命之地，良宵美景，能与亲人同过团圆节，是一大幸事。胡志明主席顺口吟咏了苏东坡著名的《水调歌头》："但愿人长久，千里共婵娟。"

11 月 10 日

第 55 军组织第 655 团和第 656 团在遂溪至良垌一带进行"步兵团对仓促转入防御之敌进攻"的演习（至 15 日结束）。

12 月 17 日

第 55 军组织第 430 团和第 431 团在遂溪至城月一带进行"加强步兵团对预有防御准备之敌进攻"的演习。

12 月

第 55 军向广州军区报告各部队位置。

军部驻湛江霞山，炮兵基干团驻湛江湖光岩，144 师师部驻雷北县海康，430 团驻海康北之徐马，431 团驻雷南县青坭，432 团（减编团）驻雷北县邦塘，炮兵 543 团驻雷南县东村，215 师师部驻中山县唐家，643 团（减编团）驻广西贵县，644 团驻担杆岛，645 团驻大万山岛，炮兵 544 团驻中山县三灶岛，219 师师部驻雷北县合流，655 团驻雷北县三多塘，656 团驻雷北县平石，657 团（减编团）驻湛江赤坎，炮兵 545 团驻（雷北县东坡岭），守备 24 师师部驻合浦县城，守备 108 团驻合浦县水东，守备 109 团驻合浦县杨屋村，守备 110 团驻钦县县城。

1961 年 4 月 17 日

守备第 24 师开始整编。其中师机关、通信连、卫生营、轮训队调给西安装甲兵工程学院，师直防化学连工兵连、守备第 109 团、守备第 108 团团部和第 2、第 3 营调给广州军区直属单位。

4 月 26 日

第 55 军炮兵基干团改编为炮兵第 161 团。

10 月 24 日

第 55 军参加广州军区组织的"台风"演习（至 26 日结束）。

10 月

第 55 军政治委员王振乾调任国防科委第六研究院政治委员，訾修林继任第 55 军政治委员。

1962 年 1 月

陈明仁、訾修林政委陪同朱德总司令视察 55 军，并率师以上干部与朱德总司令合影。

前排左 5：陈明仁，左 6：朱德，左 7：訾修林

6 月 16 日

经广州军区批准，第 55 军在合浦组建守备第 112 团。

6 月 25 日

陈明仁和政治委员訾修林遵照广州军区确定的整编方案，发布第 55 军整编命令。

第 55 军军部，根据国防部 1962 年 6 月 1 日颁发的"中国人民解放军陆军军部编制表"进行整编。

步兵第 144 师根据国防部 1962 年 6 月 1 日颁发的"中国人民解放军陆军步兵师南方甲种编制表"进行整编，所属三个步兵团改编为三个甲种步兵团，炮兵第 543 团改编为甲种炮兵团。

步兵第 215 师根据国防部 1962 年 6 月 1 日颁发的"中国人民解放军陆军步兵师南方乙种编制表"进行整编，所属三个步兵团改编为三个乙种步兵团，炮兵第 544 团改编为乙种炮兵团。

步兵第 219 师根据"中国人民解放军陆军步兵师南方乙种编制表"进行整编，所属三个步兵团改编为三个乙种步兵团（其中第 655 团和第 657 团各缺编一个步兵连），炮兵第 545 团改编为乙种炮兵团。

11 月 2 日

第 55 军所属第 144 师第 432 团在台山县赤溪公社蛇鼻湾荷包岛歼灭偷渡登陆的台湾地区特务。

11 月 17 日

第 55 军在宁明至南宁一线地区进行"红河"演习（运动防御战斗演习，至 12 月 3 日结束）。

11 月 29 日

第 55 军所属第 144 师第 432 团再次在台山县赤溪公社蛇鼻湾荷包岛歼灭偷渡登陆的台湾地区特务。

1963 年 1 月 22 日

陈明仁与政治委员訾修林等人陪同朱德视察湛江青年运河东海河新桥大渡槽。朱德称赞陈明仁将军说："上将也上阵了，为人民立了大功，真是老将不减当年勇！"

1963年1月22日，朱德（左2）在陈明仁（左5）等人陪同下视察雷州青年运河

2月2日

陈明仁陪同陈毅视察湛江鹤地水库，并在水库管理大楼前种下了杉树苗。

陈毅元帅视察鹤地水库坝体，前排从右至左：张茜、陈毅、陈明仁

陈毅元帅在湛江鹤地水库植树，前排从左至右：张茜、陈毅、陈明仁

附：杨泽钧^①《回忆陈明仁将军（未刊稿）》（节选）

陈毅元帅到湛江市视察，住在霞山海滨招待所，由陈明仁军长陪同。湛江天气热，这一次陈元帅兴致来了，要求到海滨浴场游泳。当时陈军长很重视，对首长安全要做到万无一失，马上调集了湛江市公安局和55军保卫部的力量，前来保护！

今天鹤地水库管理大楼前的"元帅杉"

5月20日

第55军开展"五反"运动（至6月20日结束）。

7月20日

经广州军区批准，第55军成立高射炮兵第80团（至9月10日编组完成）。

10月28日

第55军组织勘察队，对十万大山进行勘察（至11月26日结束）。

11月25日

第55军抽调第215师参加台山烽火角水利工程。

守备第112团、守备第113团第3营拨归海南省军区守备第21师，守备第113团机关、特务连、运输队移交广东省军区。

---

① 陈明仁贴身警卫员。

1964 年 3 月

第 55 军根据中央军委 1964 年 1 月发出的《全军应立即掀起学习郭兴福教学方法的运动》的指示，邀请郭兴福带领示范班前往所属各部队作巡回表演，以促进练兵热潮的进一步高涨。

6 月

第 55 军组织大比武，同时选拔比武尖子参加广州军区比武。

第 55 军军部、直属队移驻合流、东坡岭、坪石。

9 月 1 日

陈明仁长孙女陈镇生考取清华大学。

陈镇生：祖父有八个孙儿女，杭州五个，广州三个。祖父非常疼爱我们。虽然我们都不与他生活在一起，但他却无时无刻不在关注我们的成长。从我们识字起，就被要求给祖父写信，会报学习成绩。祖父有信必回，给我们杭州五个的信，抬头就是："镇京醴湘杭……"文字不多，但寓意深刻。他对我们的要求非常简单：好好读书，将来做一个对社会有用的人。"哪怕做一个剃头匠也行"（他对我弟弟如是说）。

1964 年我考进清华大学。祖父得知后非常高兴。我是他八个孙儿女中的老大，他认为我带了一个好头。果然，第二年我的堂妹见苏也考取了清华大学。

我入学后不久祖父来京开人大、政协会议。他一到京就通知我去京西宾馆看他。那天，祖父亲自到电梯口来迎接我，想当时我迈出电梯、冲进祖父怀里热泪盈眶和祖父慈爱的笑容，永远定格在我的记忆里。会议期间我几乎天天去京西宾馆看望祖父，祖父很自豪地把我介绍给他的与会的朋友们。在我的记忆中，祖父从来没有这样开心过。

9 月初

第 55 军抽调第 215 师和第 432 团参加台山抢险救灾。

本年

陈明仁接待视察 55 军的叶剑英元帅，并率团以上干部与叶剑英元帅合影。

1964年，叶剑英元帅和第55军团以上干部兵合影。前排右起：林思和、罗荣、程启文、陈明仁、叶剑英

1965年1月

第55军抽调第219师支援柳州兴建八一路和柳侯公园人工湖挖掘工程。

八一路开工典礼

今天的柳侯公园

为铭记第 55 军指战员修筑柳州
八一路而在路口矗立的纪念碑

5月22日

陈明仁出席第三届全国人大常委会第九次会议。会议决定取消中国人民解放军军衔制度。

陈湘生：祖父驻军湛江，离杭州较远，所以他每年去北京参加全国人大和政协会议，返回部队时，都会顺道来杭州看望我们。这一次他来杭州，发生了两件事，我记忆犹新。第一件是，祖父依照往年习惯，仍然住在我们的家里。那年我读初二，放学后陪祖父在楼上聊天，有人敲楼下大门，我下楼开门，领头走进院子的是一位佩戴中将军衔、身材魁梧的军官，身后跟随着几位年轻的军人。军官问我："陈明仁首长住这儿吗？你带我去看他。"我边带他上楼边喊："公公（醴陵人称祖父为公公），有人来看你了。"祖父起身迎上前，军官立正敬礼，祖父此时穿着便服，不便回军礼，只能与来客握手致意，两人似乎很熟。我给客人泡了茶，祖父对客人说："这是我的

陈明仁的 65 式军服

孙子。"又对我说："这是钱司令员,叫钱公公。"我就叫了一声:"钱公公好!"这时我才知道来客是浙江省军区司令员钱钧中将。他们坐下来聊了一会儿,钱司令员便提出让祖父搬到招待所去住。祖父先婉拒了,但钱司令员告知:你每次来,住在这里,军区和地方派出所的警卫工作压力很大,便衣警察前后门日夜值班很辛苦,周围邻居生活也受影响,并说这是制度规定。祖父听了很惊诧,连声道歉说不知道,这才搬到离家不远的交际处(现在的大华饭店)去了。第二件是,祖父来我们家,爸爸妈妈就搬到大房间与我们挤住,让出他们的房间给祖父一人住。有天早上,哥哥京生帮祖父铺床,发现枕头下有一把手枪,就招呼我去看。祖父睡觉时把手枪放在枕头下,是他多年的习惯,见我们想看手枪,便退出子弹,让我们把玩。这是一把左轮手枪,不大,表面的镀层都磨掉了,不知用了多少年。那时哥哥读杭州一中高二,上学后在同学里讲了此事。言者无心,听者有意。第二年"文革"开始,哥哥的任姓同学煽动杭州一中红卫兵串联爸爸单位的工人红卫兵,来我家找手枪。爸爸单位知道祖父的身份,开始不同意。经任姓同学再三上爸爸单位保证,肯定有枪,两家红卫兵才以"帮助破四旧"的名义,半夜敲开我家大门,撕开沙发、席梦思,搬开石板下到污水井,撬开夹墙,折腾到天亮,一无所获。红卫兵们将我们全家人单独分开,追问枪的事情,这才大梦初醒,就是祖父那把手枪惹的祸。红卫兵趁乱,偷走齐白石专门给爸爸妈妈画的两幅画,那是祖父赴京开会,拜访齐白石请来的,记得画的上款分别为"扬铨公子"和"玉琪女公子"。这两幅画至今下落不明。哥哥任姓同学的爸爸是我爸爸的单位同事,事后来道歉,于事无补,我们家遂遭受一场无妄之灾。

10 月

第55军抽调900余人分别前往湛江、佛山、柳州、玉林等地区的九个县(市)参加"四清"运动。

1966 年 1 月

陈明仁和中南局书记陶铸欢迎来湛江视察的中央慰问团。

陈明仁（右1）、陶铸（右2）

2月

陈明仁接待抵达湛江的李宗仁。

左起：陈明仁、李宗仁、黄明德、程思远

5月9日

第219师炮兵第545团第1连战士彭福祥勇拦惊马救儿童身负重伤，被第55军通报全军学习。

5月18日

第55军按总政和广州军区"关于部队积极参加文化大革命"的指示，由副军长罗荣主持召开司政后办公会议学习讨论，作出《关于部队积极参加文化大革命问题的决定》。

6—7月

陈明仁到庐山避暑。

陈湘生：1966 年夏天，造反派开始冲击部队抢枪。担心造反派内混杂有特务刺客，部队先是将祖父住房周围的游动警卫变成了多个固定警卫岗，还是不放心，又由时任福州军区韩先楚司令员出面，邀请祖父到庐山避暑以避动乱。55 军派了军招待所陈秋平所长陪同，到庐山住了两个月，待动乱稍稍平息才下山回家。其实这都是周恩来总理亲自安排的。

7 月 22 日—9 月 13 日

为了减轻警卫部队的压力，组织上安排陈明仁到广州军区医院住院，"体检治疗"。

附 1：辛业军①《贴身警卫"忆"将军（未刊稿）》（节选）

我是将军在 55 军任职期间最后一任贴身警卫，也是将军身患多病、饱受政治煎熬的时期。开始一年多里，将军还是生活得苦中有乐，尽管身边没有亲人陪伴，其他军首长经常晚上来家陪伴打打麻将谈论工作，也还可以从栽花种草培育果木中自寻安慰。

陈明仁在庐山

诊断书

---

① 辛业军（1947.3.19—），湖南临澧县梅溪村人，1964 年 9 月入伍，1965 年担任陈明仁警卫员。1969 年 3 月复员回乡，担任大队民兵营长、党支部书记，是带领乡亲勤劳致富的领头人。

天有不测风云，人有旦夕祸福，一场史无前例的无产阶级"文化大革命"席卷而来，它给一切正直的人们来了个措手不及，特别是林彪"四人帮"横行时期，军营内那些捕风捉影诬陷之词，谩骂他人侮辱人格，无中生有小题大做，抓住一点无限上纲的大字报铺天盖地。军营外造反派拦路设卡，到处扯挂着"55军是国民党的部队""打倒右派分子陈明仁""坚决揪出军内一小撮"等横幅标语，这可把我吓得胆战心惊，每天心都提到嗓子眼了，日日夜夜生怕首长出差错，时时做到眼不离人，枪不离身，

贴身警卫辛业军

子弹上膛，随时一拼的准备。可是久经沙场，见多识广，身经百战的老将军依然闲庭信步、稳如泰山，这越发使我担心极了。特别是首长身体不好，每个星期六都要坐车去湛江市区的赤坎医院理疗，途经几道架有机枪的造反派关卡，这可怎么办？虽然保卫部门给我发有老百姓便服，但首长的吉姆专车一般人都认得，因为整个中南局只有三部：陶铸、黄永胜和将军各一部。于是我跟首长说：一是现在出去换乘其他的车；二是多带警卫人员跟随；三是请首长坐后排（因首长习惯只坐副驾驶位），首长坚定地说："要相信毛主席，相信共产党，身正不怕影子斜。"还风趣地说："外甥提灯笼，照旧。"在这万般无奈的情况下，我只好顺从首长，带足子弹上了枪膛，也没带枪套，关上保险装在裤袋里，做好随时应急突发事件。几年间日复一日，每次外出，天不要人流汗人自流，回到家里内衣总是湿淋淋的，真感谢老天有眼，在这险恶的几年中确保了首长平安。

附2：李凤梧[1]回忆：

"文革"突起，社会上的大字报蔓延到55军军部。首长（陈明仁）每天上午就要打电话给我：老李啊，去看看今天有没有我的大字报？我去转了一圈，回来面告：首长啊，今天没有。或者说：今天有了，说你整天摆着个脸，态度不好。——我们尽量安慰着首长，让他渡过难关。

附3：

滕淑云阿姨[2]回忆：

---

[1] 时任55军招待所政委、副所长。

[2] 霍玺夫人，时在55军军人服务社工作。

"文革"初期，陈明仁军长被 55 军保卫部严密保护。他们在军部的物资仓库里造了一间小房间，生活用具齐全。我上班的军人服务社就在陈军长家附近，看见陈军长一早起来，就混坐在警卫战士出外军训的大卡车里，送到仓库小房间躲避，中饭由食堂小灶送，晚上再用大卡车接回来。

2020 年 11 月 17 日，南宁采访李凤梧老人
右起：陈醴生、李凤梧老人、陈见苏、李凤梧的老伴、陈湘生

8 月 3 日

第 55 军政治委员訾修林调升广州军区副政治委员。

1967 年 1 月 5 日

第 55 军调整所属部队防区。

1 月 7 日

第 144 师第 430 团移驻鹿寨、桂林地区（至 10 日完成）。

2 月 15 日

第 220 师编入第 55 军序列。

8 月

第 55 军抽调军直属队和第 219 师各一部参加茂名地区抢险救灾。

8 月初

茂名地区遭受台风及暴雨袭击，引起山洪暴发，河水上涨，多地群众不同程度受灾。

8 月 7 日

第 55 军副军长罗荣升任政治委员。

1968 年 5 月 20 日

第 55 军政治委员罗荣调任广州军区司令部副参谋长，白相国继任第 55 军政治委员。

7—8 月

陈明仁召集儿子、儿媳及孙辈到 55 军驻地湛江过暑假，次子、次媳因无假期而缺席。

陈湘生：1968 年暑假，我们在祖父身边度过了一段难忘的幸福时光。先在他的旧房子里住了半个月，新房子造好了，很大的院子里要种上树。

1968 年夏天，湛江合流，陈明仁 55 军部队住宅
左起：陈杭生、陈镇生、陈见苏、陈湘生、邓荣辉、陈京生、陈明仁、
陈见南、陈扬钊、陈醴生、陈见北

1968年夏天，在湛江合流五十五军
军部将军住宅，陈明仁与孙辈合影。

左至右：陈镇生、陈见苏、陈京生、陈见南、陈明仁、陈醴生、陈湘生、陈杭生、陈见北

我们兄弟姐妹齐上阵，和警卫连战士一起，刨坑、填土、植树，满院子种上了小树苗。祖父规定我们轮流买菜烧饭，表现手艺，各显神通。记得哥哥京生做的油煎糖饼漏馅了，很难看，祖父笑着说：这是红漆马桶。我们住的军部距买菜的麻章市场很远，祖父不许我们搭军车，步行有 7 公里。为了抄近路，我们就顶着烈日，徒步穿越种着香料的田野，来回需半天。

10月

陈明仁因病（风湿病）离职，在长沙麻园岭休养。

附1：辛业军《贴身警卫"忆"将军（未刊稿）》（节选）

1968 年底至 1969 年初，首长退职离休，当时也正值全国八大军区换防，我奉命护送首长离休回长沙居住，当时交通不发达，乘坐那种烧煤的火车，也没有什么高级卧铺，只好自带了一张行军床，颠簸了一天一夜才到达长沙站，转乘小车来到了首长过去在长沙住过的小院落。进门一看乱七八糟让人头痛，在首长的指挥下，我带领新安排的警卫员（也是我的老班长黄国英）和安排来做饭的老阿姨，收拾打扫了好几天才安顿下来。初来长沙四路求助无门，不像现在到处都有生活物资购买，那时定点计划供应凭票购买。本来省军区也给首长配有小车和司机，可硬被首长退了回去，我只好骑着单车满街去找供应点，找到后回来给首长会报说："首长能不能叫司机把车开过来，头一次要买许多东西？"首长说："小辛，我给你多次讲过，自己能办的事必须自己办，不要给国家添麻烦，自己动手，丰衣足食，你们都去肩扛手提总能行吧，我讲过人要敢于自己闯天下。"我只好带着警卫员和阿姨一起去，才把所需生活物资买回来。由于新警卫和阿姨不熟悉首长生活规律，一时没掌握首长喜好哀乐，我手把手教，细心地讲解他（她）们听，首长也亲自下到厨房，调教阿姨如何做饭菜。

因为部队大换防，护送首长来长沙只批38天假（30天在首长家带班，顺便批了8天探亲），眨眼之间30天带班期已到。临别的头天晚上，我思绪万千，回想跟随首长身边四五年里，是他老人家教我学政治、学军事、学哲学，特别是教我如何做人的道理，奠定了我的思想基础，首长的敬党爱国，心境豁达的胸怀，刚正不阿、两袖清风的品德，不畏艰险，闲庭信步的风格，坚毅果断、敢作敢为的作风，严父慈母般待人真诚的性格历历在目，这些都是我一生的座右铭，想到这里我深感幸运和自豪，我决心不辜负他老人家的谆谆教导。

但一想到陪伴首长几年如一日，首长每天汗流浃背浇水、施肥、捉虫、剪枝的情境，就像银幕画面浮现在眼前，使我深感内疚。联想到"文革"高潮期，首长不畏险阻历经沧桑，每天我都是枪不离身，子弹上膛，夜间枪不离枕头难以入睡，时刻担心会出现什么情况，现在想起来都感到后怕。特别是想到，首长忍辱负重的那段日子里，身边没有亲人相陪，我又要参加连队的"早请示，晚会报，上午天天读，下午天天练"的政治和军事活动，白天只有首长孤独一人，夜晚他在院内仰望星空时，我的泪水湿透了枕巾，内心的酸痛久久不能平静。想到明天我就要离开朝夕相处几年的老首长，离开胜似亲人的老爷爷了，再也忍不住盖着被子蒙头大哭了起来。

天刚蒙蒙亮我就起床了，跟老班长和阿姨说："马上我就要走了，今后首长就靠你俩照顾了，让我最后一次给首长做早餐吧！"早餐时首长发现我的眼睛红肿，便问："小辛，你的眼睛怎么啦？"我说早上搞卫生粘了渣揉狠了的。饭后我告别首长说：首长我要走了，不知什么时候能有机会再来看望您，这些年工作没做好请首长批评。首长温情地对我说："小辛呀，你也不能在我这里干一辈子，人要有志向，敢于奋斗，在哪里都能干出成绩来，谢谢你这些年，辛苦了！"我说：一定牢记首长的指示。最后首长把我送到大门口握着我的手说："好好干吧！"我激动万分，含着泪花，深情地给首长敬了个军礼，带着依依不舍的心情，踏上了探亲的路程。

陈湘生：祖父在长沙没有自己的房产，1949 年 2 月率部由武汉进驻长沙，一直住在上麻园岭的一座"花园洋房"里，据说是被政府充公的"伪产"。1952 年祖父与后祖母肖毅结婚后，搬出了这座洋房。肖家腾出一间房间，祖父将他和祖母积累一生的"细软"放了进去。1952 年以后，祖父驻军炎热的湛江，这些"细软"一直在肖家，无人过问。祖父出差长沙，都是住宾馆而不住肖家。1966 年"文革"骤起，肖家被抄，"城门失火，殃及池鱼"，祖父寄放在肖家的"细软"难逃厄运，被长沙造反派席卷一空。后来外界盛传的"还我河山旗子、大刀被造反派抄走"，是发生在长沙而非湛江。1968 年底组织上决定祖父离休回长沙，居住何处成了难题。他 26 年前住过的上麻园岭旧房子，此时挤住了"72 家房客"。组织上连夜安排腾空，所以警卫员辛业军感叹"进门一看乱七八糟让人头痛，收拾打扫了好几天才安顿下来"。

祖父要回长沙的消息很突然，他长期生活在炎热的湛江，没有棉冬衣和厚被，我妈妈在杭州赶紧给他制作寄去。那时买布要布票，买棉花要棉花票，很是忙乱了一阵。

祖父患有严重的风湿性关节炎，在湛江就要天天泡热水澡。乍到长沙，住处还没有安装锅炉，他就穿着便衣戴着口罩，独自一人到公共澡堂泡澡，直到住处锅炉安装完毕。后来陶峙岳将军也离休回长沙，来看望祖父，说："你陈明仁拄着拐杖踩着冰雪去公共澡堂泡澡，都传到新疆去了。"两位老将军相视大笑。

附 2：陈扬钊《回忆父亲陈明仁》（节录）

我父在湛江十几年。这个时期，我与妻子亦于 1954 年 9 月从北京全国政协调到广东省政协工作。父亲经常来广州开会、看病、休养，我们及孩子亦常到湛江探望他。有时候，他谈到林彪未任国防部部长以前，他每天都到军部办公，军部的一些重要会议他都参加，还列席共产党的党委会（这是毛主席的指示），党中央对他是很信任的，待遇也是特殊的。他还领导部队与湛江地区政府合作搞湛江的建设，如修筑公路、种植橡胶、绿化园林等。这些工作，原中共广东省委统战部部长（当时湛江地委书记）张泊泉在湛江时，就是他的老搭档。他对军风、军纪要求很严，亲自过问士兵的训练。许多在这个部队工作过的人，都常向我们讲到他，说他路过，见士兵的纽扣没扣好他就督促扣好，并先告诉他们注意军容。林彪任国防部部长后，他就几乎没过问部队的情况了，只是在家里看看文件，参加一些应酬活动，平时多在家栽花种树，读书看报。

他在部队里，国家给他安排的住房是很宽敞的，但他生活简朴，家里连一张像样的沙发也没有。他对湖南家乡的一切都有深厚的感情。大约是1953年，湖南花鼓戏剧团到湛江演出，全团演职员工近百人。他用自己的工资招待他们吃饭。当时天气骤冷，剧团人员没带御寒衣物，他也用自己的钱送给剧团每人一件棉衣，部队要他报销他不肯。他到广州开会或医病，多是住在当时广州军区最差的宾馆。他吃不惯宾馆的饭菜，常常自带油炸花生米和白糖，一以下酒，一以下馒头。一有机会就到我们小家，我的妻子及湖南保姆会给他做可口的湖南家乡菜，他每次在我们小家吃饭都吃得很香、很多。广州军区保卫科为保卫他的安全，要求他出门一定要坐汽车。但他很不喜欢，往往一个人着便服就上街了。军区保卫科没法，只好将一部汽车停在他住的宿舍门口，司机整天守候在那里。有一次，他还是一个人走上街去了，事后才被司机发觉开车上街追上，才将他请上汽车。他不肯坐汽车上街，在湖南长沙更为突出。广州军区特为他调拨一部汽车在长沙家里供他专用，司机也住在家里，但他除了到湖南省军区开会、学习、听文件非坐车不可时才乘坐，其他个人的一切活动从不坐车。而且每次都要用笔记本登记汽车公里数，监督家人或其他人，不许因私用车。我们到长沙去探望他，深夜上下火车，还有小孩、行李等，他也不派车接送，由警卫员推单车帮我们载行李。司机向他的上级报告说，由于汽车常年极少用，都生锈了。我们在长沙探望他时，他经常与我们一起挤公共汽车。

1968年"文化大革命"期间（约11月），我父忽然接到通知，要他回到湖南休养，父亲接此通知后即将解放军的红五星帽徽、红领章、军服等要警卫员送回军部，并写信告诉我们，他奉命回湖南长沙当老百姓了。不久，我们又接到他来信告知，周总理得知此事后，即令军部将我父的军服、帽徽、领章送回，并说明不是离开解放军编制，是离职休养，一切待遇不变。我父亲欣然接受，迁到湖南长沙上麻园岭。他回长沙后不久，陶峙岳也从新疆离休回长沙，两人往来甚笃。……

附3：马禾《陈明仁上将驻防湛江16年》（节录）（刊载于《湛江文史第二十四辑》）

1952年10月，中央决定陈明仁率领55军驻防湛江，保卫祖国南大门，陈明仁一驻便是 16 年。在此前，陈明仁曾率领 55 军的前身 21 兵团赴西南剿匪，歼匪 4.5 万，缴枪 5.7 万支，受到中央嘉奖，接着参加荆江分洪工程，大批指战员立功获奖，涌现 700 多名劳动模范。这支从国民党改编过来的军队，令人刮目相看，也倾注着陈明仁对共产党涌泉相报的赤胆忠心。湛江是祖国南疆要塞，兵家必争之地，又是海运贸易咽喉。当时，刚解放不久，百端待举，美帝国主义对新中国虎视眈眈，蒋介石集团不甘灭亡，蠢蠢欲动妄图"反攻大陆"，陈明仁深知责任重大，把全身心扑在湛江的国防建设上。他一到湛江，就马不停蹄深入海防前线，实地考察地形，进行布防设阵。他不辞劳苦，跋山涉水，不坐车，甚至便鞋赤脚，步行到人迹罕至的海角山头，亲自动手记录，收集丰富生动的第一手资料。他对粤西的河流、山脉、道路、海湾了如指掌，成竹在胸。可以不看地图，讲出湛江任何防御制高点的高度和周边地形，可以不用图表资料参考，说明沿海港湾情况和驻军容量。有一次，军部作战室召开布防会议，他提出在市郊合流附近一个无名高地配置火炮阵地，自己目测高度是 505 米，请测绘员实地取证，测绘员陈岩山勘测结果是 502 米，惊叹将军的军事技能扎实、高超。在湛江的 16 个春秋，陈明仁为湛江的边防建设夙兴夜寐、呕心沥血，不知在营房、哨所度过多少不眠之夜，也留下数不清的感人故事。每年他至少有 4 个月在营房与战士一起摸爬滚打，每季至少到一个连队蹲点，培养典型、以点带面。在陈明仁的影响带动下，官兵相爱，蔚然成风。陈明仁与战士同学习、同训练、同生活、同娱乐，总结出"因人而异、对症下药""坚持正面教育、依靠典型引路""说服教育为主，军纪处分为辅"的连队管理教育和思想工作经验，发表在《解放军报》头版，在全军引起很大反响。他与部队党员、干部赤诚相见，和衷共济，合作共事的事迹，印发全军，通报学习。

陈明仁是军内有名的注重军纪军容军风的将军，他站如松，坐如钟、行如风，目光炯炯，端庄威严，平常却十分平易近人，讲话风趣横生，没有丝毫官架子。他非常重视搞好军政关系和军民关系，时时处处作表率。他居住在霞山市中心民治路，住地不设哨亭，不立禁牌，警卫便衣巡逻，从不扰民。有一次，全军进行军事演习，计划要封闭霞山至赤坎全程公路，陈明仁审查报告，认为方案影响群众交通出入和生活，考虑再三提出改道。他召集军、师领导反复研究，最后确定一条既不影响群众交通，又达到军事演习效果的新线路，成为爱民的佳话。湛江人民很敬重陈明仁，举办军民联欢会，都喜欢邀请他参加，他只要时间能安排上，从不推辞。湛江人民特别喜欢听他铿锵有力，声如铜钟而又风趣生动的演讲。1957年建军30周年，1959年新中国成立10周年，陈明仁在霞山体育场万人庆祝大会上的讲话，可说是湛江领导层演说的经典，群众不停报以雷鸣般掌声打断他的讲话。时隔40多年，当年听过他演讲的人，至今仍记忆犹新，回味无穷。他深知经济建设与国防建设相辅相成，息息相关，非常关心湛江的经济建设，为湛江的经济发展作出不懈努力。湛江港、雷州青年运河、湛江堵海等重大工程，在关键时刻，陈明仁都派出部队大力支援。湛江港的提前交付使用，青年运河鹤地水库的建成，堵海东北大堤的合拢，都有陈明仁和子弟兵的重大贡献。陈明仁在湛江还做了一件十分有意义，而且很了不起的事，就是绿化湛江，美化湛江。他初到湛江时，到处是荒山野岭，杂草丛生，乱石纵横，满目荒凉。他不但率领部队在营房旁，在空地上绿化植树，还在湛江的大小岭头广种树木。他热心绿化公益，一致被推选为湛江市绿化委员会主任。他也当仁不让，担任湛江市植树造林总指挥，从1956年起，每年春季，都带领官兵和群众掀起植树高潮。他更是以身作则，带头苦干，冒烈日，顶寒风，赤脚开荒挖洞，忍着腰痛挑水浇树。他组织部队团以上干部和地方局以上干部共建军民样板林——"团结林"，极大鼓舞了群众的积极性。在他三年绿化委员会主任的任期内，发动群众在市区种树653万棵，培育各种树苗数百万计，使湛江到处绿树成荫，郁郁葱葱，成为"花园城市"。湛江绿化成绩显著，1959年全国造林园林绿化现场会议、1960年广东城镇绿化会议都在湛江召开并介绍经验，陈明仁功不可没。

11月

海南省军区副司令员杨绍良继任第55军军长、第41军副政治委员于厚德继任政治委员。

第55军开赴粤东地区和赣南地区驻防（第55军此后历任军长周德礼、朱月华、白忠耀、邢世忠，历任政治委员钱光第、阎寿湖、李际景。1985年10月31日，第55军番号撤销）。

1969年1月

陈明仁鼓励孙辈上山下乡。

陈湘生：祖父的孙辈有8人，大姐（镇生）、二姐（见苏）在读大学，最小的弟弟（见北）在读小学，中间5人中学毕业，面临着上山下乡。我

1971 年 4 月 21 日，陈明仁家书：
深望湘生及时赶回农村去插秧

1970 年陈湘生与祖父陈明仁在长沙麻园岭居所

们都不想去，想让祖父送我们去当兵。祖父意味深长地说:"你们的同学们都去哪儿啦？你们是我陈明仁的孙辈，更不能搞特殊，他们去哪儿，你们也去哪儿。你们想当兵，可以到农村去找人武部报名。"这样，我们杭州家4个，广州家1个，马上第一批报名去农村插队落户，家里的被褥都不够用了。在农村，祖父和我们的信件来往不断，交流务农经验，告诫我们:安心务农，要把农村当作你们的归宿地！

因为表现突出，下乡的四位兄弟姐妹不到两年就抽调进城上班了。我因三兄弟姐妹同在一个生产队，走了两个，剩下我一个，所以实实在在干满了三年。三年里，我努力干活，一到农闲就挑着劳动成果去长沙陪祖父，帮他整理院子，逛公园，去岳麓山扫祖母的墓，听他讲往事经历。到了农忙之前，祖父就催我返回农村:"深望湘生及时赶回农村去插秧，这是头等重要的事，不可忽视。"周而复始，整整 3 年，直至我抽调进了一家钢铁厂当炉前工，才结束。

1972 年 2 月 14 日（除夕）

陈明仁召集全家到长沙过春节。大小 17 口，挤住在麻园岭寓所，打地铺。

全家福，前排右起：陈扬铨、陈扬钊、陈明仁、肖毅、邓荣辉、彭玉琪（怀抱杨栋晖）；

二排右起：陈见苏、王莒南、陈镇生、陈杭生、陈醴生；

三排右起：陈见北、陈京生、杨保初、陈湘生、陈见南。

（照片上的毛笔字"一九七二年春节于长沙"为陈明仁手书）

全家祭扫长沙岳麓山祖母的墓

右至左：陈扬钊、陈明仁、陈扬铨

8 月

陈明仁被查出患前列腺癌，由湖南省军区送至广州军区总医院治疗，旋又由周恩来批示转送至北京 301 医院治疗。

附：钟德灿《周恩来关怀陈明仁》（节录）（刊载于《相遇贵相知——中国共产党领导人与党外人士交朋友的故事》第四辑）

陈明仁因慢性风湿病一再发作，离职回长沙休养。周恩来总理就批示人民政府在长沙麻园岭拨给他一栋两层楼房和汽车房、秘书、警卫人员住房等其他附属设施共三十多间给他使用，待遇照旧，月薪四百多元，中央文件及时送给他看，重要会议请他参加。1972 年 8 月，陈明仁患重病，周恩来总理非常重视，把他接到北京解放军总医院治疗。还把他的一家三代17口人，从5个省、14个工作单位，先后用飞机或火车接到北京，齐集在他身边，阖家团聚，他在病中也饱享天伦之乐。党中央和毛泽东主席等中共中央的领导同志，对陈明仁的病情十分关心，周恩来总理在日理万机中，仍亲自过问陈明仁的治疗情况，亲自审阅陈明仁的医疗方案。周恩来总理十分认真细致，连病历上错了一个标点符号都亲笔改过来。周恩来知道陈明仁在原配夫人谢芳如病故后，再婚的夫人肖毅是个医生，他就指示医务人员在讨论研究治疗方案时，要请肖毅参加，认真听取她的意见，共同决定治疗方案。周恩来总理还指示有关部门和解放军总医院，多次邀请上海、北京许多著名的医生和教授为陈明仁会诊。

刘保安科长携带的慰问函

10 月 18 日

广州军区政治部干部部派该部刘保安科长去北京 301 医院探望陈明仁的病情。

10 月 20 日

湖南省军区杜家园离职休养干部管理所，派谈寅章副所长去北京 301 医院探望陈明仁的病情。

谈寅章副所长携带的慰问函

10 月

陈扬钊（长子）、邓荣辉（长子媳）去北京 301 医院探望陈明仁并一起留影。

陈扬钊（右）、陈明仁（中）、邓荣辉（左）

11 月 1 日

陈明仁写信给全体后代，经济上"约法三章"，政治上提出更高要求。当时没有复印，他手抄了十份：长子长媳一份，次子次媳一份，八个孙辈一人一份。

附：

扬钊、荣辉　镇生、见苏、京生、见南

扬铨、玉琪并　醴生、湘生、杭生、见北：

我近来饮食、睡眠、精神都好，闲着没事，脑子里想的东西很多。革命在发展，人民在前进，大势所趋，形势逼人。结合我和你们及孩子们的情况，我经过冷静、周详的考虑，作出了三项决定，以后就坚决按决定办事，特写此信，给你们每人一份。

廿多年来，我多次告诫你们，在经济上一定要量入为出，略有节余，可是根据这次你们来北京的表现，经济条件虽然富裕，似乎至今未留有余地以备不时之需的钱。每月这么多的工资，加上孩子们都有了工资，而表现经济如此紧张，这是极不正常的现象，应该立即改变。你们每月节余40—50元积蓄，孩子们工资较高的每月积蓄10元、8元，30元左右一月的工资也应每月积蓄3元、5元，都是完全可以做得到的，也应该如此做。

从一系列暴露出来的事实教育了我，使我明白过去教育子孙和处理我个人的经济方面不坚持原则，感情用事，特别是近五年来，更是用钱不当，是非常错误的，助长了你们和孩子们的依赖思想。

害了你们和孩子们，知错要改，应吸取教训，引以为戒，亡羊补牢，犹未为晚，故决定（1）从今以后，你们和孩子们在任何情况下，发生如何困难，我决不会在经济上、物质上给予如何支援，言之在先，以便你们和孩子们心中有数，促使你们每个人安排目前的生活和从长作想，从现在起就安排计划以后自己家庭的生活。我知道在社会主义祖国工作的职工，即令遇上什么意外的突然的经济困难，党组织和群众会根据这个职工平时在各方面的表现和经济情况，按制度合理办事的。若是平时经济处理不当，收入较高不储蓄备急用，一旦发生困难，群众是不会同情的，组织上也不可能给予补助，咎由自取，没话可说。（2）以后你们和孩子们遇有假期（不要请假）想来看望我，凡是每月工资不足 35 元者，来回旅费由我负担，但每年我只负担一次。凡是每月工资在 35 元以上者，遇有假期来看望我，来回旅费均自备，我不给旅费。如无假期，几年不来一次也可以。任何人不要借旅费来看望我。来看望我时，都不要带什么东西送我，除非是我有信托代购。（3）从今以后彼此间托买东西，按价自行付款。总之，从此你们和孩子们经济上完全独立自主，自力更生。

在政治上望你们认真读马列的书，毛主席著作，彻底改造世界观。在工作上认真负责，在业务上精益求精，在三大革命运动中，提高阶级路线

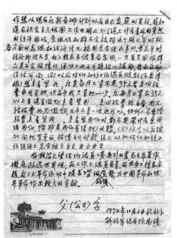

陈明仁手抄的 10 份给子孙的"约法三章"

觉悟，为中国革命和世界革命作出较大的贡献。

父（公公）字

1972 年 11 月 1 日于北京

解放军总医院南楼

广州军区政治部干部部的函件

11 月 10 日

广州军区政治部干部部发函祝贺陈明仁手术成功。

1973 年 4 月 12 日（农历三月初十）

手术恢复后回到长沙的陈明仁 70 岁生日，部分孙辈去长沙祝寿，到长沙照相馆摄影留念。

陈明仁将军 70 岁生日（1973 年 4 月 12 日农历三月初十于长沙）

1973 年 4 月 12 日合影，从左至右：前排为肖毅，陈明仁；后排为陈镇生，杨保初（陈镇生之夫），陈湘生，陈见苏

7 月 6 日

陈明仁得悉长孙媳怀孕，非常高兴，去信慰问："莒南胃口不好，可能还会发生呕吐现象，这是怀孕的普遍情形，过一段时间就会好的，毋庸忧虑，等到胃口恢复正常后，应适当增加一些营养并注意好保养。"

陈湘生：祖父有两个儿子，伯伯和爸爸也都有两个儿子，他希望我们 4 个孙子（京生、见南、湘生、见北）和他们一样，这样他可以得到 8 个重孙。1968 年在湛江聚会时，他老人家宣布：我们是解放军的后代，就要继承解放军优良传统：团结紧张严肃活泼，8个重孙按照出生顺序，各取8个字中的一个，用作名字。遵照老人家的意见，长孙京生所生的第一个重孙，以"团团"作为小名；见南所生的第二个重孙，以"小结"作为小名。但问题来了：一是实行了独生子女政策，祖父只能得4个重孙了；二是用"紧"和"张"二字很难取名，所以后代的取名就偏离他老人家的初衷了。

陈明仁给陈京生、王莒南的信

陈明仁（中）与他的四个孙子（从左至右）：
陈湘生、陈京生、陈见南、陈见北

9月11日（中秋节）

陈明仁从北京301医院出院，来杭州与家人欢度中秋佳节。

陈湘生：祖父非常珍惜这一次机会，拖着病体，最后来告别他毕生喜爱的杭州、西子湖。一反常态，他没有选择每次都住的西湖南岸的大华饭店，而是住到西湖北岸、比邻岳王庙的华北饭店。祖父一生崇拜岳飞、戚继光，我想这就是他选择华北饭店的原因。广州的伯伯、伯母赶来杭州相聚。小住数日，过了中秋节，祖父坐火车离杭，到株洲转坐小车，返回长沙。

西湖平湖秋月，前排左起：邓荣辉、陈扬钊手牵杨栋辉、陈明仁、
陈扬铨、彭玉琪、陈杭生；后排左起：王莒南、陈京生、陈湘生

杭州华北饭店，左起：陈扬铨、陈明仁、陈扬钊

杭州华北饭店，左起（立）：邓荣辉、陈扬钊、
陈扬铨、彭玉琪，（坐）陈明仁

照片背面日期

1974 年 5 月 21 日

陈明仁因病医治无效，在北京 301 医院去世，享年七十一岁。

附：陈扬钊《回忆父亲陈明仁》（节录）

我父晚年对八个孙子女很是疼爱，只要见到他们，他就感到无限的欣慰，虽然由于家庭内的一些原因，有人想阻止他与自己的子、媳、孙子、孙女们聚合，但他还是千方百计地支持儿孙们去看望他。1972 年，我与弟弟两家大小十数人（当时我们父亲已有曾外孙女了），回湖南长沙过春节。他高兴极了，很早亲自烧制很多的腊鸡、腊肉等我们。这些日子里，白天他陪我们上街、游公园，有时孙子女陪他玩扑克，晚上他喜欢和我们围炉叙旧。我们都发觉他的性格好似有些变了，不那么沉默寡言了。他喜欢同我们忆述他青年时代的一些事情，我们听得津津有味。这年的春节大年初一清早，他就率领我们十数人，乘公共汽车到岳麓山赫石坡我母亲的坟地，为我母亲拜年。这是他最后一次到我母亲的墓地了。

不幸的是 1972 年夏天，我父突然患了不治之症，湖南省军区先送他到广州军区总医院诊断、治疗。周总理得知后，马上接他到北京医治，住在北京五棵松三〇一医院。周总理此时也重病在身，但他还亲自过问我父亲的医疗方案，逐字逐句批阅病案，并指示一定要尽一切努力挽救我父亲的生命。但我父终于不幸于 1974 年 5 月 21 日黄昏，在北京解放军 301 医院与世长辞了，终年 71 岁。

陈湘生：祖父病重，组织上通知我们必须于 4 月 20 日前赶到北京 301 医院探望，并给每个人的单位发了公函，要求准假并火车卧铺路费报销。我们全家大大小小 17 口人，安排住在西直门外的总参谋部招待所。组织上又安排了一辆轿车，载着伯伯和爸爸，去祖父生前各位好友家通报病情。我也跟着去了，记得去了程潜、刘斐、李觉等大概近 10 个人家。几天后就是"五一"节，我们八个孙辈在天安门前，按身材中高边矮，合影一张。

陈明仁去世前几天的留影

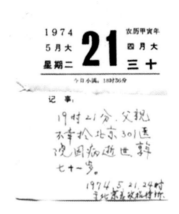

陈明仁次子陈扬铨用当日的日历
记录了陈明仁去世的消息

左起：醴生、镇生、湘生、京生、见南、见北、杭生、见苏

572

祖父看到我们很高兴，说："见了面就行了，你们的工作要紧，赶快回单位去吧！"遵照祖父嘱咐，决定留下伯伯、伯妈、爸爸、妈妈，广州一家留见苏和见北、杭州一家留镇生，为祖父送终，其他人先期返回单位。

临行前，湖南省军区和总参谋部的几位首长召集我们全体座谈，问有什么要求尽量提出来。尽管我们兄弟姐妹们确有一些困难，有的在贵州煤矿井下工作，有的在钢厂当炉前工，有的在小县城服务行业工作，有的在山沟沟的"三线"工厂上班，但大家记住祖父的教诲："生活要向低标准看齐，工作要向高标准看齐""为人民服务的工作没有高低贵贱之分，当个剃头匠也很好"，没有提任何要求，安心回到原单位工作。

5月25日

陈明仁遗体告别式和追悼会在八宝山革命公墓礼堂举行，周恩来、朱德、叶剑英、聂荣臻等党和国家领导人送上花圈。

追悼会由中央军委副主席聂荣臻主持，国防部副部长萧劲光致悼词，对陈明仁在解放战争的最后时刻，毅然在长沙率军起义，脱离蒋介石，站到人民一边，走上革命道路的壮举，给予高度评价。同时指出，在新中国成立后"陈明仁热爱社会主义祖国，积极参加社会主义革命和社会主义建设，非常关心祖国的统一，对台湾故旧十分怀念，盼望台湾早日回到祖国的怀抱"。

追悼会结束后，陈明仁的夫人肖毅遵照陈明仁的遗嘱，将价值16000余元的黄金、首饰等，上交国家金库。

陈明仁的骨灰安葬于八宝山革命公墓第一厅。

《人民日报》刊登陈明仁追悼会消息

附:《陈明仁先生追悼会在北京举行　朱德、周恩来、叶剑英、聂荣臻、许德珩送了花圈　聂荣臻主持追悼会　萧劲光致悼词》

新华社一九七四年五月二十五日讯　第三届全国人民代表大会代表、中国人民政治协商会议第四届全国委员会常务委员、国防委员会委员陈明仁先生，因病医治无效，于一九七四年五月二十一日在北京逝世，终年七十一岁。

二十五日下午在八宝山革命公墓礼堂举行陈明仁先生追悼会。会场里安放着陈明仁先生的骨灰盒和遗像。

党和国家领导人朱德、周恩来、叶剑英、聂荣臻，政协全国委员会副主席许德珩，向陈明仁先生送了花圈。人大常委会、国务院、中央军委、政协全国委员会、国防委员会、中共中央统战部、国防部、中国人民解放军总参谋部、总政治部、总后勤部、军事科学院、军政大学、海军、空军、广州部队、湖南省革命委员会、湖南省军区和陈明仁先生生前所在部队也送了花圈。

中共中央副主席、中央军委副主席、政协全国委员会副主席、国防委员会副主席叶剑英，中央军委副主席、国防委员会副主席聂荣臻，政协全国委员会副主席许德珩等参加了追悼会，并向陈明仁先生的家属肖毅、儿子陈扬钊等表示慰问。

聂荣臻副主席主持追悼会，国防部副部长萧劲光致悼词。悼词中说：

"陈明仁先生是湖南省醴陵县人。一九四九年八月起义参加革命后，历任中国人民解放军军长，兵团司令员，中南军政委员会委员，国防委员会委员，湖南临时省政府主席，第一届、第二届全国人民代表大会代表，中国人民政治协商会议第一届全国委员会委员，第二届、第三届常务委员等职。

陈明仁先生于一九四九年八月率部起义参加了中国人民解放军，对和平解放长沙做出了贡献。二十多年来，他拥护伟大领袖毛主席，拥护中国共产党，热爱社会主义祖国，积极参加社会主义革命和社会主义建设，拥护无产阶级'文化大革命'和'批林批孔'运动。陈明仁先生非常关心祖国的统一，对台湾故旧十分怀念，盼望台湾省早日回到祖国的怀抱。

我们悼念陈明仁先生，要化悲痛为力量，在以毛主席为首的党中央领导下，在毛主席革命路线指引下，团结起来，深入'批林批孔'，为解放台湾，为争取社会主义革命和社会主义建设的更大胜利而努力奋斗。"

在追悼会上

右起：肖毅、陈镇生、陈扬钊、陈见北、陈扬铨、陈见苏、
邓荣辉、陈知半（陈见苏之夫）、彭玉琪

八宝山革命烈士公墓一号厅前

右起：陈见北、陈扬钊、邓荣辉、陈见苏、陈知半

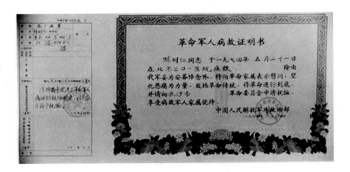

陈明仁的"革命军人病故证明书"

参加追悼会的还有：

中国人民解放军和有关方面负责人王震、张才千、向仲华、魏伯亭、

张宗逊、宋时轮、萧克、马宁、欧致富、周德礼、程启文、李金德、吴庆彤、王迪康、金涛、朱述称、刘智民；

人大常委会委员、政协全国委员会常务委员和委员、国防委员会委员以及陈明仁先生的生前友好武新宇、罗叔章、胡愈之、刘斐、朱蕴山、杨东莼、袁任远、董其武、李明扬、郑洞国、侯镜如、覃异之、宋希濂、杜聿明、陈离、周竹安、郭翼青、程元等。

中国人民解放军指战员和有关部门群众代表参加了追悼会。

二十四日下午，有关方面负责人和陈明仁先生的生前友好，前往医院向陈明仁先生的遗体告别。

1984 年 6 月 16 日

陈明仁长子、黄埔军校广东同学会副会长陈扬钊，在军校成立 60 周年参观母校时，赋诗一首，怀念诸前辈。

附：一九八四年黄埔军校建校六十周年参观母校

怀台湾黄杰、邓文仪、刘永尧、袁守谦、戴坚诸父执 [1]

丰碑依旧追前烈

创业艰难百战师，肃躬瞻仰愧来迟。

丰碑依旧追前烈，堂构维新忆始基。

少日趋庭聆傥论，卅年隔海望旌麾。

江南草长催归棹，岂阻盈盈一带水。

陈扬钊手迹

---

① 父执即世伯，对父辈朋友中年龄大于父者的尊称。

1991 年 4 月 3 日

陈明仁长子、黄埔军校广东同学会副会长陈扬钊接待邓文仪。

陈扬钊：一九九一年四月我夫妇以世侄关系，热情接待与父黄埔军校一期同期毕业、同乡、同事，亲如手足的台湾中华黄埔同心会访问团名誉会长邓文仪，他曾经两次受到邓小平和江泽民的亲切会见，这次南下广东参观。我们虽然相隔几十年未见面，但他一眼就认得我们，说好不容易，叙谈往事。他很关心问及我的双亲，因为他们一家和我们一家本很稔熟。他很惋惜我双亲去世太早，说我母亲是位好大嫂。谈起我父亲当年在长沙起义，他说："也只有子良（我父亲别号）大智、大勇、大义，才能这样做。你父亲说，我们是同学、同乡、好朋友，但人各有志，不可勉强，所以你父亲未扣留我和黄杰，反而送走我们"，使他感慨不已。邓非常恳切地说："你们的双亲真是太好了，子良为人一身正气、敦厚豪爽，清正廉洁，严于律己、善良和蔼。你们要好好工作，将后代带好，为社会多做好事。"……

前排左一：邓文仪，左二：陈扬钊

左二：邓文仪，左三：陈扬钊

4月4日

陈扬钊等人陪同邓文仪瞻仰黄花岗。

前排左 6：陈扬钊，左 11：邓文仪

1991 年 4 月 4 日邓文仪寄送给陈扬钊、
邓荣辉 1990 年的《新新闻》画报

2009 年 8 月 2 日

陈明仁骨灰从北京八宝山革命公墓移葬长沙岳麓山，与夫人谢芳如女
士同穴。

陈湘生：祖父逝世后，按中央规定，骨灰安放北京八宝山革命公墓第一厅。但祖父生前希望自己去世后，能够和长沙岳麓山的祖母葬在一起。2007年开始，伯伯和爸爸多次给湖南省委、省政府及中央军委去信，提出迁葬请求。湖南方面因岳麓山属于国家级风景名胜区，新中国成立后除了安葬过萧劲光大将一个人之外，没有开过其他任何口子，而且萧大将本身就是山下橘子洲人，所以始终没有同意。历经周折，做了许多工作，方于2009年7月将迁葬手续办完。

7月31日，湖南省党政军各派一位代表，和我们在北京八宝山革命公墓会合，一起办理移出祖父骨灰盒的手续。当晚坐火车去长沙。8月1日到达长沙火车站，湖南省军区派了一队礼兵前来接站，场面隆重而热烈。祖父归葬岳麓山仪式安排在8月2日，省委统战部部长李微微、副省长甘霖、省军区政委刘新等领导同志到场参加。

附1：随陈明仁家属去北京八宝山革命公墓的《潇湘晨报》记者报道：《陈明仁将军骨灰今日抵达长沙　明日将在岳麓山举行归葬仪式》（记者张祥　8月1日北京报道）

昨日（7月31日）早上，刚刚下过一场雨，阳光洒在北京八宝山革命公墓，道路两旁高大的槐树开满槐花。这一天，陈明仁将军的两个孙子——59岁的陈湘生和62岁的陈京生把将军的骨灰从革命公墓领出来，下午3点多，他们带着将军的骨灰登上回长沙的列车。

与妻合葬，是陈明仁将军的遗愿，这个遗愿终于在35年后成为现实。将军的骨灰在今日（8月1日）上午到达长沙，8月2日，归葬仪式将在岳麓山举行。妻子谢芳如于1951年去世，夫妻分别58年后，终于能相守在一起。

没有褪色的军旗

八宝山革命公墓里，青色路面上还有斑驳的水迹。道路两旁是葱茏的林木，百年老槐树开满槐花，一场夜雨后，树下尽是星星点点飘落的槐花。革命公墓骨灰堂西院，陈明仁将军的骨灰已在这里静静安放了35年。

早上8点30分，将军的两个孙子——陈湘生和陈京生兄弟，还有孙女婿邵吾德和曾外孙邵铭，在革命公墓外等候领取骨灰："我们从杭州连夜赶来，带爷爷的骨灰回湖南。"陈湘生说。

9点多，陈湘生在工作人员的带领下办理了手续，来到骨灰存放的地方，打开存放台的红木小门，一幅将军的戎装照映入眼帘。骨灰盒上盖着一面绸缎制的军旗，那是1974年骨灰存放进来时盖上的。如今，军旗丝毫没有

陈明仁将军骨灰今日抵达长沙
明日将在岳麓山举行归葬仪式

报道的压题照片是 7 月 31 日家属捧着陈明仁骨灰盒离开北京八宝山革命公墓

褪色，颜色依旧鲜艳夺目，邵铭说："把军旗也一起带走吧。"

遗愿在 35 年后实现

"和妻子合葬在一起，是他生前的遗愿，我们一直没有忘记，只是到现在才找到机会实现。"陈湘生说。1974 年 5 月，陈明仁逝世，去世前将军表示希望自己的骨灰与妻子一起，合葬在岳麓山上。"1951 年奶奶去世时，她的坟墓建造的就是双人墓室，为两人合葬准备的。"但按照当时中央的要求，将军的骨灰存放在了八宝山革命公墓里。

这一放就是 35 年。这 35 年里，陈湘生和陈京生，以及将军所有的后人，都经常到八宝山拜谒将军。如今，将军的 4 个孙子都年过半百，由于远在杭州，去一次北京越来越不容易。

"这回好了，时隔 35 年，爷爷的遗愿终于要实现了。"陈湘生高兴地说。

附 2：《潇湘晨报》报道：《麓山肃静，社会各界共祭英灵》

本报长沙讯　昨日上午 10 点 18 分，陈明仁将军安葬仪式正式开始，陈明仁、谢芳如墓地前一片肃静。中共湖南省委常委、省委统战部部长李微微，省人大常委会副主任、民进湖南省委主委谢勇，副省长、致公党湖南省委主委甘霖，省政协副主席、民革湖南省委主委刘晓，省政协副主席、民建湖南省委主委龙国键，省政协副主席、农工党湖南省委主委龚建明，长沙市、株洲市、岳麓区、醴陵市相关领导，以及社会各界有关人士代表，陈明仁将军生前好友家属代表150余人出席仪式。大家胸前别着寄托哀思的白花，和青松翠柏一起，迎接陈明仁将军的归来。

仪式由省军区政治部主任刘新主持，省领导、陈明仁将军家属和各界人士分别向陈明仁将军墓敬献了花圈。仪式上，李微微代表中共湖南省委、省人大常委会、省政府、省政协、省军区向陈明仁将军表示了崇高的敬

**《潇湘晨报》报道《麓山肃静,
社会各界共祭英灵》**

意，向陈明仁将军的亲属表示了亲切的慰问。李微微回顾了陈明仁将军传奇的一生，她说，陈明仁是我军的高级将领之一，他与我军其他将领不同之处是一位国民党起义将领，历史已经证明他率部起义是符合历史规律、符合人民利益的正义之举，即使在"文化大革命"中遭受到不公平的待遇，他依然相信党、相信人民、相信历史的公正，起义二十多年来，他拥护伟

8月1日，陈明仁将军骨灰抵达长沙火车站，湖南省军区派了一队仪仗兵前来接站，
场面隆重而热烈。右起：陈扬钊、陈见南（手捧陈明仁遗像）、陈扬铨、两位仪仗兵、陈京生
（手捧陈明仁骨灰盒）

陈明仁将军骨灰昨日归葬岳麓山

《潇湘晨报》报道 8 月 2 日归葬仪式

大领袖毛主席,拥护中国共产党,积极参加社会主义革命和社会主义建设。陈明仁先生非常关心祖国统一,对台湾故旧十分怀念,盼望台湾早日回到祖国的怀抱。

李微微深情地说,陈明仁将军对家乡人民始终怀着骨肉相连的深厚感情和难以割舍的赤子情怀,家乡人民对陈明仁将军始终有发自内心的敬仰,保持着血浓于水的亲情。松柏苍翠迎将军魂归故里,麓山有幸伴先生永垂青史!陈明仁将军骨灰回归故里,与夫人合墓安息,这既是他的遗愿,也是家乡人民的期盼。他的高尚品格和精神风范将随着他的英灵长驻三湘,永励后人。

仪式上,大家深深为陈明仁将军的生平事迹所感动,向他鞠躬致敬。陈明仁将军长子陈扬钊十分激动,对参加仪式的各界人士连说谢谢,他动情地说:"我们一定教育好子孙后代,继承父亲的遗志,发扬爱国精神,努力工作,报效祖国。"

上午 10 点 40 分许,归葬仪式结束,一些特意赶来参加归葬仪式的普通市民和学生纷纷到墓前进行拜祭。

记者丁阳亮　张祥

2013 年 4 月 19 日（农历三月初十）

湖南省醴陵市隆重举行纪念陈明仁将军诞辰 110 周年座谈会。民革中央常务副主席郑建邦，中共湖南省委常委、省委统战部部长李微微，省政协副主席、民革湖南省委主委刘晓，湛江市军分区司令员范新林，醴陵市市长蔡周良等领导同志和陈明仁亲朋好友的后人参加座谈会。蔡周良、李微微、范新林、程潜之女程瑜、陈明仁次子陈扬铨在会上发言。

前排右起：陈扬钊、陈扬铨，后排右起：刘晓、郑建邦、李微微

同日

"陈明仁故居"揭幕开放。

陈湘生：祖父在醴陵的故居"良庄"，地处醴陵城区瓜畲坪 116 号，建于 1937 年。主体建筑分前后两栋，各二层，庭院式砖木结构，占地面积达 1145 平方米。门厅为单层建筑，外墙为红砖所砌的半圆形高围墙，中间开一大门，门额上书"良庄"二字，系何键所书。门厅与前栋、前栋与后栋之间均有庭院相通。整个建筑共有房屋 20 多间，均为小青瓦屋面，方形青砖地面。良庄是一座很有特色的民国期间的建筑，其庭院布局和楼房结构有独特的艺术风格，具有重要的科学和艺术价值。同时，良庄还是祖父在筹备长沙起义的过程中一个重要的活动场所，已成为湖南和平解放的一个非常珍贵的历史见证。

起义后，祖父把他所有的房产、地产全部上交，不留片瓦寸土。朱德总司令知道后对祖父说："其他都按照你的意见办，醴陵的良庄你留下吧，以后养老用。"祖父不改初衷，每次去北京，见到朱总司令就提上交良庄的事。朱总司令吩咐下属折中处理：收归为军产，留有余地。但祖父于1952年离开湖南之后，再也没有回过良庄。良庄当过部队医院、训练班，最后住进多户部队家属。

2007年4月2日，我的大姐镇生带父亲去长沙的湖南省药检所出差，父亲提出想去良庄看看。陪同的省药检所所长是退伍军人，在醴陵部队有熟人，就开车带父亲去了醴陵。因为良庄属军产，它的周边都搞了房地产起了高楼，唯独良庄"鸡立鹤群"。湖南省药检所长的醴陵熟人做了工作，当地政府与部队协商房产交换：地方给部队一块地皮，部队将良庄交醴陵市文物局使用。

为进一步挖掘故居的文化内涵和价值，从2010年开始，醴陵市投入经费120万元，对祖父故居进行修缮。2011年，醴陵市文物局的工作人员走访了我的父亲，对父亲口述的关于祖父生前有关回忆进行了录音，共征集去祖父生活照片60多张，生前珍贵衣物7件及祖父生前部分生活家具，这些家具是从南京鼓楼的祖父旧居处搬来的。父亲对他们说："想要的尽量拿去，我也用不了几年了。"醴陵市文物局的工作人员很受感动。

修缮工作现已完成。醴陵市文物局工作人员表示，祖父故居将充分发挥其在教育和旅游方面的作用。2006年，祖父故居被湖南省人民政府公布为省级文物保护单位。2010年被申报为第七批全国重点文物保护单位。

坐轮椅者：陈扬钊（右）、陈扬铨（左）；
后排立者（从右至左）：邵吾德、陈醴生、简淑儿、陈见南、陈见苏、陈杭生、陈湘生

郑建邦（左）与刘晓（中）为由良庄改建的"陈明仁故居"揭幕

2014 年 4 月 10 日

湛江市陈明仁将军旧居纪念馆修缮工程完成，向公众免费开放。陈明仁将军旧居位于湛江市赤坎区兴华路 30 号，占地面积 1420 平方米，建筑面积 1110 平方米，分 1 号和 2 号两栋两层高的小洋楼，建筑为砖混结构，俯视平面造型犹如两架飞机，因此当地老街坊称之为"飞机楼"。这两栋法式建筑建于 1903 年，20 世纪 50 年代，陈明仁将军居住 2 号楼。

陈明仁将军生平业绩陈列展分为东征英雄、抗日名将、起义功臣、再立新功、将军情怀等 5 个部分。通过历史图片、文史资料和将军生前的部分生活用品，重点展出陈明仁将军在抗日战争时期的历史功勋和湖南和平解放时期的主要成就。

2015 年 4 月 16 日，（右起）陈湘生、辛业军夫妇、陈京生、王莒南、陈镇生、杨保初、陈醴生、邵吾德在陈明仁将军旧居纪念馆门前合影

2020 年 8 月 17 日，陈明仁的第三代、第四代、第五代参观陈明仁将军旧居纪念馆

2020 年 8 月 17 日，原第 55 军子弟参观湛江陈明仁将军旧居纪念馆

2015 年 4 月

位于湛江赤坎原第 55 军军部陈明仁上将故居，经修缮后对内部开放。

2015 年 4 月 15 日，（右起）陈湘生、陈醴生、陈京生、陈镇生在湛江赤坎原第 55 军军部
陈明仁上将故居前合影

将军园，1968 年暑期陈明仁和孙辈种下的树苗已成大树

悬挂的陈明仁油画

2020 年 8 月 20 日，原第 55 军子弟在陈明仁上将故居前合影

室内悬挂着陈明仁于 1941 年书写的"填海补天"摩崖石刻拓片

10 月 12 日

湖南和平解放史事陈列馆在长沙白果园"程潜公馆"旧址建成开馆。

附：《长沙晚报》2015 年 10 月 13 日报道：《湖南和平解放史事陈列馆昨建成开馆》

承载湖湘人民对历史的深切缅怀，述说 66 年前湖南战与和的故事，湖南和平解放史事陈列馆昨日上午在长沙人民西路白果园程潜公馆旧址建成开放，程潜、陈明仁湖南和平起义通电手稿草稿等一批珍贵文物首次公开展出，公众可以免费参观。副市长何寄华，爱国将领程潜和陈明仁将军的家属等到场参观。

白果园是长沙市有名的历史文化街巷，与一路之隔的化龙池古街巷遥相呼应。为铭记历史，湖南和平解放史事陈列馆在程潜公馆旧址举办了湖南和平解放的相关陈列。程潜公馆旧址一楼为"湖南和平起义历史陈列"，分苦难湘人盼和平、和平起义成大业、湖南和平起义大事记三个部分，共展出文献、物品百余件；第二层为"程潜生平业迹陈列"，从程潜先生求学、

程潜的女儿程瑜（左）和陈明仁的孙女陈见苏在陈列馆前合影

立业、抗战、起义、建功等方面展示了程潜将军不平凡的一生。

湖南和平解放史事陈列馆中的绝大多数珍贵文物首次对公众开放。记者在参观时偶遇长沙市博物馆原副馆长周英，周英介绍，这座陈列馆中陈列有程潜、陈明仁湖南和平起义通电手稿草稿；程潜为湖南和平起义事宜致 307 师全体官兵书信手稿；1949 年 8 月 16 日毛泽东、朱德复程潜、陈明仁 8 月 5 日通电的贺电，……这些物品具有极高的历史价值。

程潜女儿程瑜告诉记者，白果园湖南和平解放史事陈列馆绝非仅为纪念程潜、陈明仁这两个人，而是为纪念参加湖南和平起义的所有人，是纪念 66 年前为了国家、为了民族、为了湖南能够努力前行的光荣历史。

2019 年 8 月 2 日，程潜、陈明仁后人在湖南和平解放史事陈列馆内合影，
右起：陈湘生、陈京生、高程、程丹、纪彭

2017 年 11 月

解放军文艺出版社出版《陈明仁日记》，该书收录了陈明仁 1936 年、1937 年、1938 年、1939 年、1941 年、1942 年、1944 年、1945 年、1947 年九年的日记。由滇西抗战研究学者余戈作序，胡博、陈湘生校注，王大亮责任编辑，秋毫责任校对，李戎装帧设计，陈湘生作后记。

《陈明仁日记》封面及部分插图

2019 年 10 月 1 日

陈明仁孙女陈见苏受邀参加在北京天安门广场举行的中华人民共和国成立 70 周年庆祝大会，在"致敬方阵"礼宾车上高举陈明仁戎装像通过天安门广场。

左 3 为陈明仁戎装肖像

陈明仁上将孙女陈见苏

陈明仁上将孙女陈见苏在礼宾车上，举着祖父陈明仁将军的戎装肖像

2021 年 7 月 1 日

陈明仁孙女陈见苏受邀参加在北京天安门广场举行的庆祝中国共产党成立 100 周年大会（因深圳突发新冠肺炎疫情，未能成行）。

陈见苏收到的庆祝中国共产党成立 100 周年大会请柬

主要参考文献

［1］《自传》，陈明仁著，《湖南文史资料选编22》，湖南人民出版社1986年6月版。

［2］《陈明仁日记》，陈明仁著，解放军文艺出版社2017年11月版。

［3］《回忆父亲陈明仁》，陈扬钊著，《文史资料存稿选编——军政人物》，中国文史出版社2002年8月版。

［4］《毛泽东年谱1893—1949》，中央文献出版社1993年12月版。

［5］《蒋中正日记》，抗战历史文献研究会，2015年10月31日（非卖品）。

［6］《熊式辉回忆录》，星克尔出版（香港）有限公司2010年1月版。

［7］《王叔铭日记1946—1998》，台湾"中央研究院"近代史研究所档案馆馆藏。

［8］《两湖行役》，黄杰著，台湾"国防部"史政编译局1985年版。

［9］《从军报国记》，邓文仪著，台北市正中书局1979年版。

［10］《阵中日记》，中共中央党史资料征集委员会、中国人民解放军档案馆编，中共党史资料出版社1987年版。

［11］《湖南和平解放口述历史选编》，湖南文史研究馆编，湖南雅嘉彩色印刷有限公司2019年7月版。

［12］《湖湘文库 湖南和平解放接管建政史料》，湖南省档案馆编，湖南人民出版社2009年12月版。

［13］《剿匪斗争——中南地区》，中国人民解放军历史资料丛书编审委员会编，解放军出版社2006年11月版。

［14］《中国人民解放军陆军第五十五军大事记（1952—1987）》，陆军第五十五军精简整编善后工作办公室编（非卖品）。

［15］《中华民国史事日志》，台湾"中央研究院"近代史研究所（查询系统TIS）。

［16］《抗日战史——桂南会战》，台湾"国防部"史政编译局1966年版。

［17］《戡乱战史——东北地区作战》，台湾"国防部"史政编译局1970年版。

后 记

今天是我和胡博先生合著的《陈明仁将军年谱》(后简称《年谱》)文稿杀青之日,而明年将是祖父陈明仁将军120周年诞辰,我写此文为之纪念。

祖父1968年底离休,从湛江驻防地回到长沙,直至1972年初的三年,恰是我的"下乡插队落户"时期。每年农闲的小半年,我都会去长沙侍奉在老人家身边。脱开凡事、迈入晚年的他,极希望将往事告知给后代,他说:"我这个时候再不告诉你,你们就永远不会知道公公(湖南醴陵人对祖父的称呼)的往事了"。而我正是二十郎当,求知欲最为旺盛之时,所以每天的晚上,是我们祖孙聊天的固定时间。祖父坐在沙发里,我坐在他的面前,那时的长沙经常停电,黑暗中,他吸着烟,烟头一下亮起来,又慢慢暗下去。这一幕,仍在眼前。他将积累的往事,慢慢地诉说出来,我做了一些笔记,将这些往事深深地印在脑海里。

祖父生前嘱咐我们孙辈:"夹着尾巴做人,要学一门手艺,剃头匠也很好,不搞特殊化,同学们干什么,你们也干什么……"我和绝大多数同龄人一样,下乡进厂,忙于谋生,奔走在尘世之中,几十年一晃眼就过去了。2010年,我一到退休年龄,就决定放下手头工作,留下余生时间做自己想做的事情。在兄弟姐妹们的鼓励下,我开始做祖父资料的整理收集工作。2015年,恰逢抗日战争胜利七十周年,在云南施甸开会期间,结识了滇西抗战研究学者戈叔亚老师,接着认识了余戈、胡博、晏欢等一批研究近现代军史的专家学者,我虚心讨教,得益匪浅,这才有了和胡博先生合作,整理、校注,由解放军文艺出版社2017年11月出版《陈明仁日记》的事。

2016年4月间,我随余戈先生陪同央视七频道军事栏目滇西抗战摄制组去松山、龙陵、芒市、畹町踩点。途中,余先生问我:"你为何不自己动手写祖父陈明仁将军?你对他有更深的感情,资料可以收集,文笔可以训练提高。那么多与陈明仁将军无亲无故的人都写了,你更应该写。"这如同"醍醐灌顶",使我猛醒。我虽然偏爱文科,但在父亲的影响下,恢复高考后在大学学的是工科——冶金系轧钢专业，逻辑性可能还可以，而文笔未经过系统深造，肯定不行。只有扬长避短，以勤补拙，才能达到目的。滇西三部曲作者余先生的文风是我学习楷模：唯档案资料为准，重现场考察，去伪存真，寻根溯源。我只需如法炮制即可。

为了考察祖父的战斗历程，我沿着他的征战足迹，十年来开着车跑了大半个中国：去了九江战役的姑塘、鸦雀山战场，去了海会寺庐山军官训练团旧址，去了祖父抗战最后一仗的阳朔，去了桂南会战的昆仑关、石灯岭、天马墟、拔赶山、宾阳、武鸣两趟，去了柳州"桂南会战检讨会"旧址三趟，去了安江两趟，去了芷江三趟，去了四川叙永四趟，去了贵州黔西五趟，去了滇西五趟；还去了东北的四平、公主岭、德惠、农安、靠山屯、陶赖昭，渡过松花江到了五家站。每到一处，拜访当地的军史专家学者，收集资料，观察山川地理形势，增加感性认识。

十几年下来，手头积累的资料不能说不丰富：一是来自档案馆的系统、连贯的档案材料，二是笔者跑图书馆及上网收集，三是海内外专家学者、祖父袍泽后人的热情提供，渐渐地聚沙成塔，集腋成裘。这些资料由文字和图片组成，我只需将这些经过考证无误的资料按顺序整理，再用文字串联起来即可。在顺利完成《陈明仁日记》的校注之后，我又邀请胡博先生进行第二次合作，编写这本《年谱》。被圈内赞誉为"中国军政人物研究第一人"的胡先生，掌握的资料更为丰富翔实，如数家珍。我们两人密切配合，资源共享，具备了编写《年谱》雄厚的"物质基础"。我们尽量将历史文稿和函电手迹原件以及相关照片、图片插入书里，"有图有真相"，以增加阅读者的兴趣。

市面流传多部陈明仁传记，均为"演义"性质，故事性强，花前月下，杜撰夸大，相互抄袭，了无新意。因可读性好，普通读者愿意花钱买来消遣。《年谱》恰恰相反，均为严肃、枯燥的档案资料，难免有记流水账之嫌，只有愿意了解这段历史的人才会感兴趣，"曲高和寡"，受众面小，我对此已有思想准备。笔者水平有限，串联用句难免枯燥生涩，读者看后能给一个及格分，就感谢不尽了。

拜"改革开放"之有利条件，近现代军事、历史档案的查阅与获得，较以前便利了不少。但由于本人水平限制，某些年代的档案资料略显单薄。我们本着"宁缺毋滥"原则编写《年谱》，必然会在阅读的完整性、顺畅性方面留下遗憾。相信随着时间的推移，会有更多的档案资料解密面世。这个填平补齐的课题留待后人吧！另外，如有与本书相反的新的观点出现，笔者乐意切磋推敲，真理只有一个，除了服从别无他途。

对提供帮助的单位和个人，在此表示感谢（排名不分先后）。

单位：

中国第二历史档案馆

湖南省博物馆

湖南省档案馆

湖南省图书馆

长沙市博物馆

湖南和平解放史事陈列馆（长沙市白果园）

醴陵市博物馆

醴陵市档案馆

岳麓山风景名胜区管理局

醴陵市陈明仁故居（良庄）

醴陵市渌江书院

长沙谢子龙影像艺术馆

南京中国近代史遗址博物馆

昆仑关战役博物馆

桂南会战检讨会旧址陈列馆

四平战役纪念馆

双城四野纪念馆

芷江中国人民抗日战争胜利纪念馆（受降纪念坊）

腾冲滇西抗战纪念馆

龙陵抗日战争纪念馆

晋冀鲁豫烈士陵园（左权将军墓）

湛江市博物馆（陈明仁将军旧居）

湛江市合流原 55 军军部陈明仁上将故居

中铁十九局集团有限公司

桂林李宗仁官邸

林伯渠故居纪念馆

黄埔军校旧址纪念馆

个人：

郑建邦

程　瑜

刘　晓

陆建忠

徐　进

刘钧瀚

晏　欢

于　峰

杨　安

陈重阳

周鲁平

张宇明

刘　勇

李建华

程　惠

徐幸光

伯绍海

邱佳伟

饶　斌

赵光裕

成小松

杨明罡

孙潇潇

瞿元超

吴京昂

童屹立

王　戡

陈湘生

2022 年 10 月 8 日

596